国家出版基金项目
NATIONAL PUBLICATION FOUNDATION

尚珩 程长进 关琪 著

明清以来蔚县庄堡寺庙调查与研究

第三册 调查编

上海古籍出版社

第三册目录

插 图 目 录

拓 片 目 录

第九章 西合营镇

第一节 概 述

西合营镇地处蔚县中部,壶流河从镇区中部穿过。东与白乐镇、柏树乡接壤;南与南杨庄乡、代王城镇、杨庄窠乡交界;西与南岭庄乡、陈家洼乡为邻;北与黄梅乡、吉家庄镇相连。现今西合营镇(1984 年由公社改镇)由原西合营镇、祁家皂乡、北洗冀乡合并(1996 年并入)组成。分述如下:

西合营镇面积 48.7 平方公里。1980 年前后共 24 761 人。辖 19 个大队,划分为153 个生产队。

全镇地处河川,西、南略高,东、北低洼,地势较平坦,水利条件较好。经济以农为主,兼工副业。1980 年前后有耕地 47 874 亩,占总面积的 65.5%,其中粮食作物 41 352 亩,占耕地面积的 86%,经济作物 6 522 亩,占耕地面积的 14%。1948 年粮食总产 612.5 万斤,平均亩产 125 斤;1980 年粮食总产 1 250.1 万斤,平均亩产 302 斤。宜种玉米、谷、黍、水稻。

北洗冀乡面积 50 平方公里。1980 年前后共 8 495 人。辖 11 个大队,划分为 65 个生产队。1984 年改乡。

全乡地处河川,壶流河流经本社。地势低洼,土质呈盐碱性。经济以农业为主,兼工副业、林业。有耕地 25 756 亩,占总面积的 34.3%。其中粮食作物 20 800 亩,占耕地面积的 80.8%;经济作物 4 956 亩,占耕地面积的 19.2%。1948 年粮食总产 427 万斤,平均亩产100 斤;1980 年粮食总产 650 万斤,平均亩产 312 斤。主要粮食作物有谷、黍、玉米。

祁家皂乡面积 44.7 平方公里。1980 年前后共 9 816 人。辖 12 个大队,划分为 72 个生产队。1984 年建乡。

全乡地处丘陵,全境突起,状若平台,俗称四十里坪。《(乾隆)蔚县志》记载:"在城东北四十里,台起平野中,峰峦屹立,周围四十余里……壶流河自西南来,径注其下,绕而北流,有三山半落二水中分之势,故称凤凰台。又四无附丽,烟雨迷蒙中,远望之,仡仡言言,宛若雉堞,故土人亦谓凤凰城云。"〔1〕各村庄棋布平台之上。周围低洼,西有壶流河,南有清水河,定安河从东部入境向西北流入壶流河。经济以农为主,兼工副业。1980 年前后有耕地 43 867 亩,占总面积的 65.4%。其中粮食作物 36 394 亩,占耕地面积的 83%,经济作物 7 279 亩,占耕地面积的 16.6%。1948 年粮食总产 320 万斤,平均亩产 90 斤;1980 年粮食总产 717.9 万斤,平均亩产 179 斤。主要粮食作物有玉米、谷、黍。

1997 年,西合营镇面积 143.4 平方公里,人口 4.7 万。全镇共 42 座村庄(其中镇区包含 6 座村庄),其中行政村 40 座,自然村 2 座(图 9.1)。

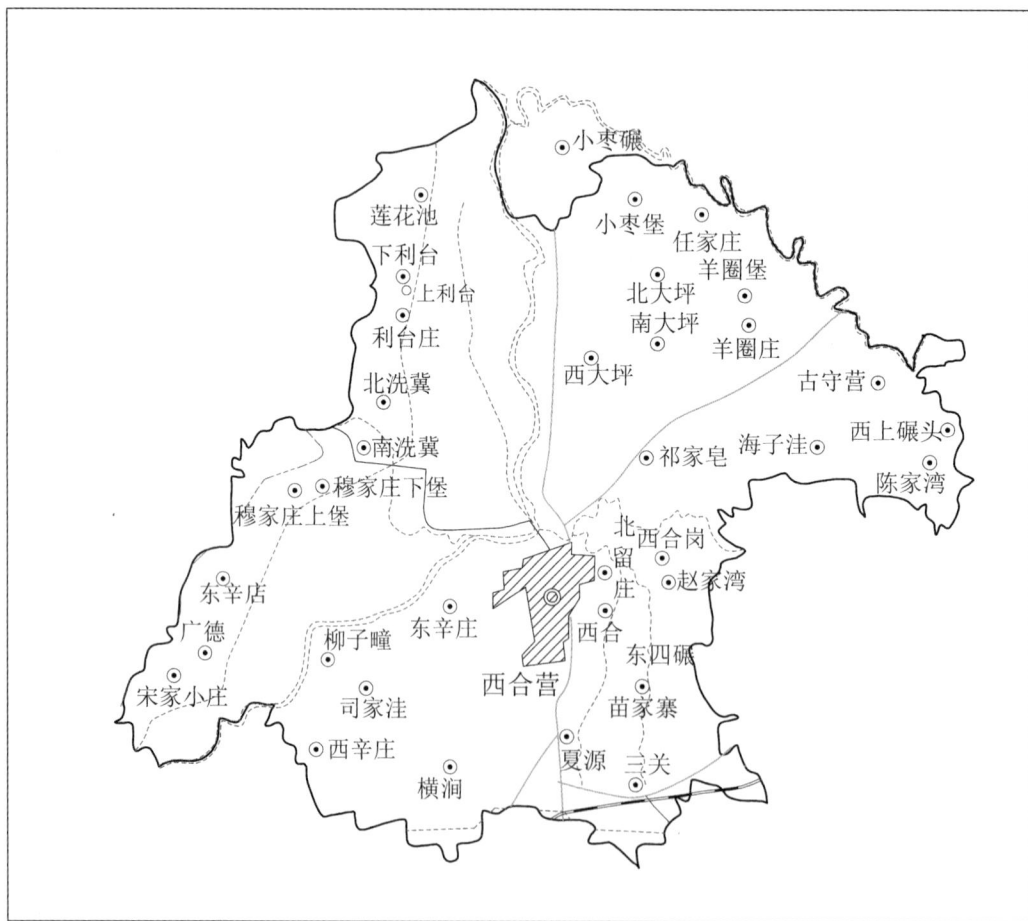

图 9.1　西合营镇全图

西合营镇现存古建筑丰富。历史上庄堡 46 座,现存 37 座;观音殿 15 座,现存 6 座;龙神庙 23 座,现存 8 座;关帝庙 22 座,现存 12 座;真武庙 11 座,现存 2 座;戏楼 28 座,现

---

〔1〕　王育榞修,李舜臣等纂:《(乾隆)蔚县志》,《中国方志丛书》,成文出版社,1968 年,第 33 页。

存 13 座;五道庙 34 座,现存 5 座;泰山庙 1 座,无存;佛殿 3 座,现存 1 座;财神庙 6 座,现存 2 座;福神庙 1 座,无存;三官庙 4 座,现存 2 座;马神庙 3 座,现存 1 座;魁星阁 2 座,无存;梓潼庙 3 座,现存 1 座;河神庙 2 座,无存;阎王殿 2 座,无存;其他 18 座,现存 7 座。

第二节　西合营镇中心区

一、自然环境与人文历史

西合营镇位于县城东偏北 20.1 公里处,属河川区,地势南高北低。选址于壶流河川内,壶流河西岸一块沉积台地上,镇下土层为泥河湾地层。周围地势平坦,一马平川,为中壤土质,大部呈盐碱性,辟为大面积的耕地。1980 年前后有 8 685 人,耕地 12 781 亩。曾为西合营公社、西合营东关堡、东庄、小南关、南场、红旗街、西庄大队驻地。镇区的西合营第二中学,原为蔚县师范旧址。20 世纪 30 年代是蔚县传播马列主义、发展党的组织以及学生运动的发源地。1931 年下半年,蔚县党的组织建立于该镇西南之砖瓦窑,1948～1959 年为蔚县县政府驻地。

相传,辽代为西合村之耕地,且常屯兵营地。元初西合人于此建村,即取名西合营。村名可考的历史最早见于《(正德)大同府志》,作"西合合堡",《(崇祯)蔚州志》作"西合营上下二堡",《(顺治)云中郡志》作"西河营上下二堡",《(乾隆)蔚州志补》作"西合营",《(光绪)蔚州志》作"西(合营)集、西合营",《(民国)察哈尔省通志》作"西合营东镇、西合营西镇"。自清中期至民国初年工商业曾达鼎盛时期,商号店铺鳞次栉比,商贾云集,小工商业摊点、作坊星罗棋布,人口、商贸业居蔚县八大镇之首(原八大镇为蔚州古城、西合营、代王城、暖泉、北水泉、白乐、吉家庄、桃花)。

如今,镇区仅次于县城,为蔚县第二经济、文化重镇。镇区范围大,东侧以 S342 省道为界与北留庄、西合村相邻,南接夏源村,西接东辛庄村。S342 省道从镇区内东部穿过。镇区包含南场村、红旗街、东关、小南关、东庄、西庄共 6 座村庄,镇政府驻西合营南场村。民宅新房、旧房、老宅院混在一起,总体来说,北部为旧村,南部为新村,229 乡道穿过新村。镇内人口众多,除少部分本地人外,还有外地前来做生意、山区外迁的村民(图 9.2、图 9.3)。

二、庄堡、寺庙与民宅

（一）西庄村

1. 街巷

西庄村位于西合营镇区的西北部,冲沟西岸,村庄所在地地势相对平坦,一马平川。

村庄分为南、北两部分,中间间隔一条红旗村——东辛庄村的沙石路。北部村庄为旧村,南部村庄的东半部为旧村,西半部为新村。西庄旧村民宅以土旧房为主,屋顶多翻新,新村为新建的红砖瓦房。新村由3条南北主街和1条东西主街组成。村委会位于北部村庄的西南角。村委会东北侧为剧场,近代建筑,顶部已经坍塌。

北部村庄中的旧村选址在地势相对较高的台地上,村口有石砌排水水道,水道的尽头为小巷南口。

小巷 呈南北向,巷内尚存3座老宅院。老宅院1,位于小巷南口西侧,随墙门,坐北面南,门内为一进院落。小巷130号院,位于小巷内北部东侧,广亮门,坐东朝西,一进院落。小巷13号院位于巷内北部西侧,广亮门,坐西面东,一进院落。

大巷 位于小巷西侧,南北向,巷内尚存老宅门。老宅院2,位于巷内东侧,仅存正房,面阔五间,硬山顶,门厅退金廊。房主姓高。老宅院3,位于巷内东侧,一进院落,随墙门,坐北面南,正房面阔五间,硬山顶。老宅院4,位于老宅院3东侧,仅存正房,面阔五间,硬山顶,门厅退金廊。大巷3号院,位于巷内西侧,一进院落,随墙门,坐北面南。老宅院5,位于巷内西侧,一进院落,随墙门坐北面南。老宅院6,位于大巷南口西侧,一进院落,广亮门,坐北面南,门内尚存影壁。老宅院7,位于老宅院6西侧,一进院落,广亮门,坐北面南。

西桥 位于小巷东侧,南北向,民宅集中于西侧,东面紧邻冲沟。因西庄与上堡间的涧沟上修建1座砖桥而得名。砖桥为砖砌单孔拱券桥,桥面已坍塌,无法行走。西桥140号院,位于砖桥西侧,一进院落,广亮门,坐西面东,卷棚顶。

南部村庄的东部旧村共由两条南北主街组成。

小南巷 位于旧村西部,南北向,无老宅院。

夏家巷 位于旧村东部,南北向,巷内尚存1座老宅院。夏家巷17号院,位于巷内中部西侧,一进院落,广亮门,坐西面东,门内设有砖砌影壁。

2. 寺庙

旧时,上堡西侧与西庄之间修建有龙神庙,庙西侧为阎王殿。西庄北部修建真武庙。旧时还有戏楼。西庄内的寺庙在解放前便由国民党军队拆毁,材料用于修建工事,即蔚县一次解放时拆庙修建战壕。另据当地78岁的长者回忆,村内寺庙拆毁时他才9岁。

(二)东关村

东关村,位于西合营镇区的东北部、北部,西邻红旗村,南邻东庄村,东邻北留庄村。村庄规模大。但如今东关村大部分民宅已拆除。

1. 城堡

东关村包含上堡、下堡2座城堡。

礼拜区为前院,开南门、西门,西墙偏南部开西门,广亮门,门楼悬匾写有"耶稣圣心堂"。南门新开设。教堂位于前院西北端,平面呈方形,边长 14.2 米,东侧为男门,西开女门,北为神父门,哥特式无梁建筑风格。教堂外西北角为钟楼,东侧为图书馆。

生活区为后院,又称神父院,位于教堂北侧,由前后两进四合院组成,开南门,广亮门。

3. 寺庙

甘露寺 又称大庙寺,位于教堂北侧,东关村东关大街北部。寺院为新建建筑,现为一进院落,坐北面南,周围的民宅全部拆除并修建回迁安置房。山门殿面阔五间,硬山顶,东侧为旁门,广亮门,其东侧为近代建筑、东关村委会。正殿面阔五间,当地村民回忆,旧时正殿面阔三间,重建时扩建为五间。

(三)红旗村

1. 街巷

红旗村位于西合营镇区中部偏西,东侧与东关村、东庄村、小南关村相隔一条冲沟,南接南场村,西与西庄村间隔一条冲沟,为西合营镇区的核心区域。村庄由 1 条南北主街分为东西两部分。西部规模较大,由 1 条南北向街道(南门口)和 8 条东西向街道组成,自北而南依次为:正大街乙、正大街乙、刘家大院、正大街甲、段家巷、史家巷、龚家巷和一条无名巷。受到棚户区改造的影响,该区域的西半部大部分已经拆迁。

南门口 大致呈南北向。巷内民宅于 2018 年拆迁完毕。

正大街乙 为南北平行的 2 条巷子。北侧巷子内尚存正大街乙 9 号院,位于巷内北侧,前后院,随墙门,坐北面南。南侧巷子内尚存正大街乙 8 号院,位于巷内西端北侧,正房面阔五间,硬山顶。

刘家大院 呈东西向,巷内老宅院众多,现仅存 4 座。老宅院 7,位于巷内西端北侧,前后院,前院南房面阔三间,硬山顶;过厅面阔三间,卷棚顶。刘家大院 7 号院,位于巷内南侧,一进院,广亮门,坐西面东;南房面阔三间,硬山顶。老宅院 8,位于巷内南侧,一进院,广亮门,坐南面北。刘家大院 3 号院,位于巷内南侧,一进院,近代风格大门,坐西面东;院内正房面阔三间,硬山顶,东西厢房面阔三间,单坡顶。

正大街甲 呈东西向。正大街甲 1 号院,位于巷内北侧,一进院,随墙门,坐北面南。2 号院,位于巷内北侧,一进院,随墙门,坐北面南。正大街甲 5 号院,位于巷内西端,一进院,广亮门,坐西面东。

段家巷 呈东西向,巷内现存 2 座老宅院。老宅院 9,位于巷内东部北侧,一进院落,仅存正房,面阔五间,硬山顶。段家巷 3 号院,位于巷内东部北侧,一进院落,广亮门,硬山顶,坐北面南。

史家巷 呈东西向,巷内现存 3 座老宅院。史家巷 1 号院,位于巷内东部北侧,一进院落,坐北面南,正门为广亮门,门内设1座影壁;南房面阔三间,硬山顶,门厅退金廊,房内山墙边缘绘草叶纹水墨画;正房面阔五间,硬山顶,门厅退金廊。史家巷2号院已经拆毁。史家巷3号院,位于巷内东部北侧,一进院落,坐北面南,正门为广亮门,门内设1座半坡顶廊;南房面阔三间,卷棚顶,墀头饰砖雕倒挂蝙蝠图案;正房面阔三间,硬山顶,两侧各设1座面阔两间的耳房;东西厢房面阔五间,硬山顶。

龚家巷 呈东西向,巷内现存2座老宅院。龚家巷2号院,位于巷内东部北侧,一进院落,坐北面南;正门为广亮门,卷棚顶。龚家巷4号院,位于巷内东部北侧,两进院落,坐北面南,正门已毁,门内设一条甬道,尽头为1座砖砌影壁;影壁东侧为二门,随墙门;前院正房面阔三间,硬山顶,西厢房面阔三间,硬山顶;后院正房面阔五间,硬山顶,门厅退金廊。

无名巷 位于龚家巷南侧,东西向,已完成拆迁,名称未知。该巷南为马宝玉小学。

正街 民国时期称为兴隆街。南尽头与南场村建设横街相接。东侧为西合营师范学校(省保单位)和西合营初级中学。正街两侧分布近代建筑群,主要位于正街西侧路边,坐西面东,北自龙神庙起,南至龚家巷东口北侧,共7座,均为新中国成立后所建。

东大街 大致呈西北—东南走向,平面呈倒"Y"字形,街西口与正街相连,南与南厂村建设横街相连,街内老宅院众多。东大街10号院,位于街道东侧,一进院落,坐北面南,开西门,广亮门。东大街15号院,位于街道东侧,一进院落,坐北面南,开西门,广亮门。老宅院12,位于街道北侧一小巷内,两进院落,坐北面南,开西门,广亮门,现为村委会所在地。老宅院13,位于街道北侧,两进院落,坐北面南,仅存后院,正房面阔五间,硬山顶。东大街32号院(旧名南马家巷48号院),位于街道西侧,一进院落,坐北面南,开西门,随墙门。67号院,位于街道北侧,两进院落,坐北面南,开南门,广亮门。东大街63号院,位于街道北侧,两进院落,坐北面南,开南门,广亮门。

大巷 呈南北走向,北接红旗村东大街,南接南厂村北二道巷,巷内老宅院较多。大巷6号院,位于巷内中部东侧,一进院落,坐北面南,开西门,随墙门。大巷7号院,位于巷内中部东侧,一进院落,坐北面南,开西门,随墙门。大巷22号院,位于巷内中部西侧,一进院落,坐北面南,开东门,随墙门,门内墙壁尚存墨书所题毛主席语录。大巷8号院,位于巷内中部东侧,一进院落,坐北面南,开南门,随墙门。大巷19号院,位于巷内中部西侧,一进院落,坐北面南,开东门,广亮门。大巷13号院,位于巷内中部东侧,一进院落,坐北面南,开西门,随墙门。

西合营师范学校 创建于1929年,由当时的蔚县教育局局长张苏提议。1929年8月,张苏以发展教育事业的名义征得当局的同意,把原"蔚县师范讲习所"改为"蔚县初级师范学校"。另外,为避开国民党的监视,便于向学生普及革命思想,将师范校址由蔚县县城迁至四十里外的西合营镇,师范学校同时更名为"蔚县西合营初级师范学校"[1]。学校具有优良的革命传统,是蔚县革命活动的摇篮。其创始人张苏在北京师大就读时就具有革命思想,又为该校聘用了共产党员孙铁夫、留苏学生廖石生等任教,改革了封建陈腐的旧教学内容,增设了"社会发展史""唯物史观""政治经济学""科学社会主义"等新课程,教师们通过授课公开向学生宣传进步思想,启发学生的觉悟。张苏亲自外出购进了马克思、列宁的论文集及鲁迅、郭沫若等人的普罗文学等一大批进步书籍,还亲自登台演讲,宣传马克思主义,使西合营师范学校成了当时蔚县传播革命思想的地方。他的好友方星五是学生革命的领袖,他在学校先后组织了教联、社联、左联反帝大同盟、抗捐大同盟和学生会等群众性进步组织,掀起了西合营师范学校的革命浪潮。自 1929 年冬至 1936 年夏,西合营师范学校学生在马列主义思想的熏陶下,先后五次掀起"反黑暗,争自由"的学生运动[2]。此后,蔚县涌现出一批革命先人,许多曾就读于西合营师范学校,如抗日英雄余化龙等。应该说,这是一所具有革命传统的师范学校。

现为河北省重点文物保护单位。

2. 寺庙

龙神庙　位于正街北部东侧,现为当地老干部活动中心。庙宇坐北面南,现存正殿 1 座,东耳房 1 间,东西厢房各 1 座。正殿,单檐悬山顶,面阔三间,进深六架梁出前檐廊。山墙置通天柱,脊檩置襻间斗拱。阑额普枋呈"丁"字形,前檐置斗拱,柱头科四攒,平身科每间各二攒。斗拱一斗二升交麻叶。前檐额枋彩绘脱落,殿内经改造,作为蔚县戏迷协会西合营分会办公用房使用。东西厢房各 5 间,单坡顶。

五道庙　位于红旗村东大街与正街交汇口路北,现已无存。

（四）南场村

南场村,位于西合营镇区中部,北邻红旗村,东邻东庄村、小南关村,西、南为西合营镇区所辖。村庄南北狭长,北面主体为旧村,南面为新村。

北一道巷　呈东西向。巷东口南侧修建有近代建筑商铺,为街口转角房样式。北一道巷 13 号院,位于巷东口北侧,一进院落,坐北面南,广亮门。

北二道巷　呈东西向。老宅院 10,位于巷内中部北侧,一进院落,坐北面南,广亮门,门前左右各设 1 个上马石。北二道巷 24 号院,位于巷内西部南侧,一进院落,开北门,广亮门。北二道巷 2 号院,位于巷内西部北侧,一进院落,随墙门,门前左右各设 1 个上马石。

[1]　政协蔚县委员会文史资料征集委员会:《蔚县文史资料选辑(第一辑)》,蔚县印刷厂(内部资料),2001 年,第 2、3 页。

[2]　政协蔚县委员会文史资料征集委员会:《蔚县文史资料选辑(第一辑)》,蔚县印刷厂(内部资料),2001 年,第 4 页。

北三道巷 呈东西向。老宅院 11,位于巷内中部南侧,一进院落,坐北面南,开北门,随墙门。

建设横街 位于南场村中部,大致呈西北—东南走向,该街东尽头为蔚县崇文中学。无老宅院。

（五）东庄村

1. 街巷

东庄村因位于上、下堡东侧得名,位于西合营镇区的东北部,东邻北留庄村,西邻红旗村,南邻小南关村,北邻东关村。村庄规模较小,居民较多。

影壁巷 位于东庄村与小南关村交界处,主线呈东西走向,北侧支线呈南北走向。东庄戏楼,位于影壁巷西、南口,双面戏楼。影壁巷 5 号院,位于巷内西部路北,一进院落,坐北面南,开南门,广亮门,门外设上马石;院内南房面阔三间,硬山顶,正房面阔五间,硬山顶;东西厢房面阔五间,单坡顶。影壁巷 8 号院,位于巷内北部西侧,一进院落,坐北面南,开东门,广亮门。影壁巷 9 号院,位于巷内北部东侧,一进院落,坐北面南,开南门,广亮门。

2. 寺庙

戏楼 位于东庄村内西部,单檐六檩卷棚顶,面阔三间,南、北双面戏楼(彩版 9-4)。双台口均置 4 根檐柱,柱下鼓形柱础,六架梁长 6.7 米,梁架规矩,用材粗壮。戏楼内堆放杂物。

（六）小南关村

小南关村位于西合营镇区中东部,北邻东庄村,西邻红旗村,南邻西合营镇区,东邻北留庄村、西合村。村庄主要由两条西北—东南走向的主街即南大街、车场组成,东西街巷自北而南依次为:段家巷、马家巷、李家巷、史家巷、公社巷、张家巷、高家巷、糖坊巷、粉坊巷、桃家巷、车家巷组成。

南大街 呈西北、东南走向,大致呈 L 字形,北口西侧修建有近代风格店面。南大街 15 号院,位于街东侧,一进院落,坐北面南,开西门,广亮门。南大街 16 号院,位于街西侧,一进院落,坐北面南,开南门,门无存,门内设影壁。南大街 17 号院,位于街西侧,一进院落,坐北面南,开南门,门无存,仅存正房。南大街 18 号院,位于街西侧,一进院落,坐北面南,开南门,广亮门。南大街 19 号院,位于街西侧,一进院落,坐北面南,开南门,正房面阔五间,卷棚顶。

段家巷 位于南大街东侧,呈东西向。段家巷 4 号院,位于巷内北侧,一进院落,坐北面南,开南门,广亮门。段家巷 15 号院,位于巷内南侧,一进院落,坐北面南,开北门,广亮门。

马家巷 位于南大街西侧,呈东西向,无老宅院。

李家巷 位于南大街东侧,呈东西向。李家巷 16 号院,位于巷内北侧, 进院落,坐北面南,开南门,广亮门。李家巷 13 号院,位于巷内北侧,一进院落,坐北面南,开南门,广亮门。

史家巷 位于南大街西侧,呈东西向,无老宅院。

公社巷 位于南大街西侧,呈东西向。老宅院 18,位于巷内北侧,一进院落,坐北面南,开南门,仅存正房,面阔五间,硬山顶。公社大礼堂,位于巷内西端。

张家巷 位于南大街东侧,呈东西向。张家巷 8 号院,位于巷内北侧,一进院落,坐北面南,开南门,广亮门。老宅院 19,位于巷内北侧,两进院落,坐北面南,开南门,门无存,后院正房面阔五间,卷棚顶。

高家巷 位于南大街西侧,呈东西向。高家巷 5 号院,位于巷内北侧,一进院落,坐北面南,开南门,广亮门。

糖坊巷 位于南大街西侧,呈东西向。糖坊巷 8 号院,位于巷内南侧,一进院落,坐北面南,开北门,广亮门。

粉坊巷 位于南大街东侧,呈东西向。粉坊巷 8 号院,位于巷内北侧,一进院落,坐北面南,开南门,广亮门。

桃家巷 位于南大街西侧,平面呈不规则形,由 2 条东西向和 1 条南北向巷子组成,无老宅院。

车家巷 位于南大街东侧,由 2 条南北平行的东西向巷子组成,无老宅院。

车场 位于小南关村西部,大致呈南北向,南接崇文中学,北接东庄村村委会。车场 8 号院,位于巷内东侧。一进院落,坐北面南,开南门,广亮门,门外设上马石,正房面阔五间,硬山顶。

第三节 北 留 庄 村

一、自然环境与人文历史

北留庄村,位于西合营镇东偏北 1.3 公里处,村庄东面紧邻 G112(S342)国道,西面为西合营镇内主要南北向柏油路,属河川区,为中壤土质。村庄选址修建在平地之上,周围地势平坦,一马平川,村东、北面不远处为壶流河河道,三关河经村东北向西注入清水河,村外南、北、东侧为耕地。1980 年前后有 879 人,耕地 1 466 亩,曾为北留庄大队驻地。如今,村庄规模较大,民宅以新房为主,人口较多,232 乡道穿村而过(图 9.4)。

相传,明朝中期山西洪洞县蓝、苗、高三姓,流落途中在此留居建村,取村名留庄。后为区别于本县南留庄,即改名北留庄。村名可考的历史最早见于《(顺治)蔚州志》,作"北留庄堡",《(乾隆)蔚州志补》作"北留庄",《(光绪)蔚州志》《(民国)察哈尔省通志》沿用。

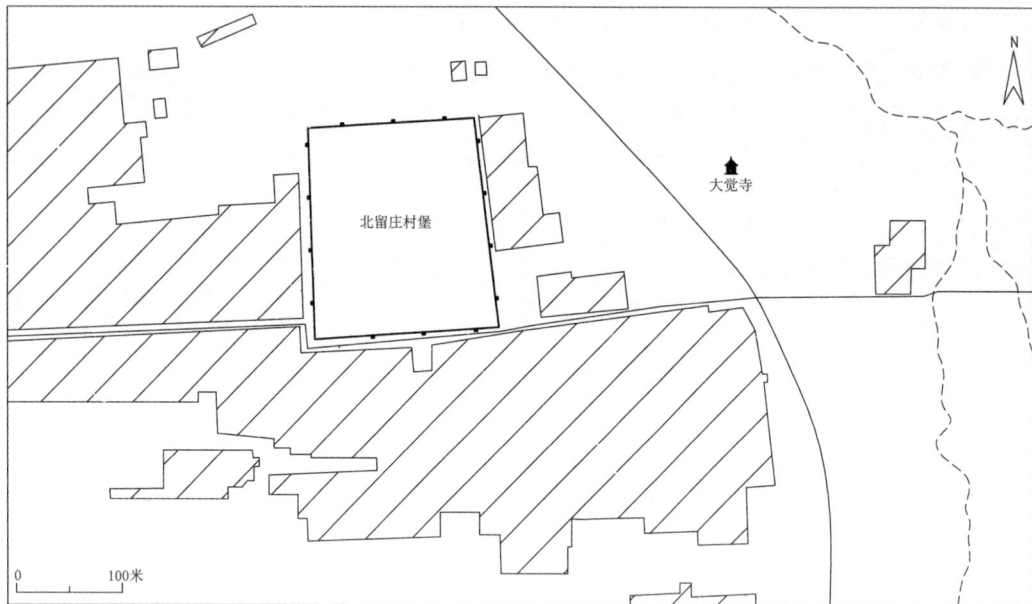

图9.4　北留庄村古建筑分布图

二、城堡

（一）城防设施

北留庄村堡，位于东北部旧村中。城堡平面呈矩形，周长约716米，开南门，堡内平面布局为双十字街结构，中间略有错位（图9.5）。

城堡南门保存较好，砖石拱券结构，基础为条石砌筑，上面青砖包砌（彩版9-5、6）。外侧门券三伏三券，门券拱顶上方原镶嵌有3枚门簪，现仅存1枚，门簪为叠层的菊花。门簪上出一层伏檐，二层错缝牙子。门簪上方镶嵌有砖制阳文门匾，正题"北留庄"。内侧门券三伏三券，门券拱顶上方镶嵌有3枚门簪。门顶外部四周修建有护墙，中间修建堡门楼。门顶内侧为拱券顶。门道为土路，木板门扇尚存。门内为中心街。南门外原有戏楼，现为空地和村委会大院（空地东侧）。

堡墙均为黄土夯筑，保存较差。堡内的地面高于堡外地面。东墙长约193米，内侧墙体较低，高0～3米，外侧高3～6米，墙体内外为顺城道路和民宅。南墙长169米，西段尚有部分断续存在的墙体，墙体低薄，高3～5米，多坍塌。西墙长约197米，大部分西墙为民宅占据，仅存西北角附近一小段墙体，长40余米，高4～5米，墙体内侧为民宅，外侧为顺城道路。北墙长约157米，保存相对较高，墙体低薄、连贯，墙体高4～5米，内侧为民宅，外侧为荒地，西段外为顺墙小路；北墙中部设有1座马面，保存较好，外高4～5米，顶部修建真武庙，墙外有堡壕遗迹（彩版9-7）。堡外为大面积的新村。

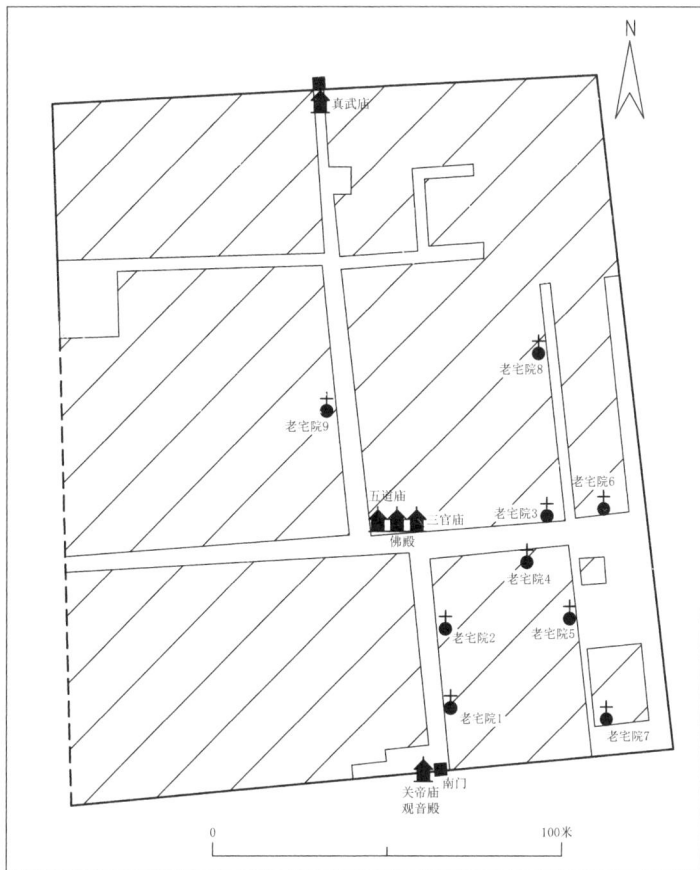

图 9.5　北留庄村堡平面图

东南角无存。西北角、东北角未设角台,仅为转角。西南角无存,为民宅占据。

（二）街巷与古宅院

堡内民宅以土旧房为主,翻修屋顶者约占一半。老宅院集中分布于堡内东南部片区。

南正街　即南门内主街南段,尚存 2 座老宅院,均位于街东侧。老宅院 1,广亮门,硬山顶,门前设有八字墙,门内为一条巷子,巷内北侧为 1 座一进院宅院。老宅院 2,一进院,西南角辟门,宅门坍塌,仅存上马石。

东正街　即南十字街东街,尚存 6 座老宅院。老宅院 3,位于北侧,一进院,东南角辟门,广亮门,卷棚顶。老宅院 4,位于南侧,广亮门,硬山顶。老宅院 5,位于南侧一条巷子内西侧,一进院,东墙辟门,面东,随墙门,硬山顶,平顶门洞,门外置上马石。老宅院 6,位于正街北侧,东墙内顺城街西侧,一进院,南墙中间辟门,广亮门,硬山顶,门内两侧为倒座房。老宅院 7（堡里 21 号院）,位于堡东南角内,一进院,广亮门,门前置上马石;院内砖铺地面,正房面阔五间,卷棚顶,东厢房无存,西厢房尚存;正房西侧屋顶尚存 1 座打更楼,保存较好,二层楼,面阔单间,北面开窗,为堡内的制高点(彩版9-8)。老宅院8(堡里13号院,高旭宅院),位于正街北侧一条巷内西侧。一进院,坐北面南,保存较好,四合院格局,现存门楼1座,正房1座,东西厢房各1座,南房1座。院门位于东南角,面东,三檩广亮门楼,门楼墀头、戗檐砖雕,南为"福",北为"禄"(已毁)。门楼两侧金柱为鼓形柱础,雕有纹饰,门道为青石板地面,门框前置圆形抱鼓石。院内正房面阔五间,单檐硬山顶,明间退金廊,出廊上置天花板,上绘花鸟画,地面方砖斜墁,万字六抹隔扇,窗棂与门楣木雕精美,门上原悬挂有匾。南房为倒座卷棚式,面阔三间,五架梁前出廊,鼓形柱础,台明石条;明间四扇三抹隔扇,嵌蝠寿,廊心墙干摆砖,图案"扯手万字";东西厢房各三间,单坡顶。

北正街 即南门内主街北段,西侧尚存老宅院9,仅存大门,广亮门,卷棚顶。

三、寺庙

三官庙 位于堡内十字街口北侧,正对堡南门,庙前为东西主街,南北主街在庙前向西偏移。三官庙仅存正殿,坐北面南,面阔三间,硬山顶,进深五架梁,门窗已改造,现作为商店使用。

佛殿 位于三官庙西侧,正殿面阔三间,单坡顶,脊顶半塌。当地每年正月十六,在佛殿举行诵经活动。

五道庙 位于佛殿西侧,坐北面南,面阔单间,小卷棚顶。

真武庙 位于北墙马面之上,马面高2.5米,登庙台阶已无存,南北主街道穿过北墙,去往堡外的一户居民。正殿坐北面南,面阔三间,硬山顶,进深五架梁出前檐廊,五架梁上承三架梁。门窗无存,屋顶正脊损坏,殿内堆放杂物。殿内墙壁脱皮严重,壁画无存。

关帝庙/观音殿 位于堡南门顶部,面阔三间(坐二破三式),单檐硬山顶,进深三架梁,前后由挑檐木挑出檐廊。殿内隔为南北两殿,面南为关帝庙,面北为观音殿。

大觉寺 位于北留庄东侧柏油公路东侧,现仅存院墙。旧时修建有山门、牌楼、过堂、正殿。"文革"时期庙宇建筑被拆毁,后期又将院中松柏树砍伐。如今遗址内尚有一户居民居住。

第四节 赵家湾村

一、自然环境与人文历史

赵家湾村位于西合营镇东北2.5公里处,坐落于四十里坡台地南端台下。四面环水,背风向阳,属河川区,水源充沛。地势东高西低,村庄周围地势平坦开阔,为中壤土质,辟为耕地。232乡道从村南缘经过。1980年前后有1443人,以赵姓为主,耕地2047亩,水田占多数。曾为赵家湾大队驻地。

相传,明洪武年间,有一个名叫赵平举的人从山西迁来,建村于一土湾处,故取名赵家湾。村名可考的历史最早见于《(乾隆)蔚州志补》,作"赵家湾子",《(光绪)蔚州志》《(民国)察哈尔省通志》均作"赵家湾"。本村历史上良田广袤,为一方富庶之乡,村中明清时赵姓居民人才辈出。

如今,赵家湾村和西合岗村已连接在一起,两村以一条水泥路为界,路南为赵家湾,路北属西合岗。据当地长者回忆,西合岗与赵家湾相连是一条龙,西合岗为龙头,赵家湾为龙尾(图9.6)。

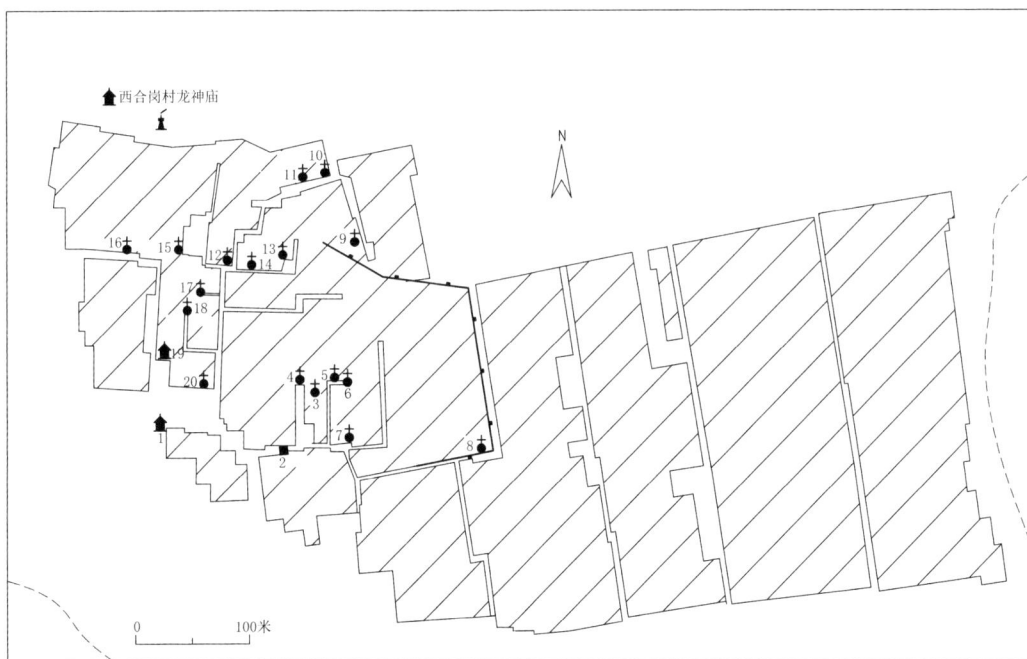

图9.6 赵家湾村古建筑分布图

1.剧场(戏楼) 2.西门 3.老宅院1 4.老宅院2 5.武进士大院 6.赵家大院 7.东街47号院
8.东街32号院 9.北街19号院 10.北街30号院 11.老宅院12 12.老宅院9
13.老宅院11 14.老宅院10 15.老宅院15 16.老宅院16 17.北街51号院
18.北街54号院 19.关帝庙 20.供销社

村庄分为新旧两部分,新村在东面,旧村在西、西北部,靠近西合岗村。村庄规模大,居民人口多,民宅以新房为主。新村西南部水泥路边有"文革"时期修建的剧场,现已废弃。对面为一小片空地,空地北面有供销社,现为商店。

二、城堡

（一）城防设施

赵家湾村堡位于旧村中，城堡平面呈不规则形，开西、南、北门，堡内平面布局较乱，大致为东西主街结构。

西门现为缺口，尚有部分条石基础保存，西门内为主街。据当地长者回忆，北、南门为土坯修建的简易门，应为庄门。

堡墙均为黄土夯筑，破坏严重。据当地长者回忆，城堡毁于1946年前后，系年久失修，自然坍塌。东墙仅存1～3米高的墙体，墙体内外均为顺墙道路和民宅，但是内侧地面明显高于外侧地面约1米。南墙无存，为民宅占据。西墙无存，被新建的民宅占据。北墙墙体不直，先向西、再向西北方折，大致呈东南、西北走向，保存较差；北墙墙体高1～5米，保存较差，墙体内外均为民宅。旧时堡外为荒地，无人居住，居民全部居住在堡内。

东南角无存，现为空地。东北角为转角，高3米，东北角内侧为民宅，外侧为道路。

（二）街巷与古宅院

堡内老宅院数量众多，分布散乱。

老宅院1　原为前、后院格局，如今前院大门、二门无存，二门仅存抱鼓石，但前、后院的厢房尚存，东、西厢房面阔四间，后院正房保存较好，面阔五间，门厅退金廊，上置天花板。

老宅院2　位于老宅院1西侧，一进院，随墙门，平顶门洞。

武进士大院　即东街49号院，俗称"进士院"，据说为武进士赵昕的宅院，其后人尚住院中，现年65岁。

宅院坐北面南，原由前、中、后三进院组成，现存大门1座，前院东厢房1座，过庭1座，后院门楼1座，正房1座，保存较好，中轴线上4座建筑格局完整。

宅门为三檩硬山顶，广亮门，木板门二扇，门外置高大的上马石2块，门道皆铺石板。前院东厢房面阔三间，单坡顶，西厢房损毁无存。正北为过庭，面阔三间，单檐六檩卷棚顶，两侧有通往中院的通道。中院东、西厢房坍塌，向北正中开随墙门，据传建门费时三载，门两侧为院墙。后院正房面阔五间，单檐硬山顶，进深五架梁。该建筑相传为清乾隆年间所建。

赵家大院　位于西门内主街北侧，武进士大院东侧（彩版9-9）。整体坐北面南，大门位于宅院西南角。主要建筑分布在前、中、后三进大院及两进西跨院。

大门坐东面西，三檩硬山顶，广亮门，门道为石板路，路下石砌的排水道尚存，前院东厢房已毁，西厢房为单坡顶，面阔三间。前、中两院以五檩悬山顶垂花门二门楼相隔，院内有一株古柏树。中院东西厢房各三间，单坡顶，厢房北西有厦廊一间，东有通往东跨院的砖雕如意头挂檐月亮门；过庭面阔三间，单檐六檩卷棚顶，房内山墙上有山尖画的轮廓，但未绘制壁画，屋内梁架上有彩绘，顶部脊檩上有彩绘的《八卦图》，据此推测，该院应是祠堂、家庙之类的建筑。西有耳房，东为通往后院的过道，后院东、西厢房各三间，单坡顶，厢房南与过庭之间各有一随墙门。正房面阔五间，单檐硬山顶。由月亮门进入东跨院，东墙迎月亮门建一厦廊迎门厅，正北为正房，面阔三间，硬山顶，进深五架梁，明间退金廊，装修木雕草龙、五福捧寿等装饰。东跨院现由村民赵三一家居住，其余均已荒芜。中院据传为武进士叔叔的宅院。

东街 47 号院　位于东西主街北侧，广亮门，卷棚顶，解放前建筑，门内为一条巷子。

东街 32 号院　位于堡东南角内侧，硬山顶，卷棚顶，平顶门洞，保存较好。

堡外西北方、堡西墙外侧亦为老宅院聚集区，有北街 51 号院，老宅院 9、10、11、12，北街 30 号院、19 号院，老宅院 15，北街 54 号院，老宅院 16。

北街 51 号院　一进院，东南角辟门，坐西面东，广亮门，硬山顶。

老宅院 9　一进院，系门面房。面阔两间，卷棚顶，院内正房面阔五间，卷棚顶。

老宅院 10　一进院，广亮门，硬山顶，屋顶、东西山墙坍塌殆尽，院内正房面阔三间，卷棚顶。

老宅院 11　一进院，仅存东西厢房，面阔三间，单坡顶。

老宅院 12　一进院，四合院布局，东南角辟门，面南，广亮门，硬山顶，院内正房面阔五间。

北街 30 号院　一进院，东南角辟门，面南，广亮门，硬山顶。

北街 19 号院　一进院，东墙辟门，面东，广亮门，硬山顶，门内墙壁上尚存毛主席语录。

老宅院 15　原为两进院，现为一进院，东南角开门，面东，广亮门，硬山顶，院内荒芜，仅存前院西厢房和后院东厢房。

北街 54 号院　原为前后两进院，现为一进，东南角辟门，坐北面南，广亮门，硬山顶。前院建筑已毁，后院为砖铺地面，院内有水井，正房保存较好，东厢房坍塌，西厢房尚存，正房面阔五间，门厅退金廊，门窗上有保存较好、雕刻精美的木雕装饰。

老宅院 16　位于北街 54 号院西侧，一进院，南墙中间辟门，已重新，正房面阔三间，硬山顶，门厅退金廊。

三、寺庙

据当地长者回忆，城堡内外曾修建有关帝庙、剧场（戏楼）、五道庙（2 座）。西合岗村的龙神庙也归赵家湾村管辖。

关帝庙 位于堡西门外,原为 1 座庙院,正殿前院中殿前曾立有一对旗杆,后被拆毁。正殿坐北面南,面阔三间,硬山顶,进深六架梁出前檐廊,亚形驼墩,鼓形柱础。正殿主体梁架与山墙尚存旧构,但前墙与门窗皆已重新修缮。殿内堆放杂物,壁画全毁。殿前尚存半块残碑,碑文漫漶,可见"牌楼""戏楼"等字样,推测该碑为当年修建牌楼与戏楼的碑记。正殿北墙外立面上辟有一神龛,称为"倒马关",龛内供奉立马关公,龛面对北留庄村高姓居民的墓地。

剧场(戏楼) 位于关帝庙对面。近代剧场坐南面北,旧时曾为 1 座戏楼,1968 年拆毁戏楼后修建剧场。

五道庙 2 座,1 座位于堡内,东街 47 号院东侧;1 座位于主街北侧一条巷子的尽头。均已无存。

第五节 莲花池村

一、自然环境与人文历史

莲花池村,位于原北洗冀乡(今属西合营镇)北偏东 4.2 公里处。村庄修建在壶流河川西侧,紧邻西侧台地,村南、北、东面为壶流河谷地,村东紧靠裕民渠,村西为河道边的台地,多东西向冲沟,地势险要且较高。村庄周围地势平坦,一马平川,为黏土质,呈盐碱性,辟为大面积的耕地。1980 年前后有 996 人,耕地 3 517 亩,曾为莲花池大队驻地。

相传,明初建村,名清牛园。清末年间该村于郎清在河南为官时,运来莲花根栽入村东池内,村亦更名为莲花池。村名可考的历史最早见于《(嘉靖)宣府镇志》,作"莲花池",《(顺治)蔚州志》作"莲花池堡",《(乾隆)蔚州志补》作"莲花池",《(光绪)蔚州志》《(民国)察哈尔省通志》沿用。

如今,村庄规模较大,村中的两条冲沟将村分为 3 部分。北中部为旧村,即城堡所在地,受地形影响,分布不规整。南部为新村,民宅以新房为主,居民较多,排布整齐,新村有 3 条南北主街,2 条东西主街,215 乡道穿村而过(图 9.7)。

二、城堡

(一)城防设施

莲花池村堡位于村北,选址修建在一块独立的台地上,四面临沟。城堡平面呈矩形,周长四至无法复原,残长约 253 米,开南门,堡内平面布局为南北主街结构(图 9.8)。

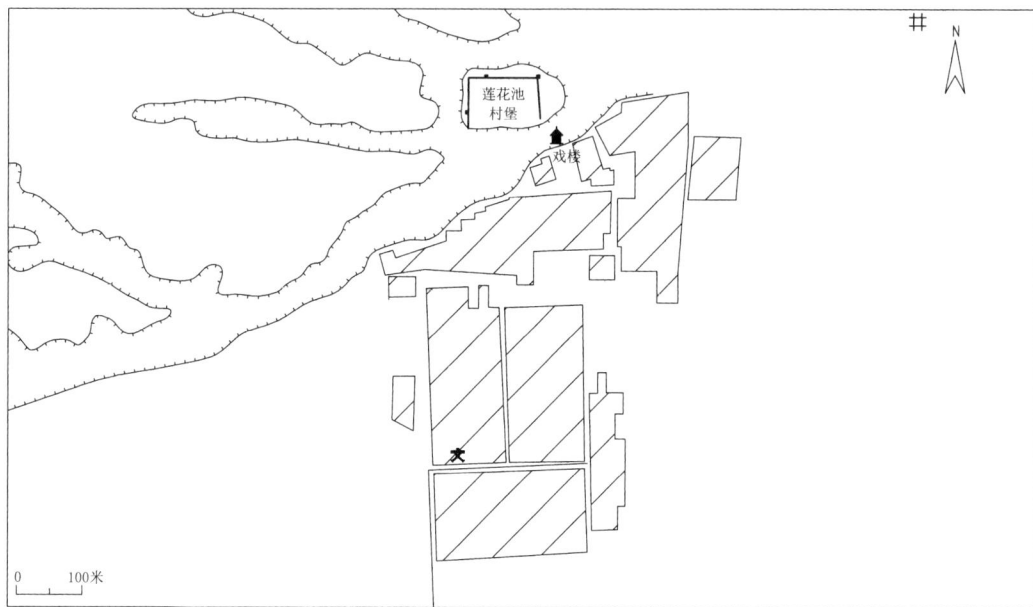

图9.7　莲花池村古建筑分布图

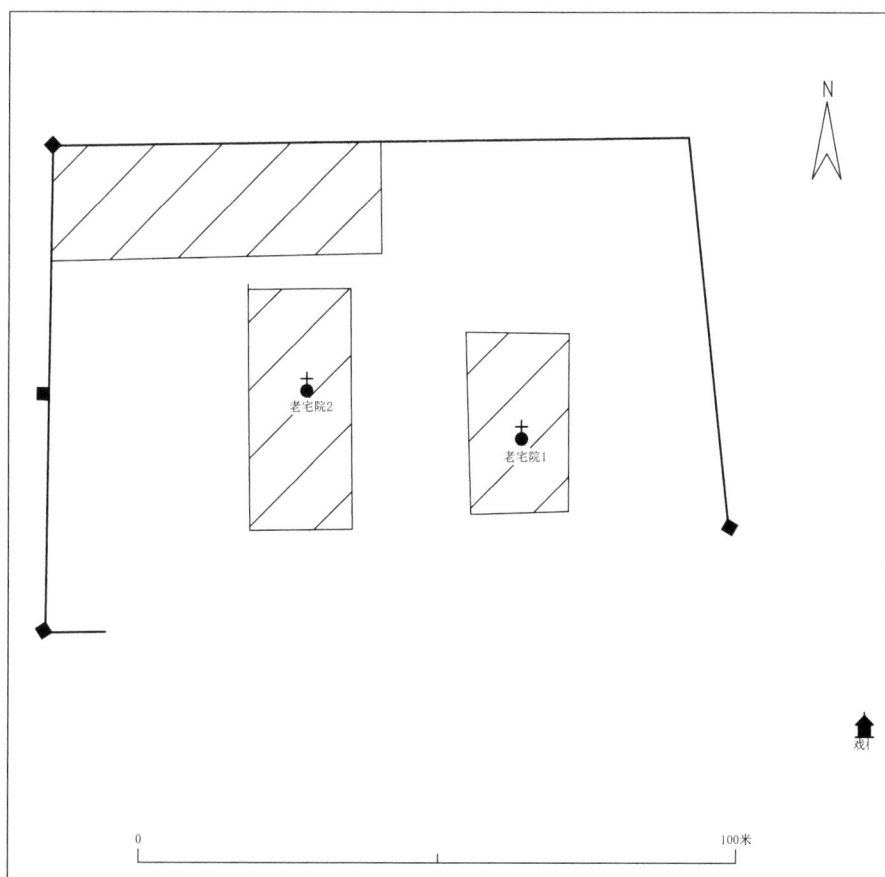

图9.8　莲花池村堡平面图

城堡南门建筑无存,现为平地,门外有进城坡道。

堡墙均为黄土夯筑,保存差。东墙残长约 64 米,墙体低薄、连贯,高 6～7 米,内侧为废弃的民宅,外侧为荒地。南墙无存,为荒地。西墙残长约 76 米,修建在台地上,外侧高 5～6 米,中部设有马面,外侧高 10 米,体量大。北墙长约 113 米,外侧与山坡融为一体,呈斜坡状,坍塌严重。

东南角为 135°斜出角台,外侧高 10 米,内侧高 5 米。东南角外路边有戏楼。西南角设 135°斜出角台,外侧高 8 米。西北角设 135°斜出角台,高 4～5 米,坍塌严重。东北角未设角台,仅存转角,外侧高 7 米。

(二)街巷与古宅院

堡内民宅大部分废弃,房屋多倾斜、坍塌,现为遗址,目前仅存 2 座老宅院。

老宅院 1　位于堡内东部,一进院,南墙中间开门,广亮门,硬山顶,西山墙表砖坍塌,院内正房面阔三间,硬山顶,明间退金廊,东西耳房面阔单间,硬山顶,东西厢房为单坡顶,已经坍塌。院内已经废弃,改作羊圈。

老宅院 2(旧堡 4 号院)　位于南北主街西侧,一进院,东墙辟门,广亮门,硬山顶,门扇外两侧墙上有影壁,砖作钱眼砖雕装饰。

三、寺庙

戏楼　位于堡东南角外路边,坐南面北,对面 30 米处为一个高土台。戏楼砖石台明高 1.3 米,外立面包砌青砖,局部有坍塌,顶部四周原铺条石无存,戏楼内地面条砖铺墁。戏楼为单檐六檩卷棚顶,面阔三间,前檐柱 4 根,金柱 2 根,柱下石鼓柱础,前檐挑檐木伸出较短。前檐额枋明间雀替雕龙,次间雕狮子,戏楼后台明间置六抹落地隔扇,次间设出将、入相二门。戏楼内的墙壁上没有彩绘和题记遗存。

龙华寺　据当地长者回忆,莲花池旧有龙华寺,因该寺坐落于池西侧 10 米处,古时亦称东湖寺(莲花池也被称为东湖)。寺院始建于明洪武十年(1377),占地面积 1 500 平方米,寺院坐北面南,正殿三间,内有木制佛像,西庑三间,寺院东侧有山门一座。20 世纪 60 年代,寺院被全部拆毁,现已成为耕地。

第六节　上利台村

一、自然环境与人文历史

上利台村位于原北洗冀乡(今属西合营镇)北偏东 2.8 公里处,地处壶流河河川内西侧。

东临裕民渠,西靠坡,坡上沟壑纵横。村庄周围地势平坦开阔,一马平川,为黏土质,呈盐碱性,辟为大面积的耕地。1980 年前后有 143 人,耕地 446 亩,曾为上利台大队驻地。

相传,原村名擂台,因曾摆过擂台而得名。明成化十五年(1479),部分人迁于现址新建村,因地势较原址高,故取名上擂台,后误传为上利台。村名可考的历史最早见于《(正德)宣府镇志》,作"利台堡",《(嘉靖)宣府镇志》作"利台",《(崇祯)蔚州志》作"利台堡",《(顺治)云中郡志》《(顺治)蔚州志》沿用,《(乾隆)蔚县志》作"上利台",《(光绪)蔚州志》《(民国)察哈尔省通志》沿用。

如今,村庄规模小,只有 7 排民宅,居民少。215 乡道穿村而过。在两村庄之间的西侧台地上保存有废弃的城堡(图 9.9)。

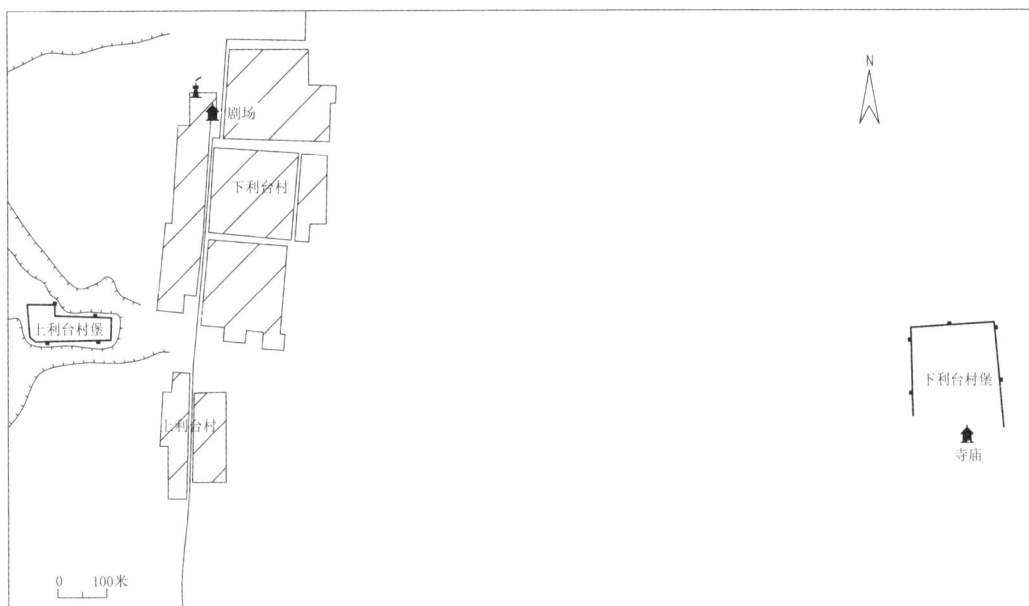

图 9.9　上利台、下利台村古建筑分布图

二、城堡

上利台村堡位于上、下利台村之间西侧台地上。城堡依地形而建,选址修建在冲沟之间的台地上,南、北、东三面为冲沟,西面为较平坦的坡地。平面呈不规则形,周长约464 米,开东门,东门建筑无存,现为缺口,堡内平面布局未知。

堡墙均为黄土夯筑,保存差。东墙长约 42 米,墙体较短,高 4 米。南墙长约 167 米,内侧高 0~6 米。西墙长约 70 米,墙体较短,破坏严重,高 1 米,仅存基础;西墙中部设有1 座马面,正对东门,保存较好,高 6 米。北墙长约 185 米,内侧高 0~4 米;西段墙体相对较高,高 4 米;东段墙体不直,有曲折,墙体低薄,破坏严重,高 0~4 米;北墙曲折处修建有135°斜出角台,与城墙同高,高 4 米。

东南角设 135°斜出角台，高 6 米，保存较好。西南角设 135°斜出角台。西北角设 135°斜出角台，保存较好。

堡内为废弃的房屋，仅存基础，现全部为荒地。

第七节 利台庄村

一、自然环境与人文历史

利台庄村位于原北洗冀乡（今属西合营镇）北偏东 1.8 公里处，地处河川，地势略西高东低。村庄选址修建在壶流河河川谷地西侧，东临裕民渠，村西面紧邻台地，有许多冲沟，南、北、东面地势平坦，一马平川，为黏土质，呈盐碱性，辟为大面积的耕地。1980 年前后有 613 人，耕地 2 088 亩，曾为利台庄大队驻地。

相传，该村原是上、下利台的看地房。清末年间，为了种地方便，部分人迁此建村，取名利台庄。村名可考的历史最早见于《（民国）察哈尔省通志》，作"利台庄"。

如今，村庄规模较大，南北主街结构，即 215 乡道，中部有小冲沟将村庄分为南、北两部分。旧村位于整个村庄的西北部。村庄居民较多，民宅以新房为主，新村部分规划整齐划一，旧村规模小，东西主街结构，旧村中多为土旧房翻修屋顶。

二、寺庙

关帝庙 位于戏楼对面，巷子北端，与戏楼遥遥相对。原为一座庙院，院墙已坍塌，门楼尚存，保存较好，随墙门，券形拱门，上面有砖作仿木构垂花门，檐下垂花柱尚存，柱间装饰精致。院内正殿坐北面南，面阔三间（坐二破三式），硬山顶，进深五架梁。正脊和屋檐有部分损坏。门窗无存，仅存框架。正殿前檐下檩与替之间的垫木，明间共有三段，次间各为二段，皆雕刻精美。正殿内曾改作教室使用，墙壁粉刷白灰浆，壁画无存。如今教室废弃，殿内堆满玉米秆。

戏楼 位于村东西主街西端路南，北面正对一条巷子，巷子尽头为关帝庙。戏楼已废弃，坐南面北，基础高 1.5 米，外立面青砖包砌，东北角有坍塌，顶部四周铺条石，戏楼面阔三间，卷棚顶，进深六架梁。东山墙部分坍塌，其他墙体保存较好。戏楼内东、西两壁尚残存壁画，各绘有四条屏风，画中有楼阁与人物。后墙壁画为《麒麟望日》，麒麟回首张嘴甚为威风。后墙壁上有"民国五年""直隶宣化府西宁县大坨塄人氏班……在此一乐也"的墨书题壁，此外贴有 3 份"民国二十七年六月"的《蔚县县公署布告》，布告正文部分已脱落损毁。

第八节　北洗冀村

一、自然环境与人文历史

北洗冀村位于蔚州古城东北偏北 21.4 公里处,地处河川。村庄选址修建在壶流河谷地的平川之上,东临裕民渠,西靠坡,村南紧邻一条平浅的河道,周围地势平坦开阔,一马平川,为黏土质,辟为大面积的耕地。1980 年前后有 1 205 人,耕地 4 165 亩。曾为北洗冀公社、北洗冀大队驻地。

相传,明朝开国皇帝朱元璋曾在原村南洗过马,故村名取北洗骥,后传"骥"为"冀"。因地势低洼下湿,于 1959 年迁于现址,村名仍用旧称。村名可考的历史最早见于《(正德)大同府志》,作"洗冀堡",《(崇祯)蔚州志》作"洗冀南北二堡",《(顺治)云中郡志》沿用,《(乾隆)蔚州志补》作"洗冀北堡",《(光绪)蔚州志》作"洗冀南北堡",《(民国)察哈尔省通志》作"洗冀堡"。

如今,村庄规模较大,民宅以新房为主,规划整齐划一,由 3 条南北主街组成,居民较多。村口路西尚存有近代剧场,即北洗冀剧场,剧场正面两侧墙壁上有水泥制作的楹联,上联"鼓乐动云停鸟集",下联"广袖舞心旷神怡"。旧村位于新村的东南侧耕地中,距离新村约 990 米,旧时曾修建有城堡和寺庙。

二、城堡

北洗冀村堡位于新村东南约 870 米的旧村中,1952 年被洪水冲毁。城堡平面呈矩形,周长约 792 米,开南门,堡内平面布局未知。

南门建筑无存,仅存缺口。堡墙均为黄土夯筑,破坏严重,仅存北墙 1 座马面,东墙 2 座马面,其余为耕地,堡内全部废弃。

第九节　穆家庄上堡村

一、自然环境与人文历史

穆家庄上堡村位于原北洗冀乡(今属西合营镇)西南偏南 2.5 公里处,地处河川,处于平川和台地的交汇地带。村南、东侧为壶流河谷地,南临裕民渠,西、北面为河边台地,有许多冲沟的出水口。村附近为大面积的平川,为黏土质,略呈盐碱性,辟为耕地。1980年前后有1 754人,耕地5 137亩,曾为穆家庄上堡、下堡大队驻地。

相传,建村于1182年,因穆姓主居,故得名穆家庄。村名可考的历史最早见于《(正德)大同府志》,作"木家庄堡",《(崇祯)蔚州志》作"穆家庄堡",《(顺治)云中郡志》《(顺治)蔚州志》沿用,《(乾隆)蔚州志补》作"穆家庄",《(光绪)蔚州志》《(民国)察哈尔省通志》沿用。据村中孙锡录老人说,村寨为穆桂英所建,故名。

如今,村庄分为新、旧两部分,南面川内为新村,北面坡上为旧村。旧村城堡南门通新村,215乡道穿村而过(图9.10)。

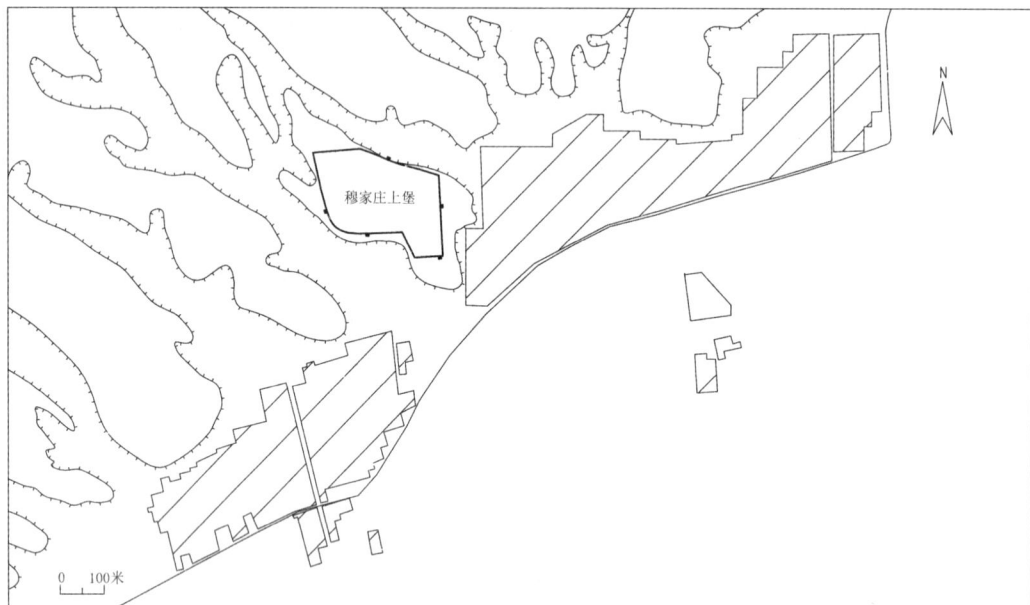

图9.10　穆家庄上堡村古建筑分布图

二、城堡

(一)城防设施

穆家庄村堡位于穆家庄上堡村北旧村中,属壶流河北岸丘陵台地。城堡选址修建在一片孤立的台地顶部,四面均为陡坎,地势险要,东面相对平缓。城堡因地形而建,平面呈不规则形,周长约942米,开东、南门。城堡开设的2座堡门在当地有一定讲究,当地村民娶媳妇均走南门,亲人过世则走东门。堡内平面布局呈"王"字形(图9.11)。

东门门外原设有坡道,由于废弃较久,坡道多为流水冲毁(彩版9-10)。东门保存较

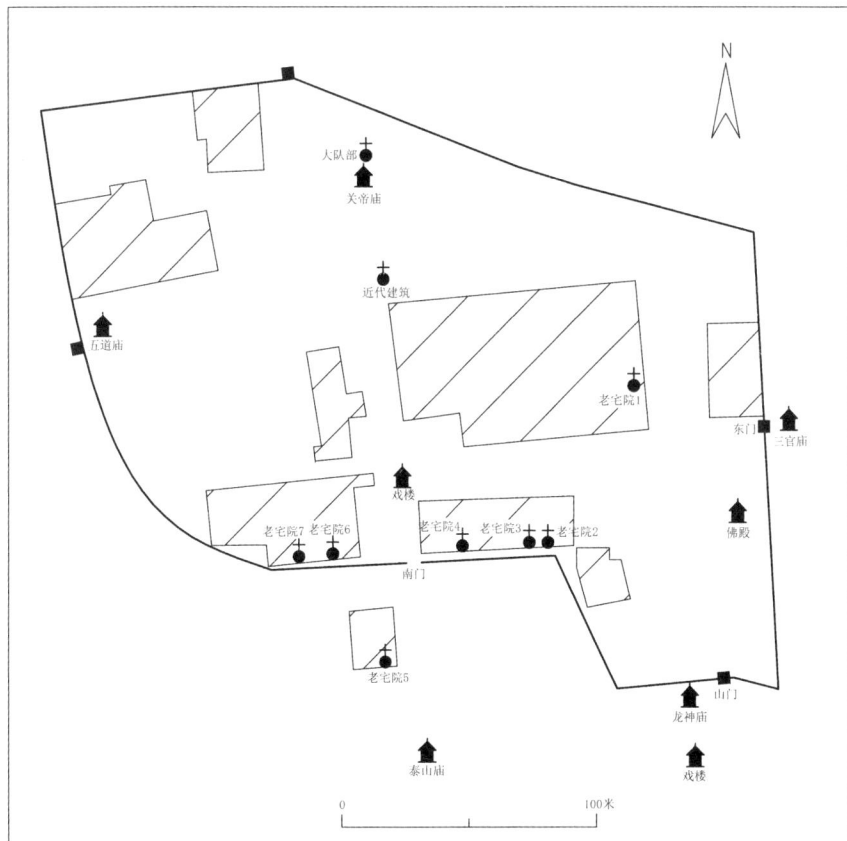

图 9.11　穆家庄村堡平面图

好,砖石拱券结构,基础为条石,上面青砖砌筑起券。外侧门券五伏五券,门券拱顶上方原镶嵌有 3 枚门簪,现仅存痕迹,出一层伏檐,其上镶嵌砖制阳文门圃,由 3 块方砖组成,阳雕"穆家庄"3 字,右侧 1 块有 1 排竖字"嘉庆二十年五月",之上为倒挂砖楣子。门内南墙有部分坍塌。内侧门券亦保存较好,五伏五券,门券拱顶上方原镶嵌有 3 枚门簪,仅存痕迹,其上镶嵌砖制阴文门圃,3 块方砖阴雕"大兴门"3 字,保存较好,之上出二层错缝牙子。门内顶为拱券结构,门闩孔为石头雕凿的圆形孔石。门外顶有少许坍塌,以前曾有仿木构砖雕装饰,已全部破坏。门道为自然石铺成的路面,门扇无存。东门内为东西主街。

　　南门位于戏楼正南,南墙中部。解放战争时期,国民党军队曾炸过堡门,此后成 1 座危门,最后堡门毁于 20 世纪 70 年代。现今南门仅存缺口,其内正对双面戏楼。门外有一条坡道自南而上,坡顶东侧卧有一头石狮,风格古朴,风化严重,推测是别处移至此地。南门外西侧有新建的手机信号塔。南门外旧时曾有一座水坑,现已干涸,旧时南门外耕地为水田,后逐渐干涸。南门外尚存一通清光绪年间的断碑,字迹漫漶。此外,南门内水道边上还有一通清代石碑,字迹漫漶。

堡墙均为黄土夯筑,保存较差。东墙长约 180 米,墙体外高内低,外侧为顺墙道路,内侧为民宅;北段保存较差,外高 2～5 米,内高 1～5 米;南段外高 3～5 米,内高 1～4 米,墙体多倾斜、坍塌,墙体内侧更低。东门内南侧(东墙南段内侧)现为一大片荒地,原为佛殿。佛殿南面,即东南角内侧,旧时有苇子坑遗址,现为平地。南墙长约 284 米,墙体不直,多有曲折,现存高约 1 米的基础,只有东南角附近的南墙尚存 3～4 米高,墙体破坏严重;内侧为顺城道路和民宅,外侧为荒地。西墙长约 179 米,墙体保存一般,墙体大部分尚存,墙体较直,墙体高 0～5 米,外侧为台地边缘荒地,不远处为陡坎和冲沟,内侧为民宅;墙体中部向西突出一段墙体,尽头为 1 座马面,保存较好,高 6 米。北墙长约 299 米,墙体外侧大部分坍塌成斜坡状,墙体高大,保存较好,内侧为民宅,外侧为坡状荒地;北墙中部偏西设有 1 座马面,外立面有土坯修建的痕迹;北墙在此向东南折去,墙体外侧为顺城道路,墙体总体保存较好,外侧高 4～8 米,内侧高 4～6 米。

西南角为弧形转角,建筑无存,现为 1 米高的基础。西北角未设角台,仅为转角,高7～8 米,充分利用台地而建。东北角仅为转角,选址修建在台地上,外侧总高 10 米,转角自身高 3～4 米,充分利用台地。

（二）街巷与古宅院

据孙锡录老人回忆,堡内街巷布局原为"王字街",修建双面戏楼之后,呈"玉"字形。如今,城堡废弃时间较久,堡内街巷格局仅主街即南北主街、东门内主街以及后街尚清晰。堡内的房屋大部分废弃,且多坍塌成平地,堡内一片荒芜,只有少量的房屋尚存。

正街 即东门内东西主街和南门内南北主街,尚存 1 座老宅院。老宅院 1,位于正街北侧,一进院,南墙中间辟门,广亮门,垂花门式,正房面阔五间,卷棚顶,坍塌严重,仅存西次间、西梢间。

南墙顺城街 即南墙内侧顺城街道,东段北侧有 3 座老宅院,保存较好,为清末民国时期的房屋。老宅院 2,一进院,西南角辟门,面南,广亮门,硬山顶,院内为四合院布局。老宅院 3,仅存大门,随墙门,平顶门洞,屋檐下尚存砖雕装饰。门内尚存有影壁,面阔单间,檐下砖作仿木构砖雕垂花门,砖雕装饰多已破坏,影壁盒子阴刻双勾"福"字。老宅院4,仅存大门,广亮门,硬山顶。西段北侧有 2 座。老宅院 6(旧堡街 232 号),一进院,东南角辟门,广亮门,卷棚顶,正房面阔五间,硬山顶,门厅退金廊,东耳房面阔两间,卷棚顶。老宅院 7,一进院,东南角辟门,广亮门,硬山顶,门前设 2 步石台阶,门内尚存影壁,面阔单间,硬山顶,檐下砖作仿木构砖雕斗拱,共 10 攒,保存较好,正房面阔五间,硬山顶。

老宅院 5 位于堡外南门外西侧,仅存正房,正房面阔三间,硬山顶,西次间坍塌无存。

近代建筑 位于南北主街北尽头,为旧时大队部所在地,大门为近代风格建筑,院子已废弃。

据孙锡录老人回忆，因城堡地势高，饮水困难，堡内居民约30多年前外迁。旧时堡内有900余人居住，目前堡内只有一户居民（2位老人）居住，位于北墙内侧，此外南门外侧还有一户居民（2位老人）。

三、寺庙

据孙锡录老人（孙锡录的祖上为易县孙家庄人，曾在保定做官，孙锡录为蔚县当地人，年轻时读过书，对村史比较熟悉）回忆，城堡内外共有多座庙宇，庙内有道士、和尚居住。寺庙建筑在20世纪50年代便开始拆除，"文革"时期，寺庙拆毁殆尽。

观音殿 位于南门外泰山庙东侧，现已无存。

关帝庙 位于双面戏楼北面正对，现今大队部大院所在地即为关帝庙遗址。旧时正殿内墙壁上绘有壁画。

泰山庙 位于堡南门外。旧时正殿面阔三间，殿内曾悬挂有匾额，正题"弃世婆心"。目前遗址仅存基础，保存差，多为荒地。

五道庙 共2座，1座位于堡后街西墙下，坐西面东；1座位于东门内侧，坐北面南，现已无存。

佛殿 位于东门内南侧，殿内旧时供有佛像，现已无存。

真武庙 位于北墙马面顶部，旧时曾有塑像，一共12尊，现已无存。

龙神庙、戏楼、梓潼阁 位于堡东南角外侧的台地上，旧时为一座庙院，现已荒芜，为全村制高点。龙神庙山门辟于南墙上，现为一券形门洞，保存较好，门洞上为梓潼阁，现已无存。门券内西侧即南墙东段外侧墙下为龙神庙的正殿，正殿倚墙修建，仅存高大的基础，高3米，蔚为壮观，正殿前有戏楼，现为遗址。

三官庙 位于堡东门外，现为遗址。

戏楼 位于堡内中心街南侧，南堡门正对戏楼。戏楼为双面戏楼，即开南北两面台口，面北主台口，面南副台口，北面正对真武庙、关帝庙，南面对南门外泰山庙。戏楼基础为砖石台明，高1.3米，台明外立面包砖，顶部四周铺条石。东南角附近有排水口。戏楼为单檐七檩卷棚顶，内为硬山顶结构，面阔三间，南北檐柱各4根，柱下石鼓柱础。前后额枋尚存清末民国时期斑驳的彩绘。前台挑檐木外伸足有五分之四，使整个前台视野极为开阔，而后台却未设挑檐木，造成了前后不对称。前后檐均出橡、飞。南台口原有木板封堵，解放战争时期，国民党军队将木板拆卸。戏楼内两山墙彩绘西式阁楼，表面涂刷白灰浆，保存较差，应为清末民国时期的作品。象眼绘《海永飞蝠》。由于堡内街道呈"王"字形，村中多出为害一方的小霸王，后经风水师点化在此建戏楼，组成"玉"字，逢凶化吉。

第十节 东 辛 店 村

一、自然环境与人文历史

东辛店村位于原北洗冀乡(今属西合营镇)西南偏南 5.3 公里处,地处河川区。村东临裕民渠,西靠坡,东南较平坦,西北多冲沟,地势略西高东低。村南部沙土,北部为黏土质,周围辟为耕地。1980 年前后有 561 人,耕地 2 066 亩,曾为东辛店大队驻地。

相传,该村原为交通要道,道旁有 1 座客栈,名曰东辛店。清初始于店旁建村,村名亦随店曰东辛店。村名可考的历史最早见于《(乾隆)蔚县志》,作"东辛店",《(光绪)蔚州志》《(民国)察哈尔省通志》沿用。

如今,东辛店村分为新、旧两部分,新村位于东部,旧村位于西部。新村为整齐划一的村庄,一条南北街道贯穿,主街的南尽头新修建一座影壁。新村规模较大,民宅全部为新房,现有 200～300 人居住,杂姓,大部分居民搬走或外出打工。旧村位于新村西南方,距离较近,村内大部分房屋倒塌、废弃,目前仅 1 户居民居住,215 乡道穿村而过,路两侧随处可见村舍的断壁残垣(图 9.12)。

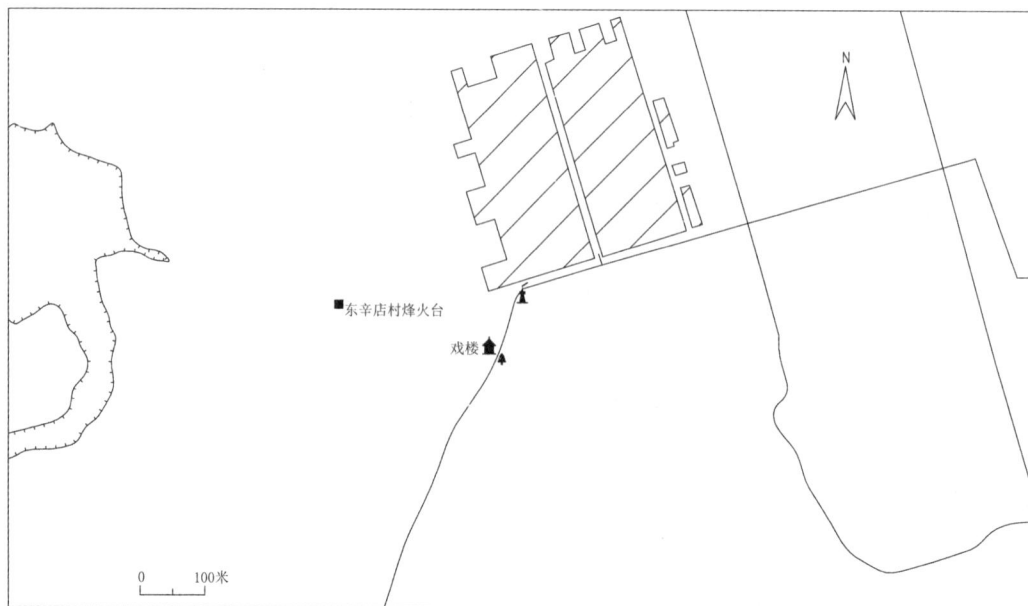

图 9.12 东辛店村古建筑分布图

二、城堡

旧堡 位于村西部,据当地76岁的长者回忆,城堡开设东、西门,如今堡墙无存,四至范围未知。1981年,村民从旧村迁至新村,旧堡堡墙逐渐坍塌。

东辛店烽火台 位于旧村北部的台地上,为全村的制高点,南面为大面积的村舍遗址。由台明、围墙、墩台三部分组成。台明呈方形,四周修建方形围墙,东墙保存较好,墙体高薄,高3~5米,墙体多坍塌呈斜坡状,墙体外为荒地和耕地,内侧原先为倚墙修建的民宅,现为荒地。北墙坍塌较为严重,高3~4米。西墙与北墙相似,高3~4米。南墙无存,现为基础。四角未设角台,仅为转角。墩台位于围墙内中部偏北,呈方形。体量较大,保存较好,高6~7米。墩院内有2株苍老的柳树,并排而立,张牙舞爪的树枝缠绕在一起。

三、寺庙

据当地76岁的长者回忆,东辛店旧村原修建有五道庙、马神庙、关帝庙、观音殿、龙神庙。寺庙中还有钟、石碑,"文革"时期全部砸毁,并将庙殿的木构件拆下用于修建房屋。

龙神庙 位于东辛店烽火台南侧,曾作为龙神庙庙台使用,台体南侧曾修建有台阶,可登顶,庙对面原修有1座戏楼。旧时龙神庙为1座庙院,有僧人常住。正殿前有钟鼓楼,院中有石碑。1955、1956年前后将庙与戏楼拆毁盖房,石碑也被砸毁。由于龙神庙院规模较大,因此院内修建民宅。解放前村民行雨时,需从大南山而非东黄花山请龙神来此,祭祀时不准妇女参加。

戏楼 位于旧堡东门外,即东辛店旧村东、新村西南的旷野之中,南邻215乡道(彩版9-11)。戏楼坐南面北,对面空地为观音殿遗址。戏楼砖石台明高0.8米,台明外立面包砖,顶部四周铺条石。戏楼面阔三间,单檐六檩卷棚顶,前檐柱4根,金柱2根,柱下石鼓柱础。山墙砖砌,后墙土坯垒砌。戏楼前台挑檐木部分略有损坏,主体结构保存较好。戏楼内前台两侧内壁尚有隔扇屏风壁画,画面漫漶,具体内容无法看清。山尖残存有壁画,题材为戏曲人物故事。后台正壁明间原绘有一幅画,两侧写有对联,大部分已经破坏。后台内壁尚存涂鸦作品和题壁,且年代跨度较大。从道光二十年起,跨咸丰、光绪年间,至1950年。尚可释读的有:"山高皇帝远,风□□圣稀,要问朝纲事,须得问野人。道光二十年九月初十日留。""道光二十三年""道光二十九年""道光卅年""仁义班""玉福班""咸丰叁年太平班""光绪九年"等(彩版9-12~19)。南墙东部曾辟有一门,现为一窟窿。戏楼南侧水泥道边有一株粗壮的柳树,柳树树冠如伞,柳枝婀娜。

第十一节 广 德 村

一、自然环境与人文历史

广德村位于原北洗冀乡(今属西合营镇)西南偏南 6.3 公里处,地处壶流河河川区。东临裕民渠,西、北靠河川台地,西临一条沙河,地势较平坦,大部分为黏土质,周围辟为耕地。1980 年前后有 520 人,耕地 1 326 亩,曾为广德大队驻地(图 9.13)。

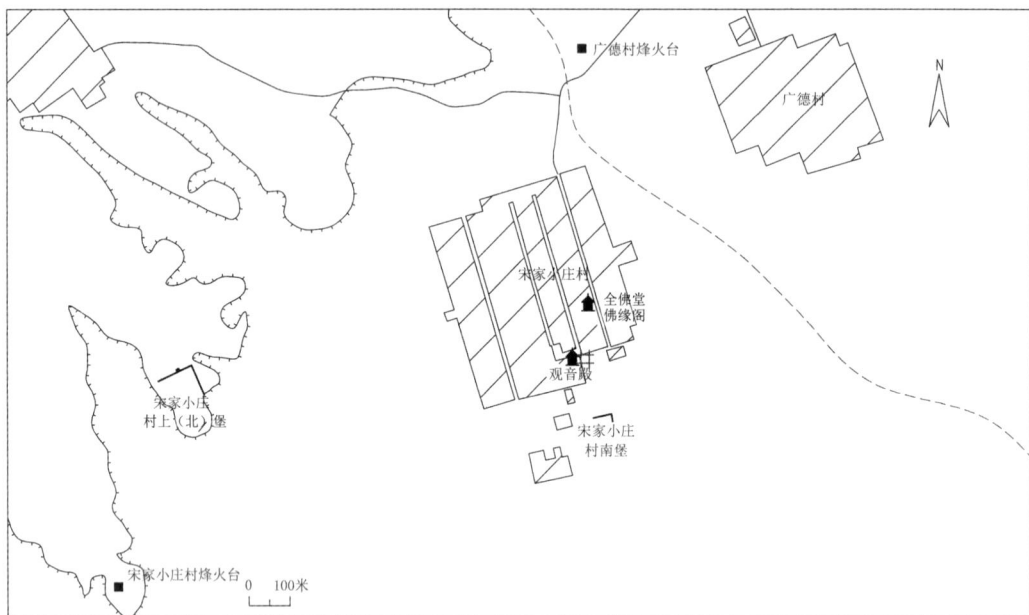

图 9.13 宋家小庄村、广德村古建筑分布图

相传,该村旧址约建于元末。当时村人所耕之地,多属邻村大德庄。一年遭灾,不得收获,大德庄人广施善德,赈济该村百姓,并于 1580 年协助重建村庄。为感其恩,故取村名为广德。1962 年因原址地势低洼,房屋倒塌,遂迁于现址居住。村名仍用旧称。村名可考的历史最早见于《(正德)宣府镇志》,作"广德堡",《(嘉靖)宣府镇志》作"广德",《(崇祯)蔚州志》作"广德村堡",《(顺治)云中郡志》沿用,《(乾隆)蔚州志补》作"广得堡",《(光绪)蔚州志》作"广德",《(民国)察哈尔省通志》作"广德村"。

如今,广德村为新村,民宅为红砖瓦房,规划整齐划一,215 乡道穿村而过,村中以董、魏姓为主,尚有 400 余人居住。旧村位于新村的东侧,据当地 75 岁的董姓老人回忆,旧村曾修有城堡。

二、城堡与烽火台

广德村堡 位于旧村中,据董姓老人回忆,城堡平面呈矩形,开东、西堡门。堡墙系自然倒塌,现已辟为耕地。

广德村烽火台 位于河东岸,紧邻沙河,由台明、围墙、墩台三部分组成。墩台为矩形,保存完好,壁面斜直,顶部平坦,推测旧时外立面曾有包砖。墩台四周为台明和围墙。台明高于周围地面近 4 米,四周修建有围墙,围墙高 2 米,外高内低,围墙多有坍塌,形成缺口,西南角也有部分坍塌,围墙南面正中辟拱形门洞,门洞保存较好。

三、寺庙

据董姓老人回忆,城堡内外曾修建有观音殿、大寺、财神殿、马神庙、龙神庙及戏楼、真武庙、关帝庙,此外还有东、西 2 座五道庙。上述寺庙,除大寺位于堡外东侧,其余寺庙均位于堡内。大寺尚存基础,寺内原有多通石碑,后修水井时使用,现水井已填埋。20 世纪 70 年代将全部寺庙建筑拆毁。

第十二节　宋家小庄村

一、自然环境与人文历史

宋家小庄村,位于原北洗冀乡(今属西合营镇)西南偏南 6.9 公里处,地处壶流河河川,东南临裕民渠,西靠河川台地,东北有沙河,地势北高南低,多为黏土质,周围辟为耕地。1980 年前后有 954 人,耕地 2 366 亩,曾为宋家小庄村大队驻地。

相传,明末建村时宋姓居多,故得名宋家小庄,后改为宋家庄。1982 年 5 月,仍复原称。因地势低洼,于 1962 年迁于现址。村名可考的历史最早见于《(顺治)蔚州志》,作"宋家小庄堡",《(乾隆)蔚县志》作"宋家小庄",《(光绪)蔚州志》作"宋家小庄",《(民国)察哈尔省通志》作"宋家庄"。

如今,宋家小庄村由上(北)堡(破堡子)、北庄(新村)、南堡(旧村)三部分组成。215 乡道穿村而过。新村(北庄)规模较大,居民较多,房屋以新房为主,村庄整齐划一。旧时本村有宋姓居民,居住在破堡子里,后搬到堡外居住,最后迁出本村。宋姓居民外迁后,曹姓居民便来此居住,现当地村民以曹姓居多,占据一半人口。全村尚有 900 余人,

200 余户(图 9.13)。

二、城堡与寺庙

（一）上（北）堡

上(北)堡 俗称破堡子,位于村西壶流河河川西北岸台地上。据村中 83 岁的曹姓长者回忆,破堡子早已废弃,村民迁至下面的平地后又修建一座城堡,俗称"南堡"。破堡子依山顶地势而建,西临冲沟,东、南为壶流河台地,北面地势平坦,城堡平面呈不规则形,周长约 456 米,开东门,堡内平面布局未知。

城堡东门建筑无存,现为较大的缺口,东门外有一条较缓的冲沟通往河川。推测为入堡通道。

堡墙均为黄土夯筑,墙体总体保存较差,仅存土垅状基础。东墙长约 170 米,墙体中部有一处曲折,曲折处为东门所在位置,东门以东的堡墙保存较好,高 4～5 米。之后城墙在此转弯向北,拐弯处设 1 座角台,为 135°斜出角台,保存较少。东墙北半部分墙体保存一般,墙体高 3～4 米。南墙长约 30 米,保存差,仅存 1～2 米高的基础。西墙长约 167 米,沿着冲沟边缘而建,墙体外侧为冲沟,因沿沟边修建导致,西墙墙体不直,中间有曲折,墙体仅存基础,连贯但很低,高 1～2 米。北墙长约 89 米,墙体整体保存一般,墙体低薄,高 4～5 米,中部设有马面,呈方形,体量较大,高 5～6 米。

东北角仅为转角,未设角台,高 5～6 米。东北角设 135°斜出角台,保存较差,高 3～4 米。西北角台设 135°斜出角台,保存较差。东南角设 90°直出角台,保存较好。

城堡废弃较早,堡内尚存房屋遗址,全部辟为耕地或为荒地,田间地头残砖断瓦俯拾皆是。

烽火台 位于古家疃东北,宋家小庄村正西,破堡子西面的山岗上(彩版 9-20)。烽火台保存较差,仅存 1 座方形墩台。台体高大,高 8～10 米,墩台南面保存较好,东、西面各坍塌一半,北面坍塌为斜坡。烽火台东望宋家小庄,西南远望可见蔚州古城。南面为壶流河河川平地。《(崇祯)蔚州志》载,"古家疃墩,去城二十里,接黄梅寺"。[1]据此推测此墩应为古家疃墩。

（二）南堡

1. 城堡

南堡位于新村南侧,修建时间晚于破堡子。堡墙早已拆毁,现已辟为耕地,旧时辟有 2 座南门。解放后,当地因紧邻河流,耕地多为水田,后因修建移民区(新村),故将堡墙的土拆下用以填洼地。如今,村东南角长有许多高大的杨树,附近田间地头的土很坚硬,推测为堡北、东墙及东北角的基础,堡内全部为耕地。南堡废弃后,居民北迁到北庄,即今新村居住。

---

〔1〕 来临:《(崇祯)蔚州志》,《日本藏中国罕见地方志丛刊续编》,国家图书馆出版社,2003 年,第 487 页。

2. 寺庙

据曹姓长者回忆,旧村(南堡)内外曾修建有观音殿、全佛堂、佛缘阁、关帝庙、龙神庙、戏楼、真武庙、五道庙(4座)、财神庙、福神庙、佛殿。"文革"时期将南堡与一些寺庙拆毁。

观音殿 位于村南广场的高台上,庙宇正对一条南北向街道。正殿坐南面北,硬山顶,面阔单间。殿内壁绘有壁画,两侧山墙为《观世音菩萨普门品》"救八难"与十八罗汉,东壁为一位罗汉手持一本《观世音普门品经》。庙东侧有一口废弃的水井。

全佛堂、佛缘阁 位于新村内东部,南北主街西侧,外观与民宅相近,2座庙坐北面南,并列在一起,大门上悬挂有匾额,东面为全佛堂(中街35号),西面为佛缘阁,全部为新建建筑。

关帝庙、龙神庙 位于堡内东南,2座庙对面有1座戏楼,现已无存。

真武庙 位于北墙上,现已无存。

五道庙 4座,堡内2座,堡外2座,现已无存。

第十三节 司 家 洼 村

一、自然环境与人文历史

司家洼村位于西合营镇西南4.2公里处,村庄选址修建在壶流河东侧的台地上,西侧不远便是宽阔平浅的河道,北面不远处为主河道的支流河道。村周围地势平坦,一马平川,为轻壤土质,较贫薄,辟为大面积的耕地。1980年前后有1 135人,耕地4 103亩,曾为司家洼大队驻地。

相传,明万历十年(1582)司姓人建村于地势低洼处,故取名司家洼。村名可考的历史最早见于《(顺治)蔚州志》,作"司家宸堡",《(乾隆)蔚州志补》作"司家宸",《(光绪)蔚州志》作"司家洼",《(民国)察哈尔省通志》作"司家宸"。

如今,村庄规模较大,由2条东西主街和4条南北主街组成,229乡道穿村而过。村庄分为新、旧两部分。旧村为城堡所在地,位于整个村庄的西北角,此外,村西部即堡南侧也为旧村,旧村中的民宅以土旧房为主,少数屋顶已经翻修。新村主要在东部,以新房为主,规模较大,居民较多(图9.14)。

二、城堡

司家洼村堡位于整座村庄的西北角,旧村北部。城堡平面呈矩形,周长约454米,开南门,堡内平面布局为十字街结构(图9.15)。

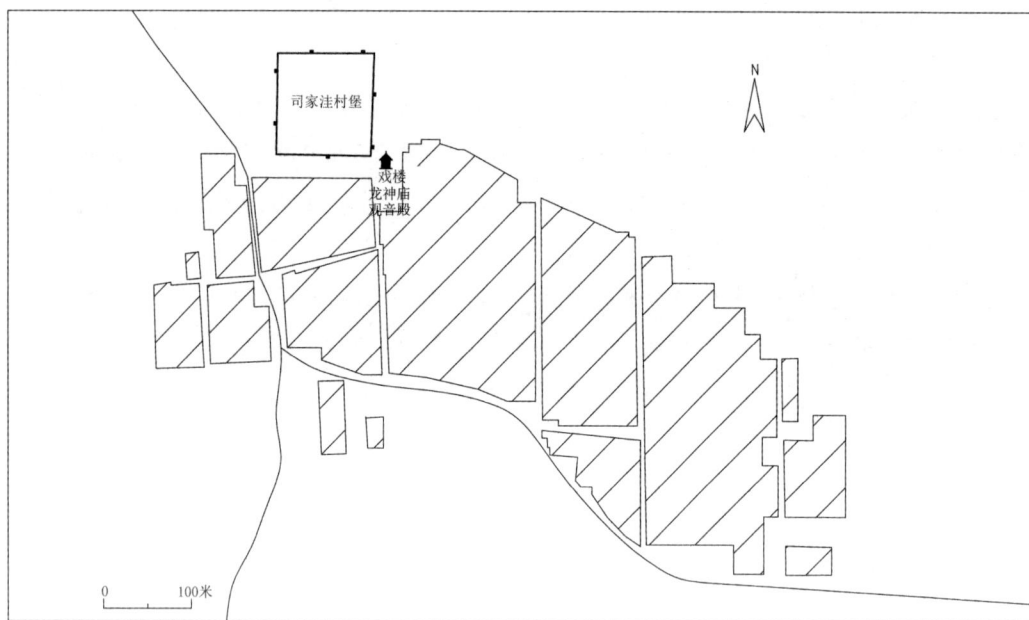

图 9.14　司家洼村古建筑分布图

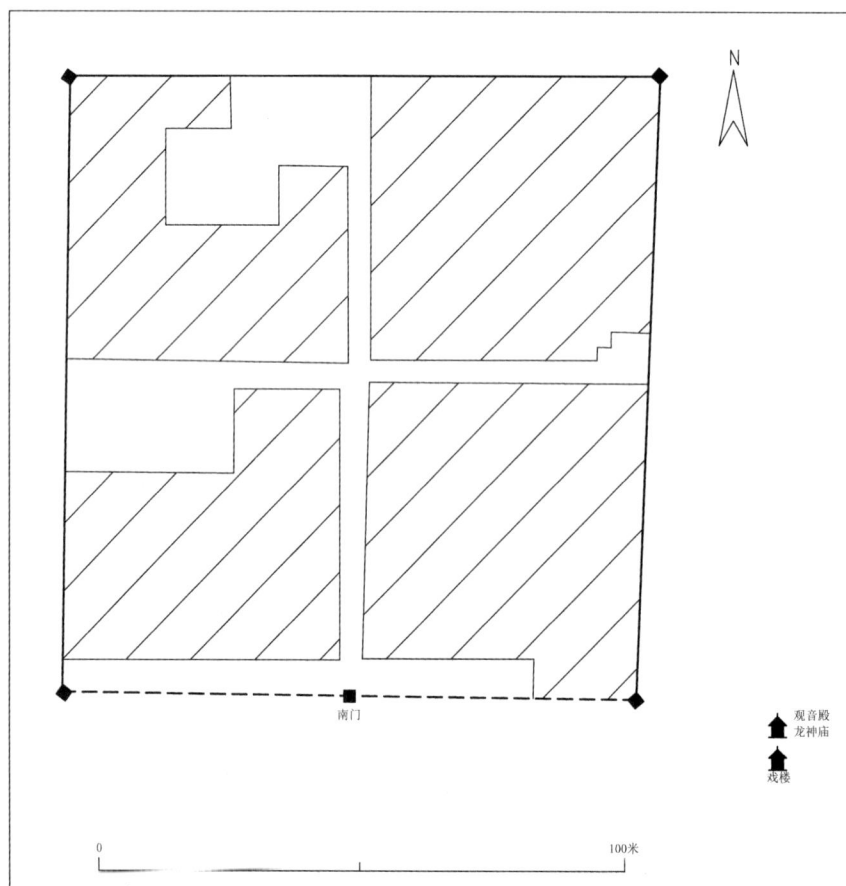

图 9.15　司家洼村堡平面图

城堡南门保存较好,砖石拱券木梁架平顶结构(彩版9-21、22)。外侧拱券为红砂岩条石修砌,一伏一券式,门券拱顶上方镶嵌有3枚石质门簪,门簪上方镶嵌有石质门匾(拓9.2),正题"司家堡"。落款"大明嘉靖二十五年立"位于正题上方,正题下为"堡长"姓名"司定、司锐"。堡门内侧基础为条石,上面包砖起券,三伏三券,券高3.6米,门券拱顶上方尚存门匾凹槽,包砖多脱落、坍塌,破坏严重。堡门顶部为木梁架平顶结构,门洞内有石刻门闩孔。门外两侧设有方形护门墩台。堡门内为南北主街。

拓9.2 西合营镇司家洼村堡南门门额拓片(蔚县博物馆 李新威 提供)

堡墙均为黄土夯筑,保存较差。东墙长约117米,墙体保存一般,低薄坍塌,高2～6米,内侧为民宅,外侧为荒地;东墙外南侧积土中,半掩1通石碑,上刻《补修堡门楼碑记》,字迹漫漶。南墙长约110米,墙体仅存不足1米高的基础,破坏严重。西墙长约114米,墙体保存一般,内侧为民宅,外侧为荒地,墙体低薄,高4～6米。北墙长约113米,修建在台地上,外侧紧邻一条小冲沟,墙体低薄多坍塌,内侧高2～6米,外侧高4～6米,因位于台地边缘,总高在8米以上,墙体多坍塌为斜坡,内侧为民宅。

东南角、西南角均设135°斜出角台,保存较好。西北角设135°斜出角台,保存较好,高6米。东北角设135°斜出角台,高4米,局部坍塌。

堡内民宅以土旧房为主,居民较少,房屋多废弃、坍塌。

三、寺庙

龙神庙/观音殿 位于堡东南角外的1座庙院中(彩版9-23)。20世纪70年代曾改为村小学校使用，现已荒芜，院内地面长满杂草。庙院选址于高台之上，台高 3 米，外立面包砌条石，庙北侧石阶高大，庙院门楼尚存。开北门，随墙门，已封堵。门庙前保存有石狮子，风貌古朴，风化严重。

院内建筑分东西两路。东路为主体殿宇，两组建筑，北侧为正殿，南侧为戏楼。西路为较低的禅房院。

正殿面阔单间，硬山顶，五架梁出前檐廊，中墙分心式，殿内隔为南、北两殿，南侧供奉龙神，北侧供奉观音。

龙神庙，殿内墙壁覆盖一层薄白灰浆，壁画隐约可见，绘有龙神及降雨诸神，两侧墙壁糊有白纸，脱落处可见壁画。壁画为清代中期作品。

观音殿，殿内壁画保存较好，正壁绘有《观音坐堂说法图》，两侧山墙绘有《善财童子五十三参图》。

正壁《观音坐堂说法图》分为上、下两部分。上部是三尊菩萨，结跏趺坐于莲座上，中间的菩萨两侧有胁侍，周边还有诸神像。下部正中为观音骑于金毛犼上，东侧为骑六牙白象普贤，西侧为骑青狮文殊；观音西上角为善财童子，而龙女与一侍者跪于观音右前方，毕恭毕敬地敬献供品。

两侧壁画为善财童子五十三参，连环式，各为 5 排 5 列，上面第 1 排皆为 6 幅，东壁下部 2 排南侧最后 1 列挤成 3 幅，于是东壁为 27 幅，西壁为 26 幅，一共 53 幅（彩版 24-9、10）。

东壁

善财童子第 * 六诣住林城参解脱长者	善财童子第五诣达里茶国参弥伽长者	善财童子第四诣楞伽道傍参善住比丘	善财童子第三诣海门国参海云比丘	善财童子第二诣妙峰山参德云比丘四维	初诣婆罗林中参文殊师利菩萨
善财童子第七诣摩利伽罗国参海幢比丘	善财童子第八诣海潮处园林参休舍优婆		善财童子第九诣那罗素国毗目瞿沙仙人	善财童子第十诣伊沙聚落参胜热婆罗	善财童子第十一诣师子奋城参慈行童子
善财童子第十六诣师子宫城参宝髻长者	善财童子第十五诣大兴城参明智足士		善财童子第十四诣海住城中参具足优婆	善财童子第十三名门河渚中参自在童子	善财童子第十二诣三眼国参善见比丘
（榜题毁）	善财童子第十八诣多罗幢国参无厌足王		善财童子第十九诣妙光城参大光王	善财童子第二十诣安住城参不动优婆	善财童子第二十一诣都萨罗威参遍行外道
善财童子第二十六诣崄难国中参婆须□女	善财童子第二十五诣输那国参师子频坤比丘		善财童子第二十四诣可乐城中参无上圣长者	善财童子第二十三诣楼阁城中参船师婆	善财童子第二十二诣广大国参优钵罗花长者

---

* 壁画榜题中，弟与第字常混用，现依通行用法，均改为"第"字。

西壁

善财童子第二十七诣善度城参辅瑟胝罗居士	善财童子第二十八诣□陀迦山参观自在	善财童子第二十九三光□□□参正趣菩萨	善财童子第三十诣隋罗钵底城参大天神长者	善财童子第三十一诣菩提场安住地神	善财童子第三十二诣迦毗罗城参婆珊□演主夜神
善财童子第三十七诣如来会中参守护一切城主夜神	善财童子第三十六即道场中参寂静音海主夜神	善财童子第三十五即众会中参普救众生妙德主夜神	善财童子第三十四不离菩萨场参喜目观察众生主夜神		善财童子第三十三诣普提场参普德净光主夜神
善财童子诣毗卢处楼阁参弥勒菩萨	善财童子第三十八诣佛会中参敷禾花生夜神	善财童子第三十九诣□场中参大愿精进力救护众生夜神	善财童子第四十诣妙毗岚园中参妙德圆满主夜神		善财童子第四十一诣法界讲堂参释种瞿波女
善财童子第四十六诣婆嘴那城参贤胜优婆	善财童子第四十五诣不离当处参善知众艺童子	善财童子第四十四诣迦毗罗城参童子师偏友	善财童子第四十三诣三十三天上参天主光天女		□□□□第四十二□□□□□参佛母□□
善财童子第四十七诣沃白城参坚固解脱长者	善财童子第四十八即□城中参妙月长者	善财童子第四十九诣出生城参无胜军长者	善财童子第五十即此城南聚落参最寂静婆罗		（榜题毁）

司家洼观音殿五十三参图，突出了善财童子由文殊师利菩萨引领，将参文殊师利菩萨列为第一参。正所谓"善财最初受文殊教，往胜乐国妙峰山，参德云比丘"。其他各"参"的顺序与《善财童子五十三参图赞》基本一致。但其中西壁第3排第1列榜题中没有第几参，只有"善财童子诣毗卢处楼阁参弥勒菩萨"，经与《善财童子五十三参图赞》对比，此场景应为第五十二参。整幅壁画中缺的是第五十三参，参普贤菩萨。

此堂壁画为何将参文殊师利菩萨列为第一参，参弥勒菩萨时穿插于中间不标参的数目，且缺少第五十三参普贤菩萨，由于这几位菩萨都是重要人物，也是大众耳熟能详的，画匠定不会将这三位菩萨忽略，推测是其使用的粉本与众不同。

东壁壁画南侧边缘尚存题记"康熙三拾七年五月吉日立画工张怀德"。在东壁最下排北端一幅画（"婆须□女"）的左上角榜题为"大清戊寅年□午□□□"。清代戊寅有康熙三十七年、乾隆二十三年、嘉庆二十三年、光绪四年，可知壁画可能为康熙年间所绘，清前期纪年壁画在蔚县境内较为少见。

戏楼　位于龙神庙对面，建筑形制似抱厦，四架梁，西次间后墙开一砖券小门，以通内外。戏楼内东西墙壁画为屏风隔扇题材，表面涂刷白灰浆，山尖绘水墨山水画。

禅房院南部正中砖砌小门，院内正房七间，四檩卷棚顶，西厢房三间，单坡顶，院内条砖铺墁。

第十四节　西辛庄村

一、自然环境与人文历史

西辛庄村位于西合营镇西南 5.7 公里处,坐落于壶流河河川南岸台地上,属河川区,其北面不远处为宽阔的河道。村庄周围地势平坦开阔,一马平川,为中壤土质,辟为大面积的耕地。村庄东邻 S10 张石高速,229 乡道从村东经过。1980 年前后有 438 人,耕地 1 809 亩,曾为西辛庄大队驻地。

相传,明嘉靖年间,从山西洪洞县迁来王姓哥俩,分别在横涧沟东、西两侧建庄。沟西者,取村名西辛庄。村名可考的历史最早见于《(嘉靖)宣府镇志》,作"西辛",《(崇祯)蔚州志》作"辛庄儿堡",《(顺治)云中郡志》沿用,《(乾隆)蔚县志》作"西辛庄",《(光绪)蔚州志》作"西新庄",《(民国)察哈尔省通志》作"西辛庄"。

如今,西辛庄村庄规模较小,由 1 条东西主街和 4 条南北主街组成,民宅以新房为主,居民较少,旧村即城堡所在地,位于村庄西北部(图 9.16)。

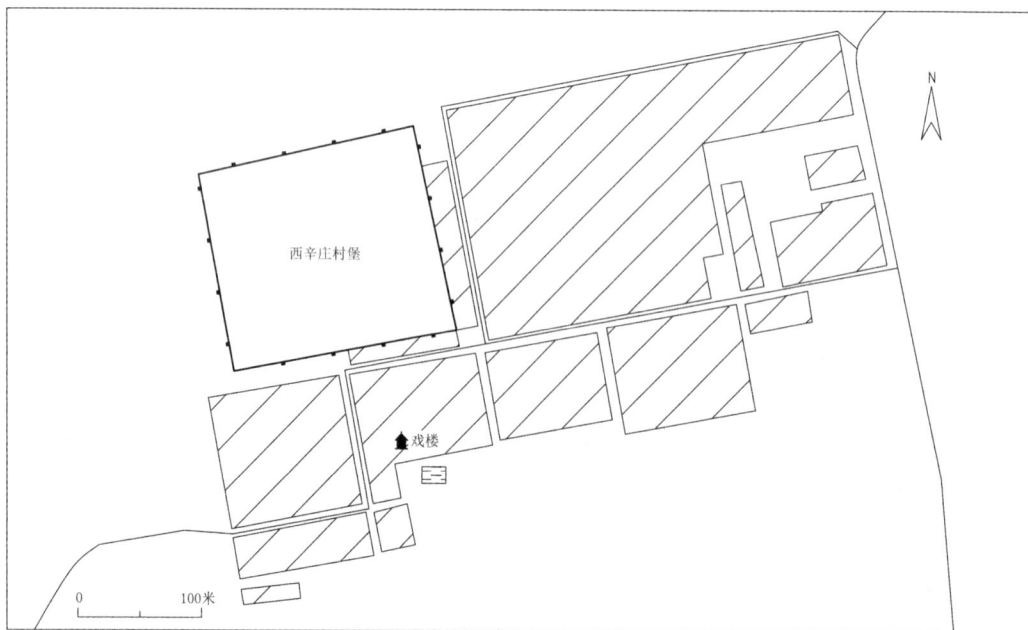

图 9.16　西辛庄村古建筑分布图

二、城堡

西辛庄村堡 位于村庄西北部旧村中,城堡平面呈矩形,周长约 671 米,开南门,堡内平面布局为南十字街、北丁字街结构(图 9.17)。

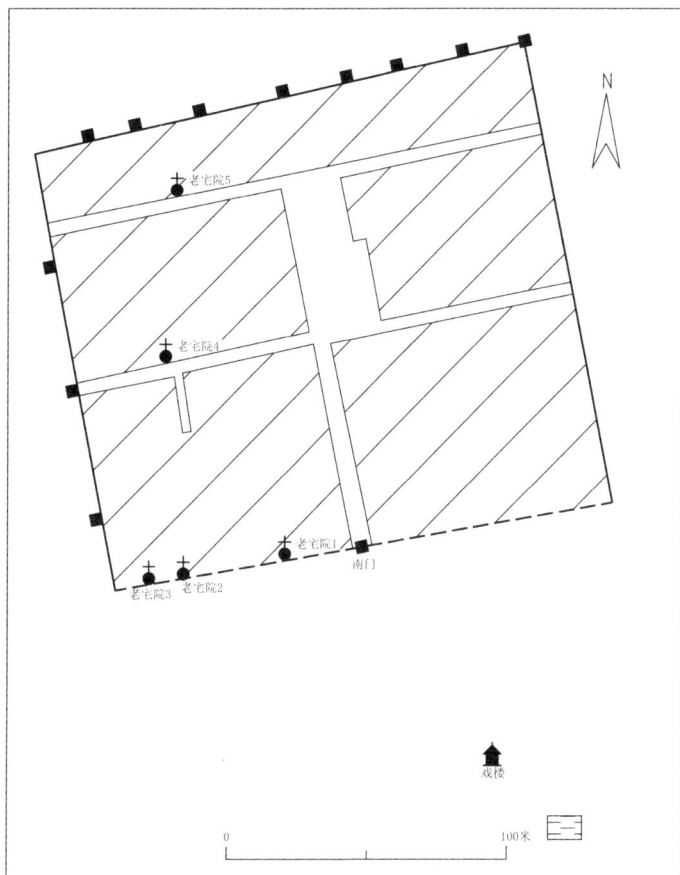

图 9.17 西辛庄村堡平面图

城堡南门为条石砌筑的拱券门(彩版 9-24)。外侧为石砌券顶,绿色砂岩,一伏一券式,门券拱顶上方镶嵌有 3 枚石质门簪,仅存中间者,其上方镶嵌有石质门匾,正题"永昌",由于风化严重,前后款已风化。内侧为条石基础,砖砌墙体,未施拱券。顶部采用木梁架平顶结构,保存较好。堡门内外形制不统一,外侧应是早期修建,内侧为后期修缮时所砌,修缮痕迹明显。门道为自然石铺墁,门内为南北主街,南门正对北墙马面。

堡墙均为黄土夯筑,保存差。东墙长约 160 米,墙体高薄,高 3~4 米,东北角附近的墙体高 5~6 米,内侧为民宅,外侧为荒地和耕地,东墙外不远处为新村。南墙长约 178

米,墙体仅存 1 米高的基础,现为民宅和荒地,内侧为顺墙道路和民宅,外侧为荒地,墙体内侧有 3 座老宅院。西墙长约 156 米,墙体低薄,高 1～5 米,多倾斜、坍塌,高低不平,墙体内侧为民宅,外侧为荒地;西墙上设有 3 座马面。北墙长约 177 米,墙体低薄,高 2～5 米,外侧多积土,内侧为民宅,外侧为荒地;北墙上设有 7 座马面,以中部的马面体量最大,和南门相对,顶部曾修建真武庙,该马面东、西各设有 3 座马面,马面体量普遍较小。

东南角、西南角、西北角无存。东北角设 90°直出角台,保存较好,高 5～6 米。

堡内居民少,老宅院少,民宅以土旧房为主,少数翻修了屋顶。

南墙顺城街 西段北侧有 3 座老宅院,保存较好。老宅院 1,两进院,辟门东南角,广亮门,卷棚顶,前院已经荒废,二道门为垂花门式,后院正房面阔五间,硬山顶。老宅院 2,随墙门。老宅院 3,两进院,东南角辟门,广亮门,硬山顶,前檐额枋尚存清末民国时期的彩绘,多已脱落。

前街 西段尚存老宅院 4。

后街 西段尚存老宅院 5。

三、寺庙

戏楼 位于堡南门外,坐北面南,砖石台明高 1.3 米,台明包砖无存,仅存内部夯土。戏楼面阔三间,单檐六檩卷棚顶,前檐柱 4 根,后金柱 2 根,鼓形柱础。前檐额枋尚残存有清末民国时期的彩绘,明、次间前额象首撑拱,雕草龙雀替。戏楼内两侧墙壁上有清末民国时期的隔扇屏风壁画,表面为白灰浆覆盖。其上写有"文革"时期的题壁。西山墙山尖下部绘《琴棋书画》,东山墙山尖下部绘《暗八仙》。戏楼内置隔扇,分隔前后台。隔扇上绘有"文革"时期的社会主义新农村景象。后墙明间绘《麒麟望日》,次间各置 1 圆窗。墙壁上尚存"五福班"题壁。屋檐和屋顶有局部坍塌。戏楼内堆满玉米芯和玉米秆。戏楼南侧为羊圈,其南侧有水坑,周围多为高大的树木。

第十五节 东 辛 庄 村

一、自然环境与人文历史

东辛庄村位于西合营镇西偏南 1.8 公里处,坐落于壶流河河川南岸。村庄选址修建在河道南侧台地顶部,西北紧邻台地边缘,周围地势平坦,一马平川,为中壤土质,辟为大面积的耕地。1980 年前后有 1 609 人,耕地 3 310 亩,曾为东辛庄大队驻地。

相传,元朝时建堡。据传,从山西洪洞县迁来王姓哥俩,分别在横涧沟东、西两侧建庄,沟东者,取村名东辛庄。村名可考的历史最早见于《(嘉靖)宣府镇志》,作"东辛",《(崇祯)蔚州志》作"辛庄儿堡",《(顺治)云中郡志》沿用,《(乾隆)蔚县志》作"东辛庄",《(光绪)蔚州志》作"东新庄",《(民国)察哈尔省通志》作"东辛庄"。

如今,村庄规模较大,民宅以新房为主,居民较多,村中由 1 条东西主街和 5 条南北主街组成,229 乡道穿村而过,旧村即为城堡所在地,位于整个村庄的北部(图 9.18)。

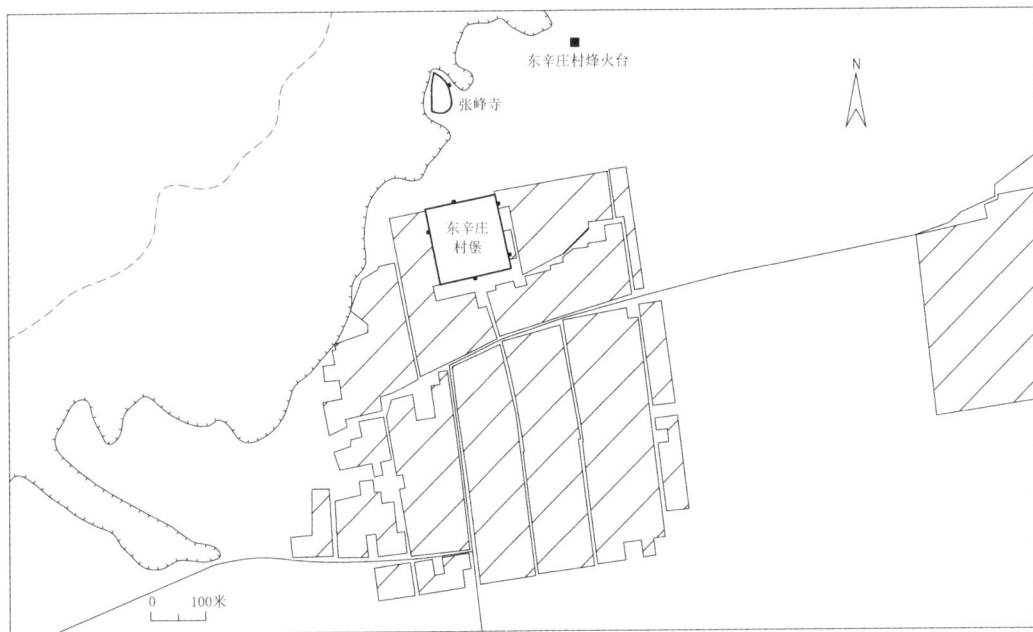

图 9.18 东辛庄村古建筑分布图

二、城堡

东辛庄村堡 据《(民国)察哈尔省通志》记载:"东辛庄堡,在县城东三十七里,元朝土筑,重修二次,高八尺,底厚五尺,面积七亩,有门一,现尚完整。"[1]东辛庄村堡今位于旧村中,紧邻河道边缘的台地边缘而建,其西、北面不远处为台地,东、南面为大面积的耕地,城堡平面呈矩形,周长残长约 193 米,复原约 569 米,开南门。南门西侧修建有近代剧场,破坏堡墙而建,堡内平面布局为南十字街、北丁字街结构(图 9.19)。

堡南门为砖石拱券结构,基础为条石,上面青砖起券。外侧门券为三伏三券,门券拱顶上方镶嵌有水泥制成的扇形匾额,阳文正题"东辛庄",两侧门体上还有水泥制的阳文楹

---

〔1〕 宋哲元:《(民国)察哈尔省通志》,国家图书馆藏 1935 年铅印本,第 7 页。

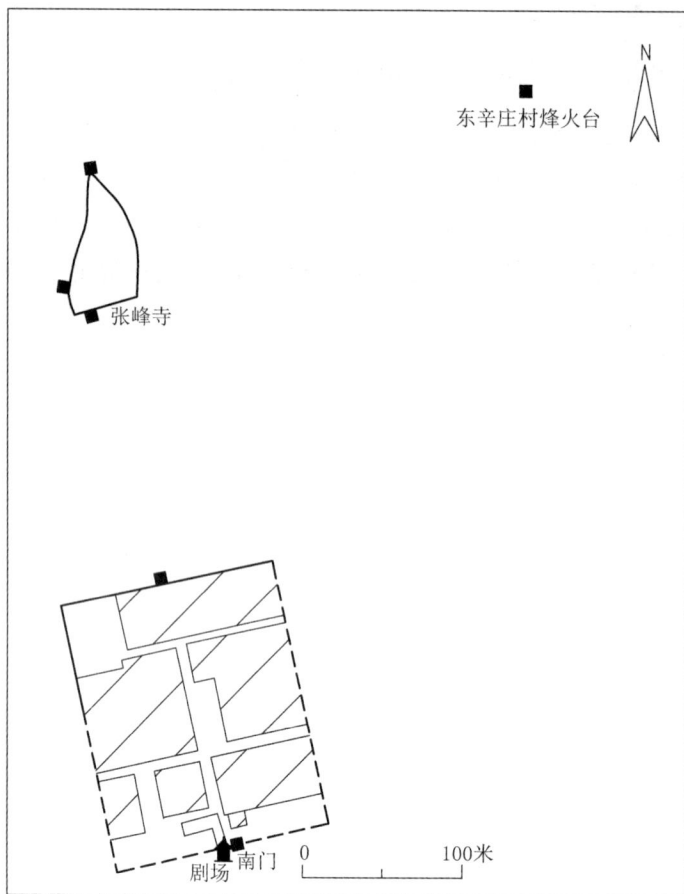

图 9.19　东辛庄村堡平面图

联"人与物皆春阳和发育,道随时共泰景象昭融",楹联蕴含着人、物与道和谐共存的哲理。门内侧为木梁架平顶结构。门内为南北主街。南门西侧建有 1 座剧场,剧场两侧有楹联,上联"演唱古昔事",下联"不违当今情"。

　　堡墙均为黄土夯筑,保存差。东、南墙无存。西墙残长约 67 米,南段无存,北段墙体低薄,高 2~4 米,多倾斜坍塌,西墙内侧为民宅,外侧为耕地。北墙残长约 126 米,墙体高薄,高 4 米,墙体内侧为民宅,墙体中部设有 1 座马面,与墙体同高,顶部立有航标架。

　　东南角、西南角、东北角已无存,为民宅和荒地。西北角仅存转角。

　　堡内民宅以土旧房为主,多翻修屋顶,此外还有大面积的荒地。

　　东辛庄村烽火台　　位于东辛庄村堡东北侧,保存较好,烽火台修建在台地边缘,其西、北侧为冲沟,其余方向均为平地,地势险要,北望壶流河河川。烽火台由台明、围墙和墩台组成,围墙保存较好,平面为矩形,高 5~6 米,原高,壁面斜直,顶部宽平,保存较好。南墙上辟门,保存较好。围墙内为耕地,中间设有墩台,高 6 米,平面为矩形,保存较好。

三、寺庙

张峰寺 位于东辛庄村堡北侧,选址修建在台地边缘,西、北、南墙紧邻台地,地势险要,只有东墙和一部分南墙为平地(彩版 9-25)。规模小,平面呈不规则形,周长约 197 米,依据地势而建,开南门,南门建筑无存,现为缺口。南门外西侧设有马面。

墙体均为黄土夯筑,保存差。仅南墙保存较好,其余墙体内侧多坍塌为平地或为 1 米高的基础。东墙墙体大面积坍塌,高 1~5 米。南墙墙体高 5 米,墙体高薄。北墙内侧高 1~4 米,多坍塌。墙体受制于河岸,呈不规则形,南墙与东墙南段为直面 90°相交,东墙北段向西斜向 35°,西墙与南墙交角约 60°。东南角设 135°斜出角台。西南角未设角台,仅为转角,高 6 米。院内夷为平地。

张峰寺又称观音寺,因建在村后,故俗称后寺。后寺始建于明嘉靖年间,占地约 3 300 平方米。1947 年,国民党部队拆寺修碉堡,将东西配殿和钟鼓楼、天地楼拆毁。"四清"时期将寺内其他建筑全部拆除。该寺正殿内,正中塑有释迦牟尼像,东西为文殊、普贤菩萨,两侧各有十八罗汉塑像,殿内山墙除有画像外还有悬塑造像。东西配殿各三间,东配殿有三尊塑像,墙壁上有画像,西配殿塑有达摩祖师塑像。

第十六节 柳 子 疃 村

一、自然环境与人文历史

柳子疃村,位于西合营镇西偏南 4.6 公里处,选址于壶流河河川内,水道南岸,村西、北面为河道,处于河道的拐弯处,南、东面为台地上下来的冲沟、沙河(沙河上游为横涧水库),地势四周高,中间洼。村庄周围地势平坦,一马平川,为中壤土质,辟为大面积的耕地,多为水田。1980 年前后有 1 193 人,耕地 2 670 亩,曾为柳子疃大队驻地。

相传,西汉时,有一位名叫柳子厚的人在此建村,村民遂用柳氏姓名冠之。明朝初更名为柳子疃,为蔚县九皂十八疃之一,明代设兵员防守。村名可考的历史最早见于《(正德)大同府志》,作"柳子疃堡",《(崇祯)蔚州志》《(顺治)云中郡志》《(顺治)蔚州志》沿用,《(乾隆)蔚州志补》作"柳子疃",《(光绪)蔚州志》《(民国)察哈尔省通志》沿用。

如今,村庄规模较大,村庄分布不规矩,民宅散乱,居民较多,总体由 2 条东西主街和 3 条南北主街组成,229 乡道穿村而过。旧村即为城堡所在地,位于村庄的中北部(图 9.20)。

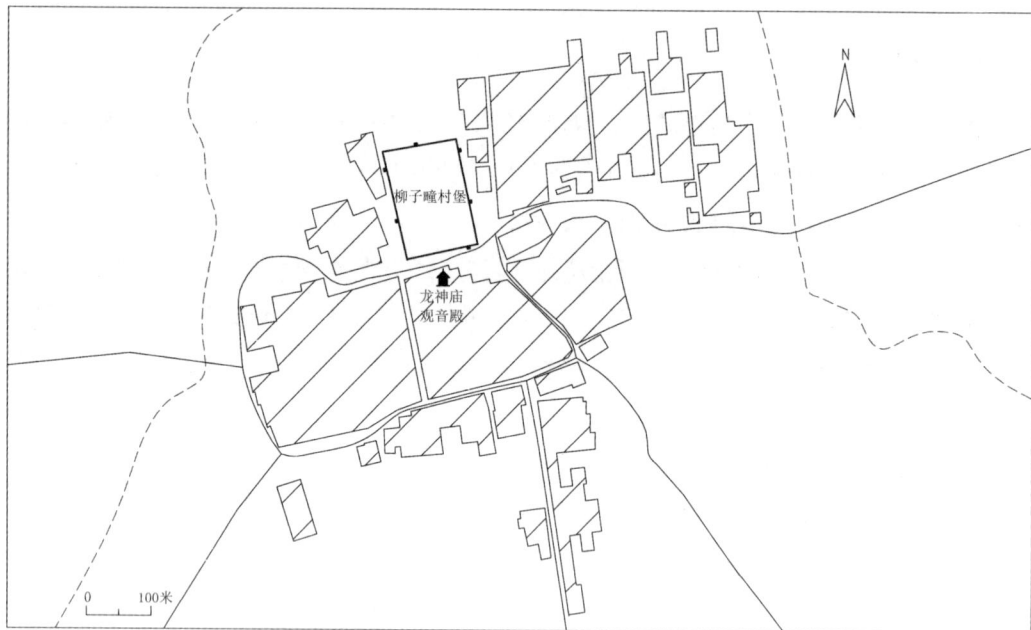

图 9.20　柳子疃村古建筑分布图

二、城堡

柳子疃村堡　据《(民国)察哈尔省通志》记载:"柳子疃堡,在县城东三十三里,土筑,高八尺,底厚五尺,面积六亩,有门一,重修四次,现尚完整。"[1]柳子疃村堡今选址修建在河道东南侧的台地上,地势相对较高。城堡平面呈矩形,周长约 542 米,开南门,堡门建筑无存,现为缺口。堡内平面布局为南十字街、北丁字街结构。主街尽头即北墙内侧为村委会大院,前面为一片广场,附近还有近代风格的大门(图 9.21)。

堡墙均为黄土夯筑,保存较差。东墙长约 157 米,墙体高薄,多坍塌,外高 2～8 米,内侧为民宅,外侧为荒地。南墙长约 107 米,保存较差,墙体现为 0～2 米高的坡地,内、外侧均为道路。西墙长约 164 米,墙体多坍塌呈斜坡状,外侧高 5～6 米,内侧高 0～3 米,内侧为民宅,外侧为荒地。北墙长约 114 米,利用台地而建,外侧总高 9～10 米,但墙体自身并不高;北墙中部设有 1 座马面,即真武庙庙台,外侧高 9～10 米,自身高 4～5 米,保存较好;马面内侧为村委会大院。

东南角仅为转角,高 6～7 米。西南角为转角,高 4 米,破坏严重,上面修建民宅,外侧为荒地。西北角未设角台,仅为转角,体量高大,高 9～10 米。东北角未设角台,仅为转角,保存一般,高 7 米。

---

〔1〕　宋哲元:《(民国)察哈尔省通志》,国家图书馆藏 1935 年铅印本,第 7 页。

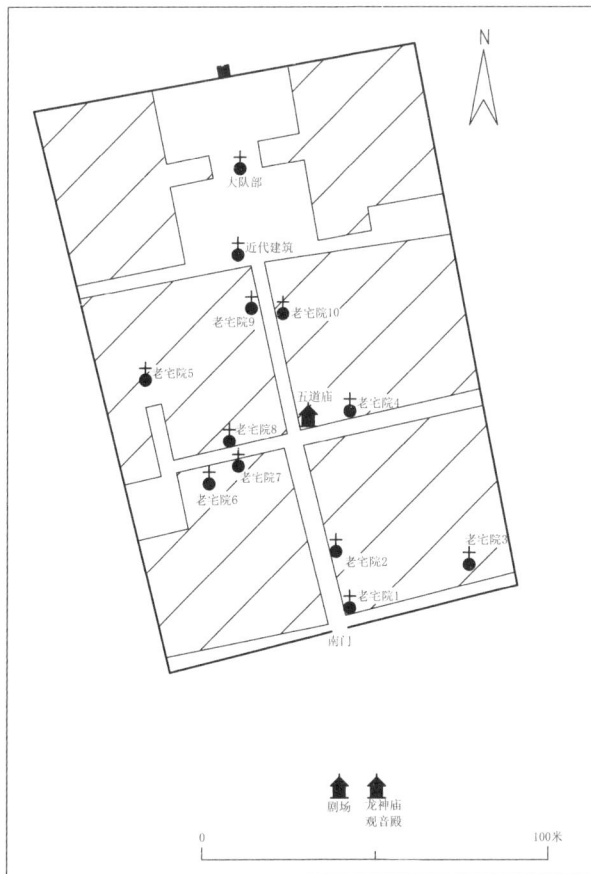

图 9.21 柳子疃村堡平面图

堡内民宅以土旧房为主,少数屋顶经翻修,老宅院较多。

南顺城街 仅存 1 座老宅院。老宅院 3,位于东南角内,一进院,东南角辟门,面南,随墙门,硬山顶,平顶门洞。

正街 即南门内南北向主街,尚存 4 座老宅院。老宅院 1,位于正街东侧,一进院,西南角辟门,面西,随墙门,硬山顶,平顶门洞。老宅院 2,位于正街东侧,一进院,西南角辟门,面西,广亮门,硬山顶。老宅院 9,位于正街西侧,一进院,东墙正中辟门,广亮门,硬山顶,门前设 3 步石台阶,门道铺石板。正房面阔五间,硬山顶。老宅院 10,位于正街东侧一小巷内,一进院,西南角辟门,面南,随墙门,平顶门洞,正房面阔三间,硬山顶。

前街 即十字街东西街,东段尚存老宅院 4,位于北侧,两进院,广亮门,硬山顶。西段尚存老宅院 5~8。老宅院 5(堡里 18 号),张家大院,位于北侧,一进院,硬山顶,广亮门,墀头尚存砖雕装饰,正房面阔五间,硬山顶,明间退金廊。老宅院 6,位于前街南侧,一进院,辟门于西墙,正房前,院内仅存正房,面阔五间,硬山顶。老宅院7,位于前街南侧。老宅院6正房东侧,随墙门,平顶门洞,门内为一条巷子。老宅院8,位于北侧,随墙门,硬山顶,平顶门洞。

后街 即丁字街东西街,仅存一座近代大门,位于后街北侧。

三、寺庙

五道庙 位于堡内正街与前街的十字路口东北角,处于民院西南角。正殿坐北面南,砖石庙台高0.5米,外面包青砖,顶部铺石板。正殿面阔单间,硬山顶,进深五架梁,门窗无存。前檐额枋尚存彩绘,山墙土坯垒砌,外部表砖,后墙为土坯墙。殿内墙壁涂刷白灰浆,壁画全毁。殿内堆放草料。正殿稍微向东倾斜,东侧屋顶有坍塌。

龙神庙/观音殿 位于南门外,正殿面阔三间,硬山顶,进深七架梁。殿内采用隔墙分为南北两殿,南侧坐北面南为龙神庙,北侧坐南面北为倒座观音殿。东西侧山墙圆形山花尚存。殿内南北隔墙已打通,门窗全部改造,改造成一座粮食加工车间,内壁表面多涂刷白灰浆。如今龙神庙东墙壁面白灰浆脱落,露出原来的壁画,画面漫漶,勉强可辨。由于半间殿墙壁面积小,整堂壁画神像紧凑。从色彩考察,壁画为清中晚期作品。

东壁绘《出宫行雨图》,图中众神簇拥着一座宫殿式建筑,似在引领众神行雨,但其中并未见龙母形象,画面中既未见水晶宫,也未见龙母。行雨阵容中,令旗官居前,左手持5面小令旗。其上方为四目神、雷公、电母、商羊、青苗神、钉耙神;下方为年值功曹与日值功曹,功曹之后便是一座宫殿建筑,此后紧跟着月值功曹与时值功曹。宫殿下方是风伯、判官,此后为雨师。后面为五位龙王,上下排列。左下角有两位骑马者,像是雨官。

山尖绘画较为清晰,一侧为"耕、读",一侧为"渔、樵"。

剧场 位于龙神庙西侧,即以龙神庙西山墙作为剧场后墙修建,坐东面西,前面为空地。剧场已经废弃,成为打谷场。

第十七节　祁家皂村

一、自然环境与人文历史

祁家皂村位于蔚州古城东北25公里处,坐落在清水河北岸,属丘陵区,村南紧邻河道北侧的台地,台地下为河道,为壶流河的支流,东西流向,水量不大。村庄东、西、北三面为平地,地势平坦,一马平川,为黏土质,辟为大面积的耕地。G109 国道(S342 省道)、X457 县道、231 乡道穿过村庄。1980 年前后有 2 016 人,耕地 8 428 亩,曾为祁家皂公社、祁家皂大队驻地。

相传,明成化十七年(1481)建村,因祁姓主居,且曾为屯兵之地,故取村名祁家皂。村名可考的历史最早见于《(正德)宣府镇志》,作"祁家皂堡",《(嘉靖)宣府镇志》作"祁家",《(崇祯)蔚州志》作"祁家皂堡",《(顺治)云中郡志》作"祁家早堡",《(顺治)蔚州志》作"祁家皂堡",《(乾隆)蔚县志》作"祁家皂",《(民国)察哈尔省通志》沿用。

如今,祁家皂村由 2 条东西主街和 7 条南北主街组成,居民较多,民宅以新房为主,村中偏南有不少南北向的冲沟。村庄北面以新村为主,南部以旧村为主。旧村中以土旧房为主,多废弃坍塌(图 9.22)。

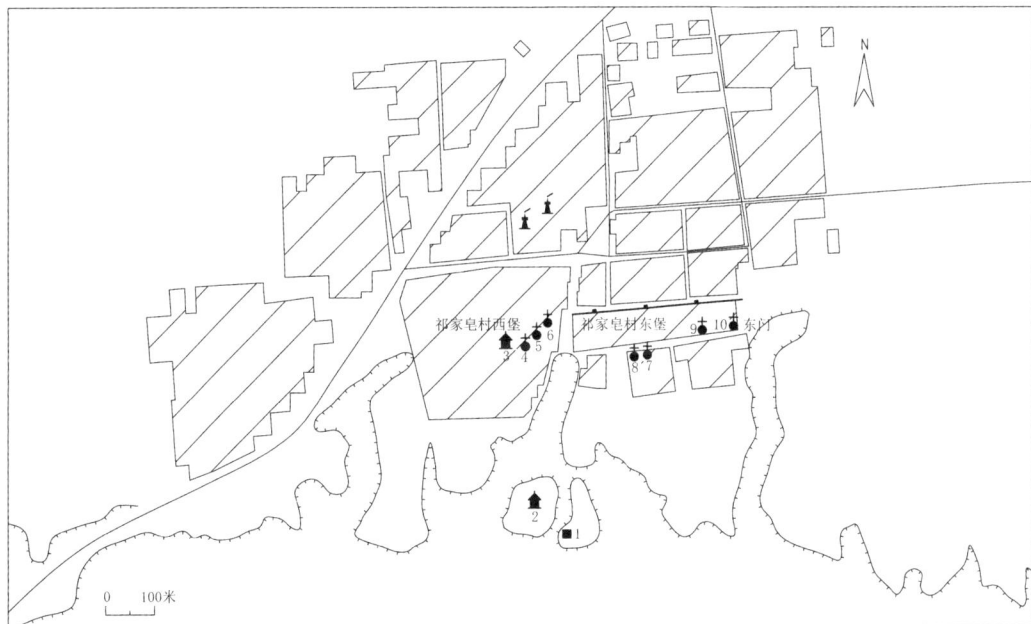

图 9.22　祁家皂村古建筑分布图

1. 祁家皂村烽火台　2. 华严寺　3. 大队部　4. 剧场　5. 老宅院 1　6. 老宅院 2
7. 老宅院 3　8. 老宅院 4　9. 老宅院 5　10. 老宅院 6

二、城堡与寺庙

据当地长者回忆,祁家皂村有东、西 2 座城堡,均位于南部的旧村中,旧村中部有 1 条南北向冲沟,东、西堡地界便是以冲沟为界。

（一）东堡

祁家皂村东堡　位于旧村中，大部分建筑无存。据当地长者回忆，东堡平面呈矩形，东西狭长，原辟有东、西、南门，均已无存。堡内平面布局为宽阔的东西主街，主街南北均为巷子。

堡墙均为黄土夯筑，保存差，大部分墙体无存。东墙无存，现为平地，墙体内外侧均为荒地。南、西墙无存。北墙长约 348 米，保存一般，墙体高 5~6 米，墙体高薄，中间有坍塌形成的缺口和道路破坏的缺口，墙体内侧为民宅，外侧为坍塌的斜坡和顺墙道路，路北为新村。东北角设 90°直出角台，角台高 4~5 米，体量较大，为原高，顶部宽平，上面长有树木。

堡内民宅以土旧房为主，居民较多，房屋多废弃坍塌，形成荒地。堡内东西主街两侧尚存老宅院。

老宅院 3、4　共用 1 座大门，门内为一条巷子，巷内东侧为老宅院 3，西侧为老宅院 4，老宅院 3 正房面阔五间，硬山顶，老宅院 4 正房面阔五间，卷棚顶。

老宅院 5　位于主街北侧，两进院，辟门于东南角，面南，广亮门，卷棚顶。

老宅院 6　位于东门内，主街北侧，两进院，辟门于东南角，面南，广亮门，硬山顶。

（二）西堡

1. 城堡

祁家皂村西堡　建筑全部无存，据当地长者回忆，城堡于解放后已全部拆除，西堡曾开设东、西门，东门与东堡相对。堡门内为东西主街。

堡内剧场东北方尚存 2 座老宅院。

老宅院 1　仅存正房，面阔三间，硬山顶。

老宅院 2　一进院，宅门无存，正房面阔三间，硬山顶，明间退金廊，东耳房面阔单间，东西厢房面阔三间，硬山顶。

祁家皂村烽火台　位于堡东南角外冲沟东岸，临冲沟边缘修建，烽火台仅存台体，平面呈矩形，高 6 米，现在坍塌为方锥形，保存较差。

2. 寺庙

据当地长者回忆，西堡曾修建有三官庙、关帝庙（戏楼）、观音殿、龙神庙，现已无存。

剧场　位于堡内东西主街北侧，剧场原是关帝庙（戏楼），剧场内的梁架主构为戏楼的旧材料，即在老戏楼旧构上改造。剧场西侧为大队部旧址，已废弃。

华严寺　位于村南侧冲沟中独立的台地上，即四十里凤凰台的边缘。寺院四面均为冲沟，地势险要。寺院规模小，平面大致呈矩形，开东门。东门券形门洞尚存，门洞被坍塌的土掩埋一半。寺院内建筑无存，围墙尚存，外观与城堡类似。

墙体均为黄土夯筑,保存较差。东墙保存一般,墙体高厚,墙体内外高 5～6 米,顶部宽 2 米,墙体内外均为荒地。南墙墙体高厚,墙外侧高 5～6 米,内侧高 3～4 米,顶部宽 2 米。西墙与南墙类似。北墙墙体保存较好,墙体高厚,高 2～5 米,局部有坍塌。东北角设 90°直出角台,高 5～6 米,体量高大,保存较好。

围墙内为荒地,没有殿宇遗址。尚存 1 座赑屃碑座,风化严重。

华严寺东侧有一条南北走向蜿蜒曲折的土路,沿此路可直达壶流河谷地的西合岗、赵家湾村。20 世纪 70 年代末,祁家皂村新建学校,将寺院全部拆毁。据长者回忆,寺院主要建筑有天王殿、过殿、大雄宝殿,3 座殿堂随地势变化依次增高,建筑规模也逐次扩大。天王殿面阔三间,两侧为钟鼓二楼;过殿坐落于 1 米高的砖砌月台上,过殿内南侧塑接引佛,北侧塑倒座观音,两侧为十八罗汉塑像;大雄宝殿面阔五间,殿内供华严三圣。院内有东西配殿,东配殿塑祇陀太子,西配殿塑阿育王。院内东、西两路皆建有禅房,西侧禅房的南面建有 1 座龙宫堂,据说是将村内原龙神庙的塑像搬到此地,另有一间坐北面南的殿堂内供奉着大成先师孔圣人。

第十八节 海 子 洼 村

一、自然环境与人文历史

海子洼村位于原祁家皂乡(今属西合营镇)东北 3.5 公里处,处四十里坡上,属丘陵区。村庄选址修建在平地之上,地势平坦、开阔,一马平川,仅北侧有一条小冲沟,为黏土质,略呈盐碱性,辟为大面积的耕地,231、220 乡道穿过村庄。1980 年前后有 703 人,耕地 3 535 亩,曾为海子洼大队驻地。

相传,元末建村,名凤鸣村,传说为四十里坡凤凰城所在地。清康熙年间刑部尚书魏象枢从这里经过,见村西有一蓄水草滩,风光秀丽,遂命更村名为海子洼。村名可考的历史最早见于《(正德)宣府镇志》,作"海子宷堡",《(嘉靖)宣府镇志》作"海子宷",《(崇祯)蔚州志》作"海子宷堡",《(顺治)云中郡志》《(顺治)蔚州志》沿用,《(乾隆)蔚县志》作"海子宷",《(光绪)蔚州志》作"海子洼",《(民国)察哈尔省通志》作"海子宷"。

如今,231 乡道北侧为新村,由 4 条南北主街组成,民宅以新房为主,规划整齐,居民较多。道路南侧为旧村,即城堡所在地,堡南侧亦为旧村,旧村民宅以土旧房为主,多翻修屋顶。村庄规模不大,居民少(图 9.23)。

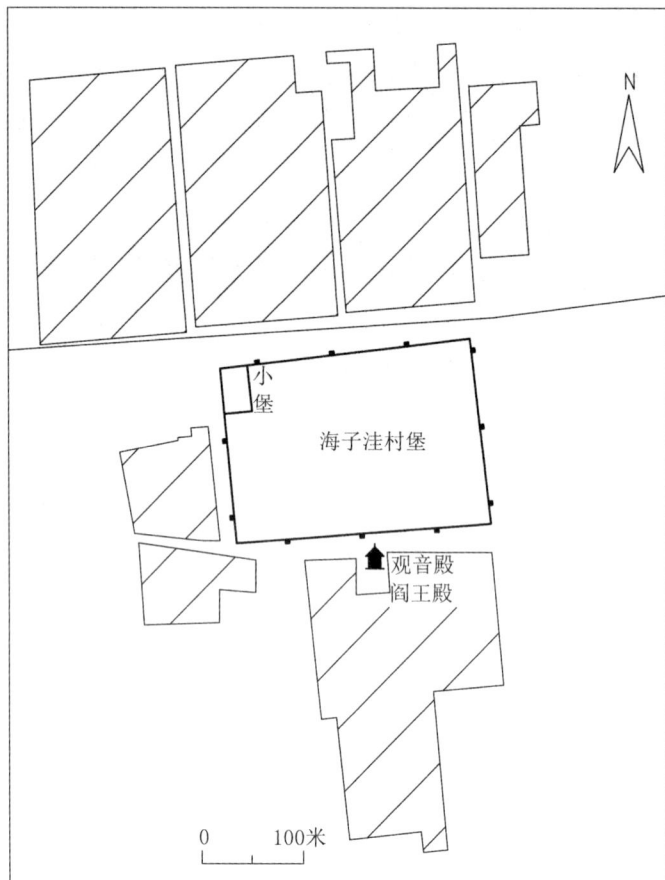

图 9.23　海子洼村古建筑分布图

二、城堡

海子洼村堡　位于整个旧村庄的中部。城堡平面呈矩形,周长约 845 米,开南门,堡内平面布局为三条十字街结构(图 9.24)。

城堡开设南门,保存较好,砖石拱券结构,基础为 5 层条石砌筑,上面青砖起券,券高 3.2 米(彩版 9-26)。外侧门券三伏三券,门券拱顶上方镶嵌有 2 枚门簪,现已无存,仅存痕迹,门簪上方镶嵌有砖制阳文门匾(拓 9.3),正题"凤鸣村",右边前款为"道光壬寅孟夏"(道光二十二年,即 1842 年),左边落款为"海子宨公修",门匾上方有砖仿木构垂花门砖雕。东侧垂花柱残损,西侧垂花柱保存较好。上出二层错缝牙子砖。内侧门券也为三伏三券。门内顶为券顶。门道自然石铺墁。木板门扇尚存。门外两侧门体上还有砖制楹联,上部饰荷叶,下部饰莲花,刻行书,西侧为"海连西北聚财星",东侧为"山近东南登寿城"。南门外尚存高 2 米的夯土台明,为观音殿/阎王殿。门内为一小片空地。

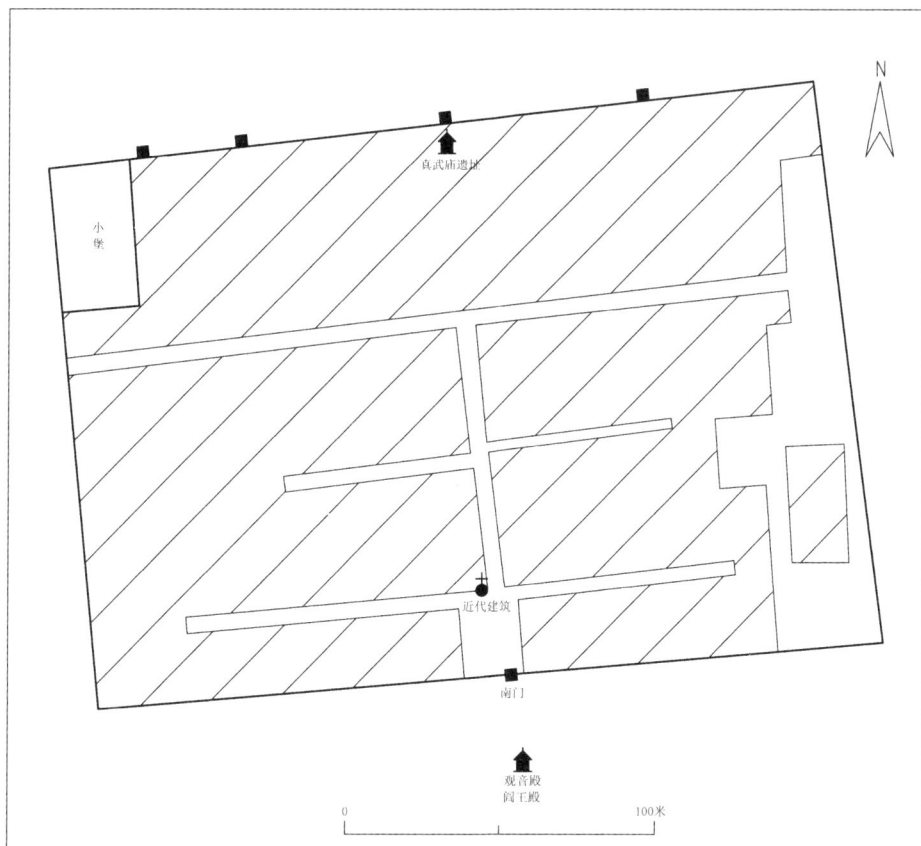

图 9.24　海子洼村堡平面图

拓 9.3　西合营镇海子洼村堡南门门额拓片(蔚县博物馆　李新威　提供)

堡墙均为黄土夯筑,保存较差,墙体多系自然坍塌,非人为破坏。东墙长约 178 米,坍塌严重,墙体低薄、断续,有大段落的消失,高 0～5 米,只有东南角附近的东墙保存相对较好。南墙长约 250 米,东段破坏严重,仅存斜坡状基础,高 2 米,外侧为树林,内侧为民宅;西段墙体破坏严重,外侧为 2 米高的斜坡,内侧为 0.5 米高的基础,上面长有树木,外侧有壕沟遗存;西南角台附近南墙墙体尚存,墙体低薄,高 4 米。西墙长约 170 米,墙体破坏严重,西南角附近墙体较好,高4~5米,但中北部西墙大部分仅存不足3米高的斜坡状基础,墙体外侧为顺城土路,内侧为民宅。北墙长约247米,保存一般,墙体高3~4米,墙体低薄,多坍塌,内侧为民宅,外侧为荒地和道路;北墙共设有4座马面,北墙近西北角处设有1座马面,马面高5~6米,高于墙体,顶部立有航标架;西面第2个马面体量很小,高4米,与墙体同高;中部设1座马面,正对南门,马面高6米,体量最大,顶部面积很大,作为庙台使用,但是庙宇建筑无存,南侧的坡道已破坏。

东南角仅为转角,高5~6米。西南角仅为转角,高5~6米。西北角仅存转角,选址修建在台地上,故外侧高度较高,10米以上,转角自身高4~5米。东北角仅存转角,高5米,破坏严重。

堡内为旧村,民宅以土旧房为主,居民较少,房屋多废弃坍塌,无老宅院。门内空地北侧尚存有近代风格大门建筑,已经废弃。

小堡 位于海子洼村堡西北角内侧,城堡平面呈矩形,周长137米,开东门,现为缺口。城堡规模小,堡墙高度和海子洼村堡相似。堡内为荒地,无建筑遗存。

三、寺庙

据当地长者回忆,旧时海子洼村堡内外庙宇众多。北墙正中马面为真武庙;堡南门外建有观音殿/阎王殿,对面为戏楼;堡内东侧建有龙神庙、关帝庙;堡内西部有八龙神庙、财神庙、五道庙(多座)。上述庙宇皆拆毁于"文革"期间。

第十九节 古守营村

一、自然环境与人文历史

古守营村位于原祁家皂乡(今属西合营镇)东北5.3公里处,属四十里坡东北部边缘丘陵区。村东北坡下为会子河、太平河交汇处,村庄选址修建在平地之上,周围地势平坦、开阔一马平川,为黏土质,为大面积的耕地,西南角外有一片杏树林。1980年前后有794人,耕地3693亩,曾为古守营大队驻地。

相传,建村时名张家皂,明末李闯王曾率兵驻扎这里,故取名古守营。村名可考的历史最早见于《(嘉靖)宣府镇志》,作"张家",《(崇祯)蔚州志》作"张家皂堡",《(顺治)云中郡志》作"张家早堡",《(顺治)蔚州志》作"古手营堡",《(乾隆)蔚县志》作"古手营",《(光绪)蔚州志》作"古守营",《(民国)察哈尔省通志》沿用。

如今,村庄分为新、旧两部分。旧村在整个村庄的东北部,为城堡所在地。新村在西部,规划整齐划一,建有环村道路,村中有2条南北主街。新村和旧村之间还有一片村庄,村内由6条南北主街和1条东西主街组成,分布比较乱,连接城堡和新村。新村以新房为主,居民较多;旧村以土旧房为主,居民较少(图9.25)。

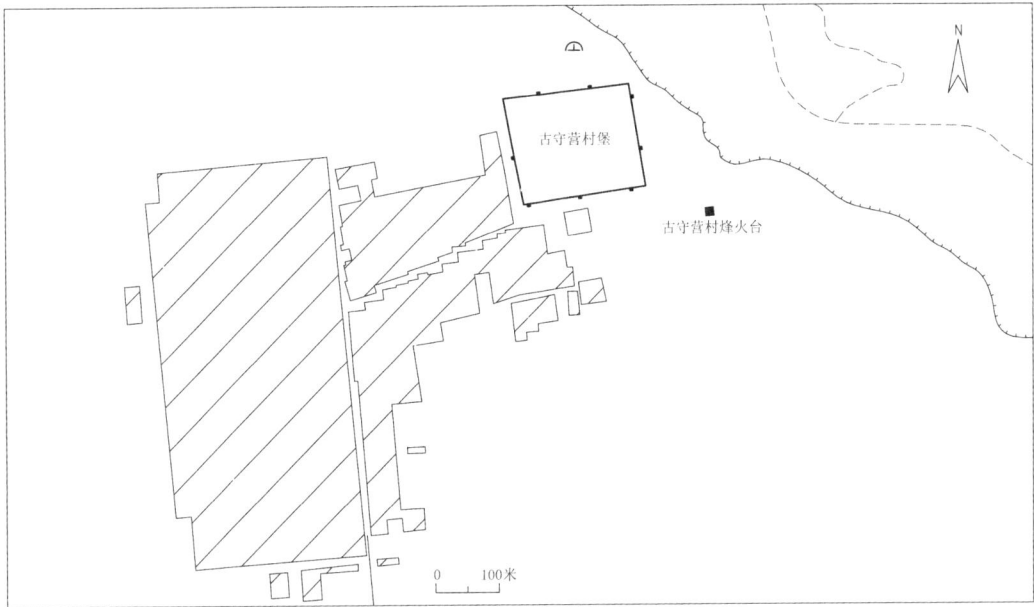

图9.25 古守营村古建筑分布图

二、城堡

古守营村堡 位于旧村中,城堡东、北临台地边缘。城堡平面呈矩形,周长约726米,开南门,堡内平面布局为十字街结构(图9.26)。城堡南门建筑无存,南门内为南北主街。

堡墙均为黄土夯筑,保存较差。堡内地面高于堡外。东墙长约160米,墙体破坏严重,仅存1~2米高的基础,上面为民宅或荒地。南墙长约194米,墙体破坏严重,墙体仅存1~2米高的基础,墙体内侧为民宅,外侧为荒地和道路。西墙长约172米,保存状况与南墙相似。北墙长约200米,保存较差,墙体多倾斜、坍塌,高2~5米,内侧为民宅,外侧为荒地和道路;北墙中部设有1座马面,保存较好,高4米,原高,体量很大,顶部宽平,保存较好;北墙西段墙体无存,仅存1米高的基础,上面为民宅的后墙;北墙外侧的耕地中有一土堆,推测是古墓的封土。

东南角无存,现仅存基础。西南角无存,为2米高的基础,破坏严重。西南角外有干涸的水坑,坑边长有许多高大的树木。西北角无存,为民宅占据。东北角保存较好,设90°直出角台,体量大,为原高,高5米,顶部宽平。

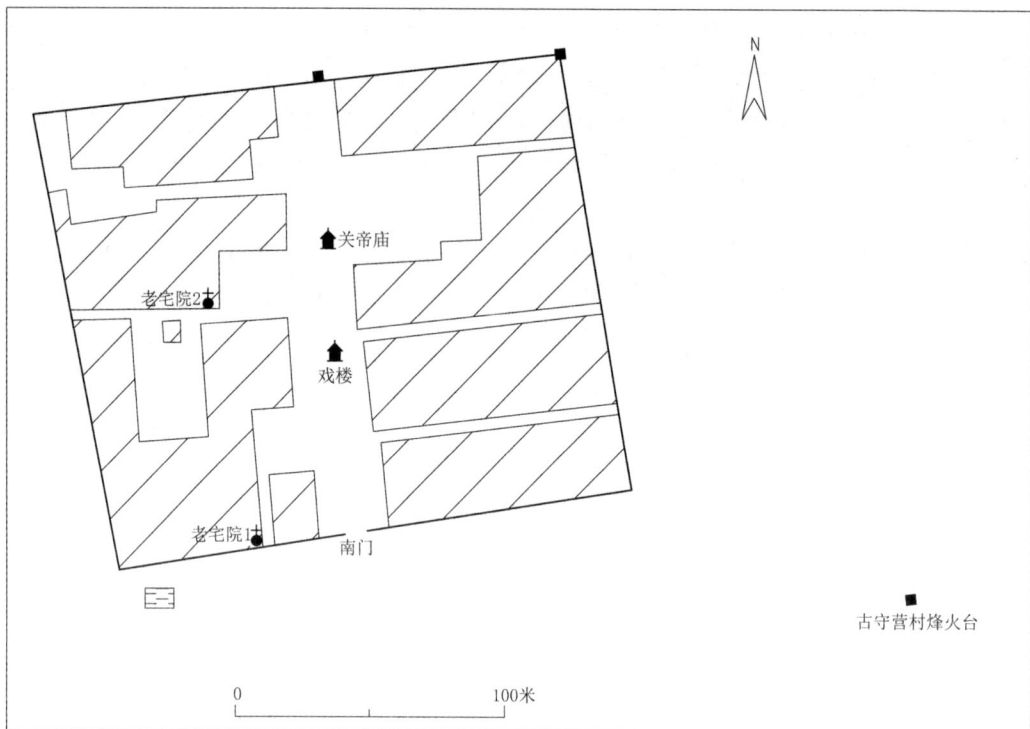

图 9.26　古守营村堡平面图

　　堡内民宅以土旧房为主,大部分废弃、坍塌,沦为荒地,居民少,老宅院较少。老宅院1,位于南墙西段内侧,原为两进院,现仅存大门,卷棚顶,广亮门。老宅院2,位于十字街西街北侧,原为两进院,现为一进院,东南角辟门,面南,硬山顶,广亮门,保存较好。

　　古守营村烽火台　位于古守营村堡东南角外的平地上,烽火台体量大,保存较好,东面不远处为冲沟和河道(彩版9-27)。烽火台由台明、围墙和墩台3部分组成。台明平面呈矩形,高1米,顶部四周修建围墙。围墙保存较好,外侧高3～4米,局部有坍塌,其中以西墙保存最好,为原始高度,高4米,东墙外侧多坍塌为斜坡状,台明上为荒芜的平地。墩台位于台明顶部中心,呈矩形,高5米,保存较好,南侧壁面上有登顶通道。

三、寺庙

　　关帝庙　位于古守营村堡内南北主街北段西侧,台明包条石。正殿坐北面南,面阔三间,硬山顶,六架梁出前檐廊,梁架为五架梁承三架梁,前檐柱下置鼓形柱础,前檐柱与金柱间施抱头梁。脊顶铺琉璃瓦,东西山墙山花保存较好,内容为"花开富贵"。门窗仅存框架,前檐额枋上的彩绘脱落殆尽。殿前有一只石香炉。顶部脊檩上有彩绘《八卦图》,山尖绘水墨画。殿内曾改作教室。壁上刷有一层白灰浆,白灰浆部分脱落露出底画。

正壁绘画中间白灰浆未脱落,两侧略露底画。壁画内容隐约可见。从露出的部分看,明间绘有背景画,正前应立有关公塑像。东次间背景为山水画,关羽只露出头部,低头向下俯瞰,两侧有持刀的周仓与持书卷的关平。西次间,正中为关羽,头戴乌纱帽,从体态来看已是帝王的形象;两侧为左丞相陆秀夫,右丞相张世杰;外侧为持刀的周仓与持书卷的关平。

东墙中间抹黑作为黑板。如今白灰浆上部脱落,露出了一行半壁画。壁画为连环画形式,题材选自《三国演义》中关羽的故事。东西山墙壁画行数未知,每行 7 幅,露出的部分色彩鲜艳,为清代中晚期作品,画面保存较好,每幅画皆有榜题,榜题下方写有供养人姓名与钱数。

东山墙

一宅分两院	汉帝敕封美髯公	汉帝思赠亭侯美女	汉帝思赠亭侯□	曹孟德赠马	关夫子怒斩文丑	白马坡立斩颜良
关夫子曹府饮宴	关夫子新入曹营	入曹府下马赠银	曹孟德上马赠金	关夫子无奈许曹	张辽上山游说	白门楼上斩吕布

西山墙

玉泉山显圣为佛	关夫子立斩庞德	汉世关大战庞德	关夫子单刀赴会	荆州城关公训子	荆州为王黄文下书	汉世关威镇华夏
刘关张古城聚义	刘关张三请诸葛	关公大战夏侯敦	取长沙义释黄忠	保仁兄河梁赴会	汉世关华容挡曹	徐庶走马荐诸葛

壁画粉本与他处稍有不同,从人物称谓上来看,有关夫子、汉世关称谓;从情节表述看,有玉泉山显圣,有入曹府期间细致的描述。

戏楼 位于关帝庙对面,街口西南,南北主街西侧,东西主街南侧,仅存 1 米高的台明。

第二十节 陈 家 湾 村

一、自然环境与人文历史

陈家湾村位于原祁家皂乡(今属西合营镇)东偏北 5.8 公里处,属丘陵区,地势略北高南低。村庄选址修建在河道西侧的台地上,紧邻河道台地边缘,村东南方即为河道,尚有流水。村庄北、西面地势平坦,一马平川,为黏土质,辟为大面积的耕地,东、南面的河道亦为耕地。1980 年前后有 492 人,耕地 1 855 亩,曾为陈家湾大队驻地。

相传,约明成化年间陈姓建村于土崖湾处,故取名陈家湾。村名可考的历史最早见于《(乾隆)蔚县志》,作"陈家湾",《(光绪)蔚州志》《(民国)察哈尔省通志》沿用。

如今,村庄规模较大,分为新旧两部分。新村在中西部,村庄由 2 条南北主街和 1 条东西主街组成,民宅以新房为主,规模较大,居民较多,并建有学校。旧村在东部,为城堡所在地,目前已辟为耕地(图 9.27)。

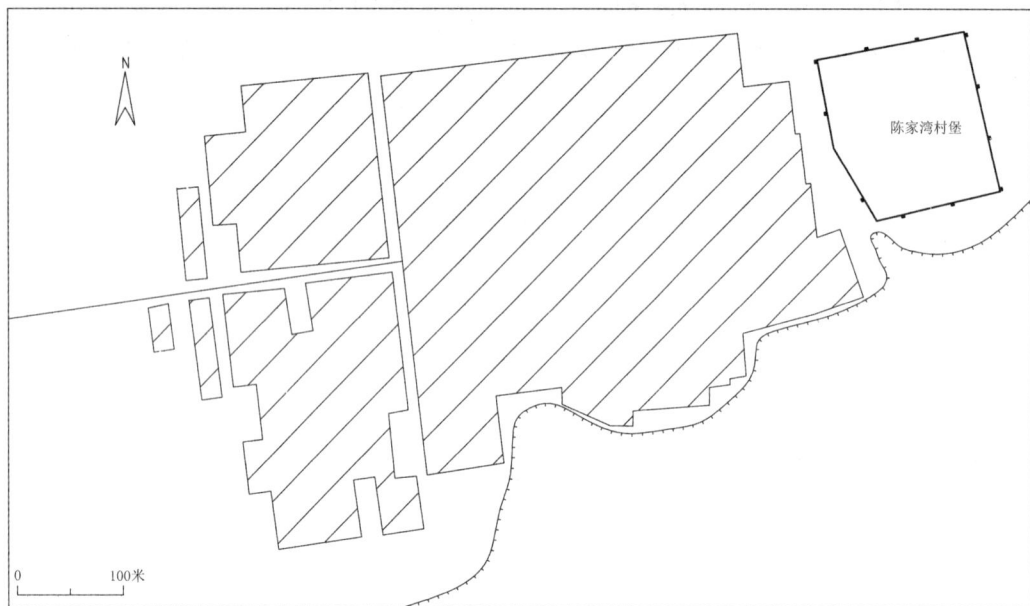

图 9.27　陈家湾村古建筑分布图

二、城堡

陈家湾村堡,位于旧村中。城堡北临冲沟,东、南侧紧邻河道台地边缘,东墙外便是李家碾村。城堡破坏严重,平面呈矩形,周长约 558 米,开东门,现存南侧门体建筑,破坏严重。堡墙均为黄土夯筑,保存差,仅存 1～2 米高的基础,外侧高 1～2 米,呈斜坡状,内侧为平地,辟为耕地,其中西南角及部分西、南墙为冲沟所破坏。堡内布局未知,堡内为耕地,无民宅建筑。

第二十一节　西上碾头村

一、自然环境与人文历史

西上碾头村位于原祁家皂乡(今属西合营镇)东偏北 6.3 公里处,属丘陵区。村东侧为河道台地,村选址修建在台地边缘,与陈家湾村堡类似,台地下为河道。村庄附近地势平坦,一马平川,为黏土质,辟为耕地。1980年前后有444人,耕地1816亩,曾为西上碾头大队驻地。

相传,明嘉靖四十年(1561)四月建堡,据该村位于1座水碾旁的西坡上,取村名西上碾头。村名可考的历史最早见于《(嘉靖)宣府镇志》,作"上碾头",《(崇祯)蔚州志》作"上碾头堡",《(顺治)云中郡志》《(顺治)蔚州志》沿用,《(乾隆)蔚县志》作"西上碾头",《(乾隆)蔚州志补》作"上碾头",《(光绪)蔚州志》作"西上碾头",《(民国)察哈尔省通志》沿用。

如今,西上碾头村庄规模较大,居民较多,由2条东西、南北主街组成,231乡道穿村而过,民宅以新房为主,老宅院较少。村庄分为新旧两部分,西侧为新村,东侧为旧村。

二、城堡

城堡 据《(民国)察哈尔省通志》记载:"西上碾头堡,在县城东北六十里,明嘉靖四十年四月土筑,重修一次,高一丈,底厚四尺,面积三亩五分,有门一,现尚完整。"[1]现城堡建筑无存,四至未知。

如今,村东北部戏楼西侧的东西主街尚存老宅院和近代学校。

近代学校 位于东西主街北侧,校门为近代样式,门上题有"西上碾头学校"字样。院内有2排校舍。

西上碾头10号院 位于主街北侧,原为两进院,现存一进院,辟门东南角,广亮门,硬山顶。

西上碾头4号院 位于主街北侧,原为两进院,现存一进院,二道门损毁,辟门东南角,广亮门,硬山顶,门前设5步石台阶。

三、寺庙

戏楼 位于旧村东北角,北侧主街的东尽头庙院内,东临沟崖,西紧靠山门。戏楼坐落在高1.2米的砖石台明上,台明外立面包砌青砖,顶部四周条石铺墁。戏楼坐南面北,面阔三间,单檐五檩卷棚顶,内为硬山顶式。前檐柱下置鼓形柱础,戏楼内为砖铺地面。脊檐有部分坍塌,隔扇无存。前台内墙壁上保存有屏风式壁画,表面涂刷白灰浆。后台题壁多处,有"同治年间""光绪二十六年""同顺班"等。戏楼对面为关帝庙和龙

---

〔1〕 宋哲元:《(民国)察哈尔省通志》,国家图书馆藏1935年铅印本,第8页。

神庙。

关帝庙、龙神庙　位于旧村东北角,北侧主街的东尽头庙院内(彩版9-28)。院门位于戏楼西侧,硬山顶,广亮门。院内二庙正殿并列,中间隔隙不到20厘米,西侧为关帝庙,东侧为龙神庙,此外还有一间西耳房。

关帝庙　正殿坐北面南,单檐硬山顶,面阔三间,进深三架梁,前二架后一架,置通天金柱。门窗无存,屋檐有部分坍塌,屋顶正脊无存。前檐额枋尚存有清末民国时期的彩绘,多脱落。殿墙壁有部分坍塌,屋顶也有部分坍塌,破坏严重。殿内地面为28厘米见方的方砖铺错缝正墁。殿内壁画表面涂刷白灰浆,白灰浆脱落处露出壁画,内容多漫漶不清。正面的壁画和供台无存。两侧山墙为连环画式,每面3排7列,题材选自《三国演义》中关羽的故事,画间采用直线分割为矩形。东墙的壁画仅存南半部,北半部坍塌无存。壁画色彩以绿色为主,应为清代中后期的作品。

东山墙

（画毁）	（画毁）	（画毁）	（画毁）	（画毁）	（画毁）	荥阳关怒斩卞喜
（画毁）	（画毁）	（画毁）	（画毁）	（画毁）	（画毁）	□□□辕门射戟

西山墙

京□城关公训子	（榜题毁/画模糊）	□□□大战庞德	□□□□□□	□周仓水战庞德	关公□刀斩庞德	（榜题毁/画模糊）
（榜题毁/画模糊）	（榜题毁/画模糊）	□□□□□□□	徐庶走马见诸葛	（榜题毁/画模糊）	保□□□良赴会	（榜题毁/画模糊）
（榜题毁/画模糊）	卧牛山下收周仓	（画毁）	（榜题毁/画模糊）	（榜题毁/画模糊）	刘关张三人请诸葛	（榜题毁/画模糊）

龙神庙　正殿坐北面南,单檐硬山顶,面阔三间,进深三架梁出前檐廊,三架梁上置人字叉手。前檐下门窗已改造,屋檐有部分坍塌,前廊西墙下设有面然大士龛。殿内为砖铺地面,已改造,正面供台无存。墙壁上涂刷白灰浆,两侧山墙壁画被覆盖于下。正壁明间、西次间白灰浆局部脱落露出底下壁画,正壁东次间已毁,从颜色上看应该是清末民国时期的作品。山尖绘画清晰,保存较好。

正壁,绘有《龙母龙王坐堂议事图》,东次间已毁,其他两间隐约可见。明间正中绘有龙母,两边列随从,东侧绘二位龙王,西侧绘二位龙王。西次间中间为雨师,两边各有一神站立。其他诸行雨之神分布在主神之间。

东壁厚白灰浆脱落较少,壁画露出较少。西壁有局部白灰浆脱落,能看出三位龙王,还有三位未知神,右侧隐约可见水晶宫。

第二十二节 羊圈堡村

一、自然环境与人文历史

羊圈堡村位于原祁家皂乡(今属西合营镇)东北偏北 4.6 公里处,属丘陵区。村庄分为新旧两部分。旧村位于东部,台体边缘,周围沟壑纵横,东北临河道,西高东低。新村位于西侧,相距约 900 米,新村规模大,民宅道路整齐划一,周围地势较平坦,一马平川,为黏土质,辟为耕地和杏树林。1980 年前后有 767 人,耕地 3 763 亩,曾为羊圈堡大队驻地。

相传,明代前建村,呈一庄一堡,统称永安堡。据传,清代朝官魏象枢为谏皇帝不在此建陵,故将村名更为羊圈堡。1947 年堡庄分村,此村取名羊圈堡。村名可考的历史最早见于《(正德)宣府镇志》,作"羊圈堡",《(嘉靖)宣府镇志》作"羊圈",《(崇祯)蔚州志》作"羊圈村堡",《(顺治)云中郡志》沿用,《(顺治)蔚州志》作"羊圈堡",《(乾隆)蔚县志》《(光绪)蔚州志》《(民国)察哈尔省通志》沿用。

如今,羊圈堡村与南面的羊圈庄新村连接在一起,旧时为 1 座村庄,现为 2 座村庄。两村以 220 乡道为界。据当地长者回忆,旧时旧村城堡内曾有 600 余人居住,孙、任、尹、陈 4 姓较多。因堡内缺水,20 世纪 70 年代开始陆续外迁。如今堡内已废弃,村民全部迁至西南的新村(图 9.28)。

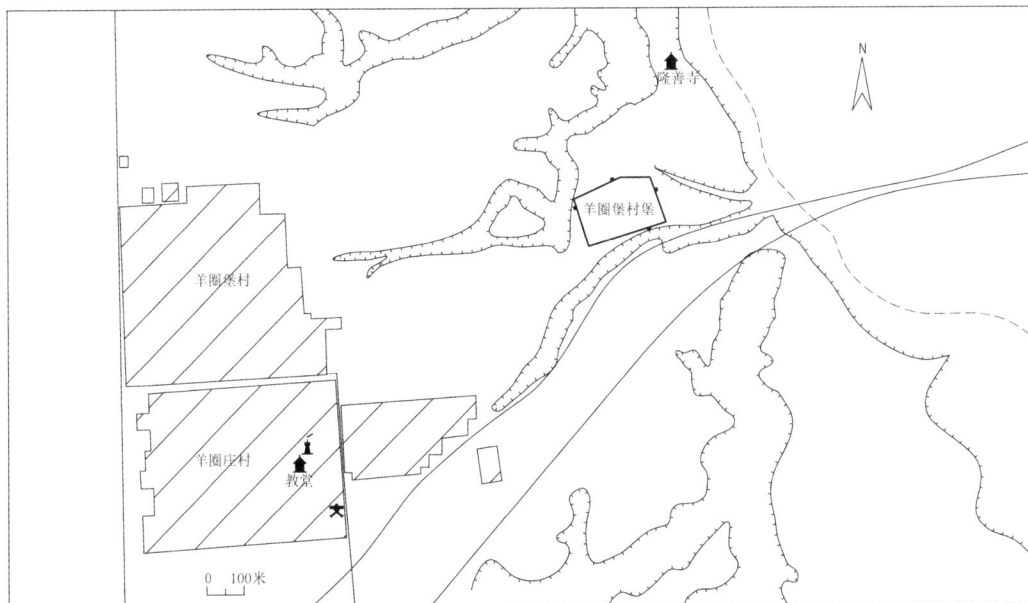

图 9.28 羊圈堡村、羊圈庄村古建筑分布图

二、城堡

羊圈堡村堡,位于旧村内。据《(民国)察哈尔省通志》记载:"羊圈堡大堡,在县城东北五十五里,明隆庆三年土筑,高一丈三尺,底厚五尺,面积二十亩,有门二,现尚完整。"[1]城堡选址在河边台地边缘,东临河道,地势较平坦,周围多为冲沟。城堡规模大,平面呈矩形,周长约686米,开南门,南门建筑无存,现为缺口,堡内平面布局未知。

堡墙均为黄土夯筑,保存差。东墙长约124米,修建在台地边缘,墙体较短,保存一般,多有坍塌,高2~6米,内侧为耕地,外侧为荒地和山坡及冲沟;中部设有1座马面,体量较大,保存较好,高10米以上,蔚为壮观。南墙长约220米,与西墙类似,墙体高薄,内为荒地耕地,外为道路。西墙长约228米,墙体高薄,高8~10米,内侧为荒地和耕地,外侧为冲沟和台地,西墙上设有马面,保存较差。北墙长约114米,修建在冲沟边缘,墙体保存一般,北墙不直,墙体高薄,高3~6米,内侧为耕地,外侧为荒地和山坡及冲沟;中间设有1座马面,高10米,保存一般,马面东侧的土路穿墙而过,破坏马面。

东南角设90°直出角台,角台体量较大,保存较好,高10米以上,蔚为壮观。西南角设90°直出角台,体量大,保存较好,且有两次修筑的痕迹,角台高10米以上。西北角未设有角台,仅为转角。东北角设90°直出角台,角台体量较大,保存较好,高10米以上。

堡内已经无人居住,民宅大多数仅存遗址,现在成为荒地或耕地,仅存一户民宅,尚存大门楼1座,三间硬山顶正房1座。

三、寺庙

据当地长者回忆,羊圈堡内外曾建有隆善寺、龙神庙、关帝庙、真武庙、观音殿、五道庙、阁楼庙。

隆善寺 位于黄梅和吉家庄两乡镇交接处,交接处为东南—西北走向的宽阔的定安河河道,足有2公里宽,寺庙选址在河道西岸台地边上,处西合营镇四十里凤凰台东北部的一个"半岛"上,羊圈堡城堡之东北。寺北蜿蜒曲折的定安河绕寺西去,寺南面对连绵起伏的大南山。据传始建于明成化年间,当年只有大雄宝殿和菩萨殿两层殿堂。清光绪十年(1884)重修了两层大殿后,又新建了东、西2座配殿,光绪十一年(1885)竣工。光绪十七年(1891)又一次彩绘了塑像,铺墁了院落。隆善寺法脉属临济宗,历史上著名的僧人丰腾、宽德在此得道圆寂。

"文革"时期寺遭受到严重破坏,树木被砍,佛像被毁,寺院倒塌。从1999年起,开始

────────────

〔1〕 宋哲元:《(民国)察哈尔省通志》,国家图书馆藏1935年铅印本,第7页。

筹资募化,对隆善寺进行了大规模的修缮和重建。对大雄宝殿、观音殿、圆通殿(伽蓝殿)、地藏殿都进行了重修、翻建、彩绘,新置了阿弥陀佛、文殊、普贤、观音、地藏等 12 尊塑像。新建了天王殿,以及禅房、斋堂、知客室等建筑。现由 2 名僧人管理。

整座寺院坐北面南,现存主要建筑前、中、后 3 座大殿分布在一条南北中轴线上,后院配殿分居东西两侧,占地面积约 9 780 平方米。二进院落,砖铺地面,中轴建有天王殿(山门)、观音殿、大雄宝殿、伽蓝殿(东配殿)、地藏殿(西配殿)。西侧跨院为财神殿、五观堂。东跨院为僧舍。

天王殿,即山门,新建建筑,过殿式,单檐硬山顶,面阔三间,进深五架梁。殿内新塑弥勒、韦驮以及四大天王像,墙壁未施壁画。山门外两侧有两尊石狮,山门外为砖铺地面的空场,2015 年修建,广场中间有一尊石雕地藏王菩萨像。

观音殿,为过殿,坐南面北,单檐硬山顶,面阔三间,进深五架梁。殿内供奉新塑的观音、文殊与普贤。东、西两壁与后壁有民国时期的壁画。东、西两壁绘有十二圆觉,每壁各有 6 幅。从发髻上看,东、西壁的观音绘制于不同时期,或是不同的粉本,两壁观音的绘制技法和水平亦不同。后壁绘十八罗汉。虽然大殿重新修缮,但壁画皆为原画,没有重新描绘。两侧的配殿和其他的房屋正在修缮。

大雄宝殿,坐北面南,单檐硬山顶,面阔三间,硬山顶,进深六架梁出前檐廊,六抹斜方格隔扇。前廊西墙下有面然大士龛。殿内供奉新塑的三世佛,两侧壁画新绘,题材为佛本生经的内容。

伽蓝殿,即东配殿,原为圆通殿,重修时改建为伽蓝殿。坐东面西,单檐硬山顶,面阔三间,进深三架梁出前檐廊,顶部脊檩彩绘《八卦图》。殿内供奉伽蓝壁画,旧时供奉千手观音的壁画,为清末民国时期的作品,如今尚可见部分手的存在,重修后改为关公壁画,并将旧画涂抹,两壁新绘壁画。

地藏殿,即西配殿,坐西面东,单檐硬山顶,面阔三间,进深四架梁出前檐廊,顶部脊檩彩绘《八卦图》。殿内明间新塑塑像,四周内壁绘壁画,色彩艳丽,清末民国时期的作品,现代重修时局部作了修补。后墙壁北次间与南次间各绘有 3 殿,北壁与南壁各绘有 4 殿,一共绘有 14 殿,其中有不属于十殿阎君的,还需要进一步辨识。前槛墙内侧也各绘有桥与城门。地藏殿前廊下立有光绪十一年(1885)《大清光绪十年至十一年创修东西配殿重修正殿过殿碑》[1],碑阴为布施功德榜,刻有善人姓名和所在村名。此外还立有光绪十七年(1891)的石碑。

西侧跨院为财神殿和五观堂,正在修建。

〔1〕 刘国权:《佛寺与蔚州传统文化》,中国文史出版社,2006 年,第 210 页。

东跨院为宿舍,居住 2 名僧侣。

寺外北侧新建 1 座白塔,采用汉白玉砌筑,为大愚法师、仁知法师、元音法师三元老圆寂舍利塔。此外,寺北河道西岸旧时为一片墓地,据说曾修建有七八十座墓,僧人见过洪水时冲出的棺木。

龙神庙 位于堡外南侧,现已无存。

关帝庙 位于堡内,现已无存。

真武庙 位于堡北墙马面上,现已无存。

观音殿 位于堡南门外,倒座,现已无存。

五道庙 位于堡西南角外冲沟边,现已无存。

阁楼庙 位于堡内西阁楼上,名称未知。现已无存。

第二十三节 西大坪村

一、自然环境与人文历史

西大坪村位于原祁家皂乡(今属西合营镇)西北偏北 2.5 公里处,属四十里坡丘陵区。村庄选址在壶流河谷地的东岸台地上,西侧台地下为广袤的壶流河平川区。村庄东、南、北地势平坦,一马平川,为黏土质,辟为耕地。1980 年前后有 778 人,耕地 3 127 亩,曾为西大坪大队驻地。

相传,明弘治年间建村,因村东庙内有尊大神像,故取名西大神。1966 年据村址居于坪台上,更名为西大坪。村名可考的历史最早见于《(正德)宣府镇志》,作“大神店堡”,《(嘉靖)宣府镇志》作“西大神店”,《(崇祯)蔚州志》作“大胜店二堡”,《(顺治)云中郡志》作“大胜店东西二堡”,《(顺治)蔚州志》作“西大神店堡”,《(乾隆)蔚县志》作“西大神”,《(光绪)蔚州志》《(民国)察哈尔省通志》沿用。

如今,村庄规模大,东面为新村,民宅以新房为主,居民多。旧村在新村的西部,面积小,居民少,多坍塌废弃的土旧房,老宅院仅 1 座。东门里 52 号院,位于东西主街的北侧,卷棚顶,广亮门,门内为一条巷子。这条东西主街即堡东门内东西主街的延长线(图 9.29)。

二、城堡

西大坪村西部的台地边缘尚存 2 座城堡,1 座是西大坪村堡,1 座是小寨。

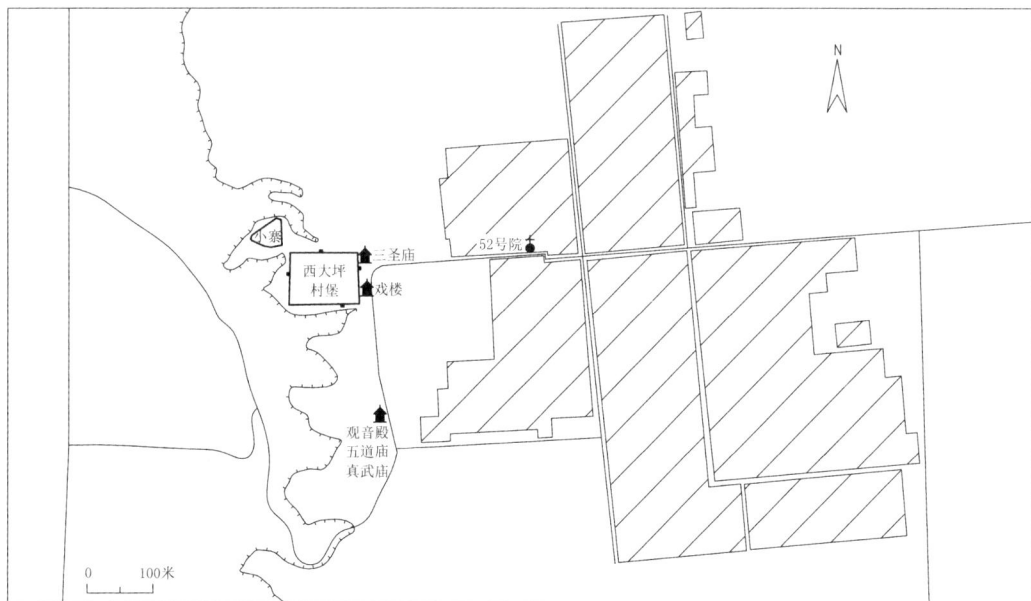

图 9.29 西大坪村古建筑分布图

西大坪村堡 位于村西台地边缘,城堡平面呈矩形,周长约 350 米,开东门,堡内平面布局为东西主街结构。城堡保存差,四五十年前在当地生产队的带领下陆续拆除堡墙。城堡东门原为土坯修建的简易门,现为缺口,南侧门台尚存,高 1 米。

堡墙均为黄土夯筑,保存差。东墙长约 74 米,仅存 1 米高的基础。南墙长约 104 米,高不足 1 米。西墙长约 74 米,高 1~4 米。北墙长约 98 米,内侧高 1~4 米,外侧高 0~5 米,有一小段保存较好,墙体低薄,墙体内外侧均为荒地。4 个转角仅存东北角角台,高 4 米,坍塌严重,形制未知。

堡内现为荒芜的平地,无房屋基础。据当地长者回忆,旧时当地人口较少,居民住在堡内,村民以武、葛姓为主。改革开放后,人口数量逐渐膨胀,堡无法容纳,故搬迁到堡外居住。迁出至今已有 30 余年。现在村中有 1 000 余人居住。

小寨 俗称"镇山圪垯""寨圐圙",位于村西台地边缘,南、北、西面为高陡的斜坡,地势险要,易守难攻,仅东面为平地(彩版 9-29)。小寨平面呈三角形,周长约 114 米,开南门,旧时寨门为条石砌筑,后当地生产队将条石拆卸,现为夯土门洞,门道多被流水侵蚀成裂缝。小寨墙体均为黄土夯筑,相对较高,东墙为直边,南、北两墙为弧形,在西侧交汇,交汇点坍塌成一个大豁口。墙体外侧高 8~10 米,内侧相对较低,有坍塌的缺口,高 1~6 米。寨内为荒地。

据当地 80 岁的长者回忆,小寨为当地村民躲土匪之用。因堡墙没有小寨的墙高,故每当土匪来到此地,村民都去小寨里面躲藏。旧时小寨里还修建有房屋,储藏有粮食、水、待应急之用。老人儿时便在小寨里面躲避过匪乱。

三、寺庙

据当地长者回忆,城堡内外曾修建有三圣庙(龙神、关帝、财神庙)、戏楼及观音殿、五道庙、真武庙。庙宇建筑在"文革"前便已拆毁殆尽,"文革"时期彻底拆完。

三圣庙(龙神、关帝、财神庙) 位于堡东门外北侧。三圣庙为一座庙院,坐北面南,院墙为红砖新砌,南墙正中开门,门楼为广亮门,硬山顶,门楼额枋上尚残存彩绘。

正殿,坐北面南,单檐硬山顶,面阔三间,进深六架梁出前檐廊,鼓形柱础;正殿檐下悬挂一匾额,正题"三圣殿",左右两侧各悬挂一块匾额,上面写有重修庙时捐款人姓名,从匾中得知,此庙重修于2001年。前檐额枋上绘有8幅彩绘,殿内两侧山墙施壁画,均为现代风格的作品。墀头戗檐砖雕尚存。殿内供奉儒、释、道三教始祖。

正殿两侧各建有东、西耳房,四檩三架式,东侧耳房为近年重新恢复。

戏楼 位于堡东门外,三圣庙对面。戏楼坐落在高1.2米的砖石台明上,坐南面北,面阔三间,单檐六檩卷棚顶。前檐柱下置鼓形石柱础,前檐额枋尚存有清末民国时期的彩绘。东、西墙为土坯墙,外表为砖,戏楼内为砖铺地面。前台两侧墙壁绘六折屏风式壁画,屏风中探出一位半掩的妇人,此外还有花草图案,壁画已严重损毁,颜色多褪色,表面涂刷白灰浆,画面漫漶。山尖绘《仙人对奕图》,隔扇无存,后台题壁多处,有"咸丰十一年""同治十年""大清光绪元年二月十八日洪城西宁县""大清光绪拾年二月""武善班"等(彩版9-30)。

观音殿、五道庙、真武庙 位于堡南,坐南面北。正殿为新建建筑,单檐硬山顶,面阔单间,殿内有新绘壁画和新建塑像。东墙外立面辟有龛,内有五道神画像,南墙外立面亦辟有龛,内有真武画像。五道庙原位于堡内西端;真武庙原位于北墙马面上,旧建筑无存。

第二十四节 北 大 坪 村

一、自然环境与人文历史

北大坪村位于原祁家皂乡(今属西合营镇)北偏东3.9公里处,属四十里坡丘陵区。村庄选址修建在平地之上,周围地势平坦开阔,一马平川,为黏土质,辟为大面积的耕地。1980年前后有858人,耕地4 198亩。曾为北大坪大队驻地。

相传,明初建村,因村南庙内有尊大神像,故取村名北大神。1966年据村址居于坪台上,更名为北大坪。村名可考的历史最早见于《(顺治)蔚州志》,作"大神店堡",《(乾隆)蔚县志》作"北大神",《(光绪)蔚州志》《(民国)察哈尔省通志》沿用。

如今,村东为大面积的杏树林,其余均为耕地。村庄规模较大,由3条南北主街组成,民宅以新房为主,居民较多。旧村为城堡所在地,位于村中北部(图9.30)。

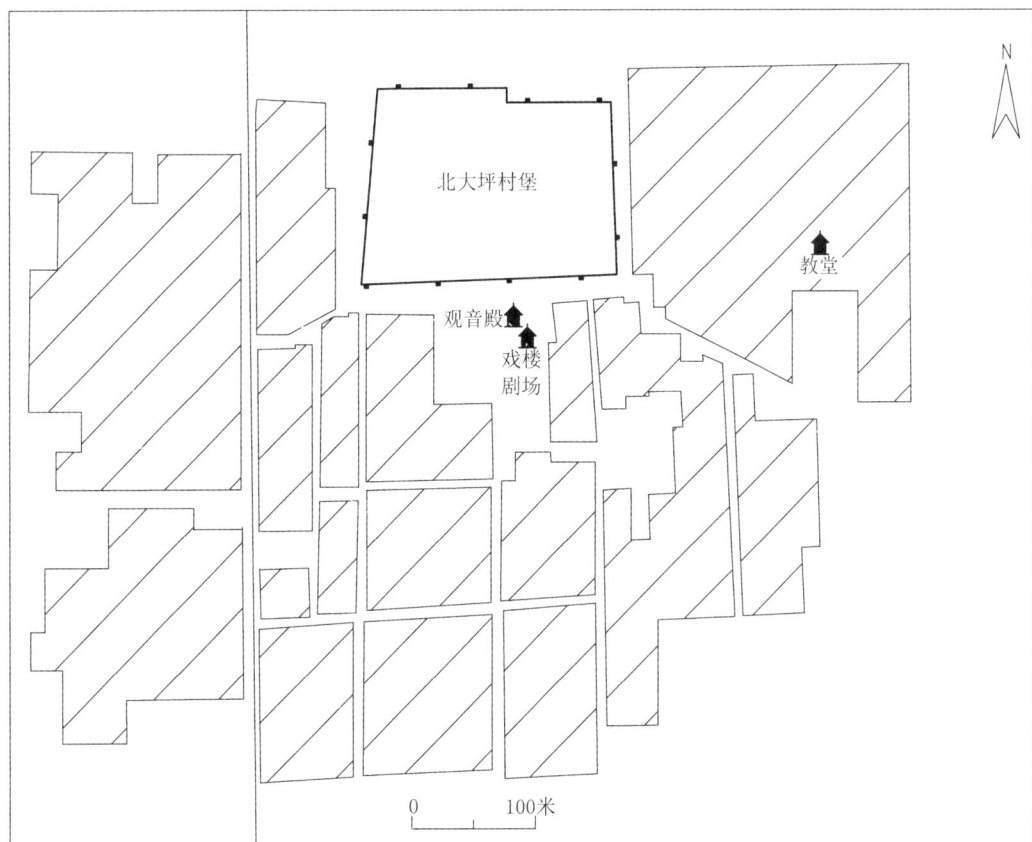

图9.30 北大坪村古建筑分布图

二、城堡

北大坪村堡,位于旧村中。城堡平面呈矩形,周长约698米,开南门,堡内平面布局为丁字街结构,城堡规模不大,破坏严重(图9.31)。堡南门无存,南门外修有影壁,新建观音殿。

堡墙均为黄土夯筑,保存差,堡内地面高于堡外。东墙长约138米,墙体大部分坍塌,仅存1.5米高的基础,东墙局部有部分墙体保存,高4米,东墙外不远处有新建的教堂。南墙长约204米,墙体破坏严重而无存,现为民宅所占据。西墙长约158米,仅存北半部墙体,现为基础,高1米,南部墙体及西南角无存,为民宅占据。北墙长约198米,西段墙

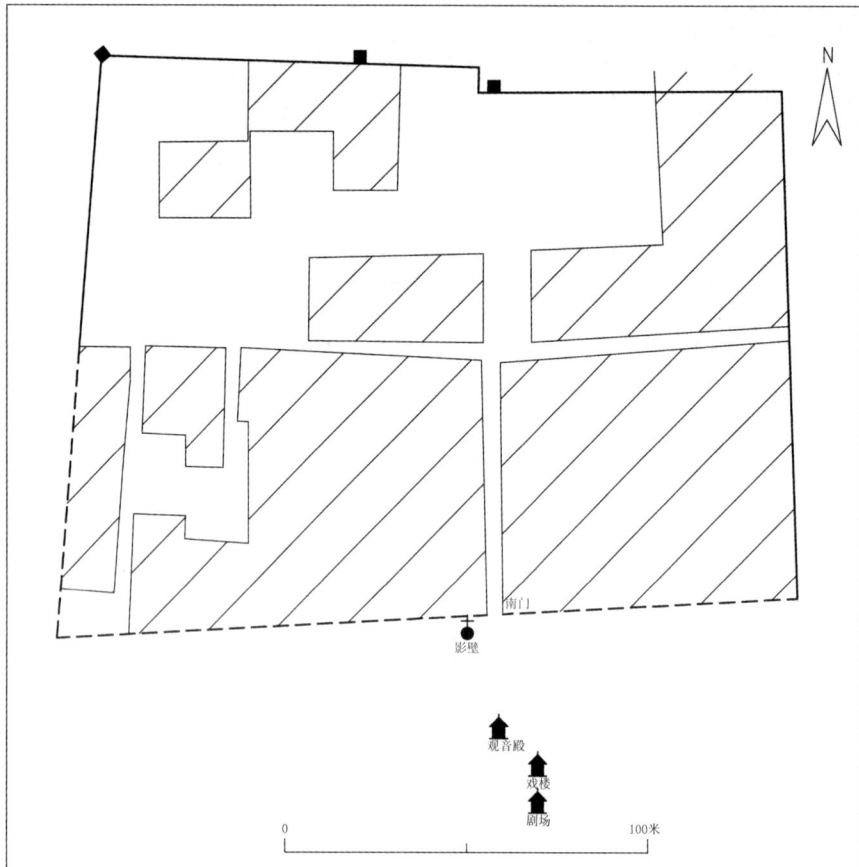

图 9.31　北大坪村堡平面图

体破坏严重,仅存 1 米高的基础,上面修建房屋的后墙;北墙西段上设有 1 座小马面,破坏严重,高 3～4 米;东段墙体破坏严重,大部分坍塌,局部较高,高 1～5 米;北墙中部设有方形马面,正对南门,马面保存较好,高 5 米,顶部宽平,为庙台。

东南角、东北角仅存 1 米高的基础,破坏严重。西北角设 135°斜出角台,高 3 米。

堡内民宅以土旧房为主,其中北部民宅多废弃、坍塌,形成大面积的荒地和耕地。南部尚存有民宅,多翻修屋顶,居民较少。

三、寺庙

观音殿　位于堡南门外,坐南面北。新建庙院,采用红砖砌筑,四周建有院墙与北院门。院内正殿坐南面北,面阔单间,硬山顶。

戏楼/剧场　位于堡南门外,观音殿东北侧,前临村东西向主街道。戏楼坐落于高 1.3 米的砖石台明上,台明外立面包砌青砖,顶部四周铺条石。戏楼坐南面北,面阔三间,单檐六檁卷棚顶，外墙为土坯墙。前檐柱4根，金柱2根，明间两侧前檐柱下置石鼓柱础。前檐额枋上的彩绘全部脱落。戏楼内前台两侧山墙壁面绘西式楼阁，为民国时期的作品，保存较差，多脱落。山尖绘鞍马人物。后台山尖绘人物画，一妇人手拿一只小鞋给一男子观看，男子腰系宝刀，向前探视，该山尖壁画内容亦见于范家堡戏楼，寓意不明。后台墙壁尚存有题壁，为"合顺班"。戏楼内有1通《大明万历四年岁次壬子年三间旌表贞洁夫人明故刘氏 陈安氏之墓》墓碑。戏楼后接现代剧场，剧场为20世纪70年代末的建筑风格。

教堂　位于堡外东侧，新建建筑。

第二十五节　任 家 庄 村

一、自然环境与人文历史

任家庄村位于原祁家皂乡驻地北偏东5.2公里处，属丘陵区。村庄选址修建在四十里坡平地之上，周围地势平坦，一马平川，为黏土质。村庄东、南面为大面积的杏树林，西、北面为杏树林和耕地，北面不远处为河川台地及河道，河道宽阔，尚有浅浅的流水，为黄梅和吉家庄的分界处。1980年前后有610人，耕地2929亩，曾为任家庄大队驻地。

相传，约明弘治年间建村，因任姓主居，故取村名任家庄。村名可考的历史最早见于《(正德)宣府镇志》，作"任家庄堡"，《(嘉靖)宣府镇志》作"任家"，《(崇祯)蔚州志》作"任家庄堡"，《(顺治)云中郡志》《(顺治)蔚州志》沿用，《(乾隆)蔚县志》作"任家庄"，《(光绪)蔚州志》《(民国)察哈尔省通志》沿用。

如今，村庄民宅以新房为主，规划整齐划一，由2条南北主街和1条东西主街组成，220乡道穿村而过。居民较多。村委会大院内有2通石碑，字迹漫漶。旧村位于北侧，冲沟边缘，与新村不相连，相距约300米，之间有土路相连。旧村规模不大，房屋全部废弃，现为遗址，旧村北侧，冲沟边上有2座城堡（图9.32）。

二、城堡

任家庄村共有2座城堡，大堡位于旧村，小堡位于大堡北侧。当地长者回忆，南侧的大堡为旧时村民居住所用，北侧的小堡为躲土匪之用，即小寨。

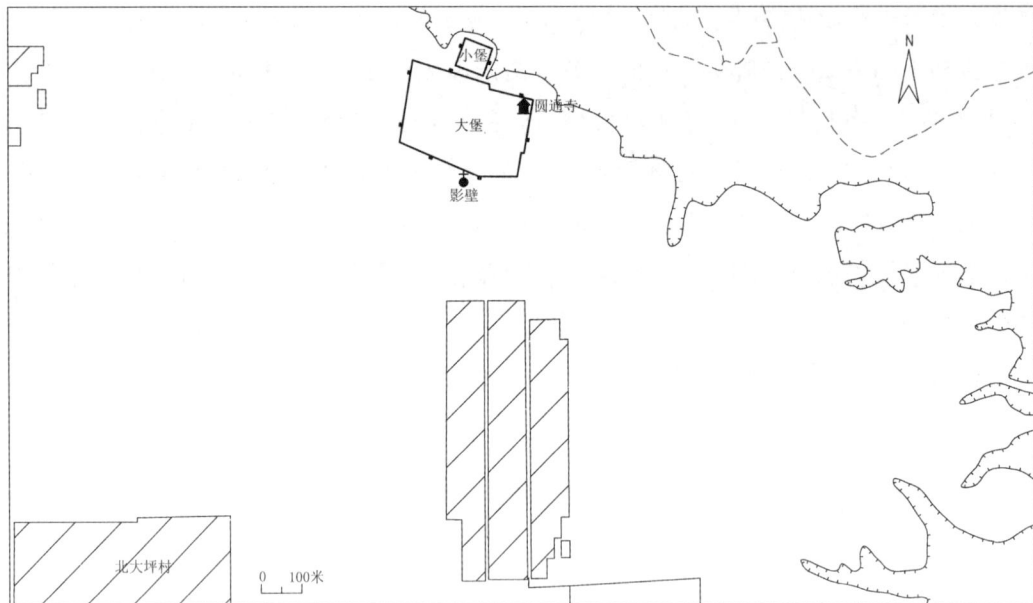

图 9.32　任家庄村古建筑分布图

任家庄村堡(大堡)　据《(民国)察哈尔省通志》记载："任家庄堡,在县城东六十里,土筑,高一丈五尺,底厚四尺,面积四十八亩,有门二,现尚完整。"[1]大堡今位于旧村中,北侧与小堡间隔一条土路。

城堡平面呈矩形,周长约 987 米,开南门,堡门建筑无存,南门外尚存有一座影壁,表面写有 1982 年的村规民约,落款为祁家皂公社任家庄大队。堡内平面布局未知。

堡墙均为黄土夯筑,保存差。东墙长约 188 米,墙体仅存基础,墙体上设有 1 座马面。南墙残长约 305 米,现存为不足 1 米高的基础。西墙长约 188 米,墙体低薄、断续,高 2～4 米,墙体多坍塌,外侧为顺城道路和民宅;墙体上设有 1 座马面,外侧利用台地,高 10 米以上,马面自身高 5 米;西墙外有不少民宅废墟,远处有南北向高压线塔,去往北大坪、南大坪村。北墙长约 306 米,坍塌严重,墙体低薄,高 1～3 米,北墙内侧为民宅,外侧为荒地;北墙上设 3 座马面。

东南角无存。西南角无存,高 2 米,现为基础。西北角设 135°斜出角台,高 5 米,破坏严重。东北角未设角台,仅为转角,高 4 米,破坏严重,多开裂。

堡内即旧村,已无人居住,废弃时间较长,村民已全部搬迁至新村。仅东部还可见民宅废墟,西部全部为平整的荒地,堡墙内侧为民宅废墟、荒地,外侧为荒地。

任家庄村堡(小堡)　位于旧村北侧,四十里坡最北端台地边缘,北崖下为定安河。

---

〔1〕　宋哲元:《(民国)察哈尔省通志》,国家图书馆藏 1935 年铅印本,第 8 页。

城堡紧邻冲沟边缘修建，其东、西、北三面临冲沟，仅南面为平地。城堡平面呈矩形，周长约 277 米，保存较好，开东门，堡门建筑无存，现为缺口，豁口宽 3 米。堡内平面布局未知。

堡墙均为黄土夯筑，堡墙底宽 2.5 米，保存一般。东墙长约 68 米，高低不平，多有坍塌形成的缺口，高 3～10 米，总体保存较好。南墙长约 69 米，保存较好，高 10 米，墙体壁面斜直，顶部宽平。北墙长约 70 米，西墙长约 70 米，保存较好，高 10 米，北墙顶部宽 1 米。四角均设有 90°直出角台，高 10 米，角台和堡墙同高，保存较好。堡内为荒地，未见居住遗址。

三、寺庙

圆通寺　位于任家庄村堡（大堡）内东北角，整体坐北面南，由两进院、3 座大殿组成，院墙和山门已无存，自南至北分别为地藏殿、观音殿与大雄宝殿，位于一条南北中轴线上（彩版 9-31）。该寺为卜家庄玉泉寺善缘禅师与成慧重修，成慧入禅院任主持，属小五台山金河寺法脉。

地藏殿（前殿）坐北面南，单檐硬山顶，面阔三间，进深五架梁，五架梁上承三架梁，山墙置通天柱。旧门窗无存，全部改造，屋檐、正脊、垂脊大部分坍塌，台明正面坍塌。殿内方砖铺地。殿内荒芜，内壁曾涂刷白灰浆，壁画无存。殿内梁架上彩绘飞龙。明间金檩上题记楷书"贴金菩萨一尊，李家梁善人、信士李添明施银五两"。正脊檩上有彩绘《八卦图》。原殿内曾供地藏王菩萨，两侧绘有十殿阎君题材壁画。

观音殿（中殿），坐南面北，单檐硬山顶，面阔三间，进深四架梁承三架梁（彩版 9-32）。门窗无存，后墙开两扇圆形窗，正脊、垂脊、屋檐全部坍塌，屋顶有部分坍塌，破坏严重。殿内梁架上施有彩绘，殿内壁画保存较好，为清末民国时期的作品。西壁壁画色彩鲜艳，但东壁受雨水侵蚀已漫漶。两侧山墙上部各绘六尊坐于莲花座上的圆通，下部各绘九罗汉，共十二圆通与十八罗汉，罗汉像的脸部全被敲毁。山尖彩绘《观世音菩萨普门品》，东西各有 4 幅。山尖绘《观世音菩萨普门品》，在蔚县的观音殿中较少见。原殿内曾供观音、文殊、普贤三大士。

大雄宝殿（后殿），坐北面南，单檐硬山顶，面阔三间，进深五架梁，五架梁承三架梁，山墙置通天柱。屋檐、正脊、垂脊破坏，屋顶有部分坍塌，殿内壁绘有佛传故事题材的壁画，连环画式，东西墙壁各有 3 排 7 列，共 42 幅。从壁画的重蓝色调看，应为清末民国时期的作品。壁画破坏严重，表面涂刷白灰浆，且有部分坍塌，东壁底排下部墙皮脱落，西壁北侧挂满泥浆。原殿内曾供华严三圣，中为释迦牟尼佛，东西两侧为骑青狮、白象的文殊、普贤二菩萨。

东壁

牧女献糜	□□□□	劝请回宫	车匿辞还	落发贸衣	夜半逾城	初启出家
习学书数	讲演武艺	掷象成坑	路逢老人	道见病卧	路睹死尸	（榜题毁）
姨母养育	仙人占相	从园还城（下部毁）	□□□□（大多毁）	树下□□（下部毁）	□□□□（画毁）	（画毁）

西壁

双林入灭	佛从棺起	金棺自举	佛现双足	凡火不然	（画模糊）	（画毁）
□□□□	佛指移石	为母说法	（榜题毁）	佛还□□	（画模糊）	（画毁）
（画毁）	老乞遇佛	（画模糊）	（榜题毁）	（画模糊）	（画模糊）	（画毁）

此堂壁画内容源于《释迦如来应化录》，除少数榜题题字与应化录中略有变异外，其他榜题与应化录中基本一致，此壁画是研究《释迦如来应化录》的流传与民间化过程中难得的保存较为完整的材料。

院西有清同治年间石碑1通，字迹漫漶。

第二十六节　小枣堡村

一、自然环境与人文历史

小枣堡村位于原祁家皂乡（今属西合营镇）北偏西5.5公里处，处四十里坡西北端，属丘陵区。村庄选址修建在平地之上，周围地势平坦、开阔，一马平川，为黏土质，辟为大面积的耕地。村西不远处为壶流河谷地，村北、东面不远处为定安河河道谷地，均为陡坎。1980年前后有880人，耕地3 744亩，曾为小枣堡大队驻地。

相传，明朝前建堡，因当时此地生长有小枣树，故取村名小枣堡。村名可考的历史最早见于《（正德）宣府镇志》，作"小枣堡"，《（顺治）云中郡志》作"小枣村堡"，《（顺治）蔚州志》作"小枣堡"，《（乾隆）蔚县志》《（光绪）蔚州志》《（民国）察哈尔省通志》沿用。

如今，村庄为新村，民宅以新房为主，居民较多，村庄规模较大，规划整齐，由南北4条主街和东西1条主街组成，220乡道穿村而过。旧村位于新村西北方的河道边缘，相距约300米（图9.33）。

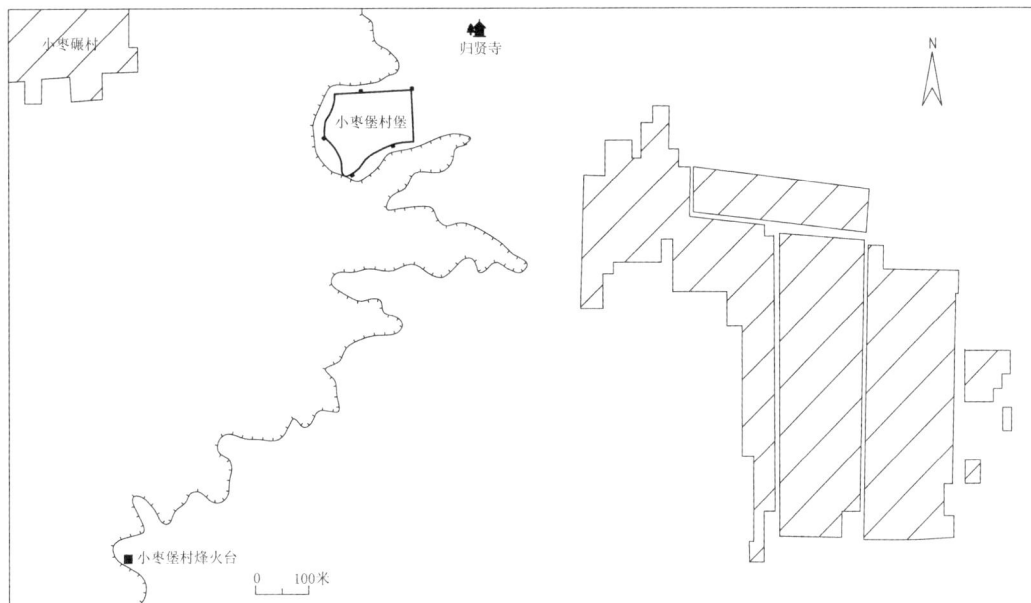

图 9.33　小枣堡村古建筑分布图

二、城堡

小枣堡村堡　选址修建在壶流河东侧的台地上,堡南、北、西三面均临冲沟,仅东面为平地。城堡依地势而建,平面呈不规则形,周长约 512 米。城堡开南门,现为缺口。堡墙均为黄土夯筑,保存较差,墙体高薄、连贯,高 4～5 米。南、北墙设有 2 座马面,西墙设有 1 座马面。东南角、东北角设 90°直出角台,保存一般。堡内为废弃的房屋遗址和荒地。

小枣堡村烽火台　位于小枣堡村堡外西南方河道边,西邻壶流河河川,烽火台保存较差,仅存 3 米高的墩台,周围多坍塌。

三、寺庙

归贤寺　坐落于小枣堡村北 200 米处,南、西两侧临沟,东、北为耕地。寺院分为两路,西路建有过殿与正殿,东路建有禅房,寺院东南建有娘娘庙、龙神庙。过殿南临沟,南檐下悬匾额,上书"归贤寺",殿内塑四大天王像,坐南面北为观音菩萨像。正殿内,中间为释迦牟尼像,东西两侧分别为文殊与普贤。"文革"时期寺内塑像、石碑均被破坏,20 世纪70 年代全部建筑被拆除,遗址已成为耕地。

第二十七节 横 涧 村

一、自然环境与人文历史

横涧村位于西合营镇西南偏南 4.1 公里处,属壶流河河川区,轻壤土质。村庄选址在平地上,周围地势平坦开阔,冲沟小且宽,村庄东面有南北向河道,为壶流河支流,向西北方流淌经横涧水库后汇入壶流河,东北方不远处为横涧水库。1980 年前后有 1 354 人,450 多户,耕地 5 749 亩,曾为横涧大队驻地。

相传,明洪武二年(1369)建村,因村中间横隔沟涧,故取村名横涧。村名可考的历史最早见于《(正德)宣府镇志》,作"横涧堡",《(嘉靖)宣府镇志》作"横涧",《(崇祯)蔚州志》作"横涧堡",《(顺治)云中郡志》《(顺治)蔚州志》《(乾隆)蔚县志》《(乾隆)蔚州志补》《(光绪)蔚州志》沿用,《(民国)察哈尔省通志》作"横涧村"。

如今,村庄规模大,分为东西两个片区,中间间隔一条浅冲沟。村内居民多,民宅以新房为主,土旧房和老宅院较少。村庄共有 4 座城堡,分别为东堡(横涧堡)、东堡内堡、后堡和西堡(图 9.34)。

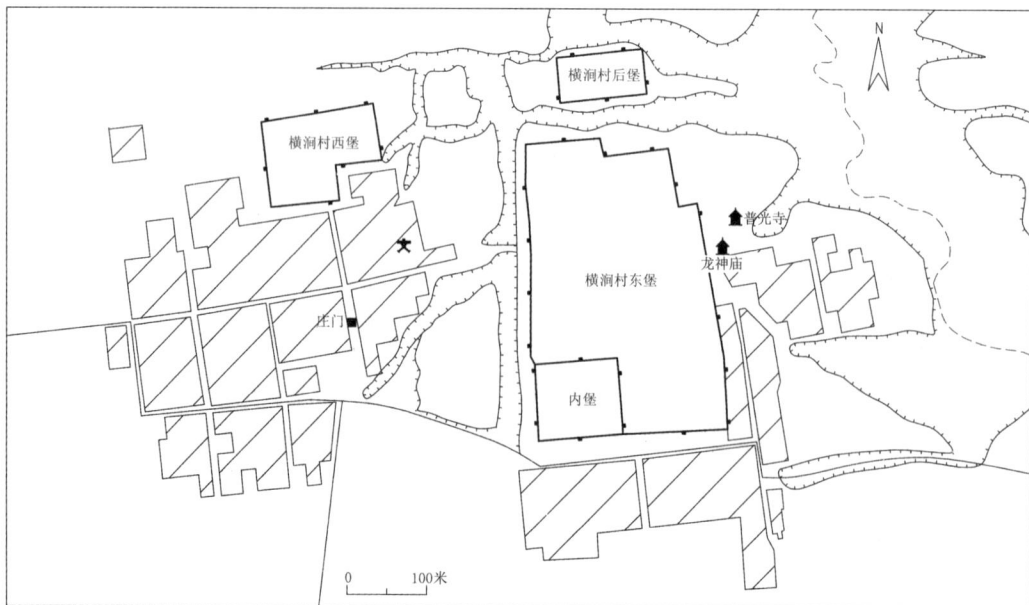

图 9.34　横涧村古建筑分布图

二、城堡与寺庙

（一）东堡

1. 城堡

东堡（横涧堡），位于村庄中东部，选址修建在台地上，四周为宽而浅的冲沟，城堡平面呈矩形，周长约 1 170 米，规模较大，保存较好，开东、南门，堡内平面布局为丁字街结构（图 9.35）。

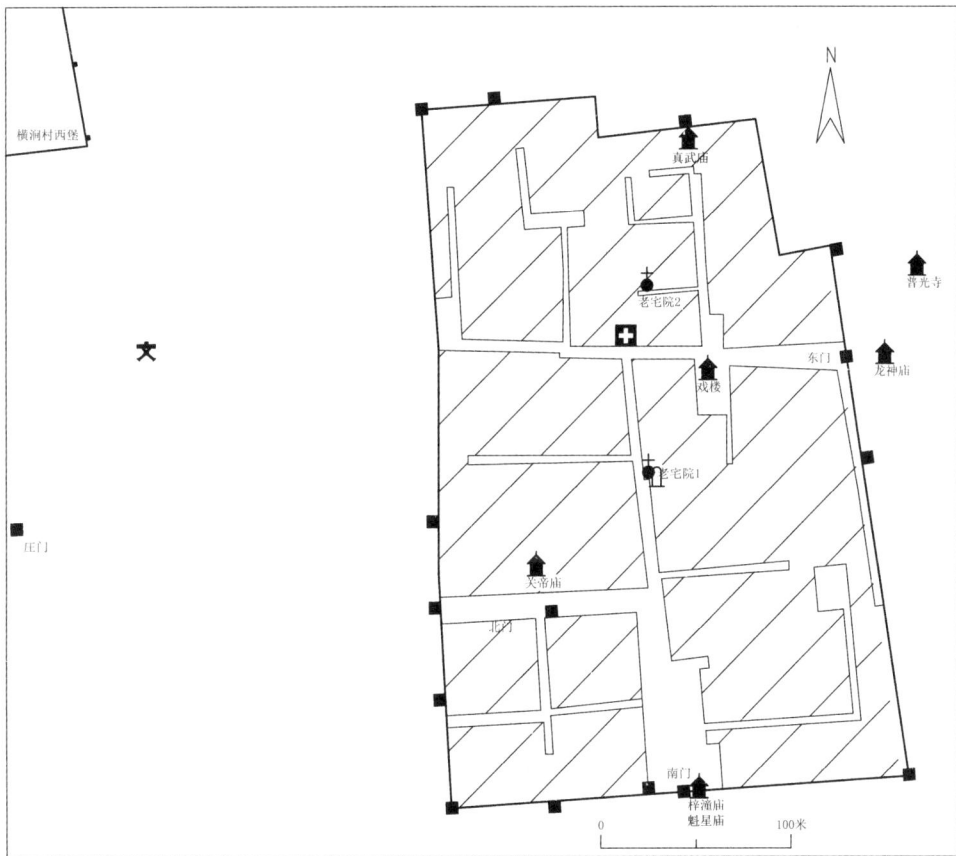

图 9.35　横涧村东堡、内堡平面图

城堡南门保存较好，砖石拱券木梁架平顶结构，基础为 4 层条石砌筑，上面青砖起券，门券高大（彩版 9-33、34）。外券三伏三券，门券拱顶上方原镶嵌有 3 枚门簪，已损坏，仅存痕迹，其上方镶嵌门匾，表面为泥土所覆盖，砖匾刻"文明门"，门券两侧门柱上有砖制对联，楹联上下两端装饰砖花，10 个字皆为阳雕，字迹漫漶。内券为三伏三券，门券拱顶上方镶嵌有 3 枚门簪。门顶为木梁架平顶结构，上建堡门楼。门闩孔为方形，青砖错缝而成。门内为南北主街。

城堡东门保存较好,砖石拱券结构(彩版 9-35)。基础为 6 层条石砌筑,上面青砖起券。外侧门券三伏三券,门券拱顶上方镶嵌有 3 枚门簪,门簪为圆柱形,顶端雕菊花,外包 4 片叶片。门簪上方镶嵌有门匾,字迹漫漶。匾中间有两排大字,因风化较严重,上排 3 字仅辨认出最后的"堡",下排 3 字为"涌泉门"。匾右侧有一排竖字,仅能辨出"嘉靖庚□季秋吉日立"。匾左侧也有一排竖字,但已无法辨认了。匾下方是一排排人名,共有"贾沃雨"等 10 人。内侧门券三伏三券。门内顶为券顶结构。门道为土路。木门扇尚存,包有铁皮。门外两侧各设有一座护门墩台。东门外对面有龙神庙。东门内为东西中心街,两侧只有几户居民,全部是新房。

堡墙均为黄土夯筑,保存一般。东墙长约 373 米,保存较差,墙体低薄、连贯,墙体起伏不定,多有坍塌形成的缺口,内侧高 1~4 米,墙内侧为顺城道路和民宅,外侧相对较高,高 4~5 米;东墙不直,北部有曲折,东门外北侧的墙体上有拐点,修有马面;东门南侧亦设 1 座马面;东墙外为新村。南墙长约 240 米,保存较好,墙体高厚、宽大,高 10 米左右,几乎为原高,蔚为壮观;南墙西段上设有 1 座高大的马面,与墙同高,保存较好。西墙长约 360 米,墙体修建在台地上,外侧高近 10 米,内侧高 6~8 米,几乎为原高,墙体顶部较宽,可 2 人并排行走,壁面斜直,内侧为民宅,外侧为道路、冲沟和耕地;墙体分为南北两部分,以东门内主街为界,以南的墙体保存较好,墙体高厚、连贯,多次修建痕迹明显,偶有坍塌形成的缺口;以北的墙体多为民宅院墙所侵占,墙体低薄,高 0~4 米;西墙上设有马面 3 座,保存较好。北墙长约 197 米,因地形原因而不直,东北角附近因地形而多曲折,墙体保存较差,墙体低薄,高 0~5 米,墙体坍塌严重,多为民宅的后墙,北墙外为宽而浅的冲沟与荒地,墙体内侧为民宅,北墙外隔一条冲沟为后堡;北墙中部设有马面,马面南面正对戏楼,马面顶部立有测绘航标架,马面为真武庙庙台,体量大,高 10 余米,南侧有斜坡道,可登顶,旧时修有台阶。

东南角设 90°直出角台,呈长方形,较少见,保存较好,高 10 米,角台外下为一户民宅。西南角设 90°直出角台,体量大,高 10 米,几乎为原来的高度和体量。西北角台设 90°直出角台,保存较好,高 4~5 米,角台西边有 1 座马面,保存较小。东北角无角台,仅为转角。

堡内民宅新、旧房屋均有遗存,老宅院少。老宅院 1,位于正街东侧,一进院,西南角辟门,卷棚顶,广亮门。门边有 1 通石碑,石碑刻《重建普光寺碑记》,刊刻于"大明嘉靖纪元年"。老宅院 2,位于戏楼和真武庙之间街道西侧的一条支巷内,两进院,辟门于东南角,面南,卷棚顶,广亮门。

2. 寺庙

据当地长者回忆,东堡曾修建有戏楼(原 5 座,现存 1 座)、龙神庙、普光寺(大寺)、梓潼庙/魁星庙、真武庙。除寺庙建筑尚存外,皆于"文革"时期破坏。

戏楼　位于横涧东堡内中心,东西主街道从戏楼北侧穿过。戏楼保存一般,建筑稍有倾斜,东山墙用 3 根木棍斜撑,以防进一步倾塌。戏楼坐南面北,对面 80 米处为真武庙。戏楼坐落在高 1.1 米的砖石台明上,台明立面包砌青砖,顶部四周铺石板,石板多为石碑、石构件,其中有咸丰十一年(1861)的石碑,字迹较清楚,还有《布施功德碑》。戏楼面阔三间,单檐卷棚顶,进深五架梁。前檐柱 4 根,金柱 2 根。戏楼内驼峰上保存有彩绘。戏楼内明间置土坯墙分隔前后台。内壁曾经 3 次白灰浆粉刷,前台壁画无存。后台东、西、南墙上保存有"文革"时期书写的毛主席语录,东墙有"战无不胜的毛泽东思想万岁",西墙有"高举毛泽东思想伟大旗帜",南墙有"为人民服务",西墙标语下还有语录,已漫漶。戏楼前两侧原砌八字墙,现已倒塌。戏楼东、南、西三面均为民宅,北为丁字形街道,街道两侧为民宅。

龙神庙　位于东门外台地上,坐北面南,原为一座独立的庙院,庙台高约 1 米,现院墙坍塌,院内砖铺地面。正殿坐北面南,单檐硬山顶,面阔三间,进深四架梁出前檐廊。正殿的前墙已被改造,门窗无存,采用土坯墙封堵,中间辟一道门。正殿两侧山墙墀头、戗檐装饰砖雕,西侧已毁,东山墙戗檐砖雕"鹿回头",据此推测西侧应为"猴",组成"猴鹿",寓意着"侯禄"。正殿东侧新建一间房屋,为看庙人的住所。正殿内堆满杂物,现已改造为磨坊使用,但龙王香火仍未断。东、西山墙已重新粉刷,正面墙如旧,尚存有壁画。西壁有一片露出底画。

正壁绘《龙母龙王坐堂议事图》,正中为龙母,两侧为五龙王与雨师。据当地传说,因龙王爷求雨不灵,犯了错误,乡民们才将龙王爷换成了龙王奶奶。龙母后面各站立着两位胁侍,持伞与礼盒。龙王与雨师后为各位行云降雨神将。东次间上部有旗官、风伯、风婆、2 位青苗、2 位功曹,西次间上部有商羊、电母、钉耙、雷公、四目神、2 位功曹。正壁的两个下角,各立有一位手持雨簿的雨官。由于正壁是坐二破三的开间,构图上已呈现出单开间特有的两侧龙王与雨师渐低的风格。

西壁绘有《雨毕回宫图》,尚有局部露出,可看出龙母、风婆闭目于水车中,两位龙王骑马行于前,两位未知神在下方。

普光寺　俗称"大寺",位于堡东门外北侧,该寺院东面不远处为一座变电站,周围高压线塔密布。原为一座庙院,占地 4 900 平方米,现作为村委会使用。堡内南北街北段路边尚存 1 通"大明嘉靖纪元年"《重建普光寺碑记》石碑,可知普光寺创建时间在明嘉靖之前。

普光寺曾建有天王殿、大雄宝殿、千佛殿、东配殿(送子观音殿)、西配殿(地藏殿)、罗汉堂。现存三层大殿与东配殿,分别为天王殿、大雄宝殿、千佛殿,前殿与中殿位于村委会院内,前、中两殿院内为砖地面,并有甬道相连,后殿立于田中。前、中两殿保存较好,后殿东墙、北墙与脊顶坍塌。

前殿，天王殿，坐北面南，面阔三间，硬山顶，进深五架梁。殿内曾改作办公室，门窗及内部全部改造，如今堆满社火用具。殿内曾塑有四大天王像。殿东侧有东耳房，不与前殿东山墙相连。东耳房为五帝堂，单坡顶，现居住看庙的老人。殿西侧原也有西耳房，为三皇堂。

中殿，大雄宝殿，坐北面南，面阔三间，硬山顶，进深五架梁，柁头大，前檐额枋尚存部分清末民国时期的彩绘。东山墙山花已毁，西山墙山花残存。殿内方砖铺地，曾改作教室，墙上抹白灰浆与黑板，西壁黑板周边灰浆底下隐约可见连环画中的人物，其中一幅可见榜题框。梁架上彩绘鲜艳，顶部脊檩上彩绘《八卦图》，山尖绘画尚存。中殿原塑有释迦牟尼像，有背光，背光顶端为一大鹏金翅鸟，左右为侍者阿难与迦叶，殿内东西塑韦驮和吕驮。释迦牟尼像背后为倒座观音，两侧分别站立善财童子和龙女。大雄宝殿北门外建有一供厅，供厅对面又有一殿。此殿内原塑有善财童子，塑像用铁丝悬挂，身体前倾，双手合十，作拜观音之势。

东配殿，送子观音殿，单檐硬山顶，面阔三间，进深四架梁出前檐廊。殿内曾改作教室，墙壁抹白灰浆与黑板。殿内梁架上尚存有彩绘。如今正壁墙上白灰浆脱落，露出壁画。正壁绘有三尊像，从色彩来看应为清晚期作品。正壁明间中绘送子观音，怀抱有一子，肩顶两侧为龙女与善财童子，左右两侧各立一位护法神将；北次间绘马神手持一剑，面目狰狞；南次间绘千手观音。

后殿，千佛殿，位于耕地、荒地中，坐北面南，单檐硬山顶，面阔三间，进深五架梁。西墙上有山花，内容为"花开富贵"。殿内墙壁表面涂刷白灰浆，壁画无存，白灰浆后为草拌泥，后面为旧报纸，为解放前后察哈尔省的报纸。殿宇破坏严重，顶脊中段垮塌，前、后墙倒塌，只有两侧山墙与梁架尚立。据当地长者回忆，1958年拆毁寺后3座灵骨塔，将寺院改为学校，后学校迁出，村委会占用。

梓潼庙/魁星庙 位于堡南门顶，即南门楼，正殿面阔三间（坐二破三式），平面呈凸字形，后抱厦通体二柱悬山顶。门楼东西各出一间耳房，坐北面南，西住门卫，东供魁星。梓潼庙并非位于明间，而是在东次间。当地长者亦不知明间南北两侧为何庙。1946年国民党驻扎在堡内，东、南门上设岗楼，将魁星庙破坏。

真武庙 位于北墙马面，现已无存。庙对面建有戏楼。

（二）东堡内堡

1. 城堡

东堡内堡位于东堡内西南角，现为1座小城堡，城堡平面呈方形，周长约394米，开北门，堡门建筑无存，现为缺口。堡内平面布局为十字街结构。

城堡北门原为石券门,目前仅存基础条石部分。

堡墙均为黄土夯筑,保存一般。东墙长约 94 米,墙体高薄,多坍塌,墙高 0~10 米,内侧为民宅,外侧为道路。南墙长约 106 米,西墙长约 93 米,均和东堡共用。北墙长约 101 米,保存较好,墙体高厚、宽大,壁面斜直,几乎为原高,高 10 米,内侧为民宅,外侧为道路;北墙设有马面,保存较好,体量大,但台体开裂,马面西侧为北门缺口。

东南角设 90° 直出角台,位于东堡南门内西侧,角台体量大,高 10 米,与东堡同高。东北角仅存转角,高 10 米。西北角未设角台,仅为转角。

堡内土旧房和新房均有分布,墙体内侧均为倚墙修建的民宅,堡内无老宅院,房屋少,居民少,形成大面积的耕地或荒地,几近废弃。

从内堡格局来看,内堡创建应早于东堡,推测内堡扩建时被后建的东堡围于堡内。

2. 寺庙

关帝庙　位于东堡内堡北门外,现为羊圈,原为一座庙院(彩版 9-36)。院墙已重修,院门无存。正殿保存较好,坐北面南,单檐硬山顶,面阔三间,进深六架梁出前檐廊,门窗尚存,前檐额枋上尚有残存的彩绘。殿内堆放草料,墙壁表面涂刷白灰浆,壁画已无存。

戏楼　位于东堡内堡北墙外,现已无存。

(三)后堡

1. 城堡

横涧后堡位于东堡北墙外,与东堡间隔一条冲沟,城堡选址修建在台地之上,其东、南、西、北四面均为大小、深浅不同的冲沟。城堡平面呈矩形,周长约 325 米,东西长,南北窄,长约为宽的 2 倍。开西门,堡门建筑无存,仅存基础部分的条石,堡内平面布局为东西主街结构(图 9.36)。

堡墙均为黄土夯筑,保存较差,墙体低薄,坍塌严重,高 0~4 米。东墙长约 54 米,大体保存较好,墙体低薄,高 0~4 米,墙体内外均为耕地。南墙长约 110 米,高 0~4 米,墙体高薄、断续。西墙长约 55 米,保存较好,墙体高 0~5 米,内外侧均为耕地。北墙长约 106 米。

东南角无存,为基础。西南角无存。

堡内居民少,仅 3 户共十几人,村民均姓任。民宅主要集中在中心街北侧,南侧为耕地,主街的尽头为关帝庙。

2. 寺庙

关帝庙　位于横涧后堡东西主街的东端。正殿坐东面西,面阔单间,硬山顶,进深六架梁前檐廊。殿门窗无存,殿中堆满柴草。殿内后墙残有 4 幅民国时期屏风壁画,画中内容已被泥浆冲毁。两侧山墙布满泥浆,隐约露出神像,可见一人持刀,一人持笏板。

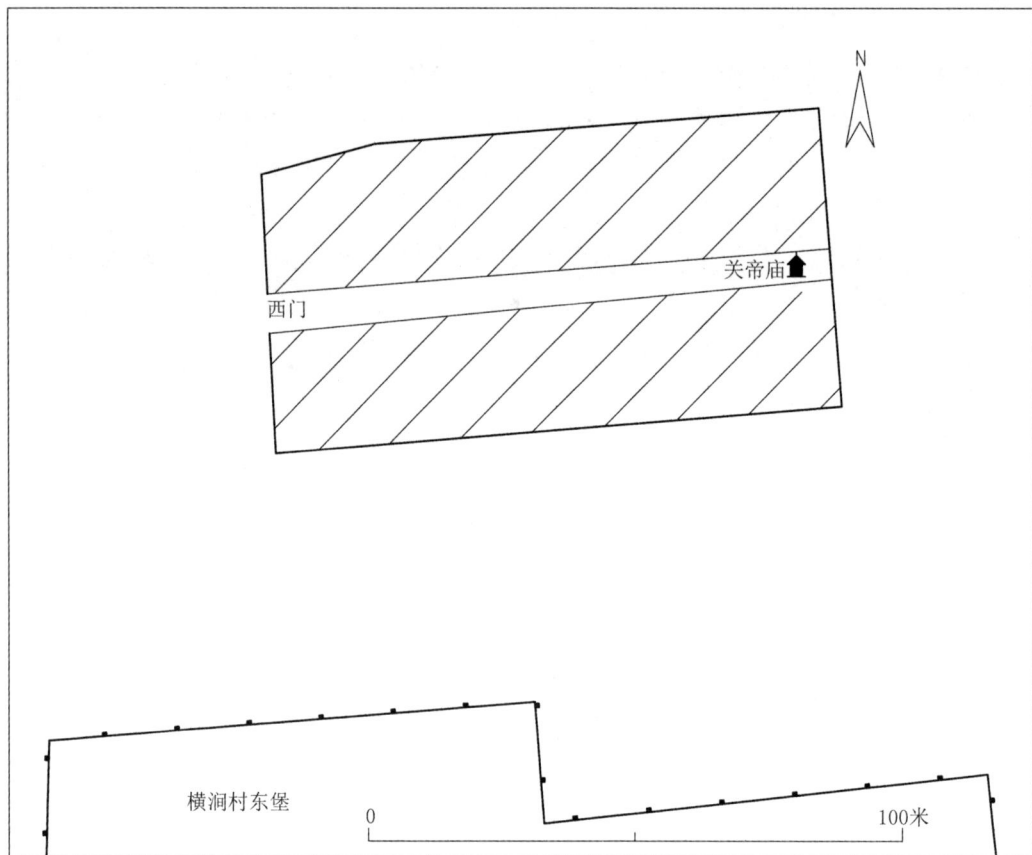

图 9.36　横涧村后堡平面图

（四）西堡

1. 城堡

（1）城防设施

西堡位于村庄西北部，东堡的西侧台地上，与东堡相隔一条涧沟。城堡所在地势平坦开阔，仅东面有宽而浅的冲沟，其余均为平地，南面为大面积的新村。西堡平面呈刀形，周长约 503 米，东南部内凹，开南门，堡内平面布局为十字街结构（图 9.37）。

城堡南门位于墙体曲折拐角处，堡门东侧的南墙无存，现为平地，形成一处缺口（彩版9-37）。南门为砖石木梁架平顶结构，基础为 2 层条石砌筑，上面为青砖修建的门体，门顶为木梁架平顶，门外侧上部原镶嵌有门匾，现已无存。

堡墙均为黄土夯筑，保存差。东墙长约 68 米，墙体低薄、坍塌，形成许多缺口，外侧高3～5 米，内侧高 0～3 米，墙体高低起伏不平，外侧修建在台地上，故相对高，内侧为民宅，外侧为耕地。南墙长约 187 米，墙体高薄，高 1～5 米，墙体断续，墙体内侧为民宅，外侧为

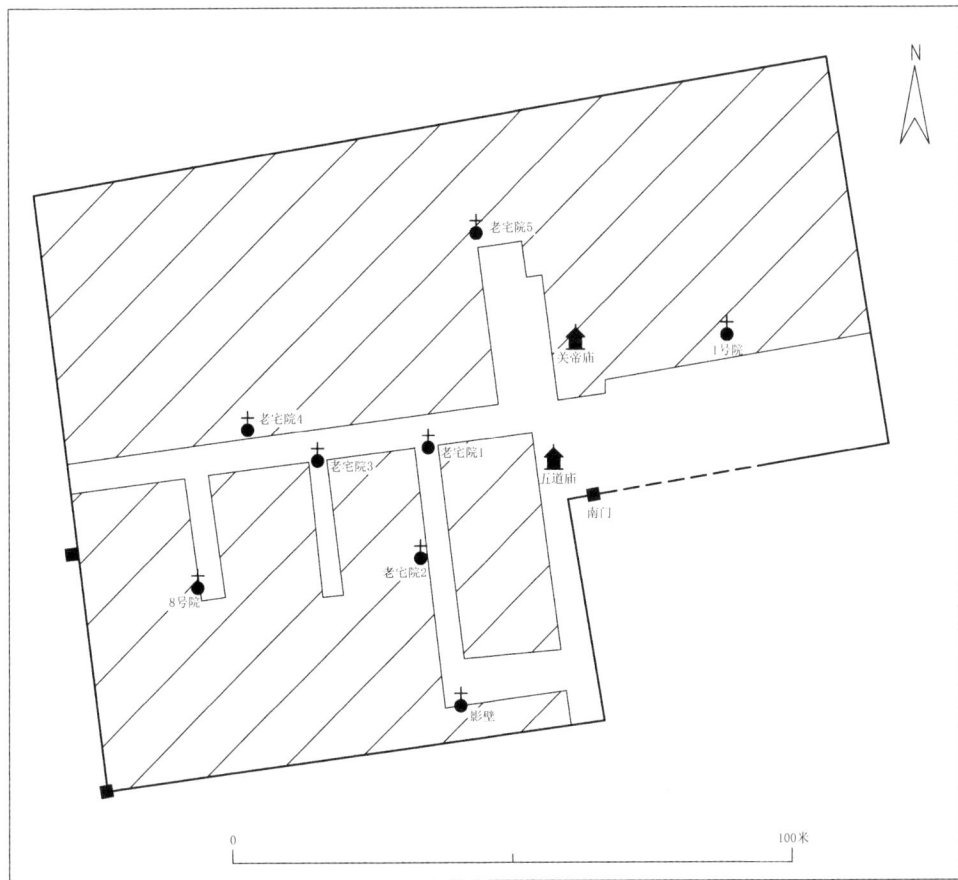

图 9.37　横涧村西堡平面图

道路,有不少民宅大门破坏墙体而建,接近西南角的墙体高 4～5 米。西墙长约 104 米,墙体高薄、连贯,高 3～4 米,墙体保存较好,内侧为民宅,外侧为耕地,种植向日葵和玉米,墙体中部设有一座马面,保存较好。北墙长约 144 米,墙体保存较好,墙体高薄、连贯,壁面斜直,墙高 4～5 米,内侧为民宅,外侧为耕地,多种植向日葵。

东南角未设有角台,仅为转角,高 5～6 米。东南角外有学校,已经废弃。西南角设 90°直出角台,保存较好,高 4～5 米。西北角未设角台,仅为转角,高 4～5 米,内侧长有 1 株树。东北角未设角台,仅为转角,高 4～5 米。

(2)街巷与古宅院

堡外南侧的南北主街道上尚存有 1 座庄门,结构简单,土坯墙门体,木梁架平顶式。堡内地名为"西堡里街",民宅以土旧房为主,新房较少,居民少。

东街　即十字街东段,尚存有 1 座老宅院即 1 号院,广亮门,卷棚顶,门内分为东西两院,原为两进院,现为一进院。

西街 即十字街西段,尚存有 5 座老宅院。老宅院 1(11 号院)位于主街南侧,广亮门,硬山顶,门内为一条巷子,南尽头为 1 座影壁,檐下砖雕装饰。巷内西侧有 1 座二道门,即老宅院 2,随墙门,檐下砖雕额枋、坨头等装饰,门内为一进院,正房面阔五间,硬山顶。老宅院 3,位于老宅院 1 西侧,主街南侧,门内为巷子,西侧有 1 座一进院,正房面阔三间,硬山顶,明间退金廊,立 2 根檐柱,东厢房面阔三间,单坡顶。老宅院 4,位于西街北侧,一进院,硬山顶,广亮门,门前设 3 步石台阶,两侧置 2 块方形上马石;门内影壁保存尚好,檐下装饰两根坨头与额枋砖雕,坨头下各有一根垂花柱,垂花柱下是砖雕立柱,立柱下有砖雕柱础;影壁正面为方砖菱形装饰,正中嵌有一块圆形砖雕,但已被泥土覆盖,估计其内应一个"福"字。8 号院,位于主街南侧一巷子内,一进院,东南角辟门,面东,广亮门,硬山顶,院内正房面阔五间,硬山顶。

北街 仅 1 座老宅院,即老宅院 5(3 号院),位于北街尽头,一进院,东南角辟门,面东,随墙门,平顶门洞。

2. 寺庙

关帝庙 位于堡南门内,正对南门。庙院墙尚存,东院墙坍塌,仅存西墙。山门楼已被封堵。院内为砖铺地面,长有不少杂草。正殿保存较好,坐北面南,面阔三间,硬山顶,进深六架梁出前檐廊,前檐柱采用雀替木雕装饰,前檐额枋上有彩绘遗存。殿门窗保存较好,屋檐和屋脊有部分损坏。殿内堆放杂物并改造为猪圈使用,墙壁上有残存的壁画。

五道庙 位于南门内西侧,正殿坐西面东,面阔单间,殿墙体坍塌严重,残墙外抹一层泥土,残处可见壁画。

第二十八节 夏 源 村

一、自然环境与人文历史

夏源村位于西合营镇南偏东 3.3 公里处,属河川区,为夏源河发源地,地势略南高北低。村选址修建在平地之上,村东侧有宽而浅的河道,为壶流河支流,东北有夏源水库。周围地势平坦,一马平川,为中壤土质,辟为大面积的耕地。1980 年前后有 1 959 人,耕地 4 908 亩,曾为夏源大队驻地。

相传,明初建村,名下元堡,因村东有一条小河从这里发源,故易名下源。后演变为夏源,村南现在的牛大人庄为上源。水质甘甜纯洁,为蔚县酒业发源地。村名可考的历史最早见于《(正德)宣府镇志》,作"夏源堡",《(嘉靖)宣府镇志》作"夏原",《(崇祯)蔚州志》作"夏源堡",《(顺治)云中郡志》沿用,《(乾隆)蔚县志》作"下元堡",《(乾隆)蔚州志补》《(光绪)蔚州志》沿用,《(民国)察哈尔省通志》作"夏源堡"。

如今,夏源村规模大,北面与西合营镇区连接成片,两者以国道和省道为界,以南属于夏源村,以北属于西合营镇。G112国道、S342省道、X417县道穿村而过。村庄民宅以新房为主,人口众多。据当地75岁的乔姓长者回忆,解放后村庄有1500余人,全居住在堡内,村民以赵、陈、张姓为主。

旧村在整个村庄的东南部,与新村融合在一起。据当地长者回忆,夏源的旧村由西堡、南堡、东堡、东辛堡、西辛堡5座城堡组成。其中,西堡、东堡东西并列,中间隔一条南北向街道,街道南端为1座戏楼。村内原有5座戏楼,今仅存1座。东辛堡位于东堡之北,与西辛堡连成一片;西辛堡位于西堡北侧,有一条南北向通道将其与东辛堡隔开;南堡位于堡群的南端坡地上,与其他诸堡相离,自成一体(图9.38)。

二、城堡与寺庙

(一) 西堡

1. 城堡

(1) 城防设施

西堡,据《(民国)察哈尔省通志》记载:"夏源乡西堡,在县城东四十里,土筑,高二丈二尺,底厚五尺,面积三十四亩,有门一,民国十七年重修一次,现尚完整。"[1]位于村庄中东部,西堡的地势高于周围3~4米,堡内地面几乎与堡外民宅屋顶持平。城堡平面呈矩形,周长约568米,开东门,堡内平面布局为双十字街北丁字街结构。堡内一共有3条东西向主街,为便于叙述,命名为后街(北街)、中街(中心街、正街)、前街(南街),有南北向的联络线(南北街)将这3条街连接,且3条联络线不是一条直线,而是相互错开(图9.39)。

城堡东门建筑无存,现为缺口。东门外北侧曾修建有关帝庙、观音殿,门上旧有梓潼阁,堡门内西侧有五道庙。

堡墙均为黄土夯筑,保存较差。东墙长约164米,大部分墙体无存,为民宅所占据;东墙北段保存一段,在一户居民的院子里,墙体高薄,内侧为民宅,高2~5米;东南角附近的保存一段,高2米左右。南墙长约120米,墙体坍塌成斜坡状,外侧高4~7米,内侧高0~2米,内侧为民宅,外侧为顺墙道路。西墙长约165米,墙体坍塌严重,呈斜坡状,高5~6米,墙体尚存1~3米,外侧为顺城道路和民宅,内侧为民宅;西墙中部与东门正对的位置上开有缺口,口外修建有近代风格的影壁。北墙长约119米,墙体低薄,破坏严重,高4~6米,内侧为民宅,外侧为荒地和道路。

---

〔1〕 宋哲元:《(民国)察哈尔省通志》,国家图书馆藏1935年铅印本,第7页。

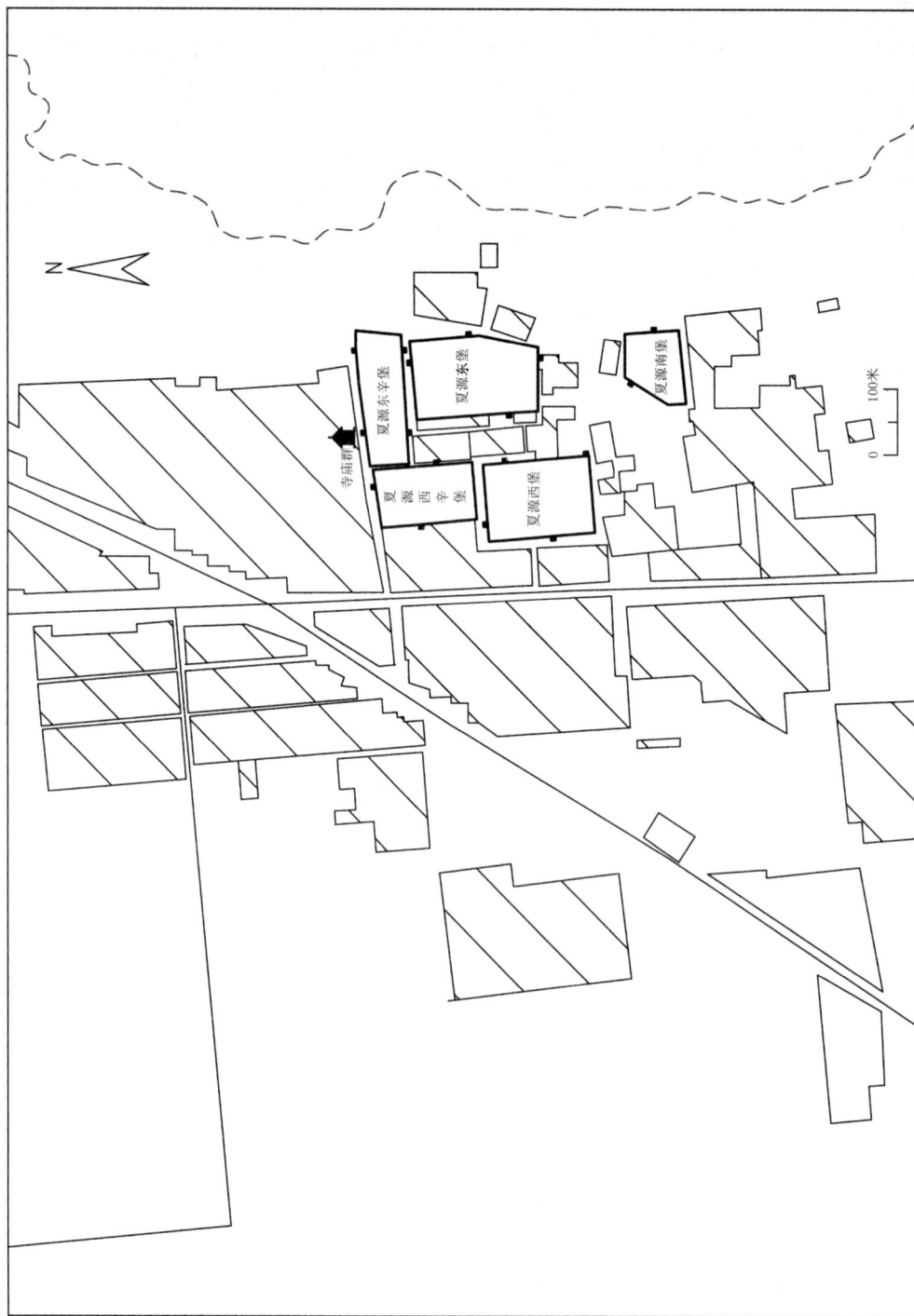

图 9.38 夏源村古建筑分布图

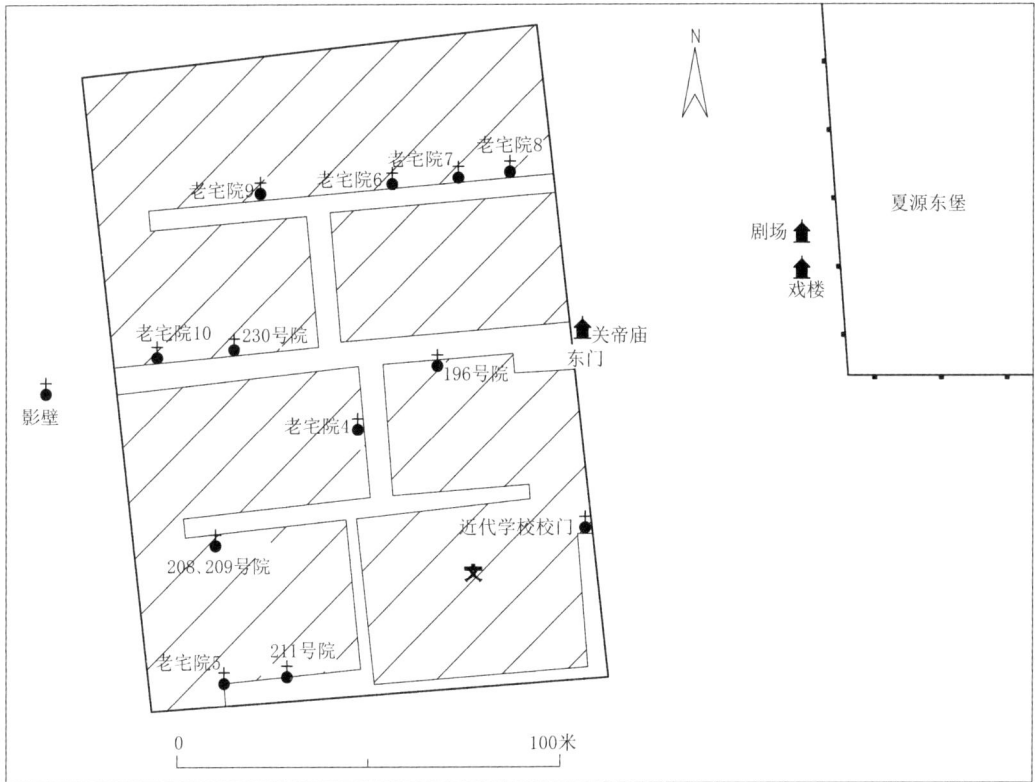

图 9.39　夏源村西堡平面图

东南角仅存基础,上面修建房屋,高 2～3 米。西南角未设角台,仅为转角。西北角及附近的西墙、北墙墙体无存,仅存 1 米高的基础,为新建的民宅所占据。东北角未设角台,仅为转角,转角高 4～5 米,外侧有新建房屋。

（2）街巷与古宅院

堡东门内为东西向主街,水泥路面,民宅新房较多,老宅院较多,土旧房多废弃坍塌,居民较多。

正街　196 号院,位于南侧,广亮门,硬山顶,门内为一巷子,东西各为一进院大院。196 号老宅院外东侧还有光绪年间的墓碑。230 号院,位于北侧,两进院,南墙正中辟门,广亮门,硬山顶;门外西墙上尚存《捷报》,字迹损毁、漫漶,可见"钦命"字样;门内正对前院过厅,面阔三间,卷棚顶,后院正房面阔五间,硬山顶。老宅院 10,位于北侧,两进院,现为一进,东南角辟门,广亮门,硬山顶。

南北街　即南北向主街。西侧有老宅院 4,一进院,东南角辟门,广亮门,硬山顶,砖雕悬鱼尚存,门前置上马石。

南街 208、209 号院　位于西段南侧,2 座宅院共用 1 门,广亮门,硬山顶,门为一条巷子,尽头为影壁,装饰多破坏。两侧分为两院,西侧为 208 号,东侧为 209 号,院内的布局相同,二道门为随墙门,院内砖铺地面,正房面阔五间,硬山顶。

南墙顺城街 西段尚存2座老宅院,211号院、老宅院5,均为一进院,辟门于东南角,随墙门,平顶门洞。东段为近代学校,原是一户大地主的宅院,后曾被改造成学校。现为一大片宅院,四周一圈房屋,中间为空地。

北街 东段北侧有老宅院6、7、8,共3座。老宅院6,两进院,东南角辟门,广亮门,卷棚顶,门前置上马石。院内已经打通,正房面阔五间,硬山顶。老宅院7,一进院,东南角辟门,广亮门,硬山顶。老宅院8,广亮门,硬山顶,院内与老宅院6相同。西段有老宅院9,两进院,南墙正中辟门,广亮门,卷棚顶。

2. 寺庙

据当地长者回忆,西堡曾修建有关帝庙、观音殿、梓潼阁、五道庙。

关帝庙 位于东门外北侧,原为一座庙院,如今仅存正殿,且屋顶、西墙、北墙大部分坍塌。正殿,坐北面南,单檐硬山顶,面阔三间,进深五架梁出前檐廊,屋顶坍塌四分之三,目前仅存东、南墙。前檐额枋上残有彩绘,为数幅人物故事的组图,但已模糊不清,为民国时期的作品。东墙山尖上保存有山花和砖雕悬鱼,南墙保存较好。前廊东墙上保存有壁画,为一幅人物绘画。殿内多为坍塌的构件和积土,东墙尚存壁画,隔扇主题,共有隔扇8屏,上面绘制山水动物,没有《三国演义》主题的壁画。山尖壁画保存较好。庙内旧时供奉有泥塑塑像。

观音殿 位于东门外,旧时殿内有悬塑,现已无存。

梓潼阁 位于堡东门顶,现已无存。

五道庙 位于堡门内西侧,现已无存。

(二) 南堡

1. 城堡

(1) 城防设施

南堡位于村庄东南部村边,位置较为偏远,选址修建在平地上,周围地势平坦、开阔。城堡平面呈梯形,周长约370米,开东门,堡内平面布局为东西主街结构(图9.40)。

堡东门建筑无存,现为缺口。东门外为一台地,建有龙神庙、关帝庙。

堡墙均为黄土夯筑,保存一般。东墙长约84米,整体保存较差,外高0～10米,墙体多坍塌成斜坡状,上面修建民宅,内侧为民宅,外侧为顺城道路。南墙长约112米,保存一般,外高5～10米,内侧高1～4米,墙体多坍塌,内侧为顺城道路、民宅,外侧为道路。西墙长约109米,利用台地修建,墙体不直,墙体多坍塌成斜坡状,外侧高6～10米,内侧高1～2米,墙体内侧为民宅与大面积的荒地,外侧为耕地和土路。北墙长约65米,保存较好,墙体高大,外侧高10米左右,内侧高4～5米,墙体多坍塌成斜坡状,上面修建民宅房屋,墙体内侧为民宅,民宅多废弃坍塌,外侧为新建的民宅。

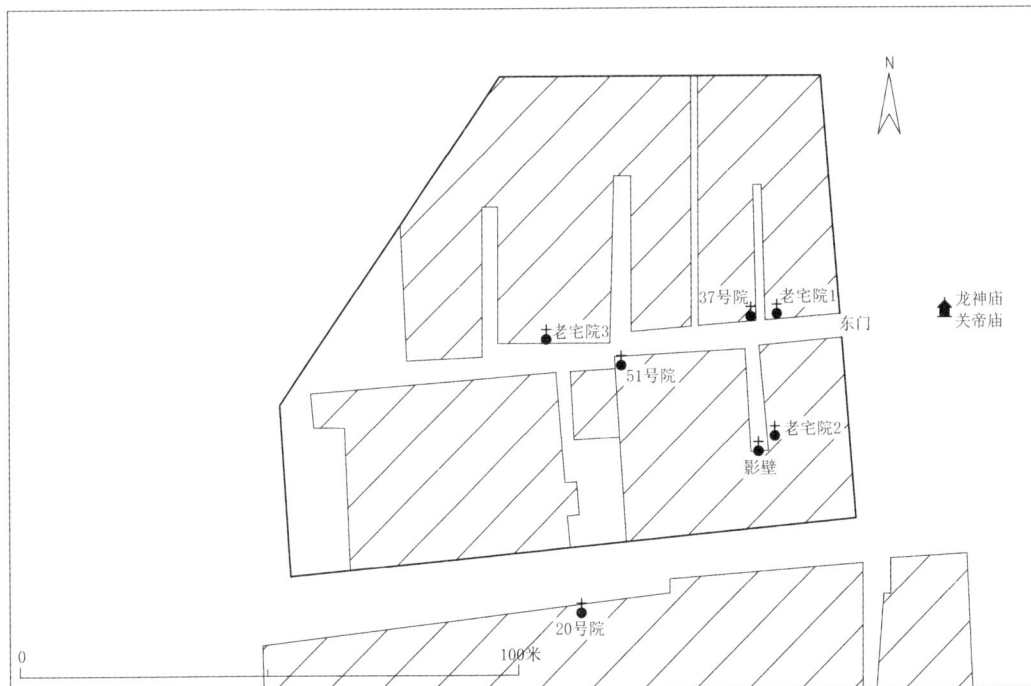

图 9.40　夏源村南堡平面图

东南角未设有角台,仅为转角,保存较好,高 10 米,内侧为民宅,外侧为道路。西南角设 90°直出角台,外高 10 米,保存较好,体量大。西北角仅存转角,高 8～10 米,上面长有树木。东北角未设有角台,仅为转角,与北墙同高。

(2)街巷与古宅院

堡内为东西主街结构,两侧为巷子。堡内民宅以土旧房为主,多已翻修,新房少,尚存数座老宅院。

正街　即东门内主街,37 号院,位于北侧,一进院,西南角辟门,卷棚顶,广亮门。老宅院 1,位于北侧,一进院,东南角辟门,随墙门,卷棚顶,平顶门洞。老宅院 2,位于南侧巷内,一进院,西南角辟门,面西,硬山顶,广亮门。其西侧为一块影壁。51 号院,位于南侧,广亮门,卷棚顶,门内为一条巷子。其西北方斜对面为老宅院 3。

南壕　位于堡南墙外侧,名为"南堡南壕",尚存 1 座老宅院。20 号院,广亮门,卷棚顶,石板门道,门内为一条巷子,东西各为一宅院。

2. 寺庙

五道庙　位于南堡堡内,现已无存。

龙神庙/关帝庙　位于南堡东门外河床边的高地上,临陡坎而建,东、南、北三面为耕地,西为进堡土路。正殿坐北面南,单檐硬山顶,面阔三间,进深六架梁出前檐廊,五架梁承三架梁,前檐柱与金柱间施抱头梁。前檐两根立柱下有鼓状石柱础,东、西两侧山墙各有一朵精美的山花砖雕,前檐下的檩、枋与垫板上残有彩绘。明间、次间置六抹落地隔扇。殿内地面方砖铺墁,廊步方砖斜墁,西廊心墙下设面然大士龛。殿内明间、西次间供关帝,东次间供龙神,为二神同堂供祀。

正殿整体结构尚存,东次间后墙局部坍塌,残留的三面墙壁上皆有壁画。正壁明间与西次间壁画残存,东次间壁画已毁。明间与西次间壁画残破,虽然能看出壁画内容不是传统的龙神庙、关帝庙题材,但难以看清细节。

东山墙壁画,分上、下两部分,虽没有明显分界,但从构图与表达的内容看是可以分开的,上部绘有《出宫行雨图》,下部绘有《雨毕回宫图》。

上部《出宫行雨图》中,一位龙王在前打头阵,紧随的是雷公、钉耙;其下一排是电母、风婆、四目神、风伯。行雨阵中间是一顶轿,轿内未见龙母,只有牌位。轿的前、后方簇拥着龙王与雨师,2位功曹在轿顶前后守护,轿下方是水车。行雨大军后面,是飞奔的传旨官,生怕耽误了传御旨而被玉帝责备。上部的最后是水晶宫,龙母与侍女站立在水晶宫外,目睹诸神行雨。

下部《雨毕回宫图》,画面的左侧是水晶宫,画面受损严重,但仍可看清,宫前有一个下跪的官人,台明前有一位顶香炉的小神。回归大军中,前面是飞奔的传旨官回宫交旨,龙王排一列跟随,电母、风婆闭目于水车中。后面压阵的是一位龙王,正回首与判官进行交流。画的右边,有一株巨树,小神正将一条龙束缚于树上。东侧的壁画中,留有一首打油诗:"龙王□判官,雨下多□宽,□□千千里,丰收万万年。"

西山墙壁画中下部为柴禾堆所挡,无法看清全貌,从露出的部分看,与东壁相似的是整个画面的右侧亦绘两座宫殿。上部绘《出征图》,图中宫殿为两层,上层悬挂一口钟,宫殿外是出征的大军,后面是骑马的大将,还有一位面向北侧挥剑的小将。在整个画面的中部绘有一洞,洞中有一男一女,该内容与五道庙中五道神出征捉妖精的场景类似,而洞龛中的一男一女便是奸夫淫妇。下部绘《凯旋图》,宫殿为单层,殿内立有一位侍童,双手叩拜,迎候凯旋大军;大军最后是小神手拉被捉住的奸夫淫妇。在蔚县,捉拿奸夫淫妇的职责,由五道神担任,与传统关帝庙壁画所表现的内容不同,因此,该殿的西次间是关帝庙还是五道庙,尚无法确定。

夏源龙神庙壁画在蔚县遗存的龙神庙壁画中独树一帜,令人遗憾的是,2016年元旦前后,庙殿已坍塌为一片废墟。

（三）东堡

1. 城堡

（1）城防设施

东堡，位于村庄中东部边缘，城堡平面大致呈矩形，但东南角部分不规则，周长约614米。堡内布局不如西堡规矩。堡开设东、西门，东门内为主街，对应的西墙开有西门，为一座便门。堡内布局总体来说，东门内主街南侧有一条横街，北侧有两条横街，横街之间也有联络线连接，且不直，多曲折（图9.41）。

图 9.41　夏源村东堡平面图

城堡东门建筑于1958年拆毁，现仅存缺口，自然石铺墁的门道尚存，门外有新建的影壁。影壁东侧的水渠上有石碑作为桥梁的建材使用，均为《布施功德碑》，此外，影壁的北侧还有新建的功德碑。西门亦无存，仅存缺口。西门外南侧修建有戏楼和剧场。

堡墙均为黄土夯筑，保存较差。东墙长约206米，北段多坍塌呈斜坡状基础，墙体高2米，上面修建房屋，外侧为小路和荒地；南段保存较差，墙体坍塌为斜坡状基础，高

1～3 米,上面正在新建房屋,墙体外侧为顺城路。南墙长约 97 米,西墙长约 191 米,墙体无存,全部为民宅所占据。北墙长约 120 米,保存较差,墙体多坍塌成斜坡状基础,残存墙体外侧高 4～5 米,内侧高 4～5 米,北墙上面修建房屋,外侧为顺墙路和民宅。

东南角、西南角无存,为民宅所占据。西北角仅存转角,高 3 米,外侧为房屋。东北角高 2 米。

（2）街巷与古宅院

堡内居民较多,居民为杂姓,民宅以新房为主,老宅院较多。

前街 即东西门间的主街,北侧尚存 4 座老宅院。77 号院,位于北侧一巷子尽头,一进院,西南角辟门,面南,随墙门,硬山顶,平顶门洞。76 号院,一进院,东南角辟门,硬山顶,随墙门,平顶门洞。老宅院 11,两进院,现已打通,东南角辟门,广亮门,硬山顶,顶部、西墙坍塌。老宅院 13,广亮门,硬山顶,已经修缮。

正街 即前街北侧第一条东西横街,正街一共有 3 座老宅院。东段为 108 号院,原两进院,现打通,西南角辟门,面南,随墙门,硬山顶,平顶门洞。西段为 89 号和 90 号老宅院,一进院,随墙门,硬山顶,平顶门洞。

后街 即正街北侧的东西横街,西尽头有 2 座老宅院。老宅院 12,原为两进院,现为一进,东南角辟门,宅门无存,门内影壁尚存。95 号院与老宅院 12 相似,广亮门,硬山顶,门顶修缮。

2. 寺庙

据当地 72 岁的张姓长者回忆,旧时城堡内外曾修建有戏楼、关帝庙、河神庙、五道庙（2 座）。

戏楼（剧场） 位于东堡西门外南侧,坐南面北,砖石台明较高,外立面包砌青砖,顶部铺石板。戏楼面阔三间,为单檐六檩卷棚顶,明间前檐柱下置鼓形柱础。戏楼内为砖铺地面,前檐额枋彩绘表面涂刷白灰浆,从残存的彩绘颜色上看,应该是清末民国时期的作品。雀替表面装饰遭破坏,上面有"批修"两字的标语,戏楼内墙壁表面涂刷白灰浆,局部可见后面的壁画,为民国时期的作品。前后台间的木隔扇仅存框架。

1983 年在戏楼前又增修"夏源剧场",保存较好,与戏楼连为一体,戏楼作为后台使用。剧场前为一片广场。

关帝庙 位于堡西门外,庙宇于 1958 年拆毁。

河神庙 位于东门外河边。

五道庙 2 座,分别位于主街中、东门外北侧。

（四）东辛堡

1. 城堡

（1）城防设施

东辛堡，位于东堡北墙外侧，南面与东堡隔一条街，西侧与西辛堡隔一条街，北侧为公路，东侧为河道。城堡规模小，平面呈狭长的长方形，周长约 537 米，开南门，堡内平面布局为南北主街结构（图 9.42）。

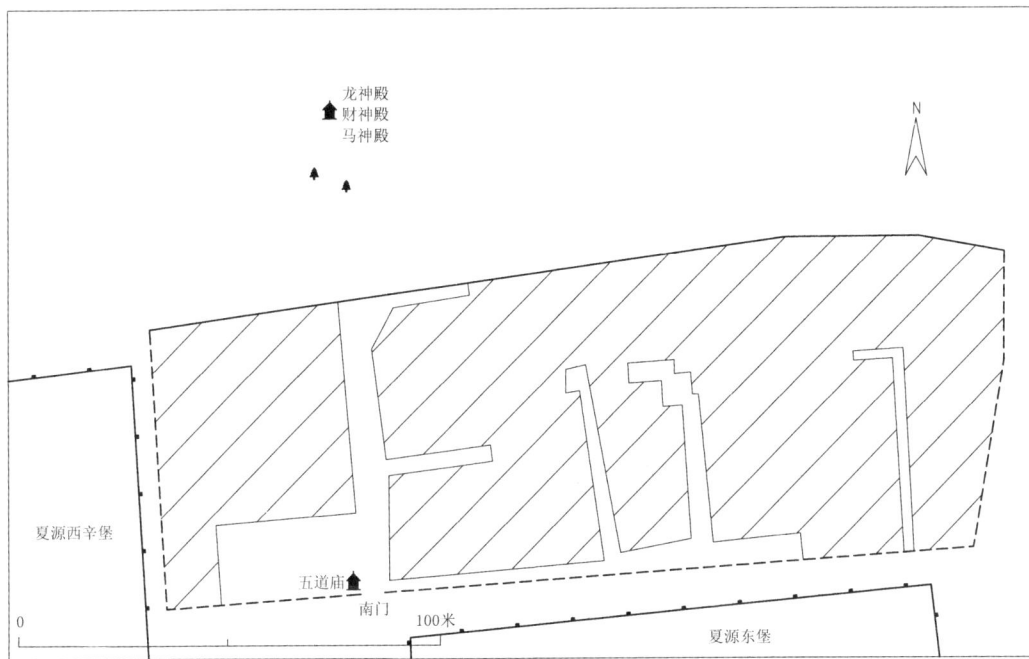

图 9.42　夏源村东辛堡平面图

城堡南门位置偏西，堡门建筑无存，门外为南北向街道，向南直通夏源剧场。

堡墙均为黄土夯筑，保存差。东墙无存，现为河边台地。南墙无存，现为平地和民宅。西墙无存，现为民宅。北墙仅存 1 米高的基础，上面为新建的房屋，北墙外有真武庙院，在水泥路北侧。

（2）街巷与古宅院

堡内民宅以新房为主，居民较多。南门外南北主街西侧的巷子里有 2 座老宅院。老宅院 15，大门无存，仅存上马石，表面有雕花；门内为一条巷子，尽头为 1 座影壁，左右分为两户，各为一进院，格局相同，二道门均为随墙门，平顶门洞，正房面阔五间，硬山顶。老宅院 14，一进院，东南角辟门，广亮门，硬山顶，木雕装饰尚存，表面施彩绘，门内墙壁上保存有《捷报》，已经损毁、漫漶；院内砖铺地面，正房面阔五间，硬山顶，西厢房面阔三间，单坡顶。

2. 寺庙

据当地长者回忆,东辛堡修建有五道庙、龙神殿、财神殿、马神殿。

五道庙 位于东辛堡南门内西侧,坐北面南,面阔单间,单坡顶,几近坍塌,殿内北墙上保存有部分壁画,从颜色上推断,应为民国时期的作品。后墙正中设1座小神龛,但龛中已空无一神。

龙神殿、财神殿、马神殿 位于东辛堡北墙外侧,为一座庙院,坐北面南。山门为硬山顶,广亮门,保存较差,屋檐多坍塌,梁架上还有残存的彩绘,为清末民国时期的作品。大门东侧辟有一座随墙门,硬山顶,平顶式门洞。庙院规模大,分为前、后两进院,院墙均为土坯修建,多有坍塌,院内为砖铺地面。

前院有2株高大的松树,枝繁叶茂,十分气派;东西配殿仅存基础,全部废弃。前院北端两侧各建有一座耳殿,皆面阔单间,单坡顶;东耳殿的顶部坍塌,西耳殿改造为民宅,但已无人居住。耳殿之间建有二道门,二道门无存。

后院为主院,由东配殿、西配殿、东耳殿、西耳殿与正殿组成。东配殿、西配殿均为面阔三间,单坡顶,进深两椽;东配殿为财神殿,已坍塌;西配殿为马神殿,尚存,殿内改造为民宅。殿内墙壁表面多为白灰浆覆盖,白灰浆脱落露出底层壁画,壁画保存较差,从颜色上看应为清末民国时期的作品。西配殿西墙绘有3位主神,中间为马神,南侧为手持如意的文官和侍者形象,应为财神;北侧为白灰浆覆盖,壁画漫漶。殿内北山墙壁画一半脱落,一半为报纸和白灰浆遮盖;南山墙上画有四匹马。

正殿两侧有耳房,耳房全部坍塌,耳房前有随墙门,仅存西侧者。

正殿为龙神殿,坐北面南,面阔三间,硬山卷棚勾连搭式,前殿进深四架梁,后殿进深五架梁。屋顶有部分坍塌,前檐额枋上有民国时期的彩绘,殿内顶部脊檩上有彩绘《八卦图》。前抱厦为四架梁,殿内两侧被厚厚的白灰浆覆盖,但隐约可见白灰浆下的屏风式壁画,保存一般。后殿内墙表面涂刷白灰浆,白灰浆脱落露出部分壁画。北墙壁画损毁约三分之二,仅存西次间壁画;东、西墙壁上壁画保存较差,东墙略好于西墙,东壁左侧可看清人物,西壁仅水晶宫可见,其他皆被覆盖。东墙绘《出宫行雨图》,西壁绘《雨毕回宫图》。从颜色上看,都是清末民国时期的作品。

正壁绘有《龙母坐堂议事图》,仅存西次间的龙王、雨师与土地神。东壁绘《出宫行雨图》,左侧为水晶宫,宫内站有龙母,左右各一位侍女。水晶宫前是龙王回首与判官交流行雨情况。日值功曹上部是一顶銮轿,周边簇拥众随从。

两侧山尖壁画保存较好。东山尖画下梁架位置的水波间绘有"棋、琴、书、画"。

正殿已经废弃,殿内堆放杂物。庙院现为村民薛培暂时管理。

（五）西辛堡

1. 城堡

西辛堡，城堡平面呈矩形，周长约 481 米，开南门，堡门建筑无存，南门内为南北主街。堡墙均为黄土夯筑，墙体保存差，大部分已无存，但四至清楚。南墙体无存，为民宅占据，墙外为水泥路。东、西墙均无存，墙体外为水泥路。北墙仅存 1～2 米高的基础，上面修建房屋，外侧为水泥路（图 9.43）。

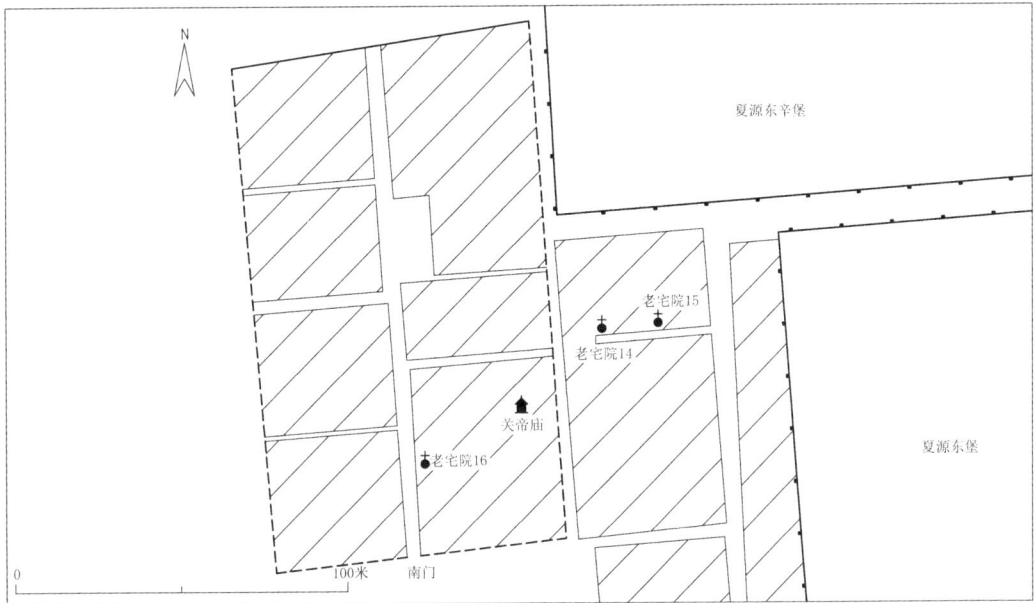

图 9.43　夏源村西辛堡平面图

堡内民宅以新房为主，土旧房主要集中在中北部，多废弃坍塌，堡内居民较多。南门内主街东侧有 1 座老宅院。老宅院 16，两进院，辟门于西南角，广亮门，卷棚顶，前院荒废，后院正房面阔五间。

2. 寺庙

据当地长者回忆，西辛堡有五道庙、关帝庙，另外还有 1 座庙，庙名记不清。

关帝庙　位于西辛堡东南角内侧，现为一座庙院。坐北面南，从南至北为前（过）殿、东配殿、西配殿、正殿（已毁）。

过殿单檐硬山顶，面阔三间，进深三架梁。

东、西配殿为文武财神殿。配殿为单坡顶，面阔三间，门窗全无。配殿内各保存一堂完整壁画。正壁皆为《财神坐堂议事图》，东配殿正壁为武财神，西配殿正壁为文财神。两侧山墙皆绘 4 排 4 列共计 64 幅连环画式《百工图》壁画。

东殿正壁明间为武财神，坐于大堂之中，身着长袍，右手托钢鞭；两侧各有两位随从，皆双手捧财物；南次间坐一文官，身着盘龙红袍，右手托一物；北次间坐一黑脸文官，身着盘龙绿袍，右手持元宝，左手托一财物。

西殿正壁明间为文财神，坐于大堂之中，身着紫色长袍，右手托如意；两侧各有两位随从，南侧两位手持财物，北侧两位手持招财标幅，一为"招财万两"，一为"祈求迎仓"；南次间坐一文官，身着盘龙绿袍，左手持财物；北次间坐一文官，身着盘龙红袍，左手托一财物。

两侧山墙皆绘4排4列连环画，共有4组，每组16幅，共64幅。西配殿2组保存完整；东配殿2组下侧已残，南墙剩下12幅完整的，北墙只剩下了8幅完整的。壁画均有榜题，内容为《百工图》，绘画技法虽平平，年代也较近，但对研究清代市井民俗生活有很高的史料价值。

东配殿南壁

美酒缸行	仁质义当	耕绿野	读书林
熟铁楼	精选木料	毛单铺	裱糊局
兑换金银	青菜摊	估衣局	毡帽铺
（画毁）	（画毁）	（画毁）	（画毁）

东配殿北壁

漂布店	书籍斋	生药店	首饰楼
改换缨帽	弓箭铺	修造渡船	起青皮局
杂货俱全	磨剪亮镜	尚裁皮鼓	成皮衣局
（画毁）	（画毁）	（画毁）	（画毁）

西配殿北壁

味压江南	铸铁铺	掌卖麸罗	烟火炮铺
泥工行	净灰炉	柳器店	游巷贸易
磁器摊	成衣局	切□铺	高唱古词
尚理音乐	银钱行	分金楼	哑医堂

西配殿南壁

砖瓦窑	黄纸坊	修造轮舆	锡工行
漏粉局	剃头房	水中生色	描画丹青
脂肉俱全	细批流年	饧糖房	饼面铺
儿童耍货	豆腐局	粟粮店	修造风匣

供庭为单檐四檩卷棚顶,面阔一间,前后坍塌,仅存骨架屋顶。

正殿现已无存,殿内原供奉关帝。

关帝庙内现存 2 通石碑。一通在院内,碑首无存,仅存碑身,石碑为《创建碑记》[1],碑文中记述关帝庙建于"清康熙五十三年"。另一通石碑镶嵌在前殿后墙上作为建材使用,碑首、碑身尚存,为同治癸酉年,即同治十二年(1873)《重修庙楼殿楹碑记》[2]。

第二十九节　三　关　村

一、自然环境与人文历史

三关村位于西合营镇东南偏南 4.3 公里处,属河川区。村东有三关河,该河向北汇入清水河,地势南高北低,较平坦,为轻壤土质,周围辟为耕地。1980 年前后有 765 人,耕地 1 986 亩,曾为三关大队驻地。

相传,三关村约 2000 年前建村于三关河边,三关河由绵羊峪、马峪、松枝口峪汇流而成,峪口古称关,后又建一堡,以三关河冠村名,统称三关。三关村东有 2013 年公布的第七批全国重点文物保护单位:三关遗址,南为通往白乐镇的大路,路南为"沙蔚铁路"。村名可考的历史最早见于《(嘉靖)宣府镇志》,作"三关",《(乾隆)蔚县志》作"三关堡",《(光绪)蔚州志》《(民国)察哈尔省通志》沿用。

如今村庄全部在 X417 县道(152 乡道)北侧,村庄规模较大。新村由 1 条东西主街和 4 条南北主街构成,规模较大,民宅以新房为主。城堡位于村东北部,为旧村所在地。据当地 73 岁的龚姓长者回忆,旧时村民以龚姓为主,祖先从县城西面搬迁过来,现在村民以段姓为主,堡内以前有七八十户居民,300~400 人,现在堡内只有 5~6 户居民(图 9.44)。

三关村即三关遗址所在地。遗址位于三关村村东一台地上,台地地势平坦,西临三关河。遗址于 1978 年的文物普查中发现,后又经多次复查。1979 年张家口考古队(由吉林大学、河北省文研所和张家口地区博物馆组成)在此进行考古发掘。如今,村民均记得吉林大学考古专业 1977 级的学生在此考古实习的事情。当年发掘区在城堡北侧不远处的台地上,原来三关河西岸的探方已回填,发掘时学生们住在学校里,未住在城堡里。

---

[1] 戴建兵:《府县乡里百工——蔚县夏源关帝庙壁画》,天津古籍出版社,第 22 页。
[2] 戴建兵:《府县乡里百工——蔚县夏源关帝庙壁画》,天津古籍出版社,第 26 页。

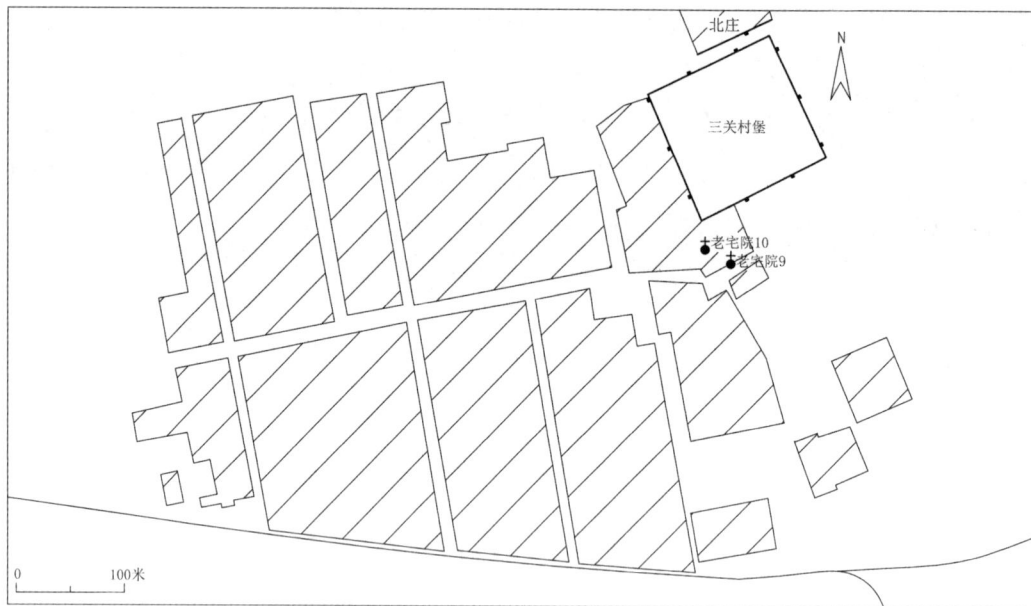

图 9.44　三关村古建筑分布图

三关的制香业在蔚州相当有名。据制香师傅讲，商朝末年瘟疫流行，死者日增。此时有一道人，众称"黄龙真人"，在为死者祭祀时，取沉香、檀香等木，劈木成丁，点燃放烟，其用意是以木之香味驱逐臭味、邪气。然而无意之中，人们在点燃香木的地方闻到香味，感到精神爽快，因此瘟疫大量减少。从此，人们将点燃的"木丁"称作"香"，之后经过不断地改进，成为现在的"香"。三关的制香业，工艺独特，闻名于张家口地区，远销江南、东北、内蒙古各地。

二、城堡与寺庙

据当地 73 岁的龚姓长者回忆，三关村旧村共建有 3 座庄堡：三关村堡（或称中堡、堡里头）、南堡（南庄）、后堡（北堡、北庄），其中南、北堡未曾修建堡墙，仅为村庄（庄墙）。南堡为位于西南侧的南庄，后堡是其东北侧的北庄。

三关村堡内外旧时总共修建有 12 座庙宇。中堡、北庄与南庄各自为政，画地为圈，互不往来，故各拜各的龙神，各走各的道路。

（一）三关村堡

1. 城堡

（1）城防设施

三关村堡（中堡、堡里头）位于整座村庄的东北方，城堡选址修建在河道西侧的台地上，周围地势平坦，一马平川，辟为大面积的耕地，堡东侧紧邻河道，河道浅而宽，已干涸。城堡平面呈矩形，周长约 496 米，开南、东门，堡内平面布局为南十字街、北丁字街结构（图 9.45）。

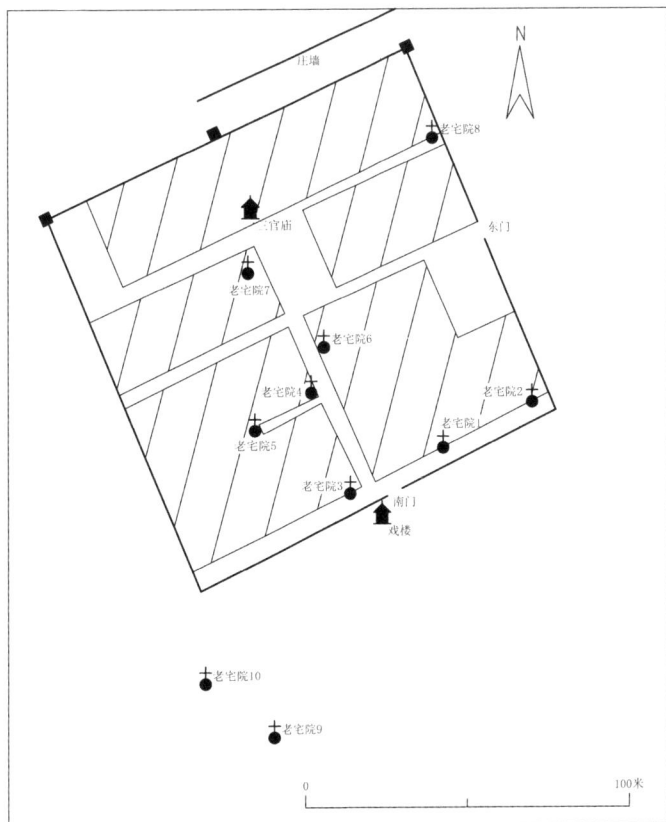

图 9.45　三关村堡平面图

南门建筑无存，现为较大的缺口，南门西侧堡墙上有戏楼。

东门建筑毁于解放战争时期，一条坡道引入堡内。如今东门已不是主通道，多是从南墙戏楼东侧进入。

堡墙均为黄土夯筑，堡内地面高于堡外地面，保存较差。东墙长约 119 米，墙体低薄，多坍塌，高 0～4 米，外侧为坍塌形成的土坡，有消失段落，内侧为民宅，外侧为道路和耕地；东墙北部近东北角墙体相对较高，外侧高 6～7 米，为大斜坡，墙体自身高 4 米。南墙长约 126 米，保存较差，墙体低薄、断续，大部分仅存基础，高 2 米，个别地方墙体外侧总高 5 米，内侧高 3 米，墙体多坍塌，形成缺口；南墙内侧为顺城道路和民宅，外侧为荒地。西墙长约 124 米，保存较差，墙体低薄、连贯，高 3～5 米，外侧为民宅，内侧为民宅和耕地，西墙外侧为村委会大院。北墙长约 127 米，墙体低薄，多坍塌成斜坡状，外侧高 6～7 米，内侧高 1～4 米，墙内侧为大面积的耕地、荒地，民宅多坍塌废弃，外侧为顺城道路和民宅；东段保存较差，高 2～5 米，外侧为耕地、道路；北墙中部设 1 座方形的马面，外高 10 米，体量很大，为原高。

东南角为转角，保存较小，高 5 米。西南角为民宅占据，仅存转角部分墙体，破坏严重。

西北角设90°直出角台,体量较小,高4米。东北角设90°直出角台,保存较好,高6~7米。

（2）街巷与古宅院

堡内居民少,民宅以土旧房为主,多废弃、坍塌,形成大面积的耕地和荒地。

南顺城街 东段内有2座老宅院。老宅院1,仅存门楼,硬山顶,广亮门,门楼顶部坍塌。老宅院2,位于东南角内,一进院,辟门东南角,广亮门,硬山顶。西段仅存1座老宅院。老宅院3,一进院,东南角辟门,广亮大门,卷棚顶,门前置上马石,院内正房面阔五间,硬山顶,保存较好。

正街 即南门内南北向主街。老宅院4,位于正街西侧,一进院,东南角辟门,面东,广亮门,卷棚顶。老宅院5（三区二片6号院）,位于路西内,一进院,西南角辟门,面南,广亮门,卷棚顶;院内正房面阔五间,卷棚顶,西厢房面阔三间,东厢房无存。老宅院6（三区二片8号院）,位于主街东侧,随墙门,土坯修建,平顶门洞墙壁上仍保存有"文革"时期用红油漆写的标语。老宅院7,位于主街北尽头西侧,一进院,东南角辟门,面东,广亮门,硬山顶,门顶坍塌;正房面阔五间,硬山顶。

后街 即北部丁字街东西街,东街东尽头有1座院子。老宅院8,位于东墙内侧,原为两进院,现为一进院,东南角辟门,广亮门,卷棚顶,院内房屋坍塌殆尽。

堡外 堡西南角外路边有一座院子。老宅院9,广亮门,硬山顶,保存较好,近代建筑。门内分数座院子,均已废弃,现为一大片空地,北部尚存1座老宅院。老宅院10,一进院,南墙正中辟门,随墙门,平顶门洞,院内正房面阔三间,卷棚顶,已经废弃。

2. 寺庙

据当地73岁的龚姓长者回忆,旧时中堡曾修建有戏楼、三官庙、五道庙（2座）、关帝庙、观音殿、真武庙、龙神庙。除尚存的三官庙外,其他庙拆毁于"文革"期间。

戏楼 位于南墙内,与堡内三官庙正对。坐南面北,台明较高,外立面包青砖,戏楼为单檐卷棚顶,面阔三间,进深五架梁,梁架用材较纤细,土坯山墙,前台两侧建有八字屏风,隔扇仅存框架。戏楼已废弃,里面存放有柴草。

三官庙 位于堡内南北主街北端,庙院坐北面南,现存山门、西配殿与正殿,山门与院墙新近修缮（彩版9-39）。正殿,坐北面南,单檐硬山顶,面阔三间,进深六架梁出前檐廊,前檐额枋下木雕草龙花牙子图案,门窗无存,西廊墙下设有面然大士龛。殿内壁曾在20世纪70~80年代改作大队部时抹过白灰浆,壁画已毁。如今在殿内供奉天官、水官与地官的画像。正殿东、西两侧各设有1座便门,保存较好。东配殿已坍塌。西配殿已废弃,三檩单坡顶,土坯山墙,面阔三间（坐二破三式）,门窗无存,殿内壁涂刷白灰浆。正殿后面即为北墙马面,旧时设台阶登顶,现已无存,呈斜坡状,破坏严重。

五道庙 2座,1座位于三官庙东侧,1座位于堡东墙外,现已无存。

关帝庙 位于堡东墙外,现已无存。

观音殿 位于北墙外侧下方,现已无存。

真武庙 位于北墙上,现已无存。

龙神庙 又称三关河庙,位于堡东墙外河边,现已无存。

（二）后堡（北堡、北庄）

1. 城堡

后堡又称北堡、北庄,位于三关村堡北墙外,两者间隔一条土路。北庄规模较小,庄子四至、格局未知。今仅存一段庄南墙,墙体长约 75 米,黄土夯筑,墙体高 4～5 米,保存较差。庄内为大片的耕地和荒地,民宅较少,多已废弃。

2. 寺庙

据当地 73 岁的龚姓长者回忆,旧时曾修建有龙神庙、五道庙,庙拆毁于"文革"期间。

（三）南堡（南庄）

1. 城堡

位于三关村堡西南方不远处,新村东侧,庄子四至、格局未知。

2. 寺庙

据当地 73 岁的龚姓长者回忆,旧时曾修建有龙神庙、五道庙,庙拆毁于"文革"期间。

第三十节　苗家寨村

一、自然环境与人文历史

苗家寨位于西合营镇东南 2.9 公里处,村东、西两侧均为宽而浅的河道。村庄位于三关河（东）与夏源河（西）之间,属河川区,村西临夏源水库。地势西高东低,村庄周围地势平坦,一马平川,为中壤土质,辟为大面积的耕地。1980 年前后有 2 098 人,耕地 4 401 亩,曾为苗家寨村大队驻地。

相传,北宋乾德年间,有一苗姓将领率兵在此安营扎寨,防御辽兵南侵,建村后,据此取村名苗家寨。村名可考的历史最早见于《（顺治）蔚州志》,作"苗家寨堡",《（乾隆）蔚州志补》作"苗家寨",《（光绪）蔚州志》《（民国）察哈尔省通志》沿用。

如今,苗家寨村规模大,人口众多,民宅以新房为主,旧村位于村东部村边,和新村已融为一体。据当地长者回忆,旧村由北堡、南堡、北庄、西庄、南庄、下庄六部分组成。村庄现有 2 600 余人,村民以张、王、李、赵、刘姓为主,较杂,原有苗姓 1 户,已逝世（图 9.46）。

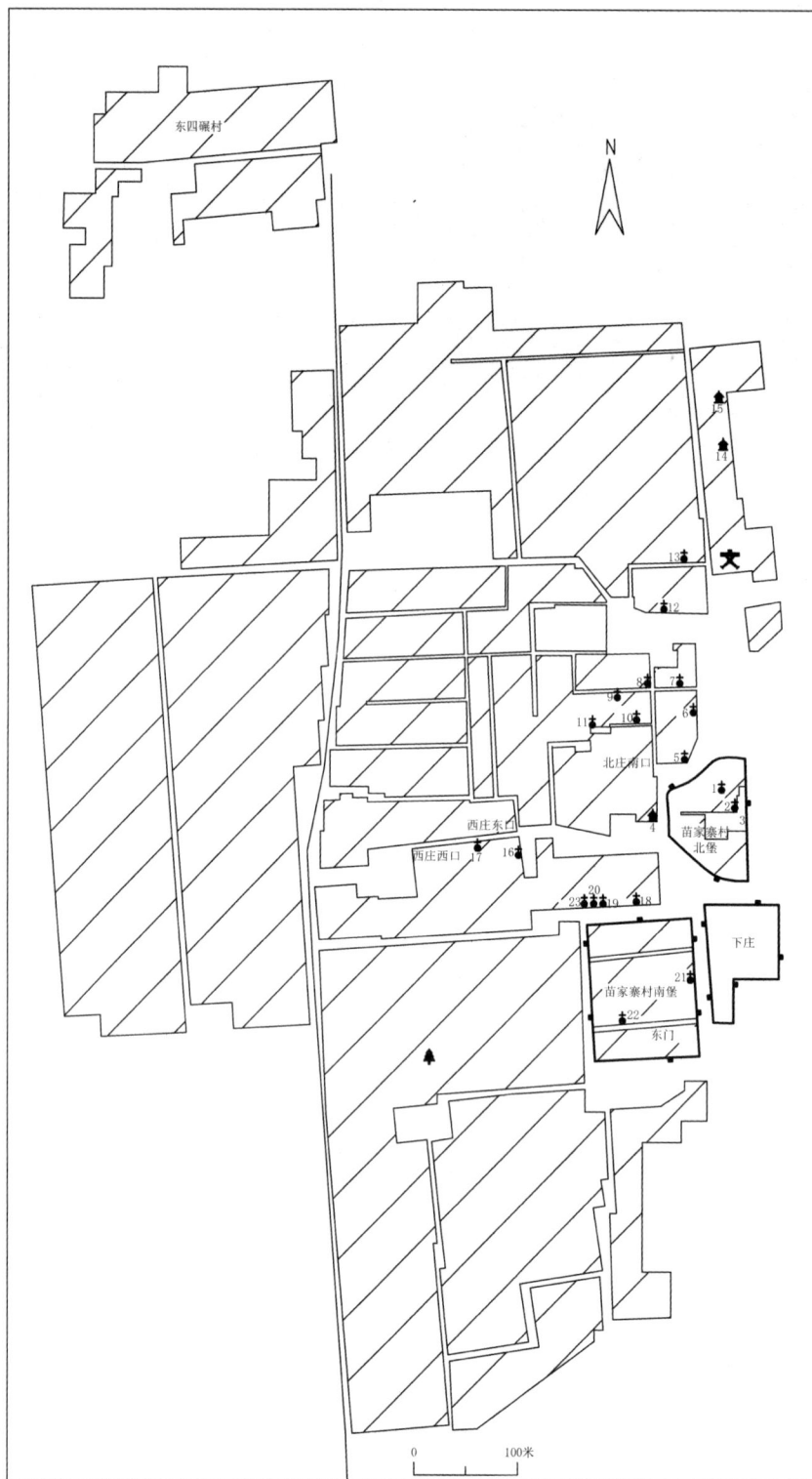

图 9.46 苗家寨村古建筑分布图

1. 老宅院 1   2. 78 号院   3. 东门   4. 剧场   5. 老宅院 2   6. 145 号院   7. 老宅院 3   8. 老宅院 4
9. 老宅院 7   10. 160 号院   11. 157 号院   12. 老宅院 5   13. 老宅院 6   14. 寿宁寺（前殿）
15. 寿宁寺（后殿）   16. 老宅院 8   17. 121 号院   18. 96 号院   19. 98 号院   20. 供销社
21. 老宅院 11   22. 老宅院 10   23. 老宅院 9

二、庄堡与寺庙

本村由北堡、南堡、北庄、西庄、南庄、下庄组成。其中北堡拆毁的时间早于南堡。

据当地 74 岁的张姓长者回忆,村庄内的庙宇多拆毁于"文革"时期,如今仅存剧场。剧场修建于"文革"时期,选址于"三不管"地带:西庄的东端,南堡的北端,北堡的西端。剧场现已废弃,里面堆满柴草。台明顶部前檐尚存 7 通石碑,自东而西为:1.乾隆五十九年(1794)墓碑;2.道光二十三年(1843)石碑;3.字迹漫漶;4.布施功德碑;5.嘉庆四年(1799)墓碑;6.皇清墓碑;7.乾隆四十年(1775)石碑。

(一)北堡

1. 城堡

(1)城防设施

北堡选址修建在一块独立的台地上,平面呈不规则形,周长约 326 米,开东门,堡内平面布局为东西主街,两侧为巷子。

东门原为土坯修建的简易门,建筑无存,现为缺口,仅存过门石,门外有 1 座近代修建的影壁。门外边上尚存 1 通 1919 年的墓碑。

堡墙均为黄土夯筑,保存较差。东墙北段高 3~7 米,内侧为民宅,外侧为耕地;东墙南段高 3 米左右,上面修建房屋,外侧为顺城路。南墙保存较差,外高 0~5 米,外高内低,内侧多为平地,上面为房屋,外侧为荒地。西墙已经坍塌成斜坡状,内侧为平地,外侧高3~6 米,西墙外为顺城道路。北墙外侧高近 10 米,内侧为民宅,北墙外为顺城道路。

东南角为转角,上面修建房屋,外侧为新建的房屋,转角高 3 米。西南角较圆弧,墙体破坏严重,多坍塌。西北角为转角,未设有角台。东北角上修建房屋。

(2)街巷与古宅院

北堡堡内目前尚有 7 户居民,总共 11 个人居住,均为 70~90 岁的老人。堡内民宅全部是土旧房屋,个别翻修屋顶,保存差,房屋多倾斜坍塌。主街的西端有 1 座新建的井房。主街北侧有 1 座坍塌的老宅门,门内为一条巷子,巷内影壁亦坍塌。影壁北侧为老宅院1,硬山顶,广亮门,门东侧为 1 座单间的房屋。

2. 寺庙

据当地 68 岁的老人(19 岁嫁入本村)回忆,西墙下修建财神庙,东门内北侧修建五道庙,东门外河边有龙神庙及戏楼,均已拆毁,老人也没有见过。

(二)南堡

1. 城堡

(1)城防设施

南堡位于村庄南部,城堡选址修建在台地上,规模较大,形制规整,堡内地面高于堡外。城堡平面呈矩形,周长472米,开东门,堡内平面布局为双东西主街结构,即东门内为东西主街(正街),堡内北部还设有后街。

南堡东门为土坯修建的简易门,拆毁于"文革"时期,现为缺口,门外尚存近代风格的影壁。堡东门口有1座小庙。

堡墙均为黄土夯筑,保存较差。东墙长约133米,北段尚存1~5米高的墙体,以坍塌成斜坡状的墙体为主,破坏严重,南段无存,为房屋占据,东墙外侧为顺城道路。南墙长约108米,保存较差,墙体多坍塌成斜坡状基础,墙体高0~3米,上面修建房屋,外侧为大面积的荒地和耕地。西墙长约131米,保存较差,墙体坍塌成斜坡状,外侧高0~4米,上面修建房屋,外侧为顺城道路;西墙中北部有一缺口,即后街的西出口,为村民便于交通而破坏堡墙所致。北墙长约100米,保存较差,墙体多坍塌成斜坡状,外侧高4~5米,墙上修建房屋,外侧为道路。

东南角无存,为房屋占据。西南角为弧形角,上面修建房屋,高4~5米。西北角仅为转角,上面为房屋。东北角高5米,角上为民宅。

(2)街巷与古宅院

堡内民宅新旧房均有分布,以土旧房为主,老宅院少,居民少。

老宅院10 位于东门内主街北侧,两进院,辟门东南角,广亮门,卷棚顶,门内前院废弃;二道门为随墙门,平顶门洞,后院正房面阔五间,已经翻新。

老宅院11 位于东墙内顺城街西侧,两进院,东南角辟门,面东,广亮门,硬山顶,前院已经废弃,后院正房面阔五间。

2. 寺庙

据当地长者回忆,南堡前街(正街)有1座关帝庙和1座小庙(名称未知),后街有观音殿,堡东墙外有龙神庙和戏楼,堡东门口也有1座小庙。均已无存。

(三)北庄

1. 庄

北庄位于北堡北墙外,四至和格局未知。仅知庄内为南北主街结构。庄内尚存数座老宅院。

老宅院2(142号院、143号院) 位于南口东侧,一进院,广亮门,硬山顶。

145号院 位于北庄东墙内顺城街西侧,一进院,辟门东南角,面东,广亮门,卷棚顶。

老宅院3 位于庄内1条东西向主街的东段北侧,一进院,辟门东南角,广亮门,卷棚顶。

老宅院4 位于庄内1条东西向主街的西段北侧,一进院,辟门东南角,广亮门,硬山顶。

老宅院 5（赵家巷 227 号院） 位于广场北侧东西向土路北侧,原为两进院,现为一进院,东南角辟门,广亮门,卷棚顶。

老宅院 6 位于苗家寨学校西侧南北向街道西侧的 1 条巷子里,原为两进院,现为一进院,东南角辟门,广亮门,卷棚顶,门内东侧有 1 株大树。

160 号院 位于南门内南北主街西侧 1 条巷子内,原为两进院,现为一进院,东南角辟门,广亮门,硬山顶。

老宅院 7 位于 160 号院西侧,仅存正房,面阔五间,硬山顶。

157 号院 位于老宅院 7 西侧,一进院,广亮门,硬山顶,尚存木雕装饰,房主姓徐。

2. 寺庙

北庄曾修建有寿宁寺、真武庙、五道庙。

寿宁寺 位于苗家寨村东北角,北庄内中北部。寿宁寺东临三关河,寺外东侧原有灵骨塔 2 座,"文革"时期被毁。现寺院与村办小学院合为一院,校园内新旧校舍均有分布,北面为老校区,南面为新校区,老校舍已废弃,近代风格建筑。

寿宁寺坐北面南,占地面积 1 833 平方米,寺院始建于明代,原有山门,钟、鼓二楼及东、西配殿,寺院建筑毁于 20 世纪 80 年代。现存过殿 1 座、后殿 1 座、禅房 1 座、西下房 1 座。过殿与大殿分布在一条中轴线上,大殿西侧为跨院,属碾坊院,有一排正禅房,共四间,西配殿 1 座,为罗汉堂,面阔三间,配殿与禅房之间有 1 座砖式小门。

过殿,单檐硬山顶,面阔三间,进深五架梁,正脊为花脊饰,两侧吞脊大吻。门窗已经改造,殿内改作教室,墙壁刷白。

正殿,位于过殿北 37 米处,单檐硬山顶,面阔三间,进深五架梁出前檐廊,内供释迦佛祖。西墙山花尚存,门窗已改造,殿内墙壁涂刷白灰浆,无壁画和彩绘遗存,顶部脊檩彩绘《八卦图》。院内长有 1 株枝繁叶茂的文冠果古树。

真武庙 位于北庄内中北部的空地东侧,现已无存。

五道庙 位于北庄内中北部的空地东侧,现已无存。

（四）西庄

西庄的东西范围比较明确,西口南侧尚存有庄墙,高 3 米,低薄,保存较差。墙内长有许多树木。南北范围不甚清楚。新、旧村混合在一起。庄内为东西主街布局。

老宅院 8 位于东口南侧,一进院,东南角辟门,面东,随墙门,平顶门洞。

121 号院 位于主街南侧,广亮门,卷棚顶,墙壁上尚存张贴《捷报》的痕迹。门内为一条巷子。

据当地长者回忆,西庄原有五道庙,现已无存。

（五）南庄

南庄位于北堡的南面，南堡的北面，南庄规模小，只有2排房屋，与南堡隔1条东西街道。在这条街道的北面有3座老宅院，分别为96号院、98号院和老宅院9。

96号院　一进院，东南角辟门，广亮门，硬山顶，墙壁上有墨书字迹。

98号院　与96号院布局、形制相同，门内墙壁上还有毛主席语录。其西侧有近代供销社。

老宅院9　与96号院布局、形制相同，门外东西两侧均为近代供销社。

据当地长者回忆，南庄原有五道庙，现已无存。

（六）下庄

下庄，位于南堡东门外侧坡下，规模小，只有几户居民。据当地长者回忆，原河边建有河神庙，现已无存。

第三十一节　西　合　村

一、自然环境与人文历史

西合村位于西合营镇东偏南1.4公里处，属河川区，地势西高东低。村庄选址修建在平地之上，周围地势平坦，一马平川，为中壤土质，村北、南、东面为大面积的耕地，东面为G112国道，东侧为夏源河，向北注入清水河，水量较大。1980年前后有506人，耕地858亩，曾为西合大队驻地。

相传，辽初，刘、唐两姓从山西迁来建村，两姓常有纠纷，经村人多次调停方得和睦，为求永善，故取村名为西合合，后简称为西合。村名可考的历史最早见于《（乾隆）蔚州志补》，作"西合合"，《（民国）察哈尔省通志》作"西河村"。

如今，西合村在西合营镇区的东南部，北邻北留庄村，东侧紧邻G112公路，西侧紧邻西合营镇内主要南北柏油路（S342），村庄相对独立。村庄规模较大，分为新、旧两部分，旧村位于东北部，即城堡所在地，其余为新村，规模大，民宅街道整齐划一，村中民宅以新房为主，人口众多。

二、城堡

西合村堡位于东北部旧村中。城堡平面呈矩形，周长复原长约600米，开南门，堡内平面布局为3条十字街和1条丁字街结构（图9.47）。

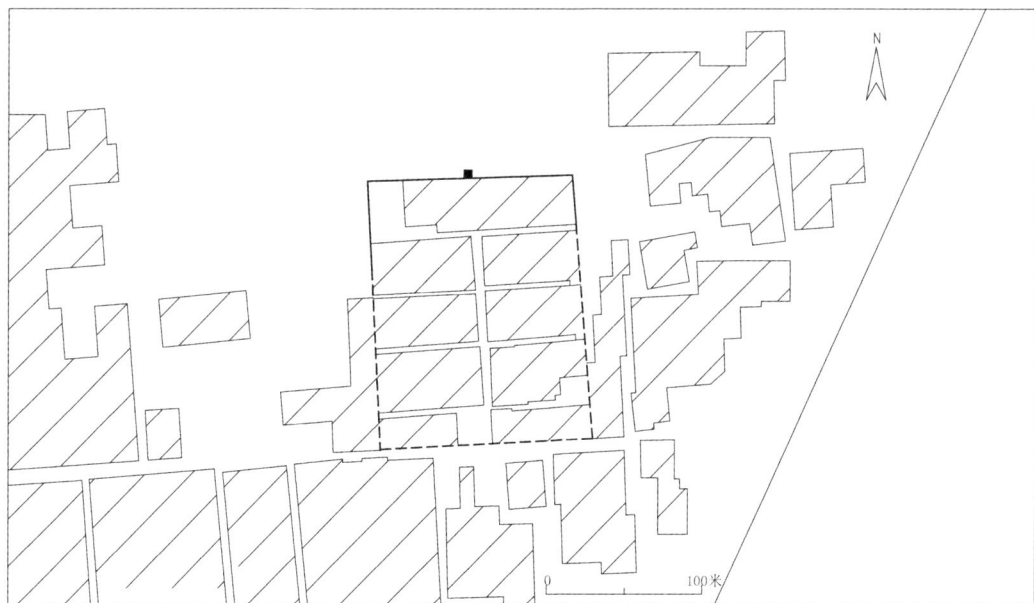

图 9.47 　西合村古建筑分布图

城堡开设南门,堡门建筑无存。堡墙为黄土夯筑,现存北墙,长约 131 米,北墙中部设 1 座马面,保存较好,东、西墙仅存北部部分墙体。

堡内民宅以新房为主,居民较多。

第三十二节　其 他 村 庄

一、东四碾村

东四碾村位于西合营镇东南 2.2 公里处,属河川区,地势东高西低,村庄东、西侧不远 处为夏源河、三关河河道。村庄周围地势平坦,一马平川,为中壤土质,辟为大面积的耕 地。1980 年前后有 140 人,耕地 244 亩,曾为东四碾大队驻地。

相传,清乾隆四十七年(1782)三关人在此建有碾坊。建国后,据碾坊序次取村名为四 碾。1982 年 5 月更为东四碾。村名可考的历史最早见于《(民国)察哈尔省通志》,作"四 碾村"。

如今,新村规模小,东西主街结构,只有 4 排房屋,全部是新房,居民少,解放初期有 50～60 人,现村内有 200 余人。旧村位于新村西南侧靠近壶流河处,20 世纪 80 年代逐渐 搬迁到此地,村民以阮、周为大姓,现在的旧村已经改造,村民以种植玉米为主。

据当地 77 岁的阮姓老人回忆,原村庄西侧修建有五道庙、大庙,其中大庙里供奉画像,未做泥像。寺庙在抗日战争期间拆毁,修建了岗楼。现为耕地。

二、西合岗村

西合岗村位于西合营镇东偏北 2.4 公里处,属河川区,地势西南高东北低。村庄四面环水,周围地势平坦,一马平川,为中壤土质,辟为大面积的耕地。1980 年前后有 712 人,耕地 1 406 亩,曾为西合岗大队驻地。

相传,约在明初,西合一部分住户迁于西合东北一土岗上建村,故取名西合岗。村名可考的历史最早见于《(乾隆)蔚县志》,作"西合岗",《(光绪)蔚州志》《(民国)察哈尔省通志》沿用。

如今,村庄规模不大,与南面的赵家湾村连接在一起。民宅以新房为主,居民较多,旧村在新村西南部。

据当地长者回忆,现村口北侧即为旧村堡所在地,城堡平面呈矩形,开东门,规模小,东门不在东墙中部,而是近东南角,东门内为主街。目前堡墙无存,堡墙系解放战争期间国民党军队拆毁,堡内民宅多废弃、坍塌,少有人居住。据当地长者回忆,堡东门内原有五道庙,东门外的台地上为龙神庙和魁星楼。庙宇建筑在解放前便拆除。旧时堡内居住有250 人,以高姓为主。

三、下利台村

下利台村位于原北洗冀乡(今属西合营镇)北偏东 3 公里处,属河川区。村庄选址修建在壶流河河川内西部台地下方,东靠裕民渠,西侧紧邻河岸台地,村南、北、东面地势平坦,一马平川,为黏土质,呈盐碱性,辟为大面积的耕地。西侧为坡地和台地,有不少东西向的冲沟,坡顶上面也为耕地。1980 年前后有 775 人,耕地 2 148 亩,曾为下利台大队驻地。

相传,原村名擂台,因此地曾摆过擂台而得名。明景泰元年,部分人迁于地势较原址低处建村,故取名下擂台,误传为下利台。后因地势低洼,于 1962 年迁于现址。村名可考的历史最早见于《(正德)宣府镇志》,作"利台堡",《(嘉靖)宣府镇志》作"利台",《(崇祯)蔚州志》作"利台堡",《(顺治)云中郡志》《(顺治)蔚州志》沿用,《(乾隆)蔚县志》作"下利台",《(光绪)蔚州志》《(民国)察哈尔省通志》沿用。

如今,村庄规模较大,民宅以新房为主,居民较多,215 乡道穿村而过,作为南北主街。新建的村委会大院位于村西北角,大院内东南角尚存有 20 世纪 80 年代初期修建的剧场。剧场坐北面南,剧场两侧尚存水泥制楹联,上联"龙飞山河满园春",下联"凤舞彩虹展新容"。村内无老宅院。

旧村位于新村东面约1 640米,处于河川中部,毁于20世纪50年代的洪水,村庄全部废弃,仅存遗址。据当地长者回忆,旧时村里曾修建有城堡,连同寺庙均毁于洪水。现城堡仅存北墙、北墙马面以及南门外的庙台遗址。

四、南洗冀村

南洗冀村位于原北洗冀乡(今属西合营镇)西南偏南1.1公里处,属河川区。村庄修建在壶流河河川内西侧,北临沙河(沙河上游为西方城),与北洗冀村相望,西靠河川台地,南临裕民渠。村庄周围地势平坦,一马平川,为黏土质,辟为大面积耕地。1980年前后有899人,耕地2 497亩。曾为南洗冀大队驻地。

相传,明朝开国皇帝朱元璋曾在原村北洗过马,故村名取南洗骥,后传"骥"为"冀"。因村址遭河水冲毁,于1952年迁于现址,村名仍用旧称。村名可考的历史最早见于《(正德)大同府志》,作"洗冀堡",《(崇祯)蔚州志》作"洗冀南北二堡",《(顺治)云中郡志》沿用,《(乾隆)蔚州志补》作"洗冀南堡",《(光绪)蔚州志》作"洗冀南北堡",《(民国)察哈尔省通志》作"洗冀堡"。

如今,村庄规模较大,规划整齐,民宅以新房为主,居民较多。215乡道从村西、南侧绕过,为南岭庄和西合营镇之间的联络线。村庄为双南北主街结构,东西主街有3条,村委会大院位于主街西侧路边。村里没有老宅院,当地长者回忆1952年和1962年的大水将旧村冲毁。

五、穆家庄下堡村

穆家庄下堡,位于穆家庄村堡东侧,当地长者回忆,上堡和下堡旧时曾为1座村庄。1961年至1962年间分为2个大队,其中下堡所属地界在1952年至1953年便有人居住。在此之前则全部居住在城堡里。1952年当地发洪水,将堡南侧的村庄冲毁,之后村民便搬迁到堡东面居住。今南面(即上堡新村)又逐渐发展起来。

如今,215乡道从村南部穿村而过,成为村东西主街,民宅分布在水泥路北侧,村内以南北街为主,东西街较少。村中修建有广场。村民以孙姓为主,目前有900余人居住。新村里未建有寺庙,寺庙均位于旧堡周围。

六、羊圈庄村

羊圈庄村位于原祁家皂乡(今属西合营镇)东北偏北3.8公里处,属四十里坡丘陵区。新村修建在平地之上,周围地势平坦开阔,为黏土质,辟为大面积的耕地,村南有坑塘。

1980 年前后有 809 人,耕地 4 077 亩,曾为羊圈庄大队驻地。

历史沿革同前述羊圈堡村。

如今,村庄规模大,居民较多。村中有 3 条南北主街,220 乡道穿村而过,新村均为新建民宅,民宅整齐划一。旧村在东侧,间隔以 220 乡道,由 5 条东西街道组成,共 5 排房屋,民宅以土旧房为主,多已翻修屋顶。

七、南大坪村

南大坪村位于原祁家皂乡(今属西合营镇)北偏东 2.6 公里处,属四十里坡丘陵区。选址修建在壶流河谷地东侧岸边台地上,周围地势平坦宽阔,一马平川,为黏土质,辟为大面积的耕地。1980 年前后有 580 人,耕地 2 508 亩,曾为南大坪大队驻地。

相传,明代中期建村于西大神村东,名东大神。1932 年改名为南大神,1966 年又更名为南大坪。村名可考的历史最早见于《(正德)宣府镇志》,作"大神店堡",《(嘉靖)宣府镇志》作"东大神店",《(崇祯)蔚州志》作"大胜店二堡",《(顺治)云中郡志》作"大胜店东西二堡",《(顺治)蔚州志》作"大神店堡",《(乾隆)蔚县志》作"东大神",《(光绪)蔚州志》沿用,《(民国)察哈尔省通志》作"南大神"。

如今,南大坪村分为新、旧两部分,新村在南部,由 3 条南北和 2 条东西主街组成,街巷民宅规划整齐划一,民宅以新房为主,居民较多。旧村在东北侧,民宅以土旧房为主,多废弃坍塌,居民较少。

第十章 南杨庄乡

第一节 概　　述

南杨庄乡位于蔚县中部九宫山下。东与柏树乡相连,南与草沟堡乡接壤,西与宋家庄镇、代王城镇为邻,北与西合营镇交界。面积95.3平方公里。1980年前后有13 196人。如今全乡共22座村庄,其中行政村15座(南杨庄镇区包括西庄、南堡、北堡3个行政村),自然村7座(图10.1)。

全乡地形多为丘陵地貌,北部有部分平川,南高北低。经济以农业为主,兼工副业。1980年前后有耕地54 520亩,占总面积的38.1%。其中粮食作物47 500亩,占耕地面积的87.2%;经济作物7 020亩,占耕地面积的12.8%。1948年粮食总产313万斤,平均亩产61斤。1980年粮食总产940万斤,平均亩产198斤。主要农作物有谷、玉米、黍等。

南杨庄乡现存古建筑丰富。历史上庄堡共20座,现存20座;观音殿共5座,现存2座;龙神庙共11座,现存7座;关帝庙共12座,现存7座;真武庙共12座,现存3座;戏楼共12座,现存10座;五道庙共7座,现存3座;马神庙共5座,现存2座;三官庙共4座,现存3座;阎王殿1座,现存1座;井神庙1座,无存;玉皇庙1座,现存1座;三清观1座,无存;泰山庙5座,现存2座;财神庙4座,现存2座;魁星楼、火神庙、雷祖庙原各有1座,现已无存;河神庙1座,现存1座;山神庙1座,现已无存;文昌阁1座,现存1座;其他寺庙共4座,无存。

第二节　南杨庄乡中心区

一、自然环境与人文历史

南杨庄村位于蔚州古城东偏北13.8公里,地处平川,地势南高北低,较为平坦。村南

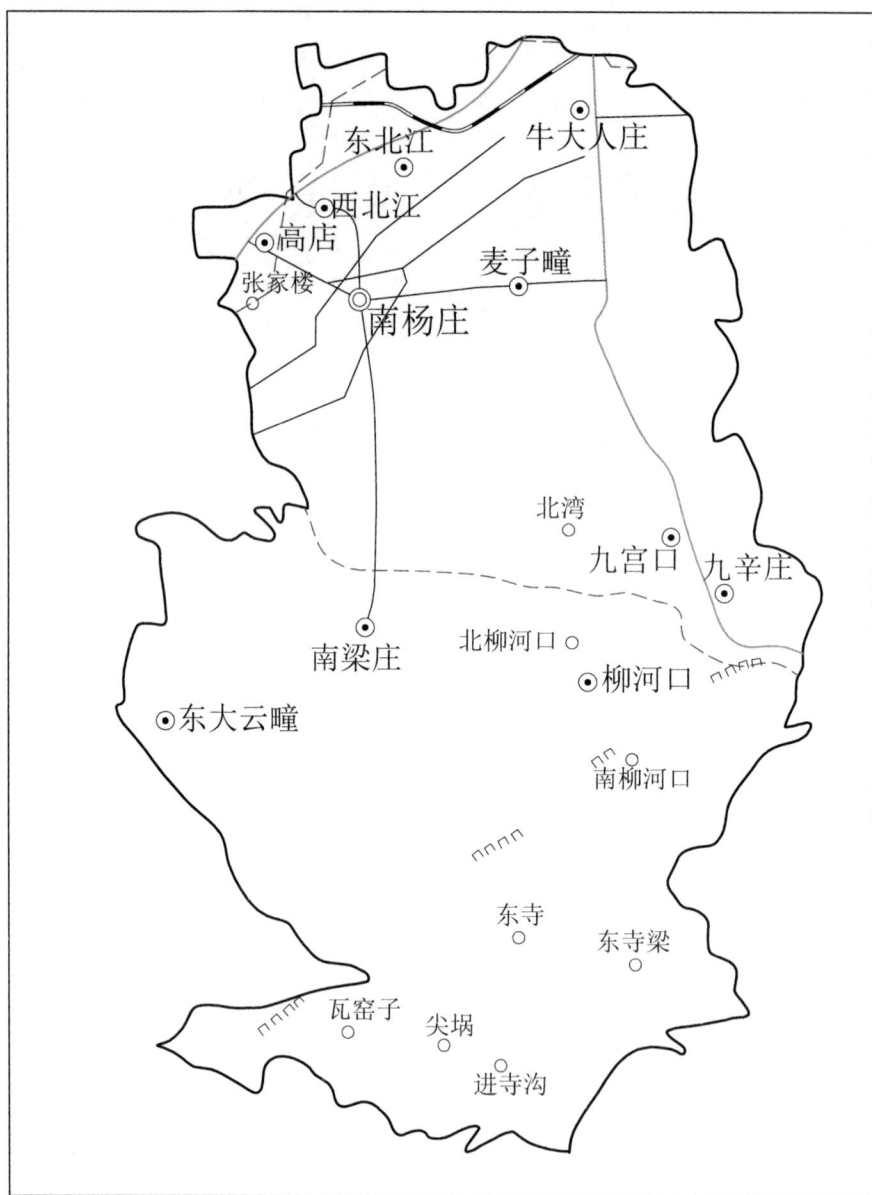

图 10.1　南杨庄乡全图

部有冲沟,村周围为壤土质,辟耕地,东南方不远处有大面积的杏树林。1980 年前后有
1 929 人,耕地 8 061 亩,曾为南杨庄公社及南杨庄北堡、南堡、西庄大队驻地。如今,村庄
由南堡、北堡和西庄三部分组成,规模很大,居民多。村中部的东西向主街即 228 乡道,西
接高店,与 S342 省道相连,东达麦子疃村(图 10.2)。

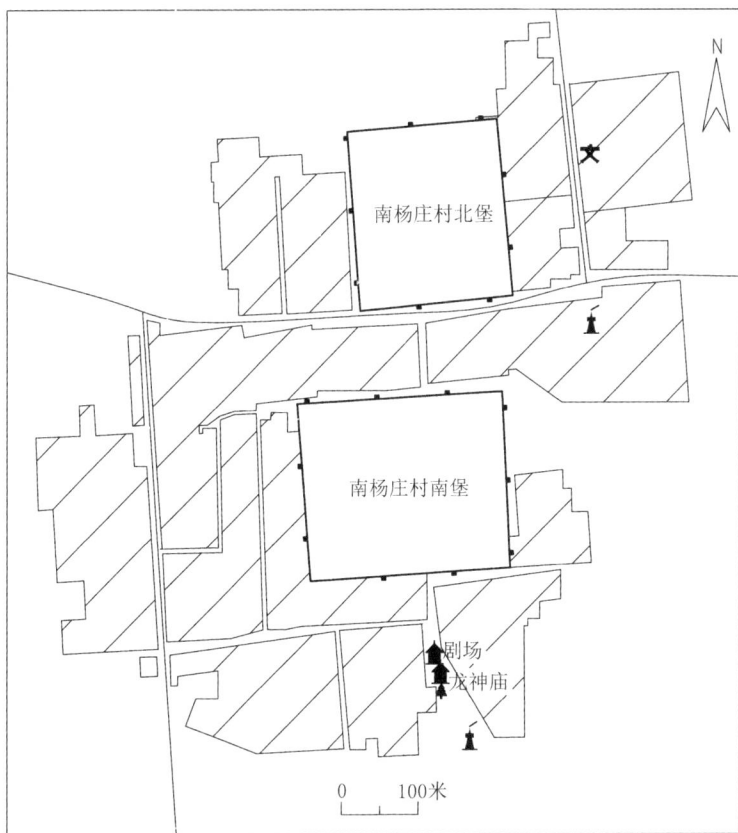

图 10.2　南杨庄乡中心区古建筑分布图

　　相传,村修建于金天会年间,由左、罗两姓人建村,名南宁寨。后因杨姓居民在此盖房种地,遂更名杨庄。为区别壶流河北的北杨庄,故更名南杨庄。但该村在蔚县诸版方志中均失载。

二、城堡与寺庙

(一)南堡

1. 城堡

　　南堡位于村内 228 乡道南侧,平面呈矩形,复原周长约 970 米,格局尚存。原开设南、北二门,均已无存。堡内平面布局为南北主街结构,此外还有 4 条东西向横街。堡墙拆毁于 1967 年,夷为平地,民居占据了原先堡墙的位置,目前仅存一段北墙残基(图 10.3)。

　　堡内的老宅院已被一排排新房所代替。目前仅在北墙内侧尚存一户老宅院。此宅原为村中地主家家产,正房面阔五间。现今拥有者为十六七年前,从原户主处购得。

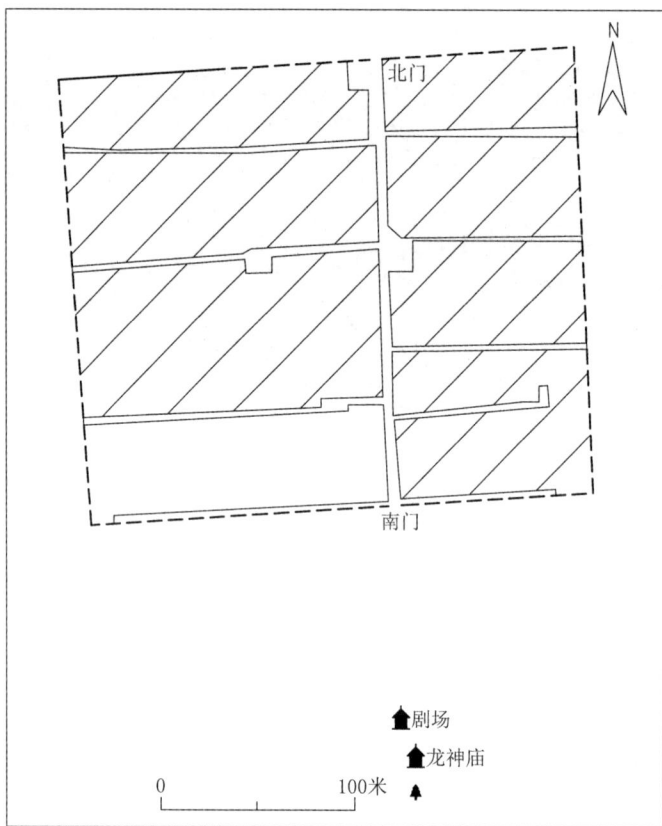

图 10.3　南杨庄村南堡平面图

2. 寺庙

据当地长者回忆,南堡曾修建有真武庙、剧场、龙神庙。

真武庙　位于南堡北门顶,现已无存。

剧场　位于南门外,坐南面北,与南门相对,20 世纪 70 年代建筑,保存较好。

龙神庙　位于南门外侧,明代建筑,寺庙选址修建在 1 座高约 3 米的天然台地上(彩版 10-1)。目前仅存正殿 1 座,坐北面南,单檐悬山顶,面阔三间,进深二间,五架梁承三架梁,上置人字叉手。正殿檐下置斗拱,共有七攒,柱头四攒,三个补间各有一攒,中间的补间为"八"字斜拱。斗拱间的额枋上残存彩绘,漫漶不清,外侧拱眼壁绘彩龙,内侧绘制花卉图案,保存一般。殿内北墙、东墙上残存有壁画。壁画破坏严重,仅存极小部分画面。北墙残存东侧一位龙王与雨官。东墙残存右上角部分壁画,可见四目神、日值功曹、时值功曹、电母,以及雷公所用的几面鼓等。此外,壁画南缘尚存题记,内容为"民国廿六年岁次丁丑时在榴月重修绘画补像人李喻拙笔"。可知此壁画绘制于1937 年。

现今，龙神庙正殿保存较差，20世纪80年代时，因庙宇地势较高，正殿内曾改建为蓄水池，供整个村庄饮水之用。近年在庙南建立水塔后，水池废弃。目前墙体、梁架整体向前倾，正殿主体结构摇摇欲坠，用几根树干斜撑。

（二）北堡

1. 城堡

据《（民国）察哈尔省通志》记载："杨家庄北堡，在县城东南三十里，土筑，高一丈二尺，底厚四尺，面积七亩，有门一，现尚完整。"[1]北堡今位于村内东西向主街北侧，平面呈矩形，复原周长约833米，堡内平面格局为南北主街结构，此外还有3条东西向横街。

城堡开设南门，保存较好，砖石拱券结构（彩版10-2）。条石砌筑基础，上部砖砌拱券门，内外均为三伏三券式。外侧门券拱顶上方镶嵌有3枚门簪，均遭破坏，仅存痕迹。门簪上方镶嵌砖制阳文门匾，由3块方砖组成，字已遭铲毁，但从残留的痕迹看，应为"杨家庄"三字。内侧门券拱顶上方镶嵌一石质门匾（拓10.1），正题"平安堡永远门"。右侧落款有两排竖字，第一排为"大明嘉靖辛丑年辛卯月创建"，嘉靖辛丑年即嘉靖二十年（1541），第二排为"大清同治五年重修造"。正题下方皆为人名，人名中多数为李、王两姓，还有两位为刘姓与高姓，未见杨姓。堡门门扇无存，堡门顶部立有村委会广播喇叭。

拓10.1　南杨庄乡南杨庄村北堡南门内侧门额拓片（蔚县博物馆　李新威　提供）

〔1〕　宋哲元：《（民国）察哈尔省通志》，国家图书馆藏1935年铅印本，第11页。

堡墙均为黄土夯筑,人为破坏严重,大部分墙体无存,现为民宅占据,但整体格局未变。北墙马面保存较好,平面为矩形,体量高大,高6~7米,与南门相对。

堡内老宅院全部翻建,只有一条东西街保存有3座广亮门门楼,但宅院已经废弃坍塌(图10.4)。

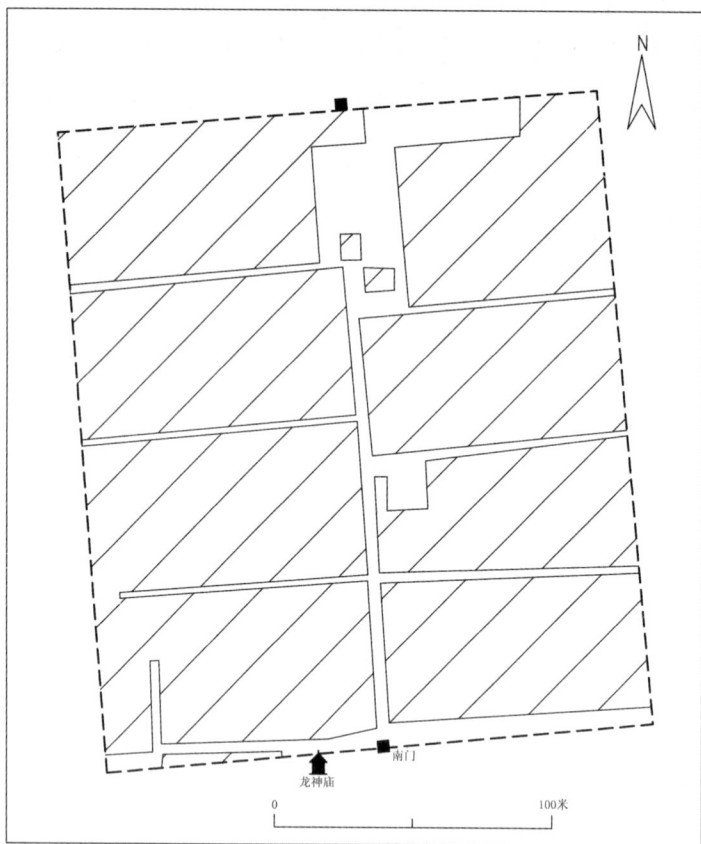

图10.4　南杨庄村北堡平面图

2. 寺庙

据当地长者回忆,旧时北堡内外曾修建真武庙、龙神庙。

真武庙　位于北墙马面,现已无存。

龙神庙　位于南门外西侧,坐北面南,硬山顶,面阔三间,五架梁。正殿主体结构尚存,其余部分全部改建为商店。殿前横卧1通石碑,碑阴向上,为布施功德榜。

（三）西庄

西庄未曾修建庄墙,庄内民居已全部翻建为新瓦房。

第三节 高 店 村

一、自然环境与人文历史

高店村位于南杨庄乡西北 1.7 公里处，地处平川，地势南高北低，S342 省道（下广公路）从村西、北绕过，S10 张石高速从村东经过，228 乡道从村南通过。附近为壤土质，周围辟为耕地。1980 年前后有 798 人，耕地 2 550 亩，曾为高店大队驻地。如今，村庄规模较大，新建民居，居民较多。村中由东西、南北主街组成（图 10.5）。

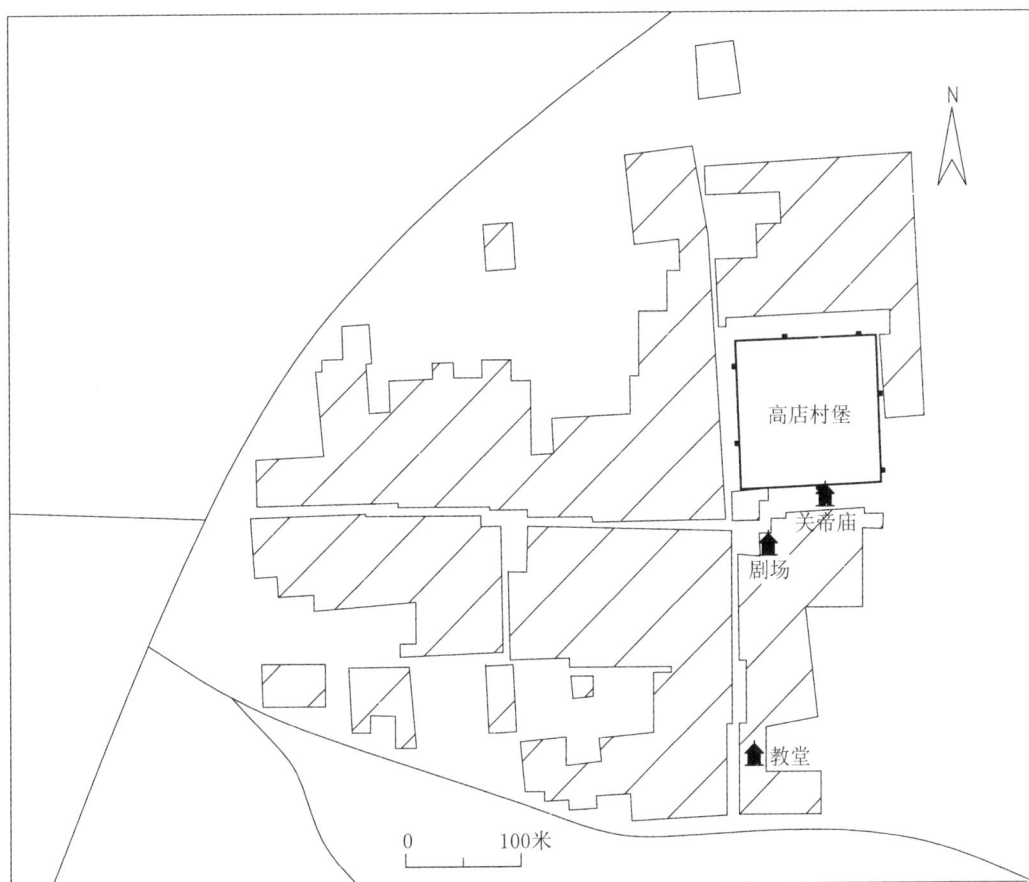

图 10.5 高店村古建筑分布图

相传，元末明初建村，因一户高姓居民在古道边开设店铺，取名高店。村名可考历史最早见于《(正德)宣府镇志》,作"高店堡",《(嘉靖)宣府镇志》作"高店",《(崇祯)蔚州志》《(顺治)云中郡志》《(顺治)蔚州志》《(乾隆)蔚县志》作"高店堡",《(光绪)蔚州志》作"高店",《(民国)察哈尔省通志》作"高店村"。

二、城堡

高店村堡,据《(民国)察哈尔省通志》记载:"高店东堡,在县城东北二十五里,土筑,高二丈,底厚五尺,面积六亩三分,有门一,现尚完整。"[1]今位于村内东北部。城堡规模较小,平面呈矩形,周长约 502 米,开南门,堡内平面布局为南北双十字街结构。

南门保存较好,砖砌拱券结构,条石基础(彩版 10-3)。内外侧砖砌拱券门,三伏三券式,外侧门券拱顶上方原镶嵌有 3 枚门簪,现仅存痕迹,门簪上方镶嵌有石质门匾(拓10.2),正题阴刻双勾楷书"高店堡",左侧落款"大明嘉靖二十二年岁在癸卯孟夏立大清乾隆三十一年重修"。正题下方刻"监造□□头人",共 4 个人"章□、翟廷玉、李庄、李□"。堡门顶部出二层错缝牙子,上砌花栏墙。木板门二扇尚存,外包铁皮,钉为蘑菇钉,小钉组成"天下太平"字样。门道为卵石铺墁。

拓 10.2　南杨庄乡高店村堡南门门额拓片(蔚县博物馆　李新威　提供)

堡墙均为黄土夯筑,保存较差,墙体内侧为倚墙修建的民宅,外侧为顺城道路。东墙长约 126 米,保存一般,墙体高薄、连贯,内、外侧高 4～5 米,墙体中部设 1 座马面。南墙长约 126 米,仅存高 1 米左右的基础,坍塌成斜坡状。西墙长约 126 米,大部分墙体无存,

---

〔1〕　宋哲元:《(民国)察哈尔省通志》,国家图书馆藏 1935 年铅印本,第 7 页。

仅存西北角附近的一段墙体,现存 1 米高的基础。北墙长约 124 米,保存一般,墙体低薄,高 2～4 米不等。东南角设 135°斜出角台,高 4 米。

堡内居民较少,多已搬迁到堡外居住,民宅多已废弃坍塌,无老宅院遗存(图 10.6)。

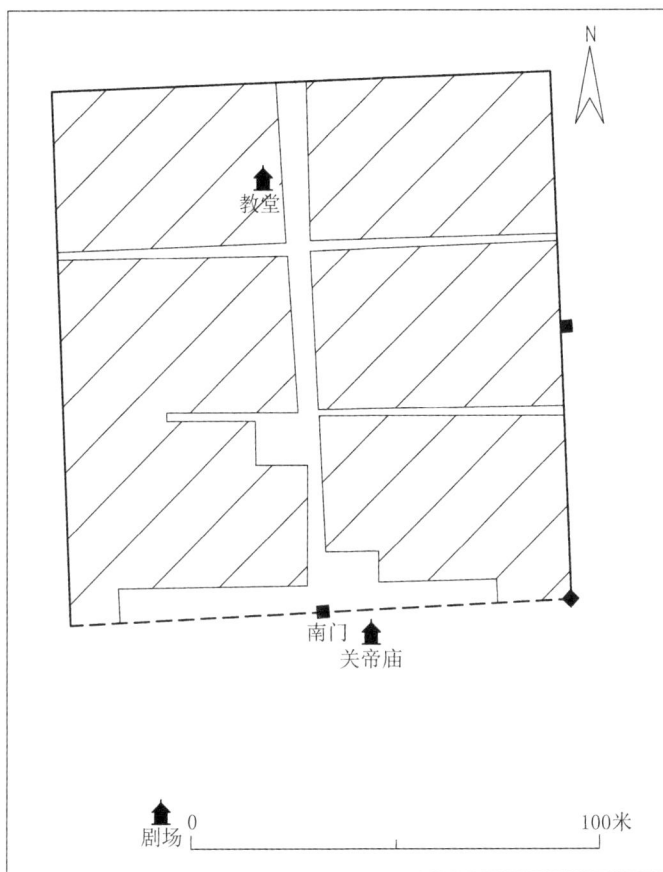

图 10.6 高店村堡平面图

三、寺庙

高店村现存关帝庙、剧场、教堂。

关帝庙 位于高店村堡南门外东侧,修建在高 1.3 米的砖砌庙台之上,庙院坐东面西。庙台包砖多已无存,院墙仅存西墙部分墙体,西门与正殿尚存。西门为随墙门,硬山顶,檐下砖雕仿木构砖雕装饰。院内正殿坐东面西,单檐硬山顶,面阔三间,进深二间,五架梁出前檐廊,殿宇门窗无存,前檐下采用土坯墙封堵。正殿墙体和屋顶多有坍塌,正殿西山墙残塌,后脊顶垮塌。殿内梁架之上未见彩绘,南墙壁上残存壁画,连环画形式,壁画表面曾涂有白灰浆,加之屋顶漏雨,壁上挂有泥浆,壁画多已漫漶不清,只有局部能看出画的影子。残存的绘画在东壁南部,能看到 3 排 5 列。可见到"陶公祖三让徐州""酒未温时斩华雄"。

剧场　位于南门外西侧,剧场坐南面北,修建于 20 世纪七八十年代。

教堂　村中建有 2 座教堂,旧教堂位于高店堡中北侧,已废弃。新教堂位于村东南角,规模大。

第四节　张家楼村

一、自然环境与人文历史

张家楼村位于南杨庄乡西南 3.5 公里处,地处平川区,地势较平坦,村庄北部壤土质,南部沙土质,辟为耕地。S342 省道从村西北方穿过,221 乡道从村西经过。1980 年前后有 100 人,耕地 368 亩,曾为张家楼大队驻地。如今,村庄规模小,只有 20 多户居民,民居新建。村东北部的空地边缘现存古井一眼,深不见底,井口周围为石板修建,周边磨光的辘轳与石板印证了水井的历史。村东、东北、东南、西北方的耕地中均有汉墓封土(代王城汉墓群)散落其间,属代王城汉墓群范围(图 10.7)。

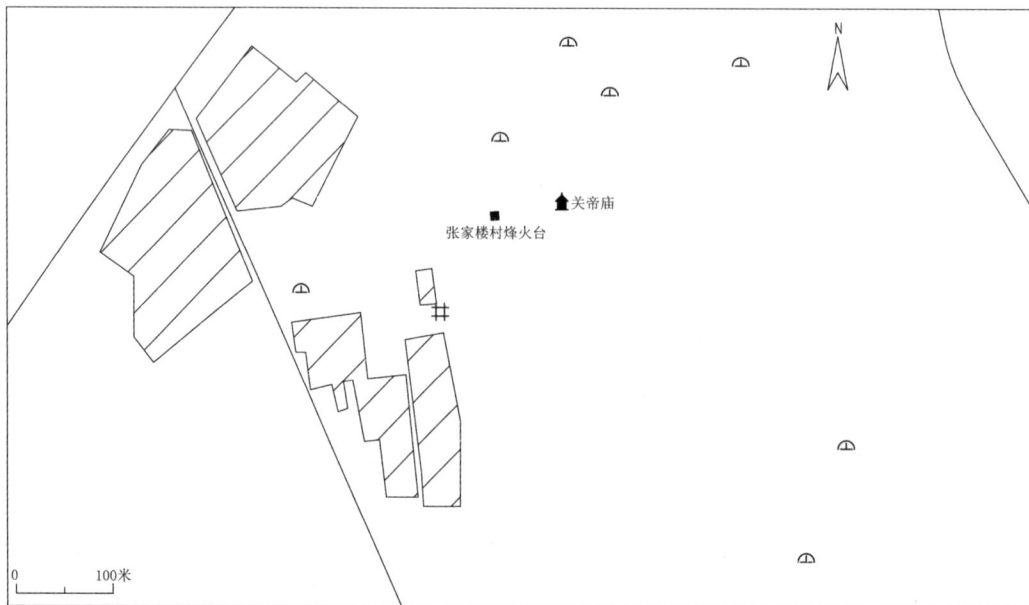

图 10.7　张家楼村古建筑分布图

相传,明末代王城财主张清梅为让长工多干活,便在此盖种地房子,并筑小楼,以监视长工。建村后,即取其名为张家楼。但该村在蔚县诸版方志中均失载。

二、寺庙

关帝庙 位于村东北方村外的耕地中,曾为 1 座庙院,建有院墙和门楼,现仅存正殿,尚能看到院墙的遗迹和院内通向正殿的甬道遗迹。正殿坐北面南,单檐硬山顶,面阔三间,五架梁出前檐廊,殿内四架梁承三架梁,前檐柱与金柱间施抱头梁,后金柱与后檐柱间用很细的横梁连接。外墙上的装饰,如墀头砖雕、山花砖雕等,全部丢失。前檐额枋上绘制有清晚期彩绘,殿宇门窗尚存。殿内残存少部分壁画,大面积壁画被盗割,露出土坯墙心。目前仅北壁还有部分壁画,从技法和色彩上判断,应为清末民国时期的作品。此外东、西山尖壁画保存较好。

三、烽火台

张家楼村烽火台位于 1 座院子的东墙上,其南北两侧各有现代夯土院墙。烽火台平面呈矩形,保存较好,高 4～5 米。

第五节　西北江村

一、自然环境与人文历史

西北江村位于南杨庄乡西北 1.5 公里处,地处平川区,地势平坦开阔。村庄选址建于古河道上,为柳河口前冲积扇,历史上屡遭洪水袭击。村庄周围为壤土质,辟为耕地。1980 年前后有 384 人,耕地 1 780 亩,曾为西北江大队驻地。S342 省道即下广(下花园—广灵)公路从村北经过,S10 张石高速从村西经过。如今,村庄规模较大,居民较多,约有400 余人。民宅多为新建房屋,新旧村差别不明显(图 10.8)。

相传,明朝末年从南方来了 1 位僧人在此居住。因屡遭水灾,积水似江河,南方僧人取村名为北江,并在河道上建寺院——镇江寺。后江水隔开东西两村,居西北者遂名西北江。村名可考历史最早见于《(正德)大同府志》,作"北江堡",《(正德)宣府镇志》亦如此,《(嘉靖)宣府镇志》作"西北江",《(崇祯)蔚州志》《(顺治)云中郡志》《(顺治)蔚州志》《(乾隆)蔚州志补》则改作"北江堡",《(光绪)蔚州志》《(民国)察哈尔省通志》沿用。本村历史之悠久,可见一斑。

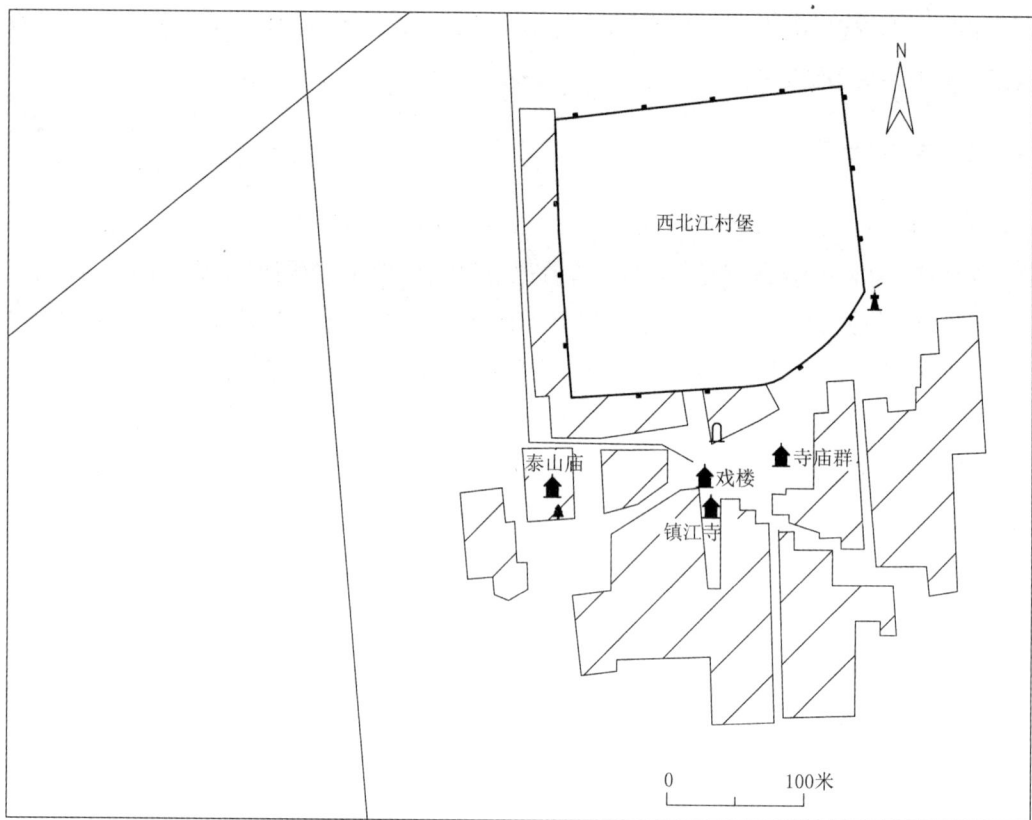

图 10.8　西北江村古建筑分布图

二、城堡

据《(民国)察哈尔省通志》记载:"西北江堡,在县城东北二十八里,土筑,高二丈,底厚六尺,面积二十亩,有门一,现尚完整。"[1]西北江村堡今位于村内北部。平面大致呈矩形,周长残长 622 米,堡内平面布局为南北主街结构。城堡东南角呈弧形并内收。

城堡开设南门,保存较好,砖石拱券结构,条石基础,砖砌拱券门,外侧门券三伏三券,内侧为五伏五券,高于外券(彩版 10-4)。外侧门券拱顶上方镶嵌有 3 枚门簪。门簪上方镶嵌石质门匾(拓 10.3),表面风化严重,正题"北江堡",右侧落款为"康熙岁次乙未年孟夏月重修",康熙乙未年,为康熙五十四年,1715 年。门匾四周有砖雕边框,两侧镶嵌砖雕装饰(彩版 10-5)。门匾上方施砖作仿木构砖雕垂花门,雕刻精美,中间为一斗三升斗拱五攒,两侧垂花柱,周围伴有花草纹组成的砖雕。门扇无存,门洞多半淹没于地下,被洪水淤泥掩埋。南门外尚有数通完整的石碑,作为石坝使用。

---

〔1〕 宋哲元:《(民国)察哈尔省通志》,国家图书馆藏 1935 年铅印本,第 7 页。

拓 10.3 南杨庄乡西北江村堡南门门额拓片(蔚县博物馆 李新威 提供)

堡墙为黄土夯筑,人为拆毁于抗战时期。堡墙整体保存较差,墙体内侧为倚墙修建的民宅,外侧为顺城道路和耕地。东墙长约 148 米,大体连贯,墙体低薄,内、外侧高 2～4 米。南墙长 159 米,仅存南门以东部分墙体,墙呈弧形,高 1～4 米,南墙西段无存。西墙长 108 米,大部分墙体无存,为新建的民宅占据。北墙长约 207 米,仅存东段,现为宽厚的基础,高 1～3 米,北墙西段为耕地,北墙中部曾设有马面,正对南门。

东南角为弧形转角。西南角、西北角无存。东北角未见角台,仅为转角,高 2～3 米(图 10.9)。

三、寺庙

西北江村堡内外寺庙众多,南门外的台地为寺庙集中地,曾修建有 1 座庙院,院内有五道庙、观音殿、关帝庙、龙神庙、火神庙、三官庙、财神庙、阎王殿、三清殿,此外还有戏楼、泰山庙、镇江寺、真武庙、魁星楼。

关帝庙 位于三官庙东侧,现为遗址。

龙神庙 位于堡南门外东侧寺庙群的最西侧偏北,单檐硬山顶,坐北面南,面阔三间,五架梁出前檐廊。保存较差,墙体外包砖全部脱落,露出墙芯中的土坯砖,屋檐破坏殆尽,门窗无存,前檐下采用土坯砖封堵,只在东侧留出 1 座小门。殿内改造为牲口圈,墙壁粉刷白灰浆,壁画无存,屋顶有部分坍塌。

三官庙 位于堡南门外东侧寺庙群南部正中,仅存正殿。正殿单檐硬山顶,坐北面南,

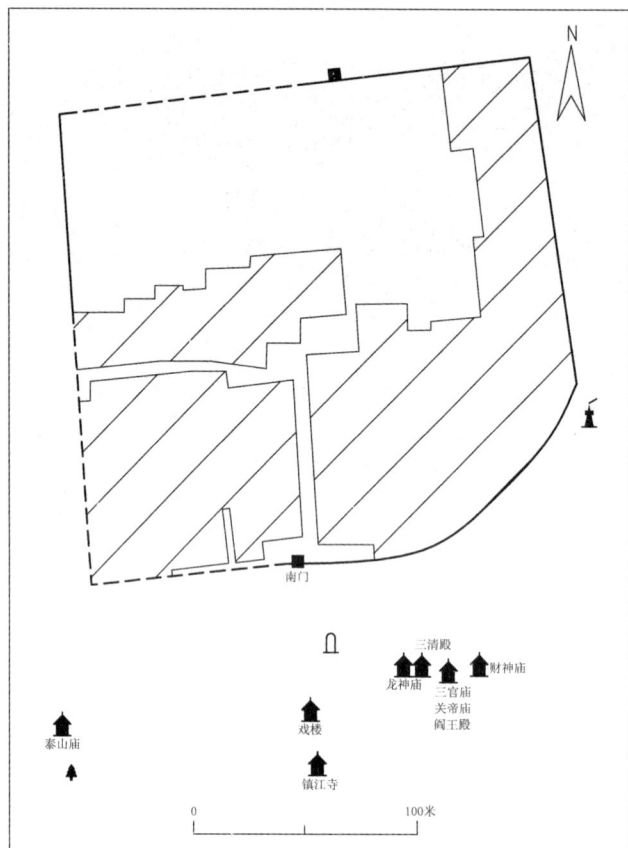

图 10.9　西北江村堡平面图

面阔三间,六架梁出前檐廊,五架梁承三架梁,前檐柱与金柱间施抱头梁。前檐下施斗拱,明间补间二攒,次间补间各一攒,斗拱为四铺作,华拱作昂形,一跳头施异形拱,垂直方向出要头。斗拱后尾转为五铺作,华拱二跳,每跳皆承枋。殿保存较差,门窗无存,土坯墙封堵,前檐额枋上残存清代晚期的彩绘。殿内壁曾抹白灰浆,壁画皆损。脊檩之上悬挂有木质牌匾,用毛笔写有"大明万历贰拾叁年岁次已未庚辰月拾壹甲申□旦吉时建"。正殿内曾改造为牲口圈。三官庙内地面上残存有布施功德碑。

财神庙　位于堡南门外东侧寺庙群最东侧偏北,仅存正殿,单檐硬山顶,坐北面南,面阔三间,六架梁出前檐廊,五架梁承三架梁,前檐柱与金柱间施抱头梁(彩版10-7)。脊檩中间绘有《八卦图》。财神庙保存较差,西山墙外包砖破坏严重,前檐额枋原有彩绘,现为白灰浆涂抹,门窗全部改造。殿内墙壁上残存壁画,表面涂抹白灰浆,内容漫漶,由于殿内曾吊顶,山尖壁画保存较好(彩版10-8)。

阎王殿　位于堡南门外东侧寺庙群内三官庙西侧,属于三官庙的西耳殿,其东耳殿为关帝庙(已坍塌)。单檐硬山顶,坐北面南,面阔三间(坐二破三式),进深一间,六架梁出前檐廊,五架梁承三架梁,前檐柱与金柱间施抱头梁。阎王殿整体保存较差,门窗无存,为土坯墙封堵,前部屋檐坍塌,北墙东侧有一个坍塌形成的缺口。殿内梁架上残存有彩绘,多为白灰浆覆盖,脊檩上绘制有《八卦图》。殿内北墙下有供台,破坏严重。殿内壁残存绘画,多为白灰浆覆盖,且因脊顶漏水,画面挂着一条条泥浆,壁画保存较差。从壁画风格和颜色上看为清代中晚期作品。

后墙正壁东次间墙体坍塌,壁画已毁,明间正中为地藏菩萨,两侧后各立一位持伞随从,西侧立有闵公,为道士形象,东侧绘画已毁;西次间为"二楚江王",上部尚有局部,下部已毁。东壁表面多为白灰浆所覆盖,隐约可见阎王各殿的轮廓,最北侧殿可见题字"三"。西壁保存状况较东壁稍强,但也多是模糊不清,只能看清十殿的大致轮廓。从西壁布局来看,除了十殿阎君外,东、西两侧壁外侧还各有一位神。

三清殿 位于阎王殿后,已经坍塌为土堆。

戏楼 位于西北江村堡南门外。清代晚期建筑。戏楼坐南面北,与堡门相对。戏楼单檐卷棚顶,五架梁,面阔三间,进深二间。台明高 1 米。前檐柱四根,古镜柱础。20 年前,当地村民重修戏楼,将原先土坯墙体用红砖修建,台明向北扩建,上面增修"八"字形影壁。

泰山庙 位于西北江村堡西南角外(彩版 10-8)。该庙坐北面南,为 1 座独立的庙院,现存前后二座大殿,分布在一条南北向纵轴线上。前殿单檐硬山顶,面阔三间,进深两间,五架梁承三架梁。四周围砌土筑院墙,为村学校院墙,殿内已改建为教室,殿内墙面壁画无存。后殿单檐歇山顶,面阔三间,进深两间,五架梁,檐下柱头施阑额与普柏枋,枋上施斗拱,皆为五铺作。前后檐下明间补间三攒,次间补间二攒,山墙檐下各有二攒补间。斗拱出跳华拱皆作琴面昂形,瓜子拱与令拱侧面斜抹,二跳跳头施异形拱承挑檐檩下檐枋。后殿现为村委会占用,改作库房。如今占用寺庙的学校和村委会均已改址。

现为河北省重点文物保护单位。

镇江寺 位于戏楼南侧,寺院为一进院落四合院格局。山门为广亮门,整体坐北面南。正殿坐北面南,殿内正面塑佛像,两侧塑有四位立像。佛像背后为倒座观音。东西配殿各三间。寺建于明代,清乾隆十一年(1746)重修。因北江堡建在九宫口的冲积扇旧河道中,历史上经常发生山洪,鉴于此,村民在河道中建镇江寺,以期待将洪水震慑住。1950 年农历四月初八,一场突发性暴雨,洪水冲毁了两家农户,不仅淹没镇江寺,还冲毁了寺内建筑,只剩下 1 株杆树。洪水过后,村民在堡南门外插石碑十余块,垒成石埂,阻止洪水冲入堡内,现今堡门洞已淤积约 1 米多高的泥土。

真武庙 位于村堡北墙马面上,现已无存。

魁星楼 位于南门顶部,现已无存。

第六节 东北江村

一、自然环境与人文历史

东北江村位于南杨庄乡北偏东 1.8 公里处,S342 省道即下广(下花园—广灵)公路从村北经过。村庄地处平川区,地势平坦,为壤土质,周围辟为耕地。1980 年前后有 1 126 人,耕地 5 709 亩,曾为东北江大队驻地。因选址在古河道上,属九宫口山前冲积扇,历史上常受洪水冲击。如今,村庄规模大,居民较多。由南堡、北堡和庄三部分组成(图 10.10)。

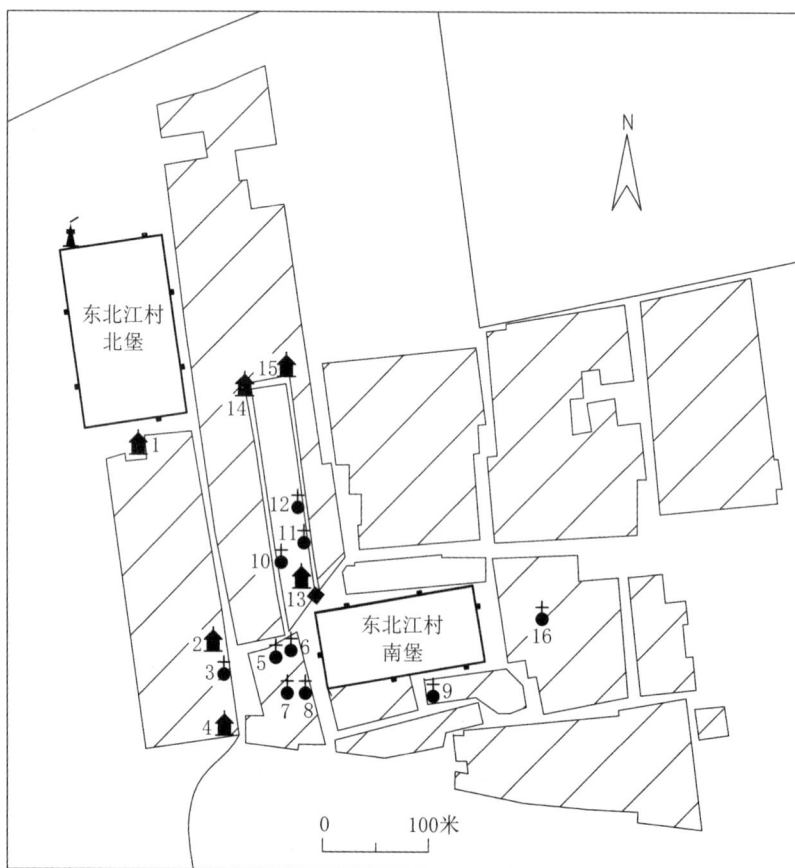

图 10.10　东北江村古建筑分布图

1. 关帝庙/观音殿　2. 龙神庙　3. 近代建筑　4. 戏楼　5. 老宅院 5　6. 老宅院 6　7. 老宅院 7
8. 老宅院 8　9. 老宅院 9　10. 老宅院 10　11. 老宅院 11　12. 老宅院 12　13. 河神庙　14. 关帝庙
15. 财神庙　16. 老宅院 4

村名来历与西北江村相似,因居东遂名为东北江。村名可考历史最早见于《(正德)大同府志》,作"北江堡",《(正德)宣府镇志》亦如此,《(嘉靖)宣府镇志》作"东北江",《(崇祯)蔚州志》《(顺治)云中郡志》《(顺治)蔚州志》改作"北江堡",《(乾隆)蔚县志》又改为"东北江",《(乾隆)蔚州志补》则再次改为"北江堡",《(光绪)蔚州志》《(民国)察哈尔省通志》均为"东北江"。本村历史之悠久,可见一斑。

二、庄堡与寺庙

(一)南堡

1. 城堡

(1)城防设施

据《(民国)察哈尔省通志》记载:"东北江南堡,在县城东二十八里,土筑,高二丈,底厚五尺,面积六亩,有门一,现尚完整。"[1]南堡今位于村庄东南部,北侧与庄相邻。南堡平面呈矩形,周长 432 米,开南门,堡内平面布局为丁字街结构。

堡门两侧门颊青砖砌筑,顶部为木梁架结构,门扇无存,由于村庄曾经遭受洪水冲击,因此堡门地面较高(彩版 10-9)。南门内正对有一片老宅院,院内正屋的后墙有一面影壁与南门相对。堡内街巷呈丁字形,自南门向北,1 条短短的南北街与 1 条横贯东西的街道相交。南门外为 1 条南北街道。街道的南尽头为 1 座民宅的后墙,上面修建有影壁(图 10.11)。

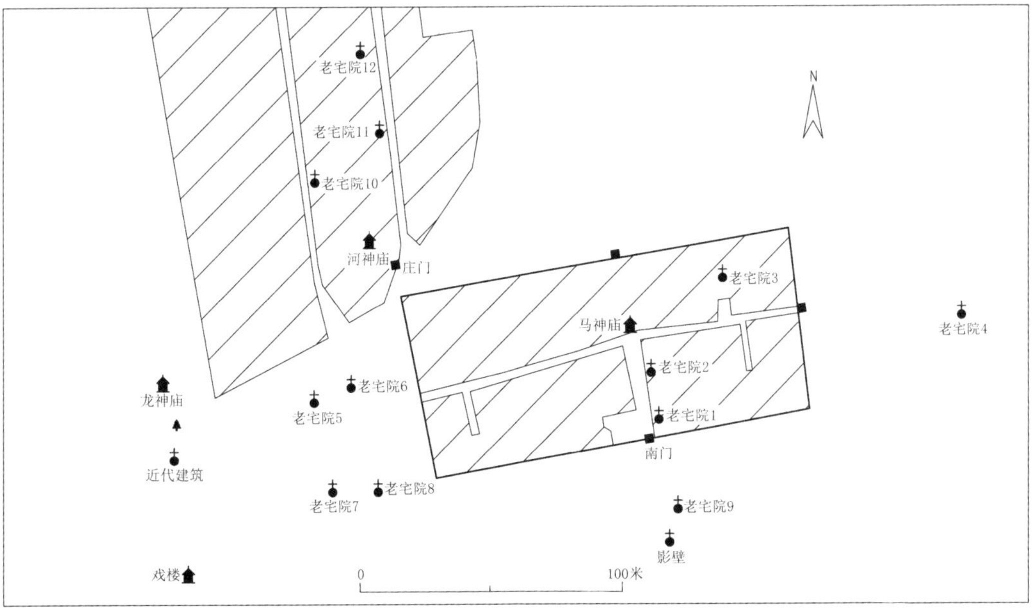

图 10.11 东北江村南堡平面图

〔1〕 宋哲元:《(民国)察哈尔省通志》,国家图书馆藏 1935 年铅印本,第 7 页。

堡墙均为黄土夯筑,保存差。东墙长约 64 米,墙体坍塌,现存 1～2 米高的基础,墙体上有坍塌形成的缺口;墙体设有马面,马面高于墙体,保存较差,残存一半,高 5～6 米;村民在东墙基础上修建院墙,故墙体内侧为民宅,外侧为荒地和道路。南墙长约 148 米,东段墙体仅存基础,高 1～2 米,上面修建房屋,外侧为道路;南墙西段多坍塌,墙体断断续续,高 0～3 米,外侧为民宅和道路,内侧为民宅。西墙长约 68 米,墙体保存差,墙体低薄,坍塌严重,断断续续,高 1～4 米,现多改造为院墙,不少民居大门直接在墙体上开设;外侧为顺城道路,内侧为民宅。北墙长约 152 米,保存一般,墙体外高 4～5 米,内侧为倚墙修建的民宅,外侧为顺墙道路和新村;北墙中部设有 1 座马面,正对南门,平面为方形,高 4～5 米,坍塌一半。

东南、西南、东北角现为 4～5 米高的转角。西北角无存,现为民宅院墙。

(2) 街巷与古宅院

南堡内、外老宅院众多。堡内尚存 3 座老宅院。

正街(南段) 即丁字街南街、南门内主街,东侧有老宅院 1、2。

正街(东段) 即丁字街东街,北侧有老宅院 3,宅门内有影壁。

堡外 东墙外地势相对较高的地方建有老宅院 4,门外有"八"字形影壁,宅门梁架上有木雕装饰。西墙外侧有 4 座老宅院。老宅院 5～8,其中 1 座为前后院,建有二道门,门前东西两侧各建 1 座单坡顶厢房,西厢房为菜窖,东厢房为水井,此院原为本村地主家宅院(彩版 10-10)。南墙外有老宅院 9,保存较好。

2. 寺庙

南堡内外寺庙众多,曾修建有财神庙、五道庙、马神庙、龙神庙、戏楼。

财神庙 位于南堡东墙外,已损毁无存。

五道庙 位于堡外,已损毁无存。

马神庙 位于南堡内丁字街路口北侧,现为水井房,旧为马神庙。马神庙坐北面南,面阔单间,单坡顶,前檐下门窗已毁,殿内壁抹白灰浆。

龙神庙 位于南堡西墙外侧,现为村委会。龙神庙现存正殿 1 座,正殿前长有 1 株大榆树。正殿坐北面南,保存较好,单檐硬山顶,面阔三间,进深二间,五架梁出前檐廊,殿内已装修,墙壁、前檐额枋粉刷一新,成为村委会的储物间,彩绘、壁画无存。正殿檐下悬木匾,正题"泽遍群黎",前款为"光绪戊寅阖村敬立",落款为"张麟阁书"。东、西耳房各 1 座,面阔两间,四檩三架卷棚顶。西配殿 1 座,面阔三间,卷棚顶。

戏楼 位于龙神庙南侧,与正殿间隔一排办公用房。戏楼保存较好,单檐卷棚顶,面阔三间,进深二间,六架梁。戏台近期整体维修,前檐额枋和墙壁重新粉刷一新,壁画、彩绘无存,木隔扇为土墙所替代,隔墙中央写着一繁体"戏"字。台明亦向北扩修,增加了舞台演出面积。

（二）北堡

1. 城堡

位于村庄西北部，村中南北主街西侧，紧邻 S342 省道。城堡平面呈矩形，南北长，东西窄，周长约 551 米。堡内平面布局为南北主街结构，两侧为小巷子。

城堡开南门，保存较好，砖石拱券结构，条石基础，砖砌门券，外券三伏三券，门内侧墙体由土坯和毛石修建，与外侧风格迥异，应为村民后补修。门顶为木梁架结构，门外两侧原有护门墩台，现已无存。门顶部护墙尚存（图 10.12）。

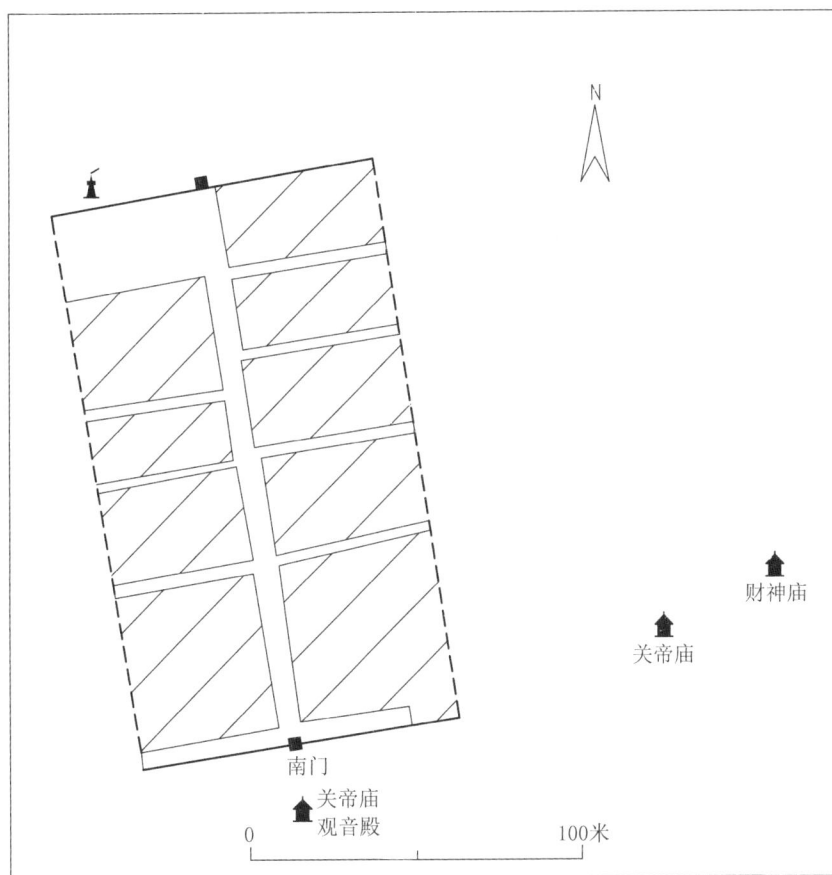

图 10.12　东北江村北堡平面图

堡墙均为黄土夯筑，保存差，大部分墙体遭人为拆毁，由于拆毁时间较早，村中长者未曾见过堡墙。墙体内侧为民宅，外侧为道路或耕地。东墙已无存，为民宅占据，推测原长152 米。南墙长约 123 米，西段呈土垅状，墙体断断续续，高 1～3 米，墙体内侧为顺墙道路，外侧为荒地；东段已无存，现为民宅和道路。西墙已无存，现为耕地，推测原长 180 米。

北墙长约 96 米,仅存不足 1 米高的基础;北墙中部设马面 1 座,保存较好,体量很大。堡西南角仅存很小的一部分,高 3～4 米,上面长有树木,形制未知。堡内为现代民居。

2. 寺庙

历史上城堡内外曾修建有雷祖庙、马神庙、关帝庙/观音殿。

雷祖庙　位于北墙马面上,庙宇被侵华日军拆毁。

马神庙　位于雷祖庙下院,庙宇于 1958 年拆毁。

关帝庙/观音殿　又称南庙,位于北堡南门外侧,与南门正对。正殿面阔单间,单檐硬山顶,五架梁,中间采用隔墙分割南北两殿。其中,关帝庙面南,占有三椽,观音殿面北,占有一椽,为"倒座"观音。整座殿已废弃,成为杂物间,门窗损毁无存,现为土坯墙封堵,中间的隔墙也拆毁打通,殿内墙壁上已经粉刷白灰浆,壁画已无存。

（三）庄

1. 庄

庄位于南、北堡之间,与城堡类似,修建有庄墙和庄门。庄平面呈不规则形,庄内格局为 2 条南北向主街结构,每条街的北尽头建有 1 座庙宇。庄开南门,两侧门颊为土坯修建,顶部为木梁架结构,庄门内西侧长 1 株大柳树。庄墙原为黄土夯筑,现墙体已无存。庄内西侧南北主街两侧的房屋以新建房屋居多,尚存 3 座老宅院,即老宅院 10～12。

2. 寺庙

庄内尚存河神庙、财神庙、关帝庙。

河神庙　现为蔚县保存最好的河神庙（彩版 10-11）。位于南门内主街西侧,仅存正殿,单檐硬山顶,坐北面南,面阔单间,进深三架梁。河神庙保存较差,屋檐和部分屋顶坍塌,殿内堆着杂草。殿内墙壁表面涂有白灰浆,白灰浆脱落,底层壁画依稀可见,但下部被堆着的杂草所挡。壁画内容题材与龙神庙相似,东壁为《出宫行雨图》,西壁为《雨毕回宫图》。与龙神庙不同的是,壁画中没有龙姑姑与五龙王形象,但其他行雨各神——雷公、电母、四大功曹、四目神等齐全。

正面壁画被厚厚的白灰浆覆盖,隐约可见中间有一位神像,两侧有行雨各神,中间的主神像应为河神。

东壁《出宫行雨图》,由于下部有三分之一左右被杂草所遮挡,只能看到局部的内容。壁画的左侧为水晶宫,只见宫殿顶部。在图中居前的是雷公、电母、判官,其下面是 2 位功曹;画的正中间,骑马、左手挥剑、右手持瓶的应是河神,其周边可见 3 位大将。殿后的是 2 位功曹。

西壁《雨毕回宫图》,由于下部有三分之一左右被杂草所遮挡,只能看到局部的内容。

壁画的右侧为水晶宫,众神行雨完毕后列队归宫。前上部有年值与时值功曹、判官,前下部为1位将军,河神紧随其后。河神后有2位将官,电母、风婆在水车中,还有上部的月值与日值功曹,功曹后为背鼓的雷公。

殿前西侧立有光绪二十一年(1895)石碑,从《重修河神庙碑记》中得知,河神庙创修于乾隆二年(1737),重修于道光九年(1829),推测壁画重绘于光绪二十一年重修时。

《重修河神庙碑记》碑文为:

> 盖闻创始者前辈之功德,补修后者之财力,吾庄南旧有河神祠,始创于乾隆二年,重修于道光九年,迄于今,神像堒塌垙基漫患,五庄人等不忍坐视,同发善心,量力施财,各捐己赀,以重新修理。仰观栋宇而辉煌实安澜之真乐,要皆河神之感也,是为志。
>
> 蔚州乡学文童张维清撰文书丹。
>
> ……共施钱肆万壹千,共费用钱肆万叁千捌百伍拾伍文,下短钱贰千捌百伍拾伍文。
>
> 大清光绪二十年六月毂旦立。

财神庙　位于庄内东侧主街北端,单檐硬山顶,坐北面南,面阔单间,出前檐廊。殿整体保存不错,殿脊顶有四朵砖雕,山墙有悬鱼,但门窗无存。殿内堆放杂物,梁架上有彩绘,顶部脊檩彩绘《八卦图》,殿内壁表面涂刷白灰浆。从墙上依稀的颜色看,内壁应绘有清末民国时期的壁画。

关帝庙　位于庄内西侧主街北端,坐北面南,面阔单间,单檐硬山顶。殿脊檩已遭破坏,山墙还有一条裂缝和部分坍塌,门窗无存,为土坯墙和栅栏封堵,但整体结构尚存。脊檩上彩绘《八卦图》。殿内壁曾刷过白灰浆,白灰浆局部脱落,露出底下的壁画。正壁露出两位文官的局部衣袍,两侧山墙残存的壁画还有榜题印迹。关帝庙门槛铺1通布施功德碑,碑中记捐款人姓名与捐款额,从碑中得知,周边的大德庄、横涧、代王城等村民都来此地布施。

第七节　东大云疃村

一、自然环境与人文历史

东大云疃村位于南杨庄乡西南偏南7.1公里处,属丘陵区。村庄修建在山前冲积扇上,地势南高北低,平坦开阔,东南方有多条来自冲积扇的冲沟,西北面地势平坦。村附近为壤土质,北、西面辟为耕地,南、东面为大面积的杏树林。1980年前后有1 515人,耕地

7 770亩,曾为东大云疃大队驻地。如今,村庄规模大,民宅分布散乱,居民较多。村庄由西部的徐家堡、东部的东堡,以及中部的南庄、北庄、营堡五部分组成。227、221乡道穿村而过(图10.13)。

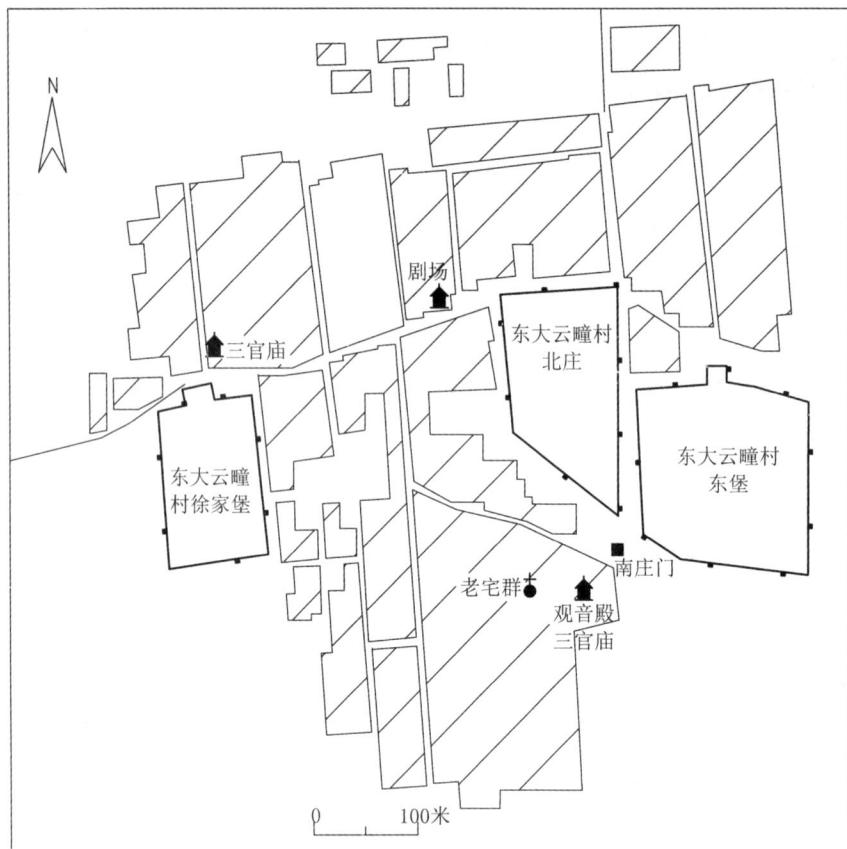

图 10.13 东大云疃村古建筑分布图

相传,元末建村,因村南五里处有山峰高耸入云,故取名大云疃。村名可考者最早见于《(崇祯)蔚州志》,此后《(顺治)云中郡志》《(顺治)蔚州志》《(乾隆)蔚州志补》《(光绪)蔚州志》《(民国)察哈尔省通志》均有载,村名均作"大云疃"。1926年分成两村,据方位更名为东大云疃村。

二、城堡与寺庙

(一)徐家堡

1. 城堡

据《(民国)察哈尔省通志》记载:"大云疃徐堡,在县城东南二十里,明嘉靖二十八年土筑,高一丈二尺,底厚四尺,面积一亩六分,有门一,现尚完整。"[1]徐家堡今位于村西部,因堡中居民多为徐姓,故名。城堡平面大致呈矩形,周长约482米。堡内格局为南北主街结构,主街旁为东西向的巷子,共4条。

城堡开北门,北门外设有矩形瓮城,瓮城开东门,通体条石修建,拱券顶,一伏一券式,保存较好,南侧门体略有坍塌(彩版10-12)。外侧门券拱顶上方镶嵌有3枚门簪,仅存痕迹,其上方镶嵌石质门匾(拓10.4),正题"天下太平大云堡永康门",右侧前款"大明国山西大同府蔚州古城里大云瞳中堡",左侧落款"嘉靖二十八年夏仲月吉日造"。匾额下部刻有堡长、总甲、建造人、铁匠、石匠、拙笔等人的姓名。门外建有坑塘。北门仅存毛石砌筑的基础和砖砌门颊,顶部坍塌无存(图10.14)。

拓 10.4　南杨庄乡东大云瞳村徐家堡门额拓片(蔚县博物馆　李新威　提供)

堡墙均为黄土夯筑。北门外设瓮城,仅存东、北墙,西墙、西北角无存,现为平地,现存墙体内外壁面保存较好,墙高6~7米。东墙长148米,保存一般,墙体连贯,高2~6米;东墙外为耕地(荒地)和顺墙道路,路东为新村民宅,墙体内侧为民宅。南墙长约96米,保存较差,墙体破坏严重,多倾斜坍塌,断断续续,高0~4米,墙体内侧多为废弃、坍塌的民宅,外侧为耕地。西墙长147米。保存较差,墙体多坍塌,高0~3米;西墙偏南墙体三分之一处设有1座马面,保存一般,高5米;西墙内侧为民宅,外侧为玉米地。北墙长约91米。

东南角仅为转角,高约6~7米。西南角仅为转角,高3米。东北角设135°斜出角台,保存较为完整,高4~5米。堡内居民较少。

---

[1]　宋哲元:《(民国)察哈尔省通志》,国家图书馆藏1935年铅印本,第11页。

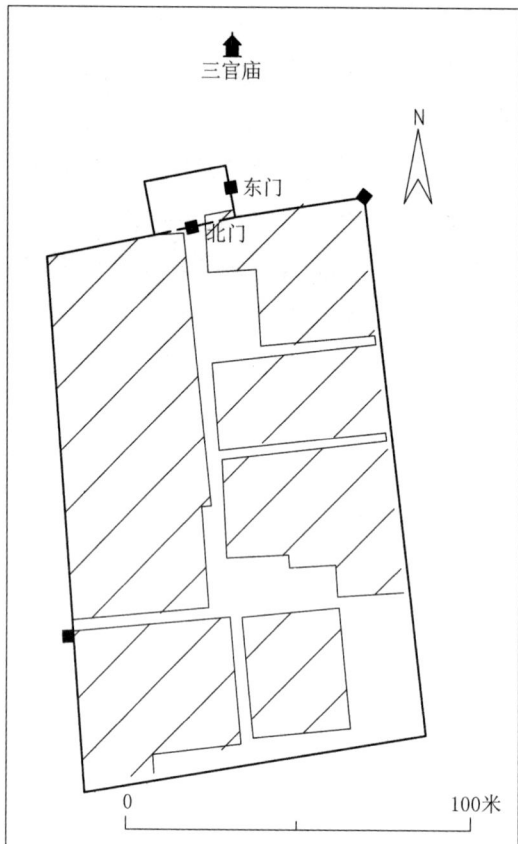

图 10.14　东大云疃村徐家堡平面图

2. 寺庙

三官庙位于北门外，仅存正殿，坐北面南，面阔三间，硬山顶。殿宇保存较差，屋顶坍塌一半，北墙坍塌。殿曾改作他用。殿内堆放柴草，无彩绘和壁画遗存，殿前为打谷场。

（二）东堡

1. 城堡

据《（民国）察哈尔省通志》记载："大云疃东堡，在县城东南二十里，明嘉靖十七年土筑，高一丈二尺，底厚四尺，面积二亩七分，有门一，现尚完整。"[1]东堡今位于村东南部高坡上，保存较差，整体格局尚存，但建筑因年久失修自然坍塌。城堡平面大致呈矩形，周长约 620 米。堡内平面布局为南北主街结构，主街两侧共 3 条东西横街，但东、西侧的横街并非正对，西侧横街整体偏北，东侧横街整体偏南（图 10.15）。

---

〔1〕宋哲元：《（民国）察哈尔省通志》，国家图书馆藏 1935 年铅印本，第 10 页。

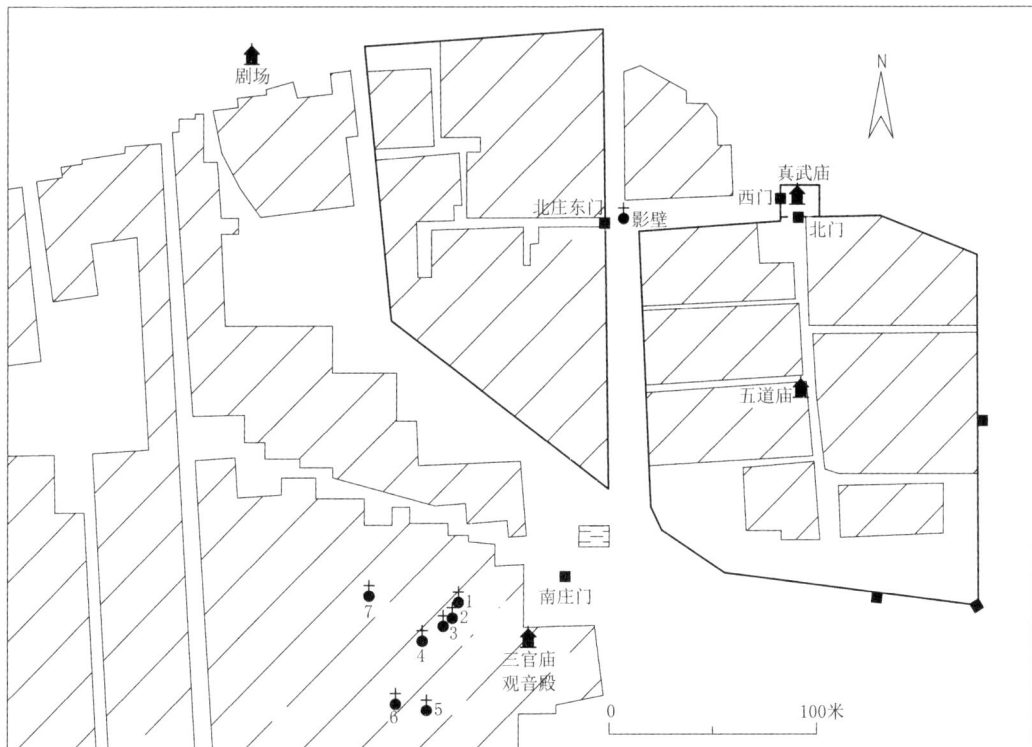

图 10.15 东大云疃村北庄、南庄、东堡平面图

1. 老宅院 1　2. 老宅院 2　3. 老宅院 3　4. 老宅院 4　5. 老宅院 5　6. 老宅院 6　7. 老宅院 6 正房

城堡开北门,北门外设方形瓮城,瓮城开西门(彩版 10-13～15)。西门通体为毛石修建的拱券门,一伏一券式,外立面多有坍塌,内侧及顶部为木梁架结构。瓮城内有一组建筑群。瓮城门外地势较低,为天然缓坡,地面铺自然石块。北门保存较好,砖砌拱券结构,条石基础,砖券门洞,外侧门券三伏三券,上出二层错缝牙子,内侧、顶部为木梁架结构,已坍塌无存。外券拱顶上方镶嵌有石质门匾(拓 10.5),表面风化,正题"大云堡永安门",右边前款为"大明国",左边落款为"嘉靖拾柒年岁次戊戌癸亥月吉日造",匾额正题下部刻有堡长、总小甲、瓦匠、木匠等人的名字。从右至左依次为:原□修堡人周文玑;堡长周京、张志钊;总小甲刘文盛、周宁、周守仁、张志刚、张志玄、贾经、翟顺;瓦匠任仲河;木匠吴□□。从匾中内容得知,东大云疃周姓为大姓,门匾两侧还各镶嵌 1 块砖雕装饰,现为黄泥覆盖。门道为自然石铺成的路面,门内西侧为南北向登城坡道,坍塌严重,保存较差。

堡墙黄土夯筑,整体保存一般。北门外设方形瓮城,瓮城内南北 6.4 米,东西 8.3 米。瓮城墙体保存较好,高 5～6 米,顶部宽 1.5 米。北墙外为坑塘。东墙长约 160 米,保存一般,多有坍塌,墙体修建在台地上,外侧总体较高,高 7～8 米,其中墙体高 3～6 米,内侧为民宅,外侧为耕地;东墙中部设 1 座马面。南墙长约 169 米,保存较差,墙体低薄,高 2～7 米,

拓 10.5　南杨庄乡东大云疃村东堡北门门额拓片(蔚县博物馆　李新威　提供)

内、外侧为耕地;南墙偏东的位置上设有 1 座马面,高出墙体约 1.5 米,马面保存较好,高 5 米。西墙长约 126 米,修建在台地上,整体较高;墙体保存较差,多坍塌成斜坡状,高 3～6 米,内侧为民宅,外侧为顺墙道路。北墙长约 165 米,保存一般,西段墙体高薄,外侧高 1～6 米,墙外为耕地;东段墙体高薄,高 3～6 米,外侧为耕地。

　　东南角设 135°斜出角台,修建在台地上,保存较好,高 5 米,外侧总高 10 米。西南角仅为弧形转角,多坍塌,外侧高 4 米。西北角仅为转角,多坍塌,高 3 米。

　　堡内居民较少,多已迁往新村。

　　2. 寺庙

　　据当地长者回忆,本村原建有真武庙、五道庙、大云寺、三官庙、龙神庙、关帝庙。庙宇除真武庙、五道庙尚存外,其余全部拆毁。

　　真武庙　位于北门瓮城内,占据了瓮城大部分空间。庙宇坐北面南,正对北门,尚存正殿、西耳房及东配亭。西耳房为堡门房,单坡顶。东配亭为告示厅,面阔三间,单坡顶,其南侧开一小门,内有一跨院,原有禅房数间。正殿坐落在 1 米高的砖石台明上,台明青砖包砌,西侧设有踏步。正殿坐北面南,面阔三间,单檐硬山顶,六架梁出前檐廊。前檐下门窗残存,六抹斜方格万字隔扇。殿已经废弃,殿内堆放柴草。殿内壁画已毁。

　　五道庙　位于堡内南主街与西侧第二条横街的交汇处西南,仅存正殿,保存一般(彩版 10-16)。正殿坐西面东,台明高约 0.5 米,毛石包砌,面阔单间,硬山顶。门窗为旧构,但已封堵。庙已经废弃,殿内堆满杂草,墙壁曾贴有 1963 年关于收放粮食的清单,但多已撕毁,露出的部分壁画仍鲜艳,为清末民国时期的作品,保存较好。

正壁正中绘有《五道神坐堂议事图》，正中为五道神，两侧后为随从。西侧为土地神，土地神后为手持龙头拐杖的随从。东侧为山神，山神后为手持书卷的随从。正壁两侧下角，东下角为着绿衣手持生死簿的判官，西下角为小鬼。

北壁壁画为出征捉奸夫淫妇，战马奔腾，令旗招展。

南壁绘有1座宫殿，应是案审奸夫淫妇。

（三）南庄

1. 庄

南庄位于村西南部，保存差，庄墙无存，仅存庄门（彩版10-17）。庄设东门，保存较差，毛石基础，土坯门颊墙体，木梁架结构，门外北侧修有砖砌影壁，影壁比东门还要高大，面阔三间，硬山顶，中间为土坯砌墙。影壁北侧为一坑塘，边上长1株大树。门内为主街，大致呈东南—西北走向，由于庄墙无存，其四至未知（图10.15）。

南庄内老宅院众多，主要集中在寺庙西侧。老宅院1，院内影壁保存较好，上面还有精美的装饰。老宅院2、3，位于街道拐弯处，其中老宅院2为随墙门，上面有砖作仿木构砖雕，老宅院3为广亮门，前面尚有精美的上马石。老宅院4，位于主街西侧的一条巷内，随墙门，上面有砖作仿木构砖雕垂花门。老宅院5、6，位于东西街道的北侧，广亮门，其中老宅院6内还有影壁，院内规模较大，前院无存，现为荒地，后院正房面阔五间，门厅退金廊，十分气派。

据当地人回忆，南庄原只有二户居民，为周家与张家，周家是本地户，张家是外来户，但后来张家发财，势力逐渐壮大，周家逐渐衰落。张家在清代，考出过几个秀才和武生。周宅与张宅原分别是规模很大的套院，解放后土改时，仅周宅就分给了10多户村民居住。

2. 寺庙

三官庙/观音殿　位于南庄东门内南侧，现为1座庙院，院墙和山门采用红砖新建，院内观音殿和三官庙背靠背。院门为仿近代风格大门，正殿为旧构。院内东侧立有1通石碑，刻有《重修三官庙观音殿碑记》，落款时间已无法看清。

三官庙位于台明之上，台明为块石包砌，新近又维修包红砖，坐北面南，面阔三间，硬山顶，进深五架梁出前檐廊，门窗为旧构，无彩绘遗存。殿前有1棵大松树。殿内为清代中晚期壁画，正脊檩上绘有《八卦图》。壁画表面涂有白灰浆，白灰浆脱落，壁画露出，整体保存较好。

正壁明间绘有《三官坐堂议事图》，为天官、地官、水官，三官头戴冠冕，身披玉袍，玉袍颜色各不相同，中间天官为绿色，西侧水官为红色，东侧地官为蓝色。天官两侧各立有一位侍从，东侧地官身后立有一位手持"□□童子"牌位的随从，西侧水官身后立有一位手持"利市仙"牌位的随从。三官之外两侧各立有两位武将，四位武将无法完整辨认，目前能确认的是：东侧右手执玉环、左手持骨朵的为温元帅温琼，手持金枪的为马元帅马天君；西侧手持铁鞭的为赵元帅赵公明，另一位由于画面破损无法看清，但应该没有关羽常持的大刀。这四位是否为道教的护法四元帅，还需进一步考证。

正壁东次间，供奉二位主神。一位脸微长，额头有眼，留着两缕稀疏的胡须，披发，身着沥粉贴金之黑袍，左手持剑，右手轻捋胡须，台坐之前方有回望的天狗，是否为二郎神需要进一步考证。另一位由于画面破损已难以看清。两位神后各有随从。外侧为持剑武将。

正壁西次间，供奉二位主神。一位为真武，圆脸而留着稀疏的胡须，披发跣足，身着沥粉贴金之黑袍，右手持剑，左手握袍，宝座之前有相缠的龟蛇。另一位由于画面破损，只能看出面色微怒，身着战袍。两位神后各有随从。外侧为持剑武将。

此堂三官庙壁画在四大元帅之外，两侧次间绘有真武与相缠的龟蛇。将真武与三官同殿供奉，而且是三官居中，真武位居两侧，说明这里的乡民对三官信仰的重视程度超过真武信仰。

东西两侧山墙上的壁画为连环画，每壁 2 排 4 列，各有 8 幅，一共 16 幅。

东壁

长女生上元	次女生中元	小女生下元	元□真仙□生为三元
诸神朝三官	□□精□神	山崩水涌	□□□□□三官大□

西壁

三官大帝	三官化道士送经救民	张用清女妊娘分娩请龙孙念经	颜光狱中蒙赦出乃是经功报应
三元感应善男信女合家安乐	众生欠债殿下纳还	杨廷秀家堂供奉三元大帝	子贵夫妻□□□□

从画中内容可以看出，表现的是三官本生的故事，从出生、成帝到感应救民于苦难，只用 16 幅画表现出来。前三幅三官出生，在民间传说甚广，龙王爷的三个闺女自愿嫁给陈子梼（又叫陈郎），各生了一个儿子，俱是神通广大，法力无边。老大生于正月十五，元始天尊封他为上元一品九炁天官赐福紫微大帝；老二生于七月十五，被封为中元二品七炁地官赦罪清虚大帝；老三生于十月十五，被封为下元三品五炁水官解厄洞阴大帝。

观音殿位于三官庙后墙，单独接出一间的后厦，坐南面北，面阔单间，半坡顶，进深二椽。门窗新修，殿内有清代中晚期壁画，壁画表面涂有白灰浆，保存一般。

正壁绘《观音坐堂说法图》，正中绘有观音，端坐于莲花座上，左脚踩于莲花上，身后右为龙女，左为善财童子。观音两侧，东侧为武财神，武财神身边立持大刀的武将，其上方为伽蓝护法;右为文财神,脚前有一只犬,身后立有一位武将,其上方为韦驮护法。

两壁绘有《观世音菩萨普门品》经变,两壁各 4 幅,一共 8 幅;底部为十八罗汉。东壁四幅"救八难"题榜尚可辨认,西部南侧两幅难题榜尚可辨认,北侧两幅模糊不清。题榜中错字较多,是典型的乡村壁画。

（画毁）	念开观音例,刀行断坏
（画毁）	念开观音例,远□蟒虎□
念开观音例,火坑变成池	念开观音例,无藏不□□
念开观音例,加锁得□托	念开观音例,□□□□
观音、龙女与善财童子	
三官庙	

（四）北庄

北庄位于东堡西北角外,保存差。庄墙无存,仅存庄门,庄开设东门,土坯门颊,门顶木梁架结构,顶部砖砌护栏(彩版 10-18)。门外侧顶部镶嵌有砖制门匾,正题"吉星庄",右边落款为"大云疃村",左边落款为"民国丙子年四月创立",即 1936 年。庄门尚存木门扇。门外正对一面影壁。门内为东西主街,两侧为巷子,但是分布不规则,较乱,民宅多翻修屋顶。无老宅院,居民较少(图 10.15)。

（五）营堡

营堡原名梁家堡,据《(民国)察哈尔省通志》记载:"大云疃营堡,在县城东南二十里,土筑,高八尺,底厚三尺,面积一亩六分,有门一,现尚完整。"[1]今位于村北,仅东、北有部分堡墙,破坏严重,四至未知。原有关帝庙,现为村小学所在地。

第八节 南梁庄村

一、自然环境与人文历史

南梁庄村位于南杨庄乡东南 5.1 公里处,属丘陵区,村庄选址修建在恒山余脉蔚县大南山山脚下的冲积扇上,地势南高北低。地势平坦,一马平川,南部靠山,沟壑纵横,其余为平地。村庄附近为壤土质,东、西、北面辟为耕地,南为冲积扇的末端,逐渐上坡,辟为杏

---

〔1〕 宋哲元:《(民国)察哈尔省通志》,国家图书馆藏 1935 年铅印本,第 11 页。

树林。1980年前后有1 378人,耕地5 737亩,曾为南梁庄大队驻地。如今,村中有一条浅冲沟,来自村东南柳河口,该冲沟将村分为南、北两部分,227乡道穿村而过。村规模大,人口较多。北部为新村,由6条南北主街组成,居民较多,民宅以新建房屋为主,分布整齐划一。南部为旧村,街道整体较散乱。

相传,建村于明末,名任家庄。后因任姓居民减少,梁姓居民增多,即改名梁庄,又以处壶流河南之故,更名为南梁庄。本村之名最早见于《(光绪)蔚州志》,作"南梁庄",《(民国)察哈尔省通志》沿用。

二、庄

南梁庄村庄堡位于旧村东北角路南侧,每一条南北街巷皆设庄门1座,因此庄门很多,但大部分已拆毁,无法得知庄的四至范围。现仅存2座庄北门。西侧庄门为毛石基础,土坯墙修建门颊,顶部为木梁架结构,门扇无存,门道铺自然石,门内为南北主街。东侧庄门为条石修建基础,土坯门颊,顶部为木梁架结构,门顶上方砖砌护栏,门顶外侧镶嵌砖制门匾,正题"镇朔门",推测为民国时期的建筑,门道为自然石路面,门内为南北主街。门内为旧村,民宅多翻修屋顶,居民少。

三、寺庙

泰山庙　位于南梁庄村西部,清代建筑,保存一般,现仅有正殿1座,主体结构尚好,硬山顶,面阔三间,六架梁出前檐廊,殿内无壁画和彩绘遗存。该庙在20世纪70年代遭到破坏,90年代曾改作大队磨坊。门窗装修已改变。如今寺庙废弃,殿内堆放杂物。殿西南角原有古松1株,2004年被村民砍伐,作为棺木使用。

剧场　位于泰山庙南侧,20世纪70年代在原戏楼位置上修建。剧场上楣有"风景如画江山多娇",楹联上联为"广袖漫舞千姿百态□迎风调雨顺",下联为"管弦雅奏心旷神怡□庆人寿□□"。

第九节　北柳河口村

一、自然环境与人文历史

北柳河口村位于南杨庄乡东南6.1公里处,南靠山,属丘陵区。村庄选址修建在山谷口东侧的山前冲积扇上,西侧为冲积河道,现为沙石河床,地势南高北低。附近为沙壤土质。村西面为耕地,南面为柳河口村,东为山前浅山,多冲沟,辟有大面积的梯田。227 乡道从村西经过。1980 年前后有 307 人,耕地 1 101 亩,曾为北柳河口大队驻地。如今,已合并为柳河口村,但村宅仍不相连。村庄规模不大,分为新、旧两部分(图 10.16)。

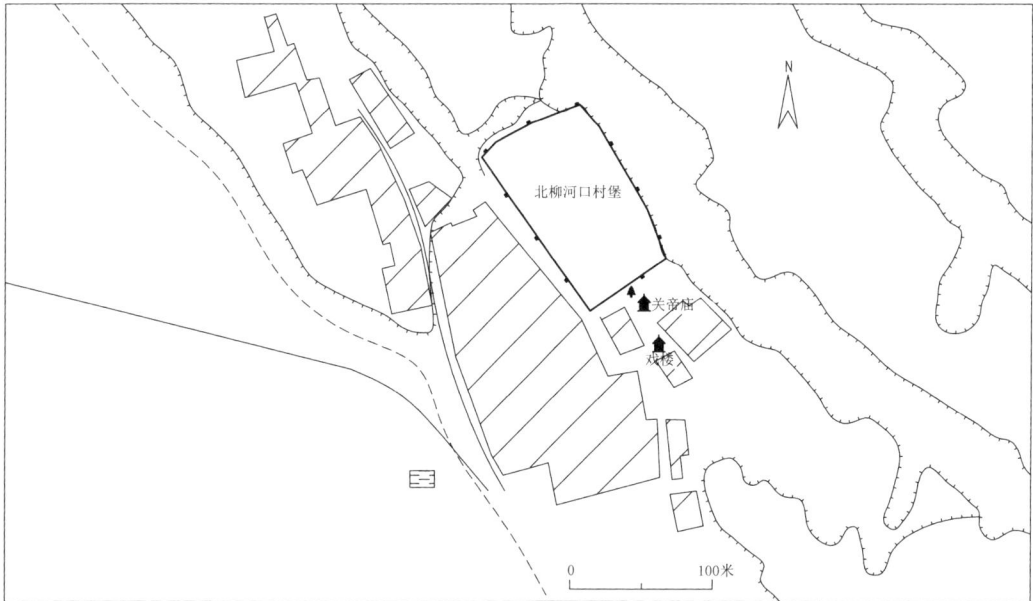

图 10.16　北柳河口村古建筑分布图

相传,明末建村于山口沙河旁。因此地多有柳树,遂得名柳河口。解放后为二村,居北者取名北柳河口。柳河口之名最早见于《(嘉靖)宣府镇志》,作"柳河口",《(顺治)蔚州志》,改作"柳河口堡",此后《(乾隆)蔚州志补》《(光绪)蔚州志》《(民国)察哈尔省通志》均作"柳河口"。明清时该村有骡帮,为商业运输队伍。

二、城堡

北柳河口村堡位于村东北山坡上。堡东、西、北三面临冲沟,其中东面的冲沟最大。堡平面呈矩形,复原周长约 386 米。堡内平面布局为南北主街结构,且有 3 条东西横街。

城堡开南门,进入南门的坡道为自然石铺成的路面,保存较好(彩版 10-19、20)。南门保存较好,砖石平顶结构。基础为条石砌筑,上面青砖修建两侧门颊,顶部为木梁架结构,门顶横木上方嵌有 1 块砖制阳文门匾,正题"柳河口",两侧落款皆已风化,推测为清代所题。南门内为南北主街,自然石路面,堡内街巷两侧为民宅,房屋多废弃、坍塌,成为荒地,居民较少。门外建关帝庙。

堡墙均为黄土夯筑,破坏严重。东、西、南墙无存,现为基础,外侧为土坡,内侧为民宅。北墙长约70米,墙体低薄,多坍塌,成土垅状,高0~3米,墙体内侧为荒地,外侧为冲沟。北墙中部设有1座马面,为真武庙庙台,保存较好,体量大,外高5米(图10.17)。

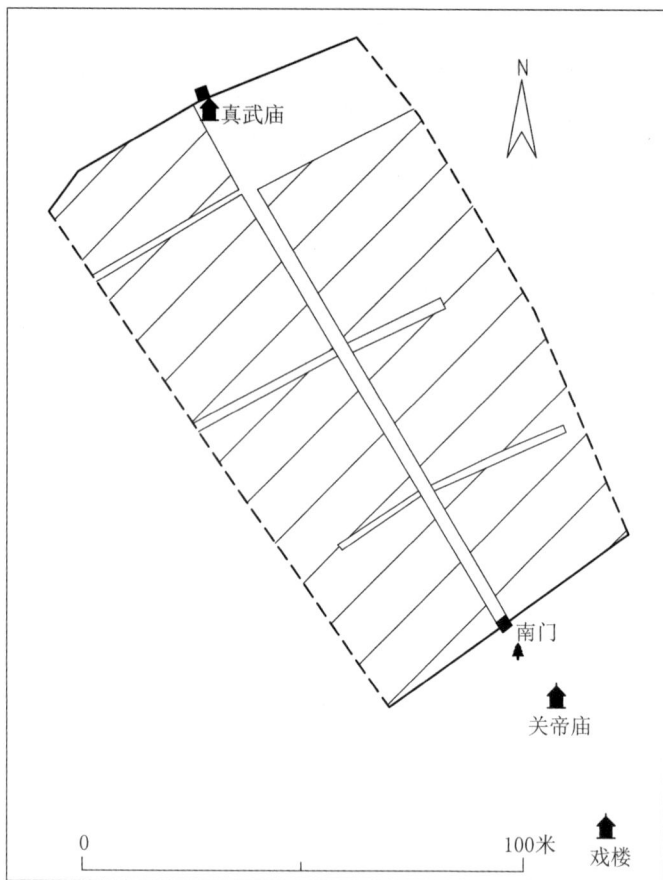

图10.17　北柳河口村堡平面图

三、寺庙

关帝庙　位于南门外侧。原为1座庙院。如今山门尚存,随墙门,门前设有条石高台阶,正殿仅存基础,基础很高,外立面包块石。

戏楼　位于南门外侧,关帝庙对面(彩版10-21)。保存一般。坐南面北。戏楼为单檐卷棚顶,面阔三间,进深六架梁,石砌台明高1.2米,台明顶部四周边缘铺有乾隆年间杨氏墓碑8块,即将墓碑作为压檐石使用。前檐柱4根,后金柱2根,古镜柱础。前檐额枋无彩绘、雀替。楼内存放草料,脊顶无瓦,长满杂草,飞、椽槽朽,部分有坍塌、脱落。

真武庙　位于北墙马面上,已破坏无存。

第十节 柳河口村

一、自然环境与人文历史

柳河口村位于南杨庄乡东南 6.8 公里处,属丘陵区。村庄选址修建在山谷口东侧的山前冲积扇上,村西为冲积河道,现为沙石河床,地势南高北低。附近为沙壤土质。村西为耕地,北为北柳河口村,东为山前浅山,多冲沟,辟有大面积的梯田,村南为柳河峪,村以峪得名。1980 年前后有 442 人,耕地 1 375 亩,曾为柳河口大队驻地。如今,两村已经合并为柳河口村,但民宅仍未连接在一起。柳河口村规模不大,无城堡遗存。村庄沿山脚而建。一条石板路向东延去,村宅建于石板道两侧,老宅院多已毁塌,仅存 1 座门楼、影壁与正房。居民较少(图 10.18)。

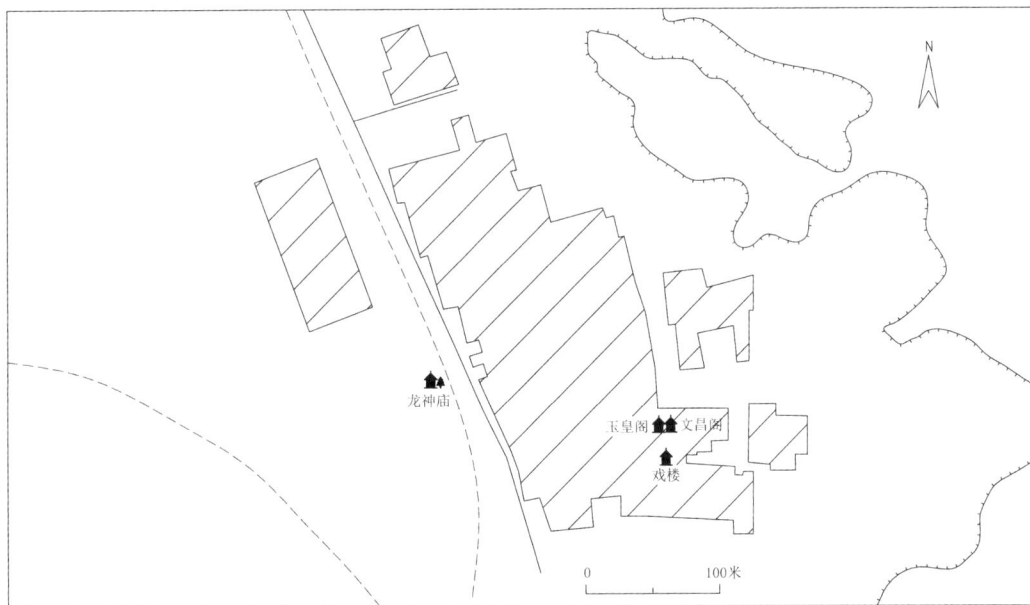

图 10.18　南柳河口村古建筑分布图

相传,明末建村于山口沙河旁。因此地多有柳树,遂得名柳河口。解放后为二村,居南者取名柳河口。柳河口之名最早见于《(嘉靖)宣府镇志》,《(顺治)蔚州志》则记述为"柳河口堡",此后《(乾隆)蔚州志补》《(光绪)蔚州志》《(民国)察哈尔省通志》均记为"柳河口"。

二、寺庙

玉皇阁　位于柳河口村东侧的坡顶上。现为 1 座独立的庙院建筑群,西侧是泄洪道。

寺庙现经重新修缮,庙院坐北面南,院内建筑为山门1座,玉皇阁正殿1座,东西厢房各1座,钟、鼓楼各1座,马神庙1座,五道庙1座,龙亭1座。均为硬山顶,面阔一间。玉皇阁院内东西厢房各三间,均为单坡顶。

玉皇阁正殿坐北面南,单檐硬山顶,面阔三间,三架梁出前檐廊,前檐额枋彩绘全部重绘。基础高0.5米,殿内正中新塑玉皇大帝泥像,泥像还未上色彩。塑像背后墙壁新绘壁画,明间为两位持伞玉女,列于玉皇身后;两侧次间还各立一位胁侍。正壁的塑像和两侧次间壁画的风格与蔚州古城玉皇阁类似。两侧山墙壁画保存一般,为清中晚期的作品,每壁2排,每排8位,每壁16位,共计32位。众神肩上皆有榜题,但却未题字。为节约空间,第1排神像皆为半身,第2排神像皆为全身。第1排诸神皆为文官,手持玉圭,或单手,或双手,但都没有摆出朝拜的姿势,而是相对随意站立。第2排诸神皆为武将,右手持宝剑或钢鞭,身披战袍,绶带飘然,怒目圆睁,威风凛凛。众神之后还各有一位面向众神、头顶项光的胁侍,应是玉皇大帝的胁侍。从南柳河口玉皇阁32位神像的风格来看,与古城玉皇阁两侧山墙的《雷部三十六雷公图》相似,但此处少4位,一时无法判定这32位神像为何方神祇。

玉皇阁共有5通石碑[1],院内立有4通,西侧文昌阁前廊下立有1通。院内前排西侧碑为道光二十七年(1847)十一月《创建文昌阁碑记》,碑文中提到"柳河口南村众善人等相聚而言曰,不供文昌,何以振文风。于是先捐己资,又募邻村。下砌石洞丈余,以为走水之道,上建正殿一间,以作栖神之宫。兴工于三月,告竣于九月"。院内前排东侧碑为光绪七年(1881)《重修碑记》,碑文中提到玉皇阁钟楼、山神祠、五谷庙历久失修。院内后排东侧碑,为嘉庆六年(1801)石碑,碑文中提到了"玉皇、真武、马王庙",推测是修建或创建这3座庙时所立。院内后排西侧碑为同治二年(1863)《重修玉皇阁罗汉洞以及乐楼碑记》。从诸碑文中所提及的寺庙来看,旧时院门楼东西两侧的庙与院内的配殿,应为真武庙、马神庙、山神祠、五谷庙等。

文昌阁　位于玉皇阁院东侧水道上,坐北面南,面阔单间,硬山顶。庙前廊下立1通《重修诸庙碑记》,碑阴为布施善人名单。

戏楼　清代建筑,位于玉皇阁南侧,坐南面北,隔街与玉皇阁相对。戏楼保存较好,为单檐卷棚顶,面阔三间,六架梁。台明高1米,外立面通体包砖,顶部四周铺条石。前檐柱4根,后金柱2根,下置鼓形柱础。前檐额枋绘彩绘,装饰有雀替。前后无挑檐木。戏楼正面为木板封堵,改造为库房,两侧山墙簪花尚存,保存较好。

龙神庙　位于村西河道西侧的台地上,新建庙宇,院内长有2株松树。正殿坐北面南,面阔单间,硬山顶,出前檐廊。殿内新塑7尊神像,明间为3尊,两次间各2尊。庙内新绘壁画,表现了今日人们对龙神与降雨的理解。

―――――――――

[1]　邓庆平:《蔚县碑铭辑录》,广西师范大学出版社,2009年,第576~596页。

第十一节 牛大人庄村

一、自然环境与人文历史

牛大人庄村位于南杨庄乡东北 4.5 公里处,处于壶流河南岸,地处平川,为河川区,地势整体南高北低。南部为壤土质,北部为沙土质,辟为耕地。G112(207)国道(宣化—涞源公路)穿村而过。1980 年前后有 1 744 人,耕地 7 735 亩,曾为牛大人庄大队驻地。如今,村庄规模较大,居民多,村民以周姓为主(图 10.19)。

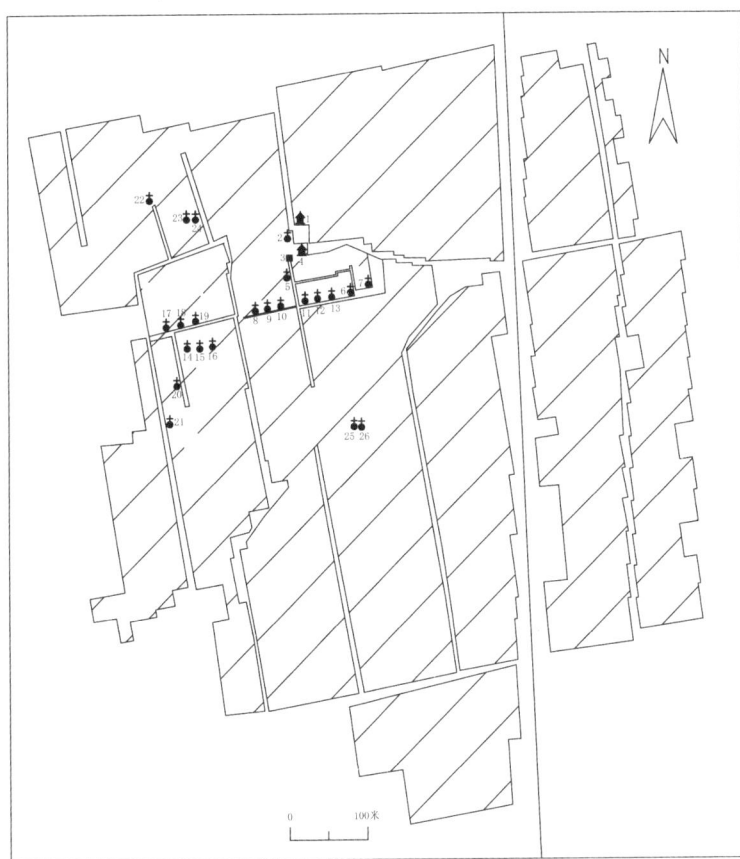

图 10.19 牛大人庄村古建筑分布图

1. 关帝庙 2. 供销社 3. 北门 4. 戏楼 5. 老宅院 1 6. 老宅院 2 7. 老宅院 3 8. 老宅院 4
9. 老宅院 5 10. 老宅院 6 11. 老宅院 7 12. 老宅院 8 13. 老宅院 9 14. 老宅院 12 15. 老宅院 13
16. 老宅院 14 17. 老宅院 15 18. 老宅院 16 19. 老宅院 17 20. 老宅院 18 21. 老宅院 19
22. 老宅院 20 23. 老宅院 21 24. 老宅院 22 25. 老宅院 10 26. 老宅院 11

相传,村庄原名上源村,村中水质充沛,甘甜可酿酒,为蔚县酒文化的发源地。当地传说元朝末年建村,后为纪念一位打仗路过病死于此村的牛姓官员,故更村名为牛大人庄。村名可考最早见于《(乾隆)蔚县志》,作"牛大人庄",《(光绪)蔚州志》《(民国)察哈尔省通志》沿用。本村在清末民国年间曾开大量酿酒的缸房,富甲一方。

二、城堡

(一)城防设施

牛大人庄村堡位于村西北部,堡墙大部分无存,现为民居占据,城堡规模、四至、平面布局形制无从得知。现今仅存北城门。

城堡开设北门,在蔚县各堡中较少见,且北门并不在正中位置,而是偏于东侧(彩版10-22)。北门为砖石拱券结构,已重修。基础为2层条石,上部砖砌拱券。外侧门券为四券四伏,门券拱顶上方镶嵌砖制阳文门匾,正题"牛大人庄",两侧各镶嵌一砖雕装饰。门内侧拱券拱顶上方亦镶嵌砖制阳文门匾,正题"安定门",门匾两侧各镶嵌有一砖雕装饰。门顶部修有庙,门外新修3座影壁。堡门内为中心街,门内东侧建有登顶梯道。

堡墙于1966年拆除。如今尚存东南角附近的东墙,墙体保存差,高4米,长3米。

(二)街巷与古宅院

堡门内主街两侧及巷内保存有大量清末民国时期的四合院落,老宅院多建有雄伟的大门,门内建有影壁,院内砖铺地面,建筑多用大量石材,集中体现了砖、木、石雕刻艺术(彩版10-23、24)。同时也体现了酿酒业曾带来的一度繁荣,经济实力雄厚。

北门内第一巷 东段内尽头修建有1座影壁,正对巷子口,影壁上面保存有近代标语。东尽头为老宅院2,广亮门,墀头尚保存有砖雕装饰,门内建有影壁,院内方砖铺地,正房保存较好。该院东侧为老宅院3,已废弃,大门内保存有影壁。

北门内第二巷 西段保存有3座老宅院,即老宅院4、5、6。老宅院4,宅门外尚存上马石,石板门道,宅门山尖尚存壁画,门内建有影壁,正房装饰尚存,柁头上施有彩绘,门窗上有木雕窗花,保存较好,正房内建有门厅,保存有完好的木雕装饰,纹饰繁缛,天花板尚存,表面施有彩绘。老宅院5、6,保存一般。东段亦保存有3座老宅院,即老宅院7、8、9,宅门保存较好,尚存木雕和砖雕装饰,院内砖铺地面。

堡南地区 保存有一片老宅院,宅门坐南面北,门内分为两户,即老宅门10、11。老宅院10,保存较好,尚存完整的木雕装饰,正房内有门厅,装饰有精美的木雕,从颜色上看为清末民国时期的建筑,门厅顶部尚存彩绘天花板,门厅内的墙壁上悬挂有家谱图,显示房主姓周,门厅的门扇底部门板尚存精美的彩绘图案。老宅院11,房屋全部新建,只有宅门为旧构。

堡西地区　尚存多座老宅院,其中路南有 3 座老宅院,即老宅院 12、13、14。3 座宅院并排在一单独的巷内。老宅院 12,宅门保存较好,尚存有墀头砖雕,厢房和正房保存较好,门窗上有木雕装饰。老宅院 13、14,与老宅院 12 基本相同。路北侧有老宅院 15、16、17,宅门形制基本相同。老宅院 15,大门内有影壁,保存较好,正房门厅有精美的木雕装饰的门窗,屋内门厅的门板上有民国时期的彩绘,保存较好。老宅院 16,为前后院。老宅院 17,宅门内有影壁,从规模上看原应是前后院。老宅院 18,位于老宅院 17 南侧,宅门坐西面东,尚存有精美的木雕装饰。老宅院 19,位于老宅院 18 西南方,前后院,宅门坐东面西,门内墙壁尚存有壁画,前院基本荒废,后院保存较好,砖铺地面,二门无存。

　　堡西北地区　尚存 3 座老宅院,即老宅院 20、21、22。老宅院 20,宅门前存上马石,门内建影壁,影壁尚存有砖雕对联和雕花装饰,院内进深较长,推测原为前后院格局,但如今二道门无存,院内砖铺地面,正房的门厅有简单的木雕装饰,顶部尚存民国时期的彩绘天花板。老宅院 21,保存较好,宅门尚存砖雕装饰。老宅院 22,尚存有砖雕装饰。

三、寺庙

　　泰山庙　位于北门外西北方,戏楼西侧。现在为村委会、供销社和商店所在地,庙宇建筑无存。

　　关帝庙　位于堡北门外东侧,戏楼对面。庙院坐北面南。该庙院墙、山门、钟鼓楼、正殿皆为近年陆续修建。正殿坐北面南,面阔三间,硬山顶。殿前立有 1 通经幢,幢身刻满经文,但表面风化严重,漫漶不清。

　　戏楼　位于城堡北门外东侧北墙下,关帝庙对面 30 米处,清代建筑(彩版 10-25)。今人在戏楼前面扩建了舞台,砖砌山墙,顶为钢架梁覆盖塑料板,改造为剧场,原先戏楼的基础也用水泥维修,但主体结构维持原样未动。戏楼坐南面北,单檐卷棚顶,面阔三间,进深六架梁,鼓形柱础,前台口两侧置"八"字形影壁,两侧山墙上有圆形山花,东山花图案为双龙戏于四朵盛开的菊花之间,西山花图案为"花开富贵"。前檐墀头、戗檐砖雕"凤鸟牡丹"图案,后檐为砖裹檐,葵瓣驼墩,撑拱为龙首。戏楼内为砖铺地面,隔扇仅存框架,梁架上有彩绘和木雕装饰,彩绘多氧化成黑色。前台两侧山墙上有较完整的民国时期壁画,所绘内容为楼台亭阁,壁画保存相对较好,下部多损坏。后台东、西、南墙壁上有多处题壁,如"光绪廿七年""光绪廿八年二月神书俭富扬计曾四川玉兰阁"等,以及很多小型涂鸦人物作品。

　　据传,该戏楼与西合营西庄戏楼为一班匠人所建。戏楼保存较好,由于年代较近,用材较好,作工考究,梁架、基础稳定良好。在 20 世纪六七十年代,戏楼外檐额枋遭到一定的涂刷破坏。当地传说,历史上该戏楼最忌讳唱"算粮",如演出该剧,定遭灾害。

第十二节 麦子疃村

一、自然环境与人文历史

麦子疃村位于南杨庄乡东北 2.6 公里处,属丘陵区,地势略南高北低,村南为冲积扇末端,沟壑纵横,北、东、西地势平坦,为壤土质,辟为耕地。1980 年前后有 1 635 人,耕地 6 206 亩,曾为麦子疃大队驻地。228 乡道穿村而过。如今,村庄规模很大,由东、西 2 座城堡组成,村民以杨姓为主(图 10.20)。

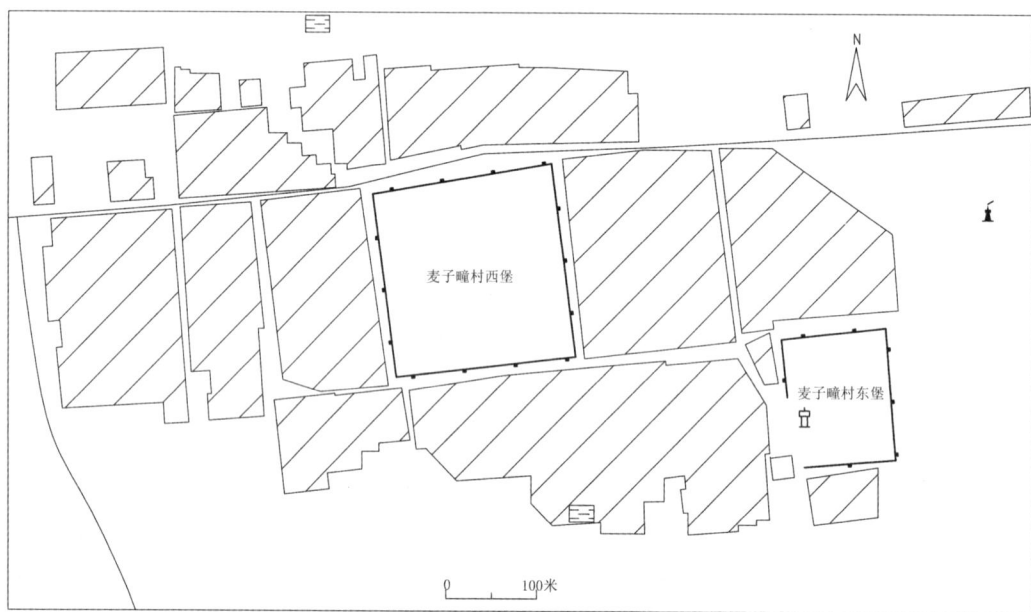

图 10.20　麦子疃村古建筑分布图

相传,元初杨姓居民建村,因地势较高,当时以产山麦子著称,取名麦子疃。村名在《(正德)大同府志》《(崇祯)蔚州志》《(顺治)云中郡志》《(顺治)蔚州志》《(乾隆)蔚州志补》《(光绪)蔚州志》《(民国)察哈尔省通志》均记述为"麦子疃堡",可见该村建村较早。元代采木提举杨赟即为本村人,村北耕地中尚存杨氏家族墓地,以及赵孟頫为杨赟撰写的墓碑。

现为全国重点文物保护单位。

二、城堡与寺庙

（一）西堡

1. 城堡

麦子疃村西堡位于村庄中部，城堡平面呈矩形，周长约826米，平面布局为南十字街、北丁字街结构。据当地长者回忆，西堡开设有南、东、西3座门，如今仅可见南门，南门偏东，堡门建筑损毁无存，现为缺口（图10.21）。

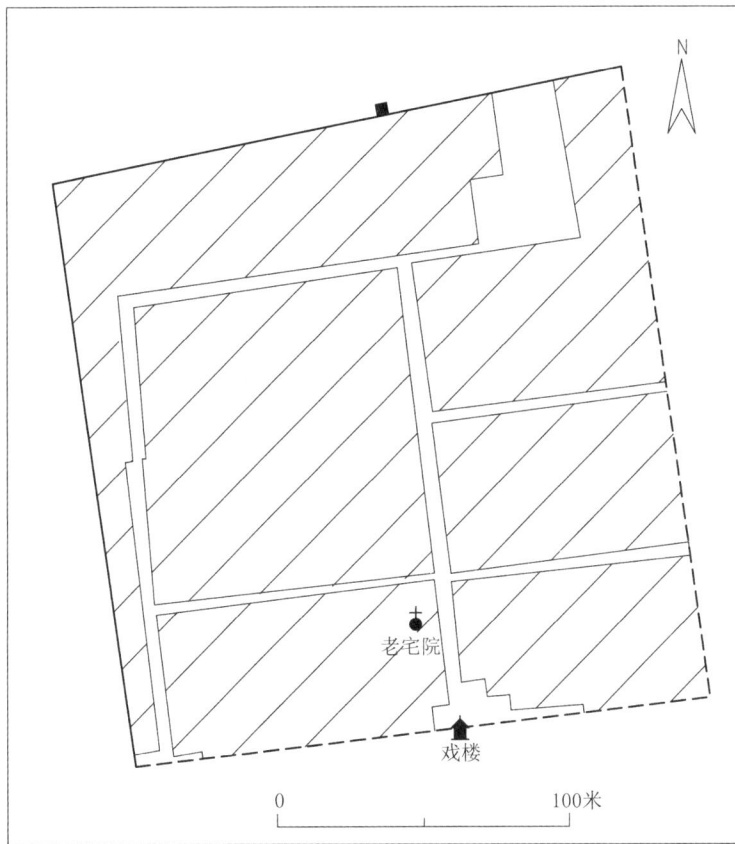

图 10.21　麦子疃村西堡平面图

堡墙均为黄土夯筑，拆毁时间较早。东墙无存，现为水泥路和民宅，复原长度约215米。南墙长约200米，墙体仅存基础，南墙东段基础高1米，内、外侧均为道路，路边为民宅，南墙西段无存，现为平地；南墙上修建有戏楼。西墙长约209米，破坏严重，墙体断断续续，高1～5米，上面为民宅，外侧为荒地和道路。北墙长约202米，西段保存较差，墙体多倾斜，坍塌，高1～4米，墙体内侧为民宅，外侧为荒地和道路；北墙东段仅存1米高的基础，上面修建房屋。北墙上设有马面，位于南北中心街的尽头；马面并非位于北墙正中，而是稍微偏东；马面保存较好，方形，体量较大，顶部立有电线杆。

东北角、东南角无存。西南角无存，仅存基础，高1米。西北角仅存转角，高4~5米，内侧为房屋，外侧为荒地和道路。

堡内街巷格局未变，但民宅房屋多翻修，居民多，无老宅院。堡外为新村。

据当地长者回忆，西堡主要毁于抗战期间。战争时期拆毁城堡与建筑，在蔚县大南山山前地区的村庄里较为普遍，集中于敌我双方拉锯战较多的地带，如南杨庄乡、下宫村乡一带。

2. 寺庙

西堡曾修建有真武庙、财神庙、泰山庙、龙神庙、戏楼。寺庙建筑均毁于抗战时期。

真武庙　位于北墙上，现已无存。

财神庙　位于堡内西部，现已无存。

泰山庙　位于堡西南角外，现已无存。

龙神庙　位于堡南，现已无存。

戏楼　位于南门外侧，清代建筑。戏楼坐南面北，正对北墙上的真武庙。台明砖砌，高1.3米。主体建筑面阔三间，卷棚顶，进深六架梁。土坯山墙，外表砖贴面，后为砖裹檐，戏楼内无隔扇、壁画和彩绘装饰。据当地长者回忆，在1947年的一次战斗中，戏楼被烧毁，1959年重修恢复，如今保存较好。

（二）东堡

1. 城堡

据《（民国）察哈尔省通志》记载："麦子疃东堡，在县城东南三十五里，土筑，高一丈四尺，底厚五尺，面积四亩，有门一，现尚完整。"[1]麦子疃村东堡今位于村庄东南部，规模较小，平面大致呈矩形，周长491米，堡内平面布局为南十字街、北丁字街结构。

城堡开西门，堡门保存较好，条石修建基础，砖砌门颊，顶部为木梁架结构，顶部内外两侧是两块厚实的挑檐木，中间还有两道檩，再以纵向的平铺开的椽支撑平顶（彩版10-26）。门外南侧墙体上镶嵌有石质匾额（拓10.6），正题"麦子疃堡平安门"。下方刻有"盖造领□王仲晓，合村乡老李堂、牛□、牛神贤、王仲举、王□□、□□、□知祥、麦文力、赵□、陈良明"。左侧落款为"大明嘉靖三十一年五月吉日立，李满□"。门内分为南北两条街，布局比较乱。门外南侧修建有水塔（图10.22）。

---

〔1〕 宋哲元：《（民国）察哈尔省通志》，国家图书馆藏1935年铅印本，第11页。

拓 10.6　南杨庄乡麦子疃村东堡门额拓片 (蔚县博物馆　李新威　提供)

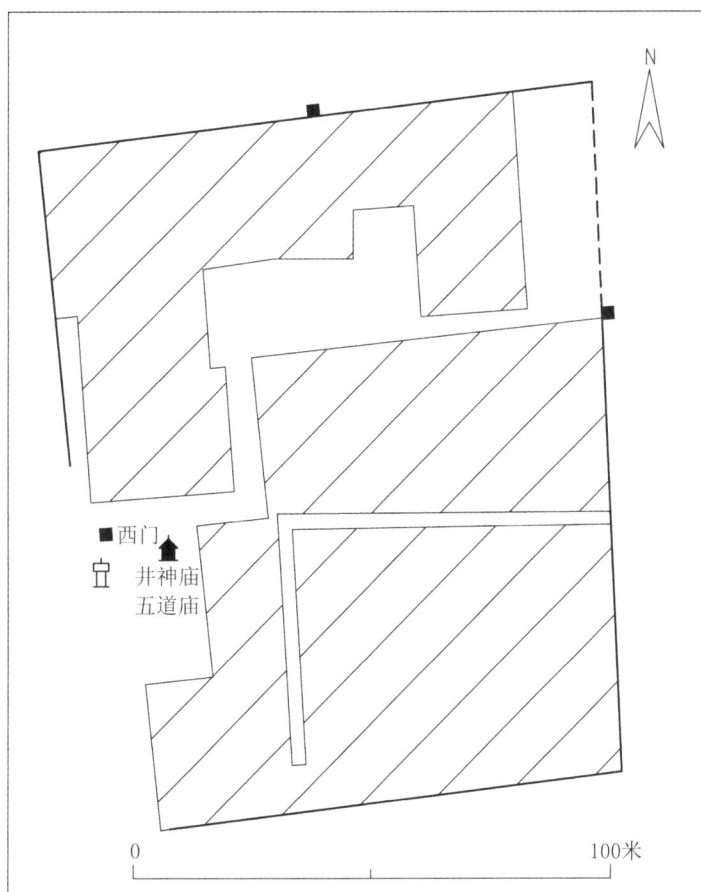

图 10.22　麦子疃村东堡平面图

堡墙均为黄土夯筑,破坏严重,为解放战争期间国民党军队撤退时所拆毁。东墙长约140 米,墙体高薄,高 2～4 米,坍塌严重,近东北角附近的东墙无存,成为耕地。墙内侧民宅多废弃、坍塌。墙外为民宅和道路以及大面积耕地和荒地,东墙中北部设有马面,保存较差。南墙长约 97 米,现为高约 1 米的基础,上面为废弃的宅院。西墙无存,现为平地,或为道路、民宅所占据,墙体复原长度 140 米。北墙长约 114 米,墙体低薄、断续,多为民宅的后墙,墙体高 1～4 米,墙外为荒地和道路,内侧为民宅;北墙上设有 1 座马面,方形,保存较差,体量小。

堡东南、西南、东北角无存,西北角仅存转角,高 4 米。

堡内为民居,旧房和新房各占一半,无老宅院,居民少,多为老年人居住。

2. 寺庙

旧时东堡修建有马神庙,西门内南侧原有井神庙和五道庙,北墙原有真武庙,真武庙正对堡南侧有 1 座戏楼,全部拆毁。

第十三节　九　宫　口　村

一、自然环境与人文历史

九宫口村位于南杨庄乡东南 6 公里处,九宫山脚下。村庄选址修建在九宫口山口外西侧的坡地上,属丘陵区。东靠 G112 国道即宣涞公路。村周围地势较平坦,一马平川,南部为壤土质,北部为沙土质,辟为耕地。1980 年前后有 1 107 人,耕地 3 870 亩,曾为九宫口大队驻地。如今,村庄规模大,由南堡(下堡)和北堡(上堡)两部分组成(图 10.23)。

蔚县的南部,即为太行山北麓,县域内自东而西,依次有金河口、松枝口、九宫口、北口、大探口、小探口、石门峪。这些山口皆为自晋蒙高原经太行山区出入华北平原的交通要道。自古便为南北通商要隘。

九宫口村当地传说约在元代至元年间建村,名九龙山。传说连年干旱是因龙多之故,后根据此地山多、峪口多的特点,更村名为九宫口。村名在《(正德)大同府志》作"九空堡",《(崇祯)蔚州志》《(顺治)云中郡志》《(顺治)蔚州志》《(乾隆)蔚州志补》《(光绪)蔚州志》《(民国)察哈尔省通志》均作"九宫口堡"。明代时一度在这里设巡检司,万历六年(1578)裁革[1]。

---

〔1〕　来临:《(崇祯)蔚州志》,《日本藏中国罕见地方志丛刊续编》,国家图书馆出版社,2003 年,第 339 页。

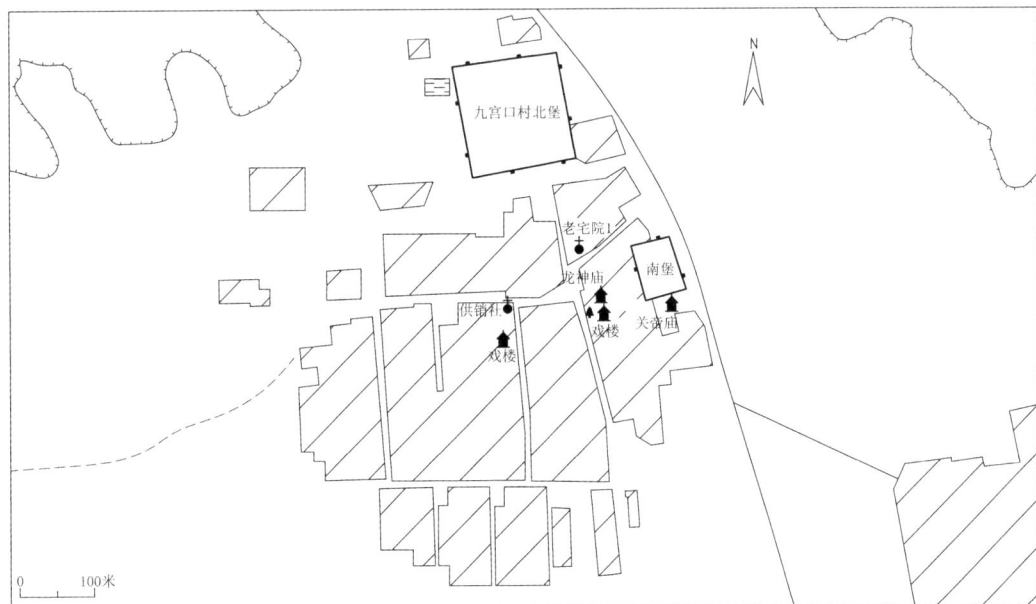

图 10.23　九宫口村古建筑分布图

二、城堡与寺庙

(一) 南堡

1. 城堡

南堡位于村庄的东北部，紧邻 G112 国道。堡北高南低，规模小。城堡平面呈矩形，周长约 255 米，开南门，堡内平面布局为南北主街结构。

城堡开设南门，堡门原为砖砌拱券门，20 世纪六七十年代拆毁，现为缺口（彩版 10-27）。门道及门外为石板铺成的路面，保存较好，门外尚存有土台明，外立面用块石包砌，应为庙台（图 10.24）。南门内主街较窄。

堡墙均为黄土夯筑。东墙长约 75 米，北高南低，墙体低薄，高 3～5 米，墙体内侧为民宅，外侧为荒地。南墙无存，现为民宅基础和院墙所占据，复原长 53 米。西墙长约 77 米，破坏严重，墙体仅存几小段，且都处在民宅院中，高 1～4 米，内、外侧均为民宅。北墙长约 50 米，保存一般，墙体多坍塌，但整体风貌尚存，墙体高厚，外侧高 5～6 米，内侧高 1～2 米，北墙西段内侧为民宅，东段内侧为民宅废弃后的平地，北墙外侧为荒地。北墙中间设有向城内突出的庙台，高约 3 米，外立面包石，多有破坏，顶部修建真武庙。北墙外有 1 座老宅院，即老宅院 1（252 号），保存较好。

东南角无存。西南角仅为转角，破坏严重，仅存基础。东北角仅为转角，高 4～5 米，保存一般。

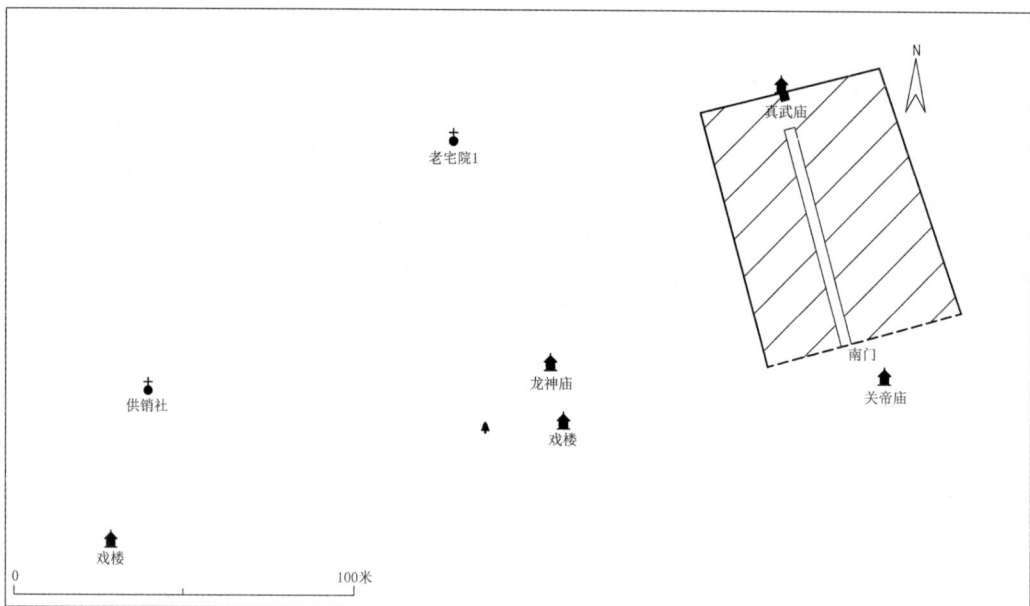

图 10.24　九宫口村南堡平面图

　　堡内居民稀少,民宅以土石修建的房屋为主,原有百十人居住,是一个杂姓的村庄。分队时堡内居民陆续搬出,多数村民已从堡内迁出,目前只有 2 户居民,3～4 人居住。其余民宅或废弃坍塌,或夷为平地,十分荒凉。

　　2. 寺庙

　　南堡曾修建有真武庙(2 座)、戏楼(2 座)、关帝庙、龙神庙、五道庙、观音殿。大部分寺庙于 20 世纪六七十年代拆毁。

　　关帝庙(南头庙)　位于南门外土台上,现已无存。

　　龙神庙　位于堡西墙外,现已无存。

　　五道庙　位于堡外西侧的街道上,为九宫口村唯一的五道庙。现已无存。

　　真武庙、观音殿　位于堡西面的大队部,现已无存。

　　真武庙　位于南堡北墙马面上,俗称北头庙,坐北面南,面阔单间,硬山顶,进深四架梁出前檐廊,规模很小,其跨度还没有顶高(彩版 10-28)。殿整体保存较差,屋檐坍塌,北墙坍塌,西墙北部有部分坍塌,门窗仅存框架。前廊两侧的廊墙上尚残有绘画,庙内梁架上还残存有彩绘,但已漫漶。殿内正脊檩有彩绘的《八卦图》。殿内东山墙、西山墙内壁上残存有清末民国时期的壁画,连环画形式,每面墙 3 排 5 列,共 30 幅。壁画整体保存较差,表面涂有白灰浆,画面人物斑驳不清,且有脱落,但是画工十分好,墙体上半部壁画较清晰,下半部的破坏严重,已模糊不清。东墙只残存上 2 排壁画,最底 1 排壁画受损严重;西墙中部坍塌出一个大洞,残存第 1 排壁画,大洞两侧残存第 2 排 3 个榜题,但字迹已模糊。这堂壁画虽然画质较差,但是其中的"收伏六丁"与"收伏六甲"的内容,在其他壁画中较少见。

东壁

元□传道	□□□□	□□□□	□□□□	□□□□
□□行□ (画模糊)	□□□□ (画模糊)	□□□□ (画模糊)	太子□□	□□□□
(画毁)	(画毁)	(画毁)	(画毁)	(画毁)

西山墙壁画

收伏六丁	收伏六甲	武当显圣	敕镇北方	□□玉帝
(画毁)	(画毁)	(画毁)	(画毁)	(画毁)
□□□□	□□□□	□□□□	(画毁)	□□□□
(画毁)	(画毁)	(画毁)	(画毁)	(画毁)

戏楼(真武庙) 清代建筑,位于堡外西侧,俗称西湾子戏楼。戏楼对面原有真武庙,现为村委会大院。戏楼坐南面北,自然石包砌的台明高 1.3 米,已翻修。戏楼面阔三间,卷棚顶,进深六架梁,鼓形柱础,东西土坯墙心外贴一表一丁砖面。前檐额枋彩绘脱落殆尽,尚存有草龙雀替,前台两侧建有八字形影壁。戏楼内隔扇无存,两壁尚存清末民国时期的壁画,损毁较重,表面涂抹有黄泥并刷白灰浆,已改作"村务公开栏"。戏楼内西墙上有 1989 年的题壁。山尖壁画尚存,水墨人物画,多为财神题材类,有"刘海戏蟾""和合二仙""福寿禄三星"等。

戏楼(龙神庙) 清末民初建筑,位于城堡西南角外,坐南面北,面阔三间,卷棚顶,进深六架梁。西侧长有 1 株高大的榆树。戏楼台明较高,约 1.5 米,外侧包砌块石。台明之上修建卷棚顶戏楼,前檐柱 4 根,鼓形柱础,前檐额枋上残存有民国时期的彩绘,多脱落,斑驳不清,草龙雀替装饰尚存。顶部脊檩无彩绘《八卦图》。戏楼内前后台间木隔扇尚存,走马板上还有民国时期的彩绘(彩版 10-29、30)。明间有 3 幅,为八宝格中的器物、花草;两次间为戏剧中的人物故事,共有 4 幅。戏楼内墙壁上绘有壁画,民国时期所作,所绘为西式楼阁,破坏严重,多刷白灰浆。后台后墙壁上还有"光绪十六年""光绪十七年三月""光绪二十二年""光绪三十一年九月义顺班""民国十八年五月"等字样的题记。隔扇后有1959 年的题记。戏楼对面曾建龙神庙,现建筑无存。戏楼保存一般,东次间屋顶坍塌,整体向西后方倾斜严重,摇摇欲坠。村民已将戏楼改作羊圈使用。

(二)北堡

1. 城堡

北堡位于村庄的东北角,选址修建在平地上,规模大于南堡。城堡平面呈矩形,周长约 551 米,堡内平面布局为南十字街、北丁字街结构。

城堡开南门,南门外建有瓮城,开东门(彩版 10-31)。南门现仅存条石修建的基础部分,较为高大,上部建筑形制不明,据说整座堡门都是用条石修建,生产队时期拆除堡门。门外自然石路面,保存较好,路边长有 1 株大榆树。南门外修建有瓮城,开东门,东门外有一条石板道直达堡内。东门建筑于 20 世纪六七十年代拆除,原先形制无从知晓,现为缺口,两侧墙体采用条石砌筑。瓮城墙体外侧高 7~8 米,瓮城南墙内修建有戏楼,正对南门,西墙内侧也曾修建有庙宇,正对瓮城东门(图 10.25)。

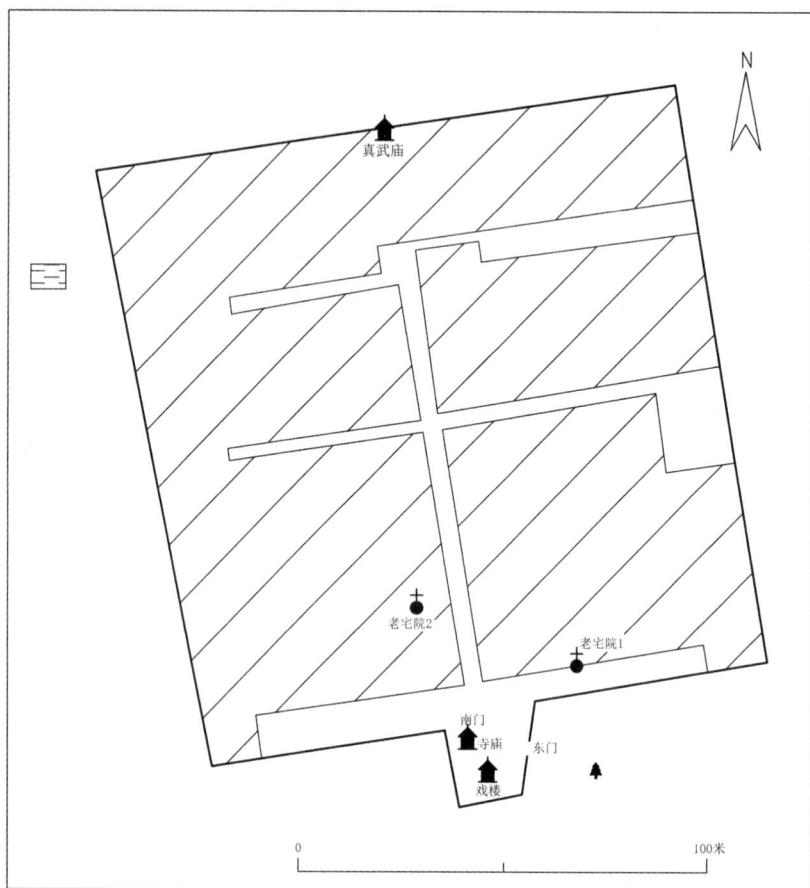

图 10.25　九宫口村北堡平面图

堡墙均为黄土夯筑。东墙长约 137 米,保存一般,墙体高薄、连贯,外高 4~5 米,内侧高 1~4 米,内侧为民宅,外侧为树林和荒地;东北角附近的东墙保存较差,高 0~4 米,墙体低薄,内侧为民宅,外侧为耕地、民宅、树林和荒地。南墙长约 138 米,南门附近的南墙保存较好,墙体高厚、宽大,外高 3~6 米,内侧较低,仅 2 米高;南墙东段现存墙体高薄,外高 2～4 米,墙体外侧曾修建有关帝庙,现为荒地,内侧高 0～3 米。南墙西段外侧为民宅和耕地,墙高 3～4 米;西段墙体内侧高 0～4 米,墙体断续。西墙长约 141 米,保存一般,墙体高薄、连贯,内侧为民宅,外侧为耕地,墙体高 5～7 米,多起伏不平。北墙长约 135 米,墙体高大;墙体内侧高 2～6 米,顶宽 1～2 米,内侧为坍塌、废弃的民宅,外侧为耕地,墙体外侧高 3～4 米,墙体较低,多坍塌。北墙东段外侧高 3～4 米,顶宽不足 1 米,保存较差,内侧与民宅同高,外侧为树林和荒地,保存较差。

堡墙四角均未设角台,仅为转角。东南角保存较好,高 6～7 米。西南、西北角高 5～6 米。东北角高 3～4 米。

堡内街道宽阔,两侧为土石材料修建的民居建筑。旧时堡内有 200～300 人居住,分为两个小队,居民以徐、牛两姓为主,如今居民较少,不足 10 户,20～30 人,且以老人为主。堡内老宅院较少,民宅多废弃坍塌,尚有人居住的民宅多翻修了屋顶。南墙东段内侧有 1 座老宅院,即老宅院 1(275 号),近代大门。南墙西段内侧和中心街交汇处有 1 座老宅院,即老宅院 2,正房面阔五间。十字街西北角尚有 1 座老宅院,即老宅院 3,随墙门。

2. 寺庙

北堡曾建有真武庙(或称玉皇阁)、戏楼、龙神庙、关帝庙、无名庙。北堡无五道庙。

关帝庙　位于南墙东段外侧,现已无存。

寺庙　位于南门瓮城西墙内侧,庙坐西面东,正对东门,为日军所拆毁。

龙神庙　位于北墙真武庙庙台下,现已无存。

真武庙　清代建筑,位于堡北墙庙台上,庙台高 6～7 米,现为一组院落(彩版 10-32)。院墙与山门已毁,墩台前面有一片台明,与真武庙分布在南北一条中轴线上,为龙神庙旧址及院落,龙神庙与真武庙间有石砌台阶相连。真武庙现存正殿 1 座,坐北面南,面阔三间,硬山顶,五架梁出前檐廊。门窗已经改造,用土坯封堵成储物间,殿内尚有部分杂物。前檐额枋尚残存有清末民国时期的彩绘,殿内顶部正脊檩有彩绘《八卦图》。殿内墙壁表面多抹黄泥,黄泥部分脱落,尚可见残存的壁画,壁画模糊不清,仅可见西壁部分壁画,为 4 排 6 列连环画形式,第一排每幅榜题尚存,壁画为清末民国时期作品。东壁抹有厚厚的黄泥,内容不详。

西山墙壁画

□□摸针	(画被覆盖)	(画被覆盖)	(画被覆盖)	归蛇成□	五龙捧圣
(画被覆盖)	(画被覆盖)	(画被覆盖)	(画被覆盖)	(画被覆盖)	(画被覆盖)
(画被覆盖)	(画被覆盖)	(画被覆盖)	(画被覆盖)	(画被覆盖)	(画被覆盖)
□□□□ (画模糊)	□□□□ (画模糊)	太子游□	(残半)	(画被覆盖)	□吞□光

通过对西壁残存的数幅连环画榜题分析,西壁右下角(西北下角)应是真武本生的第一幅,内容是"梦吞日光",顺底排向南,到第三排折向北,第二排再折向南,至第一排"□□摸针",一直到"归蛇成□""五龙捧圣"。按蔚县真武庙壁画的正常顺序,此内容不应该出现在西壁,而应是在东壁,到了五龙捧圣,意味着太子修行完成,已成为真武圣人,再后面便是显灵降妖等故事了。但从此西壁壁画布局来看,不会再展示显灵降妖等故事。西壁是个完整的真武本生的故事,那么东壁画的内容又会是什么? 有待进一步考证。

殿内的正壁只有西次间露出了隐隐的底画,明间与东次间正壁都被厚厚的黄泥浆覆盖。从西次间壁画两侧边缘,以及底部露出的衣角与脚来看,西次间是完整的一堂壁画。如此看来,这座三间大殿,是否为玉皇大帝与真武大帝共享一殿? 这可能也是乡民称为玉皇阁的原因。

真武庙现有专人管理,殿前还有 1 通布施功德碑,风化严重,字迹漫漶。殿外西墙上写有"毛主席万岁"。

戏楼 位于南门外侧,清代建筑,戏楼坐落在高 1.5 米的条石台明上,坐南面北,与真武庙相对,面阔三间,外卷棚内硬山顶,进深五架梁,前檐柱 4 根,鼓形柱础,土坯墙,四角硬,后檐为砖裹檐。前檐戗檐砖雕"福"字。戏楼前台已用土坯墙封砌,开一门,作为村委会库房使用。戏楼内梁架上无彩绘,亦无隔扇,墙壁壁画已毁,未见题壁。

第十四节　九辛庄村

一、自然环境与人文历史

九辛庄村位于南杨庄乡东南 7.2 公里处,属丘陵地区。西临 G112 国道即宣涞(宣化—涞源)公路,东、西、南三面临山。地势略南高北低,相对平坦开阔,一马平川,村周围为沙壤土质,辟为耕地。1980 年前后有 535 人,耕地 1 939 亩,曾为九辛庄大队驻地。如今,村庄规模较大,分为新、旧两部分,旧村为九辛庄村堡所在地,新村规模很大,以新修建房屋为主,居民较多。旧时堡内外各有 200 余人居住,以张、李两姓为主。村民多为本地人,从山中迁来的只有 1~2 户。目前新、旧村人口总数已达 600 余人。但是由于九辛庄村未设有学校,故村民逐渐搬走。村内规划布局欠佳,民宅和道路分布较乱,并非整齐划一(图 10.26)。

九辛庄村之名在蔚县的各种志书中均未见记载。当地相传,五百年前九宫口部分人在此种地建庄,取名九宫口新庄,后演变为九辛庄。

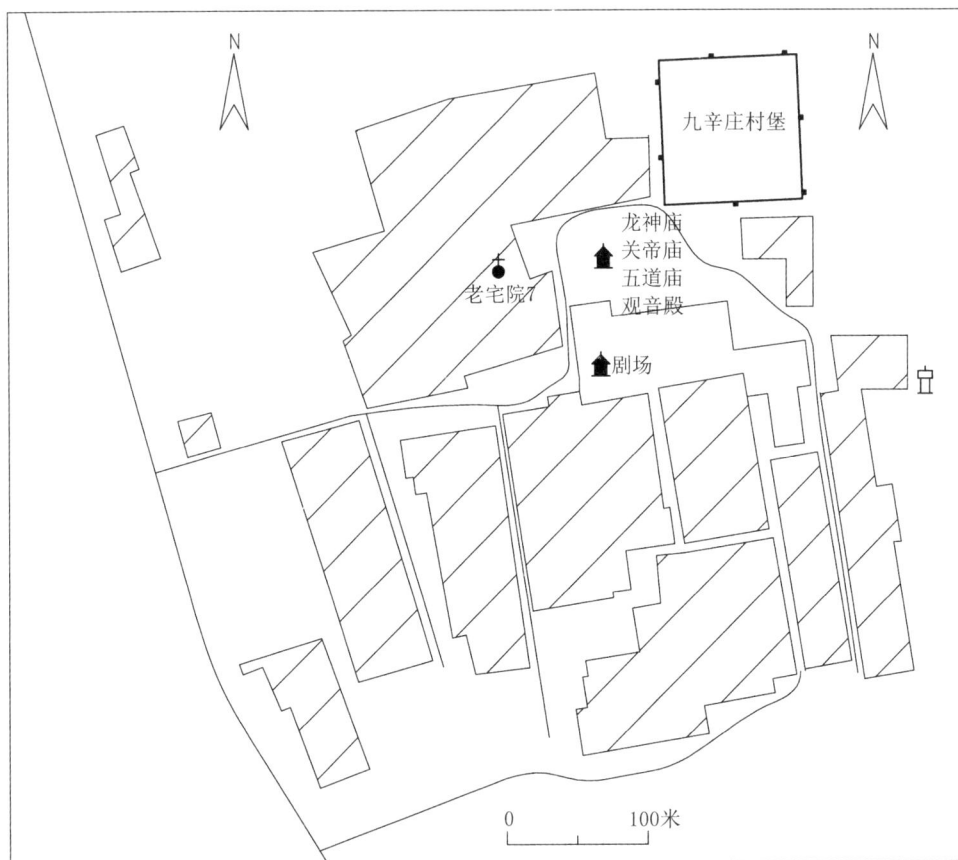

图 10.26 　九辛庄村古建筑分布图

二、城堡

（一）城防设施

九辛庄村堡位于旧村中，即村庄东北部，城堡选址在坡地上，南低北高。城堡规模较小，平面呈矩形，周长约 377 米。堡内平面布局为南北主街结构，另有两条东西向的巷子。

城堡开南门，建筑无存，现为缺口。据当地长者回忆，堡门为条石修建的拱券门。堡门破坏较早，解放前当地居民便将堡门门板、石料卖给东大云瞳村居民。南门外尚存自然石铺成的路面，保存较好。南门外对面保存有一夯土台，高 1 米，推测为庙台（图 10.27）。

堡墙为黄土夯筑，破坏较严重，多坍塌成土垅状。东墙长约 97 米，保存一般，墙体低薄，高 2～6 米，内侧为民宅，外侧为荒地，墙外有一条大沟，且墙体多为院墙所利用。南墙复原长度约 94 米；西段墙体高 1～4 米，墙体外侧为道路，内侧为民宅；东段墙体无存，现为平地，原堡墙位置上修建民宅。西墙长约 92 米，保存一般，墙体高薄，高 2.5～3.5 米，内侧为民宅，外侧为荒地。北墙长约 94 米，修建在台地上，内侧为民宅，外侧为荒地和果林，

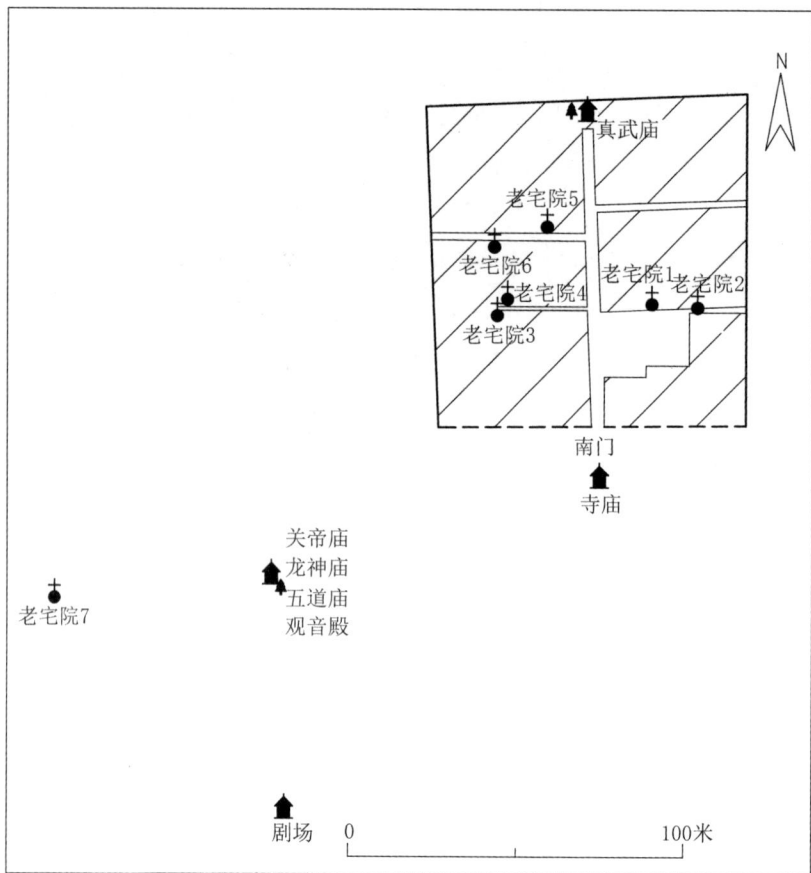

图 10.27　九辛庄村堡平面图

高 2.5～3.5 米,墙体多坍塌,虽然连贯,但保存一般;北墙中部内侧长有 1 株粗壮的松树,应为真武庙所在地。

东南角仅存转角,高 5～6 米,内侧为民宅,外侧为荒地。西南角坍塌为 4～5 米高的土坡。西北角仅为转角,高 4～5 米,内侧为房屋。东北角仅存转角,高 2～2.5 米。

(二)街巷与古宅院

堡内街巷两侧的民宅以土、石修建的房屋为主,多坍塌废弃,尚存的民宅多数翻修了屋顶。

前街　保存有 2 座老宅院,即老宅院 1、老宅院 2,近代大门,已经废弃。西街的尽头也有 2 座老宅院,即老宅院 3、老宅院 4,1 座面东,1 座面南,近代大门,且全部废弃。

后街　保存有 2 座老宅院,老宅院 5(30 号),大门为卷棚顶;老宅院 6(33 号),大门为硬山顶。门前面设有条石台阶,门道为自然石地面,保存较好,其中 33 号门内还有影壁。影壁为斜砖砌筑。东街为废墟。

堡外 大庙西侧有一条巷子,巷内有 1 座老宅院,即老宅院 7,保存较好,广亮门,石板门道,门前两侧有上马石;门内为一面影壁,两侧各有一座二道门,现为两户居民,各为 1 座硬山顶大门(彩版 10-33)。西侧为 104 号院。二道门的木雕装饰尚存,椽子上还有彩绘,应该是清末民国时期的作品。

三、寺庙

城堡内外原建有真武庙、泰山庙、马神庙、大庙(关帝庙、龙神庙、五道庙、观音殿)、戏楼。村中寺庙里曾有石碑数块,近代均砸毁无存。

真武庙 位于北墙松树下,现已无存。

泰山庙 位于堡外之北。现已无存。

马神庙 位于大庙西侧台下,现已无存。

大庙(关帝庙、龙神庙、五道庙、观音殿) 位于堡外西南台地上,高出周边约 2 米(彩版 10-34)。该庙曾经为 1 座坐北面南的庙院,如今已经废弃,院内杂草丛生。现院墙和山门已无存,院内仅存 1 株古松,以及正殿、东配殿。

正殿坐北面南,面阔三间,硬山顶,五架梁出前檐廊,门窗全部改造,主体框架结构尚存,北墙、北侧屋顶、屋檐有部分坍塌。正殿隔为三间殿,设为 3 座庙,明间为关帝庙,东次间为龙神庙,西次间为五道庙。

正殿的后墙上曾修建有倒座观音殿,现已无存。

龙神庙,位于正殿东次间内,后脊顶与后墙已塌,后墙壁画全毁。两侧山墙因山脊漏雨,表面被泥水所污,墙的下部约三分之一,因堆放杂物墙体表面已受损,剩余部分墙体表面有脱落,或用白灰浆涂抹,漫漶不清,但南部壁画残存。壁画为清末民国时期,颜色有部分褪色发黑,东壁画质好于西壁。东壁绘《出宫行雨图》,西壁绘《雨毕回宫图》。

东壁《出宫行雨图》,画左侧已全毁,不知是否有水晶宫或龙母。行雨阵中居前的是钉耙神、电母,其后与下方紧随 3 位龙王与雨师,最前方的龙王下方有 1 位小鬼。上部的龙王后面是雷公,雷公后下方还有 2 位龙王,其中 1 位龙王回首,再后的壁画已毁,不知何内容也。

西壁《雨毕回宫图》,右侧损毁严重,不知是否有水晶宫,剩余部多模糊不清。《雨毕回宫图》中,居前的是商羊、四目神,在其后方、下方随 3 位龙王,后方还有 1 位龙王回首,似与判官沟通交流。队伍后的上角,是电母与风婆乘坐于水车中。

关帝庙,位于正殿明间内,后脊顶已塌。两侧壁画为连环画式,东、西两面墙各 3 行 6 列,共 18 幅。壁画破坏较为严重,表面涂有白灰浆,且有流水的泥浆覆盖,壁画或被覆盖,或脱落,或褪色,保存较差。东壁仅存 4 列,西壁尚存 5 列。由于屋顶坍塌,殿内有不少积土和木构件,供台破坏严重。殿内梁架上尚残存彩绘,多脱落,漫漶不清。

东山墙

（画毁）	（画毁）	夜读春秋（画 1/2）	曹营赠马	云长□□刺颜良	帝君延津诛文丑
（画毁）	（画毁）	（榜题毁/画 1/2）	云长智袭车胄	论英雄青梅煮酒	白门楼操斩吕布
（画毁）	（画毁）	□□□斩□□□	（榜题不清）	□□□□□吕布	吕奉先辕门射戟

西山墙

圣帝君封□□□	□□□□□□□	东岭关斩孔秀	洛阳□□斩韩福孟坦	（被遮挡）	（画毁）
长坂坡赵云救主	定三分亮出茅庐	刘关张古城聚会	古城□□斩□□	（被遮挡）	（画毁）
七星（画毁）	周公瑾赤壁鏖兵	关云长义释曹操	□□□忠	（被遮挡）	（画毁）

五道庙，位于大庙正殿西次间内，坐北面南。殿内经部分维修，下半部山墙和供台已用水泥维修。壁画保存较好，几乎没有涂抹破坏，人物线条清晰，色彩鲜艳，为清末民国时期作品。当地长者云此为山神庙，因五道、山神、土地同庙供奉。

正壁壁画已毁。东、西山墙壁画保存有四分之三。东壁绘《出征捉妖图》，捉妖大军中，山神在前面，回首看着中间的五道神，土地神殿后，图的右上角山洞中的奸夫淫妇。西壁为《得胜凯旋图》，山神、五道神、土地神列队而归，后面跟随捉拿的奸夫淫妇，前面的判官手持生死簿准备审判量刑。

戏楼　建于大庙对面，1965 年建，在此之前未建戏楼。现存戏楼坐南面北，正对"大庙"。戏楼台明很高，为毛石和水泥包砌，台明之上戏楼为硬山顶建筑，面阔三间，进深五架梁。戏台内墙壁涂抹白灰浆，未见壁画和题记遗存，台内梁架上也没有彩绘装饰。

据本村长者回忆，改革开放前每逢六月十三，本村会举行祭祀龙神活动，宰羊 1 只供于殿内，并供水果，活动期间不唱戏，也不将龙神像抬出，仅限殿内祭祀。当地行雨活动没有固定日期，天旱则行雨。行雨仅为本村活动，且妇女不能参加。行雨时，将龙神像抬出大殿，村民头戴柳条帽，敲锣打鼓，抬着龙神像行走于村内街巷之中。

第十五节　其 他 村 庄

一、东寺村

东寺村，原属东杏河公社（今草沟堡乡），位于东杏河（原公社驻地）西北 7.9 公里处，居恒山余脉孤山北麓，属深山区，村庄依坡而建，南临冲沟，西临沙河（沙河出山口为柳河口村），附近为沙土质，辟为梯田。1980 年前后有 30 人，耕地 106 亩，隶属东寺梁大队。

如今,村庄全部废弃,村宅为一片废墟。

相传,八百年前这里曾有东、西两个寺院,该村建于东寺院一侧,故取名东寺。该村在蔚县诸版方志中均未见记载。

二、东寺梁村

东寺梁村,原属东杏河公社(今草沟堡乡),位于东杏河(原公社驻地)西北偏北6.2公里处,居恒山余脉孤山东寺梁上。属深山区,地势略呈缓坡。为沙土质,周围辟为梯田。1980年前后有192人,耕地601亩,曾为东寺梁大队驻地。如今,村口处有坑塘,村庄规模小,仅10座房屋翻修屋顶,大部分房屋废弃。

相传,清乾隆年间建村于东寺院的东山梁上,故取名东寺梁。该村在蔚县诸版方志中均未见记载。

三、瓦窑子村

瓦窑子村,原属东杏河公社(今草沟堡乡),位于东杏河(原公社驻地)西北偏北9.5公里处,居恒山余脉孤山西北马头山西坡。曾为抗日革命根据地。属深山区,村庄依山坡而建,地势北高南低,村南临沙河,附近为沙土质。1980年前后有113人,耕地397亩,曾为瓦窑子大队驻地。如今,村庄全部废弃,村宅为一片废墟。

相传,明天顺年间这里曾建窑烧砖瓦,建村后即取名瓦窑子。该村在蔚县诸版方志中均未见记载。

四、尖垴村

尖垴村,原属东杏河公社(今草沟堡乡),位于东杏河(原公社驻地)西偏北8公里处,居恒山余脉孤山北脚羊蹄岭尖东端。属深山区,地势较平,为沙土质,辟为梯田。1980年前后有277人,耕地858亩,曾为尖垴大队驻地。如今,村庄规模小,民宅全部废弃,无人居住。村中有2座坑塘。

相传,1 000年前建村,因村北有尖山,村南有看山垴(当地称坨为垴),故取名尖垴。村名可考的历史最早见于《(乾隆)蔚州志补》,作"尖垴儿",《(光绪)蔚州志》《(民国)察哈尔省通志》沿用。

五、进寺沟村

进寺沟村,原属东杏河公社(今草沟堡乡),位于东杏河(原公社驻地)西北偏南7.2公里处,居恒山余脉孤山北脚。属深山区,地势南高北低。为沙土质,周围辟为耕地。

1980 年前后有 104 人，耕地 384 亩，曾为进寺沟大队驻地。如今，村庄规模小，全部废弃。

相传，明嘉靖年间建村于去东寺院必经之沟处，故取名进寺沟。该村在蔚县诸版方志中均未见记载。

六、北湾

北湾村位于九宫口村西，北柳河口村北，处于山前冲积扇上，村东南有一条出山谷的沙河。该村在《蔚县地名资料汇编》和蔚县诸版方志中均失载。村庄规模小，共 4 排房屋，中间贯穿一条南北向主街，如今只有 5 户左右居民居住。村中无古建筑遗存。

第十一章　下宫村乡

第一节　概　述

下宫村乡地处蔚县西南部,东与宋家庄镇接壤,南与山西省灵丘县相连,西与山西省广灵县、灵丘县相邻,北与暖泉镇接界。现今下宫村乡(1984 年由公社改乡)由原下宫村乡、下战乡和果庄子乡合并(1996 年并入)组成,面积 273.9 平方公里。分述如下:

下宫村乡地处蔚县西南部玉泉山脚下,面积 75.3 平方公里,1980 年前后共 17 640 人。辖 23 个大队,划分为 107 个生产队。

全乡地处河川,南部依山,北部傍水。东、南部土壤瘠薄;西、北部土壤肥沃。经济以农业为主,兼工副业。1980 年前后全乡有耕地 53 892 亩,占总面积的 47.7%。其中粮食作物 43 660 亩,占耕地面积的 81%;经济作物 3 656 亩,占耕地面积的 6.8%。1948 年粮食总产 663 万斤,平均亩产 140 斤;1980 年粮食总产 1 120 万斤,平均亩产 257 斤。主要粮食作物有谷、黍、玉米。

下战乡地处蔚县西南部,面积 91.3 平方公里,1980 年前后共 2 621 人。辖 14 个大队,划分为 28 个生产队。1984 年改乡。

全乡地处深山区,山高坡陡,水土流失严重,土壤瘠薄,气候严寒。境内最高山峰摆宴坨海拔 2 306.7 米。经济以农业为主,兼有林、牧业。1980 年前后有耕地 10 814 亩,占总面积的 7.9%,其中粮食作物 8 163 亩,占耕地面积的 75.5%;经济作物 637 亩,占耕地面积的 5.9%。1948 年粮食总产 189 万斤,平均亩产 145 斤;1980 年粮食总产 169 万斤,平均亩产 183 斤。主要粮食作物有马铃薯、莜麦。

果庄子乡地处蔚县西南端,面积 107.3 平方公里,1980 年前后共有 5 011 人。辖 18 个大队,划分为 55 个生产队。1984 年改乡。

全乡地处山区,沟壑纵横,土壤瘠薄,水源缺乏。经济以农业为主,兼有工副业。有耕地 24 091 亩,占总面积的 15%,其中粮食作物 21 969 亩,占耕地面积的 91.1%;经济作物 1 361 亩,占耕地面积的 5.6%。1948 年粮食总产 173 万斤,平均亩产 71 斤;1980 年粮食总产 200 万斤，平均亩产 89 斤，主要种植马铃薯、莜麦。

2013 年，下宫村乡全乡共 51 座村庄，其中行政村 29 座，自然村 22 座（图 11.1）。

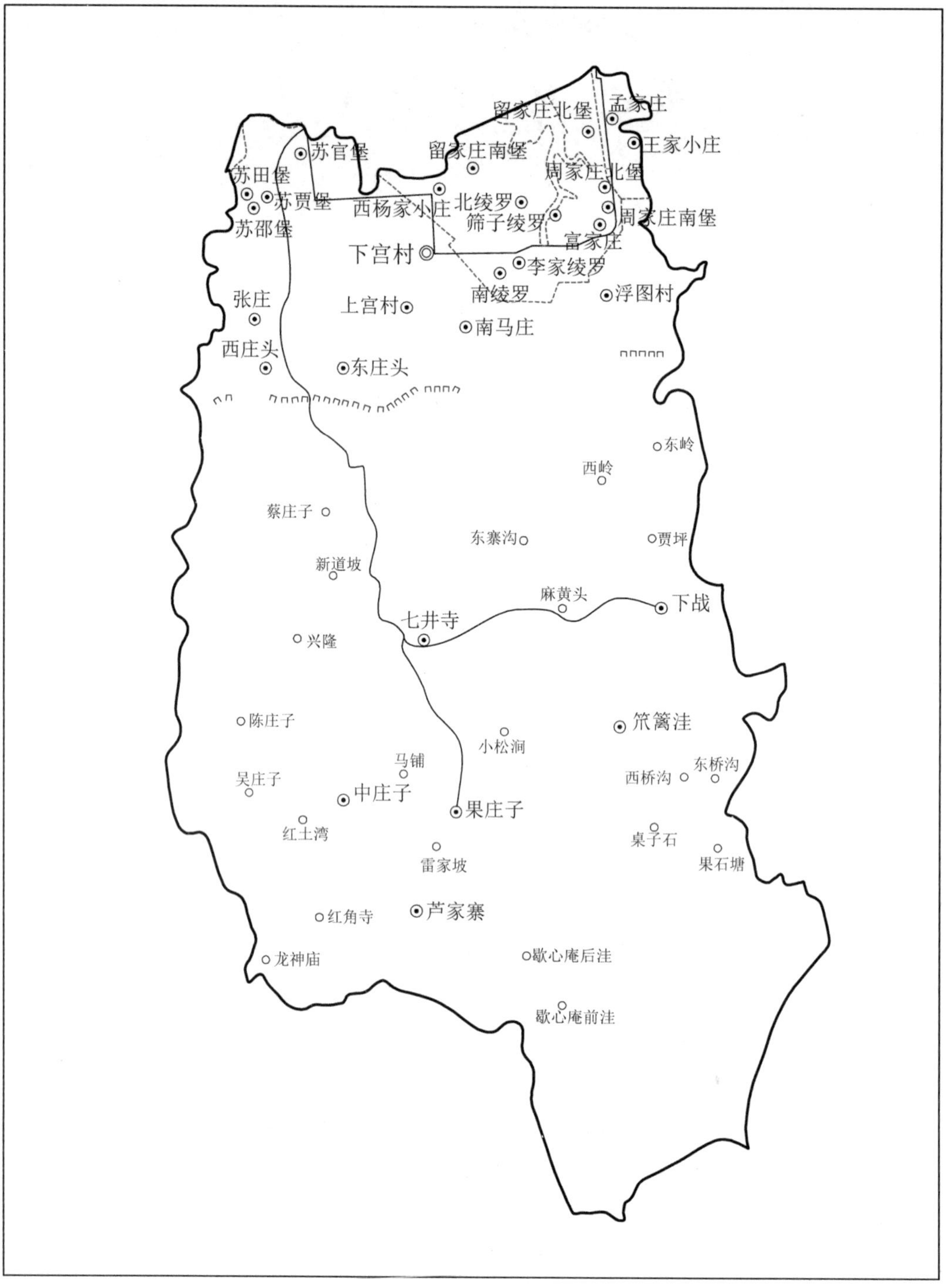

留家庄北堡　孟家庄
苏官堡　留家庄南堡　王家小庄
苏田堡　　　　　　　周家庄北堡
苏贾堡　西杨家小庄　北绫罗　　　周家庄南堡
苏邵堡　　　　筛子绫罗　富家庄
下宫村　　　　　　李家绫罗　　浮图村
张庄　上宫村　南绫罗
西庄头　南马庄
东庄头

西岭　东岭

蔡庄子　　　东寨沟　贾坪
新道坡
麻黄头　下战
七井寺
兴隆

陈庄子　　　　　笊篱洼
小松涧
吴庄子　马铺　　　　　西桥沟　东桥沟
中庄子
红土湾　　果庄子　　　桌子石　果石塘
雷家坡
红角寺　芦家寨
龙神庙　　歇心庵后洼

歇心庵前洼

图 11.1　下宫乡全图

下宫村乡现存古建筑丰富。历史上庄堡 27 座，现存 25 座；观音殿 20 座，现存 11 座；龙神庙 21 座，现存 10 座；关帝庙 19 座，现存 7 座；真武庙 14 座，现存 4 座；戏楼 23 座，现存 18 座；五道庙 29 座，现存 10 座；泰山庙 6 座，现存 2 座；财神庙 5 座，现存 1 座；文昌阁 2 座，现存 2 座；魁星阁 2 座，现存 1 座；三教寺 1 座，现存 1 座；梓潼庙 3 座，无存；地藏殿 2 座，现存 2 座；山神庙 2 座，现存 2 座；三官庙 7 座，现存 3 座；马神庙 7 座，现存 2 座；佛殿 1 座，无存；河神庙 2 座，无存；三清观 1 座，现存 1 座；灯山楼 3 座，无存；火神庙 1 座，无存；孔子庙 1 座，现存 1 座；玉皇庙 1 座，现存 1 座；其他寺庙 6 座，现存 5 座。

第二节　下宫村乡中心区

一、自然环境与人文历史

下宫村位于蔚州古城西南偏南 12.2 公里处，村庄地势平坦，北部多为壤土质，南部为黏土质，辟为耕地。1980 年前后有 1 562 人，耕地 4 740 亩，曾为下宫村公社、下宫村大队驻地（图 11.2）。

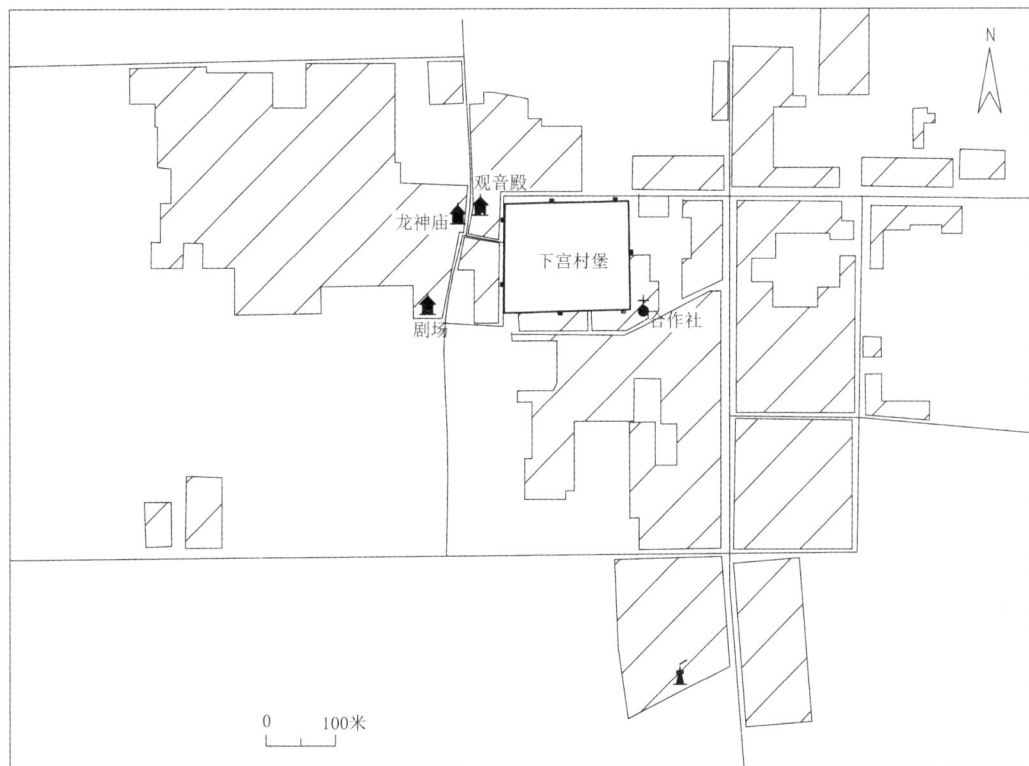

图 11.2　下宫村乡中心区古建筑分布图

相传,元朝前在上、下宫村之间,曾有1座万安宫,该村位于万安宫之北,且地势较低,故取名下宫村。但本村在蔚县各版本方志中均失载。

如今,村庄规模较大,218乡道穿过中心区,居民较多,村庄周围辟为耕地。

二、城堡

下宫村堡 据《(民国)察哈尔省通志》记载:"下宫村堡,在县城西南二十五里,土筑,高一丈五尺,底厚五尺,有门二,清光绪三十年重修,现尚完整。"[1]今位于村庄的中部偏北,城堡平面呈矩形,周长约681米,开东、西、南门,堡内平面布局为丁字街结构(图11.3)。

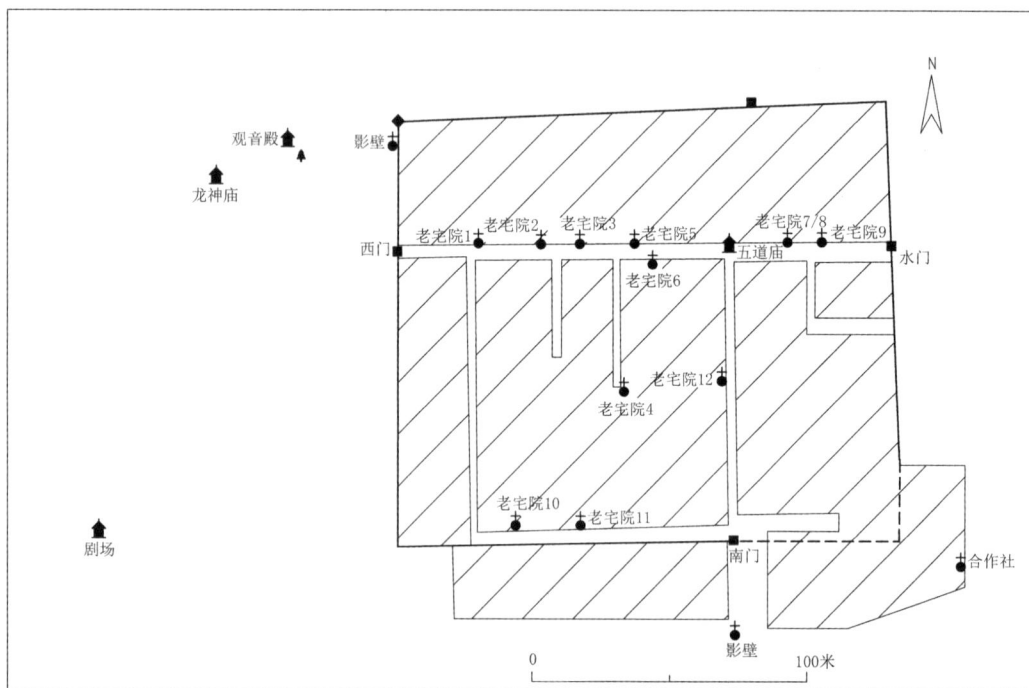

图11.3 下宫村堡平面图

城堡西门位于西墙偏北处,保存较好,砖石拱券结构,体量大(彩版11-1)。基础为条石垒砌,共11层,上面青砖起券。外侧门券三伏三券,上出二层伏檐,门券拱顶上方镶嵌石质门匾(拓11.1),正题"远定门",右侧前款"大清乾隆伍拾玖年季春重修立",左侧落款"耆",正题上方还刻有一方印章。门内侧券高于外侧券,亦为三伏三券,门券拱顶上方镶嵌有石质匾额(拓11.2)及两枚门簪,匾额正题"宫村蔡家堡",正题下方有三列字:中间为

---

〔1〕 宋哲元:《(民国)察哈尔省通志》,国家图书馆藏1935年铅印本,第11页。

"广定门"，右侧为"大吉"，左侧为"大利"。右侧前款为"大明嘉靖拾陆年贰月拾陆日"，左侧落款为"堡长蔡宗深堡内地□柒亩"。门顶为拱券式，门道为自然石铺成的路面，尚存车辙印，门券内两侧墙壁上写有毛主席语录。门外正对1座新建的影壁，面阔三间，硬山顶。门内南侧为登城通道，门顶较平，立有水泥电线杆，上安装有村委会的广播喇叭。

拓 11.1　下宫村乡下宫村堡西门外侧门额拓片(蔚县博物馆　李新威　提供)

拓 11.2　下宫村乡下宫村堡西门内侧门额拓片(蔚县博物馆　李新威　提供)

城堡东门为汲水、排水之门，位于东西中心街尽头的东墙上，堡门为条石砌筑拱券门，一伏一券式(彩版 11-2、3)。门内两侧墙体壁面亦包石，门外侧门券坍塌。门内南侧有关帝庙，现已坍塌。

城堡南门位于南墙东三分之一处，南门为砖石拱券结构，基础为条石砌筑，共 7 层。外侧门券，三伏三券，上出二层伏楣，门券拱顶上方镶嵌有石质门匾(拓 11.3)和两枚门簪，门匾正题"永安门",右侧前款"下宫村",左侧落款为"大清乾隆拾九年季春立",字口清晰,保存较好(彩版 11-4)。门顶及内侧为拱券式,三伏三券,但顶部及东墙已坍塌,西侧墙体尚存。门道为土路面,门内侧为南北主街道,正对五道庙。南门外侧东面包砖坍塌,西侧墙体上镶嵌有砖雕装饰。南门外建有影壁,位于水泥路南侧,保存一般。

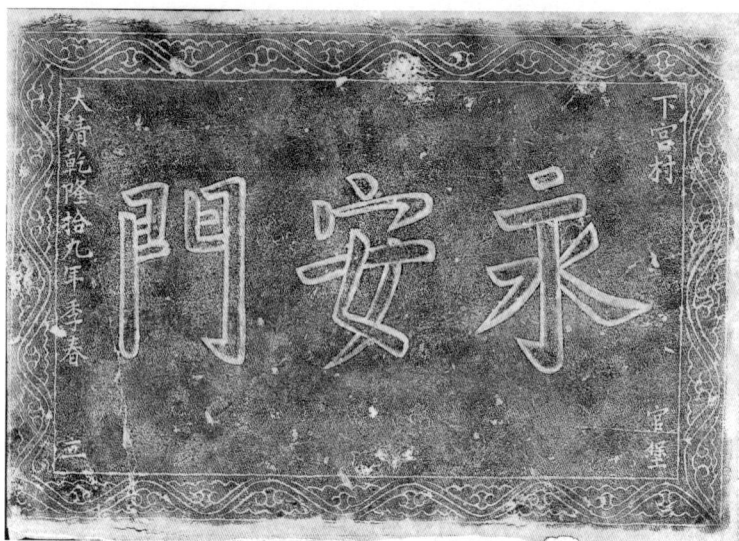

拓 11.3 下宫村乡下宫村堡南门外侧门额拓片(蔚县博物馆 李新威 提供)

堡墙均为黄土夯筑,保存一般。东墙长约 159 米,北段墙体保存一般,墙体高厚,外侧为荒地,倾倒有许多垃圾,内侧为民宅。南墙长约 187 米,保存差,只有部分墙体残存,原先墙体的位置上新建有房屋;南墙现存数段,墙体低薄,墙体外侧为新建的房屋,内侧邻墙有几座烤烟房,墙体内侧为顺城土路,墙内路北有老宅院及影壁。西墙长约 153 米,墙体保存一般,墙体体量高大,夯层明显,墙体壁面斜直,墙体有两次修筑痕迹,墙外为顺城水泥路,内为民宅;西南角附近的西墙无存,为 2 座民宅所占。北墙长约 182 米,保存较好,墙体高大、宽厚,壁面斜直,墙高 8～10 米,外侧为顺城水泥路,墙下路边长有树木,内侧为民宅,路北面为耕地;北墙中部设 1 座马面,马面呈矩形,体量较大,基础尚有包石遗迹,但马面不正对南门,而是建于北墙中间偏东位置上。

东南、西南角仅为转角,东南角外为原先的供销社和油坊。西北角未设角台,仅为转角,角台有两次修建的痕迹。东北角设 135°斜出角台,坍塌一半,现存角台体量高大。

堡内民宅以土旧房为主,老宅院较多,老宅院内两侧墙壁上还有"文革"时期的绘画。东西门间为东西中心街,街道较宽,为土路,中心街南北两侧有临街的老宅院,其中北侧有老宅院 1～3、5、7～9,共计 6 座;南侧有 1 座老宅院,即老宅院 6。中心街南侧有 3 条主要的支巷,其中东侧支巷内有老宅院 12,中间支巷内有老宅院 4。南门墙内为顺城街,尚存 2 座老宅院,即老宅院 10、11。此外,堡内修有地道,是当年为防苏联进攻而建。

下宫村烽火台　位于下宫村北侧,西杨家小庄村东南,北绫罗村西南方。烽火台平面呈方形,墩台四周修有台明,台明边缘有围墙痕迹,由于四周辟为耕地,台明破坏严重,原形制、范围不清,推测为方形。墩台四面保存较好,北面略有坍塌,为斜坡。顶部较平,为方形。台体东侧下方有盗洞。

三、寺庙

据当地长者回忆,下宫村曾修建关帝庙、真武庙、观音殿、龙神庙、剧场、五道庙。

关帝庙　位于堡内东西主街东尽头的东墙下,现已无存。

真武庙　位于北墙马面上,现已无存。

观音殿　位于堡西北角外水泥路西侧,在旧庙基础上扩建、新建而成。庙院整体坐西面东,山门为新修的铁门,门外设有影壁,影壁在水泥路东侧堡西墙下。庙院为两进院落。第一进院为客房、念经堂,院内西南角有新建的佛塔。二道门内为后院,由正殿、南配殿(地藏殿)、北配殿(白衣观音殿)组成。

正殿殿前置一香炉和小佛台,院内西南角长有 1 株高大的松树。院内各殿皆为新建,红砖砌筑,殿内新绘壁画。正殿,坐西面东,面阔三间,硬山顶,进深五架梁出前檐廊。前廊南墙上辟有面然大士龛,殿内供奉观音、普贤与文殊三大士,三尊塑像皆为新塑;两侧山墙绘善财童子五十三参题材壁画。

地藏殿,坐南面北,面阔三间,单坡顶,进深三架梁。正壁明间绘有地藏菩萨与闵公、道明,西次间绘有面向地藏菩萨而立的一位侍女与一殿秦广王,东次间绘有面向地藏菩萨而立的一位侍女与二殿楚江王。西壁绘有单数的四座殿,分别为三殿宋帝王、五殿阎罗王、七殿泰山王、九殿平等王。东壁绘有双数的四座殿,分别为四殿五官王、六殿卞城王、八殿都市王、十殿转轮王。

白衣观音殿,坐北面南,面阔三间,单坡顶,三架梁,正壁绘弟子及众神,两侧绘 8 幅《观世音菩萨普门品》"救八难"与十八罗汉。

龙神庙　位于堡西门外,218 乡道西侧。庙院整体坐北面南,围墙、南院门新建。院内砖铺地面。正殿为旧构,坐北面南,面阔三间,硬山顶,进深六架梁出前檐廊,五架梁上承平梁,顶部做成卷棚状。前檐额枋上有新绘的彩绘,殿内壁画新绘。正壁绘《龙母龙王坐堂议事图》,正中绘龙母,两侧为五龙王与雨师,画前对应六尊塑像。东山墙绘有《出宫行雨图》,西山墙绘有《雨毕回宫图》。从绘画风格来看,应是在旧画的基础上重描。每年二月初二村中有祭祀活动。

龙神庙院门内东西两侧各有 1 座倒座殿,依南院墙而建,东侧为看庙人住所,西侧是普南菩萨殿,坐南面北,面阔三间,半坡顶,进深三椽。殿内供奉普南菩萨。殿内两侧新绘壁画,两侧各绘有五尊神像,神像面目狰狞,手持长叉,经研判,应为十大明王,此类壁画内容在蔚县较少。当地乡民认为,普南菩萨类似于眼光菩萨,治病救人,信众每天敬三场香,每年六月十九在此念经作道场。

剧场 位于龙神庙外南侧,1982 年修建,钢筋水泥建筑。东侧建有许多烤烟房。

五道庙 位于堡内东西正街与南北正街的丁字街口北侧,即南北街的北端,与南门相对。正殿坐北面南,条石砌筑基础。正殿面阔单间,半坡顶,进深一椽。殿内壁画完整,色彩鲜艳,为民国时期的作品,是蔚县境内五道庙壁画保存较好的一堂。正壁绘有《五道神坐堂议事图》,由于是半坡顶,面阔较窄,正壁绘画紧凑,以突出三位主神为主。正中为五道神,占画面的三分之一空间,其身体高大魁梧,脚下为两根铁链各拴一匹狼与一只老虎,侧后分别有一位侍从。西侧为土地神,土地神后为手持龙头拐杖的随从。东侧为山神,山神后为手持书卷的随从。正壁两侧下角,东下角为手持生死簿的判官,西下角为手持狼牙棒的小鬼。

第三节 上 宫 村

一、自然环境与人文历史

上宫村位于下宫村乡西南偏南 1.4 公里处,属丘陵区,村庄选址修建在山前冲积扇上,地势南高北低,为沙土质,夏季常有水灾。1980 年前后有 2 129 人,耕地 6 058 亩。曾为上宫村大队驻地。如今,村庄规模大,人口较多,218 乡道穿村而过,村周围辟为大面积的耕地。村内共有南、中、北 3 座城堡,呈南北一条线分布。堡东有一条通往石门峪的大路,堡南 10 里处为大南山石门峪。

石门峪,据《(崇祯)蔚州志》记载:"一名隘门关,在城西南四十里。石门口内两山对峙,中通一线,世传宋朝杨家军守此。国初设巡简司(万历十一年裁革),今废,路通灵丘县并山西省城。"[1]石门峪曾为太行八陉之一飞狐陉故道和灵丘道,南下经伊家店村,通往山西灵丘县。堡北 10 里为古代重要的商业繁华区辛孟庄"千家集镇"(图 11.4)。

---

〔1〕 来临:《(崇祯)蔚州志》,《日本藏中国罕见地方志丛刊续编》,国家图书馆出版社,2003 年,第 339、341 页。

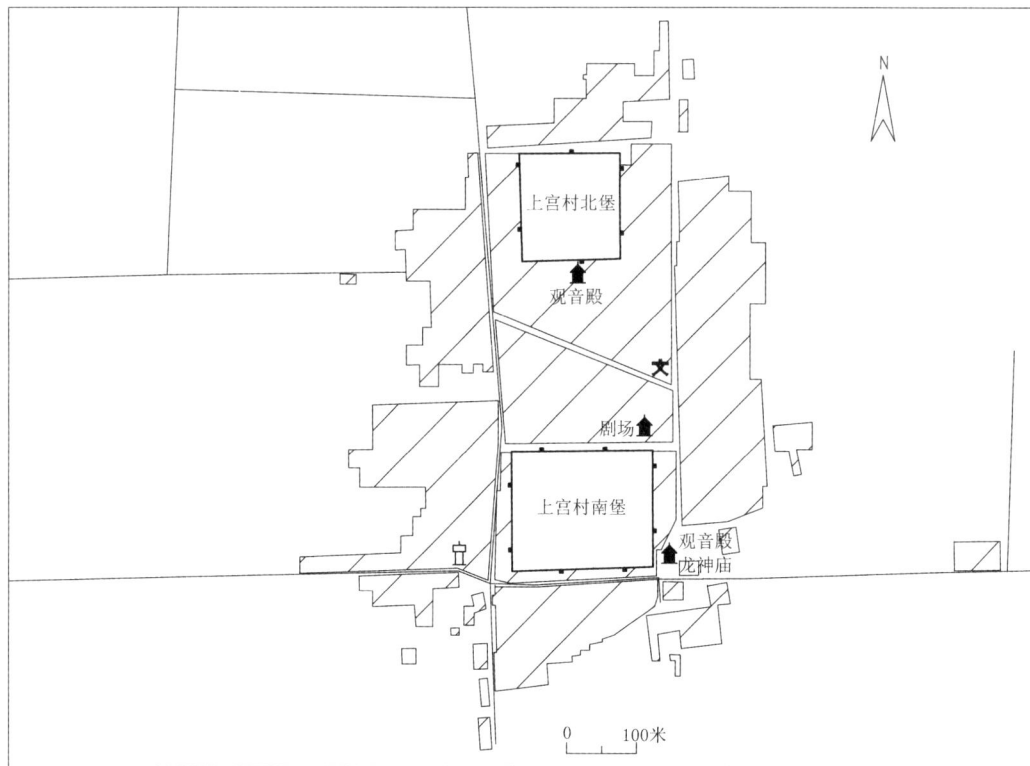

图 11.4 上宫村古建筑分布图

相传,元朝前在上、下宫村之间,曾有1座万安宫,该村位于万安宫之南,且地势较高,故取名上宫村。但本村在蔚县各版本方志中均失载。

二、城堡与寺庙

上宫村南堡由中堡与南堡构成,中堡居北,中堡与南堡现已连为一体,中间隔墙无存,共享外围一周堡墙,周长约733米。两堡内各有一条东西主街贯穿,街东端的东墙上各开设1座东门(彩版11-5、6)。

堡墙均为黄土夯筑,保存一般。东墙长约163米,墙体低薄、断续,保存较差,墙体内外均为依墙而建的民宅。南墙长约202米,保存较差,墙体低薄,高低起伏不一,墙体内外两侧均为依墙而建的民居。西墙长约166米,保存较差,墙体低厚、连贯,墙体内外侧残存有包石的遗迹,包石为一层卵石,墙体内外为现代民居;西墙三分之一处设1座马面,马面顶部修建有真武庙;真武庙南侧西墙保存较好,墙体宽厚,较高,内外斜直,顶部宽1米余,庙北侧墙体顶部较窄。北墙长约202米,墙体高薄、连贯,保存一般,内侧为倚墙修建的民宅,外侧为水泥路及新村。西北角处附近墙体底部,辟有1座石砌拱券门,保存较好,该门用来排泄堡内积水,为水门,水门东侧新开一木构平顶门洞,为居住在堡内西北角附近居民方便交通而开辟(彩版11-7)。

东南角未设角台,仅为转角。西南角设90°直出角台,位于一户民宅中,角台保存较好,平面呈方形,体量大。西北角设90°直出角台,保存较差,角台原为方形,由于其北侧修水泥路,南侧建房屋,现存为原先的三分之一。东北角设90°直出角台,保存较差,角台处于半倒塌状态,现存体量小,角台东侧为房屋,北侧为村委会大院,村委会北面隔一条马路为学校,村委会西侧为近代修建的剧场。

堡南墙内侧民宅多为土旧房,建筑材料就地取材,多为鹅卵石、土坯,房屋结构简单,部分民宅的门前设有槽石,可插入木板抵御洪水,防止水流入院内,可见旧时当地的水灾较严重。

(一)中堡

1. 城堡

(1)城防设施

中堡开设东门,东门辟于今东墙三分之一处。堡门为砖石拱券结构,基础为7层条石砌筑,上面青砖起券。外侧门券三伏三券,门券拱顶上方镶嵌有石质门匾,字迹漫漶,门匾左右两侧各镶嵌有两枚砖雕装饰,南为天马行空、狮子戏球,北为犀牛望月、麒麟祥瑞。内侧门券亦为三伏三券,门券拱顶上方镶嵌有两枚门簪,门簪中间镶嵌砖制阳文门匾,正题"安居街",右侧小字为"民国十一年重修",左侧小字为"夏五月吉日穀旦"。门内顶部为木梁架结构。门外顶部已重修,建有护墙,并立有电线杆。门道为土路。东门外北侧设有方形的护门墩,保存一般。东门内北侧东墙体内侧为顺墙土路,门内为宽阔的中心街,中心街不直,有几处弯折,中心街南侧地势较高,北侧地势较低,街两侧为民居。

(2)街巷与古宅院

堡内村中居民以郭姓为主,民居多为旧房,新房、老宅院较少。老宅院多集中在东西中心街北侧,即老宅院1~3、6~12,均为一进院。其中东西中心街尽头北侧巷内房屋全部是老宅院,保存较好。南侧仅存2户老宅院,即老宅院4、5,保存较好,据当地长者回忆,旧时一大家族在此聚族而居,共4座院,居住六代人。院门面北,院门为广亮大门,硬山顶,院内分为2座大院。西侧院,二道木雕精致,院门内正对着影壁,影壁位于倒座房的东山墙,倒座房面阔三间,卷棚顶,明间退金廊,明间门窗上饰木雕,四扇门上各有一字,分别为"福禄祯祥";东侧院为上宫村206号院,院内只剩下面阔五间的正房,其他各屋皆已倒塌。

2. 寺庙

据当地长者回忆,中堡曾修建有龙神庙、五道庙、关帝庙、财神庙。

龙神庙　位于关帝庙西墙边,现已无存。

五道庙　位于东门北侧路口,现已无存。

关帝庙/财神庙　位于中堡东门外,重修于 2005 年 7 月。2 座庙处于 1 座庙院内,四周院墙新建,西墙与北墙以各殿后墙组成。院墙开 2 座西门,偏北者为小门,偏南者为正门,正门内正对财神庙,外侧与堡东门正对,小山门正对关帝庙。正门面阔三间,硬山顶,进深五架梁,前檐额枋上有新绘的彩绘,两边次间已封堵。小山门为随墙门,硬山顶,平顶门洞。院内正殿关帝庙与财神庙皆为新建,西配殿与山门边上小殿尚存,正殿西耳房尚存,但顶皆已坍塌。院内生长 1 株高大的松树,已干枯。

关帝庙,位于院内北侧,砖砌台明上,坐北面南,面阔三间,硬山顶,进深六架梁出前廊。前檐额枋上有新绘的彩绘。前檐西廊墙下设面然大士龛。殿内正中新塑关帝像,两侧各有一尊立像。殿内壁画新绘,正壁关帝像后绘龙与虎,两侧各绘一位大将;两侧山墙各绘 4 排 5 列连环画式壁画,题材选自《三国演义》中关羽的故事。正殿前东配殿无存,西配殿尚存。西配殿面阔三间,硬山顶,顶部坍塌三分之二,殿已废弃。西耳房损毁严重,已废弃。

财神庙,位于正门内,正对堡门,正殿坐东面西,面阔单间,单坡顶。殿内正中新塑财神像——比干,像后东墙上绘有条屏画 5 幅,两侧写有楹联,上联为"一代商周名将",下联为"千秋万世财神"。两侧山墙壁画新绘,南壁绘东、西、南、北、中五路进财,北壁绘五路推着空车跟随财神。

（二）南堡

1. 城堡

南堡开设东门,堡门通体条石砌筑,拱券顶,一伏一券式,保存一般。门北侧坍塌,外侧门券拱顶上方镶嵌有石质门匾,正题"上宫村堡",右侧前款为"大同府蔚州官村里官修堡",下面是堡长等官职、人名,左侧落款为"大明嘉靖捌年岁□乙丑仲春拾□吉日起修"。匾上为二层错缝砖牙子。门外南北两侧设有护门墩,北侧护门墩保存一般,呈方形。南侧护门墩由于修建房屋,护门墩破坏严重,仅存一面薄墙(图 11.5)。

堡门内为宽阔的东西向中心主街,现为土路,街道两侧民宅多为土旧房,老宅院和新房少,老宅院均位于中心街北侧,即老宅院 13～16。其中一户宅门内东侧墙壁上尚存有"文革"时期的毛主席语录,另外 1 座为上宫村 45 号院,宅门梁架上尚存有彩绘装饰,门两侧设有门墩,此外,有的院门墙壁上还绘有"大跃进"时期的表格。

2. 寺庙

据当地长者回忆,南堡内外曾修建有五道庙(2 座)、真武庙、观音殿、玉皇庙、龙神庙、关帝庙。

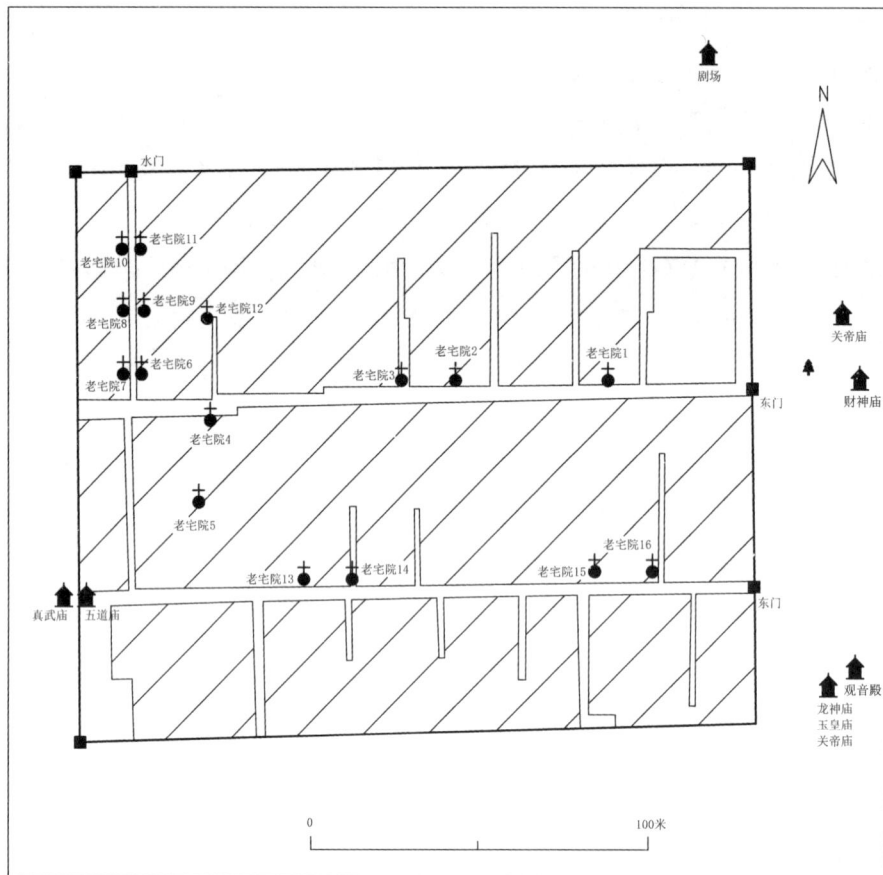

图 11.5　上宫村南堡平面图

五道庙　2座。1座位于东门外观音殿东侧,现已无存。1座位于堡内东西主街西端真武庙南侧,坐西面东,面阔单间,半坡顶,进深二椽。主体建筑保存较差,屋檐已经坍塌,殿内正壁与南壁残存有壁画,壁画斑驳不清,但人物形象还算完整,北壁墙皮已脱落。正壁正中绘有《五道神坐堂议事图》,正中为五道神,两侧为土地神与山神。南壁绘《捉妖凯旋图》。

真武庙　位于堡内东西主街西端,西墙马面上,登顶的台阶踏步为砖石混砌。正殿坐西面东,面阔单间,硬山顶,进深四架梁出前檐廊。前檐额枋上有斑驳的彩绘及木雕装饰。主体建筑保存较差,北山墙外包砖已脱落,露出土坯墙心。殿内墙壁表面曾刷涂白灰浆,白灰浆脱落露出壁画,壁画为连环画式,损毁较严重,画面模糊。正壁为《真武坐堂议事图》,画面漫漶。

两侧山墙各为4排4列连环画式壁画。南壁上2排壁画内容可辨,北壁仅东北角存一榜题,内容为"五龙吐水"。壁画为民国时期的作品。南墙下残有1座台明,台明上残存木构建筑,推测原先台明上还有 1 座殿。

北墙

(画被覆盖)	(画被覆盖)	(画被覆盖)	五龙吐水
(画被覆盖)	(画被覆盖)	(画被覆盖)	(画被覆盖)
(画被覆盖)	(画被覆盖)	(画被覆盖)	(画被覆盖)
(画被覆盖)	(画被覆盖)	(画被覆盖)	(画被覆盖)

南墙

□□□□	□□□□	(榜题被覆盖)	芦草穿身
铁杵□□	□□□□	□□打坐	□□□帅
(画被覆盖)	(画被覆盖)	(画被覆盖)	(画被覆盖)
(画被覆盖)	(画被覆盖)	(画被覆盖)	(画被覆盖)

观音殿　位于堡东门外龙神庙、关帝庙、玉皇庙北侧,整座庙院坐南面北,山门与正殿尚存。山门,硬山顶,券形门洞,檐下砖雕檩、枋、垫木等仿木构,两侧饰垂花柱与梁头,柱间雕花纹等。山门两侧的院墙和门前台阶为红砖新建,院内为砖铺地面。

正殿,坐南面北,面阔三间,硬山顶,进深五架梁出前檐廊。前檐额枋新施彩绘,门窗亦新。前檐东廊墙下辟面然大士龛,供奉面然大士像。殿前檐下门柱上有一列字"光绪贰拾年"。由此可见,观音殿曾于光绪二十年(1894)间修缮。2009 年村民再次修缮。观音殿主体建筑保存较好,檩枋梁架等木构皆新绘彩绘,殿内新绘壁画,塑像亦新塑。殿内塑有观音、文殊、普贤三大士像,故村民又称为三圣宫。两侧山墙壁画内容为《观世音菩萨普门品》与罗汉。观音殿东侧原有五道庙,现已拆毁。

龙神庙、玉皇庙、关帝庙　位于堡东门外,观音殿南侧。龙神庙原为 1 座庙院,如今山门及院墙无存(彩版 11-8)。正殿坐北面南,面阔三间,硬山顶,进深六架梁出前檐廊。前檐西廊墙下设有面然大士龛。前廊东廊挂有 1 块木板,毛笔写有旧时的村约,"公议"禁止村民们在庙宇上掏雀搬砖等行为,落款时间未见。录文如下:

　　告向阖村诸位大、小人等知悉,合会公议,禁止庙宇门外不许掏雀、搬专、弄瓦□□墙工不可抹□□□□。如有故犯者、如有见者,□庙打钟报信□□钱贰百文。罚犯者麻油□□圣寺公用。众知□勿谓言之不早也。合会公议。

龙神庙主体建筑保存较好,檐下檩、垫板、枋、替木等木构上彩绘皆新绘,顶部脊檩彩绘《八卦图》，殿内新绘壁画，新塑塑像。

该殿为三神共处一殿格局。明间为玉皇，西次间为龙神，东次间为关帝。壁画西墙为龙神庙题材；东面为关帝庙题材的连环画式壁画，7列4行。塑像仅重塑玉皇塑像。

（三）北堡

1. 城堡

上宫村北堡　位于村庄北部，城堡平面呈矩形，周长约588米，开南门，堡内平面布局为十字中心街结构（图11.6）。

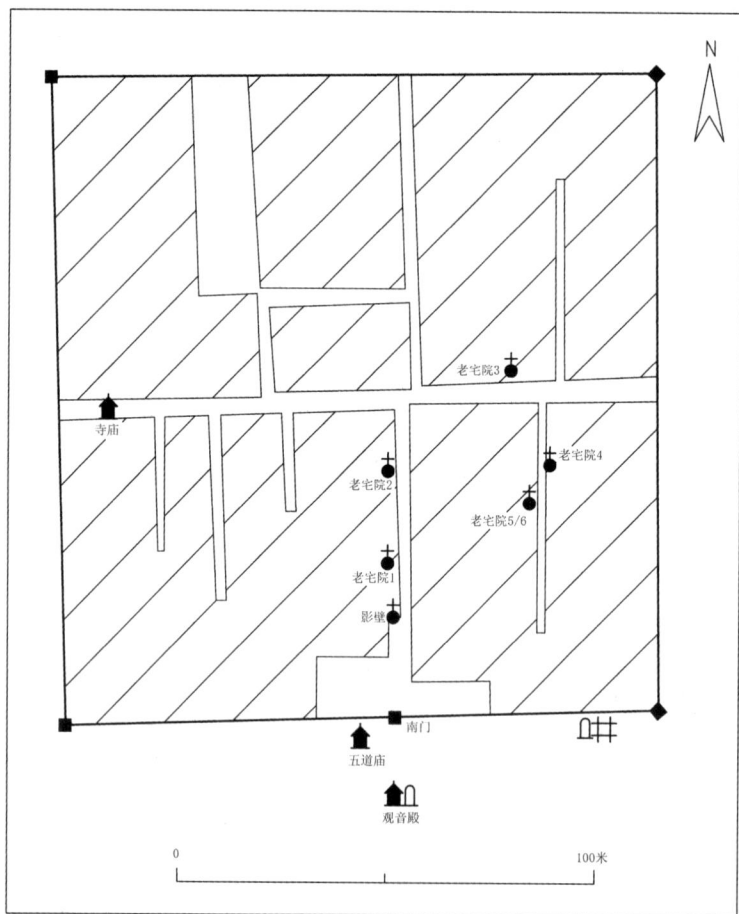

图 11.6　上宫村北堡平面图

城堡南门保存较差，堡门通体条石砌筑，拱券门木梁架顶（彩版11-9）。外侧门券为一伏一券式，门券拱顶上方镶嵌有3枚门簪，门簪上部分已毁，仍能看出曾嵌有石匾。内侧、顶部为木梁架式，全部坍塌，仅存两侧的石墙。门顶亦坍塌。门外为自然石铺成的路面，两侧设有护门墩，护门墩呈方形，保存较差，多坍塌。门外南侧为观音殿，西侧为五道庙。

堡墙均为黄土夯筑,保存较差。东墙长约149米,保存较差,墙体多倾斜、坍塌、墙体断续,多为民居所破坏。南墙长约141米,保存较差,墙体低薄、断续,墙体内外侧均为民宅。南墙东段破坏较为严重,墙体低薄,墙外侧民宅南侧为顺墙土路,南墙东段下尚存水井1眼,水井已废弃,井口上有木辘轳,水井北侧墙壁上镶嵌有1通乾隆十九年(1754)《上宫村北堡穿井碑记》石碑[1];井南侧是1座碾坊,边上有1只大石碾,亦废弃。南墙西段保存相对较好,墙体较高较厚,内侧多长大树,墙体内外为民宅。西墙长约153米,保存较差,墙体低薄、断续,多开裂、倾斜,墙体外侧有顺墙土路、稀疏的房屋及大树,路西为新村。北墙长约145米,保存较差,墙体断续,多为民宅所打破,现存墙体较厚、宽,墙体内侧为民宅,外侧为一排新建的烤烟房,以北为东西向水泥路。

东南角设135°斜出角台,保存较差,坍塌严重。西南、西北角均设90°直出角台,保存较差。东北角设135°斜出角台,保存较差,仅存一半。

堡内为十字中心街布局,堡内民宅以土旧房为主,老宅院较少。

十字街南街　尚存2座老宅院,即老宅院1、2。位于街西侧,均为一进院。此外,南街西侧尚存1座影壁,影壁正对堡南门,檐下砖雕仿木垂花柱,墙面方砖菱形铺就。

十字街东街　北侧存1座老宅院,即老宅院3,一进院。街南侧一条巷子内,尚存3座老宅院,东侧为老宅院4,西侧为老宅院5、6,均为一进院,宅门上的装饰较精美。

2. 寺庙

据当地长者回忆,北堡尚存有寺庙、观音殿、五道庙。

寺庙　位于堡内十字街西端西墙下,现为1座残殿,仅存南山墙,不知为何庙。

观音殿　位于堡南门外,正对堡门,整座庙院坐落在条石砌筑的台明之上,新建院墙、山门。院内新种4株松树。观音殿正殿为旧构,面阔三间,单檐硬山顶,进深六架梁出前檐廊。前檐东廊墙下设面然大士龛。前檐额枋上残存有彩绘,殿内顶部脊檩上彩绘《八卦图》。殿宇局部修缮。殿内新绘壁画,绘有《观世音菩萨普门品》"救八难"与罗汉;新塑塑像,正中为观音与两侧龙女、善财童子,左、右为文殊与普贤,殿前两侧,东侧塑韦驮,西侧塑伽蓝。前廊内东西两侧立有石碑,保存较好,西侧为乾隆三十四年(1769)《重修观音殿碑记》[2],东侧为道光三年(1823)《重修观音殿碑记》[3]。正殿东侧有一跨院,为僧人生活区,现已无人居住。

五道庙　位于南门外西侧。正殿坐西朝东,面阔单间,硬山顶,进深四架梁出前檐廊。从山墙用砖规格考察,五道庙在民国时期或解放初期曾维修。殿内壁画新绘。正壁绘五

〔1〕 邓庆平:《蔚县碑铭辑录》,广西师范大学出版社,2009年,第302页。
〔2〕 邓庆平:《蔚县碑铭辑录》,广西师范大学出版社,2009年,第304页。
〔3〕 邓庆平:《蔚县碑铭辑录》,广西师范大学出版社,2009年,第306页。

道神、土地神与山神,北壁为《出征捉妖图》,南壁为《捉妖凯旋图》。

第四节 留家庄南堡村

一、自然环境与人文历史

留家庄南堡村位于下宫村乡北偏东 2.3 公里处,属河川区,地势平坦,多为壤土质,下湿略呈盐碱性。1980 年前后有 366 人,耕地 1 000 亩,曾为留家庄南堡大队驻地。

相传,据碑文记载,明嘉靖元年(1522)外地几户居民途经此地留下建村,取名留家庄,后因分两个堡,该村居南,遂名为留家庄南堡。但本村在蔚县各版本方志中均失载。

20 世纪 70 年代壶流河水库的修建,使南堡与北堡淹没于水库南端,村民弃堡而迁,北堡迁到了水库南端东侧,南堡迁到了水库南端的西侧。228 乡道从村北边缘经过。如今,旧村庄位于壶流河水库南岸耕地之中,已辟为玉米地。

新村为 2 条南北主街结构,两侧排排宅院呈鱼骨状。在西侧南北主街的北端,228 乡道北侧,建有 1 座大影壁,影壁正中"燕赵风情",两侧楹联,上联为"五福星临吉庆村",下联为"三阳日照兴隆地"。村庄周围辟为大面积的耕地(图 11.7)。

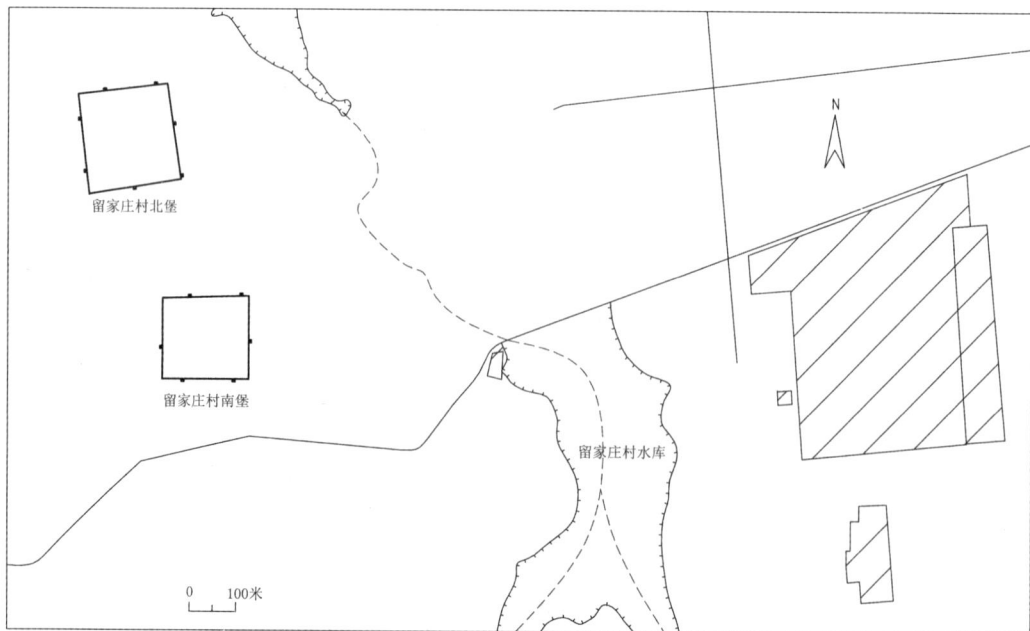

图 11.7 留家庄南堡、北堡村古建筑分布图

二、城堡

留家庄南堡村堡,城堡平面呈矩形,周长约 697 米,开北门,堡内平面布局未知。城堡北门位于北墙正中,堡门建筑无存,仅存缺口。

堡墙为黄土夯筑,现仅存垅状墙基础,墙体高度相近,高 1～3 米。南墙中部设有 1 座马面,正对北门,马面呈方形,体量较大,保存较好,马面上夯层为平夯,较厚,马面东侧坍塌处可见两次修筑痕迹。马面东北侧长有 1 株大树。堡内外辟为耕地。

三、寺庙

据当地长者回忆,南堡内外曾建有三官庙、真武庙(南墙马面顶部)、南庙、泰山庙、观音殿、马神庙、关帝庙、龙神庙,还有戏楼等建筑。现已无存。

第五节　留家庄北堡村

一、自然环境与人文历史

留家庄北堡村位于下宫村乡东北 4.6 公里处,属河川区,地处壶流河南岸,地平坦,为黏土质,下湿略呈盐碱性。1980 年前后有 921 人,耕地 2 172 亩,曾为留家庄北堡大队驻地。

村名与留家庄南堡村相似,因该村居北,遂名为留家庄北堡。但本村在蔚县各版本方志中均失载。

20 世纪 70 年代壶流河水库的修建,使南堡与北堡淹没于水库南端,村民弃堡而迁,北堡迁到了水库南端东侧。新村规模较大,大致为 3 条南北主街,一条东西主街(即228 乡道穿村而过)。村庄周围辟为耕地,村西紧邻留北堡水库,为壶流河水库支流的水库。

二、城堡

北堡北侧紧邻壶流河水库,其北、东、西三面环水。北堡与南堡相距 400 米左右,北堡平面呈长方形,周长约 828 米,东西短,南北长,规模略小于南堡,据当地长者回忆,堡开设南门。堡墙均为黄土夯筑,保存差。现存墙体为土垅状基础,高 2～2.5 米,北墙保存差,近乎平地,堡内为耕地(图 11.7)。

第六节　孟家庄村

一、自然环境与人文历史

孟家庄村位于下宫村乡东北5.2公里处,地势平坦,为黏土质,1980年前后有363人,耕地1333亩,曾为孟家庄大队驻地。

相传,清道光年间建村,因孟姓主居,故取名孟家庄。村名可考的历史最早见于《(顺治)蔚州志》,作"孟家庄堡",《(乾隆)蔚州志补》作"孟家庄",《(光绪)蔚州志》《(民国)察哈尔省通志》沿用。

如今,孟家庄村分为新旧两部分,旧村位于村庄的西北角,其余部分为新村。218乡道从村庄西侧村外经过,柏油路和村庄之间尚存20世纪70年代修建高架水渠或高于地面的水渠(大渡槽)(图11.8)。村庄周围辟为耕地。

二、城堡

孟家庄村堡,位于村庄西北角的旧村中。城堡平面呈矩形,周长约392米,开东门,堡内平面布局为丁字街结构。城堡东门建筑无存,现为缺口。堡门外原有灯山楼,"文革"时期拆毁。

堡墙均为黄土夯筑,拆毁于"文革"前。如今堡墙保存差,坍塌严重,大部分墙体仅存基础或已无存。东墙长约99米,现存基础,墙内外侧均为荒地。南墙长约98米,现存土垅状基础,高1~2米,墙体外侧为荒地和道路,长有1株大柳树,内侧为民宅。西墙长约99米,保存较差,墙体仅存中部偏南的一小段,高3~4米,外侧为水渠和荒地,内侧为民宅。北墙长约96米,保存较差,高3~4米,墙体外侧为荒地和水坑,内侧为民宅。西北角及附近北墙无存,现为一缺口。

西南角无存,现存基础。西北角无存。东北角仅存转角。

堡内民宅以土旧房为主,新房亦有分布,无老宅院且有大面积的荒地。民房以1978年前后修建的为主。堡外主街北端有1座新建的宅院,门前放置两尊石门墩,门墩雕菊花、莲花、竹、动物等图案,推测为原旧宅物件。

三、寺庙

据当地长者回忆,堡内外曾修建有五道庙、梓潼庙、财神庙、关帝庙、龙神庙、戏楼、泰山庙。

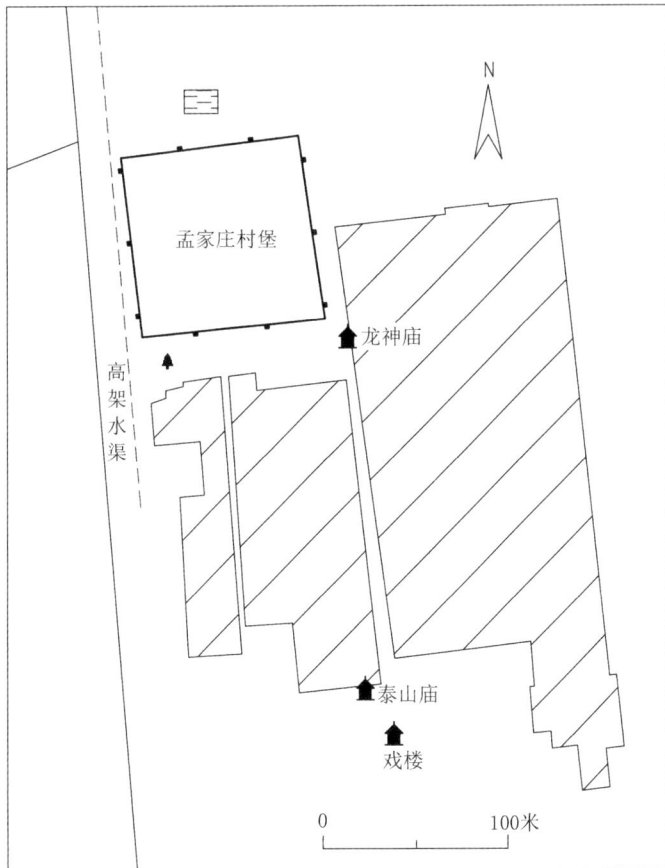

图 11.8　孟家庄村古建筑分布图

五道庙　2 座,位于堡外西南、东北方,现已无存。

梓潼庙、财神庙　位于堡外南侧,现已无存。

关帝庙　位于堡内西北角,现已无存。

龙神庙　位于堡东南角外水泥路边。整体坐北面南,地势较高。庙院尚存,现存南、西、北墙,西墙北部外立面有 1 座影壁,正对进村的水泥路。院开南门,砖砌随墙门,硬山顶,檐顶下尚存砖雕装饰,平顶式门洞。院内正殿坐北面南,面阔三间(坐二破三式),硬山顶,进深五架梁。殿门窗仅存框架,后脊顶垮塌。殿内墙壁墙皮脱落,散落于地面,后墙近一半墙皮脱落,两侧山墙覆盖厚厚的白灰浆,殿内壁画已毁。两侧山尖尚残存山尖画。檐下檩条彩绘尚存,色彩仍较鲜艳。正殿前有东、西配殿。西配殿屋顶坍塌,仅存部分山墙;东配殿已毁,为 1 座新建房屋所占。

戏楼　位于村正南,北面正对村西侧的南北大街,街最北端建龙神庙,两者距离较远。戏楼于 20 世纪 70 年代重修,坐南面北,面阔三间,单檐六檩卷棚顶,砖石台明。戏楼内所有瓜柱均落在六架梁上，无四架梁，金柱与山柱未在一条线上。前檐额枋上有残存的彩绘和木雕装饰。屋檐坍塌三分之二，戏楼内堆满杂草，隔扇仅存框架。戏楼内墙体上残存壁画。两壁每侧为六幅屏风壁画，绘人物与建筑。两侧山尖壁画尚存，人物故事题材。后台正壁上有大量墨书题壁"同治拾壹年二月二十九日""光绪元年""光绪八年"等字样（彩版11-10）。此外墙体上还有毛主席语录。戏楼广场西侧有一青石圆首碑，下半部掩埋地下，碑文漫漶，无法通读，可辨字迹为"创建戏楼碑记……大清乾隆"。戏楼西北为泰山庙。

泰山庙 位于西侧南北主街南端西侧，戏楼西北方。正殿坐南面北，面阔三间，硬山顶，进深六架梁出前檐廊，前廊西墙下设有面然大士龛。墀头、戗檐尚存有砖雕装饰。殿主体塌损严重，前檐下采用红砖封堵，并在上面开辟两扇窗户。东山墙外包砖局部脱落，西山墙已经加固。殿内北墙下设有砖砌供台。殿中曾改作教室，墙壁涂刷白灰浆并设黑板，白灰浆上贴有1965年的《张家口日报》，正壁西侧报纸局部脱落，壁画露出一位娘娘形象，边上立有一位男性侍者。从壁画内容推断，明间与东次间可能还有二位娘娘神像。殿内堆放杂物。

第七节　王家小庄村

一、自然环境与人文历史

王家小庄村位于下宫村乡东北 5.1 公里处，地势平坦，村庄周围为壤土质，辟为大面积的耕地。1980 年前后有 367 人，耕地 1 209 亩，曾为王家小庄大队驻地。如今，村庄分为东、西两部分。东面为新村，规模较大，居民多。西面为旧村，即城堡所在地，民宅以土旧房为主（图 11.9）。

相传，明万历年间，一户王姓居民在此定居建庄，故取名王家小庄。村名可考的历史最早见于《（乾隆）蔚州志补》，作"王家小庄"，《（光绪）蔚州志》《（民国）察哈尔省通志》沿用。

二、城堡

据《（民国）察哈尔省通志》记载："王家小庄堡，在县城西南十五里，明万历年间土筑，清光绪三十年重修，面积五亩，有门一，现尚完整。"[1] 王家小庄村堡今位于村西部旧村中。城堡平面呈矩形，周长约 378 米，开西门，堡内平面布局为丁字街结构。

---

〔1〕 宋哲元：《（民国）察哈尔省通志》，国家图书馆藏 1935 年铅印本，第 10 页。

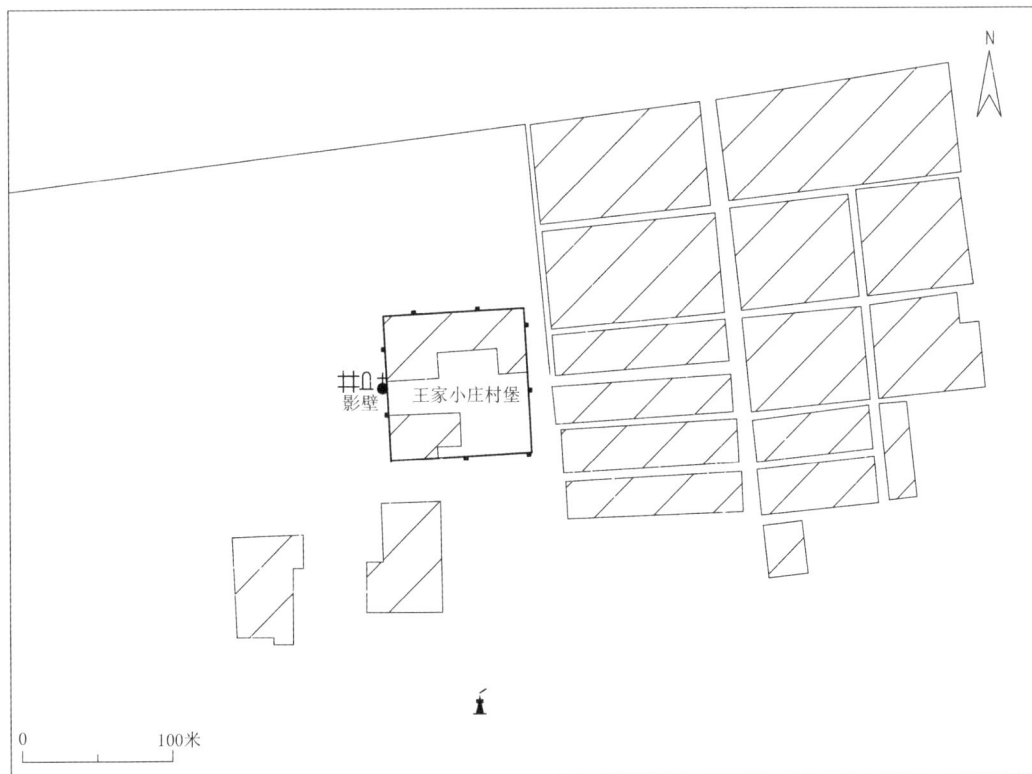

图 11.9　王家小庄村古建筑分布图

城堡西门建筑无存,现为缺口,门外设有 1 座影壁。影壁全部采用青砖砌筑,面阔单间,硬山顶,檐下砖雕仿木构,雕檩、枋与柁头。门外南侧有一口废弃的水井,井内已干涸,水井内壁为毛石垒砌,井口边存有 1 通断碑,落款可见"万历□拾贰年"字样。

堡墙均为黄土夯筑,保存差。东墙长约 95 米,大部分墙体无存,现仅存一小段墙体,墙体低薄,坍塌严重,上面长有 1 株大树,大部分墙体或为荒地或为民房,外侧为南北向土路和新村。南墙复原长约 96 米,墙体无存,现为大片空地,墙外侧为土路,墙外立有手机信号塔。西墙长约 94 米,大部分墙体无存,现存两小段墙体。北墙长约 93 米,保存一般,墙体连贯,高 2～4 米,墙体内侧为民宅,外侧为耕地,墙体上多长有树木;西北角附近的北墙保存相对较好,高近 4 米。

东南角无存,现为房屋。西南角无存,为空地。西北角无存。东北角无存,为房屋所占。

堡内为大片的空地,房屋以土旧房为主,居民较少,大部分居民都搬到新村居住。堡内仅几户居民,尚存 1 座老宅院,随墙门,硬山顶,平顶门洞。

第八节　周家庄南堡村

一、自然环境与人文历史

周家庄南堡村位于下宫村乡东偏北 4.2 公里处,选址在壶流河东岸的平地上,地势略南高北低,周围地势平坦,一马平川,为壤土质,辟为大面积的耕地。1980 年前后有283 人,耕地 1 184 亩,曾为周家庄南堡大队驻地。如今,218 乡道柏油路从村中偏西部南北向通过,村庄规模较小,新村平面呈 3 条南北主街结构。民宅以新房为主,土旧房较少,多已翻修。旧村位于村庄的南部,即城堡所在地(图 11.10)。

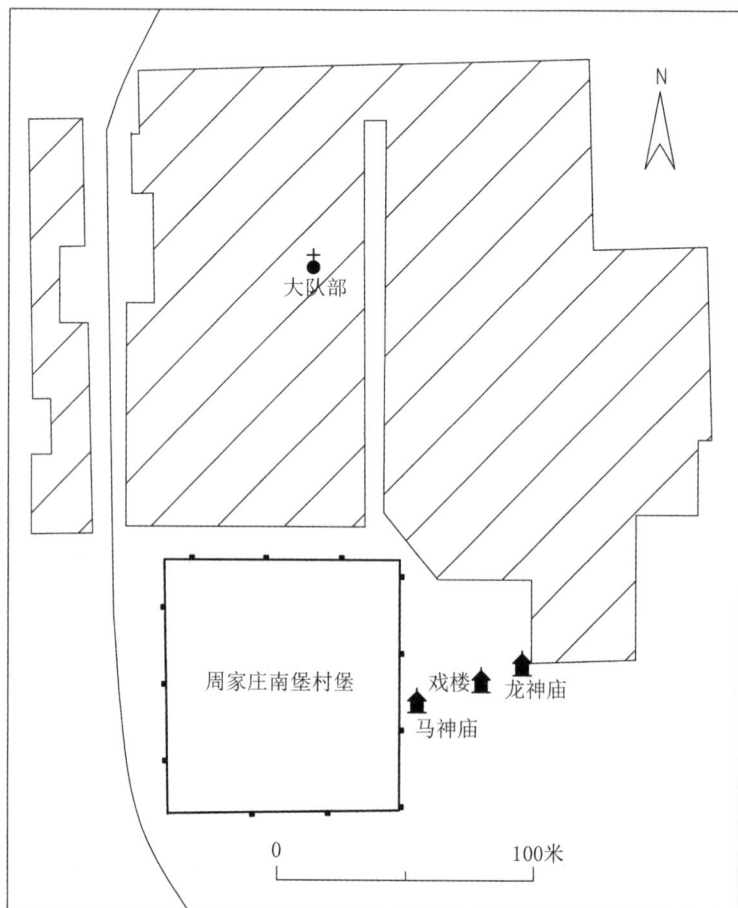

图 11.10　周家庄南堡村古建筑分布图

相传,明万历年间周里一户在此建庄定居,名周家庄。1963 年分为两个行政村。该村居南,故取名周家庄南堡。村名可考的历史最早见于《(正德)大同府志》,作"周家庄堡",《(崇祯)蔚州志》《(顺治)云中郡志》沿用,《(乾隆)蔚州志补》作"周家庄二堡",《(光绪)蔚州志》《(民国)察哈尔省通志》均作"周家庄"。

二、城堡

周家庄南堡村堡,位于南部的旧村中。城堡平面呈矩形,周长约 370 米,开东门,堡内平面布局为东西主街结构(图 11.11)。

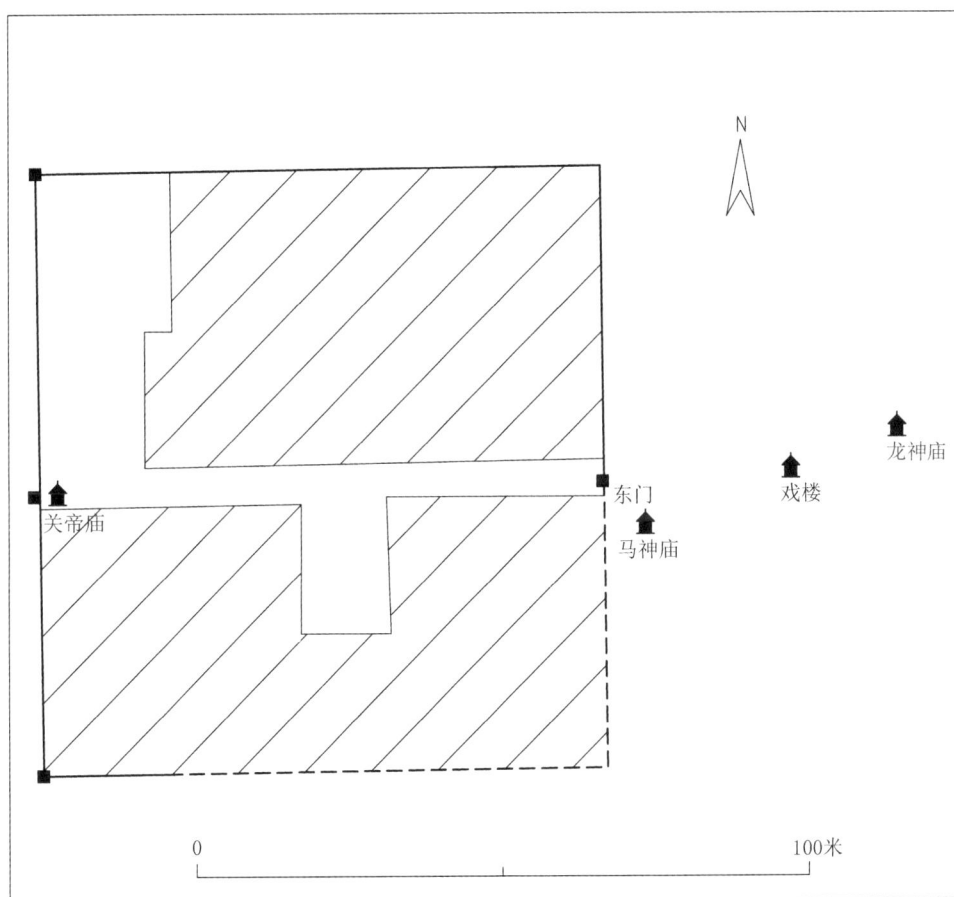

图 11.11　周家庄南堡村堡平面图

城堡东门位于堡东墙正中处,砖石拱券木梁架平顶结构,8 层青石条石砌筑基础,高1.6 米,上面青砖起券(彩版 11-11、12)。外侧门券三伏三券,门券拱顶上方镶嵌 2 枚门簪,中间安装路灯。门簪上方镶嵌砖制阳文门匾,正题"周家庄"。顶部为二层错缝砖牙子,门券北侧有砖砌排水槽。门内侧为木梁架平顶结构,顶部安装路灯。门道为自然石铺成的路面,尚存车辙印。门内为东西主街,门外正对戏楼。

堡墙均为黄土夯筑,保存较差。东墙长约94米,北段墙体保存较差,墙体低薄,多坍塌,高2~4米,墙体外侧为荒地,内侧为顺城道路和民宅;南段大部分墙体无存,为新建的院墙占据,现仅存东门附近墙体,墙体高薄、连贯,高约6米,近乎为原高,墙体内侧有土坯修建的痕迹。南墙复原长约90米,大部分墙体无存,为新建的民宅院墙占据;现南墙仅存约三分之一的墙体,即靠近西南角附近的南墙,墙体保存较差,低薄,多坍塌,墙外侧为斜坡,高4~5米;墙体内侧为民宅,外侧为荒地和树林。西墙长约95米,保存较差,墙体低薄、断续,多坍塌,高0~3米,外侧为荒地,内侧为民宅;墙体中部设有马面,正对东门。马面高4米,呈矩形,保存较差;马面北侧墙体辟出豁口,便于交通。北墙长约91米,保存一般,墙体高薄、连贯,墙体高0~5米,墙体外侧多坍塌形成的积土斜坡,中间有民宅破坏墙体;墙体内侧为民宅,外侧为荒地,北墙外不远处为新村。

东南角无存,现为民宅院墙。西南角设90°直出角台,高5米,紧邻柏油路,角台体量较小。西北角设90°直出角台,体量较小,高6米,内侧为民宅,外侧为耕地、荒地。东北角仅存转角,高约4米,内侧为民宅,外侧为水泥路。

堡内民宅土旧房、新房均有分布,无老宅院遗存。旧时堡内有250~260人,现有百十人,以李、王姓为主。

三、寺庙

据当地长者回忆,堡内外原有戏楼、龙神庙、关帝庙、马神庙、五道庙、财神庙、梓潼/魁星阁。如今仅存戏楼和龙神庙。

戏楼 位于周家庄南堡东门外,与堡门东西相对,中间相隔一条南北大道(彩版11-13)。相传,戏楼原位于西10米处的大道上,风水先生看后认为其压住了大道龙头,民国年间将戏楼向东迁移10米,即现今位置。戏楼整体坐东面西,坐落在砖石台明上,台明高1.7米,外立面包砌青砖,顶部四周铺条石板。戏楼面阔三间,单檐卷棚顶,进深七架梁,梁架通高5.5米,鼓形柱础,挑檐木出挑较长,并用立柱支撑。前檐额枋尚存清末民国时期的彩绘和木雕装饰。戏楼内为砖铺地面,山墙原有清末民国时期的彩绘,现表面涂刷白灰浆,壁画漫漶。隔扇已用水泥、红砖新建。后墙外立面用水泥修缮,并辟一门。

龙神庙 位于戏楼东侧,整体坐落在1块台地上,原为1座庙院,坐北面南,如今山门及院墙无存,仅存正殿(彩版11-14)。正殿坐北面南,面阔三间,单檐硬山顶,五架梁出前檐廊,墀头砖雕装饰丢失,戗檐砖雕盘龙,山墙尚存山花。正殿前檐下有雀替、梁托等木雕装饰,额枋尚存清末民国时期的彩绘,表面多氧化成黑色。门窗尚存,直棂窗。殿前地面尚存石碑3通。

拓 11.4　下宫乡周家庄南堡村堡东门外龙神庙雍正八年《重修龙神庙碑记》拓片（李春宇　拓）

即万历十九年(1591)《创修庙记事碑》[1]、雍正八年(1730)《重修龙神庙碑记》(拓 11.4),乾隆三十八年(1773)《重修龙神庙碑记》,碑阴为布施功德榜[2]。据石碑记载,该庙建于明万历十九年二月,为周南堡功德主、省祭官李彦学等因疾许建本堡东台,设新修龙王庙 1 座。雍正八年增修正殿,新建禅房二间,钟楼 1 座。

现为蔚县重点文物保护单位。

殿内在 20 世纪八九十年代曾作村磨坊和仓库使用。殿内两侧山墙残存有壁画。壁画底部乡民祭神场景中,供桌上供奉"五方五帝行雨龙王神位"牌位,行雨之神不是蔚县龙神庙中常见的五龙王,而是五方五帝。五方五帝为天地开辟之前的先天神灵,故又称"元始五老"。从画中的五方五帝、雷公等形象来看,也与常见的粉本有较大区别,目前在蔚县尚属孤例。五方五帝出现在龙神庙中的原因还需进一步研究。正面壁画破坏严重,有水泥修补的痕迹,大部分壁画漫漶。西墙壁画保存较好,表面虽涂刷有白灰浆,但人物形象尚可分辨。东墙表面白灰浆较厚,壁画漫漶,顶部脊檩尚存雍正元年(1723)修庙时留下的题记(彩版 11-15)。此壁画应为乾隆三十八年(1773)重修时的作品。山尖壁画保存较好,上面有题写的诗歌。殿内梁架上也施有彩绘,顶部脊檩上有彩绘《八卦图》。

西耳房面阔单间,硬山顶,四檩三架,已倾斜,门窗无存,土坯墙。

关帝庙　位于堡西墙内侧,即马面东侧,正对东门及门外戏楼。庙内原有石碑,现已无存。

马神庙　位于东门外南侧,现为遗址,保存有香炉台和 6 通残石碑。残碑中可见有"道光十四年""关帝庙"和"道光五年""马神庙"字样。

五道庙　位于东门外戏楼的北侧,现已无存。

财神庙　位于堡外北侧,现已无存。庙内原有石碑。

梓潼/魁星阁　位于城堡东堡门顶部,20 世纪 70 年代坍塌。

第九节　周家庄北堡村

一、自然环境与人文历史

周家庄北堡村,位于下宫村乡东北 4.1 公里处,村庄选址修建在壶流河东岸的平地上,周围地势平坦,一马平川,为壤土质,辟为大面积的耕地。1980 年前后有 207 人,耕地799 亩。曾为周家庄北堡大队驻地。如今,村庄规模较小,南北主街结构,北部为旧村,即

---

〔1〕 邓庆平:《蔚县碑铭辑录》,广西师范大学出版社,2009 年,第 312 页。
〔2〕 邓庆平:《蔚县碑铭辑录》,广西师范大学出版社,2009 年,第 314~316 页。

城堡所在地,南部为新村。民宅以新房为主,老宅院较少。村内95%以上的村民为李姓。当地传说旧时本村居民人数始终不会超过200人,一旦超过200人,便会有人逝世。现如今有240～250人(图11.12)。218乡道从村东、南边缘经过。

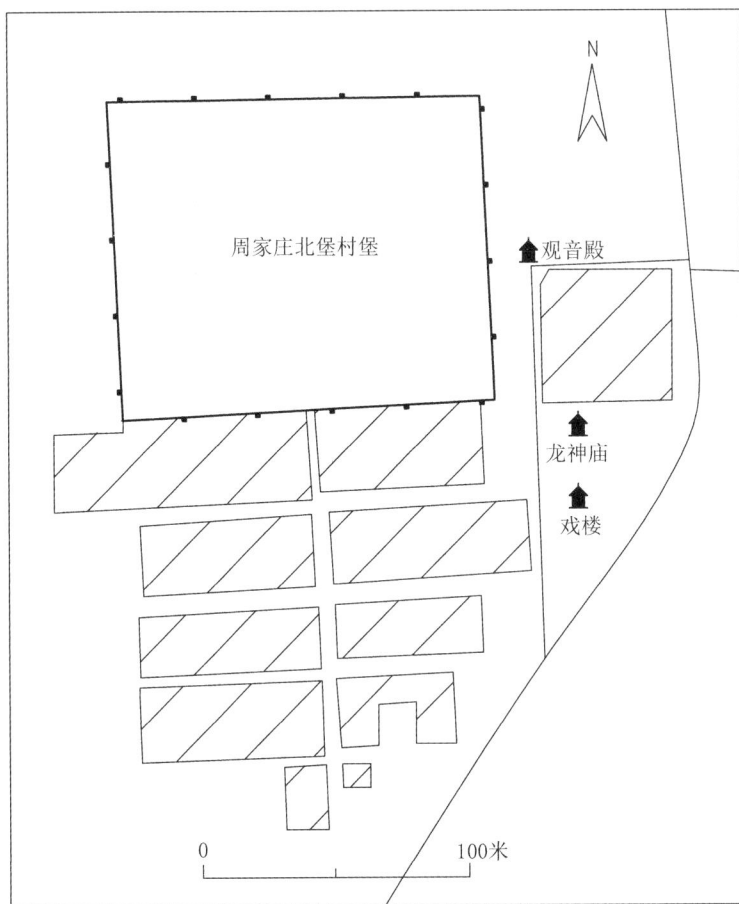

图11.12 周家庄北堡村古建筑分布图

村名来历与沿革与周家庄南堡村相似,因该村居北,故取名周家庄北堡。

二、城堡

(一)城防设施

周家庄北堡村堡,位于村庄北部,城堡平面呈矩形,周长约515米,开东门,堡内平面布局为南十字街、北丁字街结构(图11.13)。

城堡东门建筑无存,现为缺口,高6米。门外新建有观音殿,背靠1座2009年7月重修的影壁。影壁的基座上铺有多通石碑,字迹多已漫漶。其中有康熙四十八年(1709)的墓碑,乾隆二十二年(1757)夏五月庚戌日立的墓碑,上书"明敕封李公神道"。

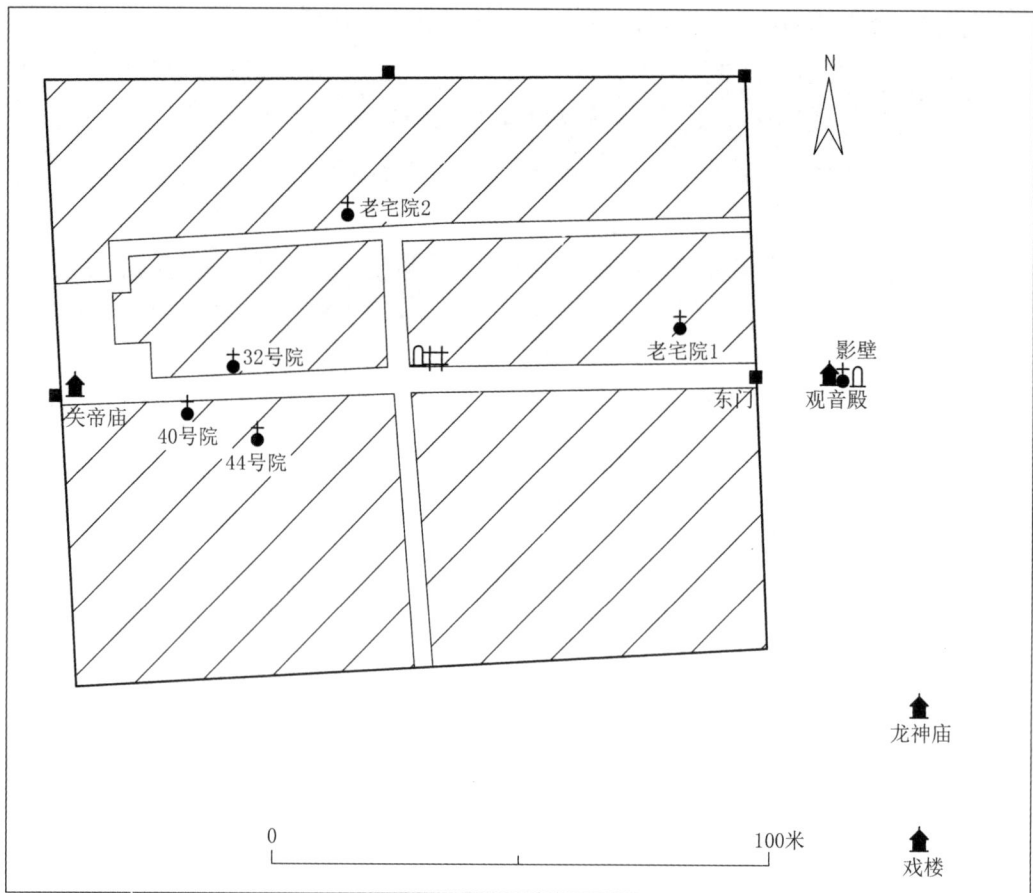

图 11.13　周家庄北堡村堡平面图

　　堡墙均为黄土夯筑,保存一般。东墙长约 113 米,南段保存一般,墙体高薄、连贯,外侧高 3～6 米,内侧为民宅,外侧为荒地和树林;东墙北段墙体高薄、连续,高 5 米,内侧为民宅,外侧为树林荒地。南墙长约 139 米,墙体保存一般,墙体高薄、连贯,高 6～7 米,内外侧均为房屋;南墙中部辟有缺口,与新村的南北主街相连,南墙内侧为顺城道路和民宅,内外同高,近乎原高,十分壮观。西墙长约 121 米,南段墙体高 4～5 米,墙体一般,低薄、连贯,墙体内侧为民宅,外侧为倚墙修建的烤烟房,大部分已经废弃;西墙北段墙体高 2～4 米,墙体低薄、连贯,保存较差,内侧为民宅,外侧为烤烟房和耕地;西墙中部设 1 座马面,平面呈矩形,高 6～7 米,上面长有 1 株大树。北墙长约 142 米,墙体高薄、连贯,高 3～4 米,内侧为民宅,外侧为耕地;北墙中部设有 1 座马面,正对南北主街,马面体量较小,破坏较重,高 3～4 米。

　　东南角仅为转角,高 6～7 米,为原高,顶部长有 1 株大树。西南角未设角台,高 6 米,为原高。西北角尚存角台,坍塌严重,形制未知,高 4 米。东北角设 90° 直出角台,外高 5～6 米,坍塌较重,上面长有大树。

（二）街巷与古宅院

堡内为南十字街、北丁字街结构，东西主街较为宽阔，略宽于南北街道。

前街 即十字街东西街。老宅院 1，位于东街北侧，一进院，大门倾斜坍塌，门内尚存 1 座影壁，正房废弃坍塌，无人居住。前街 40 号院，位于西街南侧，一进院。大门为近代风格建筑，门内墙壁上尚存语录。前街 44 号院，位于西街南侧，大门无存，仅存过门石，门内为一条巷道，正对有影壁，影壁尚存装饰，两侧各有一随墙门，门内各为一进宅院。前街 32 号院，位于西街北侧，一进院，近代建筑风格大门，较破败，门内墙壁上尚存毛主席语录。十字街口的东北角为一眼水井，井口沿尚存石碑多通，其中有万历三十年（1602）的墓碑，但字迹磨损严重，漫漶不清。

后街 即丁字街东西街。老宅院 2，位于街口处，近代风格大门，广亮门，门内墙壁尚存毛主席语录。

据当地长者回忆，村外东北 2 里地有 120 亩李家墓地，20 世纪四五十年代平整土地时被破坏，现在为耕地。

三、寺庙

据当地 80 岁的李姓长者回忆，堡内外曾修建有五道庙、龙神庙、戏楼、关帝庙、观音殿。大约 60 年前，当地的寺庙开始荒废，龙神庙戏楼的屋顶已经坍塌。当地在 20 世纪 50 年代便不再行雨。

五道庙 位于东门外观音庙边，现已无存。

龙神庙 位于堡东南角外，现已无存。

戏楼 位于堡东南角外，龙神庙南侧，现已无存。

关帝庙 位于西墙马面内侧，坐西面东，正对东门，整体坐落在庙台之上，东面正中设砖砌台阶。现为 1 座庙院，院墙新建，墙体低矮。正殿坐西面东，面阔单间，硬山顶，进深五架梁出前檐廊，前檐额枋新施彩绘，殿内正面有新绘的壁画和新塑塑像，两侧山墙尚存清末民国时期的壁画，连环画式，每面墙绘 4 行 6 列壁画，表面涂刷白灰浆，壁画漫漶。殿门口贴有一副对联，"三人三姓三结义，一君一臣一圣人"，横批为"神位在此"。

观音殿 位于东门外，新建建筑，面阔单间，单坡顶，殿内有新绘的壁画和彩绘，无塑像。两侧山墙壁画为《观世音菩萨普门品》和罗汉这一传统题材。

观音殿和关帝庙在五六年前由村民集资重修。每年六月二十四、春节、七月十五、八月十五关帝庙上香上贡。观音殿则是在春节、七月十五、八月十五、二月十九、六月十九、九月十九（诞辰）上香上贡。每月的初一、十五更换贡品，其中观音殿在诞辰当日的贡品种类不同于日常。

第十节 富家庄村

一、自然环境与人文历史

富家庄村,位于下宫村乡东偏北3.8公里处,地势西高东低,为壤土质,周围辟为耕地。1980年前后有530人,耕地1 492亩,曾为富家庄大队驻地。如今,富家庄村规模小,218乡道从村南部穿过。村中部为城堡所在地,即旧村,堡南、北外侧为新村,新旧村共用一条南北向主街,村口修建有铁牌楼。村民以王、马、李姓为主,如今尚有400余人(图11.14)。

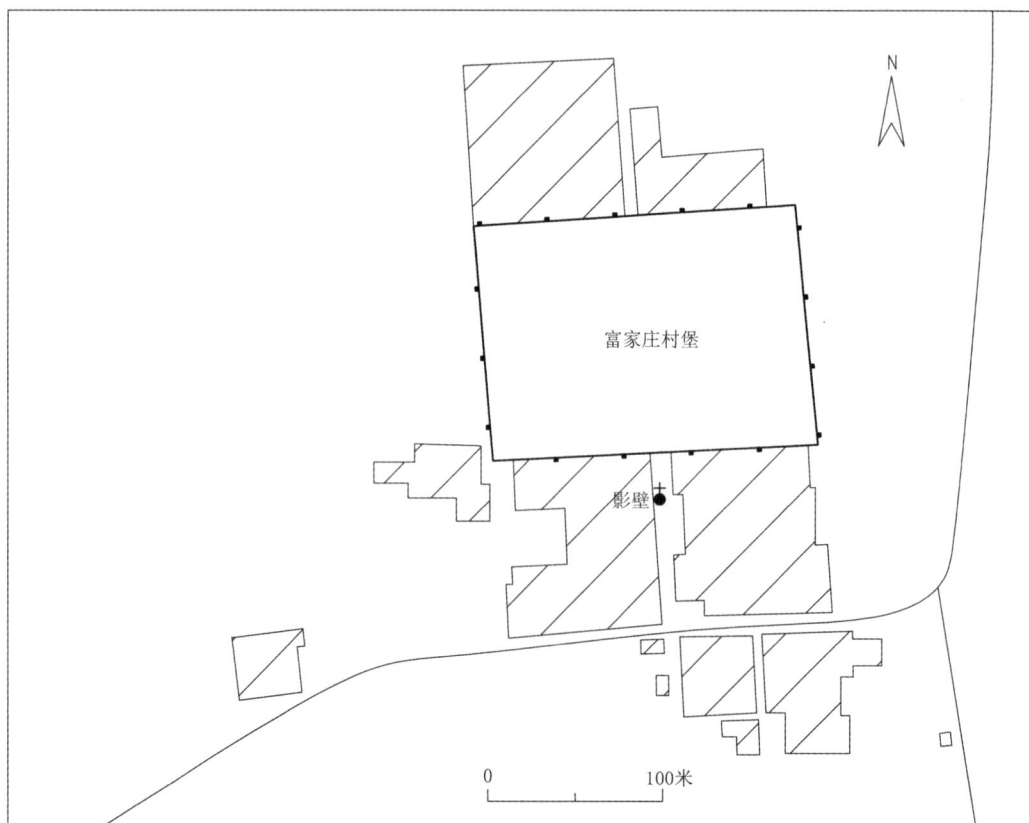

图11.14 富家庄村古建筑分布图

相传,明嘉靖二十年(1541)建村,居王、马、张三姓,人们向往生活富裕,故取村名富家庄。村名可考的历史最早见于《(乾隆)蔚州志补》,作"富家庄",《(光绪)蔚州志》《(民国)察哈尔省通志》沿用。

二、城堡

据《(民国)察哈尔省通志》记载:"富家庄堡,在县城西南二十里,土筑,高一丈六尺,底厚五尺,面积十五亩,有门一,现尚完整。"[1]富家庄村堡今位于旧村中,城堡平面呈矩形,周长约640米,开南门,堡内平面布局为南北主街结构(图11.15)。据当地长者回忆,城堡毁于20世纪50年代。

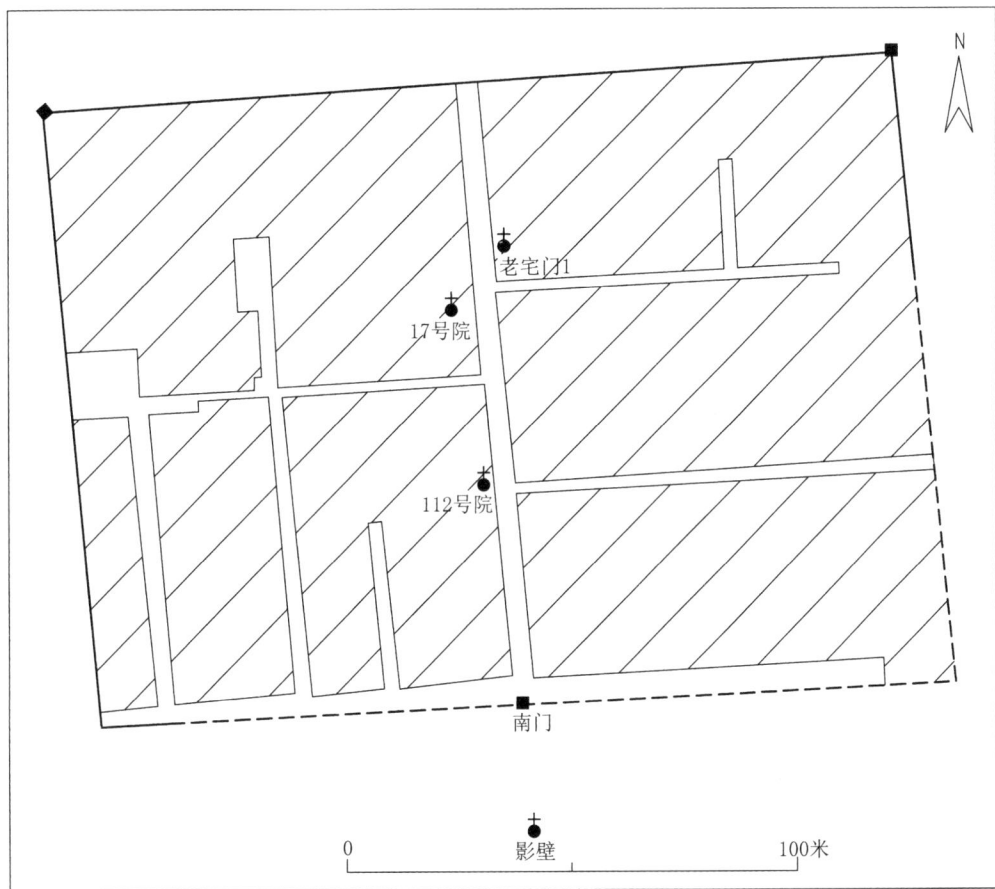

图 11.15　富家庄村堡平面图

城堡南门已修缮,砖石拱券结构,基础为条石砌筑,水泥勾缝,其上用红砖砌筑起券,仿古样式。外侧门券三伏三券,门券拱顶上方镶嵌有水泥质地的门匾,正题"富家庄",门匾两侧镶嵌有水泥装饰。内侧门券为旧构,三伏三券。门券内墙壁上镶嵌有施工碑,可知本次修缮于2007年,共花费20 600元。南门外两侧原设有护门墩,"破四旧"时拆除。门内

---

〔1〕 宋哲元:《(民国)察哈尔省通志》,国家图书馆藏 1935 年铅印本,第 10 页。

为南北中心街,门外正对建有1座影壁。影壁基础高大,包砌毛石,分成三部分,正中者面阔三开间,硬山顶,檐下饰砖雕;两侧各有1座小影壁,较中间者低矮,且结构、装饰简单。

堡墙均为黄土夯筑,保存较差。东墙长约134米,选址修建在冲沟边缘,墙体较为高大,高约4~5米,墙体高薄,现存墙体长度约为原来的三分之一,其余为房屋所占。南墙长约188米,仅存西南角附近的一段墙体,其余墙体无存,为房屋所占,房屋的后墙即为原先的堡墙位置,南墙内侧为顺城街道。西墙长约132米,保存一般,墙体连贯,壁面斜直,墙高5~6米,墙体内侧为民宅,外侧为顺城道路和耕地。北墙长约186米,保存一般,墙体壁面斜直,高4~5米,墙体内侧为民宅,外侧为顺城道路;北墙中部辟有一缺口,为村民便于交通而开,庙台已毁。

东南角未设角台,仅为转角。西南角无存。西北角设135°斜出角台,保存较好,角台开裂,上长1株小树。东北角设90°直出角台,破坏较重。

堡内民宅新、旧房均有分布,老房院、土旧房较少,堡内居民较多。堡内尚存3座老宅院,即富家庄村堡17号院、112号院、老宅院1,均为一进院。其中富家庄村堡112号院位于正街西侧,广亮门,硬山顶,院内正房保存较好。

三、寺庙

据当地长者回忆,富家庄村原修建有多座庙宇。真武庙位于北墙庙台上,泰山庙位于南门外,马神庙位于南门外路口处,关帝庙位于路口牌坊位置,龙神庙位于堡外东南河沟边,三官庙与五道庙位于乡道南侧。上述庙宇皆拆毁于"四清"时期。

第十一节 筛子绫罗村

一、自然环境与人文历史

筛子绫罗村位于下宫村乡东偏北2.5公里处,选址于壶流河支流西侧台地上,整体地势西南高、东北低,东面紧邻南北向的河道。村庄周围地势平坦,一马平川,为壤土质,辟为大面积的耕地。村南有青年水库(乡镇级)1座。1980年前后有258人,耕地1154亩,曾为筛子绫罗大队驻地。如今,村庄分为新旧两部分。西面为新村,南北主街结构,规模较小,仅6排房屋,民宅以旧房为主,部分翻修屋顶。东面为旧村,即城堡所在地(图11.16)。

相传,建村于后周时期,名朝阳堡。因该村同其他3个村分布于当时灵仙县县城周围,有卫属之意,故取绫罗之名。该村处南北绫罗之中,即称中绫罗。后因多数人会编筛子,而更名为筛子绫罗。村名可考的历史最早见于《(乾隆)蔚州志补》,作"筛子绫罗",《(光绪)蔚州志》《(民国)察哈尔省通志》沿用。

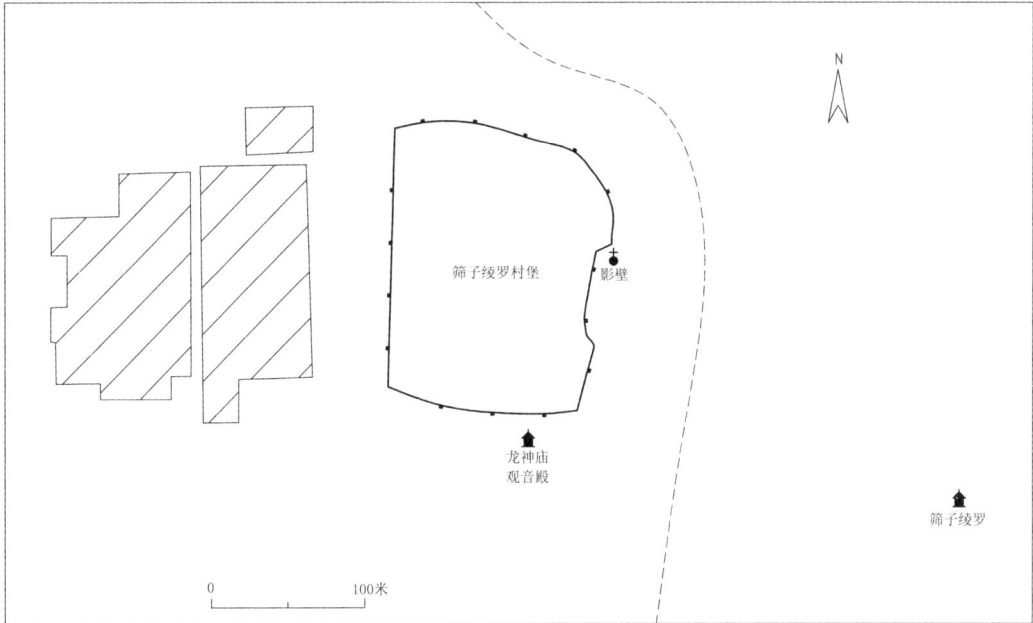

图 11.16　筛子绫罗村古建筑分布图

村东 200 米有筛子绫罗遗址,为新石器时代遗址,遗址面积为 100 000 平方米。1979 年考古发现有石器、陶窑、夹砂灰陶等,是研究龙山文化的重要遗址之一。2013 年 5 月被公布为第七批全国重点文物保护单位。如今村民仍记得 1977 年吉林大学考古专业学生来此地实习一事。

二、城堡

(一)城防设施

城堡平面大致呈矩形,周长约 592 米,旧时开南门,后开东门,如今开南、东门,堡内由双南北主街和 3 条东西主街组成(图 11.17)。

城堡东门位于东墙北部,堡门为砖石拱券木梁架平顶结构,基础为条石垒砌,上面青砖起券,外侧为拱券,内侧为木梁架平顶结构(彩版 11-16)。外门券新近坍塌。门内为东西向主街,门外设有影壁。影壁坐落在毛石垒砌的台明上,面阔三间,硬山顶,檐下尚存四个砖雕垂花影作装饰,垂花之间还有砖雕装饰。

城堡南门位于南墙偏西,现为缺口,堡门建筑无存,尚存西侧门颊,黄土夯筑而成,高约 6～7 米。南门拆毁时间较早,当地百岁老人已记不清。南门内为南北主街。

墙体均为黄土夯筑,保存较差。东墙长约 145 米,墙体不直,北段墙体紧邻台地修建,外侧总高 5～6 米,墙体低薄,高 0～2 米,外侧为耕地,内侧为民宅;东墙南段墙体较为高大,外侧高 3～6 米,外侧为顺墙道路和耕地,内侧为民宅,邻近东南角处墙体坍塌呈斜坡。

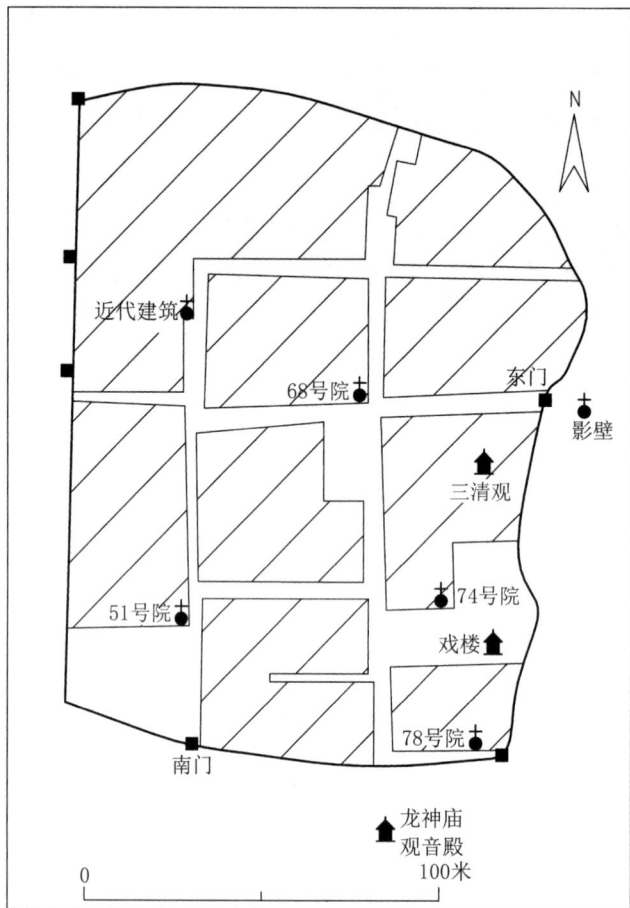

图 11.17　筛子绫罗村堡平面图

南墙长约 134 米,呈圆弧状,东段墙体现存为高约 2.5 米的斜坡,个别地段墙体高 5～6
米,内侧为民宅;南墙西段墙体低薄,高 1～2 米,破坏严重,内侧为荒地树林,外侧为顺城
道路和耕地。西墙长约 159 米,高薄、连贯,保存一般,墙体高 2～7 米,外侧为耕地,墙下
为坍塌形成的积土斜坡,内侧为民宅;西墙设南、北 2 座马面,马面位置偏北,其中南马面
与东门正对,马面呈矩形,高 7 米,高于墙体,保存一般;北马面与南马面形制相近,高 6
米;西墙外不远处为新村。北墙长约 154 米,墙体略呈圆弧形,墙体外侧为坍塌形成的土
坡荒地,坡下为耕地,外侧总高 6 米,内侧为民宅,墙体高 2 米;墙体中部有 1 个缺口,与东
侧南北主街正对,为便于交通所开辟。

　　东南角设 90°直出角台,高 4 米。东南角外有一夯土庙台,高约 3 米,体量较大,南北
狭长,正对堡内东侧南北主街,旧为龙神庙、观音殿。西北角设 90°直出角台,保存一般,高
7 米,角台有二次修筑痕迹。东北角呈圆弧状,未设角台,紧邻台地修建,外侧总高 5～
6 米,墙体高 2 米。

（二）街巷与古宅院

堡内民宅以土旧房为主，居民较少，以张姓为主。据当地长者回忆，旧时堡内有200余人居住，现全村不足100人，堡内仅10余人居住，居民多在改革开放前后外迁至堡西新村居住。

堡内民宅多废弃、坍塌。尚存多座老宅院。

西侧南北主街　两侧多为废弃的土旧石房屋，街西侧有51号院及1座近代风格的门楼。51号院，一进院，正房面阔三间，卷棚顶，屋顶经翻修。

东侧南北主街　两侧多为废弃的土旧石房屋，仅2座老宅院尚存。68号院，位于主街与中部东西主街交汇的十字路口的西北角，原为两进院，现前院荒废，仅存后院。74号院，位于东侧，一进院，广亮门，保存较好，尚存梁托等木雕装饰，正房面阔五间。

南墙顺城街　尚存1座老宅院。78号院，位于堡东南角内侧，原为两进院，现已打通。广亮大门，梁托尚存木雕装饰，门内有1座影壁，院内已废弃，现为树林，正房面阔三间，东厢房尚存，西厢房无存。

三、寺庙

据当地71岁的张姓长者回忆，堡内外曾修建有真武庙、五道庙、观音殿、龙神庙、戏楼、三清观。旧时真武庙、五道庙、观音殿均悬挂有钟。

真武庙　位于北墙马面上，现已无存。

五道庙　2座，分别位于堡门内、西街，现已无存。

观音殿　3座，分别位于堡内西街、东南角外、三清观东门外，现已无存。

龙神庙　位于堡南墙外，现已无存。

戏楼　位于东侧南北主街的东侧，东墙内侧（彩版11-17）。戏楼西侧为打谷场，北侧为74号院。戏楼保存较好，整体坐落在高1.1米的砖石台明上，台明外立面包砖，顶部四周铺石板。戏楼坐南面北，卷棚顶，面阔三间，挑檐木出挑较长，并用擎柱支撑。戏楼的前檐额枋无彩绘遗存，尚存木雕装饰，戏楼内墙壁表面刷涂白灰浆，无壁画，隔扇仅存框架。戏楼已废弃，台内堆放木料。戏楼西侧尚存一只石兽。

三清观　又称老君观，位于堡东门内南侧，东墙内侧，正对戏楼（彩版11-18）。庙院曾作为大队部和学校使用。整座庙院坐北面南，二进院。

院墙为土坯修建，现存东、西、北墙，南墙无存，为废弃的烤烟房占据。

山门无存，山门外东侧曾修建送子观音殿。门内原有钟鼓亭，1958年大炼钢铁时被破坏。

前院已荒芜，前殿（过殿），坐北面南，面阔三间，单檐硬山顶，进深四架梁，门窗大部分无存。由于曾作为教室使用，殿内墙壁刷涂白灰浆，并设有黑板，壁画彩绘无存。过殿后墙坍塌,屋檐坍塌。过殿内原供奉四大天王。殿前设东西厢房,东厢房无存,西厢房尚存部分墙体。西厢房与过殿之间的西墙上辟便门,随墙门。

后院为砖铺地面。正殿坐北面南,面阔三间,单檐硬山顶,进深五架梁出前檐廊。西廊墙下设面然大士龛,东西廊内墙壁上有壁画,壁画内容较为特殊,人物脸部有络腮胡,服饰、表情、动作皆怪异。前檐额枋尚存民国时期的彩绘。正脊顶正中有砖雕,竖排刻有5个字,字迹漫漶,两侧鸱吻皆已损毁。正殿门窗尚存,保存较好,直棂窗,屋檐有部分坍塌。殿内梁架倾斜,摇摇欲坠,殿内后部屋顶坍塌。正殿曾被改造,正壁壁画损毁无存,两侧山墙遗存有壁画,前槛墙内侧下部残存有壁画。

西山墙保存较好,南部壁画色彩以蓝、白、黑三种基调为主,间或红色点缀,边框采用红色,从色彩来看为晚清、民国时期作品。从壁画的内容来看,非蔚县寺庙常见题材。东、西两壁的南侧壁画以多宝架为主体,大小各异的格内置各类物品。有以陶、瓷器单层或双层盛放果蔬题材,果蔬包括:西瓜、石榴、茄子等,以西来果蔬为主;有玩物题材,玩物包括:座钟、八卦、大提琴、笛子、二胡、香包、如意、飘带等;有各式花瓶题材,花瓶有葫芦形、菱形、方形等。西山墙北部壁画,以1座西洋式建筑为主体,弧面顶,殿前有廊,由六根立柱支撑,立柱上写有字。

东山墙壁画与西山墙类似,但画面较为漫漶,南部为多宝架形式,所置物品与西侧略有不同,北部亦为西洋楼建筑。

西槛墙内侧有3幅画,其中2幅为书籍题材,书上写有文字。

据村民介绍,正殿殿中原供奉孔夫子、老君、佛爷三尊塑像,两侧为护法神,周围悬塑环绕,皆毁于"文革"时期。

正殿两侧设东西耳房。西耳房坐北面南,面阔单间,彻底坍塌;西墙辟便门,随墙门,顶部坍塌。东耳房坐东朝西,面阔单间,硬山顶,屋檐坍塌,门窗仅存框架,殿内墙壁表面刷涂白灰浆。

东西配殿均面阔三间,硬山顶,进深四架梁,门窗尚存。东配殿内原供奉关公,为"坐关公",且有"五虎上将"。如今东配殿内北山墙坍塌,殿内墙壁表面刷涂白灰浆,无壁画和彩绘。西配殿内正面供奉火神,此外还有福神、河神、马神,诸神均为泥像。如今西配殿正墙与北墙残存有壁画。正面墙壁壁画色彩艳丽,但因脱落严重,壁画内容难以辨认。"四清"时期破坏了神像和壁画。

旧时寺内石碑数量多,东耳房曾作为碑亭使用,现在仅存房屋。石碑多用于修建壶流河水库。

据当地71岁的张姓长者回忆,三清观为明代修建,原位于村南的旷野中(南水库西侧),附近的浮屠村因此旧庙而得名。清代时当地有狼群出没,曾进村将村中孩童吃掉,故将寺庙搬迁回堡内,搬迁工作在冬季进行,利用冰车运送塑像。本村的张、杜姓居民捐献了迁置后的地产。

第十二节 北绫罗村

一、自然环境与人文历史

北绫罗村,位于下宫村乡东北 2.2 公里处,地势略南高北低,为壤土质,村庄周围辟为耕地。1980 年前后有 683 人,耕地 2 241 亩。曾为北绫罗大队驻地。

村名来历与筛子绫罗村相似,因该村居北,即得名北绫罗。村名可考的历史最早见于《(乾隆)蔚州志补》,作"北绫罗堡",《(光绪)蔚州志》《(民国)察哈尔省通志》均作"北绫罗"。

如今,根据村中所贴"北绫罗村扶贫攻坚示范区建设整体推进公开栏"得知,北绫罗村村民以王、段姓为主,共有 227 户,722 人,其中劳动力 341 人。全村贫困户 147 户,428人,其中五保户 6 户 6 人,低保户 59 户 73 人,2011 年人均纯收入仅 2 252 元。村中主要的经济植物是烟叶、贡米、马铃薯、黄菊花、大棚蔬菜、舍饲养殖等,目标是 2015 年人均纯收入达到 5 000 元。计划总投资 2 417 万元,在村北水泥路两侧规划建设两大示范区,并对贫困户进行一对一脱贫结对帮助,以达到共同致富(图 11.18)。

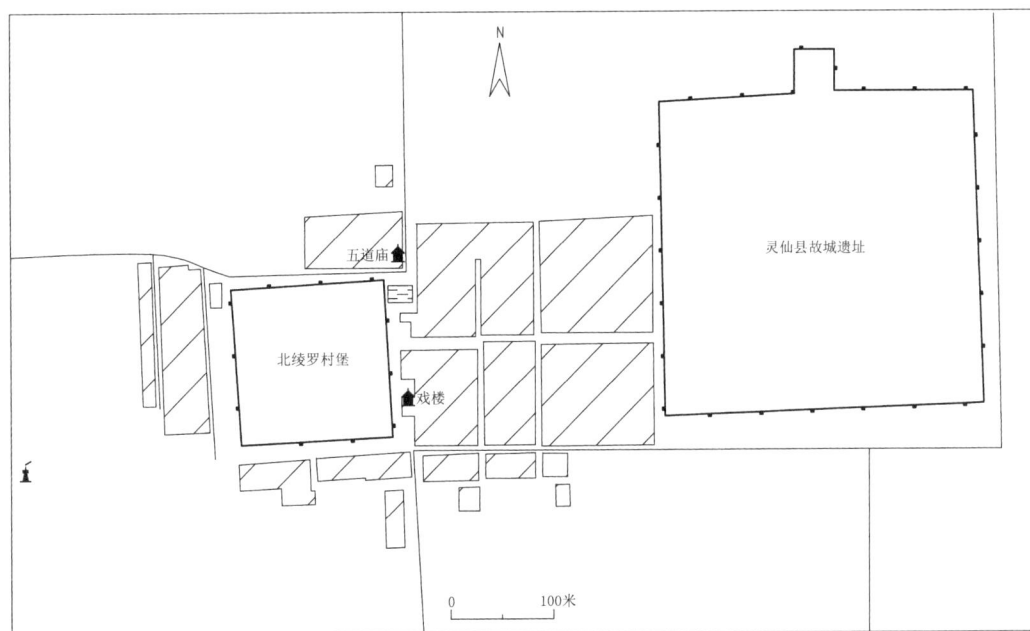

图 11.18　北绫罗村古建筑分布图

二、城堡

(一)城防设施

北绫罗村堡 据《(民国)察哈尔省通志》记载:"北绫罗堡,在县城西南二十里,土筑,高一丈五尺,底厚五尺,面积十三亩,有门一,现尚完整。"[1]今位于村内中西部,城堡平面呈矩形,周长约 599 米,开东门。堡内平面布局为十字主街结构。堡东约 60 米处为辽金元时期灵仙县故城旧址,城址尚存(图 11.19)。

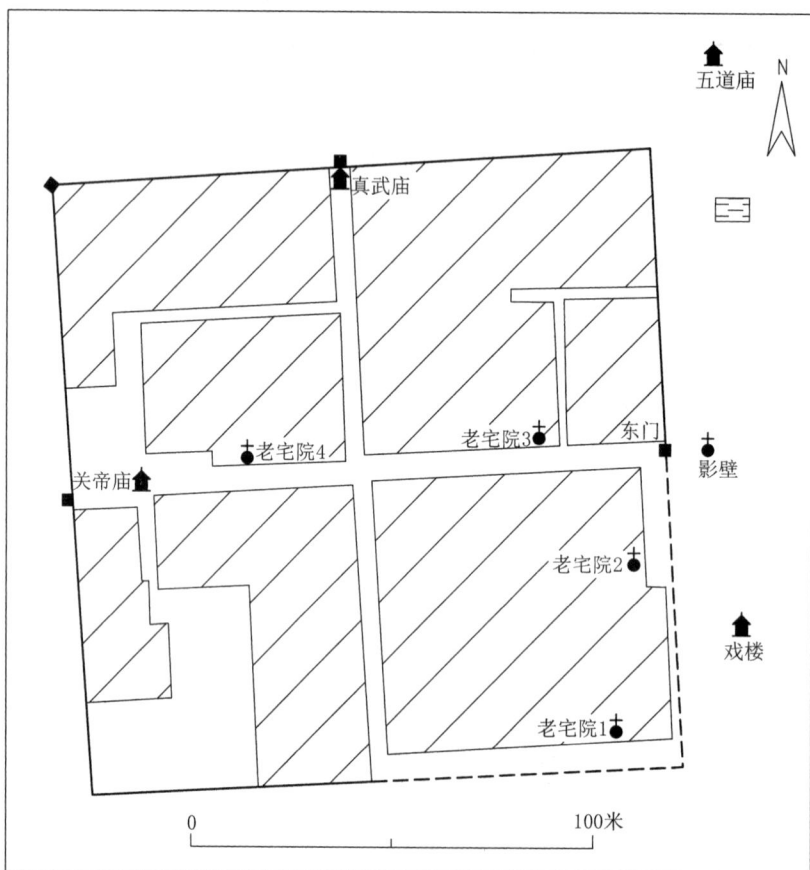

图 11.19 北绫罗村堡平面图

城堡东门保存较好,砖石拱券结构,基础为条石砌筑,共 5 层,上面青砖起券。外侧门券三伏三券,券上出伏楣二层,门券拱顶上方镶嵌石质门匾(拓 11.5),正题阴刻双勾"永安堡",右侧前款为"大清咸丰十年庚申且月榖旦立",左侧未见落款。门匾两侧各镶嵌有

---

〔1〕 宋哲元:《(民国)察哈尔省通志》,国家图书馆藏 1935 年铅印本,第 10 页。

1枚方形门簪，门簪顶端雕有两朵灵芝花草。内侧门券亦三伏三券，门券拱顶上方镶嵌有石质门匾(拓11.6)，正题阴刻双勾"勇安堡"，正题下方为堡长等人名，匾左侧原有落款，已风化漫漶，仅见"拾年己亥月吉日立"。门顶为木梁架平顶，门顶外部较平，近年修缮，砖砌花勾栏。门道为自然石铺成的路面。门内为东西向中心街，土路。门外正对1座砖砌影壁，保存较好，影壁镶嵌在村委会正房西墙墙壁上，面阔单间，檐下砖雕一梁柁。东门外为南北向水泥路。

拓11.5　下宫村乡北绫罗村堡东门外侧门匾拓片(蔚县博物馆　李新威　提供)

拓11.6　下宫村乡北绫罗村堡东门内侧门匾拓片(蔚县博物馆　李新威　提供)

堡墙均为黄土夯筑,保存较差。东墙长约151米,北段尚存,南段无存;北段墙体保存较好,墙体高大,内侧为民宅,外侧墙下长有几株大杨树,墙外为顺城水泥路。南墙长约148米,仅存约三分之一,南墙东段墙体仅存基础部分,墙体内侧为民宅,外侧为土路。西墙长约150米,墙体高大,保存较好,中部开有一缺口,便于交通,西墙内侧是民宅,外侧有零星民宅,民宅的西面为南北向水泥路;西墙中部设有1座马面,方形,保存较好,外侧有1座新建的民房。北墙长约150米,现存墙体高大,约4~5米高,北墙内侧为依墙而建的民宅,民宅多废弃,墙外为顺墙水泥路,水泥路北侧是耕地、荒地,并长有树木;北墙中部设有1座马面,即真武庙庙台,方形,保存一般,因修水泥路将马面铲掉一半。北墙外亦有旧房屋,保存较差。

东南角无存。西南角未设角台,仅为转角,保存较好,夯层清晰,其西侧为牛圈。西北角设135°斜出角台,保存较好,台体外侧长2株杨树。东北角未设角台,仅为转角。东北角外水泥路边尚存水坑,几近淤平。

灵仙县故城　位于北绫罗村东约60米处,即辽、金、元时灵仙县县城。城址南15里为蔚县萝山,东为古河道,向北流入壶流河。城墙保存一般,黄土夯筑,平面呈方形,边长约300米。东、南城墙保存尚好,北墙残存东半部,西部多已毁坏。城墙高约3米,夯层厚0.2米。南墙正中开城门,现为缺口,城门外建瓮城,南北长30米,东西长50米。瓮城开南门,现为缺口。城内中心有枯井1眼。地面散布辽、金时期白釉、黑釉瓷片。

现为蔚县重点文物保护单位。

（二）街巷与古宅院

堡内居民较少,民宅以土旧房为主,尚存4座老宅院。

老宅院1　位于堡东南角内,一进院,曾为旧时大地主家的宅院。广亮门,前檐额枋上木雕装饰精致,正房坐北面南,面阔五间。院内已改作学校。据刚从张家口教育学院毕业的王老师介绍,目前学校有一个学前班,19人;一、二年级,14人。

老宅院2　位于东墙南段内侧,两进院,大门内尚存影壁,影壁上有砖雕仿木构装饰,正房面阔三间,东西各设厢房,院内砖铺地面。

老宅院3　位于正街北侧,由前后两进院组成,坐北面南,前院正房面阔三间,后院正房面阔五间,宅院内的砖雕装饰除蔚县常见的荷包鱼、荷包蝙蝠、荷包笔外,由于此宅主人因经营麻绳而致富,装饰中还有一处呈麻绳状。据此宅的后人回忆,宅院主人姓王,祖上以经营麻绳为生,祖父辈吸食鸦片成瘾,从此家境败落。

老宅院4　位于正街北侧,两进院。

三、寺庙

据当地长者回忆,北绫罗村原有真武庙、龙神庙、戏楼、五道庙、关帝庙。庙宇建筑多于"四清"时期拆毁。

真武庙　位于北墙马面上,现已无存。

龙神庙　位于东门外,正对戏楼,现已无存。

戏楼　位于堡东门外南侧,坐南面北,东为民宅,南为丁字形交叉道口,西为进村大道,北面曾为龙神庙,现为村委会大院、戏楼广场。戏楼面阔三间,单檐六檩卷棚顶。前台挑檐较深,挑檐木足有四分之三伸出墙外,因此前台显得相当宽敞。砖石台明高 1.6 米,前檐柱4 根,二龙戏珠木雕雀替,柱下鼓形柱础,上雕狮子衔环,后金柱两根。明间雕龙首撑拱。檐下尚有 1 块走马板,尚存人物故事绘画,柱间裙板上有草龙木雕,可惜已不完整。前檐额枋上残存彩绘,梁架上也残存彩绘。山墙砖砌,台内地面为方砖铺墁,堆放木头。前台两侧壁上有残存的壁画,内容为楼阁一类建筑,为民国时期的作品,壁画保存较差,斑驳不清。隔扇仅存框架结构。后台墙壁上有墨书题壁,年代为清光绪及以后,如"大清光绪贰年"。

五道庙　位于堡东北角外,新建庙宇,坐北面南,面阔单间,硬山顶。采用红砖砌筑,前檐下贴有瓷砖,殿内未施壁画。

关帝庙　位于堡内东西主街西端的西墙内侧,坐西面东,现今仅存 1 座山门,院内建筑皆毁,夷为平地,长满杂草。

第十三节　李家绫罗村

一、自然环境与人文历史

李家绫罗村,位于下宫村乡东 1.7 公里处,地势南高北低,为沙土质,辟为大面积的耕地。村东有青年水库(乡镇级)1 座。1980 年前后有 577 人,耕地 1 428 亩,曾为李家绫罗大队驻地。如今,村庄平面呈倒"L"形,西、南侧为新村,东北部为旧村,即城堡所在地(图11.20)。218 乡道从村北边缘经过。

村名来历与筛子绫罗村相似,又因李氏主居,故得名李家绫罗。村名可考的历史最早见于《(乾隆)蔚州志补》,作"李家绫罗",《(光绪)蔚州志》《(民国)察哈尔省通志》沿用。

二、城堡

据《(民国)察哈尔省通志》记载:"李家绫罗堡,在县城西南二十里,土筑,高一丈四尺,底厚六尺,有门一,现尚完整。"[1]李家绫罗村堡今位于村庄东北部,城堡平面呈矩形,周

---

〔1〕　宋哲元:《(民国)察哈尔省通志》,国家图书馆藏 1935 年铅印本,第 10 页。

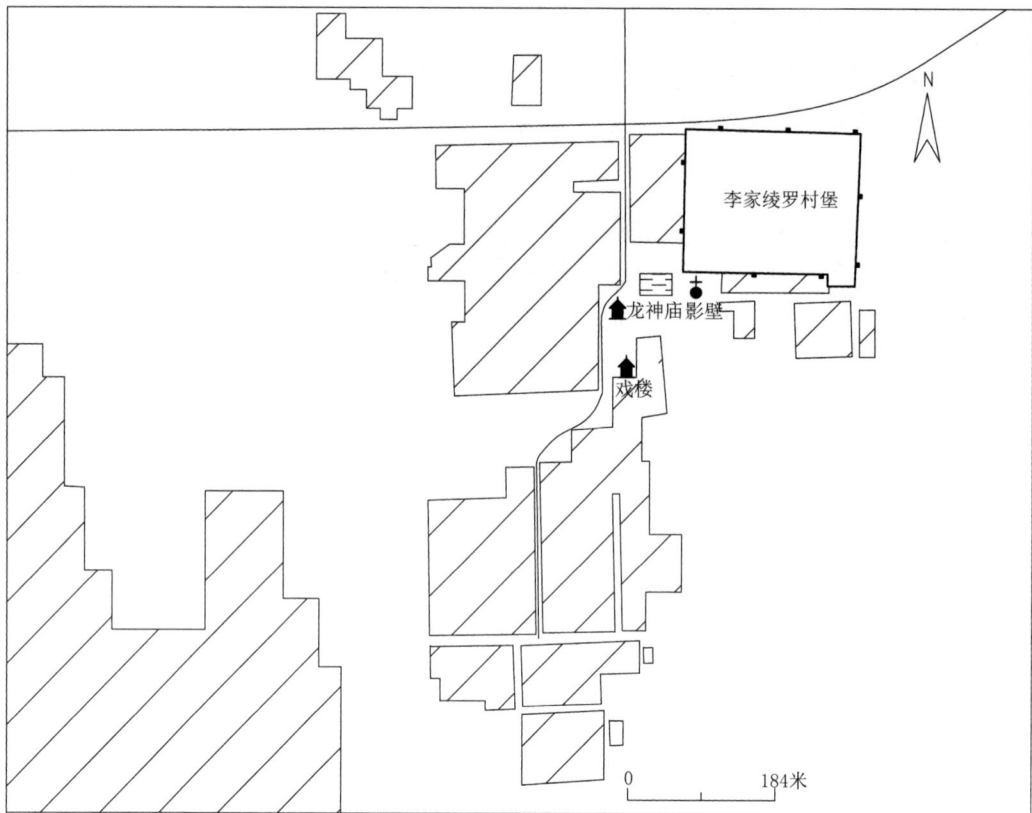

图 11.20　李家绫罗村古建筑分布图

长约 451 米,开南门,堡内平面布局为三丁字主街结构(图 11.21)。

　　城堡南门并非位于南墙正中,而是近堡西南角,南门两侧堡墙已毁(彩版 11-19、20)。堡门保存较好,由于门外西侧距离堡西南角近,西南角台作护门墩使用。堡门为砖石拱券结构,基础为条石砌筑,共 9 层,上面青砖起券。外侧门券三伏三券,上出二层伏檐,门券拱顶上方镶嵌有 2 枚菱形门簪,门簪之上镶嵌石质门匾,正题阴刻"龙潭堡",落款为 1 排竖字"嘉靖二十六年七月吉日建立",匾起款下方还有"堡长李潮锦",还有一首诗"东近龙□观南近胜井水"。匾两侧各镶嵌两方形砖雕装饰,东刻"犀牛望月",西刻"天马行空",门颊两侧刻"鹿回头"。门道为自然石铺成的路面,门槛、路牙尚存。内侧门券亦三伏三券,门券拱顶上方镶嵌有石质门匾(拓 11.7),正题"永泰门",表面风化严重。两侧有排水孔。门顶内部为拱形结构,门顶部曾修建有财神庙,现已无存。门外正对 1 座大影壁,条石基础,须弥座,硬山顶,顶采用砖雕仿木构出檐。檐下饰四个砖雕栌头装饰,将影壁分为面阔三间。每个栌头下有垂花柱,栌头间有砖雕荷叶等。影壁正中为菱形方砖装饰。影壁西侧有 1 座较低的硬山顶小影壁。依台明推测,其东侧还应有 1 座小影壁与之对称。影壁南为大片空地,空地东、南侧有许多土坯修建的烤烟房。南门外西侧为 1 座坑塘,周边柳树环绕。

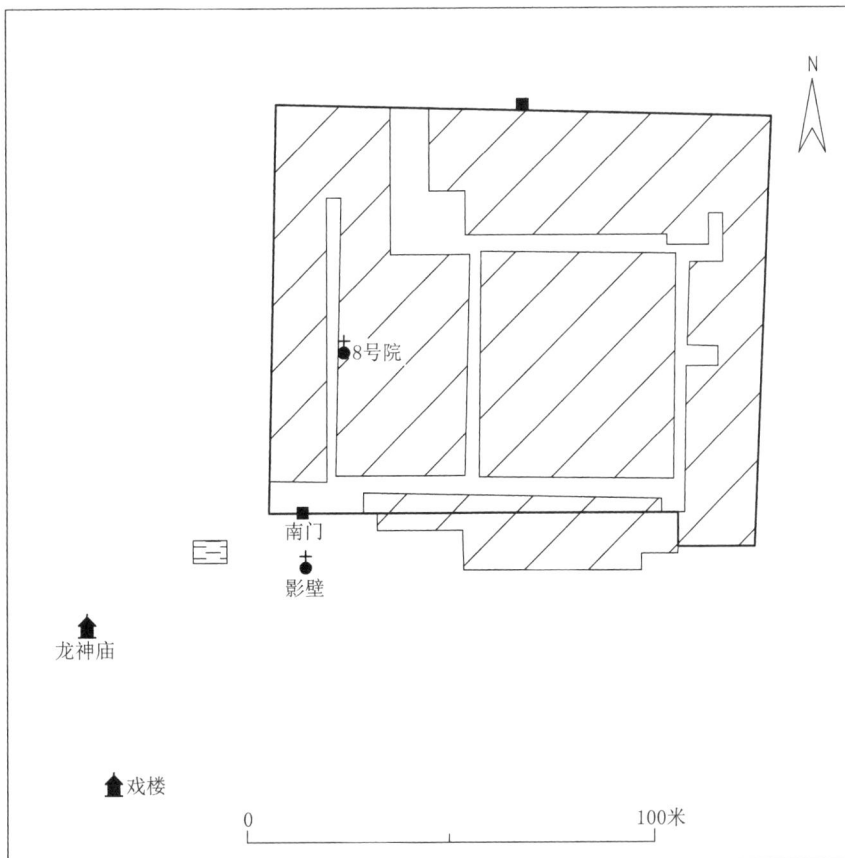

图 11.21 李家绫罗村堡平面图

拓 11.7 下宫村乡李家绫罗村堡南门内侧门额拓片 (蔚县博物馆 李新威 提供)

堡墙均为黄土夯筑,早年坍塌殆尽。东墙长约 105 米,保存较差,墙体高薄、连贯,高 3～6 米,墙体质量较差;墙体内侧为民宅,外侧为荒地和道路。南墙长约 128 米,墙体不直,有一小段拐弯,保存较差,墙体低薄,坍塌严重,高 3～4 米,内侧为民宅,外侧为道路;东南角附近墙体保存较好,高 5～6 米。西墙长约 97 米,保存差,现存墙体较少,高约 2 米,墙体内外均为民宅。北墙长约 121 米,墙体低薄,外侧有大量坍塌形成的积土,墙体内侧为民宅,外侧为耕地和道路;北墙中部设马面 1 座,保存较差,马面边建烤烟房。

东南角仅存转角。西北角无存,为新建的房屋所占据。东北角仅存转角,高 5～6 米。

堡内为三丁字街结构,各街均不正对南门。堡内民宅新、旧房均有分布,以新房较多,老宅院较少。其中 8 号院位于南北向主街的东侧,一进院,保存较好。

三、寺庙

据当地长者回忆,李家绫罗村原建有真武庙、财神庙、戏楼、龙神庙。庙宇建筑于"文革"时期拆毁。

真武庙 位于北墙上,现已无存。

财神庙 位于南门顶,现已无存。

戏楼 位于堡外西南侧台地上,坐南面北,正对龙神庙。戏楼面阔三间,单檐六檩卷棚顶。石台明高 1.1 米,前檐柱 4 根,柱下古镜柱础,后金柱 2 根。前出檐很深,挑檐木足有四分之三伸出墙外,前檐额枋上有残存的彩绘,前檐下雕云龙雀替,明间雕龙首撑拱,次间雕象首撑拱。戏楼内的隔扇仅存框架,前台两侧墙壁残存壁画,各画四条屏风,屏心内容为房屋楼阁类建筑与山水,为民国时期的作品。后台墙壁题壁较少,未见纪年年号。戏楼西侧有耳房一间。

龙神庙 位于戏楼对面,正对戏楼,原为 1 座庙院,院内砖铺地面。如今院墙、山门无存,正殿改建为民房数间,正殿下为夯土台明,台明北立面有包石遗迹。

第十四节 南 绫 罗 村

一、自然环境与人文历史

南绫罗村位于下宫村乡东偏南 1.3 公里处,地势平坦,为沙土质,周围辟为耕地。1980 年前后有 554 人,耕地 1 639 亩,曾为南绫罗大队驻地。如今,村庄北部为新村,民宅多为新建的房屋,城堡即旧村,位于村中部偏南处(图 11.22)。

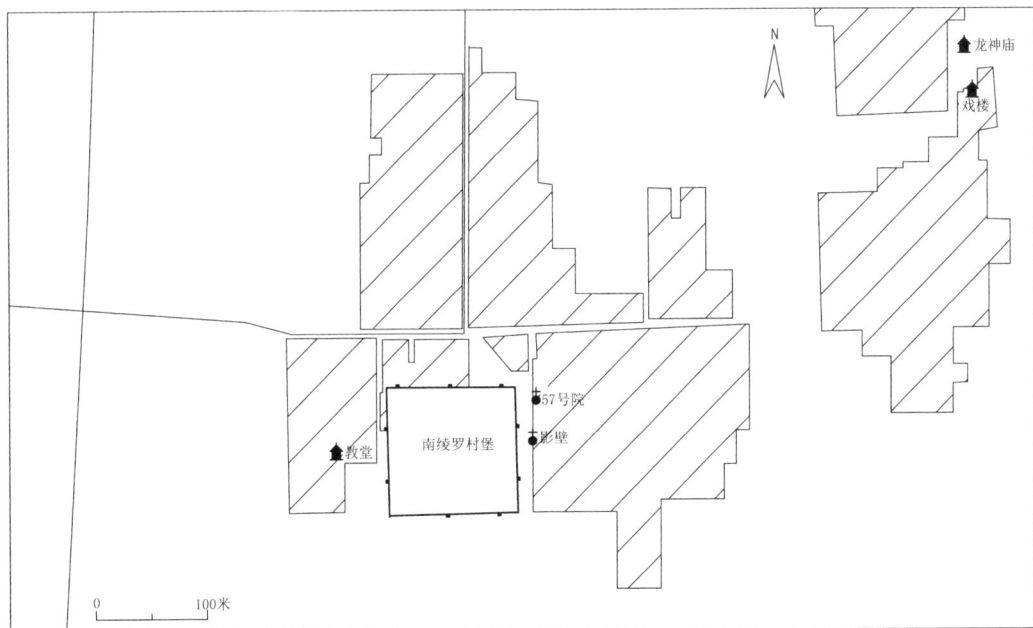

图 11.22 南绫罗村古建筑分布图

村名来历与筛子绫罗村相似,称胜井绫罗,又因居南,1937 年更名为南绫罗。村名可考的历史最早见于《(乾隆)蔚州志补》,作"盛京绫罗",《(民国)察哈尔省通志》作"胜井绫罗"。

二、城堡

据《(民国)察哈尔省通志》记载:"胜井绫罗堡,在县城西南二十里,土筑,高一丈三尺,底厚四尺,有门一,现尚完整。"[1]南绫罗村堡今位于村中部偏南处,平面呈矩形,周长约453 米,开东门,堡内平面布局为东西主街结构(图 11.23)。

城堡东门建筑拆毁于"四清"时期,现为缺口。缺口处现有一新修的铁门,采用两根新砌的红砖水泥门柱,顶一铁拱横跨,上用铁丝做三个大字"胜泉堡"。门对面的民房上新修1 座影壁。

堡墙均为黄土夯筑,保存较差。东墙长约 110 米,东门以南的墙体大部分为房屋所占;现存墙体低薄,高 3~4 米,墙体内侧为民宅,外侧为荒地和道路;东墙外有 1 座老宅院,保存较好。南墙长约 115 米,墙体高 4~5 米,呈土垅状;墙体内侧为民宅,外侧为林地。西墙复原长约 113 米,现为房屋和道路占据。西墙外有新建的小学,小学西南侧建有教堂。北墙长约 115 米,坍塌严重,现存约三分之一,其余地方为民房所占,墙体低薄,高3~4 米,墙外长有 4 株杨树;北墙内侧为民宅,外侧为空地。

---

〔1〕 宋哲元:《(民国)察哈尔省通志》,国家图书馆藏 1935 年铅印本,第 10 页。

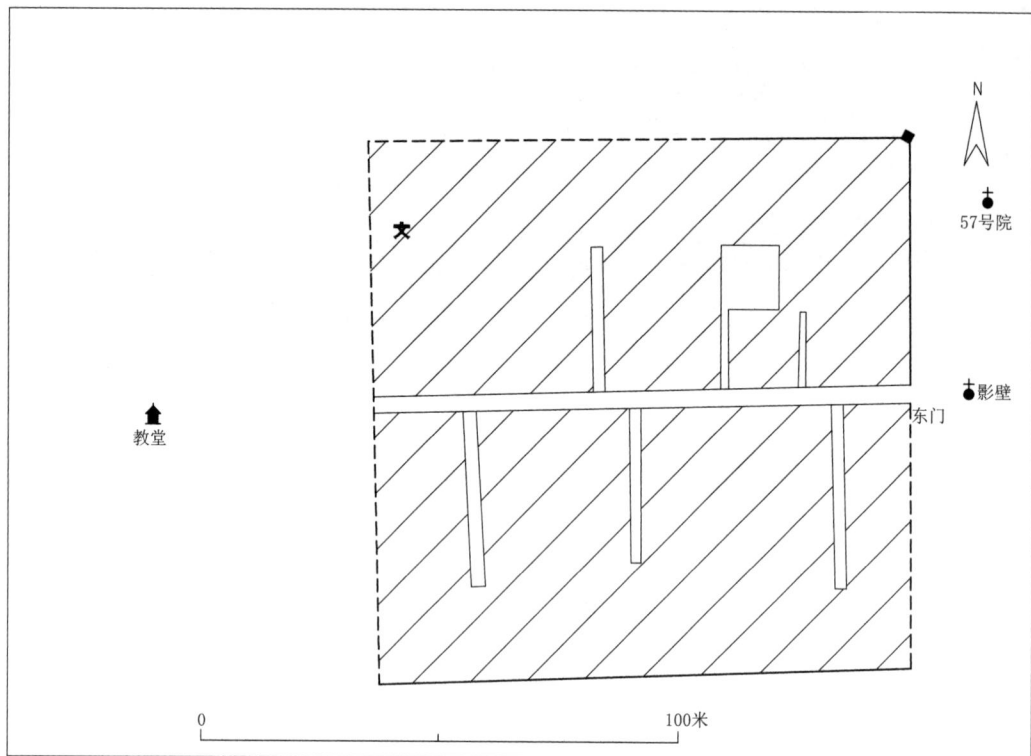

图 11.23　南绫罗村堡平面图

东南角仅存基础。西南角无存,为新建房屋所占。西北角无存,为民宅占据。东北角台坍塌严重,推测为135°斜出角台。

堡内民宅以新房为主,老宅院较少。东西主街两侧老宅大多已毁。仅1座老宅院尚存,位于主街南侧,正房坐北面南,面阔五间,条石基础,青砖砌墙,显示出宅院主人的实力。堡东北角外尚存1座老宅院,即57号院,一进院。

三、寺庙

村中长者无人知晓寺庙情况,推测寺庙在解放战争时期被国民党军队拆毁修建岗楼。如今,村中修有1座教堂。

教堂　位于堡西墙外,由于西墙已塌,教堂与东门内东西主街正对。据悬挂在墙上的介绍牌所示,教堂原建于1912年,毁于1969年秋,重建于1987年春。百年前,传教士在蔚县南北传教,留下了数量众多的教堂,南绫罗村教堂便是其中的一所。

教堂坐西面东,红砖砌筑,正面屋顶山墙绘有彩画,南、北墙各窗皆有绘画,每一幅画表现一段故事。教堂南侧有1座影壁,画有《耶稣受难行程图》。教堂北侧有4座坟墓,葬有已故的司铎。其中有1通残墓碑,写有"清故司铎王公进慧之墓"。

第十五节 浮 图 村

一、自然环境与人文历史

浮图村,位于下宫村乡东偏南4公里处,属丘陵区,选址于大南山山前冲积扇上,地势南高北低,为沙土质,周围辟为耕地。1980年前后有1939人,耕地5389亩,曾为浮图村大队驻地。

相传,元末建村,据村西三清观庙内宝塔而取名为浮图村。村名可考的历史最早见于《(正德)宣府镇志》,作"浮头讲堡",《(崇祯)蔚州志》作"浮图村堡",《(顺治)云中郡志》作"浮头村堡",《(顺治)蔚州志》作"浮图村堡",《(乾隆)蔚州志补》作"浮图村",《(光绪)蔚州志》沿用,《(民国)察哈尔省通志》作"浮屠村"。

如今,村庄分为新旧两部分,新村在北部,旧村在南部,218乡道从村西通过。旧时,村庄修建有北堡、南堡两座城堡,两堡连接在一起,共用一堵墙。堡外东、西侧为东、西庄。当地长者回忆,浮图村又称凤凰村,村中的"两堡两庄",整体布局构成"凤凰双展翅",南、北两堡为凤凰身体,东、西两庄为翅膀,山坡上的玉泉寺为凤头。建筑格局上与蔚州古城相似,堡开四门,北有玉皇阁(文昌阁),东有浮图塔(图11.24)。

二、城堡与寺庙

旧时,浮图村包括南堡、北堡、东庄、西庄4个部分。

(一)北堡

1.城堡

(1)城防设施

北堡位于村中,城堡平面大致呈矩形,周长约596米,开东、西门,两门偏于南侧,近南墙,且东、西门未在东西一条轴线上。堡内平面布局为"倒"丁字形街结构:设东、西街与1条北街,形成丁字形(图11.25)。

城堡东门位于北堡东墙南端与南堡北墙相接处,堡门保存较好,砖石拱券结构,基础为5层条石砌筑,青砖拱券门洞(彩版11-21、22)。外侧门券三伏三券,门券两侧门颊上各镶嵌有1块砖雕装饰,为"祯""祥"二字。门券拱顶上方镶嵌砖制阳文门匾,正题"明庆门",门匾两侧各镶嵌有1枚方形砖雕门簪,门簪顶端有字,漫漶不清。内侧门券亦为三伏三券,门券拱顶上方镶嵌有石质门匾,门匾表面风化严重,字迹漫漶。门顶内部为拱券结

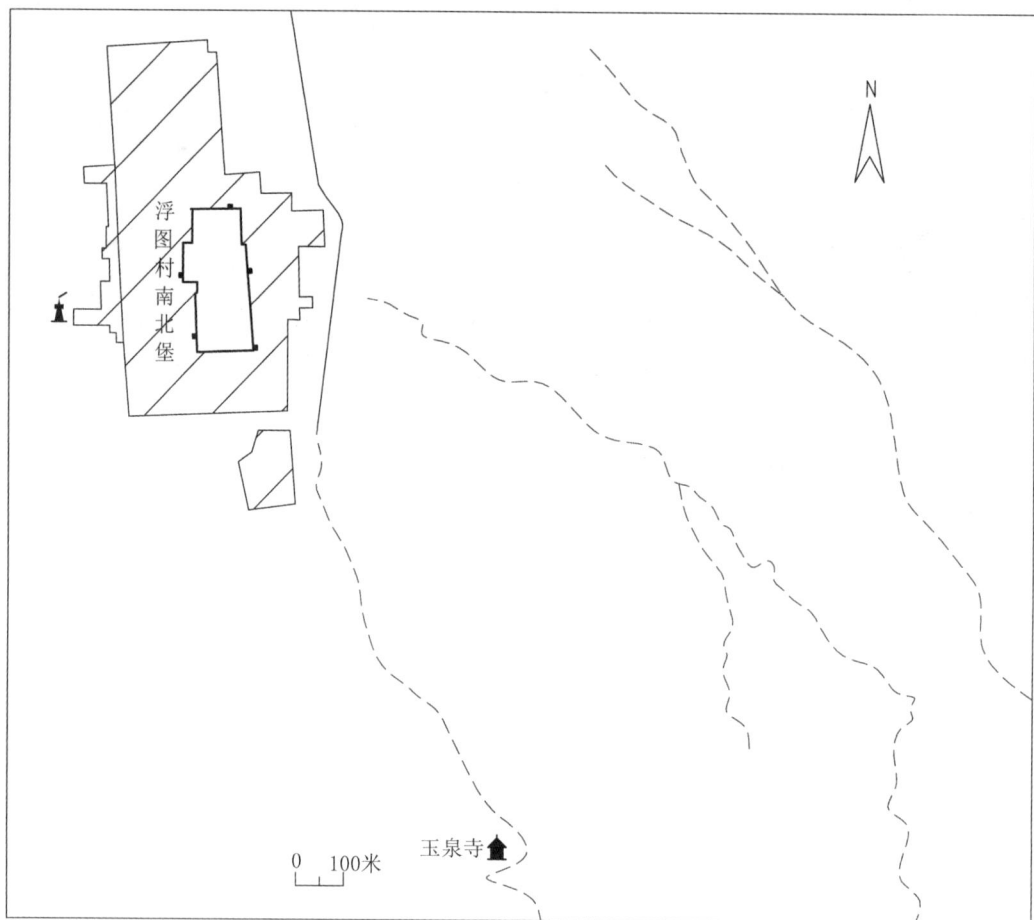

图 11.24　浮图村古建筑分布图

构,门顶长满杂草。门道为土路面,门扇无存,两侧墙壁上有方形门闩孔。门内为中心街,街道不直,其南侧为南堡的北墙。门外正对有 1 座影壁,单檐硬山顶,檐下砖雕仿木构,有额枋、柱头等装饰。门外附近东墙上有包石遗迹。

　　城堡西门保存较好,砖石拱券结构,基础为 6 层条石砌筑,其上为青砖砌拱券门(彩版 11-23、24)。外侧门券三伏三券,门券拱顶上方镶嵌有石质门匾,表面风化,字迹漫漶,门匾两侧各镶嵌有 1 枚门簪。内侧门券三伏三券,门券拱顶上方镶嵌有石质门匾,匾上方有一排小字“禄财门大吉”,中部有“浮图村堡”,中下部为“吉庆门”;底部多列小字,皆为人名,落款可辨为“大明嘉靖贰拾陆年□月吉日”。门道为土路,门扇无存。门顶内侧为拱形券顶,门顶部较平,立有电线杆。西门北侧西墙的内侧尚有包石遗迹。门外为新村,但是门附近为无人居住的房屋,门外西侧正对有影壁,影壁嵌于观音殿东配殿后墙北端,硬山顶,檐下砖雕檩、枋、栌头等仿木构建筑,四只栌头将此分为三间,影壁正中采用方砖菱形铺就。

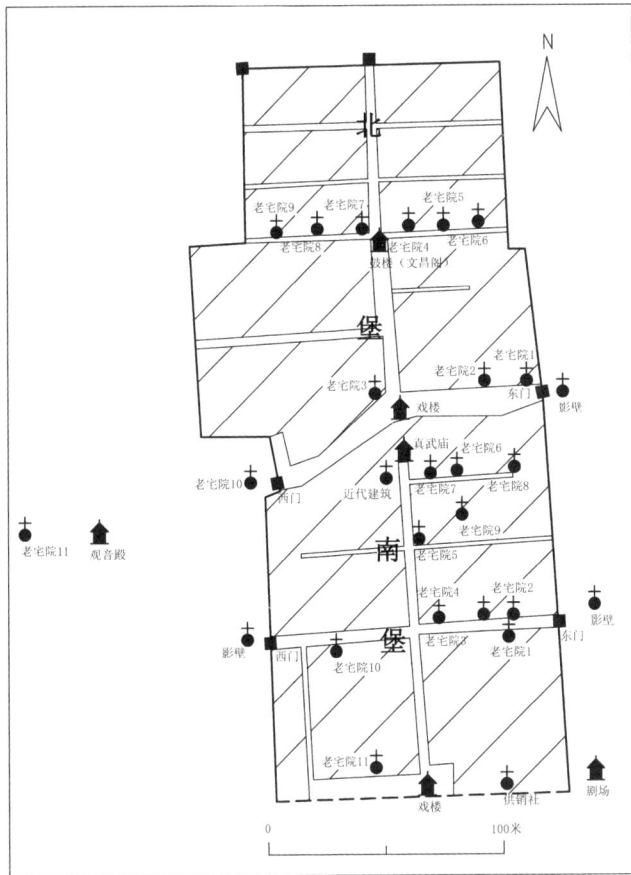

图 11.25　浮图村堡平面图

堡墙均为黄土夯筑，保存较差。东墙长约 143 米，墙体多坍塌，现存墙体高 2～3.5米，部分保存较好的墙体高 3～4 米，宽 1～2 米，墙体内侧为土旧房屋，外侧有一处新房邻城墙修建，其余为荒地；东墙外有村委会大院。南墙长 119 米。西墙长约 225 米，墙体不直，向东稍有曲折，墙体低薄，坍塌严重；北段保存较好，墙体高 3～4 米，基础部分厚 2～3 米，墙内侧为土路和民宅，外侧为民宅和荒地，土旧房已无人居住。北墙长约 109 米，墙体保存一般，墙体高大、宽厚，高 4～5 米，墙体壁面斜直、连贯；墙体中部设 1 座方形马面，体量大，但村民在北墙开豁口时将马面挖去一半，马面顶部立有村委会的广播喇叭；北墙东段墙体高 3～4 米，墙体外侧有 1 座土坯修建的烤烟房，其他地方为荒地和垃圾堆；北墙内为民宅，以土旧房为主，外侧为新村、新房和道路。

西北角设 90°直出角台，保存差，现存体量小，大部分坍塌。东北角坍塌无存。

（2）街巷与古宅院

北堡堡内平面布局为丁字形主街结构，街面较宽，但略有曲折，中心街中部为丁字路口,向西出堡西门,向北为一条大街,是为北街,街面较宽,为土路,向北直出北墙,原北墙未设门,"文革"时为了便于交通而开豁口。三岔口处南侧依南堡的北墙修建有戏楼,戏楼正对北墙出口。戏楼前的路中央原设有影壁,正对东、西堡门,后拆除。堡内民宅以旧房居多,新房少。

正街 即东西向主街,北侧尚存 3 座老宅院。老宅院 1～3,均为一进院。

鼓楼北街 即鼓楼北侧一条东西向街道,东段北侧尚存有 3 座老宅院。老宅院 4～6,一进院,保存较好。门楼皆为广亮门,大门内为砖砌影壁,装饰垂花柱。院中老宅门框、裙板、窗棂等木结构雕刻精致,各具特色。西段北侧亦保存有 3 座老宅院,即老宅院 7～9,一进院,门楼保存较好。

2. 寺庙

据当地长者回忆,北堡曾修建有关帝庙、观音殿、真武庙、灯山楼、五道庙、戏楼、鼓楼(文昌阁)、观音殿(双钟寺)。庙宇除尚存外,于"文革"时期拆除。

关帝庙 位于东门外南侧,现已无存。

观音殿 位于关帝庙南,现已无存。

真武庙 位于北墙上,现已无存。

灯山楼 位于真武庙庙台边上,现已无存。

五道庙 位于堡内南北主街南端西侧影壁边上,现已无存。

戏楼 位于北堡内丁字路口南侧,南堡北墙外,依北墙而建,正对北堡北墙便门。戏楼坐南面北,建筑因大火而烧毁,仅存遗址,对面为空场,旧时设看台,分为男(站)、女(座)观看区。

鼓楼(文昌阁) 位于堡内南北主街鼓楼顶部,南对堡墙下的倒座戏楼(已毁),北对真武庙(已毁),3 座建筑分布在一条中轴线上(彩版 11-25)。当地乡民回忆该过街楼为鼓楼,鼓楼顶上建有 1 座殿,即文昌阁。需要说明的是,修建过街鼓楼或玉皇阁类建筑,在明代宣大地区的官(军)堡中较为常见,民堡中罕见。过街楼为砖石拱券结构,跨主街东西两侧,基础为 7 层条石砌筑,上为砖砌拱券,二伏二券,拱门南立面东侧设有 1 个门洞,内设砖砌台阶登顶进入文昌阁。

文昌阁,坐北面南,面阔三间,硬山顶,进深五架梁,出前后廊。前檐额枋上无彩绘遗存。正脊损坏三分之二,屋顶坍塌为 3 个洞,门窗仅剩框架,殿内地面为砖铺地面。殿内架梁上绘沥粉金龙牡丹,脊檩上绘《八卦图》。阁中台阶顶端置 1 通雍正二年(1724)《创修文昌阁碑记》石碑,碑阴为"浮图村北堡施财善人"名单。殿中北墙表面脱落,露出里面的土坯墙体,两侧山墙内壁尚保存有民国时期的壁画,表面因涂刷白灰浆而漫漶,从残迹看壁画为连环画式,每幅画均有竖排榜题,仅两幅可看清人物。

观音殿 又称为双钟寺,位于北堡西门外,现属西庄管辖,庙院整体坐南面北,是由正殿、东、西配殿、耳房围成的 1 座庭院式建筑,院门位于北墙中间。门楼为砖砌券门,硬山顶,檐下砖雕仿木构的椽、檩、枋、垫板、枊头与垂花柱,枋中间有两朵荷叶梁托装饰。券门拱顶上方有砖雕门匾,匾中三个砖雕字,由于曾被铲毁,难以辨认。门楼内两侧为钟、鼓两亭。院内正殿,坐南面北,面阔三间,硬山顶。山墙为旧构,墀头戗檐尚有砖雕,正面槛墙与门窗皆修缮。正殿南墙上辟一方形窗户,正殿两侧建有耳房及东、西配殿,东配殿后墙是 1 座照壁,正对堡西门,照壁面阔三间,硬山顶。观音殿西侧有老宅院,即老宅院 11,一进院。

(二)南堡

1. 城堡

(1)城防设施

南堡位于村中,城堡平面呈矩形,周长约 525 米,开东、西门,东西门不在一条轴线上,门内外各建 1 座照壁,共计 2 座山影壁,2 座一字照壁。堡内平面布局为十字街结构(图 11.25)。北堡与南堡共用一道墙,与下宫村南、中堡相似。北堡为南墙,南堡为北墙,共用一道墙的城堡在蔚县城堡中较为少见。且这道墙与其余堡墙差异明显,是由房屋的北墙连接出来的近似墙体建筑。

南堡东门位于东墙偏南位置,保存较好,砖石拱券结构,基础为 5 层条石砌筑,上面青砖起券(彩版 11-26)。外侧门券三伏三券,上出二层伏楣,砖券两侧各镶嵌有砖雕装饰,损毁严重,门券拱顶上方镶嵌有砖制阳文门匾,字迹漫漶,推测为"寅宾门"三字。门匾两侧各镶嵌有 1 枚方形砖雕门簪,门簪顶端有字,已损毁。门匾上方两侧各有一排水孔。门顶为砖券顶,已坍塌,门内侧坍塌,仅存两侧门柱。门道为自然石铺成的路面。门内两侧的门闩孔位置较低,推测旧时当地曾遭遇洪水,淤泥将门洞地面抬高所致。东门外正对 1 座砖砌影壁,硬山顶,檐下装饰有四根砖雕枊头,将影壁分为面阔三间,额枋中间装饰砖雕"蝠倒"与"荷叶包鱼",分别寓意"福到"与"连连有余"。影壁两侧垂脊饰有凤凰,南侧是一只凤,凤头朝东,凤尾朝西;北侧是两只凤,凤头分别面向东与西。东门外南侧有剧场。东门内迎面为民宅山墙,建山影壁 1 座,向南拐西为东西主街,即中心街不正对堡门,而是一处拐弯。东门内侧(中心街东尽头)也有 1 座影壁,影壁表面的砖已脱落,露出里面的土坯墙体,影壁正对西门。

城堡西门保存较好,砖石拱券结构,基础为 4 层条石砌筑,上面青砖起拱券,车棚券,内侧门拱高于外侧门拱(彩版 11-27、28)。外侧门券三伏三券,门券拱顶上方镶嵌 2 枚门簪,其上镶嵌砖制门匾,门匾由 3 块砖组成,正题阳文"丽景门"三字。内侧门券为两伏两券,无装饰。门道为土路。堡门门扇无存,门上槛尚存。门闩孔呈方形,距离地面亦较低。西门外正对 1 座影壁,影壁四周为砖砌,中部为土坯砖,单坡顶,檐下砖雕檩、枋与枊头等仿木构建筑。正东所对民宅建山影壁。

堡墙均为黄土夯筑,保存较差。东墙长约160米,与北堡的东墙相连。墙体高薄,壁面斜直,高3~5米,保存一般,个别地方有缺口或坍塌,墙体内侧为民宅,外侧为荒地。堡门两侧的东墙基础外侧有新砌的包石,东门外南侧东墙残存有旧的包石遗迹。南墙长约122米,墙体在20世纪60年代坍塌;南墙东段墙体无存,为供销社所占用,内外侧均为道路;西段墙体无存,现为空地,上面堆满垃圾;南墙中段墙内修建有戏楼。西墙长约124米,南段墙体高薄,高3~4米,墙体连贯,内侧为民宅,外侧为土路和荒地;北段墙体高约3米,墙体内外两侧均为民宅。北墙长119米,为民宅房屋连接而成。

东南角无存。西南角仅存转角,高2米。1975年前后在东南角外修建了剧场,红砖水泥建筑,剧场檐下一排大字"蔚县浮图村影剧场",两侧有楹联。

(2)街巷与古宅院

堡内为十字中心街结构。堡内民宅以土旧房为主,新房少,居民较少。堡内东西中心街街道较宽,为土路,街道两侧为老宅院,数量较多,保存较好。

东西主街 东段南侧尚存老宅院1,一进院;北侧存老宅院2~4,皆二进院。西段南侧尚存老宅院10,门内为一条巷子,东西各为一进院。

南北主街 北段北尽头西侧尚存一排近代房屋。北段东侧共有2条东西向的巷子。南侧巷子内存老宅院5、9,均为一进四合院布局。北侧巷子存老宅院6~8,均为一进四合院布局。

南顺城街 西段尚存老宅院11,一进四合院布局,保存较好。

2. 寺庙

据当地毕姓长者及村支书卢久熙回忆,南堡与东、西庄有多座庙宇。南堡曾修建有真武庙、灯山楼、梓潼庙、龙神庙、火神庙、戏楼、玉泉寺、山神庙。东庄有三官庙、五道殿、观音庙、关帝庙。西庄有三官庙、五道庙、观音殿。上述寺庙大多拆毁于1966年,灯山楼拆毁于"文革"之后。

真武庙 位于南堡中心街北街正对的北墙上,现已无存。

灯山楼 位于真武庙下面,现已无存。

梓潼庙 位于堡外西南,现已无存。

龙神庙 位于南侧山坡上,现已无存。

火神庙 位于堡外西南,庙内曾修建有1座三层高石塔,高约5尺,现已无存。

戏楼 位于南北主街南端,南墙内侧,紧邻墙体而建。正对北墙马面上的真武庙。戏楼坐南面北,面阔三间,单檐六檩卷棚顶。砖石台明高1.4米,前檐柱4根,古镜柱础,后金柱2根,挑檐木出挑较长。前檐额枋尚存彩绘和木雕装饰,戏楼前台已砌土坯墙封堵,开设3窗,后墙辟出3窗,戏楼内作为村委会仓库使用。戏楼前面为一片空地,旧时建有花楼场,女人在楼上看戏,男人在下面看戏。如今花楼场已毁。戏楼东侧为供销社。

玉泉寺 又名飞泉观、观音寺。始建于元代,寺院坐落于浮图村南玉泉山麓的半山坡上,东为翠屏山,西南为萝山,北即山下为浮图村,因山下有泉,得名玉泉寺。因清代魏象枢和李周望两位尚书曾在此读书,故又称玉泉书院。曾为蔚县历史上重要的名胜区,寺院所在地周围植被茂盛,水流充沛,寺前有山泉源源流出。东西有流水冲刷出的山前小沟壑。寺院周围为果树区,种植大面积的各类果木。当地为开发旅游,于2009年修建水泥路直通寺院门口,并辟有停车场。

玉泉寺坐西面东,占地面积650平方米,原由前、后、北三个院落组成。寺院在"文革"时期遭受破坏,现已废弃,坍塌严重,仅存山门、南配殿与读书楼,北配殿与前殿仅存残墙,正殿已坍塌。后因开发旅游,主要庙宇建筑于2009年修缮,2010年竣工。虽然修缮过程中采用了旧梁架,但原残存在梁架上的彩绘与残墙上的壁画已全部被破坏。

山门,坐西面东,面阔三间,单檐硬山顶,五架梁广亮门。梁架之上残有大量彩绘,多为黑白色调,修缮之后彩绘无存。门内供奉弥勒。

山门内第一进院正殿为地藏殿,南侧为面阔三间的龙神庙,北侧为三间禅房。地藏殿坐西面东,面阔三间,殿内原供奉地藏与十殿阎君,如今坍塌,仅存一面残墙。

第二进院正殿为释迦殿,即大殿,大殿阶前原有古松2株,南北配殿各三间。正殿已毁,原塑有华严三圣。南配殿,坐南面北,面阔三间,硬山顶,进深五架梁,殿脊顶已塌,殿内壁残有壁画(修缮之后壁画无存),殿内原供奉达摩祖师。北配殿,坐北面南,面阔三间,硬山顶,进深五架梁。殿只剩三面残墙,内壁全脱落,殿内原供奉十八罗汉与伽蓝。

北院有西起三间半正房,为禅房。东侧为魁星楼,又名爽心楼,东为读书楼,位于寺北侧高台上,坐北面南,面阔三间,四檩卷棚顶,出前后廊。前檐折檐,屋顶露天,墙体有裂缝,东山墙原镶嵌1通《魏象枢事迹碑》,2008年被盗。殿内墙壁存有大量题壁,修缮之后无存(彩版11-29)。读书楼西侧原有1座土楼,现已改建为砖楼。

院内原有众多碑刻[1],除部分作为修建水库的建材使用,重要者保存于县城玉皇阁。现院中尚存数通石碑,主要有康熙六十一年(1722)《重修玉泉寺碑记》,据说此为魏尚书儿子所书;嘉庆十九年(1814)《布施功德碑》;道光十六年(1836)《玉泉寺创建千佛道场碑记》;道光十八年(1838)《玉泉寺续食给碑记》;1925年《重修玉泉寺碑记》。

山神庙 位于玉泉寺西南山坡上。正殿坐西面东,面阔单间,硬山顶,五架梁,殿内壁画新绘。正面绘山神、左军师、右前将,两侧还有小鬼役卒。两壁分别绘《山神出征图》《凯

---

〔1〕 邓庆平:《蔚县碑铭辑录》,广西师范大学出版社,2009年,第230~284页。

旋图》。庙前有 1 通康熙十一年(1672)的石碑,石碑表面风化严重,字迹漫漶。

第十六节 南 马 庄 村

一、自然环境与人文历史

南马庄村位于下宫村乡南偏东 1.8 公里处,地处灵仙山脚下,属丘陵区,地势南高北低,为沙土质。村庄周围辟为大面积的耕地,土地薄瘠。1980 年前后有 1 031 人,耕地2 584 亩,曾为南马庄大队驻地。旧时,村庄原有庞大的运输队伍——骡帮,最多时有99 头骡子,四骡称一帮,一骡驮 240 斤。20 世纪 70 年代在村南修建有南马庄发电厂,位于龙王堂南侧山脚下的 1 个山洞内,电站现已废弃,此地被村民改造成蘑菇种植基地。如今,村庄分为新旧两部分,北部为新村,南部为旧村(图 11.26)。

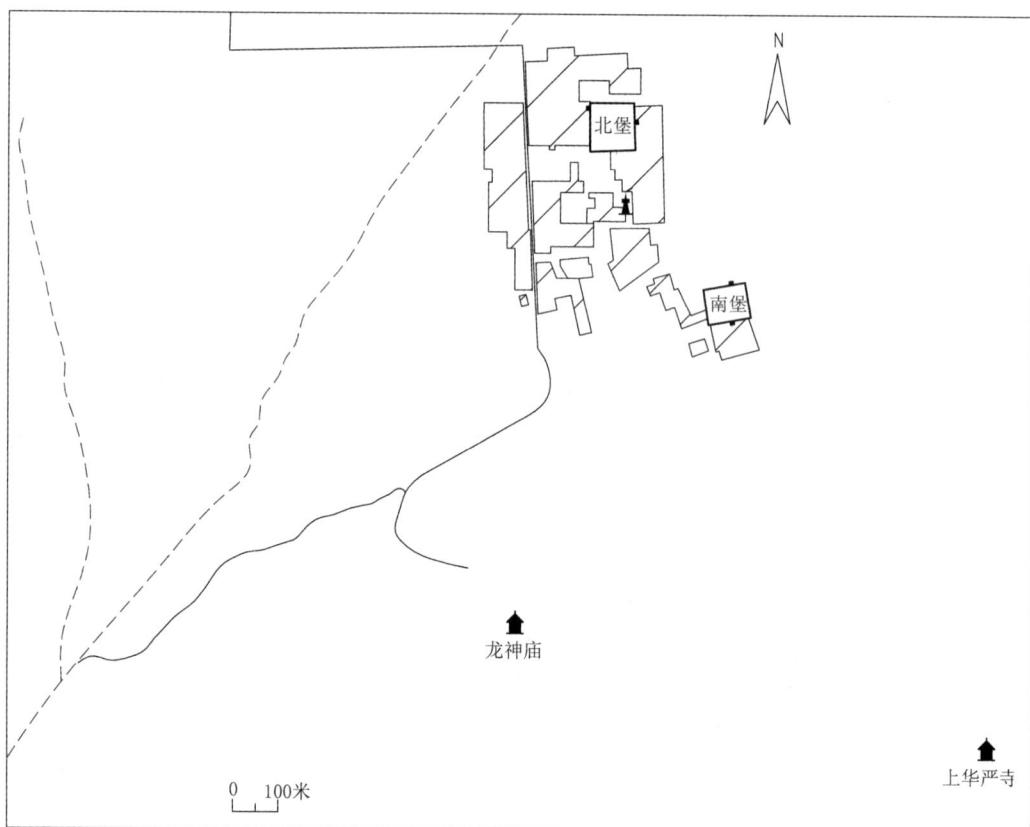

图 11.26 南马庄村古建筑分布图

相传，此地原为上、下宫村的养马庄子，元初有人迁此建村，因位于上、下宫村之南，故取名南马庄。村名可考的历史最早见于《（顺治）蔚州志》，作"南马庄堡"，《（乾隆）蔚州志补》作"南马庄"，《（光绪）蔚州志》《（民国）察哈尔省通志》沿用。

二、城堡与寺庙

（一）南堡

1. 城堡

据《（民国）察哈尔省通志》记载："南马庄堡，在县城西南三十里，土筑，高二丈五尺，底厚七尺，有门二，现尚完整。"[1]南马庄南堡今位于村庄的东南角，坐落在山前冲积扇上。城堡平面呈矩形，周长约 347 米，规模小，开西门，堡内平面布局为东西主街结构（图 11.27）。

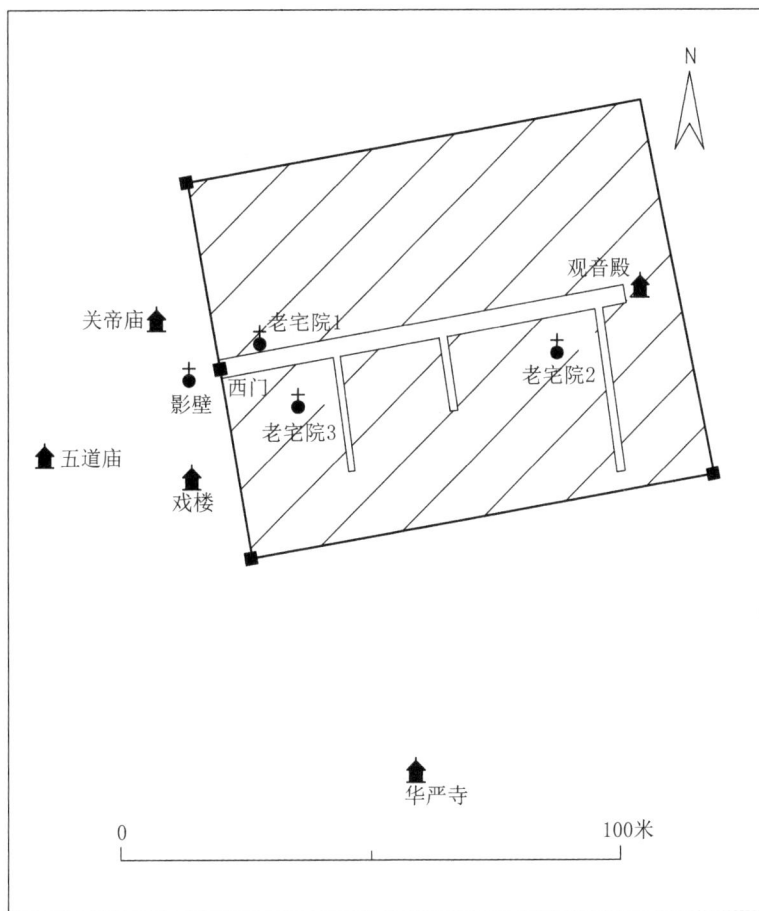

图 11.27　南马庄村南堡平面图

---

〔1〕　宋哲元：《（民国）察哈尔省通志》，国家图书馆藏 1935 年铅印本，第 11 页。

城堡西门保存一般,堡门通体用青条石砌筑,拱券结构,通高6.6米(彩版11-30)。外侧石砌拱券,一伏一券式,外券高3.3米,门券拱顶上方镶嵌有青石质门匾(拓11.8),正题"南马庄堡宝成门",其中的"庄"与"堡"两字皆多一"点",左侧落款为"万历四年十月重修吉日券立"。西门内侧为单拱券,内券高4.5米,保存较好,内侧券顶高于外侧券顶。门内顶部为拱券顶,门道为自然石铺成的路面。门内为宽阔的东西向中心街,中心街尽头东墙下为观音殿。门外立有一影壁,面阔单间,硬山顶,壁面采用方砖菱形铺就。门外南侧建有戏楼,北侧为关帝庙,门西为五道庙。

拓11.8 下宫村乡南马庄村南堡西门外侧门额拓片(蔚县博物馆 李新威 提供)

堡墙均为黄土夯筑,夯土中夹杂有许多碎石子。东墙长约78米,保存较好,墙体较高,墙上有缺口,为民房所打破,墙体内侧为民宅,外侧为荒地和耕地。南墙长约96米,现存墙体保存较低、厚,墙体有包石遗迹,墙体内侧为民宅、荒地,外侧为民宅和打谷场。南墙外有新建的华严寺。西墙长约79米,墙体保存一般,墙体高薄,高低起伏,为坍塌所致,外立面有包石遗迹。墙外为顺城小路,墙内侧为房屋。西墙外有一方形台明,台明外侧有包石遗迹,应为关帝庙旧址。北墙长约94米,保存一般,墙体高厚,高4~5米,上面多长草木,墙体内侧为民宅,外侧为耕地、小路。

东南角设90°直出角台,现为方锥形。东南角外堡墙下设有1座神龛。西南角设90°直出角台,原体量较大,现坍塌一半,保存较差。西北角设90°直出角台,现为方锥形。东北角全部坍塌,形制未知。

堡内民宅以土旧房居多,新房很少。西门内为中心街,街道较宽,两侧多为土旧房屋,房屋多为毛山石和土坯所建,砖较少,老宅院仅存 2 座,保存较好。老宅院 1,位于西门内北侧,一进院。老宅院 2,位于主街东尽头南侧,一进院。

2. 寺庙

华严寺 位于堡南墙外侧,为 2003 年新建的庙宇建筑。整体坐北面南,开北门,北门内为巷道,其尽头为影壁,正对北门。巷道内东侧为庙院,西侧为民宅。庙院为东西 2 座院并列,西院为寺庙区,东院为生活区,居住有尼姑,并建有佛塔。

影壁东侧为寺院正门。硬山顶,广亮门,坐东面西,前檐额枋上新绘有彩绘。门内正对有影壁。院内正殿为佛堂,坐北面南,面阔三间,硬山顶。殿前长有 2 株松树。

观音殿 位于堡内东西正街东端,东墙之下。庙院坐东面西,院门与院墙新建,门内两侧新建有钟鼓楼。正殿山墙为旧构,屋顶翻新,殿内壁画新绘。据院内 1 通《创建庙碑记》石碑载,观音殿创建于"雍正贰年"。殿内尚有一口铁钟,铸造于"光绪三十年"。正壁壁画绘三大士:观音、普贤、文殊,观音居中,文殊在左,普贤在右;两壁壁画题材为《观世音菩萨普门品》中的"救八难"与十八罗汉。

五道庙 现存蔚县境内保存最好的五道庙壁画,神祇数量也是蔚县各五道庙壁画中最多者。位于堡西门外,正对路边。正殿坐西面东,面阔单间,硬山顶,进深四架梁,前脊坡厦比后坡厦长出约一倍,山墙砖雕垂花柱悬鱼。正壁供台上,供奉一尊面然菩萨。面然信仰在蔚县非常流行,但一般是供奉在前檐廊右侧廊墙的小龛中。殿内正面及两侧壁画保存较好,为民国时期的作品,色彩艳丽,人物形象生动。

正面绘《五道神坐堂议事图》。五道神南侧分别为两位持剑的武官与土地神,北侧分别为一位文官、持剑的武官与持剑的山神。在《五道神坐堂议事图》的南北下角,北下角立一位判官,手持生死簿;南下角立一位武将,手持兵器,为拴妖之士。众神的上部绘 4 位头着明代大帽的随从武士,两侧各有一位随童,南侧的随童手持龙头拐杖。五道神脚下拴着一头狼与一只虎。

北壁绘《出征捉妖图》。五道神引领山神、土地神与众将们出征捉妖。画右上角的洞中躲着奸夫淫妇,洞前跪着通风报信的家兵。五道神在上、山神在下,冲在捉妖队伍的前列,随后是三位手持宝剑的武将与紧随山神后的文官。土地神紧随文官之后,其上方为手持生死簿的判官,决定着世间奸夫淫妇、妖魔鬼怪的生死。

南壁绘《得胜凯旋图》,图中左上角是捉住的奸夫淫妇、柳树精等世间妖魔。左下方有一位文官正在核准判官生死簿上所列之妖是否都一一捉拿到案。得胜凯旋队伍中,上排有武将、山神与五道神,下排有土地神与两位武将。

关帝庙 位于堡西门外北侧。现已是一片空地,仅存条石垒砌的台明。关帝庙对面修建有戏楼。

戏楼 位于堡西门外南侧。戏楼坐南面北,面阔三间,单檐六檩卷棚顶。戏楼修建于7层砖石台明上,前檐柱4根,鼓镜柱础,后金柱2根。前台口两侧置八字形墙,两山墙条砖博风板,梁架用材较规整,驼峰无雕饰,前檐额枋上残存有彩绘,前檐撑拱为细颈、鬓发飘逸的龙首,戗檐砖刻福禄,戏楼正面为土坯墙封堵。戏楼内前后台置木隔扇,隔扇上的走马板上绘戏剧"杨家将故事"。后山墙开设一道券窗。戏楼前台内东西山墙绘西洋楼题材壁画,为民国时期的作品。后台保存有墨书题壁"光绪二十九年蔚州城西关三盛班""大清宣统元年四月信成班在此一乐"。戏楼南侧为羊圈。

龙神庙 俗称"老龙堂",位于南马庄村西南侧的山前冲积扇上,发电厂东侧。庙宇所选之地,地势较高,视野较好,可眺望蔚州平川与壶流河水库。原庙宇建筑已拆毁,仅剩部分墙体,并辟为"敌后武工队"电影的拍摄场,修建有场景道具。后当地将电影拍摄场改为采石场,龙神庙亦重修。

龙神庙正殿坐北面南,面阔三间,卷棚歇山顶,进深六架梁出前檐廊,内部梁架结构为硬山顶,两侧山墙各出一椽架于梁架上。前廊檐下悬匾,匾上书"老龙堂"。殿内正中供奉龙王,两侧各立一位持扇侍女。主像前供奉五龙王,正中一位与身后主像应是同一位龙王。龙神庙北面为后院,修有一排房屋,是为佛殿。老龙堂东南侧沟边长有1株双棒古松,20世纪70年代遭雷击毁一枝。

（二）北堡

1. 城堡

（1）城防设施

南马庄北堡位于旧村中,城堡平面呈矩形,周长约404米,开东门,堡内平面布局为东西主街结构(图11.28)。

城堡东门辟于东墙中部,堡门为砖石拱券平顶结构,基础为7层条石砌筑,高1.6米,上部青砖砌筑起券,内外侧门券均为三伏三券(彩版11-31)。外门券拱顶上方镶嵌砖制阳文门匾(拓11.9),正题"南马庄",此处的"庄"字多一"点",匾右侧落款"道光癸卯年四月榖旦立","道光癸卯年"即道光二十三年(1843)。匾两侧各镶嵌有1枚砖雕门簪。顶部置错缝牙子砖二层,门顶为木梁架结构,顶部较平,垒砌花栏墙。门顶部设有2个排水孔。门道为青石板铺墁。门内北侧原设登城口,现已毁。门内为中心街。东门外正面修有关帝庙,门外南侧为戏楼。

堡墙均为黄土夯筑,保存一般。东墙长约98米,北段保存较好,墙体高薄,高8～10米,外侧墙体有包石的遗迹,墙体内侧为民宅,外侧为民宅和道路。东墙南段墙体多坍塌,保存较差,墙体内侧为民宅,外侧为土路。南墙长约105米,保存一般,墙体高厚,墙体内外侧均为民宅,墙外立有手机信号塔。西墙长约105米,保存较差,墙体低薄、断续,内

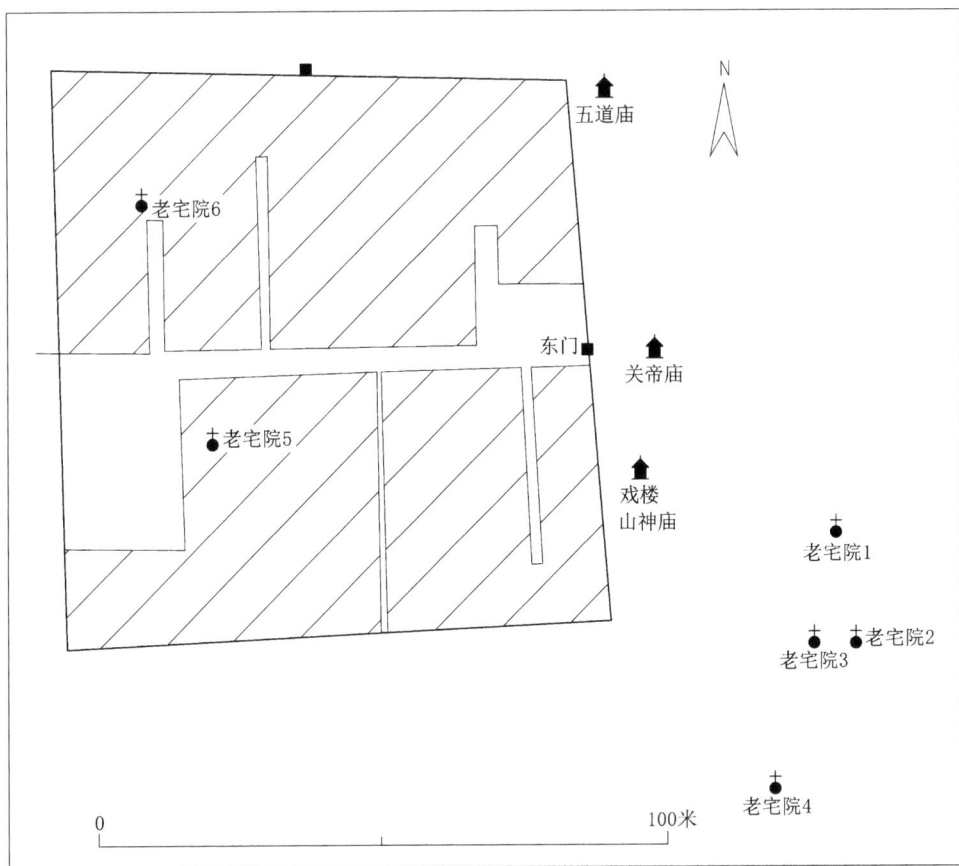

图 11.28　南马庄村北堡平面图

拓 11.9　下宫村乡南马庄村北堡东门外侧门额拓片(蔚县博物馆　李新威　提供)

外侧均为民宅;西墙中部正对东门处开一豁口,便于交通;西墙北段墙体保存一般,墙体高大,内外侧均为民宅。北墙长约 96 米,保存较好,墙体高大,墙高 5~6 米,内侧为民宅,外侧为土路;墙体中部设有 1 座方形的马面,马面坍塌一半,保存较差。

东南角未设角台,仅为转角,外侧为民宅。西南角未设角台,仅为转角,较为高大。西北角未设角台,仅为转角,角外为民宅。东北角仅存转角,未设角台。东北角外土路边建有五道庙。

(2)街巷与古宅院

堡内民宅以土旧房为主,老宅院较少。堡内东西街两侧,老宅院损毁严重,仅存几座简易的随墙门楼。老宅院5,位于正街南侧,一进院。老宅院6,位于正街北侧一条巷子内,一进院,广亮门,卷棚顶,门内正对着1座山影壁,影壁嵌于西厢房南山墙上,硬山顶,檐下砖雕仿木构的檩、椽、枋、垂柱等。影壁正中嵌有1块石匾,正题"山海镇",下部线刻波浪与山峰,两侧刻有"我海如山海""他作我无妨"字样(彩版11-32)。

东门外南侧,尚存有2座老宅院。老宅院1,坐南面北,广亮门楼,卷棚顶,门内为一条巷子,分为东、西两院,各建有宅门。东院门楼(老宅院2),广亮门,硬山顶,尚存墙角石、上马石、柱础等石雕,墀头戗檐砖雕等,保存较好,院内正房面阔五间,卷棚顶;西院门楼(老宅院3)略有破损,不如东院富有。老宅院4,位于老宅院1南侧,一进院,广亮门,硬山顶。

2. 寺庙

五道庙 位于堡东北角外土路边,与戏楼正对。正殿坐北面南,面阔单间,硬山顶,进深四架梁出前檐廊。基础为毛山石块垒砌,顶部四周铺石板,中间铺砖。殿重修于2000年,殿内壁画新绘。正壁为五道神、土地神、山神,两侧分别是《出征图》《凯旋图》。

关帝庙 位于东门外,正对东门,与之相隔一条大街,街宽7米(彩版11-33)。庙院坐东面西,整个寺庙坐落在1座高1米的砖砌台明之上,山门、院墙与正殿保存完好。据山门顶匾额所载,1999年2月12日6人开始重修北堡老爷庙,于2000年4月18日完工(五道庙、山神庙同时修建完工)。山门为广亮大门,硬山顶,脊顶高耸,前檐额枋上残存有民国时期的彩绘,门前设有5级石台阶,门板上刻有"南马庄"字样,阴刻双勾文字。门内两侧分别为三檩四柱的钟、鼓亭,与门楼连为一体,外观酷似1座牌楼。山门外两侧各有1座照壁,形成了关帝庙的院墙。院内砖铺地面,种植2株松树。正殿坐东面西,面阔单间,硬山顶,进深五架梁出前檐廊,前檐额枋上新绘有彩绘,前檐下立两根檐柱将殿破为三间。殿内重修后,墙上壁画皆为新绘。

正壁绘《关帝坐堂议事图》,中间关帝头戴冠冕,双手持玉圭,正坐于靠椅上;后两侧为持伞侍女;两侧分别为左丞相陆秀夫、右丞相张世杰,各手持笏板而立;再外侧,东侧为关平,西侧为周仓。

两侧山墙壁画为连环画式,3排4列,各有12幅,采用直线分割为方形,题材选自《三国演义》中有关关羽的故事。

南山墙

桃园结义	苏张献马	鞭打督邮	活捉刘岱
温酒斩华雄	三战吕布	白门诛吕	土山议事
斩颜良文丑	圣进曹营	曹公赠马	曹公赠美

北山墙

圣斩孔秀	夜读春秋	曹公赠袍	挂印封金
圣斩孟坦	圣斩卞喜	圣斩王植	圣斩韩福
玉池显圣	水淹七军	单刀赴会	古城聚会

正殿大门前南侧地上有一个用经幢加工而成的石碑底座,经幢上部分字可见。正殿南北两侧建有耳房,四檩三挂,北一间,南二间,南耳房墙上镶嵌 1 通 1921 年《重修关帝庙戏楼建立禅房女戏场碑记》[1]石碑(横向),保存较好。该石碑对研究古代戏楼演出男女分场有重要的价值。

戏楼　位于堡东门外南侧,坐南面北,单檐六檩卷棚顶,面阔三间,保存较好。基础为山石砌筑,共 4 层。前台出檐较深,挑檐木足有四分之三挑出墙外。前檐额枋上有残存的彩绘和木雕龙首装饰,枋下置通体悬口雀替,雕龙凤、狮子、鹿、梅等。前台口为土坯墙封堵,开设 1 门 2 窗。戏楼内堆放杂物。梁架用材较规整,前台两侧山墙原有壁画,现仅存东墙壁画。戏楼内前后台隔扇保存完好,明间置圆形窗,四角绘缠枝莲花,两侧二抹万字隔扇,下为障板,次间设出将、入相二门及槛墙、槛、槛窗。隔扇顶部走马板绘戏剧人物,鲜艳如新的"碾玉装"万字框。明间悬木匾行书"乡过行云嘉庆岁次巳未年孟夏月毂旦"。戏楼东山墙后部设神龛,内供山神。南墙中部开一券窗。该戏楼重修于 1921 年,是蔚县境内少见的不正对庙宇的戏楼。

山神庙　位于东门外南侧戏楼的东墙上,庙嵌于东墙南侧墙内。面阔单间,单坡顶,檐下砖雕檩、枋等木构建筑。庙内正壁新绘有山神像,两侧绘有壁画。据关帝庙重修匾额所载,山神庙于 2000 年 4 月 18 日修缮完工。

上华严寺　蔚县南部共修建有 3 座华严寺。下华严寺位于暖泉镇,中华严寺位于苏官堡村,上华严寺位于南马庄东南侧山坡上。寺院依山构筑,隐现于群山环抱之中,掩映在云霞烟树之间。该寺院建于明正统年间,后经几次重修。如今寺院已成规模,占地6 132 平方米。惜寺院于"文革"中完全被毁,1979 年在善男信女的大力资助下,历时 6 年先后修复了观音殿、东西禅房、大雄宝殿和东西客堂。2002 年再次重修 3 座大殿。

---

〔1〕　邓庆平:《蔚县碑铭辑录》,广西师范大学出版社,2009 年,第 228 页。

前殿为三教殿,坐北面南,面阔三间,硬山顶。殿内壁画新绘,前后皆有塑像。

中殿为地藏殿,坐北面南,面阔三间,硬山顶,殿内壁画新绘,两侧为十殿阎君。

正殿由倒座观音殿与大雄宝殿组成。大雄宝殿坐北面南,面阔三间,歇山顶,进深四架梁。殿内正面塑像,两侧山墙绘连环画形式的壁画,每面墙4排10列,壁画题材为佛传故事。观音殿与大雄宝殿背靠,坐南面北,面阔三间,略窄于正殿,单坡顶。

寺院内保存有石碑9通[1],其中,2通为《布施功德碑》,其余4通分别为:嘉靖四十二年(1563)《重修崇教碑记》、乾隆十五年(1750)《碑记》《重修蔚州南马庄华严寺燃灯佛三教殿碑记》、光绪十三年(1887)《重修华严寺碑记》。另有3通石碑内容漫漶,无法识别。

第十七节　西杨家小庄村

一、自然环境与人文历史

西杨家小庄村位于下宫村乡北偏西1.7公里处,地势平坦,多为壤土质,村庄周围为大面积耕地。1980年前后有229人,耕地1 129亩,曾为西杨家小庄大队驻地。如今,村庄规模较小,公路自南而北穿村而过,将村庄分为两部分,东部为新村,西部为旧村。新村民宅多用红砖红瓦修建,人口较多。旧村,即城堡所在地,也有新建的房屋,但是所占比例较少。村民以贾姓居多,约占三分之二(图11.29)。

相传,清朝咸丰年间杨姓人建村,取名杨家小庄。1982年5月加方位词为西杨家小庄。村名可考的历史最早见于《(乾隆)蔚县志》,作"西杨家小庄",《(光绪)蔚州志》沿用,《(民国)察哈尔省通志》作"杨家小庄"。

二、城堡

西杨家小庄村堡,位于旧村内,城堡平面呈矩形,周长复原长约371米,开南门,堡内平面布局未知。

城堡南门于20世纪70年代拆除,如今堡门建筑无存,现为缺口。门外两侧原设护门墩,现门西侧护门墩保存较好,平面呈方形,体量较大。

堡墙均为黄土夯筑,保存较差。东墙长约90米,墙体连贯,墙体较厚,但高度不高,墙体上长有草木,墙体外侧为荒地及公路,内侧为废弃的民宅。南墙长约93米,全部坍塌,

---

〔1〕 邓庆平:《蔚县碑铭辑录》,广西师范大学出版社,2009年,第190～222页。

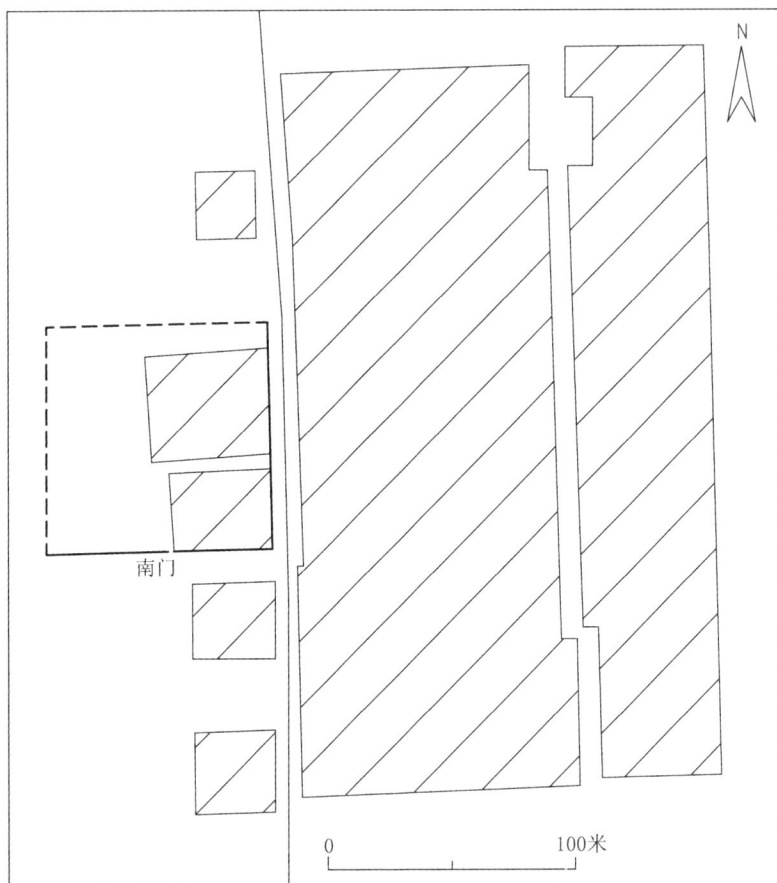

图 11.29　西杨家小庄村古建筑分布图

现存墙体以坍塌后的土垅为主,墙体断续存在,墙体中部偏西设门;南墙西段仅存一小段,大部分墙体无存。西墙无存。北墙长约 61 米,现存长度近原先的三分之二,墙体较厚,但高度不高,墙体外侧为耕地,内侧为民宅。东南角、西南角、西北角均无存。堡外西侧修有高架水渠,现已干涸。

堡内西半部为耕地或荒地,无民居建筑,东半部尚存有废弃的房屋,堡内现仅剩东墙内侧的 2 户居民。堡外居民原先居住于堡内,搬迁到堡外已 20 余年。此外,堡内尚存多座土坯修建的烤烟房。

村西路北有 1 座废弃的近代建筑风格大院,四周已辟为玉米地。大院正门仅存两侧的门柱,水泥建筑,写有对联,大门距离主体建筑较远,主体建筑为几座砖建房屋。据当地长者回忆,该院曾为大队部的粮库,早已荒废。

三、寺庙

据当地长者回忆,堡内旧时修建有多座庙宇。南门外对面有观音庙,观音庙南侧为龙神庙,南门外西侧为关帝庙,南门外东侧为戏楼,戏楼正对关帝庙,戏楼东侧为五道庙,北墙马面上有真武庙。上述寺庙大部分拆毁于 20 世纪 60 年代,观音庙于 30 年前拆除。

第十八节　苏官堡村

一、自然环境与人文历史

苏官堡村位于下宫村乡驻地西北 4.1 公里处,壶流河南岸,隔壶流河与暖泉镇区相望。地势较平坦。为沙土质,辟为耕地。1980 年前后有 1 015 人,耕地 2 758 亩,曾为苏官堡大队驻地。如今,苏官堡有村民 1 200 余人,村民以郭、王、赵、苏四姓为主,其中苏姓为外迁入村,216 乡道穿村而过,将村庄分为东西两部分,东部为新村,西部北侧为新村,南侧中间为旧村,即城堡所在地(图 11.30)。

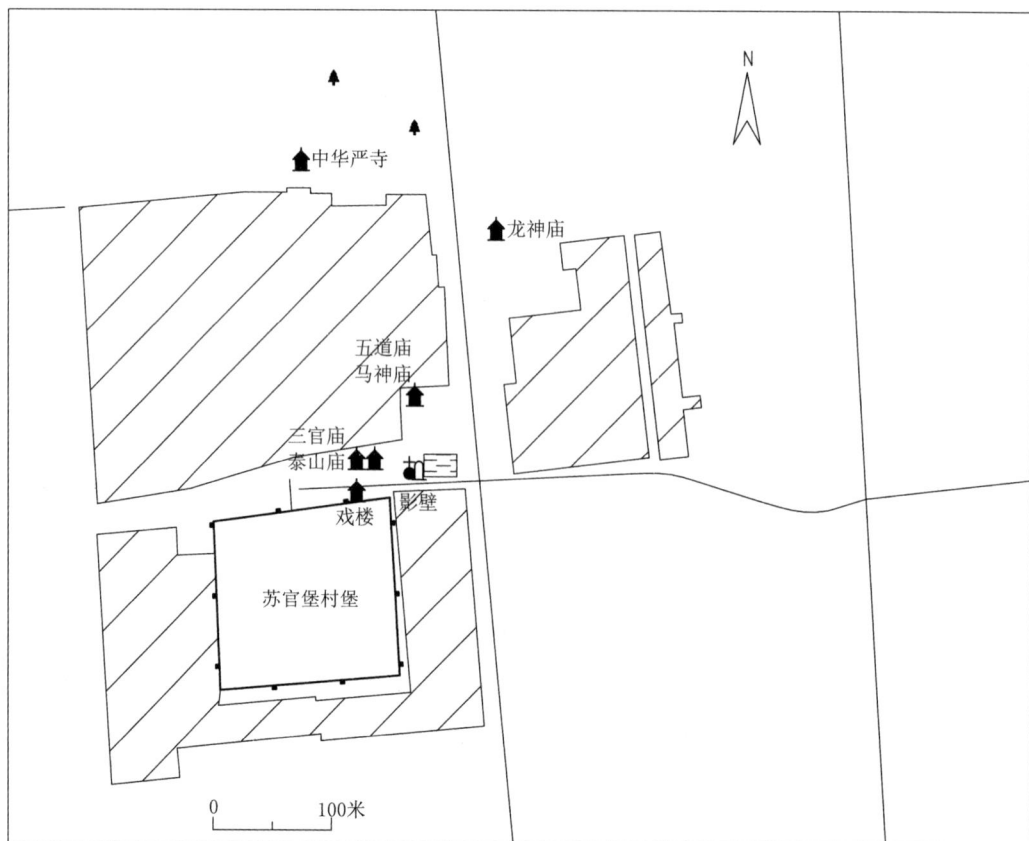

图 11.30　苏官堡村古建筑分布图

相传,明嘉靖二十四年(1545)建村时,苏田堡、苏绍堡、苏贾堡曾以该堡为中心,统称苏家疃。后各堡独立成村,该堡有辖其三堡之意,故取名苏官堡。村名可考的历史最早见于《(顺治)蔚州志》,作"苏家疃堡",《(乾隆)蔚州志补》作"苏家疃官堡",《(光绪)蔚州志》沿用,《(民国)察哈尔省通志》作"苏官堡"。

二、城堡

苏官堡村堡 位于旧村内。城堡平面呈矩形,周长约587米,开北门,堡内平面布局为南北双十字街结构(图11.31)。

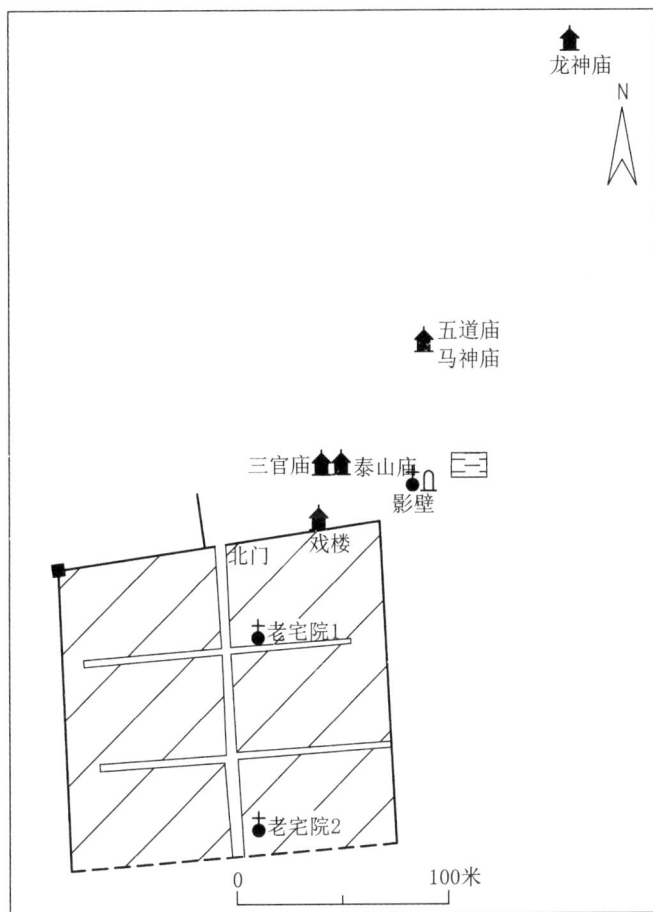

图 11.31　苏官堡村堡平面图

城堡北门建筑拆毁于20世纪60年代,现为豁口及一条石板铺就的门道。北门外设有瓮城,瓮城开东门,瓮城门建筑无存,现存为缺口。瓮城东、北墙无存,仅存西墙,保存较好,墙体高大宽厚,墙体内侧为民居,外侧为荒地。瓮城内原有关帝庙、菩萨庙,正对北门,早已拆除。北门内为宽阔的中心街。

堡墙均为黄土夯筑,保存差。东墙长约146米,保存较好,墙体高大、宽厚,东墙外侧有顺墙路,路东为现代民居。南墙长约154米,无存,现为土路。西墙长约137米,保存一般,墙体低薄,高低起伏,较为连贯,西墙内、外侧均为民宅,墙外为新村,村外西部有东北—西南走向的高架水渠;西墙近西北角处墙体保存一般,墙体高大、宽厚,墙外侧下面有烤烟房和民居。北墙长约150米,保存较好,墙体高大、宽厚、连贯,墙体内侧为民居,外侧为荒地及土路,北墙外为新村。

东南、西南角无存。西北角设90°直出角台,保存较好,角台较为高大。东北角未设角台,仅存转角。东北角外建有1座砖砌影壁,影壁正对瓮城东门,硬山顶,保存较好,影壁上残存砖雕装饰,影壁东面嵌1通清嘉庆十八年(1813)石碑,无碑名,表面漫漶,且张贴各类广告。大致内容如下:

> ……苏家疃旧有浮桥一座,广渡行人,地邻暖泉,路通云中□西□之衢,冠盖之卫也。昨因□□为□□□尽倾,临河兴叹,望□□□□为建立。独力难成,共□□举□告仁人有□□□者,请列芳名。……(略)

石碑内容提到修建苏官堡与暖泉镇之间的壶流河浮桥一事,推测此为1通记载修缮桥梁经过及施银的石碑。影壁东侧为干涸的坑塘,水坑南侧长有几株大树,影壁北侧为五道庙和龙神庙。

北门内南北向中心街即正街较宽,为土路,堡内民宅新旧房屋均有分布,老宅院、土旧房少,基本为近现代的房屋。

正街　南端东侧尚存1座老宅院,即老宅院2,一进院,正房前开凿有水井。

前街　即北十字街东西街,东街街口尚存1座老宅院,即老宅院1,一进院,保存较好。

三、寺庙

据当地长者回忆,苏官堡曾修建有戏楼、泰山庙、三官庙、中华严寺、龙神庙、马神庙/五道庙。上述寺庙尚存。此外还有关帝庙、菩萨庙、河神庙,以上3座拆毁于"文革"期间。

戏楼　位于瓮城东墙外侧、北墙东段外侧墙下,正对三官庙。坐南面北,面阔三间,卷棚顶,进深六架梁。挑檐木出挑较长,由两根擎柱支撑。前台口两侧设有八字形墙。戏楼整体保存尚好,内木隔扇已毁,修建有砖砌隔扇,顶部略有塌陷,戏楼内壁画全毁。2009年重建后在戏楼内西墙上挂一木牌,上写"戏楼原建于1962年,因年久失修,2003年倒塌,2009年村人郭库独自出资6万余元重建"。戏楼北面有2座庙宇,东为三官庙,西为泰山庙。

泰山庙　位于堡北门瓮城东门外北侧,与三官庙并排。正殿坐北面南,面阔三间,硬山顶,进深五架梁出前檐廊。殿内已改作民宅。

三官庙　位于堡北门瓮城东门外北侧,与泰山庙并排。正殿坐北面南,面阔三间,硬山顶,进深六架梁出前檐廊。殿已废弃,门窗散失,后墙塌出一大洞,殿内墙壁涂刷白灰浆,壁画全毁。两侧墀头戗檐砖雕尚存。现正殿已改为他用。

中华严寺　位于堡北门外北侧村外。整座庙院坐北面南,旧夯土院墙仅存北面部分墙体,其余新建。寺院原由天王殿(山门)、过殿、后殿、钟鼓楼、配殿、禅房、客堂组成。占地面积 3 700 平方米。现存天王殿、地藏殿与大雄宝殿,分布在南北一条中轴线上。中殿和后殿已修缮,更换脊顶的檩与椽,重配门窗,重塑殿内神像,殿内壁画仍为旧画。

天王殿(山门),即前殿,坐北面南,面阔三间,硬山顶,进深五架梁上承三架梁,前后檐下明间辟门。天王殿未作任何修缮,前脊顶局部塌陷,门窗无存,为土坯墙封堵。山墙雕花尚存,墀头戗檐砖雕残存。殿内墙壁表面涂刷白灰浆并挂满泥水,壁画已毁,仅存两侧山尖壁画。殿内为砖铺地面,殿内梁架上有民国时期的彩绘。

地藏殿,即中殿,坐北面南,面阔三间,硬山顶,进深六架梁出前檐廊,五架梁上承三架梁,前后檐下明间辟门。东西山墙墀头尚存砖雕装饰,保存较好。前廊梁架上残存有彩绘。殿内正中台上供奉新塑的地藏菩萨像,两侧各有一位侍者。殿内尚存民国时期壁画,除山墙壁画底部局部受损外,其余保存较好,色彩艳丽,是难得的地藏殿壁画。北墙(正面)东、西次间绘有《妙法莲华经观世音菩萨普门品》经变与罗汉,东、西山墙绘有十殿阎君题材,从而将地藏、阎君与观音组合到 1 座殿内祭拜。北墙外侧偏西设有一龛。

北墙(正面)东、西次间各绘有 4 幅《观世音菩萨普门品》经变与九位罗汉。

西次间

若恶兽围绕,利牙爪可怖。念彼观音力,疾走无边方	或漂流巨海,龙鱼诸鬼难。念彼观音力,波浪不能没	或被恶人逐,坠落金刚山。念彼观音力,不能损一毛	假使兴害意,推落大火坑。念彼观音力,火坑变成池

东次间

咒咀诸毒药,所欲害身者。念彼观音力,还着于本人	蚖蛇及蝮蝎,气毒烟火然。念彼观音力,寻声自回去	或遭王难苦,临刑欲寿终。念彼观音力,刀寻段段坏	或在须弥峰,为人所推坠。念彼观音力,如日虚空住

东、西山墙绘有十殿阎君,山墙内侧各绘一位护法神。东壁为一至五殿(从南至北),即一殿阎君秦广王、二殿阎君楚江王、三殿阎君宋帝王、四殿阎君五官王、五殿阎君阎罗天子。西壁为六至十殿(从北至南),即六殿阎君卞城王、七殿阎君泰山王、八殿阎君都市王、九殿阎君平等王、十殿阎君转轮王。

大雄宝殿即后殿，坐北面南，面阔三间，硬山顶，进深六架梁出前檐廊，四架梁上承三架梁，前檐下明间辟门。东、西山墙外侧有山花，墀头上也有砖雕装饰。前廊东侧置钟，西侧置鼓。殿内正中供台上新塑三世佛像，佛像后墙背光为旧画；东、西两侧分别塑韦驮与吕驮，韦驮持降魔金刚杵立于大雄宝殿东侧，吕驮手持方天化戟立于大雄宝殿西侧。

殿内东、西山墙壁画为民国时期的作品。保存较好，色彩艳丽，是很难得的珍品。壁画题材为《释迦如来应化录》经变图，各有 4 排 8 列，两侧各 32 幅，一共 64 幅佛传故事（彩版 24-11、12）。故事从"家选饭王""乘象入胎"，一直到"均分舍利""结集法藏"，完整地表现了从悉达多降生，到出家、成佛、布道、涅槃，最终各国弟子分舍利供养的全过程。

东壁

老人出家	佛法卢志	调伏醉象	姨母求度	渔人求度	布金买地	假孕谤佛	转妙法轮
华严大法	魔众拽饼	魔军拒战	牧女献糜	远□资□	劝请回宫	车匿辞还	落发贸衣
夜半逾城	初启出家	耶输兆梦	路睹死尸	道见病□	路逢老人	得遇沙门	掷象成坑
诸王角力	习学书数	姨母养育	仙人占象	九龙灌浴	树下诞生	乘象入胎	家选饭王

西壁

结集法藏	均分舍利	圣火自焚	佛从棺起	□□□□	双林入灭	临终遗教	□□□□
最后普训	悬记法住	纯佗后供	付□诸天	付□国王	嘱分舍利	佛指移石	嘱累地藏
为母说法	佛还觐父	法传迦叶	华法妙典	般若真空	楞言□定	圆觉总持	胜光问法
燃灯不□	小儿□□	采花献佛	鬼母寻子	度除粪人	□儿见佛	火中取子	白狗吠佛

此堂壁画粉本内容来源于《释迦如来应化录》，除少数榜题题字与应化录中略有差异外，两者基本一致，此壁画是研究《释迦如来应化录》的流传与民间化过程难得的实例。

大雄宝殿前檐东、西廊墙下各嵌 1 通石碑。东廊墙上为 1916 年《金庄佛像及设香灯碑》（注：此处"庄"应为"妆"），碑文载："从前有戒纳僧思重修寺，以后愿，与佛前常燃香灯，故募化资产前后共置地 20 亩，以供每年香灯之费。"西廊墙上为同治五年（1866）六月《华严寺创修厦首碑记》。大雄宝殿东侧建起一间僧房，一位年轻的僧侣在此看护庙院。殿的东侧和东南侧长有 2 株大松树。

龙神庙 位于堡东北角外的台地上，地势较高，庙院已坍塌，仅存正殿。正殿坐北面南，面阔三间，硬山顶，进深五架梁。明间设砖雕垂花门。垂花门为硬山顶结构，券形门洞，檐下砖雕檩、枋、垫木，两侧柁头下雕垂花柱，柱两侧饰卷云纹。木门扇保存一般。正殿两次间辟窗，从残存的棂条来看，原为直棂窗风格。

东侧窗槛墙上嵌有 1 通 1919 年《重修龙神庙碑记》石碑。石碑保存较好，字口清晰，碑文开篇写龙之功德"常思见龙在田，德施普也；海晏河清，太平世也；年岁之丰歉，视乎云行而雨施其矣"；接下来便是记载苏官堡龙神庙年久失修，今村民捐款修缮，后面是经理人、各工匠等名单。

龙神庙正殿保存较差，东、西山墙与后墙破损有洞，且山墙外包砖已脱落。殿内为砖铺地面，殿内壁画受雨水侵蚀严重，局部墙皮已开始脱落。北壁西次间上部脱落；东山墙虽墙皮未脱落，但壁画因受侵蚀而画面模糊；西山墙左下角被一堆杂物所遮，中下部墙皮脱落，整个画面挂着泥浆，画面模糊。正壁绘《龙母龙王坐堂议事图》，东壁绘《出宫行雨图》，西壁绘《雨毕回宫图》。从颜色上看，壁画应为清末民初时期的作品，推测为 1919 年。

正壁《龙母龙王坐堂议事图》分布在明间与两侧次间，是同类题材中保存较好者之一，从画面风格来看，为清中晚期作品。明间正中为龙母，两侧各有 2 位龙王，东次间有 1 位龙王，西次间为雨师。龙母西侧首位龙王，身后立着手持玉旨的判官。雨师边的西下角立着雨官，手中持"风雨"卷书；东下角雨官，手中持"风调雨"卷书。在主神背后立着各位降雨之神，皆面向中心的龙母。东侧上部从中至东依次为：年值功曹使者、月值功曹使者、商羊、风伯、四眼神、雷公；西侧上部从中至西依次为：月值功曹使者、时值功曹使者，西次间上部墙皮脱落，已无法识别西侧的行雨之神。

东壁《出宫行雨图》，左侧绘水晶宫，宫内站立龙母，龙母后侧为持礼盒侍女，前侧为持瓶出云的云童，彩云之下有一位骑兽的神（未知）。水晶宫前判官正费力追赶被狂风刮飞的玉旨，判官的下方是回首龙王，龙王找不到判官，不知如何交流。画的中间是抬着宫殿出行，宫殿周边簇拥着随从。宫殿前有 2 位雨官、电母、雨师、水车，宫殿后又是一位电母，四位功曹使者分别占居宫殿的四角方位，4 位龙王分居前后上下。在最前面的是四目神、雷公、风伯、风婆。画的底部因墙皮受损，绘画已毁。

西壁《雨毕回宫图》，画的右侧为水晶宫，龙母携侍女、云童，还有宫前的一位神（未知）等随从迎候。回宫队伍中，正中的是銮轿，四周随从簇拥，可见 2 位功曹在前方，另 2 位功曹因画面模糊已无法找到。轿的后上方是四目神、虹童与雷公，随后是 2 位电母，风婆坐于水车中。轿的后方是龙王回首询问判官降雨情况。画的左侧虽模糊，但依稀可以看出 1 株大树束缚巨龙。与常见的龙神庙壁画略有区别的是，这堂行雨神中出现了 2 位电母。

正殿四周有许多废弃的地下室房屋，寺庙东南、南、西南为新村，有许多新建的烤烟房。

马神庙/五道庙　位于堡瓮城东门外影壁北侧。正殿坐北面南，面阔三间，硬山顶，殿内从中间隔为马神庙、五道庙。马神庙占用明间、西次间。殿内已改为民宅。五道庙占东次间。殿已坍塌，现在原址上新建 1 座单间的民宅。

关帝庙　位于瓮城内西墙下，坐西面东，现已无存。

菩萨庙　位于瓮城内北墙下,坐北面南,现已无存。

河神庙　位于村北壶流河边,现已无存。

第十九节　苏贾堡村

一、自然环境与人文历史

苏贾堡村位于下宫村乡西偏北 4.6 公里处,地势平坦,为沙土质,村周围辟为大面积的耕地。1980 年前后有 732 人,耕地 2 910 亩,曾为苏贾堡大队驻地。如今村民多以种植烟草等经济作物为主。三官庙东侧槛窗下嵌有 1 通《重修各庙碣》石碑,碑文所载的经理会成员多为贾姓,说明当时此堡居民以贾姓为主。村庄分为新、旧两部分,北部为旧村,即城堡所在地,南部为新村(图 11.32)。

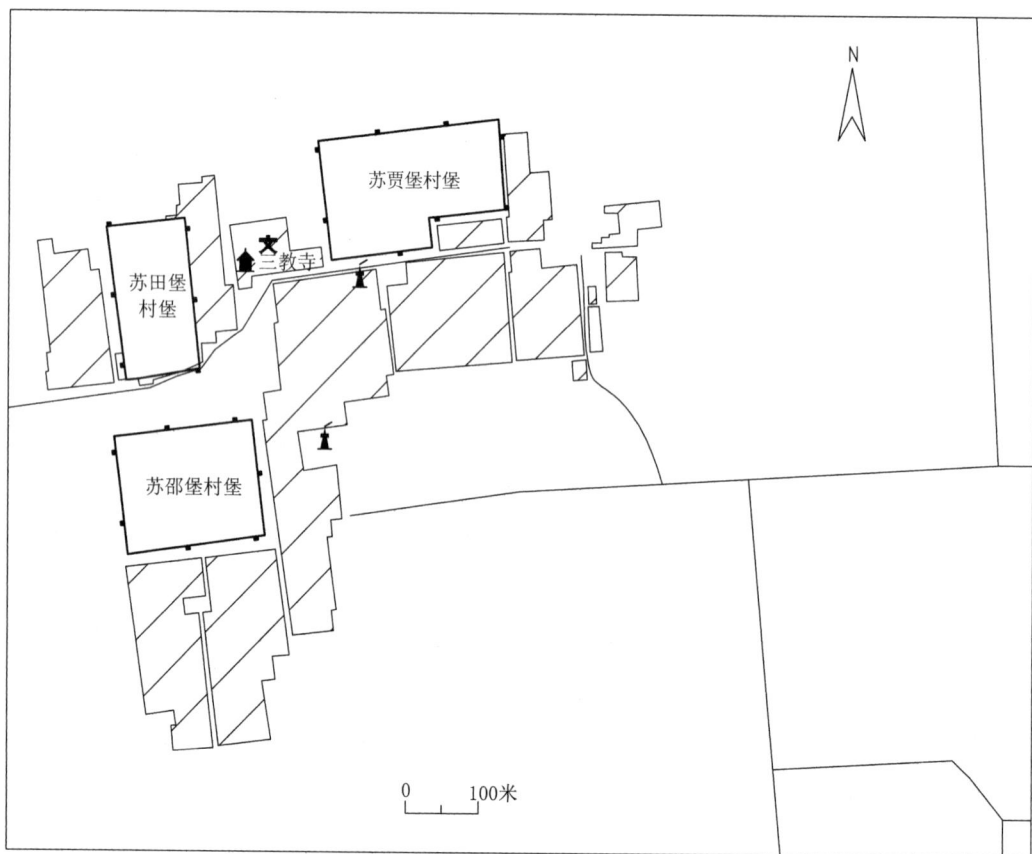

图 11.32　苏贾、苏田、苏邵堡村古建筑分布图

相传,明嘉靖二十四年(1545)建村时,与苏田堡、苏邵堡、苏官堡合为一村,名苏家疃。后因贾姓主居,独立成村,故取名苏贾堡。村名可考的历史最早见于《(顺治)蔚州志》,作"苏家疃堡",《(乾隆)蔚州志补》作"苏家疃贾家堡",《(光绪)蔚州志》沿用,《(民国)察哈尔省通志》作"苏贾堡"。

二、城堡

(一)城防设施

苏贾堡村堡,位于北部旧村中。城堡平面呈矩形,周长约 815 米,开南门,堡内平面布局为南双十字街北丁字街结构(图 11.33)。

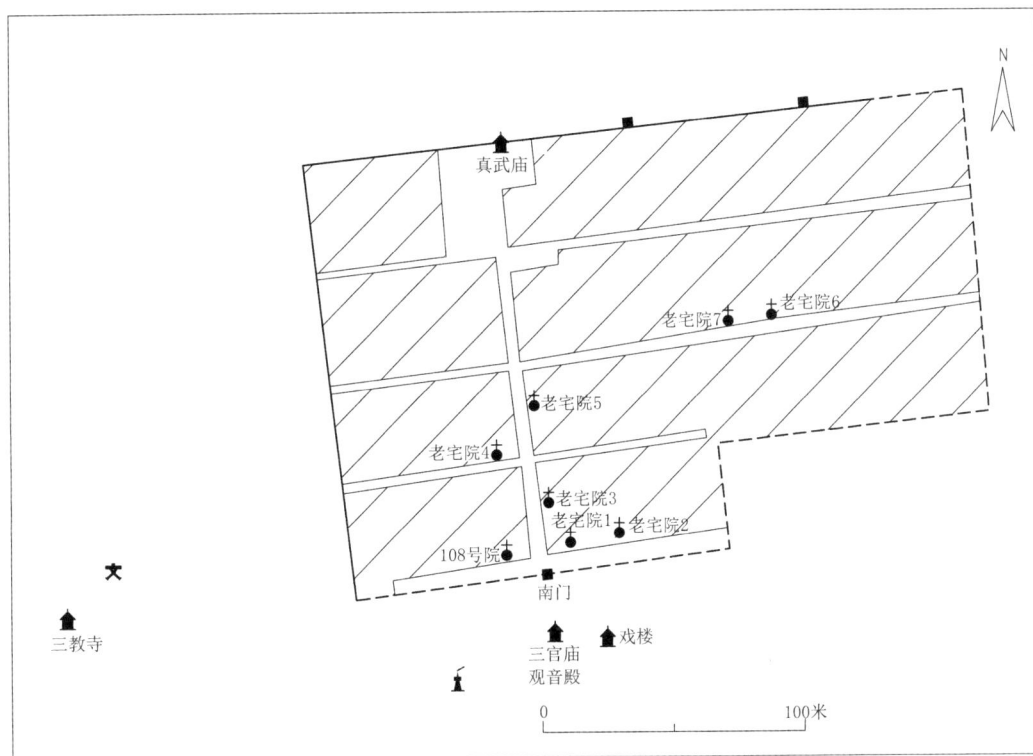

图 11.33　苏贾堡村堡平面图

城堡南门建筑保存较好,砖石拱券结构,基础为 5 层条石砌筑,上面青砖起券,通高6.6 米(彩版 11-34、35)。外侧门券五伏五券,券上二层伏檐,外券高 2.9 米,门券拱顶上方镶嵌有三枚门簪,其左右两侧各镶嵌 1 块砖雕装饰,门簪上方镶嵌石质门匾(拓 11.10),正题"太平堡永盛门",左侧落款为"康熙二十四年□月吉日"。内侧门券为三伏三券,券高4.6 米,门券上方有砖砌锯齿装饰,门券上两侧的顶部有排水口。门顶内侧为拱券结构,外侧门顶部重修垛口。门道为自然石铺成的路面,路面光滑且保存有车辙印记。木门扇尚存,门钉无存。南门外两侧各设方形护门墩,并砌八字形屏风影壁,影壁为硬山顶,底部有束腰。南门外两侧有废弃的房屋依墙而建,南门外西侧有1株大树。门内西侧为砖砌登城梯道,登城门尚存。门内为南北主街,中心街的尽头为真武庙。

拓 11.10　下宫村乡苏贾堡村堡南门门额拓片(蔚县博物馆　李新威　提供)

堡墙均为黄土夯筑,保存较差。东墙长约119米,墙体断断续续,多被房屋打破,现仅存一小段墙体,墙体较厚、较高,东墙并非直墙,在近东南角处有一处曲折,先向西再向南与南墙相接,平面呈Z字形,转角处墙体高大、宽厚,但转角两侧的墙体已呈土垅状,保存较差。南墙损毁严重,复原长约284米;南墙东段墙体低薄,坍塌严重,或为房屋所占,或已无存,残存者断断续续,墙内为顺墙道路;南墙西段墙体保存一般,部分段落为房屋所破坏,墙内侧为顺城路。西墙长约284米,墙体高大、连贯,墙体较薄,墙体内侧为民宅,外侧为树林、土路和耕地。北墙长约251米,墙体较高、较薄,整体保存一般;墙体内侧依墙建有房屋,墙体外侧为荒地和耕地,耕地里有土坯修建的烤烟房,墙体外侧下方有坍塌形成的土垅和风积土;北墙共设3座马面,将北墙三等分,真武庙所在马面为北墙西侧马面,体量大。东、中2座马面体量小,保存较差。

东南角无存。西南角原先有角台,现已塌毁。西北角原设有角台,如今已经塌毁,转角体量大,上面修建有一处院子。东北角无存,被新建的房屋破坏。

(二)街巷与古宅院

堡内格局为南双十字街北丁字街结构,中心街宽阔平坦。堡内民居以旧房屋为主,新建房屋较少，老宅院较少。堡外南侧新村，以新建房屋为主。

南顺城街　尚存 3 座老宅院。108 号院位于西段北侧，两进院，卷棚顶，广亮门，大门内两侧的墙壁尚存 3 张清末民国时期的《捷报》，但已斑驳不清。

南墙东段北侧尚存 2 座老宅院。老宅院 1，一进院，硬山顶，广亮门，门楼梁架上有木雕装饰，但彩绘漫漶，门内为正房，院子为砖铺地面，正房及厢房保存较好。老宅院 2，原为两进院，现前院荒废、坍塌，仅存东厢房。二道门尚存，后院正房为卷棚顶，面阔五间，明间退金廊，保存较好。

正街　即南门内南北主街。老宅院 3，位于南段东侧，即南十字街口东南角，一进院，大门坐东面西，门内山墙上保存有民国时期的彩绘，门内为门厅，立有 1 座硬影壁，上面砖雕较简单，二门位于门厅北侧，随墙门，尚存砖石仿木构装饰，装饰简单，院内为砖铺地面，正房及厢房、南房保存均较好。老宅院 5，位于中段路东，一进院，大门仅保存有门扇，顶部结构无存。

前街　即南十字街东西向街道，街道宽度不如正街，西侧路北尚存老宅院 4，一进院，硬山顶，广亮门，保存较好。

中街　即中十字街东西向街道，街道宽度不如正街，东段路北面有 2 座老宅院。老宅院 6，门内东墙上辟有神龛，门内有硬山影壁，院内砖铺地面，正房面阔三间，卷棚顶，东厢房面阔三间，单坡顶，西厢房无存。老宅院 7，与老宅院 6 并排，正房面阔三间，硬山顶。

三、寺庙

据当地长者回忆，堡内外曾修建有戏楼、三官庙/观音殿、真武庙，4 座庙宇尚存。此外还有马神庙、关帝庙、五道庙，皆毁于"文革"期间。

马神庙　位于南门外西侧，现已无存。

关帝庙　位于南门外东侧东墙下，现已无存，对面戏楼尚存。

五道庙　位于堡外东南，现已无存。

戏楼　位于堡南门外东南侧，观音殿正东，关帝庙对面。戏楼基础为 5 层条石砌筑台明，此外还有石碑、石牌坊的构件，推测是贞节牌坊上的构件，台明顶部四周铺石碑。主体砖砌，前台口为红砖墙封堵，戏楼面阔三间，单檐硬山顶，前檐额枋上依稀可见斑驳的彩绘，戏楼内墙壁表面涂刷白灰浆，壁画、题记无存。

三官庙/观音殿　位于南门外，正对南门。正殿台明较高，面阔三间，硬山顶，进深七架梁前后檐廊，梁架为穿心式。三官庙在南侧，坐北面南，进深占三椽；观音殿在北侧，坐南面北，进深占三椽。殿脊顶施黄绿琉璃瓦，等级较高。琉璃花脊，正脊顶立有牌位，观音殿一侧刻有"皇帝万岁万□□",前款为"嘉靖三十六年造";三官庙一侧上有"天地三界"。说明此殿脊顶琉璃瓦等皆为明嘉靖年间的原物。三官庙东侧槛窗下镶嵌有 1 通道光六年(1826)《重修各庙碣文》,碑文中可辨:"观音、钟鼓二楼建于庙之乾艮□□庙创始于嘉靖三十六年,修于乾隆二十二年,俱有迹可考。又堡东南庙一间,创建重修父老问□□□……"碑文记载了创建与重修的几个主要时间节点。正殿主体结构保存较差,脊顶局部垮塌。

三官庙,出廊檐顶垮塌,窗户为直棂窗。殿内前后已打通,内壁贴满旧报纸,报纸时间跨度从 1960 年到 1966 年,报纸下为壁画。

观音殿,内壁壁画整体色彩偏绿,应为清中期作品,所绘内容为《善财童子五十三参图》。东壁有北侧 4 幅露出,西壁基本上可以看到南侧的 12 幅。但由于壁画保存不全,加之画中未见榜题,难以辨认。

真武庙　位于堡北墙西侧马面上,正南为村南北主街道,与堡南门遥遥相望。庙西侧是荒地,东侧为房屋,庙台高大,高 6 米,前置 33 步砖砌台阶。庙宇已经修缮,台阶、护栏均用红砖修葺,新建 1 座山门,庙台顶部南缘二道门为旧构。二道门为随墙门,硬山顶,券形门洞,拱顶上饰 2 枚门簪。庙台北侧正殿坐北面南,面阔三间,硬山顶,进深六架梁出前檐廊。前檐柱古镜柱础,前檐额枋涂刷红漆,门窗及槛墙新修,屋顶保存较好。殿内梁架上未施彩绘,刷红漆。殿内壁表面涂刷白灰浆,白灰浆脱落露出底下壁画,从色彩上看,为清末民国时期的作品。北壁保存较好,东山墙与西山墙两壁较差。殿内东南角有 1 通道光十四年(1834)《重修□王帝庙碑记》石碑。

正面绘《真武帝坐堂议事图》,正中为真武大帝,右手持剑,背靠屏风;两侧依次分别为七星旗君(西)、剑童(东),周公(西)、桃花女(东)。两次间各分列六位护法神,护法神的排列、形象与北方城两次间北墙的护法神基本相似,即东次间下排的手执玉环的温元帅温琼与手持金枪的马天君马元帅以及上排的雷部之神辛环;西次间下排的手持青龙偃月刀的关元帅关圣帝君与手持铁鞭的赵元帅赵公明以及上排的雷部之神邓忠。

两侧山墙壁画为连环画形式,4 排 5 列,采用直线分割为方形,每一幅画左上角有榜题,表现的真武本生与真武帝显灵的故事。

东墙

乌鸦冠顶	樵夫指路	二虎把洞	夜窥□象	乌鸦引路
东门遇生	太子辞朝	□钱送行	天官赐剑	剑指成河
西遇死人	□□□□	北门遇老	□□□□ (画被覆盖)	□□□□
白象□□	梦吞□月	□□□□ (画被覆盖)	□□□□ (画被覆盖)	(画被覆盖)

西墙

收降剑旗	阴阳正果	马温归元	降伏龟蛇	镇守□□
□主赐印	五龙捧圣	斩除疯魔	目无阴魔	天神赐甲
观□□云	色□□性	□□□□	铁杵磨□	□□□□
□□自溢	□□喂鹰	□□□□ （画模糊）	澡身浴德	猿猴献果

第二十节　苏田堡村

一、自然环境与人文历史

苏田堡村位于下宫村乡西偏北 4.9 公里处，地势平坦，为沙土质，村周围辟为大面积耕地。1980 年前后有 324 人，耕地 1 082 亩，曾为苏田堡大队驻地（见图 11.32）。如今，村庄与东侧苏贾堡村相连，中隔 228 乡道。村庄规模较小，分为东西两部分，东侧为旧村，西侧为新村。旧村即城堡所在地，规模较大。新村位于西侧，南北主街布局，规模较小，只有 8 排房屋。

相传，明嘉靖二十四年（1545）建村时，与苏邵堡、苏贾堡、苏官堡合为一村，名苏家疃。后因田姓主居，独立成村，故取名苏田堡。村名可考的历史最早见于《（顺治）蔚州志》，作"苏家疃堡"，《（乾隆）蔚州志补》作"苏家疃田家堡"，《（光绪）蔚州志》作"苏田堡"，《（民国）察哈尔省通志》沿用。

二、城堡

（一）城防设施

苏田堡村堡，位于东部旧村中，城堡平面呈矩形，周长残长 307 米，复原周长约 647 米。开东门，堡内平面布局为东西主街结构（图 11.34）。

城堡东门保存较好，近代曾重修，砖石拱券木梁架平顶结构（彩版 11-36、37）。基础为 7 层条石砌筑，其上青砖起券。外侧门券三伏三券，门券拱顶上方镶嵌石质匾额（拓 11.11），正题"安宁堡\|太平门"，左侧落款为"大明嘉靖二十六年七月吉日立"。匾额两边各镶嵌有两枚砖雕装饰，砖雕"三阳开泰""马到成功""犀牛望月""松竹梅鹿"。堡门顶部及内侧为木梁架平顶，顶部砌栏墙，两侧砌望柱，从其风格看应是近几十年所砌。门道为土路面，木门扇保存较好，外包铁皮，铆钉无存。堡门内为东西向中心街。东门外侧正对有 1 座影壁，影壁面阔三间。影壁西侧遗存 1 座戏楼的台明，台明顶部四周铺石碑，字迹漫漶，台明上存有东墙。

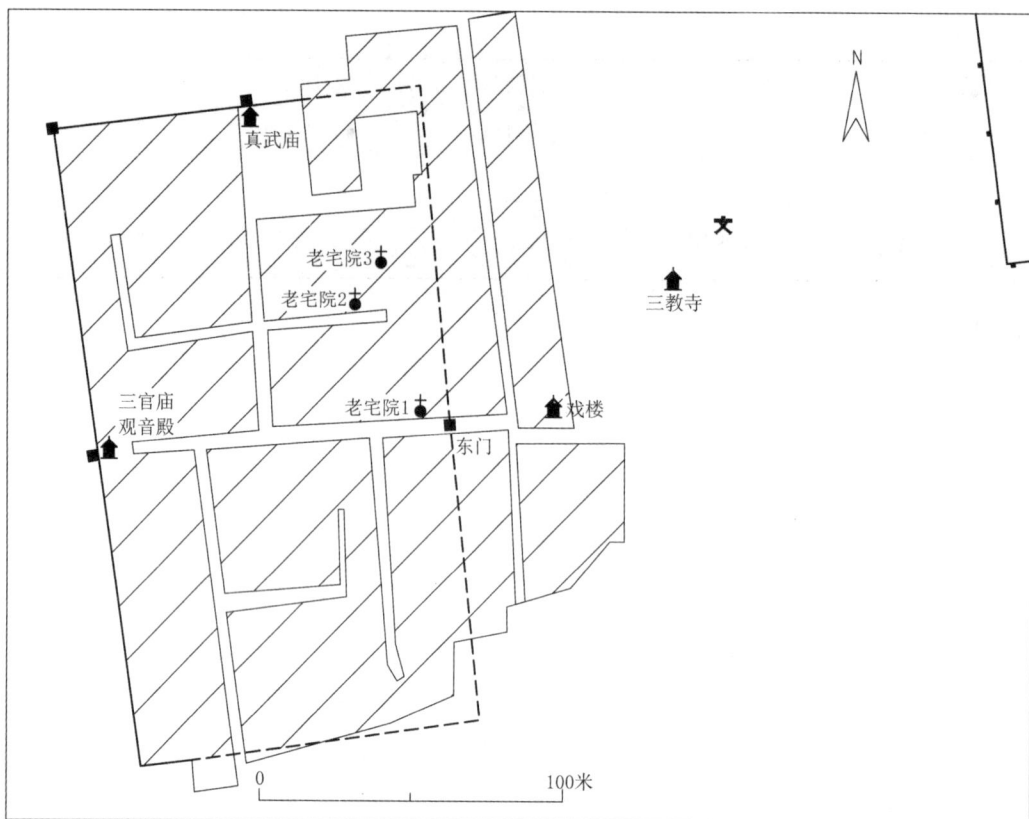

图 11.34　苏田堡村堡平面图

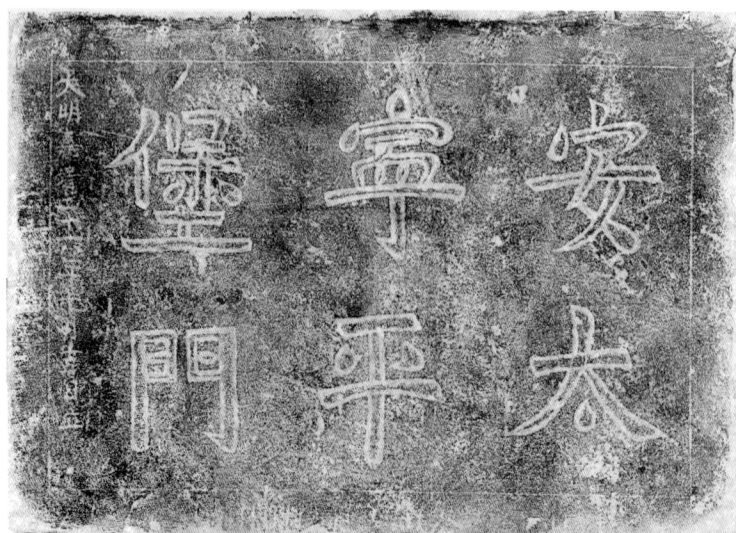

拓 11.11　下宫村乡苏田堡村堡东门门额拓片(蔚县博物馆　李新威　提供)

堡墙均为黄土夯筑,保存较差。东墙无存,墙体内外侧均为民宅。南墙东段及东南角无存,为新房所占据,仅存西段,残长 17 米,墙体高薄、断续。西墙长约 206 米,南段墙体保存一般,高薄、连贯,顶部很薄;中部设 1 座马面,正对东门,保存较好(彩版 11-38);西墙北段保存较好,墙体宽厚、较高,墙体内侧为民宅,外侧为荒地和顺墙小路。北墙残长 84 米,保存较好,墙体高大、宽厚,外侧壁面斜直,外下为耕地,内侧为民宅;北墙中部设有一方形马面,马面体量大,保存较好,马面顶部为新建的真武庙,北墙外有新旧烤烟房;北墙东段保存较差,墙体多消失,为民房所占,墙体保存低薄、断续,墙体外多为烤烟房。

西南角无存,为民房。西北角设 90°直出角台,保存较好。东北角无存,为民房。

(二)街巷与古宅院

堡内格局为东西向主街,主街北侧有 1 条南北主巷,南侧有 2 条南北向主巷。旧民宅较多,现住 400 余人,居民以田、郑姓为主。中心街两侧多新房,土旧房及老宅院较少。

正街 仅存 1 座老宅院,即老宅院 1,位于东门内北侧,一进院。

北街 即主街北侧南北向巷子,其东侧支巷中尚存老宅院 2、3,均为二进院。

三、寺庙

据当地长者回忆,苏田堡曾修建有关帝庙、戏楼(2 座)、龙神庙、五道庙(2 座)、三教寺、真武庙、三官庙、观音殿。上述寺庙,除现存者外,皆于"文革"时期拆毁。

关帝庙 位于东门外北侧,现已无存。

戏楼 共 2 座,1 座位于三教寺对面,现已无存。1 座位于东门外,正对堡东门,现存遗址。

龙神庙 位于堡外西北方向,现已无存。

五道庙 共 2 座,位于堡外东、西侧,现已无存。

三教寺 位于苏田堡东门外台地上,处苏贾堡、苏邵堡、苏田堡三村之间,东为苏贾堡,南为苏邵堡,西为沙河,河西为苏田堡,北为农田,寺前为一条东西大道。该寺为苏贾堡、苏邵堡、苏田堡三堡共同筹资修建。整体庙院占地面积 1 400 平方米,坐北面南,原由三进院落组成。中轴线上依次为戏楼、山门(钟鼓二楼)、过殿(前殿)、后殿,两侧分别为东、西禅房和东、西配殿。三教寺于 20 世纪 30 年代改作学校,如今仅存 2 座大殿,其东侧修建校舍,大殿已改作教室或办公室使用,殿内壁受损严重。

前殿,位于砖砌台明上,台明较高,前设 4 步台阶,整体坐北面南,面阔三间,硬山顶,进深七架梁前、后各出檐廊,中间隔墙分为二殿,南侧面南为关帝殿,北侧面北为地藏殿。门窗为现代装修,殿内墙壁全部刷白灰浆,壁画已毁,殿前东、西长有 2 株松树。

正殿(后殿),位于砖砌台明上,坐北面南,面阔三间,硬山顶,进深六架梁出前檐廊,殿内供奉玉皇大帝。西山墙上保存有墀头装饰,东西山墙山花也保存较好。殿前东为柏树,西为松树。

西配殿,坐西面东,面阔三间,硬山顶,供奉河神。现为学校图书馆。

东配殿,坐东面西,面阔三间,硬山顶,供奉文昌。已毁。

真武庙 位于堡北墙马面上,马面顶部四周围成一院落,设台阶从东侧达院东门。整座真武庙新近维修,台明瓷红砖,正殿墙体砌红砖,只有院东侧的门楼与正殿梁架为旧构。院中立有1通功德碑,从碑文得知,真武庙重修工程于2004年开工,2009年竣工。从捐款人信息也可以得知,苏田堡内田姓、郑姓与常姓皆为大姓。

东门为随墙门,硬山顶,券形门洞,拱顶之上饰有2颗门簪。墩台上、院南侧正中建有1座门楼,东、西各建1座钟、鼓亭。正殿位于墩台北侧,坐北面南,面阔三间,硬山顶,进深六架梁出前檐廊。殿内壁画新绘。

正面绘《真武帝坐堂议事图》,正中为真武大帝,右手持剑;两侧依次分别为七星旗君(西)、剑童(东),周公(西)、桃花女(东)。外侧各分列四大护法神,即东侧的手执玉环的温元帅温琼、手持金枪的马天君马元帅、雷部之神辛环,以及一位持剑之神;西侧的手持青龙偃月刀的关元帅关圣帝君、手持铁鞭的赵元帅赵公明、雷部之神邓忠,以及一位持剑之神。

两山墙壁画为3排6列的连环画。

东墙

鹊巢冠顶	樵夫指路	二虎把洞	剑指成河	玉皇赐剑	猛虎送行
北遇僧人	西遇死人	南遇病人	东遇老人	太子离朝	辞别国母
太子学武	太子习文	五龙洗三	托桐生胎	白象投胎	梦吞日月

西墙

收七星旗	收龟蛇将	阴阳正果	目无阴魔	马温归元	正守北极
神赠金印	五龙捧圣	怒斩魔女	太白赐甲	观音磨针	色不逆性
猿猴引路	澡身浴德	三花聚顶	刮肉养鹰	井满自溢	财如云烟

此壁画的内容与苏贾堡真武庙壁画内容相似,不知道新绘壁画是在原粉本基础上重绘,还是参照了苏贾堡的旧画粉本。

三官庙 位于东西主街西尽头,西墙观音殿墩台脚下。仅存正殿,坐落在砖砌台明之上,坐西面东,面阔三间,硬山顶。殿为新近修建,已改作村委会。庙后有台阶登观音殿,台阶较窄且陡,前半部为毛石,后半部为砖台阶。三官庙台明上铺有1通石碑,字迹漫漶。

观音殿 位于东西主街尽头的西墙马面顶部。马面基础包砌毛石,上部包砖。正殿坐西面东,面阔三间,硬山顶。殿内部新近维修,壁画皆为新绘,正面为观音像,两侧为众罗汉。壁画上部各写有一排文字,内容分别为"苦海无海,回头是岸,佛门善行,功德无量"

"佛法无边,普度众生,大慈大悲,救苦救难"。

另外,在观音殿南侧巷中,尚存一残缺的经幢。残存部分为半截腰,鼓形,为经幢的上半部。经幢上残有"迦巴婆室者偏陀""南无中方大毗庐如来佛""南无西方弥陀如来佛""南无□方成就如来佛"。经幢上日期落款处破损,难以辨认,只有一字似为"丰"字,推测为咸丰年间所刻。

第二十一节　苏邵堡村

一、自然环境与人文历史

苏邵堡村位于下宫村乡西偏北 4.8 公里处。村庄周围地势平坦,为沙土质,辟为耕地。1980 年前后有 703 人,耕地 2 767 亩,曾为苏邵堡大队驻地。如今,村庄东北角与苏贾堡村相连,216、228 乡道穿村而过。村庄分为新旧两部分,北部为旧村,即城堡所在地,南部及城堡东侧为新村。新村为双南北主街结构,房屋较多,居民数量多(见图 11.32)。

相传,明嘉靖二十四年(1545)建村时,与苏田堡、苏贾堡、苏官堡合为一村,名苏家疃。后因邵姓主居,独立成村,故取名苏邵堡。村名可考的历史最早见于《(顺治)蔚州志》,作"苏家疃堡",《(乾隆)蔚州志补》作"苏家疃邵家堡",《(光绪)蔚州志》作"苏邵堡",《(民国)察哈尔省通志》沿用。

二、城堡

(一)城防设施

苏邵堡村堡,位于北部旧村中。城堡平面呈矩形,周长约 701 米,开南、北门,堡内平面布局为南双十字街北丁字街主街结构(图 11.35)。

城堡南门为砖石拱券结构,基础为 5 层条石砌筑,上为青砖砌拱券。外侧门券三伏三券,门券拱顶上方镶嵌 3 枚门簪,其上为门匾,门匾由 3 块方砖组成,正题"神护门"。内侧门券亦为三伏三券,门拱上方镶嵌门匾,门匾由 3 块方砖组成,正题"永清泰"三字。门顶为券顶结构,顶部修建有文昌阁/魁星楼。门道为自然石铺就的路面并保存有车辙印记,木门扇尚存,门钉无存,保存较好。门外两侧有放木板挡水的石槽,可知旧时当地水患较为严重。南门外西侧设有护门墩,方形,体量较大。从碑文得知,南门修缮于乾隆三十一年(1766)。门外东侧有戏楼及供销社,供销社依南墙而建,规模较大,已废弃。南门外为新村,居民较多。门内西侧为登城坡道,门内为宽阔的南北中心街,中心街地面已水泥硬化。

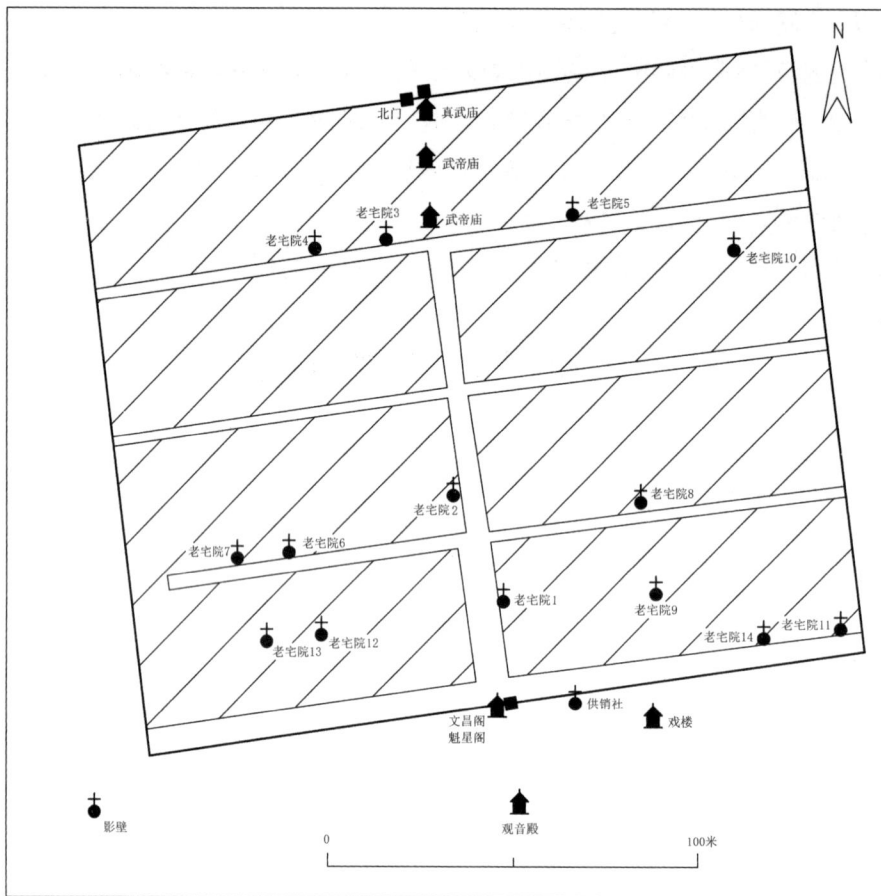

图 11.35 苏邵堡村堡平面图

　　城堡北门位于真武庙下,砖石拱券结构,基础为 4 层条石砌筑,上面青砖起券。外门券为三伏三券,门券拱顶上方镶嵌 2 枚门簪,门簪上方镶嵌有门匾,由 3 块方砖组成,现存 2 块,字迹漫漶。内侧门券为两伏两券,门洞较高,形制简单。北门门洞通道并非直道,呈 L 形,自然石铺路面,通道内两侧墙体为 3 层条石基础,上为砖。北门未设门扇、门闩孔、门轴石等。从碑文得知,北门修缮于乾隆二十一年(1756)。

　　堡墙均为黄土夯筑,保存较差。东墙长约 157 米,保存一般,墙体低薄、断续,内外两侧均为民宅,部分地段东墙保存较好。南墙长约 192 米,西段墙体保存较差,为房屋所占,现存墙体主要分布在近西南角附近,墙体高薄,多坍塌,南墙外为荒地及水泥路,南墙东段无存,现为荒地,墙体内侧有老宅院。西墙长约 159 米,保存一般,墙体低薄、连贯,多坍塌,西墙外有土坯修建的烤烟房,房子西面为顺墙土路,西墙内侧为民居。北墙长约 193 米,西段保存一般,墙体低厚、连贯,墙体内侧为民居,墙外为耕地,种植玉米,并有土围墙环绕。北墙中段墙体较厚,修建真武庙,庙下面即为北门。北墙东段保存一般,墙体低厚、连贯,外侧为耕地,内侧为民宅。

东南角无存。西南角尚存转角,未设角台,西南角外立有影壁1座,近代时修建,保存较好。西北角仅存转角。东北角无存,为民房。

(二)街巷与古宅院

堡内民宅以土旧房为主,老宅院较多。

南顺城街 即南墙内侧墙下,分东西两段。东段北侧尚存3座老宅院。老宅院11、14均为两进院。老宅院11,广亮门,硬山顶,保存较好,门内有山影壁,砖雕装饰精美,前院正房面阔三间,卷棚顶,东西厢房面阔两间,单坡顶,南倒座房面阔三间,卷棚顶;后院正房面阔三间,卷棚顶,东厢房面阔两间,单坡顶,西厢房无存。老宅院14,广亮门,硬山顶。西段北侧尚存2座老宅院,即老宅院12、13,均为两进院。

前街 即南十字街东西向街道。东段北侧尚存1座老宅院,即老宅院8(97号院),原为两进院,现为一进院,广亮门,硬山顶。西段北侧尚存2座老宅院,即老宅院6、7。老宅院6(171号院)为两进院,广亮门,卷棚顶。老宅院7为两进院,广亮门,硬山顶。

正街 即南门内南北主街。老宅院1,位于东侧,一进院。老宅院2,位于西侧,原为二进,现为一进院。

后街 即丁字街东西街。西段街道为土路,路北多旧房,尚存有2座老宅院。老宅院3,二进院落,保存较好,广亮门,硬山顶,前院已废弃,无建筑,二道门为随墙门,平顶门洞,上有仿木构砖雕装饰,后院正房、东厢房与西厢房保存较好。老宅院4,二进院落,保存较好,广亮门,硬山顶。东段街道,街道北侧多为土旧房,新房少,仅1座老宅院。老宅院5,原为两进院,现为一进,广亮门,卷棚顶,门内墙上贴有《捷报》(彩版11-39)。

三、寺庙

据当地长者回忆,城堡内外原修建有戏楼、观音殿、武帝庙(关帝庙/地藏殿、真武庙)、文昌阁/魁星楼(或梓潼殿/魁星楼),上述庙宇皆存。白衣庵、五道庙、河神庙、马神庙、财神庙,上述庙宇无存。

白衣庵 位于南门外东侧东墙下,或称观音殿,现已无存。

五道庙 位于堡门外西侧,现已无存。

河神庙 位于堡外西南,现已无存。

马神庙 位于堡外东北角,现存基础。

财神庙 位于堡内西南角,现已无存。

戏楼 位于苏邵堡村堡南门外东侧,坐东面西。戏楼面阔三间,单檐卷棚顶,进深六架梁。砖石台明高1米,前檐柱4根,鼓形柱础,后金柱2根。土坯山墙,北墙西半面为红砖新砌。挑檐木出挑较长,约四分之三。前檐檩枋下通体透雕雀替,明间雕龙首撑拱,次间雕狮头撑拱。前檐额枋尚存彩绘。戏楼内方砖墁地,前台南北山墙有壁画残存,各绘四扇屏风,但表面涂刷白灰浆,壁画漫漶。前后台间木隔扇残存,上面有斑驳的彩绘装饰,次间设出将、入相两门。北墙上残存有墨书题壁,为"光绪拾捌(推测)福义班",并有几首曲名。戏楼前原设花勾栏,分男女二场。

观音殿　位于堡南门外,正对南门。庙院四周院墙、山门新建。山门为硬山顶,广亮门。正殿,坐南面北,面阔三间,硬山顶,进深五架梁出前檐廊。前檐额枋新施彩绘,门窗新近修缮,东西山墙墀头上有砖雕装饰残存,殿内为砖铺地面,殿内正面新塑观音像,两侧各立一尊塑像。殿内东西墙壁尚存民国时期的壁画,重新描绘,内容题材延续旧画,但绘画水平相差甚远。东、西两侧山墙上部分别绘有四幅《观世音菩萨普门品》,下部分别绘有罗汉;正壁两侧次间分别绘有二幅《观世音菩萨普门品》。《观世音菩萨普门品》壁画如此布局,在蔚县观音殿中较为少见。殿内供台前置一供桌,桌上置木五供。

殿内西侧次间槛墙前立有 1 通乾隆四十二年(1777)《重修马王五道庙碑记》[1]石碑,字迹清晰,从碑文中有"马鸣大王五道神祠两庙并建由来旧矣",说明两庙在乾隆四十二年便已存在。

武帝庙(关帝庙/地藏殿、真武庙)　俗称"北庙",位于堡内南北主街的北端及北墙马面上。现为 1 座庙院,由前、中、后渐次增高的院落组成(彩版 11-40、41)。院墙、山门尚存。山门新近修缮,硬山顶,广亮门,墀头、饿檐砖雕精细,皆有砖雕花草装饰。门扇上有 3 枚门簪,院门两侧新建八字形屏风影壁。山门内东西两侧有钟鼓楼,但已无钟、鼓。院内西院墙上嵌有 1 通 1924 年《重修武帝庙碑记》[2]石碑,碑阴为布施功德榜。院中依次坐落关帝庙/地藏殿,东、西配殿与玄帝宫。

前殿(第一进殿)为关帝庙/地藏殿。大殿坐北面南,面阔三间(坐二破三式),硬山顶,进深四架梁出前檐廊。前檐额枋上残存有彩绘,斑驳不清。门窗新近修缮,东、西山墙墀头上有砖雕装饰,保存较好,前檐西廊墙下设面然大士龛。殿东侧有水井 1 眼。

关帝庙,位于殿内南面,正面新塑红脸关帝神像,两侧各立一位大将,左为周仓,右为关平。殿内壁画保存尚好,从色彩上判断,壁画为清中期作品。

正壁分为上下两层,下层绘有《关帝坐堂议事图》,上层绘三世佛。壁画上部绘有佛教题材,一般出现在观音殿与龙神庙中,关帝庙内出现此类题材仅此一处。《关帝坐堂议事图》中间为关帝,身着龙袍,头戴官帽;两侧为持伞侍从。侍从外侧,西侧为手捧《春秋》的

〔1〕 邓庆平:《蔚县碑铭辑录》,广西师范大学出版社,2009 年,第 298 页。
〔2〕 邓庆平:《蔚县碑铭辑录》,广西师范大学出版社,2009 年,第 300 页。

随从,东侧为手捧大印的随从。外侧分别为左丞相陆秀夫,右丞相张世杰,均手持笏板而立;再外,西侧为持大刀周仓,东侧为持剑关平;最外还分别有一位随从,东侧者肩背箭囊,西侧者也背有一囊,但其内空无一物。上部绘三世佛,绘有三尊佛,结迦跌坐,两侧为迦叶与阿难。

两侧山墙壁画为连环画形式,各3排4列,采用直线分割为矩形,题材选自《三国演义》中关羽的故事。榜题除少数被白灰浆覆盖或毁损外,大部分可释读。

东山墙(北至南)(榜题:右)

酒温斩华雄	□□□□ (榜题被覆盖)	□破黄巾	桃园结义
关公斩彦良	□□□□ (榜题被覆盖)	土山顺说	三战吕布
卧牛山收周仓	□□□□	霸桥饯别	曹公赐马

西山墙(南至北)(榜题:右)

献长沙	箭射盔缨	大战黄忠	风雪请孔明
抬棺战关公	单刀□会	义释颜晏	威振华夏
(榜题毁)	夜战马朝	华容□曹	古城斩蔡阳

地藏殿与关帝庙相背,坐南面北,面阔三间(坐二破三式),硬山顶,进深三椽出前檐廊。前檐额枋新施彩绘,色彩艳丽,东西山墙墀头砖雕保存较好。廊下东、西两侧各立1通石碑。东侧为乾隆二十一年(1756)《重修关帝庙地藏殿玄帝宫堡门楼碑记》[1],从碑文中得知"关帝庙一座,地藏殿、玄帝宫各一所,不知创于何代,始自何年"。因墙垣残塌而修缮,"修庙之外,复修堡门楼一座"。这座堡门楼并未指出是南门还是北门,结合乾隆三十一年(1766)的石碑考察,应是北墙券门。西侧为乾隆三十一年(1766)《修文昌阁魁星楼白衣庵南堡门碑记》[2],从碑文得知,堡有南、北两门,北门已修缮,但南门出入人更多;碑文中又说道,国家祀典文庙与武庙并建,而今堡北已有关帝庙,独缺文昌阁魁星楼,难以振兴文风;而白衣庵创建年久,风雨倾颓。由此,合村村民捐款,创建庙宇或进行修缮。

殿内墙壁画皆为新绘,色彩鲜艳。正壁正中绘有地藏菩萨,菩萨的右侧为道明、左侧为闵公,与常规格局相反;两侧次间绘有十殿阎君立像,皆头戴帝冠,手持笏板,站立侧向菩萨。两侧山墙绘十殿阎君,上部为十八罗汉,下部为地狱;西壁绘单数殿,东壁绘双数殿。

〔1〕 邓庆平:《蔚县碑铭辑录》,广西师范大学出版社,2009年,第290~292页。

〔2〕 邓庆平:《蔚县碑铭辑录》,广西师范大学出版社,2009年,第294~296页。

真武庙(玄帝宫),位于北墙庙台上,庙台下即为北门洞。两侧尚存东、西配殿,正中建筑分为上、下两层,下层顶部比上层略宽。下层是一间空房,顶部东南角开有通道,通道可达下层突出的顶部,东墙边上架一木梯供人上下。上层玄帝宫坐北面南,面阔单间,硬山顶,进深四架梁出前檐廊。前檐额枋上新施彩绘,门窗新修。玄帝宫殿内壁画保存较好,从风格来看应是1924年修缮时所绘。正壁绘有《真武帝坐堂议事图》,两侧各绘3排3列连环画式壁画。院内设东西配殿。

正壁正中绘有《真武帝坐堂议事图》,正中为真武帝,两侧分列三排。中间分别为七星旗与剑童,外侧分别为桃花女与周公。下排为护法四元帅,东侧下排为手执玉环的温元帅温琼与手持金枪的马天君马元帅,西侧下排为手持青龙偃月刀的关元帅关圣帝君与手持铁鞭的赵元帅赵公明。上排关帝身侧还各有二位天君,有雷部之神辛环与邓忠,其他两位身份仍需考证。

这堂《真武帝坐堂议事图》,是蔚县所有真武庙同类题材中保存较好的,也是单开间真武庙的坐堂议事图中最为典型的一幅。

两侧山墙壁画内容为真武本生的故事,各3排3列连环画,为蔚县真武庙壁画画幅较少者。画幅虽然只有十八幅,但仍完整地表现了真武由托胎降生→太子生涯→辞亲志道→潜心修道→接受考验→伏魔降妖、威镇北方的过程。除了东、南、西、北遇见老、病、死与僧人是将故事情节展开叙述,其他的皆是通过每个阶段1~2幅典型的情节,将这个阶段展示给大众。是一堂画幅不多,却能完整表现内涵的典型。

东壁

北遇僧人	太子离朝	玉皇赐剑
东遇老人	南遇病人	西遇死人
梦吞日月	五龙吐水	太子入学

西壁

收扶龟蛇	怒斩魔女	五龙捧圣
天神赐甲	观音磨针	寡肉味鹰
猿猴指路	剑指成河	二虎把洞

文昌阁/魁星楼　或称梓潼殿/魁星楼,位于堡南门顶。根据碑文记载,阁楼创建于乾隆三十一年。阁楼面阔三间,硬山顶,进深七架梁前后出廊。前檐额枋彩绘无存,涂刷红油漆,门窗多损坏,面南应为文昌阁,面北应为魁星楼。殿内砖铺地面,两殿隔墙已拆毁,殿内壁曾抹白灰,仅南殿东、西山墙各残存一位神像。

文昌阁前廊西墙上嵌有1通石碑[1]，经辨认碑文如下：右侧一列竖字"山西大同府蔚州绫罗里南苏家疃堡"，上侧一排大字"通省大路"，左侧为一列落款"大明嘉靖二十四年岁次乙巳吉月吉日建立"，中间部分为一首小诗"轻舟逐浪去如□，万里营求正及时，更与贵人通道路，从兹百福日相随"。诗下中间有"乡长"两字，再下面是一排7人的名字，从右至左分别姓陈、刘、邵、班、张、班、贾。

第二十二节　张　庄　村

一、自然环境与人文历史

张庄位于下宫村乡驻地西偏南4.7公里处，属丘陵地带，地势略南高北低，村庄周围地势平坦，为沙土质，辟为耕地。1980年前后有252人，耕地1 188亩，曾为张庄大队驻地。如今，村庄规模较小，分为新旧两部分，间隔一条东西向水泥路。路北为新村，南为旧村，即城堡所在地。216乡道从村东部边缘经过。村庄民宅以新房为主，无老宅院遗存。

相传，明万历年间，苏邵堡张、章二姓在此种地建庄，取名张章，后演变为张庄。村名可考的历史最早见于《（光绪）蔚州志》，作"张家小庄"，《（民国）察哈尔省通志》作"张家庄"。

二、城堡

张庄村堡位于村南部，水泥路南侧。城堡平面呈矩形，堡墙坍塌严重，仅存小段北墙，四至未知，堡门未知，推测开南门。旧堡内民宅全部翻建。

第二十三节　东　庄　头　村

一、自然环境与人文历史

东庄头村位于下宫村乡西南偏南3.5公里处，属丘陵区，地处石门峪口北，选址修建在石门峪山谷外东侧山前冲积扇上，地势呈南高北低坡形。附近相对平坦，一马平川，为

---

[1]　邓庆平：《蔚县碑铭辑录》，广西师范大学出版社，2009年，第288页。

沙土质,辟为大面积的耕地。1980年前后有858人,耕地2 036亩,曾为东庄头大队驻地。

相传,明朝万历年间建村,原名为南庄头,辖张庄、西庄头,后分三村,该村位于东头之故,取名东庄头。村名可考的历史最早见于《(光绪)蔚州志》,作"南庄头",《(民国)察哈尔省通志》作"东庄头"。

二、街巷与古宅院

如今,村庄规模较大,以新房为主,居民较多。东庄头旧村位于村庄的东南部,由2条东西向主街组成,为便于描述,称为"北街"与"南街"。

旧村尚遗存一片老宅院,保存较好者分别在北街与南街。

南街 老宅院1,位于街南侧,一进院,广亮门。老宅院2、3,位于街南侧一小巷内东西两侧,均为一进院。

北街 老宅院4,位于街北侧,五道庙东侧,广亮门楼,木雕精致,门楼内迎面是1座影壁,影壁涂有泥土。西侧是二道门,硬山顶,门檐下木雕精美。院内尚有一位老妪居住。此外,北街西北端建有更楼,保存较好,卷棚顶,为便于瞭望,北、西墙皆辟窗。

村南即为石门峪,向南可到山西灵丘县,历史上为著名的"灵丘道""飞狐峪"。山谷口有1座1970年修建、现已废弃的水闸,名为石门峪大坝,出峪口后的沙河两侧还有水泥和石块修筑的水坝,长约2公里,将山谷中的河水向北导流。

三、寺庙

东庄头村内寺庙尚存有五道庙、观音殿、龙神庙及戏楼、孔神庙(孔圣庙)、关帝庙(伏魔宫)。

五道庙 位于北街西端的十字路口东北角,今东庄头村中心位置。五道庙东侧邻老宅院4。正殿坐北面南,面阔单间,硬山顶,进深四架梁出前檐廊。殿内壁残存有清末民国时期的壁画,大部分漫漶不清。正面壁画绘有《五道神坐堂议事图》,正中为五道神,两侧为土地神与山神,土地神外侧有捉妖武将,山神外侧有判官。三位神的后上方还有随童与武将。两侧山墙分别绘有《出征捉妖图》与《得胜凯旋图》,但已十分漫漶。顶部脊檩未绘《八卦图》。

观音殿 位于北街的正中位置南侧。整座庙院保存较好,坐南面北。院门高耸于5级台阶上,硬山顶,券形拱门,檐下施仿木飞子、椽、檩与枋、柁头等仿木构砖雕装饰,拱门顶上砖雕"观音殿"三字。院内门楼两侧建钟、鼓二亭,皆为硬山顶建筑。正殿坐南面北,面阔三间(坐二破三式),硬山顶,进深六架梁出前檐廊。殿内壁画保存较好,近期修缮时为了保护壁画,将其表面封护。

正壁绘《五菩萨坐堂说法图》。明间绘三大士,即普贤、观音、文殊;东间次为千手千眼,西次间为地藏。正中观音东侧为龙女,西侧为善财童子;在普贤与文殊的侧后方,分别为伽蓝护法神与韦驮护法神。此堂壁画在构图上与杨庄窠乡嘴子观音殿较为相近,但也有所区别,主要区别在于伽蓝护法与韦驮护法的位置不同。

两侧壁画内容,上部各有 4 幅《观世音菩萨普门品》经变图,每幅图上的榜题已无字迹,不知是近期修缮时重新涂刷所毁,还是原画无题字。中部绘罗汉,下部绘十殿阎王。两侧壁画的三层布局,在蔚县其他观音殿中罕见。

正殿前廊下东、西两侧各立有 1 通石碑。东侧为 1918 年《重修观音殿工程告竣碑记》[1]石碑,从碑文可知,由于观音殿离山近,每逢大雨,山洪暴发,泥水淤积,殿基被埋,殿内积水渐多,无法排出,于是乡民们决定提高殿基,拆殿重建。由此可见,殿内壁画为1918 年重绘。西侧为咸丰元年(1851)《重修观音殿龙王公碑记》[2],碑阴有"道光丙午"(道光二十六年)(1846)字样,说明此石碑是二次利用。

龙神庙 位于北街东端。龙神庙坐北面南,整体建筑保存较好,由山门、钟、鼓二楼、东、西配殿与正殿组成(彩版 11-42)。门楼为硬山顶,券形拱门,门顶上有"水晶宫"三字砖雕匾额;檐下饰仿木构砖雕垂花柱,柱间饰精美砖雕。院内杂草丛生,两株松树挺拔。正殿坐北面南,面阔三间(坐二破三式),硬山顶,进深六架梁出前廊,殿内后墙位于平槫下方。两侧山墙墀头、戗檐砖雕精致,砖雕尚有楹联。西侧为"祝三时不害"与"庆五谷丰登",东侧为"祈风调雨顺"与"保国泰民安"。

殿内曾改作教室,内壁涂刷白灰浆。如今村民清洗墙面,壁画线条隐约可见,但不清晰、艳丽。正壁画面基本完整,两侧山墙曾挂过黑板,黑板之下壁画受损较轻,其他部分大多被厚厚的白灰浆覆盖。正壁绘《龙神坐堂议事图》,东、西山墙各为《出宫行雨图》与《雨毕回宫图》。

正壁明间正中绘龙神,边上各有一位龙母,身后为持扇侍女,龙神脸部被重新绘过,面部较黑,留有胡须;东次间绘有三位龙神,西次间绘二位龙神与雨师,东西下角为雨官;上部各有 6 位行雨辅助之神,东次间上部可以辨出为日值功曹、四目神、判官、虹童、雷公。由于后墙梁架下有檐柱,内侧龙王被毁。龙神庙正壁正中绘龙神,两侧各有一位龙母题材,在蔚县龙神庙内尚属孤例。

东壁《出宫行雨图》。内侧隐约可见水晶宫,龙母立于水晶宫内,两侧立持扇侍女。水晶宫上方是飞奔的传旨宫。水晶宫前,龙王 1 回首向上盯看,上方判官正在飞奔追跑被狂

〔1〕 邓庆平:《蔚县碑铭辑录》,广西师范大学出版社,2009 年,第 320～322 页。
〔2〕 邓庆平:《蔚县碑铭辑录》,广西师范大学出版社,2009 年,第 318 页。

风刮飞的玉旨。龙王1身后为銮轿,众小神抬轿而出,轿内供有1块牌位。轿前是龙王3与持葫芦神,再前方是雨师,雨师前便是打头阵的风伯与风婆,在其上方是雷公与钉耙神。上部的钉耙神后,跟随着二位龙王的,还有四位功曹、虹童。

西壁《雨毕回宫图》。内侧为水晶宫,龙母立于水晶宫内,双手持笏板,恭候众神回宫,两侧各立一位持扇侍女。水晶宫上方是飞奔交旨的传旨官,左手持奏书向前伸出。水晶宫前可见两位功曹,还有一位神的影子。画的左侧是一株松树,树上束缚一条龙。

戏楼　位于龙神庙对面,新建建筑,坐南面北,面阔三间,卷棚顶,前台被木板封堵。

孔神庙(孔圣庙)　位于南街东端,北街戏楼南侧。孔神庙坐北面南,面阔单间,单坡顶,四架梁出前檐廊。殿内壁没有壁画,正壁供台上供奉五个木牌位,从东至西分别为"供奉鲁子神神位""供奉大成□圣孔子神神位""供奉孟子神神位""供奉曾子神神位""供奉思子神神位"。孔神庙内神位如此排列,在蔚县尚属首次。2015年庙宇重修,正面绘有孔子画像。

关帝庙(伏魔宫)　位于南街西端,与北街五道庙相望。关帝庙坐西面东,整个院落面向南街。山门为随墙门,券形拱门,拱门顶上有"伏魔宫"砖雕匾,门前设5级台阶。

正殿坐西面东,面阔单间,硬山顶,进深四架梁出前檐梁。西墙下设有供台。殿南墙已坍塌,西、北墙残存有壁画。西墙绘《关帝坐堂议事图》,关帝居中,两侧为左、右丞相与周仓、关平。北墙壁画为连环画式,3排4列。

北山墙

秉烛达旦	挂印封金	曹操进马	土山归汉
立诛文丑	立斩颜良	立斩华雄	三战吕布
桃园结义	王苏献马	大破黄巾	单刀赴会

第二十四节　西庄头村

一、自然环境与人文历史

西庄头位于下宫村乡西南偏南5公里处,属丘陵区,地势南高北低,为沙土质,村庄周围辟为大面积的耕地。1980年前后有1 445人,耕地5 455亩,曾为西庄头大队驻地。216乡道从村东、北边缘通过。

相传,明朝万历年间建庄,因村址位于石门峪口西侧(头),故取名西庄头。村名可考的历史最早见于《(民国)察哈尔省通志》，作"西庄头"。

二、街巷与老宅院

如今，西庄头旧村位于村庄的东南部，由2条东西主街组成，西口有1座高大门楼，门楼内正对1座影壁。东西街内的老宅院，多为坐北面南，位居街北侧，这些老宅院中保存得较好的有272号院、258号院以及东侧的1座院子。这3座宅院门楼高大，木雕完整、精致。

此外，村委会对面有1条东西向街道，街南侧有数座老宅院相连，其中1座位于434号院西侧的大院，是西庄头村最豪华的1座大院，大院最精美之处在于院门内的大影壁。影壁面阔三间，硬山顶，仿木栌头顶端砖雕、檐下柱间仿木替木砖雕、基座束腰间砖雕等，皆保存较好。影壁东侧是1座垂花门，门头木雕尚存。大影壁西侧还有1座小影壁，仿木栌头砖雕尚存。

三、寺庙

龙神庙 又称龙姑庙，位于旧村西侧1座大院内，院南墙为20世纪五六十年代的供销社或大队部，如今脊顶已坍塌。院内北侧为龙神庙，正殿坐北面南，面阔单间，硬山顶，进深五架梁。殿保存较差，后脊顶垮塌。殿内壁曾抹泥浆，泥浆脱落处露出残存的壁画。

戏楼 位于龙神庙对面，坐南面北，面阔三间，卷棚顶，进深六架梁。前檐柱4根，鼓形柱础，后金柱2根。砖砌山墙。挑檐木出挑较长，约五分之四，挑檐木伸出部分依次置于大额枋与擎柱上。前檐檩枋未施木雕。戏楼内为土地面，前台南北山墙上残存壁画，东墙上有毛主席语录，西墙画有黑板，表面涂刷白灰浆。前、后台间木隔扇尚存，次间设出将、入相两门。东次间走马板上有"海航行"大字，推测原为"大海航行靠舵手"。戏楼后台正壁有题壁，如"光绪卅一年九月十九日立三圣班在此台乐也""刘文举通拜""同乐班"等。此外还有抗日、抗美的标语。

第二十五节 下 战 村

一、自然环境与人文历史

下战村位于蔚州古城南偏西17.4公里处，居恒山余脉中山带水山脚下，属深山区，西南临沟,地势东高西低,北部为黏土质,南部为壤土质。1980 年前后有 379 人,耕地 1 452 亩,曾为下战公社、下战大队驻地。

相传,建于隋末唐初,曰上战。清光绪十八年(1892)该村西西坡村被洪水冲毁后下迁,与上战合并,村人改以迁向"下"与原村名之上战之"战"合称新名"下战"。村名可考的历史最早见于《(乾隆)蔚州志补》,作"下站里",《(光绪)蔚州志》《(民国)察哈尔省通志》沿用。

如今,村庄地处深山,在石门峪主山谷东侧一条支谷中,依山坡而建,233 乡道从村南经过,村庄分为新旧两部分。旧村位于东部山坡上,民宅依山坡而建,大部分已经废弃、拆除,仅存基础。新村位于西部山坳内,受地形影响,分布散乱。

旧时村庄未曾修建城堡,村中已无老宅院遗存,民宅多为改革开放前后的建筑。村中仅 20 余户居民,日用生活品全部要到下宫村乡购买,往返需一天时间,且冬日大雪封山后无法进出山。村民收入来源主要为放羊。

村周围山高林密,尤其是南坡,松树茂盛。村民植树造林数十年,已经种植了 8 000 多亩松林。村后山峰顶,修建一排排高大的风力发电站。

二、寺庙

戏楼　位于下战旧村村口,新村东侧,整座村庄中部。戏楼坐南面北,卷棚顶,进深六架梁,台明为条石砌筑,较为高大。戏楼前台口被木板封堵,东侧留有门,戏楼内堆满杂草。

真武庙　位于戏楼对面的坡地上,现已无存。

第二十六节　果 庄 子 村

一、自然环境与人文历史

果庄子村位于蔚州古城南偏西 23.3 公里处,居恒山余脉中山带甸子梁西北脚下石门峪内沙河东岸台地上,属深山区。曾为抗日革命根据地。地势较平坦,为沙土质,周围辟为梯田耕地。1980 年前后有 369 人,耕地 1 647 亩,曾为果庄子公社、果庄子大队驻地。

相传,清乾隆乙卯年(1795)间建村,因郭姓占多数,取名郭家庄子。后郭姓减少,果姓增多,村名演变为果庄子。村名可考的历史最早见于《(乾隆)蔚州志补》,作"果家庄子",《(光绪)蔚州志》作"果家庄",《(民国)察哈尔省通志》沿用。

如今,216 乡道穿村而过,果庄子村口有 1 块路碑,正面写"果庄子",背面写有村史,内容为"清乾隆乙卯年间建村,因果姓主居,故名"。果庄子村口长有 1 株大树,参天挺拔,是村庄的地标。村内民宅依山势而建,分布散乱,建筑多为数十年间的宅院,毛石砌院墙,土坯或红砖屋墙。村西侧有 1 座剧场,剧场两侧有楹联"喜乐交响云停鸟集""广袖漫舞心旷神怡"。

二、寺庙

据当地长者回忆,村中原有泰山庙、五道庙等,庙宇在"文革"时期拆毁。

第二十七节　芦家寨村

一、自然环境与人文历史

芦家寨村位于原果庄子乡(今属下宫乡)驻地南偏西 2.8 公里处,居恒山余脉后山带甸子梁西脚下。属深山区,东、南临石门峪沙河,处于沙河主河道和西侧支流的交汇处。曾为抗日革命根据地。地势北高南低,为沙土质,周围辟为梯田耕地。1980 年前后有451 人,耕地 1 911 亩。曾为芦家寨大队驻地。

相传,明初芦姓建村,取名芦家寨。村名可考的历史最早见于《(乾隆)蔚州志补》,作"芦家寨",《(光绪)蔚州志》作"卢家寨",《(民国)察哈尔省通志》沿用。

据当地长者回忆,抗战时期,芦家寨为蔚县县委所在地,村中大多数的老宅院在抗战时期被日军烧毁。蔚县的抗日英雄余化龙,便于 1944 年秋在芦家寨为掩护百姓撤退而被捕。如今,233、216 乡道穿村而过,乡道和沙河将村庄分为南北两部分,民宅主要分布在北侧山坡上,依山势而建,民宅分布较为散乱,村庄饮水短缺,地表水几乎干涸,村口唯一的一口水井一天也打不出几桶水。

二、寺庙

马神庙　位于村东口北侧,正殿坐北面南,面阔单间,硬山顶,前檐下立有两根檐柱,破为三间。殿内堆放杂草,壁画已毁。

戏楼　位于村中。戏楼为毛石砌筑台明,坐南面北,卷棚顶,进深六架梁。前檐柱4 根,鼓形柱础,后金柱 2 根。毛坯砌山墙,东山墙保存较好,西山墙坍塌过半。戏楼内东壁上尚存题壁,内容为抗战的标语,落款为"民国二十九年八月十日"。

第二十八节　红角寺村

一、自然环境与人文历史

红角寺村位于原果庄子乡（今属下宫乡）西南偏北 4.5 公里处，居恒山余脉后山带甸子梁西脚下，属深山区，地势北高南低，村庄沿着石门峪西侧支山谷内的北坡修建，十分狭长，民宅分布散乱，均依山就势，村中有沟，为沙土质，周围辟为梯田耕地。曾为抗日革命根据地。1980 年前后有 237 人，耕地 1 190 亩，曾为红角寺大队驻地。如今，村中居民较少，大部分民宅已塌毁，居民少。村口长有 1 株大树，直径足有 1 米，要 4 人以上才能合抱，这株老树成为红角寺村的标志。村中的东北角坡顶有 1 株松树高耸，松树下是龙神庙。

相传，明代建村，因这里原有座寺院，名红角寺，故村名随曰红角寺。但村名在蔚县诸版方志中均失载。

二、寺庙

龙神庙　位于村中东北角山坡，1 株松树之下。正殿坐北面南，面阔单间，硬山顶，进深六架梁出前檐廊。殿四角采用青砖砌筑，山墙为毛石堆砌。殿内已空无一物。

第二十九节　歇心庵后洼村

一、自然环境与人文历史

歇心庵后洼村位于原果庄子乡（今属下宫乡）东南偏南 4.1 公里处，居恒山余脉后山带甸子梁西脚下，石门峪山谷东侧，属深山区，南靠沟。曾为抗日革命根据地。地势北高南低，为沙土质，周围辟为梯田耕地。1980 年前后有 337 人，耕地 1 566 亩，曾为歇心庵后洼大队驻地。

相传，明成化年间，曾有人的牛跑失，寻找多时才在这里发现，方得歇心。遂见此地水清草茂，就迁来居于马鞍状山后洼地（当地人称马鞍形山为庵），取村名歇心庵后洼。村名可考的历史最早见于《（乾隆）蔚州志补》，作“歇心庵”，《（光绪）蔚州志》《（民国）察哈尔省通志》沿用。

如今,后洼建于马鞍北部的坡地上,民宅依山势而建,村民已多从西部旧村搬到了东侧的新村,新村的坡地前有两口井,一口是旧井,一口是新井,为本村的水源地。旧村位于西侧,规模不大,南北主街结构,民宅多废弃、坍塌。主街村口平地有一坑塘,村中61岁的前村书记杨书记说水坑是村中的聚宝盆,村中的财气都会聚集在这里。为了强化聚宝盆功能,1978年于水坑的西侧修建1座戏楼,这座戏楼更像一道屏风,让东来的紫气聚拢于此,也时常组织唱戏酬神。

据杨书记回忆,歇心庵后洼在抗战期间曾是老二区的区政府所在地。1938年12月的明铺伏击战前,八路军120师717团部分主力部队路过此地。1938年12月,当获得日军有一个运输车队要经过北口峪(飞狐峪)这一情报后,120师派717团部分主力部队,从涞源"烧车"一带通过西甸子梁,驻扎在老二区的歇心庵等几座村庄,并在这里部署了明铺伏击战。如今当年县政府与县法院(公安局)所在的宅院尚存。县政府的宅院已废弃,县法院(公安局)的宅院还有1位80多岁的老人和他的子女居住,正房面阔五间,已残破。

二、寺庙

据村中长者回忆,旧时村庄曾修建有五道庙、真武庙、龙神庙/观音殿、戏楼,上述寺庙在抗战期间被日军炸毁。

五道庙　位于戏楼后面的1座土疙瘩上,现已无存。

真武庙　位于村北,现已无存。

龙神庙/观音殿　位于村西南方山岭上的2株松树下,现已无存。

戏楼　位于村口坑塘西侧,坐西面东,卷棚顶,进深六架梁。该戏楼虽建于20世纪70年代,但建筑形制与风格延续了蔚县传统戏楼风格。戏楼前檐下台明铺几通石碑,碑文多已风化或磨毁,只有1通石碑可见中间的一列竖字,其中可辨认的有"皇恩钦赐"。

第三十节　歇心庵前洼村

一、自然环境与人文历史

歇心庵前洼村位于原果庄子乡(今属下宫乡)东南偏南4.6公里处,居恒山余脉后山带甸子梁西脚下,石门峪山谷东侧,属深山区,选址于马鞍状山前的洼地上,南靠梁,东侧为一道大峡谷。地势西高东低,为沙土质,周围辟为梯田耕地。曾为抗日革命根据地。

1980 年前后有 338 人，耕地 1 488 亩，曾为歇心庵前洼大队驻地。如今，村庄规模较小，受地形影响，民宅分布散乱。虽然村庄地处深山之中，进村道路曲折险峻，但村庄并未废弃。村中现有 50～60 人居住，平姓是村中的大姓。村中有 2 座圆形的坑塘。

相传，明正德年间建村于马鞍状山前洼地，据山后取村名，遂称歇心庵前洼。村名可考的历史最早见于《（乾隆）蔚州志补》，作"歇心庵"，《（光绪）蔚州志》《（民国）察哈尔省通志》沿用。

二、寺庙

据村中长者回忆，村中曾修建有多座庙宇。五道庙 2 座，分别位于村正北侧、村东；村东五道庙后有龙神庙（已坍塌），村南有三官庙（已坍塌）。

五道庙　2 座。1 座位于村正北，正殿坐北面南，面阔单间，庙殿已于 30 多年前完全倒塌，现仅存条石基。第 2 座位于村东，原为本村大户平家的家庙，正殿坐东面西，面阔单间，单坡顶。殿脊顶残损，殿内残存有漫漶的壁画。

戏楼　位于村东，戏楼坐南面北，卷棚顶，进深六架梁，重建于 20 世纪 70 年代，虽为重建，但前檐柱下柱础仍为旧件。重建的戏楼保持着民国时期的建筑风格。戏楼东北侧有一片坑塘。

第三十一节　雷 家 坡 村

一、自然环境与人文历史

雷家坡村位于原果庄子乡（今属下宫乡）西南偏南 1.3 公里处，居恒山余脉后山带甸子梁西北脚下西山坡，属深山区。地势西高东低，村庄选址在石门峪西侧半坡上，依山势而建，村中有冲沟，附近为沙土质，四周辟为耕地。曾为抗日革命根据地。1980 年前后有443 人，耕地 2 075 亩，曾为雷家坡大队驻地。如今，村庄分为东西两部分。西部旧村地势较高，受地形影响，民宅分布散乱，且大部分民宅废弃、坍塌，一片断壁残垣，仅不足 10 座院子尚完整，4 座翻修正房屋顶。东部为新村，由于靠近石门峪山谷，地势相对平坦开阔。新村规模较大，216 乡道穿村而过，一条冲沟将新村分为南北两部分。民宅以新房为主，居民较多。

相传，约五百年前雷姓建村于一道山坡上，故取村名雷家坡。村名可考的历史最早见于《（乾隆）蔚州志补》，作"雷家坡"，《（光绪）蔚州志》《（民国）察哈尔省通志》沿用。

二、烽火台

雷家坡村烽火台位于石门峪东侧山顶,雷家坡新村北侧。烽火台选址地势较高,视野开阔,南望山西灵丘县伊家店烽火台。烽火台现由墩院和墩台组成。墩院平面呈矩形,由台明和围墙组成,均为黄土夯筑,围墙东墙长 38 米,南墙长 53 米,西墙长 37 米,北墙长 49 米,墙体坍塌严重,院内辟为耕地。墩台位于院内东侧,紧靠东围墙,平面呈矩形,黄土夯筑,高约 5 米,保存一般。

第三十二节　其他村庄

一、蔡庄子村

蔡庄子村位于原果庄子乡(今属下宫乡)西北偏北 7.2 公里处,居恒山余脉前山带甸子梁西北脚下石门峪西山坡,属深山区,南临沟,地势北高南低,为沙土质,村庄周围辟为耕地。曾为抗日革命根据地。1980 年前后有 107 人,耕地 678 亩,曾为蔡庄子大队驻地。如今,村庄规模较小,尚存不足 10 座宅院。

相传,明朝初期,该村由蔡姓人建村,故取名蔡庄子。但该村在蔚县诸版方志中均失载。

二、新道坡村

新道坡村位于原果庄子乡(今属下宫乡)西北偏北 5.9 公里处,居恒山余脉前山带甸子梁西北脚下石门峪西山坡,属深山区,村庄依山坡而建,南临沟,地势北高南低,为沙土质,周围辟为耕地。曾为抗日革命根据地。1980 年前后有 223 人,耕地 1 012 亩,曾为新道坡大队驻地。如今,村庄已无人居住,一片断壁残垣。

相传,明初建村,有兄弟俩从外地前来,寻找道路经过此坡,认为该地好遂定居下来,取村名寻道坡。后误传为新道坡。村名可考的历史最早见于《(光绪)蔚州志》,作"新道坡",《(民国)察哈尔省通志》沿用。

三、兴隆村

兴隆村位于原果庄子乡(今属下宫乡)西北 5.4 公里处,居恒山余脉前山带甸子梁西北脚下,石门峪西山坡,属深山区,南临沟,北靠山崖,地势北高南低,为沙土质。村南地势较平坦处辟为梯田耕地。曾为抗日革命根据地。1980年前后有276人,耕地1 240亩,曾为兴隆大队驻地。如今,村庄分为东西两部分,沿东西向山谷北坡修建,十分狭长,村庄规模较大,西部旧村大部分民宅坍塌废弃,尚存不足10座完整的宅院。东部新村规模较小,大部分民宅亦坍塌废弃。村庄位置偏僻,处于石门峪西侧一条山谷内上游,仅可沿山谷冲沟步行到达石门峪内的216乡道。

相传,约500年前建村。因此地到石门峪的路径像一条龙盘桓起伏,为吉利取名兴龙,后演变为兴隆。村名可考的历史最早见于《(光绪)蔚州志》,作"兴隆里",《(民国)察哈尔省通志》沿用。

四、七井寺村

七井寺村位于原果庄子乡(今属下宫乡)北偏西3.8公里处,居恒山余脉前山带甸子梁西北脚下石门峪东沟,属深山区,地势北高南低,选址修建于溪沟(石门峪东侧支山谷)北侧的土坡上,南靠沟,西侧紧邻两条山谷交汇处,村南山坡相对平缓,为沙土质,辟为大面积的耕地。曾为抗日革命根据地。1980年前后有401人,耕地1 958亩,曾为七井寺大队驻地。如今,七井寺村庄东西十分狭长,233乡道穿村而过。民宅院墙多为碎石砌筑,房舍多为红砖所砌,均为近10年所建,村中居民较多。

相传,明朝初期建村时,此地有七口井和一个寺院,据此取村名七井寺。村名可考的历史最早见于《(乾隆)蔚州志补》,作"七井寺",《(光绪)蔚州志》《(民国)察哈尔省通志》沿用。

五、麻黄头村

麻黄头村位于原下战乡(今属下宫乡)西偏南2.6公里处,居恒山余脉中山带羊峁梁湾处,属深山区,位于石门峪山谷东侧支山谷内,地势北高南低,北靠梁,南临沙河,东西有沟,村南相对平缓,为黏土质,辟为耕地。曾为抗日革命根据地。1980年前后有200人,耕地802亩,曾为麻黄头大队驻地。233乡道从村南经过。麻黄头村规模较小,曾居住有70余人,村民主要靠种胡麻与土豆为生,日常生活用品需要去下宫村乡购买。如今村庄已废弃,只有几户村民居住。

相传,清乾隆年间建村。此地盛产中药麻黄,质居首位,故取村名麻黄头。村名可考的历史最早见于《(乾隆)蔚州志补》,作"麻黄头",《(光绪)蔚州志》《(民国)察哈尔省通志》沿用。

六、东寨沟村

东寨沟村位于原下战乡(今属下宫乡)西偏北3.8公里处,居恒山余脉中山带后梁脚下寨沟东坡上,属深山区,南北靠梁,地势北高南低,为黏土质。1980 年前后有 175 人,耕地 1 057 亩,曾为东寨沟大队驻地。如今村庄规模小,民宅废弃,无人居住。村南地势相对平缓,辟为梯田耕地,已荒芜。

相传,250 年前建村于后梁脚下寨沟东,故取名东寨沟。村名可考的历史最早见于《(乾隆)蔚州志补》,作"东西寨沟",《(光绪)蔚州志》沿用,《(民国)察哈尔省通志》作"东寨沟"。

七、贾坪村

贾坪村位于原下战乡(今属下宫乡)北偏西 1.6 公里处,居恒山余脉中山带东梁腰上,属深山区,四周群山环抱,西北依山,东南临沟,地势北高南低,为壤土质。曾为抗日革命根据地。1980 年前后有 124 人,耕地 558 亩,曾为贾坪大队驻地。如今,村庄周围的山坡上辟为梯田耕地。村庄规模较小,村南部有一坑塘,村中民宅完整者约 10 余座,其余全部废弃、坍塌。

相传,清雍正年间贾姓建村于一土坪上,故得名贾家坪。1948 年改为贾坪。村名可考的历史最早见于《(乾隆)蔚州志补》,作"贾家平",《(光绪)蔚州志》作"贾家坪",《(民国)察哈尔省通志》沿用。

八、西岭村

西岭村位于原下战乡(今属下宫乡)西北偏北 3.3 公里处,居恒山余脉前山带塔梁南二里山湾处,属深山区,北靠坡,南临沟,地势北高南低,为黏土质,周围辟为梯田耕地。曾为抗日革命根据地。1980 年前后有 193 人,耕地 933 亩,曾为西岭大队驻地。如今,村庄民宅大部分坍塌、废弃,一片断壁残垣,仅存数座完整的房屋。

相传,清朝初期建村,为芦姓始居,故取名芦家岭。后据村址位于一道山岭的西边,又更名为西岭。村名可考的历史最早见于《(乾隆)蔚州志补》,作"庐家岭",《(光绪)蔚州志》作"卢家岭",《(民国)察哈尔省通志》沿用。

九、东岭村

东岭村位于原下战乡(今属下宫乡)北偏西 3.7 公里处,居恒山余脉前山带小林站山梁上,属深山区,北临沟,西靠沙河。地势较平缓,为黏土质,村周围辟为梯田耕地。1980 年前后有 168 人,耕地 699 亩,曾为东岭大队驻地。如今,村庄规模小,仅存数座完整的房屋。

相传,清朝初期建村,为屯家岭,后据村址位于一道山岭的东面,更名为东岭。村名可考的历史最早见于《(乾隆)蔚州志补》,作"屯驾岭",《(光绪)蔚州志》作"屯家岭",《(民国)察哈尔省通志》沿用。

十、小松涧村

小松涧村位于原果庄子乡(今属下宫乡)东北偏北2公里处,居恒山余脉中山带甸子梁西北脚下,属深山区,村庄选址在石门峪东侧山坡上,南临沙河,地势东高西低,为沙土质,周围辟为梯田耕地。曾为抗日革命根据地。1980年前后有277人,耕地1266亩,曾为小松涧大队驻地。如今,村庄规模较大,依山坡地势而建,分为新旧两部分。东侧地势较高者为旧村,村内房屋大部分废弃坍塌,仅几座宅院尚存。西侧为新村,居民相对多。233乡道从村南缘经过。

相传,村南涧沟上曾有一片小松树林,约五百年前建村时,借此取村名小松涧。村名可考的历史最早见于《(乾隆)蔚州志补》,作“小松涧”,《(光绪)蔚州志》《(民国)察哈尔省通志》沿用。

十一、中庄子村

中庄子村位于原果庄子乡(今属下宫乡)西偏南2.6公里处,居恒山余脉后山带甸子梁西北脚下石门峪西侧山谷内沙河北坡,属深山区,地势北高南低,为沙土质,周围辟为梯田耕地。曾为抗日革命根据地。1980年前后有228人,耕地1400亩,曾为中庄子大队驻地。如今村庄沿山谷而建,东西狭长,233乡道穿村而过。村内居民较多,民宅多已翻建。

相传,约500年前建村于吴庄子、马铺村的中间,故取村名中庄子。村名可考的历史最早见于《(民国)察哈尔省通志》,作“中庄子”。

十二、马铺村

马铺村位于原果庄子乡(今属下宫乡)西北1.4公里处,居恒山余脉后山带甸子梁西北脚下石门峪西侧山谷内沙河北坡,属深山区,地势北高南低,为沙土质,周围辟为梯田耕地。曾为抗日革命根据地。1980年前后有230人,耕地1253亩,曾为马铺大队驻地。如今村庄沿山谷而建,东西狭长,233乡道穿村而过。村内居民较多,民宅多已翻建。

相传,明初此地原有一个铺子,供骡马行人中途食宿。后建村遂取名马铺。村名可考的历史最早见于《(乾隆)蔚州志补》,作“马铺里”,《(光绪)蔚州志》《(民国)察哈尔省通志》沿用。

十三、红土湾村

红土湾村位于原果庄子乡(今属下宫乡)西偏南3.7公里处,居恒山余脉中山带甸子梁西北脚下石门峪西侧山谷内沙河南坡,属深山区,东、北靠沙河,地势北高南低,为沙土质,村周围辟为耕地。曾为抗日革命根据地。1980 年前后有 93 人,耕地 470 亩,曾为红土湾大队驻地。如今,村庄规模较小,不足 10 户宅院,仅 2 座完整宅院。

相传,明初建村于一个红土湾里,故取村名红土湾。村名可考的历史最早见于《(民国)察哈尔省通志》,作"红土湾"。

十四、吴庄子村

吴庄子村位于原果庄子乡(今属下宫乡)西偏北 5 公里处,居恒山余脉中山带甸子梁西北脚下石门峪西侧山谷内沙河北坡,属深山区,地势北高南低,村庄南临沙河,依地势而建,层层叠叠,周围为沙土质,辟为梯田耕地。曾为抗日革命根据地。1980 年前后有 140 人,耕地 988 亩,曾为吴庄子大队驻地。如今,村庄内民宅大部分坍塌废弃,一片断壁残垣,民宅完整者仅 5 座。

相传,明成化年间建村,因吴姓主居,故取村名吴庄子。村名可考的历史最早见于《(光绪)蔚州志》,作"吴家庄子",《(民国)察哈尔省通志》作"吴家庄"。

十五、陈庄子村

陈庄子村位于原果庄子乡(今属下宫乡)西偏北 5.5 公里处,居恒山余脉中山带甸子梁西北梁顶洼地,属深山区,村庄南、北、西三面环山,东侧视野开阔,为沙土质,周围辟为梯田耕地。曾为抗日革命根据地。1980 年前后有 245 人,耕地 1 543 亩,曾为陈庄子大队驻地。如今,村庄规模较大,民宅多已翻修,村中南部有 1 座坑塘。

相传,明初建村时,姓陈的人占多数,故得村名陈庄子。村名可考的历史最早见于《(乾隆)蔚州志补》,作"陈家庄子",《(光绪)蔚州志》作"陈家庄",《(民国)察哈尔省通志》沿用。

十六、龙神庙村

龙神庙村未见任何记载,位于红角寺村西南方约 1 公里的山顶上,推测为地名,非村庄名。

十七、笊篱洼村

笊篱洼村位于原下战乡(今属下宫乡)南偏西 2.9 公里处,居恒山余脉后山带后梁脚下,属深山区,位于石门峪东侧,地势东高西低,北依山,东南靠坡,西临沟,该沟汇入石门峪,村庄位于冲沟上游源头,该沟下游为小松涧村。附近为壤土质,村南、东侧辟为大面积梯田耕地。曾为抗日革命根据地。1980年前后有394人,耕地1 660亩,曾为笊篱洼大队驻地。

相传,清康熙年间建村于洼处,以地形取村名为笊篱洼。村名可考的历史最早见于《(光绪)蔚州志》,作"笊篱洼"。

如今,笊篱洼村建于山坡上,曾经的规模很大,村中一条条石碎道连接宅院,宅院也多是条石台阶,条石屋基。如今村宅大多废弃,一片残立的断壁与空荡荡的宅院,村东、西口各有1座圆形的坑塘,1999年修建的小学校亦废弃。村中仅20余人居住,以种地与放羊为生。

据当地长者回忆,村内原有泰山庙、龙神庙,均已倒塌。

十八、西桥沟村

西桥沟村位于原下战乡(今属下宫乡)南偏东4.1公里处,居恒山余脉后山带化圪塔山脚下,属深山区,北依山梁,东南临沟,西靠坡,地势北高南低,为壤土质,村庄周围辟为梯田耕地。曾为抗日革命根据地。1980年前后有78人,耕地346亩,曾为西桥沟大队驻地。如今村庄规模很小,已彻底废弃,民宅倒塌,无人居住。

相传,据光绪二十三年(1897)的碑文记载,该村原名桥沟村,据村西南一里外有座天然石桥而得名。清末,村东又建一村庄,两村按方位区别,该村更名为西桥沟。村名可考的历史最早见于《(民国)察哈尔省通志》,作"东西桥沟"。

十九、东桥沟村

东桥沟村位于原下战乡(今属下宫乡)南偏东4.3公里处,居恒山余脉后山带北梁山湾处,属深山区,北依坡,南靠梁,东西临沟,地势东北高西南低,为壤土质,周围辟为梯田耕地。1980年前后有26人,耕地187亩,曾为东桥沟大队驻地。如今村庄已彻底废弃,无人居住。

相传,清末建村于原桥沟村之东,两村按方位区别,该村取名为东桥沟。村名可考的历史最早见于《(民国)察哈尔省通志》,作"东西桥沟"。

二十、桌子石村

桌子石村位于原下战乡(今属下宫乡)东偏南4.5公里处,居恒山余脉后山带甸子梁北脚下东峪沟,该沟为石门峪东侧支流山谷,属深山区,南、北靠沙河,处于两条沙河交汇处,地势北高南低,为沙土质,村庄周围辟为耕地。曾为抗日革命根据地。1980年前后有183人,耕地505亩,曾为桌子石大队驻地。如今村庄规模小,已彻底废弃,房屋大部分坍塌,一片断壁残垣,无人居住。村西有 1 座坑塘,边上长有 1 株大树。

相传,约 500 年前建村,据村北山上 1 块桌子状石头取村名为桌子石。村名可考的历史最早见于《(民国)察哈尔省通志》,作"桌子石"。

二十一、果石塘村

果石塘村位于原果庄子乡(今属下宫乡)东偏南 6.3 公里处,居恒山余脉后山带甸子梁北脚下,属深山区,村庄处于山顶洼地内,东、西、北三面群山环抱,南侧为出口,视野开阔,地势西高东低,村庄依山势而建,村中有沟。村庄附近为沙土质,周围辟为梯田耕地。曾为抗日革命根据地。1980 年前后有 376 人,耕地 1 901 亩,曾为果石塘大队驻地。如今村庄规模小,受地形影响,民宅分布散乱,南村口处有 1 座坑塘。村内房屋大部分废弃坍塌,一片断壁残垣,由于近年修建风电路,宽阔的风电路连接了村庄和 X418 县道,可直达嗅水盆村和空中草原景区,使得原本彻底废弃的村庄,新建有 1 座大院,推测为养殖人居住。

相传,明成化年间郭姓建村,取名郭家石塘,后郭姓迁走,改名为果石塘。村名可考的历史最早见于《(乾隆)蔚州志补》,作"果家石堂",《(光绪)蔚州志》沿用,《(民国)察哈尔省通志》作"果石塘"。

第十二章 南留庄镇

第一节 概 述

南留庄镇地处蔚县西部,东邻涌泉庄乡,南接暖泉镇,西与阳眷乡、山西省广灵县交界,北与白草乡接壤,面积75平方公里。1980年前后共17 463人。1985年改镇。如今,全镇共29座村庄,其中行政村28座,自然村1座。2002年全镇人口2.58万人。(图12.1)

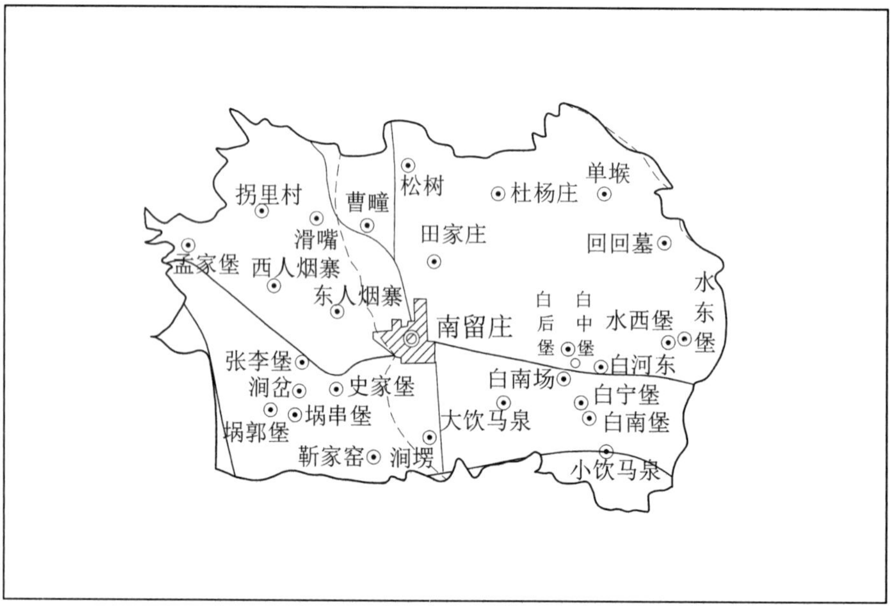

图 12.1 南留庄镇全图

全镇地形为丘陵,北高南低,境内沟壑纵横,土质瘠薄,水源匮乏,但地下煤炭资源丰富,经济以农业为主,兼工副业,1980年前后有耕地65 804亩,占总面积的58%。其中,粮食作物 56 495 亩,占耕地面积的 86%;经济作物 3 048 亩,占耕地面积的 14%。1948 年粮食总产 701.6 万斤,平均亩产 104 斤;1980 年平均亩产 167 斤。主要粮食作物有谷、黍、玉米。

南留庄镇现存古建筑丰富。历史上,庄堡 29 座,现存 29 座;观音殿 18 座,现存 15 座;龙神庙 18 座,现存 8 座;关帝庙 22 座,现存 18 座;真武庙 20 座,现存 17 座;戏楼 18 座,现存 14 座;五道庙 18 座,现存 8 座;泰山庙 5 座,现存 4 座;佛殿 2 座,现存 1 座;财神庙 4 座,现存 3 座;三官庙 5 座,现存 3 座;马神庙 13 座,现存 8 座;阎王殿 1 座,现存 1 座;梓潼庙 7 座,现存 6 座;魁星阁 6 座,现存 4 座;文昌阁 3 座,现存 3 座;仙聚殿 1 座,现存 1 座;地藏殿 2 座,现存 2 座;娘娘庙 1 座,现存 1 座;雷公庙 1 座,无存;姜太公庙 1 座,现存 1 座;灯影楼 1 座,现存 1 座;玉皇庙 3 座,现存 2 座;其他 5 座,现存 5 座。

第二节　南留庄镇中心区

一、自然环境与人文历史

南留庄位于蔚州古城西偏北 10.6 公里处,下广公路从镇区南通过,X418 县道穿村而过。属丘陵区,村西有沙河,向南注入壶流河,地势较平坦,为黏土质,周围辟为耕地。1980 年前后全村有 1 305 人,耕地 4 386 亩,曾为南留庄公社、南留庄大队驻地。如今,南留庄镇规模大,中间为旧村及城堡所在地,周围为新村,规划整齐划一,附近煤矿较多,经济发达,民宅以新房为主,人口众多(图 12.2)。

相传,一千五百年前(北魏太和年间),这里曾是个小村,仅住蒋、王二户,后江南门姓流落此地定居,故取村名南留庄。村名可考的历史最早见于《(正德)大同府志》,作"南留庄堡",《(崇祯)蔚州志》《(顺治)云中郡志》《(顺治)蔚州志》沿用,《(乾隆)蔚州志补》作"南留庄",《(光绪)蔚州志》《(民国)察哈尔省通志》沿用。

二、城堡

(一)城防设施

南留庄村堡,位于南留庄镇中部。城堡平面呈矩形,周长约 1 039 米,开东、西门,堡内平面布局为南十字街、北丁字街结构(图 12.3)。

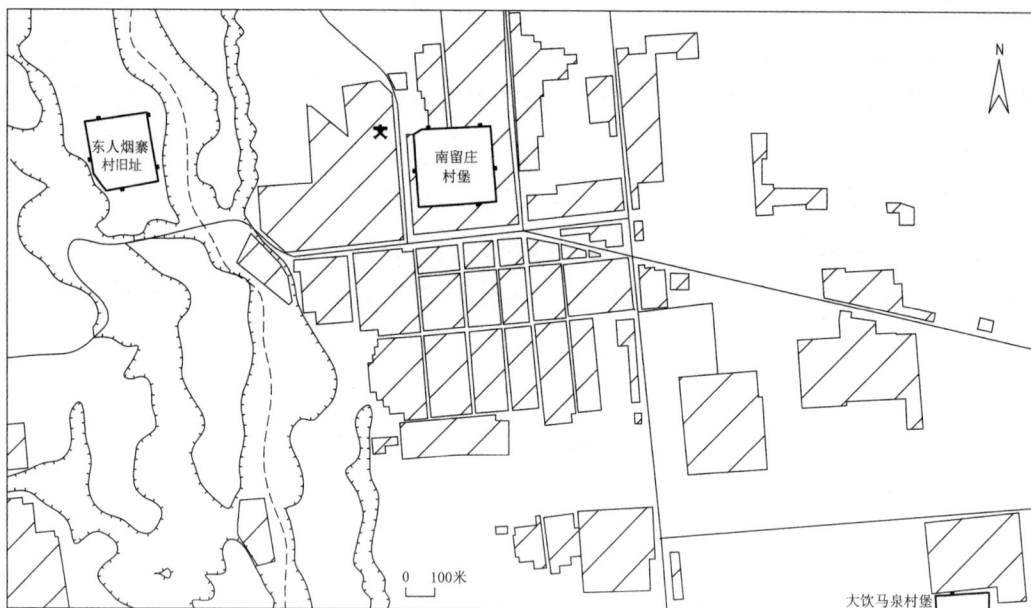

图 12.2　南留庄镇中心区古建筑分布图

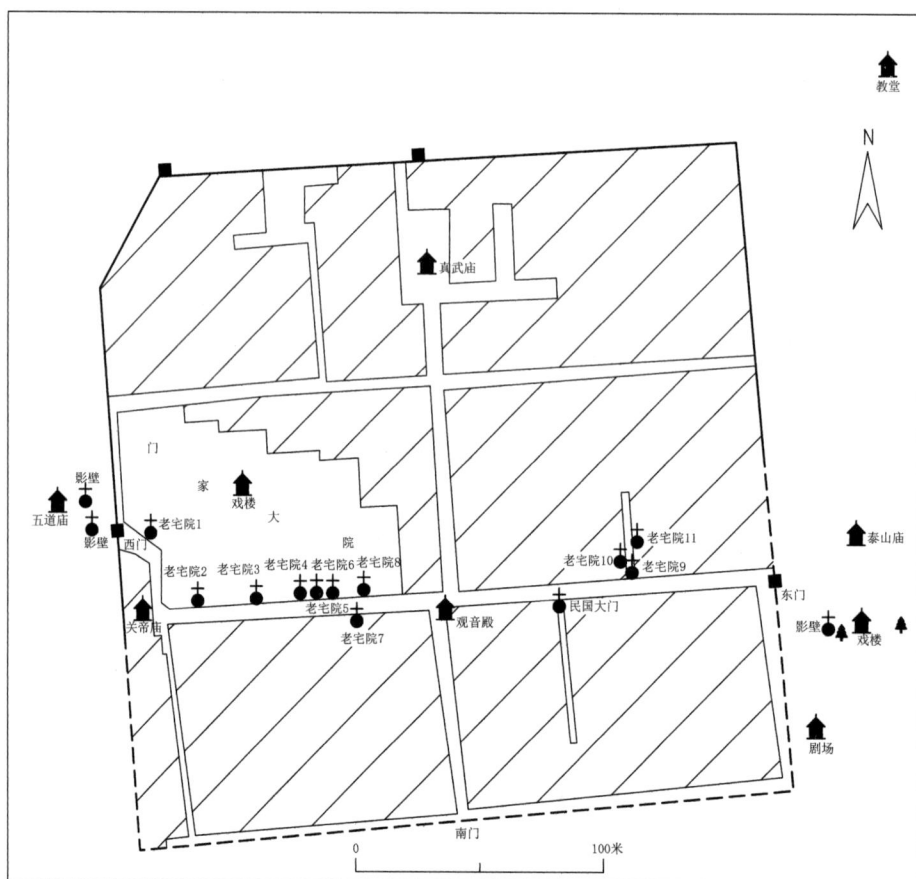

图 12.3　南留庄村堡平面图

城堡东门位于东墙中部,保存较好,砖石拱券结构,基础高 1.44 米,采用 6 层条石修砌,基础上青砖起券(彩版 12-1)。外侧门券为五伏五券,上出二层砖伏檐,门券拱顶上方镶嵌有 2 枚门簪,门簪雕牡丹,门簪上方镶嵌石质阳文门匾,正题楷书"南留庄",起款为"嘉靖六年吉月创修",落款为"嘉庆六年四月重修",匾额四周为竹节框。东门内侧门券亦为五伏五券,门券拱顶上方镶嵌有砖制阳文门匾,上书"定安门"。东门内的门闩孔为石质雕凿而成,圆形,门扇无存,上槛尚存。门券内顶为券顶。堡门顶部已修缮。顶部砖砌护栏。门外两侧原设有护门墩台,现仅存北侧护门墩,护门墩呈方形,下半部已修缮,红砖包砌。门道铺自然石,尚存车辙印。东门内为中心街,水泥硬化路面。东门外南侧有一片较大的空地,西侧建有剧场。北侧为泰山庙(戏楼)和圣惠公园,公园为当地综合性娱乐街心公园。此外,东门外还有 1 座椭圆形的水坑,推测为旧时的麻黄坑,近几年重修。

城堡西门位于堡西墙正中,保存较好,砖石拱券结构,基础高 1.44 米,采用 6 层条石修砌,上面青砖起券(彩版 12-2)。外侧门券为五伏五券,上出二层砖伏檐,门券拱顶上方镶嵌有 2 枚门簪,门簪雕牡丹,门簪上方镶嵌石质门匾,正题阳文楷书"南留庄",起款一排竖字"嘉靖六年秋季创修",落款一排竖字"嘉庆五年六月重修",匾额四周为竹节框,内侧门券五伏五券,券上镶嵌砖匾,阳刻楷书"宁远门"。门洞内顶为券顶,门内地面为水泥路面,门扇无存,上槛尚存。堡门顶部新修垛口墙。门外南北石条台明上砌八字砖雕影壁。北侧影壁边上有新建的五道庙。

堡墙皆为黄土夯筑,保存较差。东墙复原长约 251 米,仅存北段一小段,墙体低薄,坍塌严重,其余墙体无存。东墙北段外侧为圣惠公园。南墙复原长约 275 米,墙体无存,南墙内侧顺墙土路,外侧为民宅。西墙复原长约 267 米,南段仅存约 30 米长的墙体,其余为民宅占据;北段墙体高薄、连贯,高 4~5 米,内侧为顺城道路和民宅;西墙外侧为沿街的商铺,商铺的西侧为南北向道路,北段外侧公路西面为南留庄中学。北墙长约 246 米,墙体低厚、断续,内侧为民宅,外侧为荒地,墙体上设 1 座方形的马面,保存较好,紧邻西北角。墙外长有许多高大的大杨树。北墙外侧的荒地北侧为大片的新村。北墙东段墙体低薄,保存差,墙高 2~3 米,内侧为民宅,外侧为耕地。北墙中部设马面,马面高大雄伟,通体包砖,为真武庙庙台。庙台正北为宽阔的水泥路,即北侧新村的一条主要的道路。

东南、西南角无存。西北角为弧形转角,高 6~7 米,墙体高厚,保存较好,角外为一家木材厂。东北角未设有角台,仅为转角,东北角外的一户民房,改造为基督教堂。

堡内为南十字街、北丁字街布局,十字街并不正对,中间略错开,错开处即为观音殿遗址。堡内新、旧房均有分布,土旧房较少,老宅院居多,主要集中在东西中心街南北两侧。

(二)街巷与古宅院

堡内地名旧堡街,民宅以新房为主,老宅院也有较多分布,居民数量多。

门家大院　俗称"九连环",位于堡内东西大街(近西门)北侧,清代建筑,保存较好。大院整体坐北面南,共分东西6路,共计17进院落,154间房屋。6座广亮大门楼,均位于前院东南角。现由西至东叙述:

老宅院1　广亮门,硬山顶,门内有前、中、后三进院落,前院已经废弃,二道门为垂花门式门楼,五檩悬山式,中院五檩卷棚顶过庭,后院五檩硬山顶正房五间,南房东西下房均单坡顶。

老宅院2　一进院,四合院布局,东南角辟门,广亮门,硬山顶,门顶坍塌一半。

老宅院3(旧堡街08号)　为"武魁"门元恺大院,现有前、中、后三进院,东南角辟门,硬山顶,广亮门,戗檐尚存圆形砖雕"鹿回头",前院荒废,二道门为歇山卷棚垂花门式,门两侧院墙各建1座影壁,东侧墙体坍塌,已新砌。中院正房面阔三间,硬山顶,进深七架梁,明间退金廊,后墙出四檩悬山顶卷棚戏楼,为蔚县仅存的家台孤例。后院正房五间,明、次间退金廊。

老宅院4　两进院,东南角辟门,广亮门,硬山顶,门道铺石板,前置2步台阶。

老宅院5　前、中、后三进院落。东南角辟门,广亮门,硬山顶,门内为山影壁,影壁上有4攒砖雕斗拱,已经损毁,院内砖铺地面,前院西厢房坍塌,倒座房面阔三间,卷棚顶,东厢房面阔三间,单坡顶,东厢房已改为库房,二道门为垂花门式,楣板为门匾式,上书"福耀常临"。中院正房面阔三间,硬山顶,门窗部分改造。

老宅院6　原为两进院落,东南角辟门,广亮门,硬山顶。

据现存关帝庙内的石碑记载,门姓始祖于永乐十八年(1420)由保定完县(今名顺平)坛山迁来,十一世孙门元恺中兵科武举,后专管文书档案之职。如今堡内的门家大院即为门氏家族世代营建。

大院各建筑的形制、布局相对统一,广亮大门,迎门多建山影壁,二道门垂花门,过庭卷棚顶,正房硬山顶,厢房、倒座房单坡顶。随着"九连环"原主人——门家家族成员陆续离开,此宅院卖给了几户居民。

老宅院7　位于主街南侧,广亮门,卷棚顶,门内为一条巷子。

老宅院8　位于主街北侧,两进院,东南角辟门,宅门无存,门内尚存山影壁。

老宅院9　位于主街北侧,广亮门,硬山顶,门内为一条巷子。

老宅院10　位于老宅院10所在巷子内西侧,一进四合院布局,东南角辟门,随墙门,门外置上马石。

老宅院11　位于老宅院10所在巷子内东侧,西洋门式,尚存匾额,由2块方砖拼凑而成,阴刻双勾"福寿"。

老宅院12　位于主街南侧,西洋门式,门内为一条巷子。

三、寺庙

据当地长者回忆,南留庄村堡内外曾修建有戏楼、泰山庙、五道庙、真武庙、关帝庙、观音殿、财神庙、龙神庙。上述寺庙除现存外皆于"四清"时期拆毁。

戏楼 位于南留庄村堡东门外北侧,与泰山庙相对。戏楼已重修,坐南面北,面阔三间,卷棚顶,台明立面包砖,顶部四周边缘铺青白石条,地面为 0.28 米方砖错缝铺墁。山墙厚 0.53 米,"万字符"砖雕透风,后檐为砖裹檐。前檐额枋上有新绘的彩绘和木雕装饰,前檐撑拱木雕龙、狮等,挑檐木前伸达到三分之二,前台视野相当开阔。前檐下共有 4 根前檐柱,挑檐木下擎柱 2 根,柱础皆为鼓形,正面浮雕狮首衔环、花卉等图案,雕刻精致。梁架用材粗壮规矩。前后台间新修出将、入相二门,中间为圆形屏风,四周木雕彩绘。隔扇走马板绘画重新彩绘,皆为戏中人物形象。戏楼内两侧山墙各有重绘的 2 幅轴画,内容为山水亭阁。山尖壁画重绘,题材为人物形象。戏楼北侧为一大片空地,砖铺地面。空地北侧为泰山庙,新修缮建筑。戏楼南侧为 1 座影壁,西南角有 1 株大松树。

泰山庙(三圣娘娘庙) 位于南留庄村堡东门外北侧,与戏楼相对,现已围在圣惠公园内,成为镇中居民休闲场所。娘娘庙与戏楼皆于 2005 年由村委会集资重修。

寺庙坐北面南,整个庙宇坐落在一高 2.7 米的砖砌庙台上,对面为倒座戏楼。泰山庙现为一进四合院格局,由砖砌大台阶进入山门殿。

山门殿(过殿),坐北面南,面阔三间,硬山顶,进深五架梁,殿内壁画已重绘,画中内容皆为地狱阎王、小鬼等人物形象,画中有阎王亲点生死簿、地狱种种磨难等场面。娘娘庙在民间乃送子神祇,即创造了人的新生,但其前面的过殿却是地狱阎王,如此生死相随,给生者一种警示,在世好好做人,否则将入地狱,经历种种磨难。山门东侧立 2 通 2005～2006 年修缮庙宇的石碑,一通为《重修三圣娘娘庙碑记》,另一通是《布施功德碑》。

山门殿东西各有一间四柱三檩悬山式钟、鼓楼。钟楼边立 2 通石碑,一通为嘉靖三十二年(1553)、乾隆四十七年(1782)《创建施□善人记》[1],一通为《重修娘娘庙将合乡□□善布施开列于后》。

正殿,坐北面南,面阔三间,硬山顶,进深五架梁。屋顶铺绿琉璃瓦,前檐额枋、立柱、雀替等装饰皆重施彩绘。殿中壁画残存,但已漫漶,重修时并未重绘。东壁绘 3 位娘娘《出宫送子图》,西壁绘《回宫图》。虽保存差,但这堂壁画中娘娘巡游送子的场景是蔚县同类题材中最为壮观的,人物形象也最为丰富。

正殿东西各有耳房一间,四檩三架卷棚顶,正殿前东西配殿各三间,单坡顶,院内地面

---

〔1〕 邓庆平:《蔚县碑铭辑录》,广西师范大学出版社,2009 年,第 352、353 页。

条砖铺墁，甬路东有古柏1株。院内地面尚存1通嘉靖三十二年(1553)刊刻的创建娘娘庙石碑。石碑体量较大，原有碑座，现石碑碎为5块，虽拼接仍有缺失。

五道庙　位于村堡西门外北侧，庙已重修。正殿坐北面南，面阔单间，硬山顶，进深五架梁。殿中墙壁重施壁画。正壁绘《五道坐堂议事图》，中间为五道神，两侧为土地神与山神，外侧分列捉妖武将与判官，身后为随从，西上角随从手持龙头拐杖，东上角随从手持大刀。两山墙分别绘《出征捉妖图》与《凯旋图》。

真武庙　位于村堡正北，堡墙内侧及堡墙上，与堡内中心街正对。庙院坐北面南，由前、中、后三进院落组成。

前院由山门、东西厢房、过殿组成。山门为单檐歇山顶，东西厢房为单坡顶，面阔三间。过殿面阔三间，卷棚顶，进深五架梁，前出廊。过殿前东西两侧各设砖式角门1座。

由角门向北为中院，由南向北渐次增高的二级庙台，院内有古松1株，正北正中为20步砖砌台阶，台阶垂带下端各置一卧狮，两侧设厢房各二间，上台阶由正中砖式小门进入后院。

后院东西两侧各建四柱三檩歇山顶钟、鼓楼，正北为真武庙正殿即北极宫，单檐硬山顶，前出歇山翼角，面阔三间，进深五架梁出前檐廊。东西各设两间耳房，东耳房内供三官，西耳房内供财神。

真武庙早年毁坏严重，仅存一由南向北渐次增高的三层庙台和一株古松及明代一对卧狮。村委会集资于2005年重修，2006年竣工。

关帝庙　位于村堡西堡门内南侧西墙下，正对堡内东西主街，庙院坐西面东，庙宇位于高1.5米高的砖砌庙台上。山门为殿堂式大门，单檐硬山顶，面阔三间，进深三架梁，门前台阶两侧分列石狮、旗杆。旗杆高大，腰部各有"震""勇"两字。旗杆两侧各有一尊石狮，束腰须弥座雕刻精致。山门两侧建有四柱四角攒尖顶钟、鼓二楼，悬挂有石鼓。院内大门与正殿之间为一座供庭(献殿)，单檐歇山卷棚顶，面阔单间，进深六架梁，殿外木雕花窗棂，室内隔扇上有墨本淡彩山水、花鸟文人画。

院内正西台明上为正殿，坐西面东，面阔三间(坐二面三)，单檐硬山顶，进深六架梁出前歇山檐顶。顶部脊檩未绘《八卦图》。殿内正中供台上塑有关帝像，像前放置两尊小像。内壁有绘画，壁画表面刷油漆。

正壁绘画分为3个部分，塑像后正壁明间绘画以花草为主，北次间绘画中，上角悬挂一把弓，正中放置一具架子，架子上横放书卷；南次间绘画中，上角挂一簇箭，正中放置一具架子，架子上插满箭。两侧次间虽没有人物，但通过景物，寓意了关羽读《春秋》与威武大将的内容。

两侧山墙壁画为连环画式，各3排4列。

北山墙

□津诛文丑	策马刺颜良	曹公进马	秉烛通霄
北海解围	擒刘代王忠	袭斩车胄	张辽义说
三战吕布	□斩华雄	大破黄巾	桃园结义

南山墙

义释曹操	□□□□	古城义聚会	古城斩蔡阳
沂水关斩安喜	荥阳关斩王植	渡口关斩秦棋	卧牛山收周仓
洛阳关斩韩福孟坦	东岭关斩孔秀	霸桥栈行	府库封金

正殿左右两侧各设一间耳房。院内有石碑4通,一通为嘉庆二年(1797)门氏家族碑,一通为嘉庆六年(1801)《重修碑记》,碑阴为布施功德榜,两通为现代重修碑。据石碑记载,该庙始建于明嘉靖年间。2006～2007年村委会多方筹资修缮。院内门氏家族石碑记载,门姓始祖于永乐十八年(1420)由完县(今名顺平)坛山迁来,十一世孙门元恺中兵科武举,后人门□为秦王府典簿,专管文书档案之职。

现为河北省重点文物保护单位。

观音殿　位于东西主街十字路口处,现已无存。

财神庙　位于堡内东南角,现已无存。

龙神庙　位于西门外北侧,现已无存。

第三节　史家堡村

一、自然环境与人文历史

史家堡村位于南留庄镇西南偏北2.2公里处,处玉峰山南脚下,属丘陵区,南临"八一"水库。村庄周围地势平坦开阔,有宽而浅的冲沟,为黏土质,周围辟为耕地。1980年前后有810人,耕地2 512亩,曾为史家堡大队驻地(图12.4)。

相传,明朝末期称和阳堡,后因史姓渐多,故更名史家堡。村名可考的历史最早见于《(正德)大同府志》,作"埚里堡",《(崇祯)蔚州志》作"埚里三堡",《(顺治)云中郡志》作"埚里南北中三堡",《(乾隆)蔚州志补》作"史家堡",《(光绪)蔚州志》作"埚里史堡",《(民国)察哈尔省通志》作"史家堡"。

如今,村庄位于S342省道北侧,有水泥路相连,村庄北面为南留庄—阳眷的主干线

（X418县道）。村庄规模大，东面为新村，由4条南北主街构成，民宅规划整齐划一，西面为旧村，由城堡和旧村组成。

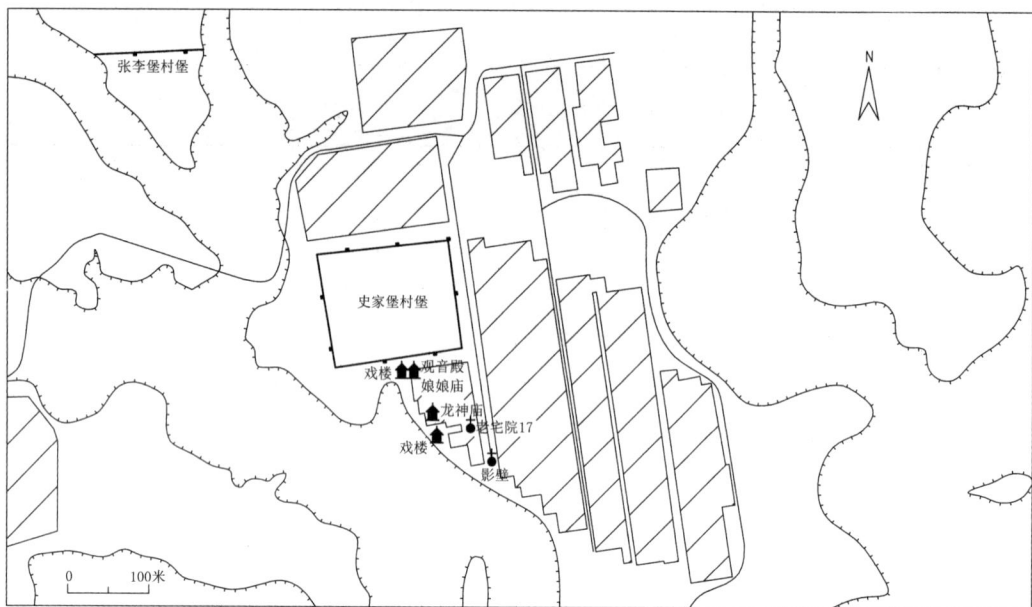

图 12.4 史家堡村古建筑分布图

二、城堡

（一）城防设施

史家堡村堡，位于旧村内。城堡平面呈矩形，周长约590米，开南门，堡内平面布局为双十字街结构（图12.5）。

城堡南门为砖石拱券结构，条石基础，上面青砖起券（彩版12-3、4）。外侧门券三伏三券，券门两侧门颊上方各镶嵌有1块砖雕装饰，雕有"犀牛望月"，"天马行空"。门券拱顶上方镶嵌有石质门匾（拓12.1），表面略有风化，正题"和阳堡"，右侧前款为"大明国中埚里"，前款下部刻石匠2人：王宪、王聪；土工2人：刘顺、赵俊。左侧落款为"嘉靖元年春季月吉日"，落款之左刻有堡长1人：史奉，小甲4人：郭雄、史的全、史的林、史的江。内侧门券亦为三伏三券，高于外侧门券，门券拱顶上方镶有扇面形砖雕匾额，砖雕为一卷轴画式，共有7幅砖雕画，两侧为"竹""梅"，中间有"猴"与"灵芝"，其他4幅为鹿的形象（彩版12-5）。寓意为"封猴挂印"，落款为"光绪五年七月重修"。这幅砖雕组图，既有岁寒三友的松、竹、梅，也有猴、鹿谐音侯、禄。门道为石板道，有两条深深的车辙，印证了史家堡的悠久与昔日的繁华。

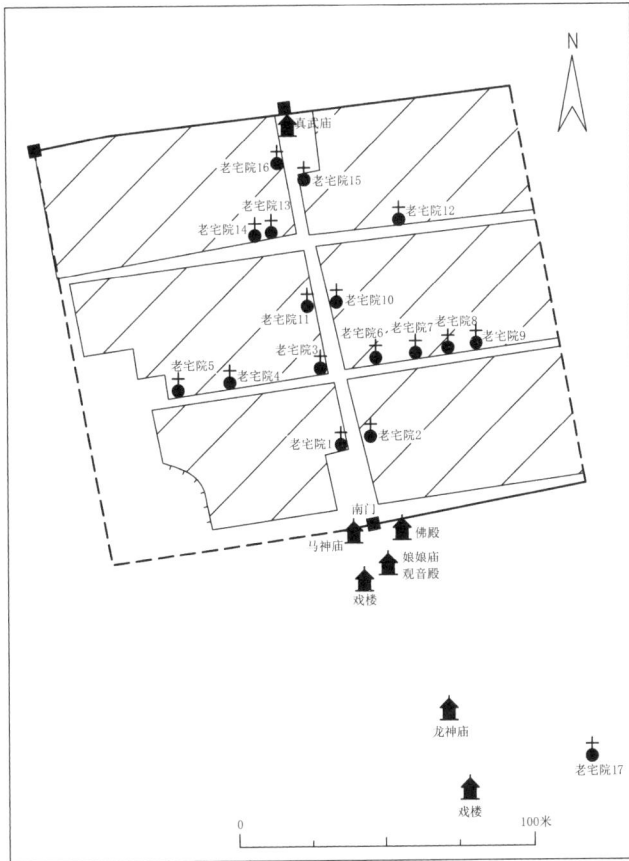

图 12.5　史家堡村堡平面图

拓 12.1　南留庄镇史家堡村堡南门门额拓片(蔚县博物馆　李新威　提供)

堡门外西侧设护门墩台，东侧护门墩无存。护门墩稍微低于南门，护门墩呈矩形，基础为条石，上面青砖垒砌，顶部四周新近修缮，西护门墩顶建马神庙。门顶立有电线杆，四周置砖砌花勾栏。门内西侧有登顶的台阶马道。堡门内为南北主街。南门外有一片寺庙建筑群，将大门隐于其中。寺庙合称为下圆通寺，属临济宗，与任家庄上圆通寺、陈家洼乡下元皂的中圆通寺皆是一脉相承。南门正对面为娘娘庙/观音殿，对面建有戏楼。西侧亦为戏楼。

堡墙均为黄土夯筑，保存较差。东墙复原长约 133 米，已无存，现为道路和民宅。东墙外为一条南北主干道，路南尽头为一座影壁。南墙长约 154 米，仅存高约 1 米的基础；东段外侧为民宅，内侧为荒废的道路和民宅；西段外侧为荒地，内侧为荒废的道路和民宅。西墙长约 141 米，破坏严重，墙体断断续续，仅存高不足 2 米的基础，大部分墙体为房屋所破坏，仅近西北角的墙体保存尚好，墙体高 5～6 米，墙体内侧为民宅，外侧为荒地和道路。北墙长约 162 米，墙体高薄，高 3～4 米，内侧为民宅，外侧为荒地和驾校。北墙正中设方形马面，为真武庙庙台。

东南、西南、东北角无存，形制未知。堡东南角外路东为村委会大院。西北角设 90°直出角台，保存较好，高 6～7 米，台体体量大，保存较好。

（二）街巷与古宅院

堡内居民以郭姓为主，民宅以老宅院为主，土旧房、新房很少。居民较少，房屋多废弃、坍塌。老宅院主要集中在主街两侧（彩版 12-6、7）。

史家堡堡内老宅院众多，堡内、宅院内格局完整。老宅院以广亮大门楼居多，门楼木雕装饰精美，尤其是裙板与雀替木雕保存较完整。门楼内大都建有影壁，影壁檐下砖雕柱头、雀替、垂花等装饰。一些影壁颇具特色，在砖雕垂花下尚有砖雕立柱，立柱下端是鼓形砖雕柱础，立柱有凸形的，也有凹形的。影壁须弥座束腰处也有砖雕花草装饰，大多为六至九朵之间。

正街（南北主街） 分为南、中、北三段。南段：老宅院 1，位于西侧，两进院，广亮门，硬山顶，尚存木雕装饰。老宅院 2，位于街东侧，广亮门，硬山顶。老宅院 3，位于南十字街口西北角，保存较好，一进院，广亮门，硬山顶，上面有精美的木雕装饰。中段：老宅院 10、11，保存较好，上面均有完好的木雕装饰，其中西侧老宅 11 内有木构影壁，较为少见。北段：已彻底荒废，街道上长满杂草，主街两侧各有 1 座老宅院，即老宅院 15 和 16。

前街（南十字街） 分为东、西两段。整个前街一共 10 座宅院。西街 5 座宅院中，保存较好者有 2 座，即老宅院 4 和 5。东街亦为 5 座前后院的老宅院，目前仅 4 座老宅院保存较好，即老宅院 6～9。

老宅院 4 即郭正基民宅，该民居为史家堡村众多民居中较为典型的一例，尚存门楼 1 座，二道门 1 座，南房 1 座，过庭 1 座，厢房 4 座，后院正房 1 座，绣楼 1 座，后院正房东耳房 1 间。

整个院落坐北面南,由前后二进四合院组成。大门位于前院东南角上,五檩硬山广亮式大门楼,门前置上马石两块,门内迎面为东厢房座山影壁 1 座,前院南房为倒座房,面阔三间,东西厢房各三间,单坡顶,过庭面阔五间,卷棚顶。由东巷进入后院,东西厢房各三间,单坡顶,正房面阔三间,单檐硬山顶,两耳房为二层小楼,由木梯上楼,楼上为六角菱花隔窗,面南为绣楼,其空间狭窄。

后街(北十字街) 分为东、西两段。东街仅存 1 座老宅院 12,保存较好。西街尚存有 2 座老宅院,即老宅院 13 和 14,保存较好。老宅院 14 西侧有 1 座坍塌的老宅门,门内影壁保存较好。

城堡南墙外面尚存 1 座老宅院 17,前后院,大门无存,前院废弃,东西厢房尚存,面阔三间,单坡顶。二道门为垂花门式,悬山顶,保存较好。后院砖铺地面,正房面阔三间,卷棚顶,左右各有 1 座耳房院,院开随墙门,东西厢房面阔三间,单坡顶,保存较好。

三、寺庙

娘娘庙/观音殿 又称下圆通寺,位于南门外侧,堡门对面,面阔三间,进深七架梁,南、北侧各出檐廊,双幢联体建筑(单檐硬山卷棚勾连搭式),南硬山顶连北卷棚顶。南侧为玉峰山娘娘庙,占三椽,出前檐廊;北侧为倒座观音殿,占三椽,明间退金廊。

娘娘庙,与观音殿背对,处于 1 座小院中,院开南门。院中地面上躺有一通乾隆二十九年(1764)《重修玉峰山娘娘碑记》石碑,正面凿有两个凹槽,碑文可释读。娘娘庙正殿,坐北面南,面阔三间,硬山顶,进深三椽出前檐廊。鼓形柱础,前檐下檩、枋、柁头、门扇皆有彩绘,殿内壁画新绘。壁画人物形象皆为女性或儿童。正面为端坐着三位娘娘与侍女们,两侧为弹奏各式乐器的乐女,画的下端为民间杂耍的儿童。画中有对联,上联为“结秀成胎宣造化”,下联为“送生保产立纲常”。东、西两侧山墙壁画,再现了当时妇女的厨房生活,一侧为揉面、蒸包子等,另一侧为洗、切等活计。虽然壁画新绘,但还是保存了当年的时尚穿戴。

观音殿,与娘娘背对,坐南面北,正对堡门。殿台明较高,外立面包砖,顶部四周铺条石,正殿面阔三间,明间置退金廊。前檐下挂有“南海大士”匾,正殿已修缮,前檐下檩、枋、柁头、门扇新施有彩绘,明间枋下裙板木雕精致。前檐下有一副对联,上联为“问观音因何倒座”,下联为“因世人不肯回头”。庙内原有一通乾隆三十二年(1767)《金妆玉峰山娘娘碑记》[1]石碑。

马神庙 位于南门西侧护门墩顶。正殿坐北面南,面阔三间(坐二破三式),硬山顶,

---

〔1〕 邓庆平:《蔚县碑铭辑录》,广西师范大学出版社,2009 年,第 418、419 页。

进深三架梁出前檐廊。前檐额枋上新施有彩绘，柱间有精致的木雕裙板。庙对面建有一座戏楼。

戏楼 位于村堡南门外，观音殿西侧，马神庙对面。乾隆二十九年石碑碑文中提及戏楼，因此戏楼初建时间不会晚于乾隆二十九年。戏楼台明较高，外立面包砖，顶部四周铺石板。戏楼坐南面北，面阔三间，单檐卷棚顶，进深六架梁。前檐柱 4 根，古镜柱础。前檐额枋上未施彩绘，但尚存有雀替，雕草龙、荷花。南墙上开有 2 扇圆窗户，西墙多开裂，戏楼建筑也稍微向西倾斜。戏楼内为砖铺面，地面方砖错缝铺墁，前后台间置隔扇，次间设出将、入相二门，隔扇存部分框架结构，上面残存有彩绘，表面刷涂白灰浆。戏台内墙壁上壁画无存，表面刷涂白灰浆。戏楼南侧西墙下有一通乾隆十二年（1747）玉峰山娘娘庙石碑。

佛殿 位于南门外东侧，坐东面西，基础较高，外包石块，顶部铺条石，正殿面阔单间（檐下采用两柱隔成三间），硬山顶，出前檐廊。庙宇新近修缮，挑檐木伸出足有四分之三，将前檐深深挑出而成前廊。挑檐木伸出部分依次置于额枋与擎柱上。柱间额枋下木雕裙板精致，两侧各有一龙，中间为双龙，木雕上施有彩绘，色彩较艳。殿前檐下贴有春联，上联为"周昭王甲寅年佛生西域"，下联为"汉明帝戊辰岁圣教东流"。殿内有新绘制的壁画。

真武庙 位于堡内南北正街北端及北墙马面上（彩版 12-8）。山门保存较好，硬山顶，券形门洞，檐下两侧砖雕垂花，垂花上端砖雕柱头，两侧有砖雕卷草装饰，檐下中间雕有荷叶卷花砖雕装饰。山门内为一道残损的台阶直通正殿——北极宫，台阶大部分为石砌，接近顶部的台阶为砖砌，台阶西部坍塌一半。正殿位于北墙顶部，坐北面南，面阔单间，硬山顶，进深四架梁出前檐廊。门窗无存，屋顶北侧有坍塌，殿内两侧墙壁表面涂刷白灰浆，两侧原有连环画式壁画，现仅残存一个个残画框。正脊梁上绘有《八卦图》。

龙神庙 位于村庄南侧一座独立的庙院内，庙院开南门，正殿坐北面南，面阔三间，硬山顶。新建建筑。

戏楼 位于龙神庙南侧，仅存台明及部分墙体，其余建筑无存。

第四节 张 李 堡 村

一、自然环境与人文历史

张李堡村位于南留庄镇西偏南 2.3 公里处，处玉峰山南脚下，属丘陵区，隔 X418 县道与玉峰山煤矿为邻，地势略北高南低。村庄选址在平川之上，周围地势平坦开阔，村西、南面有宽而浅的冲沟,西面有 2 条冲沟,在村西南角外交汇,南面为 1 条冲沟,东面有 1 条小冲沟也在南面交汇,附近为黏土质。1980 年前后有 393 人,耕地 1 109 亩,曾为张李堡大队驻地(图 12.6)。

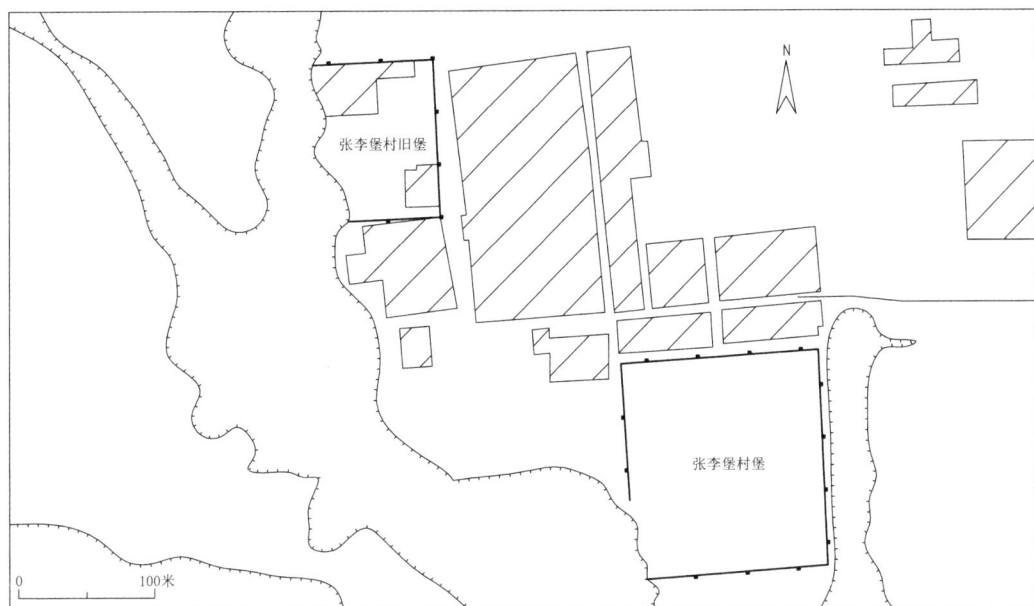

图 12.6　张李堡村古建筑分布图

据碑文记载,明朝洪武年间建村,叫埚里北堡。清朝末年,因张姓和李姓主居,故更名为张李堡。村名可考的历史最早见于《(光绪)蔚州志》,作"张李堡",《(民国)察哈尔省通志》沿用。

如今,村庄分为新、旧两部分,新村在北部,距离公路较近,由 2 条南北主街和 1 条东西主街组成,民宅以新房为主,整齐划一。旧村分为两个片区,一片位于村庄东南部,一片位于西北部,分别建有城堡。

二、城堡

(一)旧堡

位于旧村南北向土路西侧。城堡平面呈矩形,周长约 395 米,破坏严重,堡门朝向、堡内平面布局不可考。

堡墙均为黄土夯筑。东墙复原长约 109 米,墙体无存,现为土路。南墙长约 87 米,高不足 3 米,保存较差,墙体多为平地和房屋侵占。西墙原长约 111 米,现仅存 13 米的一小段墙体,大部分为冲沟所破坏。北墙长约 88 米,墙体多坍塌,低薄、断续,内侧为民宅,外侧为荒地和耕地,墙体高0~3米,且有大段缺失。

东南、西南角无存,西北角仅存转角。东北角设90°直出角台,保存较好,高4~5米,体量很大。

堡内为大面积荒地,格局未知,仅存的部分房屋也已废弃,无人居住,当地长者亦不知其具体情况。城堡东侧为新村。

（二）新堡

1. 城防设施

位于村庄的东南部,城堡平面呈矩形,周长约603米,开东、西门,堡内平面布局为南十字街、北丁字街结构(图12.7)。

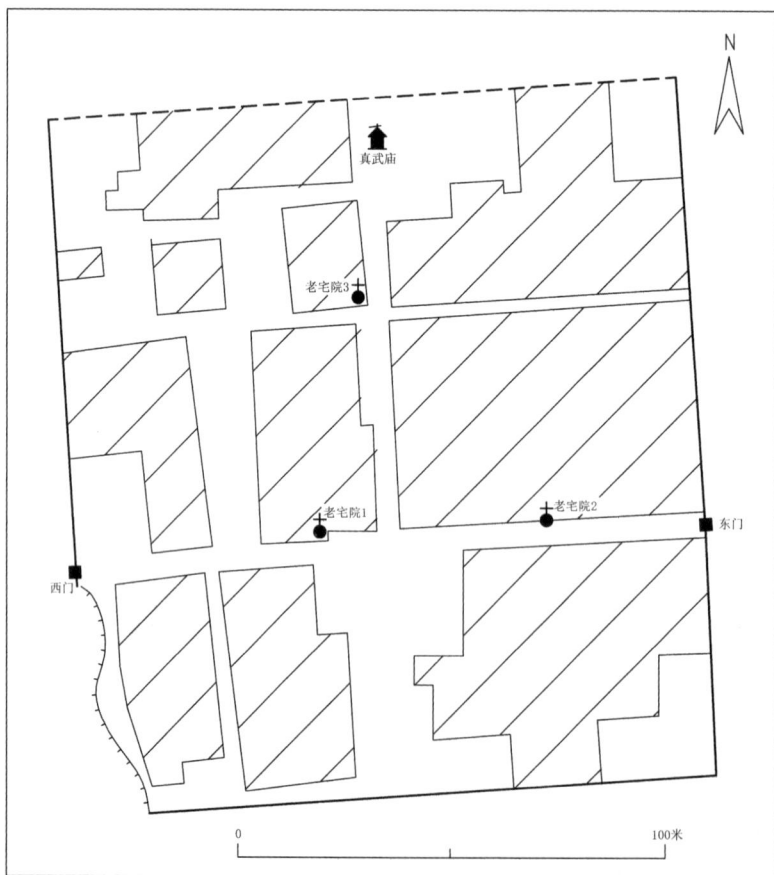

图12.7 张李堡村堡平面图

城堡西门位于西墙偏南,保存较好,砖石拱券结构,基础为9层条石砌筑,北侧基础有水泥修补痕迹,基础之上青砖起券,门体墙体开裂、倾斜(彩版12-9、10)。外侧门券五伏五券,拱顶上方镶嵌石质门匾(拓12.2),正题"蔚州」北坞南堡",右侧前款:"都察院乡约明文奉修",左侧落款:"嘉靖岁次庚戌孟夏吉日同立"(即嘉靖二十九年,即1550年),匾下部为人名。门匾两侧各镶嵌1枚门簪。内侧门券亦为五伏五券,两侧各镶嵌有1块麒麟砖雕装饰。门顶为木梁架平顶结构。门道自然石铺墁,破坏严重,门内为东西主街。

拓12.2　南留庄镇张李堡村堡西门门额拓片(蔚县博物馆　李新威　提供)

东门已经修缮,红砖砌筑门体,水泥预制板封顶,修复之后的东门为水门,将堡内废水排入堡东墙外的冲沟,门外原先有路下到冲沟内,但已损毁。据当地长者回忆,东门原为走大车的路,后道路被洪水冲坏,城门建筑已坍塌10多年。

堡墙均为黄土夯筑。东墙长约156米,仅部分墙体残存,墙体沿着冲沟边缘修建,墙体低薄、断续,高0~3米,内侧为民宅,外侧为冲沟。南墙长约143米,保存一般,墙体高薄、断续,墙高0~4米,内侧为民宅和荒地,外侧为大面积荒地,墙体西部有一处断口。西墙长约159米,墙体破坏严重,仅存1~2米高的基础,上面修建房屋,外侧为荒地和道路。北墙长约145米,无存,现为平地,内侧为民宅,外侧为顺城道路,路北为新村。

东南角无存,现为平地。西南角无存,为冲沟所破坏。西北角仅存基础,高2米,上面修建房屋。西北角外为村委会。东北角无存,现为平地。

2. 街巷与古宅院

堡内的房屋以土旧房为主,多废弃坍塌,居民少,老宅院少。

正街　即南北主街,街面宽阔,北段西侧有老宅院3,一进四合院布局,广亮门,硬山顶。

前街　西段尚存老宅院 1 位于北侧,一进四合院布局,东南角辟门,广亮门,硬山顶,尚存有精美的木雕装饰。东段北侧尚存老宅院 2,一进四合院布局,东南角辟门,随墙门,硬山顶,平顶门洞,院内废弃,正房面阔三间,硬山顶。

后街　街面较宽,两侧多为废弃坍塌的土旧房屋。

堡内居民以李姓人较多,居民旧时均住在堡内,随着堡内房屋的损坏便搬出居住,目前堡内还有 11 户居民。

三、寺庙

据当地长者回忆,张李堡原有真武庙、关帝庙、五道庙、三官庙、马神庙。庙宇建筑除尚存者外,其他寺庙已坍塌(关帝庙)或拆毁。

真武庙　位于堡内中心街北端,城堡北墙中部砖砌台明之上。现为一座独立的庙院,院门、正殿尚存,庙院里有 1 株柏树。正殿东侧尚有耳房,东配殿尚存,西配殿、西耳房已塌。山门坐北面南,面阔三间,卷棚顶,前脊顶已垮塌。正殿坐北面南,面阔单间,硬山顶,进深三架梁出前檐廊。殿西墙包砖已脱落,门窗尚有残存,前檐额枋上有残存的彩绘。殿内墙壁溅有白灰浆,残存有壁画与山尖绘画。壁画为连环画形式,西墙已全部毁损,东墙只有上部尚存有一排画,榜题依次为"别父归山""朝见国王""□□元帅""出城行威"。

关帝庙　位于东堡门门顶,现已无存。

五道庙、三官庙、马神庙　位于西门外,现已无存。

第五节　涧墥村

一、自然环境与人文历史

涧墥村位于南留庄镇南偏东 1.8 公里处,属丘陵区,村西、南临沙河,北为宽浅的冲沟,地势较平坦,为黏土质,周围辟为耕地。1980 年前后有 1 082 人,耕地 3 424 亩,曾为涧墥大队驻地。

相传,明嘉靖二十五年(1546)建村时,名镇勇堡,清光绪十年(1884),据此村位于清水河沟北岸(堤岸较高)更名为涧墥。村名可考的历史最早见于《(顺治)蔚州志》,作"乾涧墥堡",《(乾隆)蔚州志补》作"乾涧墥",《(光绪)蔚州志》作"乾涧墥",《(民国)察哈尔省通志》作"涧墥村"。

如今，涧崃村位于 S342 省道北侧，村庄分为南、北两部分。村庄规模很大，居民多。南面为新村，全部是成排整齐划一的房屋，主要由南北 2 条主街组成。村委会大院在新村的西北角。旧村在新村的西北方，规模很大，由城堡和村庄组成（图 12.8）。

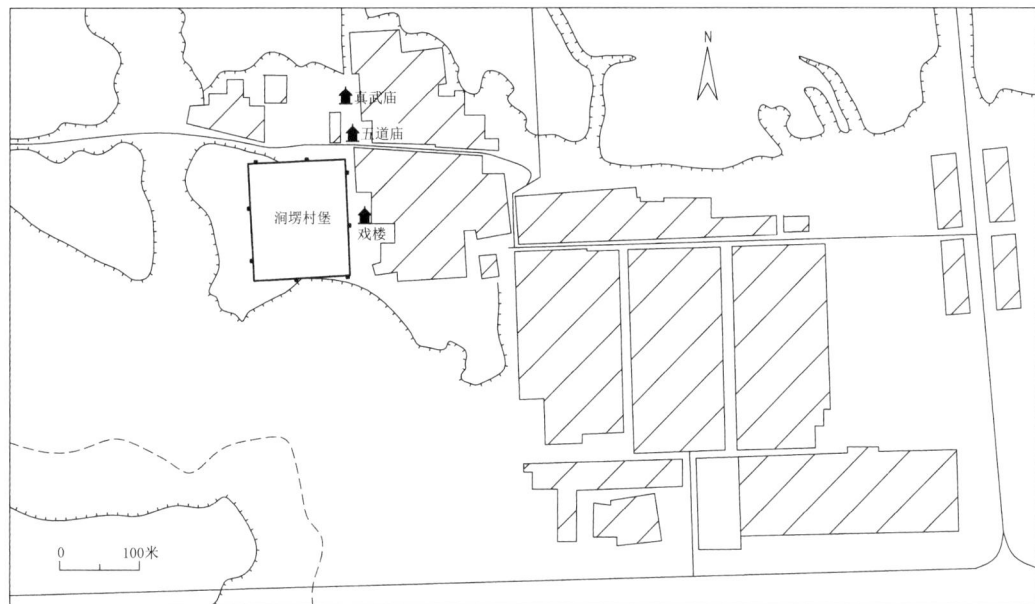

图 12.8　涧崃村古建筑分布图

二、城堡

（一）城防设施

涧崃村堡，位于旧村的西南部，城堡平面呈矩形，周长约 541 米，开东门，堡内平面布局为东西中心街结构（图 12.9）。堡东侧与新村之间为一片旧村。

城堡东门保存较好，砖石拱券结构，基础为条石修砌，上面青砖起券（彩版 12-11、12）。外侧门券五伏五券，门券拱顶上方镶嵌石质阳文门匾（拓 12.3），正题"涧楞村"，右侧前款"大明嘉靖廿年创修建立"，左侧落款"大清光绪十年重修建立"。门匾两侧各有 1 朵砖雕菊花门簪，菊花三层叠加，甚为精美。内侧门券亦五伏五券，门券拱顶上方镶嵌有石门匾，门匾两侧各有 1 朵砖雕门簪，底层为方形，上层突出部为菱形。堡门内顶为券顶，保存较好，顶部较平，立有电线杆，门道自然石铺墁，门洞北墙上镶嵌有石质阴刻门匾（拓 12.4），正题"镇勇堡安定门"，左下角有两字竖排，为"福""禄"。右上角刻一"大"字。右侧起款："大明大同府蔚州坞里东堡"，左侧落款："时嘉靖贰拾伍年拾月初拾日建立。"正题下方有"堡长"与"小甲"等的人名。堡门内为东西主街。堡门外为寺庙建筑群。

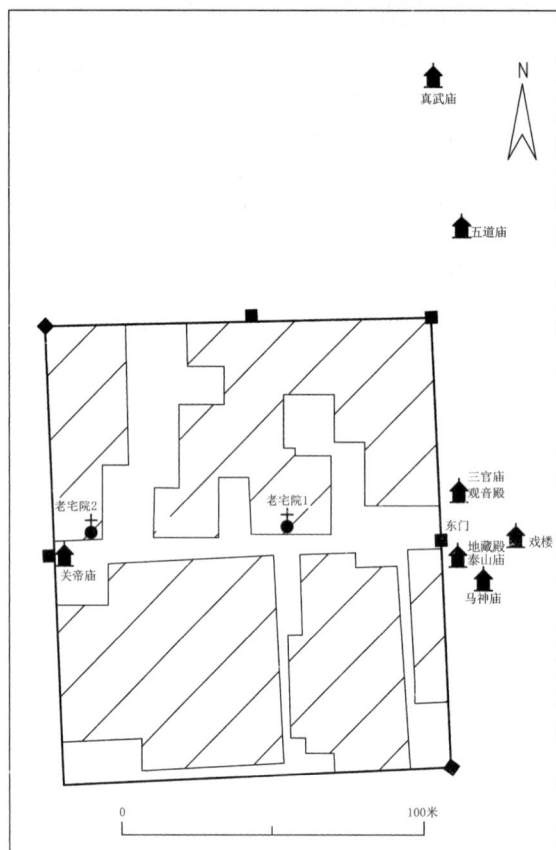

图 12.9　涧塎村堡平面图

拓 12.3　南留庄镇涧塎村堡东门门额拓片 (蔚县博物馆　李新威　提供)

拓 12.4　南留庄镇涧㘰村堡东门门洞内旧门额拓片(蔚县博物馆　李新威　提供)

　　堡墙均为黄土夯筑。东墙长约 141 米,南段墙体保存较好,墙体高薄、连贯,壁面斜直,高 5～6 米。东墙外为荒地和道路。南墙长约 128 米,墙体高薄、断续,墙体大体连贯,中间有一处坍塌形成的大缺口,墙体高 2～5 米,内侧为道路和民宅,外侧为荒地和耕地。西墙长约 147 米,保存较好,墙体高薄,内外同高,高 3～5 米,墙体连贯,壁面斜直,内侧为民宅,外侧为耕地,西墙中部设 1 座马面,正对东门,马面顶部曾修建有关帝庙,现在仅存砖铺地面,马面东南部坍塌四分之一。西墙北段墙体高薄,墙体起伏不定,高 2～5 米,墙体较薄,内侧为民宅,外侧为荒地和耕地,西墙外的耕地中种植玉米和黍,墙外有壕沟,推测是取土修堡时形成。北墙长约 125 米,相对保存较好,墙体高大,高 6～7 米,墙体壁面斜直,内侧为民宅,外侧为荒地和道路,北墙外为旧村,民宅尚存,北墙中部设 1 座马面,马面保存较差,现存较小。

　　东南角设 135°斜出角台,破坏严重仅存基础。西南角有角台痕迹,但破坏严重,形制未知,高 5 米。西北角设 135°斜出角台,坍塌严重。东北角设 90°直出角台,保存较好,体量很大,高 6～7 米。

　　(二) 街巷与古宅院

　　堡内民宅以土旧房为主,居民少,目前仅 40～50 人居住,村民以史姓为多,老宅院较少。

　　正街北侧尚存 2 座老宅院。老宅院 1,一进四合院布局,东南角辟门,硬山顶,随墙门,平顶门洞。老宅院 2,位于正街西端,西墙马面内侧,一进四合院布局,东南角辟门,卷棚顶,广亮门。

三、寺庙

据当地长者回忆,城堡内外曾修建真武庙、关帝庙、雷公庙、马神庙、五道庙、地藏殿/泰山庙、三官庙/观音殿、阎王殿、龙神庙、魁星殿/梓潼殿、戏楼。

真武庙 位于城堡东北角外五道庙的北侧,残存1座高大的夯土墩台。

关帝庙 位于西墙中部的马面之上,坐西面东,与东门相对。现已毁。

雷公庙 位于东北角台墩台之上,现已无存。

马神庙 位于城堡东门外南侧,坐西面东(彩版12-13)。旧时为一座庙院,现院墙和山门无存,院内砖铺地面尚存。北山墙上镶有一座影壁,保存一般,影壁为垂花门式,菱形方砖装饰墙,檐下无斗拱装饰。

正殿面阔单间,硬山顶,进深四架梁前檐廊;门窗无存,仅存框架,前檐额枋上残存有清末民国时期的彩绘。殿内东墙下设有供台。马神殿东墙与后墙间有一条宽大的纵向裂缝,西侧墙也有一条纵向裂缝,也正是这两条裂缝致使后墙遭雨水冲刷。

殿内墙壁上有残存的壁画,壁画表面涂刷白灰浆,山墙壁画保存较好,正面墙壁画面被泥水损毁,只能看到局部的壁画。山尖壁画保存较好。两侧山墙壁画,北壁为《出征图》,南壁为《凯旋图》。

北壁《出征图》中,马神策马挥剑位于中心,两臂持双刀高举,两臂拉弓搭箭,两臂持长枪。随后紧跟1位手持战旗的武将,前有一名文官骑马双手持笏板引领队伍,在马神的后方是1位道士骑马双手持笏板紧随;在马神前面还有3位、后面还有2位随从,手端瑞盘,盘中置有山、鸟等宝物。

南壁《凯旋图》中,马神骑马位于中心,手中的剑指向地面。随后紧跟1位手持战旗的武将。文官与道士着装已换,分列于前后,目视画面中心的马神,也显得十分悠闲。在马神前后还是5位随从分列,手端瑞盘,盘中置有山、鸟等宝物。

五道庙 位于城堡东北角堡外,庙的东面为旧村,保存较好,坐北面南,基础较高,顶部四周铺石板,正殿面阔单间,硬山顶,进深三架梁,出前檐廊,门窗无存(彩版12-14)。前檐额枋上残存有彩绘,为清末民国时期作品。殿中墙皮脱落,土坯墙心外露。山尖壁画尚存,保存很差。五道庙的后墙已经坍塌,新近修缮。五道庙至今仍为村人所使用,当地居民有亲人逝世时,要停殡三天,每天抬出在村中转,经五道庙时必停灵烧纸。

地藏殿/泰山庙 位于马神庙西侧,东门外南侧,仅存正殿,正殿紧挨东墙而建。正殿坐北面南,坐二破三,硬山顶,出前檐廊,前廊下地面铺有墓碑,前檐额枋上有残存的彩绘。正殿屋顶多有坍塌,殿内壁画多损坏,其中地藏殿前脊顶已塌毁,露出了一根根的椽与檩。殿中泰山庙占明间和西次间,地藏殿占东次间。

地藏殿内壁画为民国时所绘,颜色多已氧化成黑色,沥粉贴金残存。北墙正壁壁画人物形象可辨,东西两壁南侧脊顶已坍塌,南侧墙面皆为雨水泥浆,绘画已毁。正壁绘有《地藏菩萨说法图》,正中为地藏菩萨,两侧后各有1位胁侍,再向外东侧为道明,西侧为闵公,最外侧还各立有一位随从。东壁为单数的一殿至九殿,可见"一殿"与"五殿平"等题字;西壁为双数的二殿至十殿,还可见到"二殿楚江王"与"十殿转轮王"等题字。

泰山庙前脊完全毁坏,露出了空旷的天空。殿内壁画亦如此,氧化成黑色,北壁壁画保存较好,东、西壁面的壁画多为泥水覆盖。正壁绘有《娘娘坐宫议事图》,周边是侍者。庙的南侧为干涸的水坑,周围长有一圈树木。

三官庙/观音殿 位于城堡东门外北侧(彩版12-15)。现为一座独立的庙院,庙的基础高于周围地面1米。院墙多坍塌,院门保存较好,随墙门,硬山顶,平顶门洞,檐下仿木檩、枋、垫板之间有"莲莲有鱼"砖雕装饰。正殿为三官庙/观音殿背靠背,殿面阔三间,硬山顶,进深六架梁前檐廊。殿内脊檩上有彩绘《八卦图》。面南为三官殿,面北为观音殿,中隔墙已倒塌。

三官庙,占三椽,出前檐廊,门窗全部改造,殿内为砖铺地面,壁画保存较差,表面刷涂白灰浆,颜色、图案漫漶;两侧壁画为连环画式,3排6列,每幅画的榜题为一列小字,其中一幅有这样的内容,前面是"龙□有子龙道生发善心",后面是"此病消除全家安愈"。此三官庙壁画题材与东大云瞳的相似。

观音殿,占二椽,门窗全部封堵,墙壁上有残存的壁画,为清末民国时期的作品,表面涂刷白灰浆,保存较差。

龙神庙 位于堡外东北方向,如今已毁塌。

魁星殿/梓潼殿 位于东门顶上,外侧坐西面东的是魁星殿,内侧坐东面西的是梓潼殿。对面有1座戏楼。

戏楼 位于堡东门对面,正对堡门。戏楼坐东面西,整体结构保存较好。基础较高,外立面包砖,顶部四周铺石板。戏楼面阔三间,单檐卷棚顶,进深六架梁。戏楼内为砖铺地面,前檐额枋上彩绘无存。前台两侧山墙抹白灰浆,墙皮脱落,绘画已毁;山尖绘画尚存,各有三幅。后台墙上尚残存一小片题字与画,毁损严重。

第六节　靳家窑村

一、自然环境与人文历史

靳家窑村位于南留庄镇南偏西1.8公里处,属丘陵区,东紧邻沙河,周围地势较平坦,为黏土质,周围辟为耕地。1980年前后有114人,耕地614亩,曾为靳家窑大队驻地。

相传,清雍正年间,有外地一户姓靳的居民在此开窑烧砖,故建村后取名靳家窑。村名可考的历史最早见于《(民国)察哈尔省通志》,作"靳家窑"。

如今,靳家窑在 S342 省道北侧,现为新村,规模小,居民人少,仅 1 条南北主街,主街尽头为村委会大院。主街两侧为 5～6 排新建的房屋,每排瓦房之外端由院墙相连,整个村庄由院墙相围,形成一个封闭的空间。蔚县很多新村庄还保留着旧时围庄的习俗。

二、寺庙

普救寺 俗称观音庙,位于村外东北侧一片玉米地边,新建寺庙。寺院坐南面北,院门位于北端的两座倒座房之间,院门对面是 1 座影壁。正殿位于院南端,两侧为东、西配殿,整个寺院建筑皆施以红色,院门匾为蓝底金字。

普救寺旧址,位于新庙址西北方冲沟边南侧的台地上,现为遗址。因其位置低下,故另选址重修。寺庙坐南面北,原为一座独立的庙院。山门面北,随墙门,砖砌券形门洞,门楣上原有砖雕门匾和门簪,但匾文已毁,门簪无存。门前原为台阶梯道,现坍塌成斜坡。院内正殿坐南面北,已坍塌,仅存山墙,山墙为砖砌。遗址内尚存清代石碑,石碑皆为普救寺修缮碑记与布施功德碑。其中立石碑 6 通,卧石碑 5 通,保存较好。6 通立石碑自北而南分别为:嘉庆十四年(1809)《创建大涧坡乾涧塄碑记》,碑阳前段为"盖闻莫为之前,虽美不彰,莫为之后,早盛不盛,今涧塄二里旧有大涧坡□殿,道路崎岖……",碑阴为布施功德榜;乾隆三十六年(1771)《创建普救寺碑记》;光绪九年(1883)布施功德碑;布施功德碑;布施功德碑;道光二十八年(1848)《重修普救寺新创桥梁碑记》,碑阴为布施功德榜。中间有 2 通卧碑,东侧为布施功德碑,西侧者为 1920 年《重修碑记》,碑文为"蔚县儒学教习史份撰文并书丹",从碑文落款得知,修寺行为除靳家窑外,周边的"水涧子、涧塄村、和阳堡、千字村、南留庄、串行堡、郭家堡、靳家窑"等也都出钱出力,而此时的普救寺也成为这几座村庄共同供奉的观音大寺。另外有 3 通卧石碑,均为布施功德碑。可见普救寺的创建、维修时间跨度达百年。庙北面为东西向宽阔的冲沟,沟内有土路、耕地和菜园。

第七节 涧 岔 村

一、自然环境与人文历史

涧岔村位于南留庄镇西南 2.8 公里处,属丘陵区,村选址于一座相对独立的台地上,四面环冲沟,村南面修建一条土梁(坝)连接埚串堡村,村北、西均靠水库,地势较平坦,为黏土质。1980 年前后有 266 人,耕地 1 052 亩,曾为涧岔大队驻地。

相传,明朝末年建村,因村庄坐落在沟涧的一个小岔上,故取名涧岔。村名可考的历史最早见于《(乾隆)蔚州志补》,作"涧岔堡",《(光绪)蔚州志》沿用,《(民国)察哈尔省通志》作"涧岔"。

如今,村庄受地形的限制,规模小,村庄由新、旧两部分组成,连接在一起。东面为新村,由3条南北主街组成,新村以新房为主,居民较多。西面是旧村,为城堡所在地。旧村以土旧房为主,多废弃坍塌,居民很少,城堡为旧村的主要部分(图12.10)。

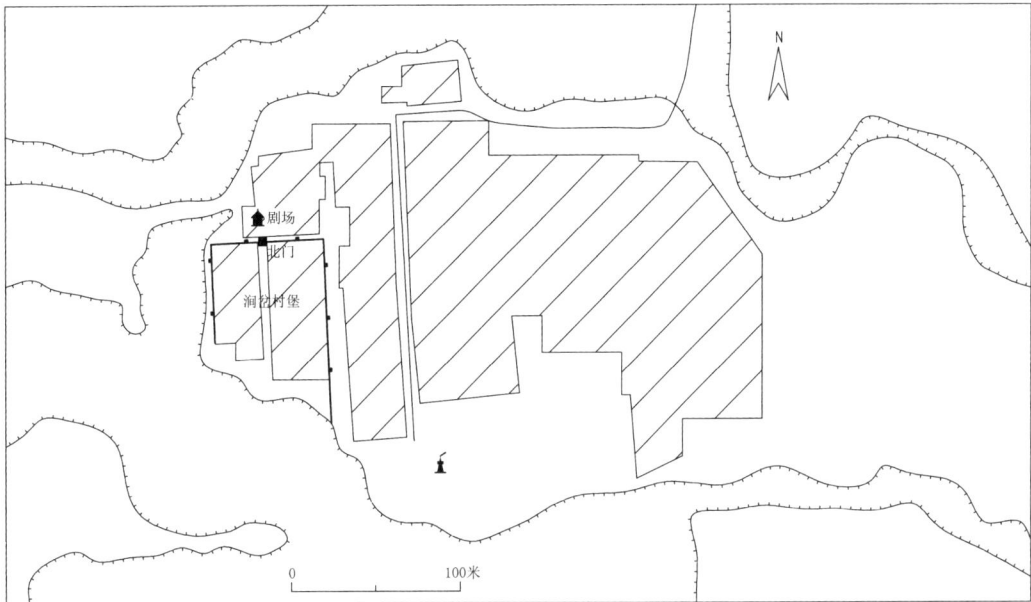

图 12.10　涧岔村古建筑分布图

二、城堡

涧岔村堡,位于旧村中,城堡平面呈方形,周长残长 254 米,复原周长约 360 米。开北门,堡内平面布局为南北中心街结构。

城堡北门为毛石块修建的拱券门,内外均为一伏一券式、外侧门券拱顶上方镶嵌有石质门匾(拓 12.5),正题:"镇虏堡平安门",右侧前款"大明国山西大同府蔚州北□里堡",左侧落款"嘉靖叁拾柒年□□月吉日辛亥",匾额下部刻有堡长、小甲、石匠等人的姓名(彩版 12-16、17)。堡门顶部铺砖,立有电线杆,门门孔为条石错缝而成,门道为土路。北门外有一座建于 1989 年的剧场,坐西面东,现已废弃。

堡墙均为黄土夯筑。东墙长约 110 米,保存相对较好,墙体高薄、断续,高 2～5 米,墙体内侧为民宅,外侧为荒地和新村,墙上有坍塌形成的缺口。南墙无存。西墙残长约 75 米,

拓 12.5　南留庄镇涧岔村堡北门门额拓片(蔚县博物馆　李新威　提供)

紧邻冲沟修建,墙体低薄、断续,高 0～4 米,多倾斜、坍塌,且大部分墙体为冲沟所破坏。北墙长约 69 米,保存较好,高 3～4 米,墙体高薄,内侧为民宅,外侧为荒地。北墙外侧为剧场大院,已经废弃。

西南角无存,为冲沟破坏。西北角设 135°斜出角台,保存较小。东北角未设有角台,仅为转角。

堡内民宅以土旧房为主,多废弃、坍塌,老宅院较少。北门内主街东侧有 1 座老宅院,一进院,西南角辟门,硬山顶,广亮门,保存较好,尚存有木雕装饰。堡内村民已全部迁出,一片残墙断垣,荒草萋萋的景象。

第八节　埚串堡村

一、自然环境与人文历史

埚串堡村位于南留庄镇西南 3.1 公里处,属丘陵区,村庄选址修建在冲沟南侧的台地上,村东北临水库,村东、西、南侧为地势平坦开阔的耕地,为黏土质。1980 年前后有 642 人,耕地 2 408 亩,曾为埚串堡大队驻地。

相传,明成化年间建村,因村西北有两个驼峰状土山包(当地称埚),且村里街道与郭堡串通，故取名埚串堡。村名可考的历史最早见于《(正德)大同府志》，作"埚里堡"，《(崇祯)蔚州志》作"埚里三堡"，《(顺治)云中郡志》作"埚里南北中三堡"，《(乾隆)蔚州志补》作"埚里串心堡"，《(光绪)蔚州志》作"埚里串堡"，《(民国)察哈尔省通志》作"埚串堡"。

如今，村庄规模较大，居民多，分为新、旧两部分。旧村在村庄的东北部，较小。新村主要在西、南部，村庄规模大，民宅以新房为主，规划整齐(图 12.11)。

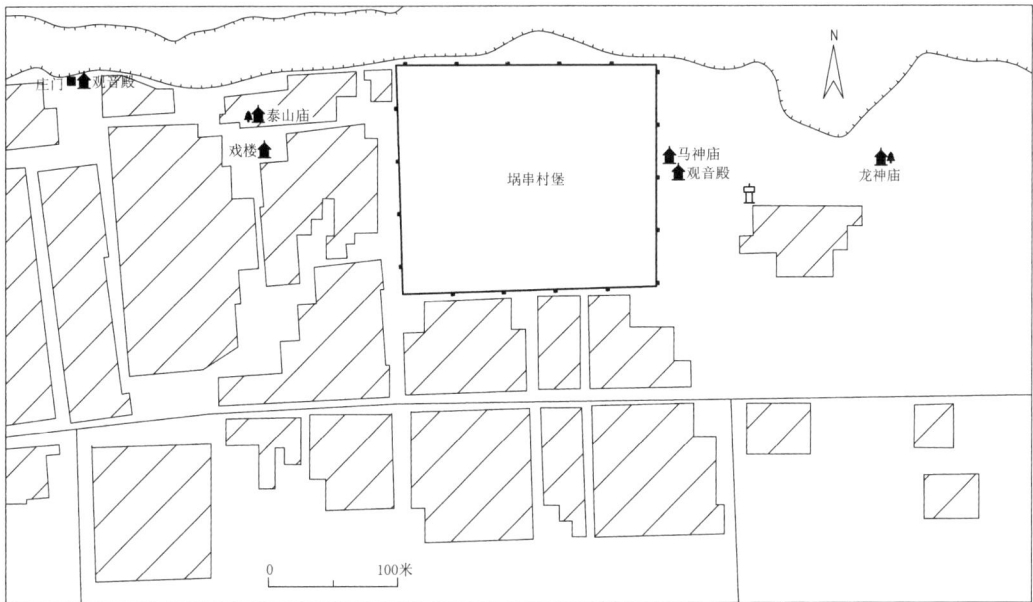

图 12.11 埚串堡村古建筑分布图

二、城堡

(一)城防设施

埚串堡村堡，位于旧村中，城堡平面呈矩形，周长约 746 米，开东、西门，堡内平面布局为十字中心街结构(图 12.12)。

城堡东门保存较好，砖石拱券结构，基础为条石修砌，上面青砖起券，门体高大(彩版 12-18)。外侧门券为四伏四券，门券拱顶上方镶嵌有 3 枚门簪，保存较好，上出二层伏檐。门簪上方镶嵌有门匾，表面涂刷白灰浆，字迹漫漶，门匾两侧各镶嵌有 2 块砖雕装饰，其中有"猴"、"鹿"，象征侯、禄。东门内侧亦为拱券，未镶嵌门匾。券内为券顶，门闩孔为条石错缝而成，呈方形。门内北侧为 L 形登顶梯道，保存一般，石头台阶踏步。门顶上修建有门楼，为梓潼阁并设有电线杆。门券内墙体上写有毛主席语录。门外及门道为自然石铺墁，车辙印尚存，印痕较深且长，保存较好，两道车辙印证了城堡的沧桑岁月。门外两侧设有方形护门墩台，东门外为寺庙建筑群，并修建有水塔。

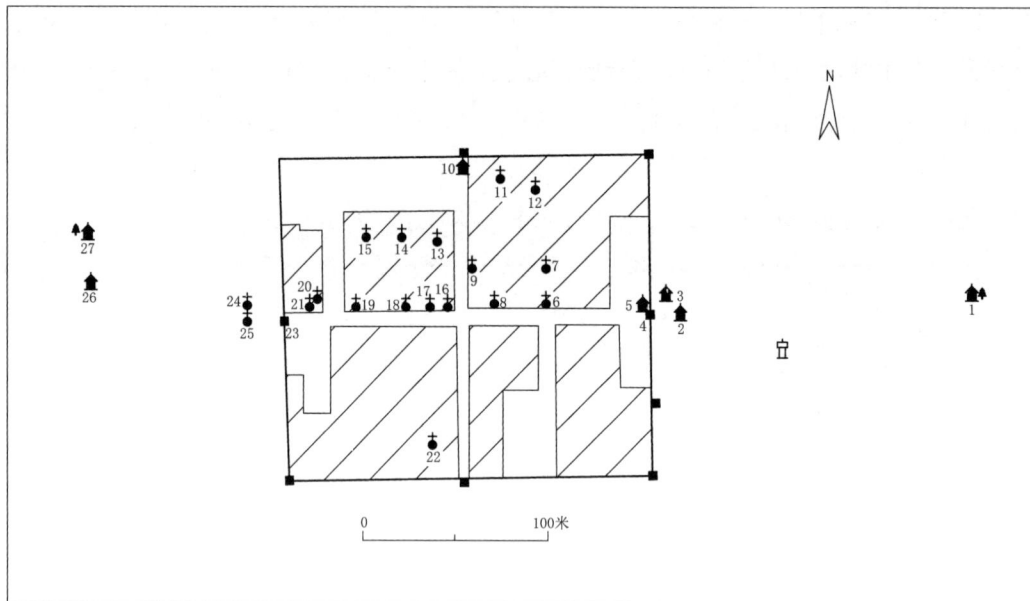

图 12.12　埚串堡村堡平面图

1. 龙神庙　2. 观音殿　3. 马神庙　4. 东门　5. 梓潼庙　6. 老宅院1　7. 老宅院2　8. 店铺
9. 老宅院5　10. 真武庙　11. 老宅院12　12. 老宅院3　13. 老宅院6　14. 老宅院8
15. 老宅院9　16. 店铺　17. 老宅院7　18. 店铺　19. 店铺　20. 老宅院10　21. 店铺
22. 老宅院4　23. 西门　24. 老宅院11　25. 影壁　26. 戏楼　27. 泰山庙

　　城堡西门,东与东堡门相望,保存较好(彩版12-19、20)。堡门建筑高大,砖石拱券结构,基础为高大、整齐的条石修砌,共10层,上面青砖起券。外侧门券五伏五券,门券拱顶上方镶嵌3枚门簪,门簪上方镶嵌石质门匾,门匾表面风化严重,字迹漫漶,门匾两侧各镶嵌有2个砖雕装饰。砖雕装饰分别为天马行空、犀牛望月与花草。内侧门券为四伏四券,上出二层错缝牙子。门顶为木梁架平顶结构,顶部修建有关帝庙(门楼)。门内南侧为L形登顶梯道,砖砌台阶,保存较好。门外及门道为自然石铺墁,车辙印尚存,保存较好。门洞内墙壁上写有毛主席语录。门闩孔为条石错缝形成的。门外为寺庙群,门外西侧10米处设有一座一字影壁。影壁单檐硬山顶,砖作仿木构砖雕,檐下采用四只砖雕坨头分为三间,坨头下装饰垂花柱。影壁基座束腰部分,装饰小立柱,分为15个部分。门外两侧设有方形护门墩,门体已包砖开裂,村民用铁横梁加固。

　　堡墙均为黄土夯筑。东墙长约172米,保存一般,墙体多倾斜、坍塌,墙高3～4米,内侧为民宅,外侧为荒地;东墙北段墙体内侧较低,高1～3米,外侧相对高;东墙南段上设有1座马面,保存一般,高5～6米,高于墙体。南墙长约199米,东段墙体保存较差,墙体低薄、断续,高0～4米,保存较差,墙体内、外侧均为民宅,外侧下面为荒地,3米外为民宅;南墙中部设有1座马面,保存较好,体量大,与角台同高,正对十字街南街,北面与北墙马面相对;南墙西段保存略好于东段,墙体高厚、连贯,外侧高 3～4 米,墙体连续,内侧为民宅,外侧为荒地和民宅。西墙长约 173 米,北段墙体破坏严重,墙体近乎无存,现为荒地和房屋,墙体低薄、断续,高 0～3 米;西墙南段仅存基础,高 1 米左右,上面或为房屋或为荒地,西墙外侧为道路。西墙外也有老建筑,但相对较少,多为新村。北墙长约 202 米,紧邻冲沟台地而建,外侧为东西向宽而深的冲沟,冲沟的对面是埚郭堡村和涧岔村。墙体外侧呈斜坡状,破坏严重,外侧高不足 2 米,内侧高 2～5 米,墙体外侧为荒地,内侧为民宅和荒地,其中民宅主要集中在东部,荒地集中在西部。北墙中部设马面 1 座,高 7 米,东西宽 12 米,南北长 10 米,方形,体量大,马面内外均突出北墙墙体,外立面包砖,为真武庙庙台(彩版 12-21)。

东南角设 90°直出角台,保存较好,高 5～6 米,高于墙体。西南角设 90°直出角台,保存较好,体量很大,高 6～7 米。西北角仅存转角。东北角有角台残存。

(二)街巷与古宅院

堡内居民以辛姓为主。堡内民宅以土旧房较多,老宅院少,新房也有分布。东门内主街较宽阔,为土路,主街北侧多为临街的商铺,非老宅院,这与城堡东西设门是有关系的。且堡内的东西街面的宽度超出了一般的城堡的主街宽度,可能是东西通衢的道路,旧时应是车水马龙。老宅院和近代大门主要分布于主街北部的街巷内。

正街东段 老宅院 1 位于北侧,一进院,随墙门,硬山顶,平顶门洞。老宅院 2 位于老宅院 1 北侧,西洋门。老宅院 3,位于老宅院 2 北侧,原为两进院,大门坍塌无存,门内尚存山影壁,前院废弃,二道门为随墙门,平顶门洞。后院正房面阔五间,卷棚顶。

正街北段 北街路东、西各有 1 座老宅院。老宅院 5,两进院,西南角辟门,随墙门,硬山顶。老宅院 6,原为一组建筑,现存其中的一进四合院,东南角辟门,随墙门,券形门洞。

正街西段 老宅院 7,广亮门,硬山顶,石板门道,门内为荒地。老宅院 10,位于西门内北侧,一进院,东南角辟门,面东,广亮门,硬山顶,院内倒座房面阔三间,卷棚顶,东西厢房面阔三间,单坡顶,正房面阔三间,卷棚山顶。

正街南段 民宅多废弃、坍塌。老宅院 4 位于南墙马面内西侧,原格局未知,应为一组建筑,现存 1 座后院。南墙正中开二道门,随墙门,平顶门洞,前檐饰砖雕斗拱三攒,皆为一斗三升式,两侧还饰有砖雕垂花柱。保存较好。

堡外西门正对影壁旁有 1 座老宅院 11,一进院,门开在院子东北角,广亮门楼,保存较好,门朝东北,门前有 3 步石板台阶。门内正对一廊。村民回忆称,此宅曾作为大队部使用,大队迁走后卖给了现住户。

三、寺庙

龙神庙 位于堡东门外 200 多米远处的涧沟南岸台地边缘(彩版 12-22)。庙院坐落在高

1.5 米的庙台上,一进院落,整体坐北面南,南墙山门与院墙尚完好,东侧与西侧院墙坍塌过半。山门位于南墙偏东,随墙门,券形门洞,顶部硬山顶檐已毁,檐下两侧各有一根砖雕垂花柱,垂花柱两侧有砖雕花饰,券门拱顶两侧各有一根方形砖雕门簪。门外有石台阶。院内有一株高大的松树,遮天蔽日的苍枝覆盖着整座院落。院子已经废弃,长满杂草,院内尚存正殿与西耳房。

正殿坐北面南,面阔三间(坐二破三式),硬山顶,进深六架梁出前檐廊。正殿主体结构保存较好,屋顶屋檐有部分损坏,前檐下窗格已破损,采用土坯墙封堵。前檐额枋上残存有彩绘和木雕装饰,墀头装饰全部损坏。殿内梁架上有部分彩绘,大部分为红黑色,正面设有供台,多坍塌,仅存基础。殿内壁表面涂刷白灰浆,白灰浆部分脱落露出底画,但画面已残损不清,从颜色上看应是清中期作品。正壁白灰浆脱落较多,底画总轮廓可见,但已难以看清细节。殿中两侧山墙也残有绘画,但多被白灰浆所抹盖,露出的较少。

正壁有整壁绘画,场景整体宽大,由三个部分组成,明间绘《龙母龙王坐堂议事图》,东次间与西次间各供一位主神。明间中间为龙母,东侧有三位龙王,西侧有二位龙王与雨师;两侧上部各绘二位功曹与二位辅助之神。龙王所披之袍皆绘龙饰纹,雨师所披之袍绘八卦饰纹。东次间,正中绘主神,两侧各绘随从,东下角站立雨官,上部还有神像,但已被覆盖;西次间,正中绘主神,两侧各绘随从,西下角站立雨官,上部也有神像,但已被覆盖。

东壁被厚厚的白灰浆覆盖,只有左侧(北侧)露出水晶宫,中部有局部变薄,露出底画。水晶宫内,檐下有一台供桌,供桌后龙母立于正中,龙母右侧为侍女,左侧为云童。水晶宫前,露出一条龙,可见龙身与龙首,但龙王被白灰浆覆盖。龙王前隐约露出一尊轿,轿前可见一辆水车。

西壁左侧(南侧)有一片墙皮脱落,约占整个画面的三分之一,其他的还被厚厚的白灰浆覆盖,在中部隐约可见一只轿子。

正殿西侧耳房,面阔三间,四檩三挂卷棚顶。耳房分为三个单间,推测当年每间供奉一位神祇。此外,正殿对面即南墙下也有坍塌的房屋。庙南隔路有一土台,似为戏楼遗址。

观音殿 位于堡东门外,正对堡门,整体坐东面西,面阔三间,硬山顶,进深五架梁,出前檐廊(彩版 12-23)。梁架上的彩绘多已剥落。殿内墙壁抹过白灰浆,但仍残存有壁画,壁画为清末民国时期的作品。

正面绘有三尊神像皆坐于莲花座上,身后有背光,从构图来看,应是《三大士坐堂说法图》,正中绘有观音,东侧为普贤,西侧为文殊。观音两侧后方分别为龙女与善财童子,普贤东后侧为伽蓝护法,文殊西后方为韦驮护法。三尊菩萨的外侧各为武财神与持刀周仓、文财神与武将。

两侧山墙上半部各有 4 幅《观世音菩萨普门品》"救八难"题材壁画,下半部为十八罗汉画像。在"救八难"题材中,施法力的不仅有观音,还有伽蓝护法与韦驮护法。两侧山尖绘画,虽模糊不清,但内容可辨。

马神庙　位于堡东门外北侧。正殿坐北面南，基础较高，石块修建，前面设有4步石板台阶。正殿面阔单间，硬山顶，进深六架梁出前檐廊。殿脊顶坍塌，门窗无存，后墙辟窗户，殿内壁画遭损毁。表面涂刷白灰浆，画面内容漫漶，殿内梁架上的彩绘也涂刷白灰浆。殿内曾改作民宅，北墙窗下砌有土炕。殿内北面有供台，保存一般。

　　梓潼阁（东门楼）　位于东堡门顶部，正殿坐东面西，面阔三间（坐二破三式），硬山顶，进深五架梁出前檐廊。门窗无存。前檐柱4根，金柱2根，殿两侧廊墙挑檐木长长挑出，出檐明显。殿内壁表面涂刷白灰浆，残存有清末民国时期的壁画，破坏严重，依稀可见。正壁明间为主神与两侧随从，次间各有一神像；两侧山墙壁画为连环画式，因白灰浆太厚无法看到一幅整画。据村内老人任长富（80岁）讲：堡门楼供奉2位梓潼神，外点史家堡，史家堡皆出秀才，后经风水先生看后，堡门楼面东堵砌，只向内点状元。

　　关帝庙（西门楼）　位于西门顶部，正殿坐西面东，坐二破三，硬山顶，进深五架梁，出前檐廊，前檐额枋上有残存的彩绘。殿内壁抹过白灰浆，壁画大部分已毁。正壁墙皮局部脱落，剩余部分壁画人物隐约可见。从颜色上推断，其应是清末民国时期的作品，殿内脊檩上有彩绘和《八卦图》。

　　泰山庙　位于西门外侧，为一座独立的庙院，庙院南墙、山门尚存。山门是一座高大的广亮大门门楼，硬山顶，进深五架梁，脊顶一排砖雕花饰尚存。门前设高大的石台阶踏步。院内有一株松树。正殿于"文革"时期破坏，原址修建房屋作为村委会使用，一排平房正中尚存有五角星装饰。庙对面保存有一座戏楼。

　　戏楼　位于西门外泰山庙对面，坐南面北，保存较好，砖石台明高1.4米，台明外立面包砖，顶部四周铺石板。戏楼面阔三间，卷棚顶，进深五架梁，挑檐木出挑长，村民修建砖柱子支撑，前檐柱4根，均为墩接柱，柱下鼓形柱础两侧开卯。前檐额枋上还有残存的彩绘，坨头与立柱间的雀替为木雕龙头，张着大嘴甚为威严。屋顶有部分坍塌，戏楼内隔扇无存，墙壁表面或涂刷白灰浆或墙皮脱落，壁画无存。

　　真武庙　位于南北主街北尽头及北墙正中马面上，马面高7米，东西宽12米，南北长10米，方形，体量很大，马面内外均突出北墙墙体，外立面包砖（彩版12-24、25）。真武庙院墙坍塌，仅剩1座山门孤零零地立于通向墩台顶部的台阶前。山门为砖式小门楼，拱形门，内为平顶，外一伏一券，上面有砖仿木斗拱装饰，保存较好，檐下装饰六攒砖雕斗拱，斗拱一斗三升，斗拱间有砖雕花饰。山门内通往马面顶部北极宫的台阶损毁严重，下半部的台阶无存，呈斜坡状。上半部台阶尚存。正殿坐北面南，面阔三间，硬山顶，进深四架梁，后脊顶只有一椽，梁架埋于后墙内。门窗无存，仅存框架，前檐额枋上残存有清末民国时期的彩绘，殿内山尖绘画尚存，墙壁壁画表面刷涂白灰浆。正壁隐约可见白灰下的画像线条，正中为手持宝剑的真武帝，两侧为众将，有周公、桃花女、四大护法元帅，还有四位雷部的神将。正脊梁上绘有彩绘太极《八卦图》，色彩鲜艳。正殿内旧时有塑像，"文革"期间被破坏。正殿两侧各有耳房一间，各为面阔单间，半坡顶。

第九节 埚郭堡村

一、自然环境与人文历史

埚郭堡村位于南留庄镇西南 3.3 公里处，埚串堡村北，属丘陵区。村庄选址在冲沟之中 1 块独立的台地上，四面均临冲沟，仅南面有一条很窄的土路和埚串堡村相连，地势险要。村庄附近地势较平坦，为黏土质，辟为耕地。1980 年前后有 637 人，耕地 2 811 亩，曾为埚郭堡大队驻地。

相传，明洪武七年(1374)建村时，名俗历堡。清朝末年有几户郭姓来此居住，根据此地西北有两个驼峰状土山包(当地称埚)，更村名为埚郭堡。如今老乡习惯称为郭堡。村名可考的历史最早见于《(正德)大同府志》，作"埚里堡"，《(崇祯)蔚州志》作"埚里三堡"，《(顺治)云中郡志》作"埚里南北中三堡"，《(光绪)蔚州志》作"埚里郭堡"，《(民国)察哈尔省通志》作"埚郭堡"。

如今，埚郭堡新村位于冲沟南，东与埚串堡新村连接在一起，埚郭堡新村的北面是村委会大院，村委会西侧为方圆寺(图 12.13)。

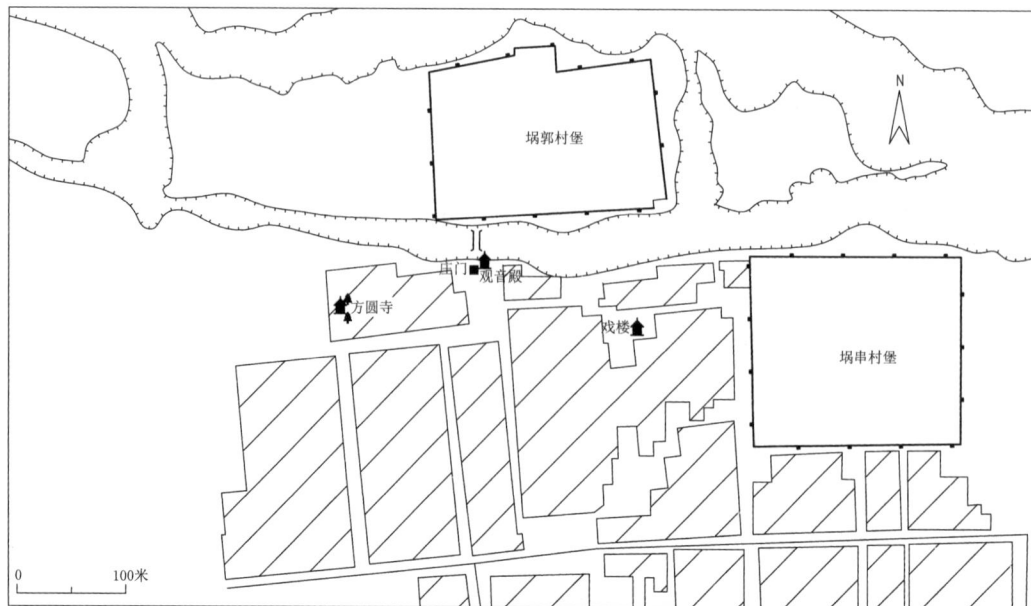

图 12.13　埚郭堡村古建筑分布图

二、城堡

（一）城防设施

埚郭堡村堡，位于北部旧村中，旧村庄范围即为城堡的范围，村庄受到地形限制，仅对旧村的房屋进行翻建。城堡四面濒沟，沟深10余米。城堡平面大致呈矩形，周长约738米，开南门，并于东南角开设角门，堡内平面布局为2条南北主街和1条沿着南墙内侧的东西主街结构（图12.14）。

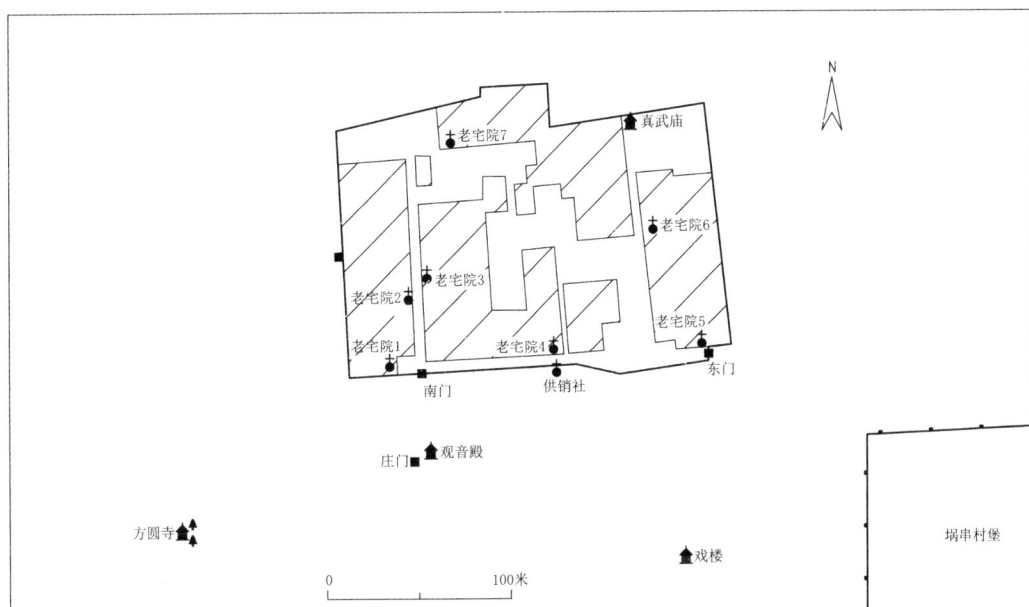

图 12.14　埚郭堡村堡平面图

城堡南门保存较好，砖石拱券结构，基础为条石垒砌，石砌拱券，一伏一券式，拱券以上为砖砌结构（彩版12-26～28）。拱门体量较大，气派壮观，全部为石块垒砌，共19层条石，上部砖砌所占比重较小，与石砌部分不成比例，推测堡门为两次修建。外侧门券拱顶上方镶嵌有砖制阳文门匾，正题"俗历堡"，右侧1块在右上角还雕有3个竖字"南郭堡"，门匾上写有红字"祖国胜利"。左右各镶嵌1枚门簪，门簪正面分别刻为"敦""厚"2字。门顶为木梁架平顶结构，门顶部铺砖，顶部四周新修围墙，并立有电线杆。门内侧亦为石砌拱券门，拱券以上全部为石砌建筑，未砖砌，并有水泥修补的痕迹。门内西侧有登顶通道。门尚存，仅存木板，外包铁皮无存。门道为自然石铺墁，车辙印痕尚存。门外东侧尚存方形护门墩和一座告示亭，护门墩西墙上开有一小龛，应为寺庙。门外西侧为坍塌的影壁，对面40米为观音殿。南门内为南北中心街。

东门，位于东南角附近东墙上，南墙内东西主街的东尽头，为1座角门，当地俗称东门

（彩版12-29、30）。东门结构简单，基础为条石垒砌，砖砌门体，木梁架平顶结构并砌砖。门扇残存部分门板，破坏严重。门内北侧有一座老宅院，保存较好，石板路面并有上马石，十分气派。东门外侧尚存门匾凹槽，但匾额无存。据当地长者回忆，东门外旧修有龙神庙。

堡墙均为黄土夯筑，东墙长约129米，保存较好，墙体高薄，壁面斜直，墙高4~5米，内侧为民宅，外侧为台地耕地和荒地。南墙长约231米，紧邻冲沟边缘而建，因地形而曲折，外侧看几乎看不出墙体，与冲沟融为一体，内侧较高，高0~4米，局部有坍塌形成的缺口；南墙东段内侧为顺城道路和民宅，路面较宽。西墙长140米。北墙长约238米，紧邻冲沟边缘而建，因地形而曲折，墙体保存较好，墙体高薄，高4~5米，外侧为荒地和冲沟，内侧为民宅和荒地；北墙偏西的部分低薄，高2~3米（彩版12-31）。

东南角仅存转角基础，上面为民宅。东北角未设角台，仅为转角，高4~5米。

（二）街巷与古宅院

堡内民宅以土旧房为主，居民较少，老宅院较少，房屋多废弃、坍塌，形成荒地。其中西侧的南北主街两侧多为土旧房屋，房屋多废弃坍塌，居民少，老宅院很少，有部分将老房翻修成新房居住，破败的景象与宽阔的中心街形成鲜明对比。

老宅院1 位于南墙西段内侧，两进院，广亮门，硬山顶，面东，门前置上马石，保存较好，前檐额枋上有木雕、彩绘装饰，山尖绘壁画，门下为平整的石板路面，车辙印痕尚存。前院基本废弃，二道门为随墙门，硬山顶，平顶门洞，后院正房面阔三间，卷棚顶。

老宅院2 位于西侧南北主街西侧，仅存大门，随墙门，硬山顶，平顶门洞。

老宅院3 位于西侧南北主街东侧，广亮门，卷棚顶，门内为一条巷子。

老宅院4 位于南墙内顺城街北侧，一进院，南墙中间辟门，广亮门，硬山顶，门前置上马石。

老宅院5 位于东门内北侧，两进院，前院东南角辟门，广亮门，硬山顶，门前置上马石，石板门道，前院荒废，后院尚存正房、东西厢房。

老宅院6 位于东侧南北主街东一支巷内北侧，一进院，南墙中间辟门，广亮门，硬山顶。正房面阔三间，卷棚顶，东西厢房面阔三间，单坡顶。

三、寺庙

观音殿 位于南门外正对涧沟的南岸，坐落于条石砌筑的台明上，台明前设有7层台阶。殿坐南面北，面阔三间，檐顶略有卷棚状，进深五架梁，前脊顶宽于后脊顶。殿东侧山墙墀头戗檐尚残有砖雕，其中有一只鹿。殿内墙壁涂抹白灰，壁画全毁。

殿的后墙做成一座大影壁，影壁正对通往坞郭堡的土道。影壁为硬山顶，檐下砖作仿木构砖雕，砖雕四根栌头。影壁西侧斜筑一座方形门，3层条石基础，砖砌门颊，木梁架顶,该门是通往埚郭堡南门的前哨门。这2座建筑如同巨大的屏障,最大可能地保护了堡南门的安全。

真武庙 位于北墙偏东的墩台之上,庙台并非北墙马面,而是在北墙墙体内侧和墙体结合处用土坯修建了一座高台。庙台高6米,收分明显,正对着堡内中偏东侧的南北主街。墩台前有山门与台阶,山门为一座砖式小门楼,门楼内设砖砌登庙台阶,共33步,新近修缮。墩台之上为真武庙北极宫,正殿坐北面南,面阔单间,硬山顶,进深四架梁出前檐廊。前檐额枋上面有清末民国时期的彩绘,两侧山墙墀头戗檐皆有砖雕,一侧为"福"字,另一侧为"禄"字。殿内壁涂刷白灰浆,壁画损坏严重,隐约可见下部壁画线条。正北墙上绘真武大帝仗剑端坐像,两后侧分别为七星旗君(西)、剑童(东),两侧分侍周公、桃花女。两侧山墙,每面分别绘6位站列的护法神将。山尖绘画仅能看清一幅,人物形象俱佳。

龙神庙 位于堡东南角门外台地上,如今已完全塌毁。

方圆寺 位于堡外西南方,整个寺院建在高2米的台地上,坐北面南,旧时为前、后两进院,占地面积约800余平方米,2014年重修(彩版12-32)。前院各建筑已完全塌毁。后院布局紧凑,院南有二道门一座,院内东侧有古松一株,地面条砖铺墁。院内建有东配殿(财神、福神、喜神)、西配殿(马神殿)、正殿(佛殿)、东耳房、西耳房。

二道门,坐北面南,面阔三间,硬山顶,进深三架梁,前檐额枋上有残存的彩绘,明间开蛮子门,次间各辟一扇圆形窗。门主体梁架尚立,但墙体仅东次间墙体尚存,其他几面都已塌毁。前墙开设一个圆形孔窗,这种风格在蔚县寺庙中较少见。门南侧(外侧)有砖铺的甬道。东侧有1通同治十年(1871)《重修方圆寺碑记》断碑。

东配殿,坐东面西,面阔三间,硬山顶,进深四架梁出前檐廊。屋顶、屋檐多坍塌,门窗仅存框架,殿内尚立有1通清光绪年间布施功德碑。殿中壁画局部受损,尚存部分色彩鲜艳,为清末民国时期的作品。东墙明间供财神,南次间供喜神,北次间供福神。南北山墙均绘壁画。

南、北墙壁画为连环画式,南墙壁画已脱落,北墙残存4排4列共16幅画。壁画人物形象生动,色彩艳丽。连环画均有榜题,但仅有上2排可全部释读,第3排只有3幅,第4排只剩1幅可释读。

北壁

某夜来生一子	正公请建学其处	妇人某氏善蛇虫	文思泉涌而出
小宋当魁天下	生来所为无善可称	丹桂五枝芳	炳然以获盗报
重囚日米一升	忽闻怪声如有物击	马默沙门岛罪犯	(画毁)
张孝基为妇人婿	(画残半,榜题毁)	(画毁)	(画毁)

从内容上看,不是来自一本经书,而是民间护生、教子、从善、积德的传说。可惜的是,壁画所绘内容仅 5 幅可以查到来源。

2014 年修缮寺庙时对东配殿壁画进行了补绘。正壁补绘了南次间与北次间,南次间补绘的是《独占鳌头》,北次间为一名武将;北壁补绘了东下角损毁的 3 幅,又对东侧两侧进行了描绘;南壁补绘内容为《书生读书瞌睡图》。补绘的技法与之前比差了许多,而且北壁的部分榜题也被修改。

西配殿,即马神殿,坐西面东,面阔三间,硬山顶,四架梁出前檐廊。前檐额枋上有残存的彩绘,门窗无存,殿内堆放杂物。殿内墙壁绘有壁画,清末民国时期的作品。

殿内西墙上半部脱落,壁画仅存下半部,残画中可以看出,正中是一位持利剑的马神,前卧一匹回首白色神驹,身饰火焰纹,两侧皆是随从,是为《马神坐堂议事图》;北次间与南次间各绘一位神祇,北次间保存较好,神祇身后各有一位持伞随童,两侧各立一位随从;南次间受损严重,只剩下半部,两侧随从可见,构图应与北次间相似。结合两侧山墙神祇数量,这两位应是随马神出征的文官与道士。

北墙绘有《出征图》,表现是打斗的场面,画面激烈冲撞;南墙绘有《凯旋图》,表现的是出征得胜而归的场景,几位骑马者悠闲而归,画面比较安静。两山墙绘画的下部,绘有百姓的生活场景,北墙绘《郊野牧马图》,南墙表现的是拴马、散马、遛马等。

正殿,即佛殿,坐北面南,面阔单间,硬山顶,进深六架梁出前檐廊,体量小于配殿。脊顶破损漏雨,殿内西墙壁画尚存,东墙破损过半。正壁绘有巨大的背光,前面曾立有塑像。东、西两墙各绘有六尊结跏趺坐的菩萨像,皆为女性化身,推测为十二圆觉。但东墙受泥水侵蚀与墙皮脱落,壁画已毁过半。正殿两侧耳房各三间,四檩三挂式,东侧为禅房,尚有人居住,西侧的已废弃,多坍塌。

2014 年,修缮寺庙时对正殿壁画进行重绘。重绘后在十二圆觉的两侧又增加了新的神像,但绘画水平已大不如前。

第十节 东人烟寨村

一、自然环境与人文历史

东人烟寨村位于南留庄镇西偏北 1.8 公里处,属丘陵区,村庄选址在台地上,村东、西、南三面临沟壑,冲沟中多为矿场,北面相对开阔,为平川。村子附近多为黏土质,辟为耕地。1980 年前后有 416 人,耕地 1 377 亩,曾为东人烟寨大队驻地。如今,村庄规模很小,居民少,民宅以土旧房为主,房屋大部分废弃、坍塌。城堡第一次搬迁的旧址位于村西,紧邻冲沟边缘。

相传,七百年前(元至元年间),有人来此居住建村。因与村西人烟寨相对,故取名东人烟寨。村名可考的历史最早见于《(顺治)蔚州志》,作"人烟寨堡",《(乾隆)蔚州志补》作"人烟寨",《(光绪)蔚州志》《(民国)察哈尔省通志》沿用。可见,民国时期仍统称为人烟寨,没有细分出东、西人烟寨。从保存的城堡现状来看,西人烟寨应从东人烟寨析出,在大沟西侧台地上后建的村落,因为其堡墙坍塌殆尽,墙体与堡墙差异明显,与庄墙类似(图 12.15)。

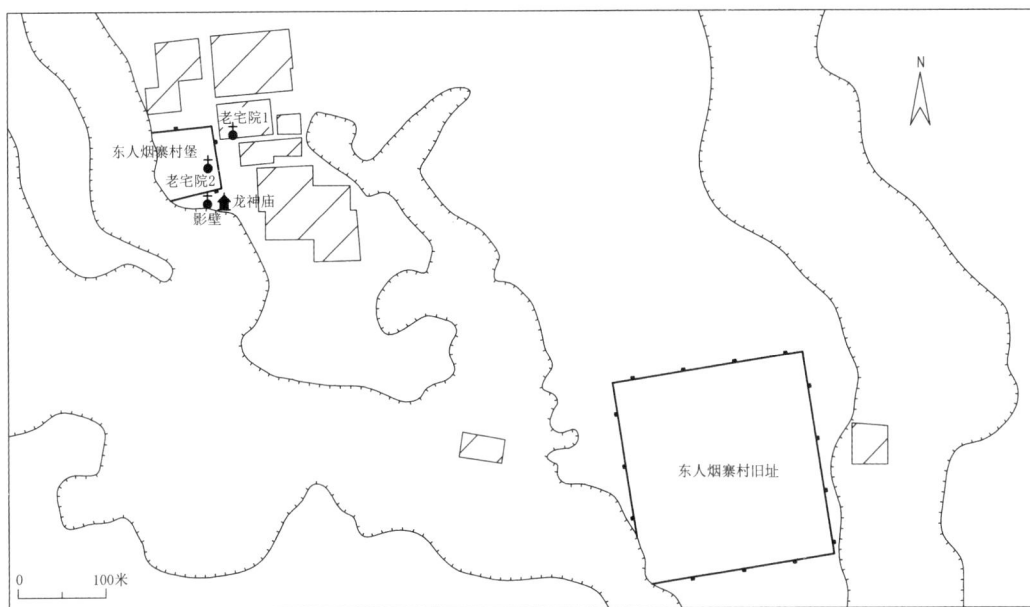

图 12.15　东人烟寨村古建筑分布图

二、城堡

东人烟寨村堡,位于台地之上,东、南紧邻冲沟。城堡平面呈矩形,周长残长约 199 米,复原周长 291 米,开南门,废弃较早,堡内平面布局未知,大致为南北主街结构。

堡墙均为黄土夯筑。东墙长约 70 米,墙体连贯,外侧是一片坡地,自南向北逐渐抬高。南墙残长约 57 米,外为冲沟。堡南墙外对面台地上建有 1 座影壁,坐南面北,面阔三间,硬山顶,檐下砖作仿木构砖雕出椽子、额枋、柁头、斗拱等砖雕,枋间雕各式荷叶装饰,底部有束腰。在其西侧有一座与其相垂直的小影壁,硬山顶,壁内开设一座小龛,不知供奉何神。南墙外与龙神庙台地之间有一条缓沟,这条沟切断了堡与影壁之间的联系,也切断了堡南门外的通道,推测该沟形成时间较晚,为便于矿工下到堡西的沟中而开挖。西墙无存,墙外为一条深沟。北墙长约 72 米,墙体连贯,外侧地势较高,北墙修建于平地上。

东人烟寨堡早年废弃,堡内一片残墙断垣,村民迁至旧村东侧的一片台地上居住,但因无水源,村民再次迁至公路边居住。2010年旧村、城堡所在地复垦。堡东侧有一片老宅区,为旧时堡内人口繁盛,因空间狭小而在堡外建的老宅院,目前尚有村民居住。

三、寺庙

龙神庙　位于堡南门外。现为一座庙院,院墙、山门尚存,院内北侧残存正殿与两侧耳房(彩版12-33、34)。山门为随墙门,硬山顶,平顶门洞,檐顶已毁。正殿位于院内北侧,坐北面南,面阔单间,硬山顶,前出卷棚顶抱厦。殿内墙壁涂刷白灰浆,白灰浆脱落露出壁画。后墙正壁绘画保存较好,色彩浓艳。东、西两壁挂满了泥浆,画面漫漶,两壁神像皆已不齐,但东壁保存比西壁略好。正壁绘《龙母龙王坐堂议事图》,东壁绘《出宫行雨图》,西壁绘《雨毕回宫图》。两侧山尖绘画与正脊《八卦图》皆存。

正壁《龙母龙王坐堂议事图》,正中为龙母,东侧有三位龙王(仅一位可辨),西侧二位龙王与雨师,每位神像依其对象分别标有"凤""龙"与"雨师"的沥粉贴金文字,龙母为"凤",龙王为"龙",雨师为"雨师",这种题榜式的注释文字在龙神庙正壁壁画中罕见。

东壁《出宫行雨图》,左侧绘水晶宫,水晶宫殿已被泥浆覆盖,仅见檐顶。水晶宫上部为飞奔的传旨官,前方为时值功曹使者与日值功曹使者,两位功曹的前下方为龙王1,正回首与判官(覆盖于泥浆下)询问行雨情况。龙王1前是龙王4、雨师;其上方是抬出的銮轿,轿周边隐约有随从。时值功曹使者与日值功曹使者上方有龙王2与龙王3。冲在前面的还可以见到雷公与电母,其下方是年值功曹使者与月值功曹使者。其余各神已被遮住。

西壁《雨毕回宫图》,整个画面被一层白灰浆覆盖,但白灰浆较薄,依稀可以见到底层绘画。画的左侧是有一位小神在束缚一条龙,边上是倒水的小神,其上是闭目于水车中的电母风婆,边上是钉耙神。上部是有虹童、雷公。图的中间,上部有三位龙王,下面是二位龙王与雨师。在队伍的前方是功曹。右上角是策马交旨的传旨官。右下是土地洞,虽然洞前神像不清,但应是土地神。整个画的底部是庆丰收酬神的场面,众人列队前往龙神庙酬谢。

泰山庙　位于东人烟寨堡的正南方,隔沟对面的坡顶,相距约800米。由于位居高岗之上,故十分醒目。如今庙院地面建筑、戏楼皆毁,仅存基础。

第十一节　西人烟寨村

一、自然环境与人文历史

西人烟寨村位于南留庄镇西偏北2.3公里处,属丘陵区,村东、北面临沟壑,地势西高东低,为黏土质。1980 年前后有 437 人,耕地 1 592 亩,曾为西人烟寨大队驻地。

村名来历与沿革与东人烟寨相似,如今,西人烟寨简称为西寨、大寨,旧时的西人烟寨位于东寨西侧冲沟中一块独立的台地上,四面临沟,近年由于村中交通不便,居民全部迁出到旧村西 2 华里的新村,西寨已彻底废弃(图 12.16)。

图 12.16 西人烟寨村古建筑分布图

二、城堡

西人烟寨村堡,位于新村东侧冲沟中的一不规则形台地上,城堡四面环沟,沟深 30 余米,仅西北角有土道与平地相连,但因采矿需要,为便于矿车下沟,将西北角的通道挖成一条沟,使得旧堡成为冲沟中的孤岛。该堡在历史上是一座易守难攻的城堡,民国年间西北山中一带的土匪曾用火烧堡门,被村民一举击溃。

城堡因地形所限,平面狭长,周长残长 413 米,城堡开南、北门,堡内平面布局为南北主街结构。

城堡北门尚存,位于堡西北角,玉皇阁的西壁下(彩版 12-35、36)。堡门为砖石拱券结构,条石基础,青砖砌门洞。外侧拱券为三伏三券,拱顶上原镶嵌有一门匾,现已无存。内侧为木梁架平顶结构。

城堡南门位于南墙略偏东,堡门建筑无存,现为缺口。

堡墙均为黄土夯筑,保存差。除北部庙址处残存低矮的北墙外,其余堡墙或因墙外临冲沟,堡墙地基并不坚固而倒塌,或因复垦将堡墙推平。如今已无存。

2010 年 3 月，堡内开始复垦，原先布局未知。从复垦公示牌上得知，占地为 10.890 3 公顷。堡内所有遗留建筑皆已消失。

三、寺庙

关帝庙　位于堡北墙内侧。庙院建于毛石砌筑的台明上，坐北面南，由山门、正殿、西耳房与西配殿组成。山门为过殿式，坐北面南，面阔三间，硬山顶，进深二椽。山门破坏严重，曾改作教室，前檐下被封堵，在西侧留小门，后墙原门楣上写有"园陀殿"3 字。正殿建于砖砌台明上，大殿已完全坍塌，留下一片残砖断瓦。西耳房面阔三间，卷棚顶，前后墙已塌。西配殿仅南山墙与一堵后墙残存，大部分坍塌。关帝庙曾改作学校，从殿内墙上残存的报纸来看，20 世纪 90 年代中期时已废弃。

玉皇阁　位于关帝庙西北侧的 1 座长方形高台上（彩版 12-37）。高台东壁包砖，一道砖砌台阶可登顶。玉皇阁大殿等级颇高，原为庑殿琉璃瓦顶，2007 年自然坍塌。如今遗址上散落大量绿色琉璃构件，包括正脊、博风板、瓦片、滴水与瓦当。如今村民用残构件搭出一间小屋，继续承载着对玉皇的敬拜。

第十二节　孟家堡村

一、自然环境与人文历史

孟家堡村位于南留庄镇西偏北 4.9 公里处，X418 县道从村南经过，村西北与蔚县陶瓷厂相邻，村东北、东南临沟。地势略西高东低，为黏土质，周围辟为耕地。1980 年前后有 554 人，耕地 2 058 亩，曾为孟家堡大队驻地。

相传，清康熙十四年（1675），孟姓人曾在这里烧制硫磺，建村后即取名孟家堡。村名可考的历史最早见于《（民国）察哈尔省通志》，作"孟家堡"。

如今，村庄规模很大，居民多，民宅以新房为主。村庄分为新、旧两片，连接在一起，旧村在村庄的东北部，距离冲沟较近。新村在西南部，由 1 条十字街和 1 条南北主街组成，路边有废弃的供销社房屋建筑。村庄的西北部为蔚县陶瓷厂所在地（图 12.17）。

二、庄

据当地长者回忆，旧时，旧村曾修建有庄，位于现今村庄的南部。庄开北门，结构类似于民宅大门，但木门扇与民宅差别明显。北门内为一条南北主通道，两侧分布有土旧房屋

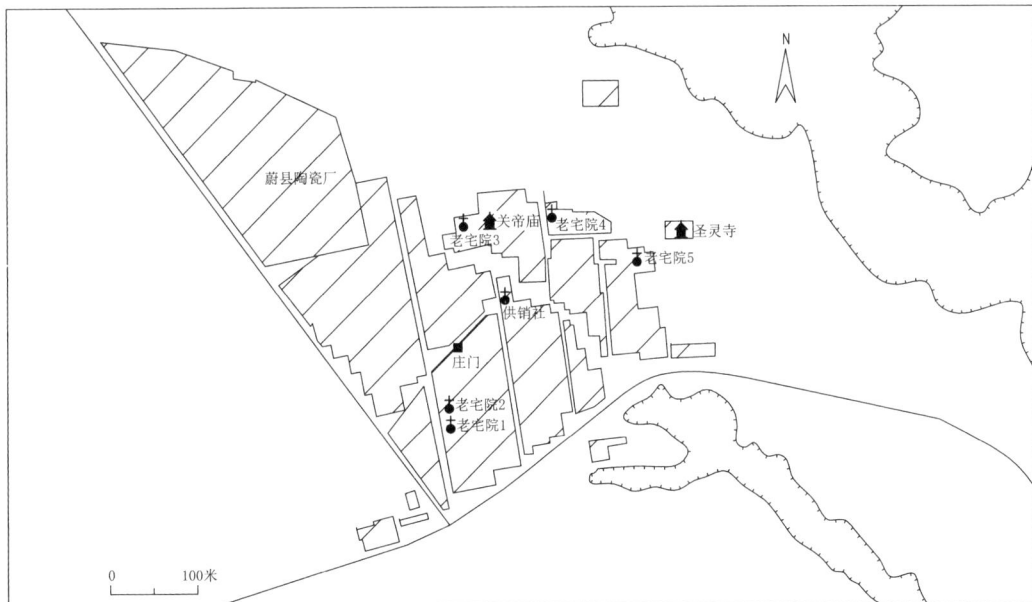

图 12.17　孟家堡村古建筑分布图

和新房,老宅院仅 2 座。老宅院 1,一进院,东南角辟门,随墙门,面东,平顶门洞,门檐下枋间砖雕精致,花草中间雕有青蛙,枋间托件为连连有鱼。老宅院 2,原为前后院,现前院荒废,二道门为卷棚悬山顶垂花门,雀替木雕精致,墀头戗檐分别砖雕喜鹊登梅与鹿回头。

　　旧村中民宅以土旧房为主,少有人居住,多废弃、坍塌,关帝庙西侧有一座老宅院 3,已经废弃。此外,关帝庙东侧丁字路口顶端有一座嵌有五角星的照壁,照壁建在老宅院 4 正房西山墙上。老宅院 4 为一进四合院布局,广亮门,卷棚顶,面南,石板门道,院内正房面阔五间,东西厢房面阔三间,西厢房后墙檐下施砖作仿木构砖雕枋、柁等构件,枋间与柁头两侧施以砖雕饰件,枋间分别为莲叶青蛙、莲叶蝙蝠。

三、寺庙

关帝庙　位于旧村西端,坐西面东,现为一座独立的庙院。山门、钟亭、鼓亭与正殿残存。山门为券形门洞,硬山顶,拱形门洞上方嵌有扇形砖匾,砖雕文字已被铲毁,檐下饰砖作仿木构砖雕枋、柁头等构件。山门内的院子规模小,长有树木和杂草,钟亭与鼓亭分置院门内两侧,硬山顶,坍塌严重。正殿坐西面东,面阔单间,硬山顶,出前檐廊,门窗无存,为土坯封堵,前檐额枋上有残存的彩绘。殿内堆放木料等杂物。殿内墙壁涂刷白灰浆,壁画无存。

圣灵寺　位于村庄东北方村外,庙对面为废品回收站。圣灵寺原为龙神庙,俗称东寺庙。近年修缮、扩建后改名,并住有僧侣 1 人。寺庙建于清代,20 世纪六七十年代被毁,2007 年开始筹建,2008 年竣工。扩建完的圣灵寺,四周皆有殿房。正中为正殿大雄宝殿,东西耳房均面阔三间(坐二破三),硬山顶,出前檐廊。东耳房为观音殿,西耳房为地藏殿;东配殿北侧为财神庙,南侧为龙神庙,西配殿尚未供奉神祇,现为僧房;山门内两侧,东为马神庙,西为泰山庙。各殿之中皆新绘壁画。

山门为过殿,单坡顶,上面悬挂有匾额,院内条砖铺墁,中间设有甬道,院内有一株粗壮的松树和新刻石碑2通。

正殿大雄宝殿,位于寺内正北,坐北面南,面阔单间,硬山顶,出前檐廊。大殿前原有抱厦,现已无存。殿内新塑佛像,两侧山墙各绘3排5列连环画,内容为释迦牟尼佛应化事迹,来源于《释氏源流》。

观音殿,位于正殿东侧,是东耳房中的一间,坐北面南,面阔单间,硬山顶。殿内壁两侧山墙各绘有《观世音菩萨普门品》经变图与十八罗汉。

地藏殿,位于正殿西侧,是西耳房中的一间,坐北面南,面阔单间,硬山顶。殿内两侧山墙壁画为十殿阎王君,东壁为一至五殿,西壁为六至十殿。

财神庙,位于东配殿中北次间,坐东面西,面阔单间,硬山顶。殿内塑三尊财神像,正壁为3幅条幅,绘花草。两侧山墙绘3排5列连环画,内容为百工图(现代版)。

南壁

陶瓷行	铁匠铺	乐器行	农业	皮毛行
当铺	饼铺	酒店	医药店	车马行
染坊	裁缝店	菜店	鞋店	毛笔行

北壁

饭馆	棋社	砖行	手饰店	纸行
粮食店	肉食店	布匹行	茶店	玩具店
书店	木器店	煤行	理发店	兽医店

水晶宫,位于东配殿中南侧二间,坐东面西,面阔二间,硬山顶。殿内神台上塑有九尊神像,正中为龙姑。殿内壁画新绘,正壁绘云海之中两条腾飞吐水的龙。两侧山墙分别绘有《出宫行雨图》与《雨毕回宫图》,图中也是九位龙王。九位龙王分别代表何神祇,粉本来自于何处,还需要进一步了解。

马神庙,位于山门的东次间的北侧,坐南面北。由于殿门开设于西墙,殿内只有正壁与东壁绘有壁画。正壁为《马神坐堂议事图》,马神居中,马神三头六臂,正面右手向上持剑,左手握铜钟;其他四臂从肩部向上伸出,分别持有弓、箭、刀与符咒。左右分别列一道士与两随从。东壁为得胜凯旋,两位道士骑于马上,簇拥着随从,但未见马神。

泰山庙,位于山门的西次间的北侧,坐南面北。由于殿门开设于东墙,殿内仅正壁与西壁绘有壁画。正壁绘有三位奶奶,西壁绘有奶奶与孩童共乐的场景。

第十三节 田 家 庄 村

一、自然环境与人文历史

田家庄村位于南留庄镇北偏西 1 公里处,属丘陵区,村西临沙河,村东与蔚县南留庄发电厂为邻。地势北高南低,为黏土质,周围辟为耕地。1980 年前后有 188 人,耕地770 亩,曾为田家庄大队驻地。

相传,八百年前建村,因街道呈"土"字形,遂假土即田意,取村名为田家庄。村名可考的历史最早见于《(乾隆)蔚州志补》,作"田家庄",《(光绪)蔚州志》沿用,《(民国)察哈尔省通志》作"田庄"。

如今,田家庄村规模很大,南面与南留庄镇区相接,村庄分为新、旧两部分,北部为旧村,即城堡所在地,南部为新村(图 12.18)。

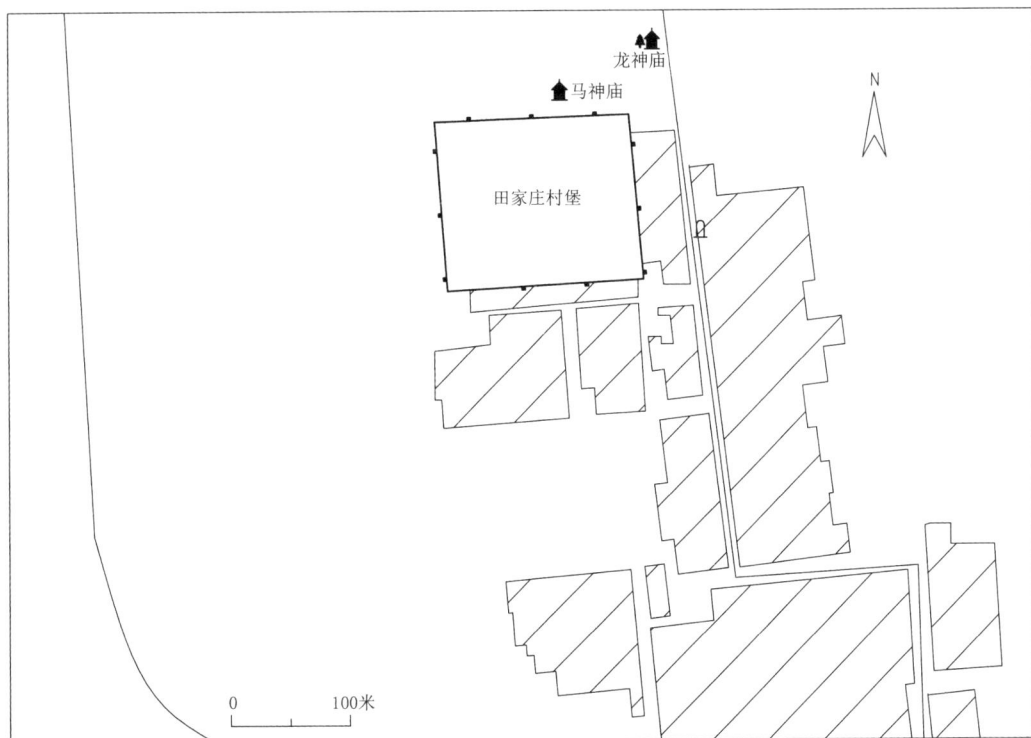

图 12.18 田家庄村古建筑分布图

二、城堡

田家庄村堡　位于旧村中,城堡平面呈矩形,周长 596 米,开北门,堡内平面布局为十字中心街结构(图 12.19)。

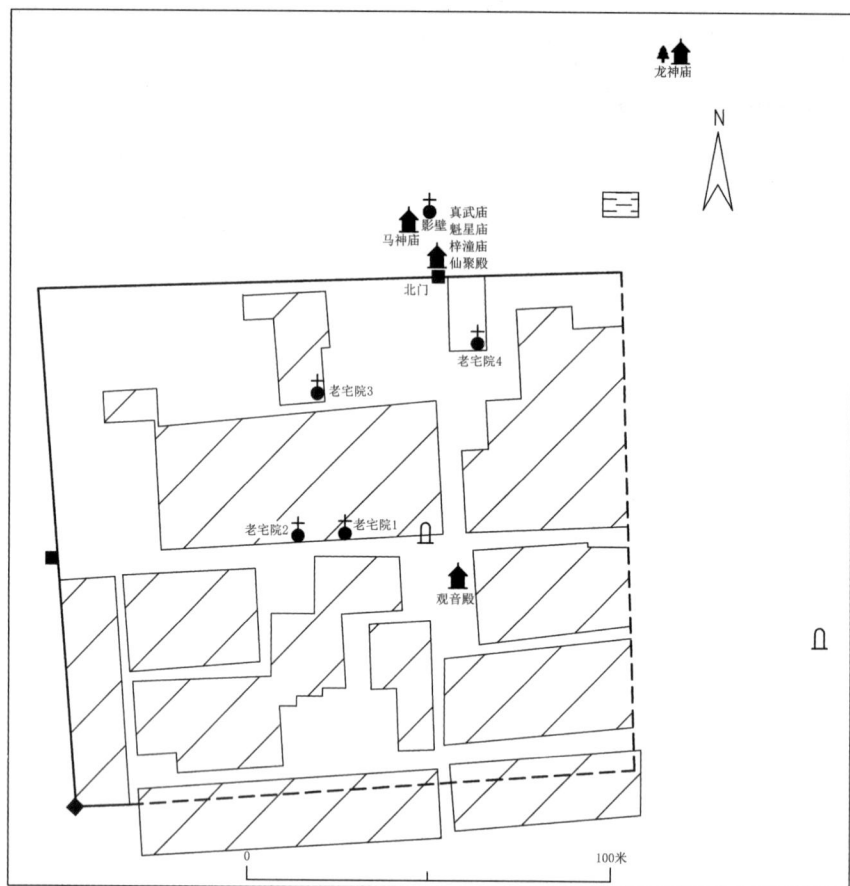

图 12.19　田家庄村堡平面图

城堡北门略偏东而非居北墙正中,堡门为砖石拱券结构,保存较好,基础为条石砌筑,上面青砖起券(彩版 12-38、39)。外侧为两伏两券,门券拱顶上方镶嵌 2 枚方形门簪,门簪顶端砖雕菊花。门簪上方镶嵌石质门匾(拓 12.6),正题"田家庄堡昌盛门"。右侧落款:"时嘉靖贰拾陆年孟夏日吉日立",匾额下部写有"总小甲"人名 4 位,均姓靳。内侧为三伏三券。门券上方设有 2 个排水孔,门券内顶部结构为木梁架平顶,局部塌陷。木门扇保存较好,外包铁皮无存,尚存铆钉孔。堡门内东侧为登顶梯道,石砌台阶,门顶修建寺庙。门道自然石铺墁,门内为中心街。北门外门柱边上设有挡水的石槽,旧时雨季来临时,于石槽内安插木板,以防洪水时大水直接冲进北门。北门外建有影壁和马神庙。影壁位于马神庙东侧,正对堡北门,影壁保存较好,砖砌单檐硬山顶,檐下砖作仿木构砖雕四个柁头与额枋等,将影壁分为三间。影壁正墙装饰菱形方砖,基座束腰部分装饰小立柱。

拓 12.6　南留庄镇田家庄村堡北门门额拓片(蔚县博物馆　李新威　提供)

堡墙均为黄土夯筑,墙体自然坍塌,非人为拆毁,保存较差。东墙复原长约 132 米,墙体无存,现为新建的房屋占据,东墙外为新村,居民较多。南墙原长约 165 米,现仅存西南角附近的一段 15 米长的城墙,其余为新建的房屋占据。西墙长约 137 米,保存一般,墙体低薄、连贯,内侧为民宅,外侧为荒地,墙高 3 米左右;西墙中部设有 1 座马面,高 4 米左右,保存较好。北墙长约 162 米,保存较差,墙体低薄、连贯,内侧为民宅,外侧为荒地。北墙东段保存一般,墙体低薄、连贯,多有坍塌,墙内为民宅,外侧为荒地,墙高 3~4 米。

东南角无存。西南角设 135°斜出角台,呈方锥形,保存一般。西北角台坍塌严重,原来形制未知。东北角设有角台,保存差,形制未知,角台北面有 1 座近乎干涸的水坑。

堡内居民较少,以土旧房为主,新房、老宅院很少,居民少,村民以靳姓为大姓,其次为郭、王姓,田姓仅 1 户。堡中尚有几处老宅院。

老宅院 1、2　位于十字街西侧北侧,均为广亮门,卷棚顶。

老宅院 3　位于北门内西侧,广亮大门,卷棚顶,前院毁坏,二道门尚存,后院正房与两侧厢房尚存。

老宅院 4　位于北门内东侧,两进院,前院南墙中间辟门,随墙门,硬山顶,平顶门洞。

三、寺庙

马神庙 位于堡北门外影壁西侧。正殿为条石基础，坐西面东，面阔单间，半坡顶，进深四架梁出前檐廊。西墙坍塌一半，正墙下部塌出一个大洞，脊顶破损。前檐额枋上有残存的彩绘，殿内墙壁泥水侵蚀严重，壁画漫漶。两侧山墙残存有壁画，隐约可见骑马的神像。从颜色上看，其应为民国时期的作品。北壁为《出征图》，南壁为《凯旋图》，画面虽然漫漶，但壁画主题可辨。

北壁《出征图》中，马神策马挥剑位于中心，前有一名文官骑马双手持卷宗引领队伍，在马神前后还可见4位随从，手端瑞盘，盘中置有山、鸟等物品。

南壁凯旋画中，马神骑马位于中心，文官着装已换，仍在前行，后边有1位骑马的道士。在马神前后可见4位随从分列，手端瑞盘，盘中置有山、鸟等物品。

真武庙/魁星楼/梓潼殿/仙聚殿 位于北门顶部，为1座寺庙群，由正殿、东西耳房组成，山门位于门顶东南角，随墙门。正殿面南为真武庙，面北为魁星楼；西侧耳房为梓潼殿，东侧耳房为仙聚殿。

真武庙位于堡北门顶。正殿坐北面南，面阔三间（形制为坐二破三），硬山顶，进深四架梁，出前檐廊。前檐额枋上有残存的彩绘，正殿保存较差，脊顶已出现垮塌。殿内北侧隔墙已毁，与魁星楼连为一体。殿内梁架上尚存彩绘，时代较早，保存较好，装饰繁缛。殿内山尖绘画保存尚好，北壁壁画无存。两侧山墙壁表面涂刷白灰浆，白灰浆脱落露出局部壁画，东西两侧墙壁壁画为连环画形式，应为3排4列，仅存几个模糊的人物画像，其余皆毁。此外，正脊上尚存贴纸，可见"大清乾隆拾柒……吉日告竣"字样。西壁北侧下角，尚存"嘉庆六年"题壁。由此推断，真武庙于乾隆年间重修或创建，壁画或许于嘉庆六年（1801）重绘。

魁星楼，位于堡北门顶，与真武庙背对。坐南面北，面阔三间（形制为坐二破三），进深一椽。由于隔墙已塌，北侧用砖砌封堵。

梓潼殿，位于堡北门顶，真武庙西耳房，坐北面南，面阔单间，单坡顶，进深三架梁。殿脊顶已塌。殿内正壁残存壁画，壁画保存差，仅可见5位神像。北墙下有供台。

仙聚殿，位于堡北门顶部，真武庙东耳房，坐北面南，面阔单间，单坡顶，进深三架梁。殿宇破坏严重，顶部倾斜、坍塌，殿内长满杂草。

观音殿 位于堡内中心街十字街路口南侧的砖砌台明上（彩版12-40）。正殿坐南面北，面阔单间，硬山顶。正面已被村人用砖封堵，前檐额枋上有残存的彩绘，殿内堆放杂物，正壁表面涂刷白灰浆，壁画漫漶。正殿两侧各有一间耳房，皆为卷棚顶，耳房低于正殿，曾作为禅房使用。观音殿保存一般，两侧耳房残损严重。

关帝庙 位于堡内十字街西尽头,"四清"时期拆毁,现已无存。

五道庙 位于城堡东北角外,水坑边,"四清"时期拆毁,现已无存。

龙神庙 位于城堡东北角外,五道庙东北方,殿宇"四清"时期拆毁,现已无存,仅存一株松树。

第十四节　曹 疃 村

一、自然环境与人文历史

曹疃村,位于南留庄镇西北偏北 2.4 公里处,属丘陵区,村西临沙河,东、北有宽而浅的冲沟,地势北高南低,为黏土质,辟为耕地。1980 年前后有 1 067 人,耕地 3 722 亩,曾为曹疃大队驻地。

相传,在一千多年前,这里住有几户姓曹的居民,取名曹家町,后演变为曹町。村名可考的历史最早见于《(顺治)蔚州志》,作"曹家疃堡",《(乾隆)蔚州志补》作"曹家疃",《(光绪)蔚州志》沿用,《(民国)察哈尔省通志》作"曹疃村"。

如今,曹疃村分为新、旧两部分。南面为新村,规模大,民宅街巷整齐划一,以新房为主。北面为旧村,旧村规模大,分为东堡、西堡。当地长者回忆,东堡修建在先,因堡内人口数量上升,堡内容纳不下的缘故而修建西堡。如今村庄村民以刘、董姓较多,曹疃的刘姓与暖泉的刘姓同源,暖泉的刘姓还来此祭祖。居民有 1 400 余人,以老人和孩童为主,年轻人多外出打工(图 12.20)。

二、城堡与寺庙

(一)东堡

1. 城堡

(1)城防设施

曹疃东堡,位于旧村的东北部。城堡平面呈矩形,周长 734 米,开南门,堡内平面布局为南十字街、北丁字街结构(图 12.21)。

东堡南门并非位于南墙正中,而稍偏东。堡门建筑数年前因下雨而坍塌,现为缺口。门道为自然石铺成的路面,印证着当年曾有的繁华。

堡墙均为黄土夯筑,保存较差。东墙长约 175 米,保存一般,墙体低薄、连贯,高 3~5 米,坍塌较重,墙内侧为民房,多为土旧房,多废弃坍塌,外侧为荒地。东墙上设有 2 座

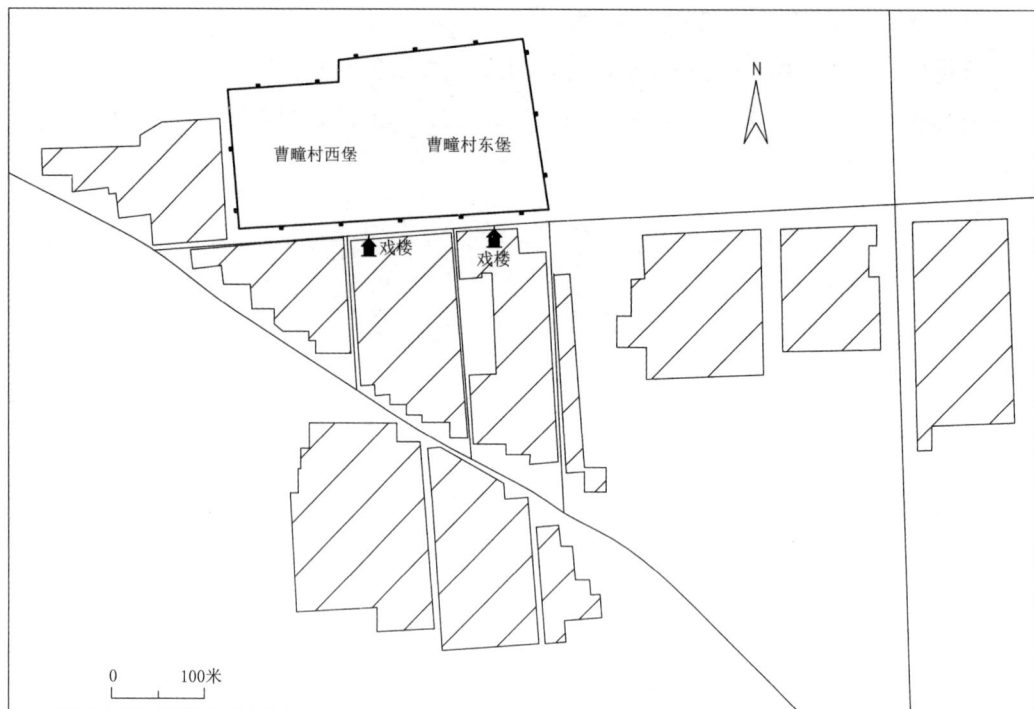

图 12.20　曹疃村古建筑分布图

马面,马面体量高大,高6～7米。南墙长约202米,墙体低薄、连贯,高2～3米,外侧为房屋,内侧为顺城土路。南墙东段仅存基础,高2～3米;南墙西段墙体无存,为新建的房屋所占据。西墙复原长约169米,墙体无存。北墙长约188米,保存一般,墙体内侧为民宅,外侧为荒地,墙体低薄,高3～4米,局部保存较差。北墙中部设有1座马面,较为高大,高6～7米。

东南角设135°斜出角台,保存一般,角台外立有一根电线杆。西北角设90°直出角台,保存较好。东北角未设角台,仅为转角,体量较大,高4～5米。

村内保存了大量四合院,明清格局完整,风貌环境协调统一,文脉相承。

(2) 街巷与古宅院

南墙顺城街　分为东、西两段。东段尚存老宅院1,保存较好,广亮大门,硬山顶,三架梁,脊顶、墀头保存有砖雕装饰,门前置两尊上马石;门框上施两颗门簪,门内正脊下楣板绘有彩绘,可惜氧化严重;两侧山尖也有绘画,内容为人物;两侧立柱,石柱础为鼓形,雕有装饰;院内,东侧为二道门,西侧是一排房屋。西段街面较宽阔,路北侧有4座老宅院,即老宅院2～5。宅门均为广亮门,门前各置两尊上马石,保存较好,宅院多已废弃,无人居住。老宅院4保存有上马石,门内设有影壁,门内分为2个独立的院子,东侧为二进

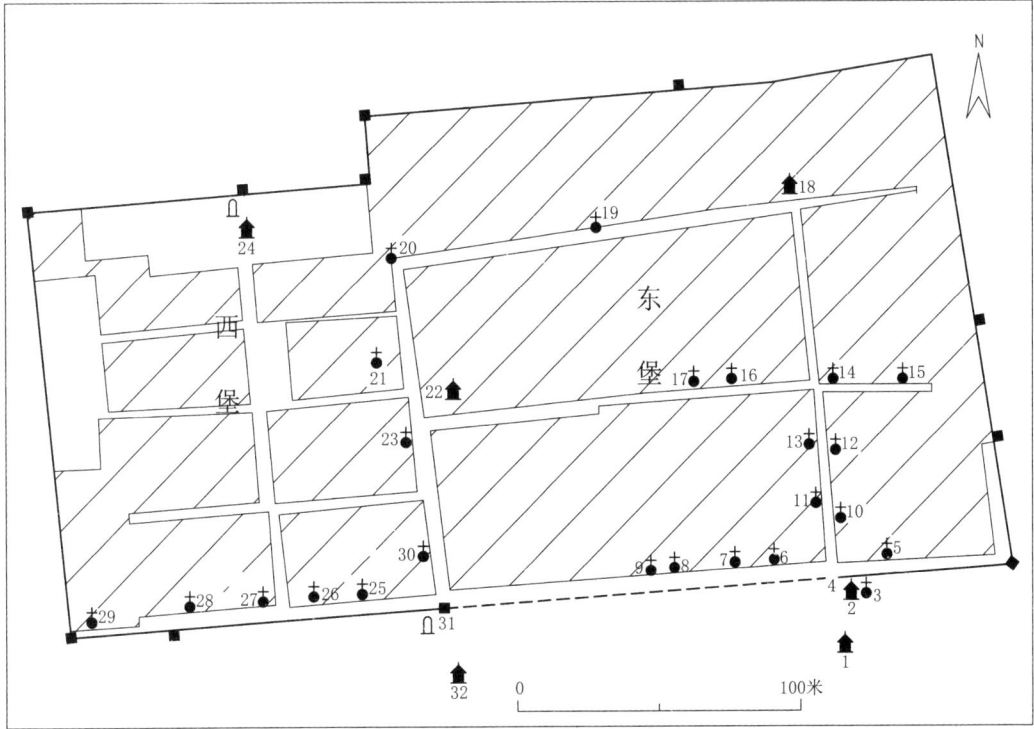

图 12.21　曹疃村东、西堡平面图

1. 戏楼　2. 马神庙　3. 影壁　4. 南门　5. 老宅院1　6. 老宅院2　7. 老宅院3　8. 老宅院4
9. 老宅院5　10. 老宅院6　11. 老宅院7　12. 老宅院8　13. 老宅院9　14. 老宅院10
15. 老宅院11　16. 老宅院12　17. 老宅院13、14　18. 真武庙　19. 老宅院15　20. 影壁
21. 老宅院7　22. 关帝庙　23. 老宅院6　24. 真武庙　25. 老宅院1　26. 老宅院2　27. 老宅院3
28. 老宅院4　29. 老宅院5　30. 老宅院16　31. 南门　32. 戏楼

院,二道门为垂花门;西侧亦为二进院,二道门为随墙门。西院现住户姓刘,据其回忆,旧
时整个大院内的居民全部姓刘。

正街(南北主街)　分为南、北两段,南段尚存数座老宅院,即老宅院6～9,北段无老
宅院遗存。由于中心街的路面较低,因此两侧的老宅院的位置较高,门前设有高台阶,台
阶多为石板凿刻而成。老宅院6,广亮门,门前置上马石,保存较好,刘姓大院,门内设有
影壁,影壁柁头、垂花柱砖雕精致,但砖雕装饰为黄泥所覆盖,保存较好,影壁边为小券门,
院子内为砖铺地面。

前街(南十字街)　分为东、西两段。东街有2座老宅院,即老宅院10和11。西街有
3座老宅院,即老宅院12～14。

后街(北丁字街)　分为东、西两段。街口处为真武庙。街道两边以土旧房为主,老宅
院仅为老宅院15,保存较好,门上有雀替装饰。

2. 寺庙

戏楼　清代建筑,位于东堡南门外,与堡门正对。戏楼坐南面北,面阔三间,卷棚顶,进深六架梁,整体保存较好。砖石台明高 1.1 米,外立面包砖,顶部四周铺条石或石碑,前檐柱 4 根,柱下古镜柱础。戏楼两侧有小八字墙,戏楼正面已为村民改造,正面修砌砖墙封堵,墙上开窗,西次间开一小门,西戗檐砖雕"麒麟望月",东戗檐砖雕丢失。前檐额枋上有残存的彩绘。戏楼内堆放杂物,台内墙壁上有残存的壁画,表面涂刷白灰浆,漫漶不清。当地传说该戏楼略早于西堡戏楼,西堡戏楼仿此而建。

马神庙　位于东堡南门外东侧,坐东面西,面阔单间,硬山顶,进深四架梁,前二椽后一椽。西侧屋顶的坡长于东侧屋顶坡,殿的北山墙已塌。正殿已为村民改造,西门被封堵,在南山墙上开设一道南门,在西墙开一扇窗、南墙开两扇窗,殿内已改为库房,殿内堆放杂物。当地长者回忆,马神庙建成后一直没有使用,因此殿内墙壁未施壁画,亦未设塑像、供台,原因未知。正殿东墙上嵌有一座影壁,影壁北侧也随墙而破坏,剩下的南侧部分十分精致。檐下飞、椽、柁头、额枋等皆为砖雕,枋间也有砖雕点缀,最下层的额枋整条雕有砖饰,舞动着四只瑞兽。南侧墀头也有砖饰,但戗檐部分已毁。影壁基座也是一排砖饰,束腰部分饰若干立柱。

真武庙　位于东堡内南北主街北端,庙前为丁字街路口,庙院离北墙约 20 米的北墙内侧,而非北墙上面。正殿修建在一座高 2 米的砖砌台明上,坐北面南,为一座独立的庙院,台明南侧与东、西侧各设一门。南门位于台明边缘,随墙门,砖式小门楼,平顶门洞,硬山顶。由于巷口狭窄,未置台阶,山门两侧各有一间四柱悬山顶钟、鼓二楼,保存较好。东门为一座随墙门,平顶门洞,硬山顶。西门亦为随墙门,但已封堵。

院内布局紧促狭窄,正北为北极宫。正殿坐北面南,面阔单间,硬山顶,进深六架梁出前檐廊,正殿东西两侧建有耳房。西侧耳房面阔二间,其内曾有人居住。正殿前檐额枋上有残存的彩绘,但已斑驳不清,门窗保存较好,六抹斜方格六扇,门头窗步步锦。后墙已塌,殿内堆放秸秆。东西两侧山墙壁涂刷白灰浆,白灰浆脱落露出壁画。壁画为大型人物画像,非连环画,每侧各有 6 位护法神像,神像顶部有题名,皆为某某天君。东壁榜题已难以辨认,东壁内侧为手执玉环的温元帅温琼与手持金枪的马天君马元帅;西壁从南向北依次可见邓天君、张天君(长枪)、庞天君(剑),内侧三幅榜题毁,但后两位从手中持的武器可知分别为手持青龙偃月刀关元帅关圣帝君与手持铁鞭的赵元帅赵公明。从绘画颜色上看,壁画应该为清中前期作品,精美古朴。正脊正中绘有彩绘《八卦图》。

正殿前廊东侧立有 1 通乾隆四十八年(1783)的《重修玄帝庙碑文》石碑。石碑体量较大,首体相连,碑首为二龙戏珠,碑文字亦较大,保存较好,下半部约四分之一埋入土中。碑阴为布施功德榜,但未刊刻布施者所属村庄,捐钱的人数比较多,而大多为刘姓,还有田姓、贺姓及刘姓,也有僧侣;从施银数目来看有一分、一分五、二分、三分,最高为三分。

（二）西堡

1. 城堡

（1）城防设施

曹疃西堡位于村庄北部,城堡平面呈矩形,周长约 553 米,开南门,堡内平面布局为 3 条十字街北丁字街结构(图 12.21)。

城堡南门保存较好,堡门北立面当地村民于 2004 年修缮,外抹水泥加固(彩版 12-40、41)。堡门为青石条砌拱券门,内、外皆为拱券式,门券一伏一券式。外侧门券拱顶上方镶嵌有石质门匾(拓 12.7),正题"曹家疃堡",左侧落款:"嘉靖拾年陆月二十四日",落款外侧还有一列竖字"石匠"及一位人名,正题下方刻有"堡长"及人名,姓名以董、刘为主,与今日村民姓氏一致。堡门内为石砌券顶,门扇无存,仅存上槛,门闩孔为方形,系条石错缝而成,门道为青石板铺成的路面,堡内北高南低,排水利畅。南门内为宽阔的南北主街,推测为西堡东墙消失后开辟为南北向道路,南北主街的北尽头修有一座影壁。影壁位于一户居民的南院墙上,影壁东侧为民宅大门,影壁硬山顶,檐下装饰较简,正墙采用砖砌,上面写有标语。影壁的西面为丁字街西街,较窄,里面长满荒草,街道北面是废弃坍塌的土旧房,无人居住。

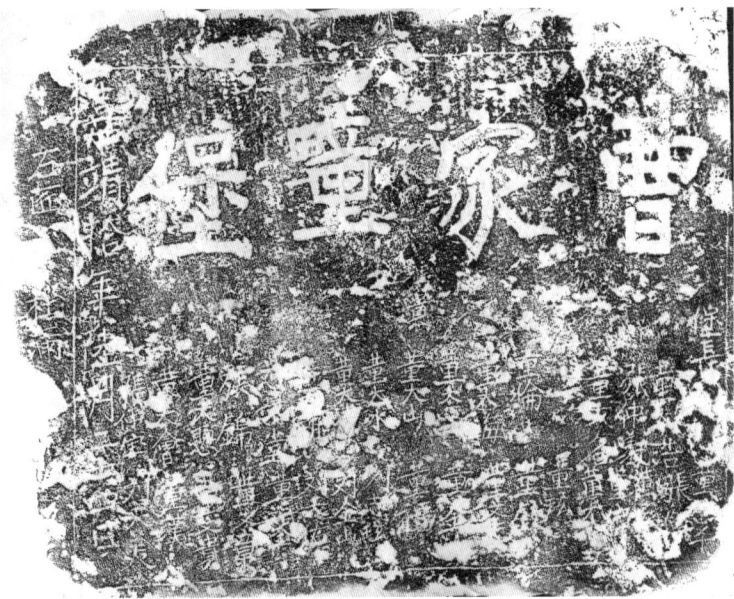

拓 12.7　南留庄镇曹疃村西堡南门门额拓片(蔚县博物馆　李新威　提供)

门外西侧房屋基础上有石碑一通,字迹漫漶。堡门正南建有戏楼,与南堡门隔街相对峙。

堡墙均为黄土夯筑。东墙复原长约 148 米,墙体无存。南墙长约 132 米,大部分仅存基础,损毁严重,仅存一小段墙体,高4～5米,外侧为荒地和道路,内侧为顺城路和民宅。南墙的尽头为1座马面,保存较好。西墙长约143米,保存较好,墙体高薄、连贯,高4～5米,内侧为民宅,外侧为荒地和道路,墙体外有坍塌的积土。北墙长约130米,东段堡墙低薄,高3～4米,外侧为荒地、道路、耕地,内侧为房屋,大部分废弃坍塌;北墙中部设马面1座,即真武庙庙台,马面体量大,基础为条石,外立面包砖;北墙西段保存与东段相似,墙体低薄、断续,高3～4米。

西南角设90°直出角台,保存较好,高7～8米,基础部分已经维修,包以石片。西北角设90°直出角台,体量很大,保存较好,高7～8米。

曹疃东堡和西堡连在一起,中间的隔墙无存。北墙并不直,西堡的北墙略偏南。所以西堡北墙向北折后又设1座马面,推测该马面原为西堡的西北角角台。由于两堡间的隔墙无存(即西堡东墙,东堡西墙)且现今西堡南门并不正对北墙上的真武庙,但从城堡布局上看,原南门应对真武庙,故推测现今南门内大街为西堡东墙所在地。即曹疃村原修建西堡,由于人口增长,堡内无法容纳,因此将西堡东墙拆除,原南北墙向东展修而成东堡,拆除后的西堡东墙开辟为南北主干道并开辟南门,由此形成了今日东西堡联体的格局。

(2) 街巷与古宅院

西堡内民宅以土旧房为主,多废弃、坍塌,老宅院较少,大多已经坍塌。

正街(南北主街) 南部路西尚存供销社,已经废弃。老宅院6,位于主街西侧,关帝庙西南,随墙门。老宅院7,位于主街西侧,关帝庙西侧,已经废弃,大门无存,尚存二门,保存较好。

南墙顺城街 现存有5座老宅院,编号为老宅院1～5,广亮门,硬山顶,其中2座因降雨而坍塌,老宅院保存较好,门内墙壁上尚有题字,门前有上马石等。其中老宅院5为董家大院。

2. 寺庙

据当地长者回忆,西堡寺庙的数量胜于东堡。曾修建有关帝庙、真武庙、戏楼、龙神庙、五道庙。

关帝庙 又称伽蓝庙,位于堡正街中部偏东。庙院位于砖砌台明上,整体坐北面南,院墙保存完整,但正殿曾改作大队部使用,殿内原有悬塑全毁,十几年前重新修缮。如今关帝庙存正殿、东西配殿和东西耳房。

山门为随墙门,硬山顶,券形门洞。山门檐下挂有一匾,蓝底金字,字为“伽蓝庙”。门外左、右各立一石狮,束腰须弥座,石狮前脚各下踩绣球。门前设7级台阶。

正殿坐北面南,面阔三间,硬山顶,进深五架梁出前檐廊,屋顶铺设琉璃瓦。殿内曾有悬塑,后被破坏。如今修缮后前檐额枋、殿内梁架重施彩绘,殿内正面有关帝等塑像,两侧山墙新绘壁画。壁画为连环画式,3排6列。正殿西侧前廊下侧有1座小龛,其内供奉面然大士。此外,院内东北角有1口水井。

东山墙

桃园结义	共揭□文	苏张献马	同战黄巾	活擒刘岱	安喜上任
圣入曹营	夜不同屋	土山约三事	三战吕布	圣斩华雄	鞭打督邮
曹公赠金	曹公赠美	曹公赠袍	曹公赠马	圣斩颜良	圣斩文丑

西山墙

单刀赴会	刮骨疗毒	水淹七军	怒斩庞德	神诛吕蒙	玉泉显圣
圣斩秦琪	圣收周仓	古城聚会	圣收关平	义放曹公	大战长沙
圣斩王植	圣斩卞喜	夜读春秋	圣诛韩福孟坦	圣斩孔秀	挂印封金

依据《三国演义》故事顺序,"玉泉显圣"应在"刮骨疗毒"之后,此处颠倒。

真武庙　位于堡西侧南北主街的北尽头(彩版12-43)。真武庙为一建筑群,规模宏大,保存较好,寺庙整体布局尚好,整个建筑由山门、院墙、两层过殿、钟鼓二亭、正殿组成前、中、后三进院落,由南至北渐次增高,正殿玄帝殿坐落在高大的北墙墩台上。

山门为随墙门,门前设砖砌台阶,门内为一进院落即前院,已经荒废,长满杂草。前院正北为一道过殿,面阔三间,四檩卷棚顶,明间为过庭,殿内堆放杂草,过殿两侧墙壁,分别写有"破私""立公"4个大字,两侧内门上方扇形画中,又分别写有"民安""物阜"。由过庭向北为中院,正中砖砌22步台阶,台阶保存较好,台阶中部东西两侧修建一层半坡顶的耳房,后墙靠庙台。由台阶进入后院,台阶顶端有一道券门(二门),券门为随墙门,硬山顶,砖雕垂花装饰。券门内东、西两侧分别建有钟、鼓两亭,单檐四柱悬山式,西侧鼓亭内尚悬挂一面石鼓,石鼓表面施有红色染料,东侧为钟亭,亭内铁钟无存。券门内迎面是正殿玄帝殿。正殿前东侧,残存一通石碑,碑阴向上,为布施功德榜。

正殿坐落在北墙马面(庙台)上,庙台高6.5米,下部为高1.2米的青石条,上为青砖垒砌,正殿位于高0.4米的台明上,坐北面南,面阔单间,硬山顶,进深三架梁出前檐廊。前檐额枋上有残存的彩绘,前廊内西侧有石碑碑座,大殿的门窗全无,现存框架,前廊墙壁上有残存的壁画和题写的诗歌。殿中砖铺地面,顶部正脊上施彩绘《八卦图》,北墙设供台。殿内壁画尚存,为民国时期的作品,壁画表面曾涂抹白灰浆,如今大部分脱落,保存状况一般。

正壁绘《真武帝坐堂议事图》,正中端坐手持宝剑的真武大帝,脚下有龟蛇;两后侧分别为七星旗君(东)与剑童(西),两侧为周公(东)与桃花女(西);外侧各有一位御前将官,皆持宝剑。外侧上部,东侧保存较好,画边框上有榜题为燚火邓天君;按对称原则来判定,西侧上方可能为辛环。但蔚县其他真武庙中,雷公形象人物的为辛环,头戴乌纱帽的为邓忠,此处有可能题字的人不清楚,将东、西两侧题字弄混。

两侧山墙壁画各绘有2位护法元帅与4位护法天君,每一位元帅与天君上方均有榜题,其中,东侧榜题可辨认,西侧2个榜题被白灰浆所抹盖。两侧山墙的各5位与正壁外侧的各1位,组成了4位护法元帅与8位护法天君的阵容,这是蔚县真武庙内全套护法阵容的标配。

从北至南,上为东壁;下为西壁

先天一炁张天君	混元庞天君	左雷大魔苟天君	正乙灵官马元帅	地祇主令温元帅
天医五□	洞神刘天君	右雷□□□天君	黑虎玄坛赵元帅	神霄伏魔刘元帅

从壁画中人物形象与手中兵器来看,神霄伏魔刘元帅即是手持青龙偃月刀的关羽关元帅。

戏楼 清代建筑,据传该戏楼为清末年间仿东堡戏楼而建。位于城堡南门外,坐南面北,正对堡门,保存较好。戏楼坐落在砖石台明上,外立面包砌青砖,顶部四周铺石板或石碑,高0.8米。戏楼面阔三间,单檐卷棚顶,进深六架梁,前后台置通天柱。前台出檐4根立柱支撑撩檐檩,柱下石鼓柱础上雕莲花,十分精致。前檐额枋上有残存的彩绘,施木雕草龙雀替。戏楼内为砖铺地面,前台两侧墙壁残存有壁画和墨书题壁,壁画形式为六扇屏风,由于表面曾涂刷白灰浆而已漫漶不清。山尖绘画尚存,东山尖其中有一幅绘鲁班力托赵州桥,桥上八仙之四渡桥、张果老倒骑驴、汉钟离推车;西山尖绘董大桥,桥下波涛汹涌,桥上四位商贾来往穿梭。

龙神庙 位于堡外东北,现已无存。

第十五节 松 树 村

一、自然环境与人文历史

松树村,位于南留庄镇北偏西3.4公里处,属丘陵区,村东不远处为冲沟,周围地势较平坦,为壤土质,辟为耕地。1980年前后有393人,耕地2 290亩,曾为松树村大队驻地。

相传,明嘉靖年间建村时,在关帝庙院内栽了棵松树,以表示冬夏常青,故取村名松树村。村名可考的历史最早见于《(崇祯)蔚州志》,作"松树村堡",《(顺治)云中郡志》《(顺治)蔚州志》沿用,《(乾隆)蔚州志补》作"松树村",《(光绪)蔚州志》《(民国)察哈尔省通志》沿用。

如今,村庄规模较小,分为新旧两部分,村南面为新村,北面为旧村。村庄现不足400 人,村民以贺姓为主,约占 70%,除了贺姓外,还有刘、王为大姓(图 12.22)。

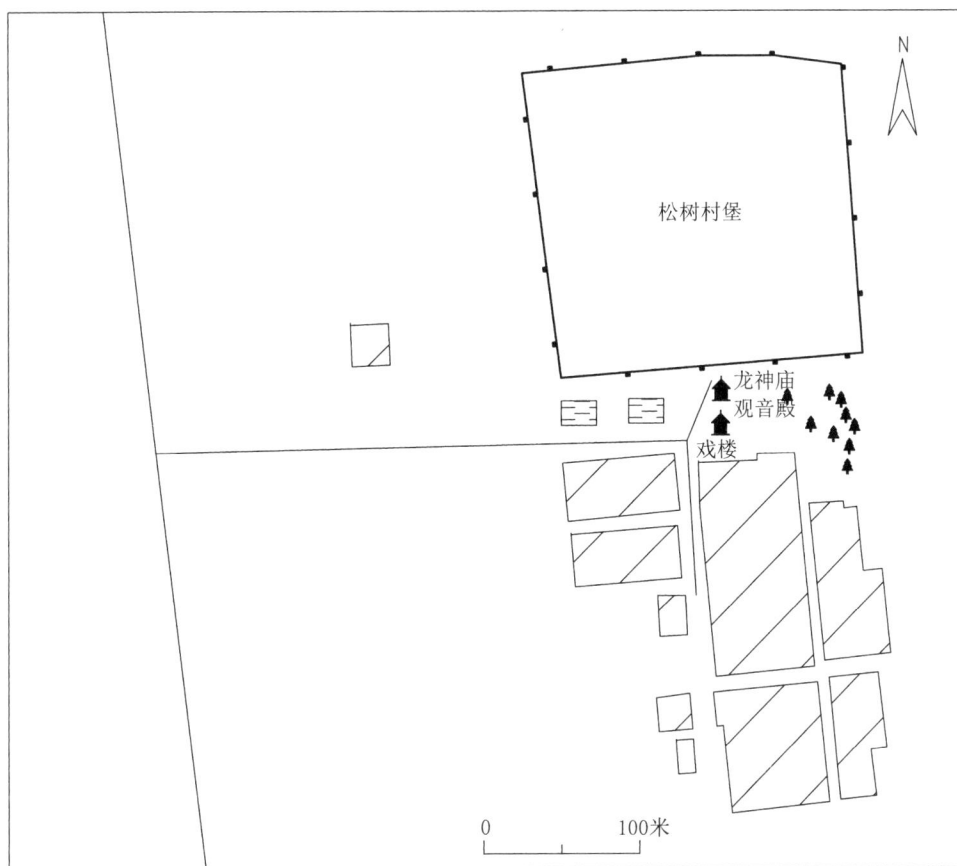

图 12.22　松树村古建筑分布图

二、城堡

(一)城防设施

松树村堡位于村北旧村中,城堡平面呈矩形,周长约 771 米,开南门,堡内平面布局为十字街结构(图 12.23)。

城堡南门为砖石拱券结构,保存较好,基础为条石砌筑,较低薄,上面青砖起券,内、外门券为五伏五券,券上出一层伏楣檐,二层错缝牙子(彩版 12-44～46)。外侧门券拱顶上方镶嵌 3 枚门簪,中间的门簪已毁,门簪上方镶嵌石质门匾(拓 12.8),正题"松树村堡",右侧落款:"大明嘉靖八年己巳月丁丑日立。"匾下部为数排人名,其中经领共 6 人"贺景贤、贺景良、贺景玄、贺文雄、贺文学(一人名看不清——作者注)",石匠共 2 人"王瑄、霍志成",泥匠 1 人"史公掌"。门匾两侧镶嵌砖雕装饰,砖雕牛、马、鹿、麒麟等瑞兽,门匾上部为砖

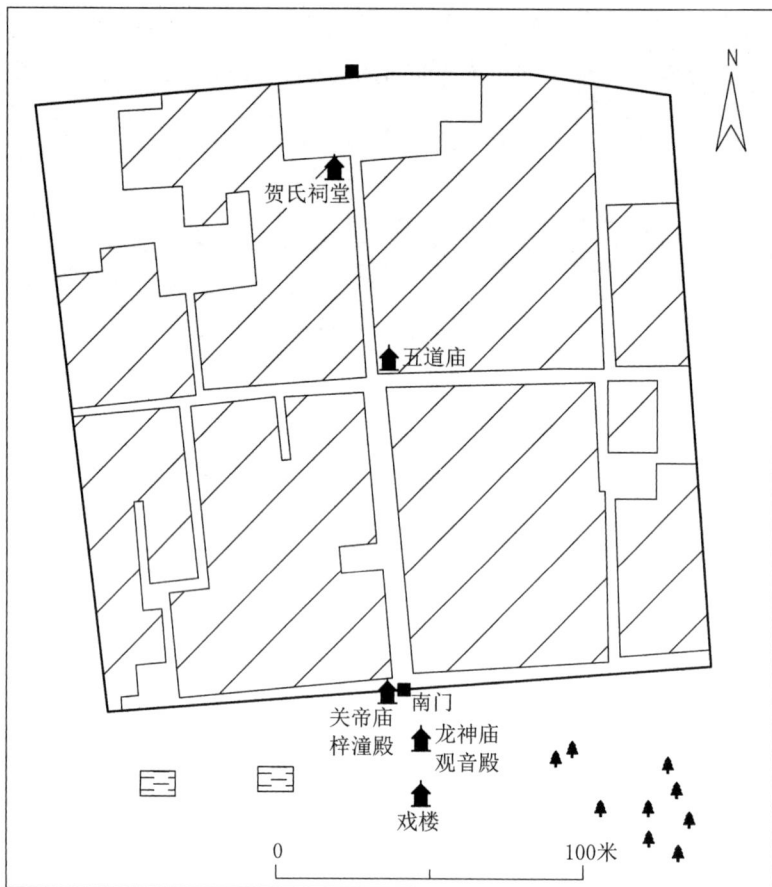

图 12.23　松树村堡平面图

作仿木构砖雕出檐,饰有斗拱和垂花门,砖雕五踩斗拱九攒,斗拱下方额枋,再下方两侧各装饰一根垂花柱。门外两侧设护门墩,土坯修建,墙收分明显,体量较小。堡门外建有1座倒座观音殿及村委会大院。堡门外西南侧为水坑,尚有积水。门前为自然石铺成的路面,保存比较好,门道已改造成水泥地面,木门扇尚存,外包铁皮、铆钉无存。门颊外立面墙壁上各镶嵌有石碑,东侧为《重修碑记》:"阖堡众善□各捐已资建立门户一座。经领:贺明靠、贺明沾等。住持:郭和清、贺三式。木匠:贺时禅、贺明□。□匠:李志满、徐明贵。泥匠:徐禧、米和便。石匠:申□□。"西侧亦是《重修碑记》(拓 12.9),正题"重修碑记",左侧落款为"康熙二十八年岁次己巳年己巳月乙卯日立",石碑下部刻有烧灰人名"贺三省、贺三浩、贺三水、贺三宠、贺三□",以及经领人名"贺三语、贺三取、贺三旌、贺三策"。由于东侧石碑只有起因,没有时间落款,西侧碑没有起因但有时间落款,推测两碑为同时立。由此可知,松树村堡南门重修于康熙二十八年(1689)。堡门内西侧设登楼砖砌台阶,门内为宽阔的南北向主街。门顶部修有门楼,面阔三间,单檐硬山顶,进深五架梁,前后鸳鸯式,南为关帝庙,北为梓潼楼。堡门楼内存石鼓一个。

拓 12.8　南留庄镇松树村堡南门门额拓片（蔚县博物馆　李新威　提供）

拓 12.9　南留庄镇松树村堡南门门洞内西侧康熙二十八年《重修碑记》拓片（蔚县博物馆　李新威　提供）

　　堡墙均为黄土夯筑。东墙长 179 米。南墙长约 196 米,保存较差,墙体多坍塌,现存基础,墙体内侧为顺墙土路,外侧为 2 个水坑。西墙长约 192 米。北墙长约 204 米,保存较差,墙体多有缺口或小段消失,墙体低薄,高低起伏,墙体内外侧均为荒地,墙高 2～3米,在北墙东段内侧有 1 株大树,树下有 1 口废弃的水井,水井边上为石碑或是碑座。北墙中部设马面一座,保存较好,体量较大,方形,内外均突出墙体,现为真武庙庙台。北墙附近的民宅以土旧房为主,老房子很少。

（二）街巷与古宅院

堡内民宅以土旧房为主,房屋多废弃、坍塌,形成荒地,老宅院少。

贺家祠堂 位于中心街北街尽头西侧,一进院,坐北面南,东南角开门,面东,硬山顶,平顶门洞。院子废弃许久,院内长满杂草并堆放秸秆,院内北部尚存正房,坐北面南,面阔三间,单坡顶,进深四架梁,门窗已封堵,前檐额枋上施彩绘装饰。正房内堆放秸秆等杂物。"文革"时期,正房改作生产队的粮库使用,墙壁上涂抹白灰浆。原先墙壁上所绘家谱依稀可见。正中最高处,牌位上书"原籍贺氏门中先远三代宗亲主神"。东侧高位牌位上书着"二世祖贺公讳全张氏之主位",旁边的牌位上书"子德海德通"。西侧高位还有一块牌位,但字迹已被损毁。两侧再低些,分别是三世德海与德通的牌位。再外侧是可与中间牌位等位的,东侧是"明始祖贺公讳伯成之神主",边上为"子讳全孙德海德通";西侧是"明始祖母孺人尉氏之神主",边上为"子讳全孙德海德通"。再下一点便是四世、五世等牌位。再往下有密密麻麻的八层,但大多被灰浆所覆盖。

据当地61岁的贺姓老人回忆,贺家祖先是从楼子湾迁居此地的。到他这代为21辈,以前家庙里还有牌位。老人的后代从未祭祖,家庙亦废弃。此外,在城堡外东侧还有贺家祖坟。现已平整为耕地。堡内贺姓是原分八大门,现在老宅院无存。贺姓居民尚存有家谱,保存于村会计贺九印手中,族谱保存较好,民国版,线装,由于族谱源于滑嘴村贺家(来源于松树村),因此只有一半。

家谱首页,左侧写有"贺氏家谱";中间为"故明祖贺公讳伯成尉氏子全孙德海德通";下方写"坟在松树村堡东系申子辰水葬癸山丁向后世祖俱葬于此";右侧写有"嗟我始祖创业漠沙窑灶土室始定厥家传至二世踵居此土上嗣徽音下开昭穆"。谱中长门共有十八世记载,一共分为八派,即老人所说的8门之分。

三、寺庙

据当地长者回忆,城堡内外曾修建龙神庙/观音殿、五道庙(2座)、关帝庙/梓潼殿、真武庙、马神庙。

龙神庙/观音殿 位于堡南门外,寺庙为一座独立的庙院,坐落在高约1米的砖石台明上(彩版12-47)。龙神庙原由正殿、东西配殿组成。现存正殿及西配殿的一半,东配殿坍塌。正殿南面原修建有戏台,现戏楼无存,为新建的房屋。庙院围墙亦坍塌,院内为荒地,长有一株松树。正殿面阔单间,硬山顶,进深七架梁。殿内采用隔墙分南北2座庙,坐北面南为龙神庙,占三椽;坐南面北为倒座观音殿,占三椽。

正殿门窗、槛墙已毁，墙体坍塌。前檐额枋尚残存彩绘，色彩鲜艳。殿内梁架施有彩绘图案，但顶部未绘《八卦图》。殿北墙坍塌，现存为新建的红砖墙。殿内墙壁曾被白灰浆抹覆，底部已严重受损，其他部分白灰浆脱落露出壁画，东部保存稍好，西部被深深地划出一道深坑。两侧山墙壁画皆分上、下两部分，下部分别绘《出宫行雨图》与《雨毕回宫图》。上部绘有《众仙朝元图》，密密麻麻的众仙站立三排列于其上，而且上下两部分界不明显，之间没有间隔或过渡。壁画色彩鲜艳，壁画绘制时先绘制线条，之后上颜色，从颜色上考察，应为民国时期的作品。殿内有一通石碑，字迹漫漶。此外，庙东南洼地里有几株比较高大的松树。

东壁下部绘《出宫行雨图》，左下角无水晶宫，只绘龙母与身后持扇的侍女，龙母左侧有一尊香炉，但因周边白灰浆太厚，不知香炉由龙母持有，还是另有别的随从。龙母前方是一身披红夹袄的人物，身体前倾即倒，双手戴手铐，向前伸出，左手持一株干涸的禾苗，推测此为旱魃（有待进一步论证）。旱魃前上方为龙王1，正回首下看，伸出右手摸着干涸的禾苗，通过禾苗的干涸情况决定本次行雨的雨量。龙母龙王1的上部，分别为二位雨官、判官，判官伸手似在追赶飞出的玉旨，由于画面为白灰浆所遮，不知是否有玉旨存在。判官前方有二位功曹。整个《行雨图》的中部，由其余四位龙王与雨师分列两排组成，龙王3与龙王4之间有二位功曹。行雨队伍的前阵，从画上部众仙中一直到下部，由电母、雷公、四目神与风伯风婆组成。画中是否还有其他诸神，已无法得知。画的底部民间部分已被磨毁。

西部下部绘《雨毕回宫图》，右下角立有土地神与山神恭迎诸神行雨归来，土地神与山神边上有一供桌，桌上置香炉。回宫大军右前方是四位功曹，其后跟随四位龙王，但龙王1与雨师已无法辨认。龙王后面是风伯与风神，再后可见四目神。画的左侧隐约可见一株大树与一只龙爪。画的底部民间部分已被磨毁。

东山墙与西山墙的上部绘有《众仙朝元图》，密密麻麻的众仙站立3排列于其上，每排约30位左右。但由于白灰浆覆盖无法看到更多的内容，很难了解众仙都可能包括哪些神祇。

北侧为观音殿，毛石垒砌基础，殿前马头墙两侧有八字屏风及石头台阶，正殿六扇六抹斜方格隔扇，观音殿在"四清"时遭受破坏，内壁已重新粉刷，壁画全毁。

五道庙　2座。一座位于堡内十字街口东北角，现在仅存毛石垒砌的地基，殿宇建筑无存，村民在遗址上修建一座影壁。一座位于堡东南角下，"文革"时期拆毁。

关帝庙/梓潼殿　位于堡南门顶，面阔三间，硬山顶，进深五架梁，殿分南北。前殿坐北面南，为关帝庙；后殿坐南面北，为梓潼殿。如今两殿中间隔墙已拆，北侧已被封堵，两殿连为一体。殿中两侧墙壁残有壁画，山尖亦有绘画。壁画为连环画式，每幅有榜题，但因年久风化，画面模糊不清。

真武庙　位于堡中南北正街的北端，北墙马面上，马面外立面包砖，真武庙殿宇已于数年前倒塌。

马神庙　位于堡门外西南侧水坑边，"文革"时期拆毁。

第十六节 滑 嘴 村

一、自然环境与人文历史

滑嘴村位于南留庄镇西北3.2公里处,属丘陵区,村东、西临沟,南侧地势狭窄,北侧相对宽敞,地势西高东低,为沙土质。1980年前后有386人,耕地1941亩,曾为滑嘴大队驻地。

相传,滑嘴于明成化二年(1466)建村,因始居的是几户姓滑的居民,且村址位于两道沟相夹的沟嘴处,故取名滑嘴。村名可考的历史最早见于《(乾隆)蔚州志补》,作"滑嘴里",《(光绪)蔚州志》作"滑咀里",《(民国)察哈尔省通志》作"滑嘴村"。

如今,村庄南北狭长,分为新、旧两部分。南面为新村,1条南北主街结构,民宅分布整齐,民宅以新房为主。北面为旧村,村东为煤场,面积和村庄的面积相近。旧村即为村堡所在地。村民现200人左右,以王、祁为大姓,无滑姓居民,西合营还有滑姓的后人。因村庄附近有煤矿,故村庄成为煤矿塌陷区。旧时村庄里还有族谱,"文革"时期连同房契、地契一起没收(图12.24)。

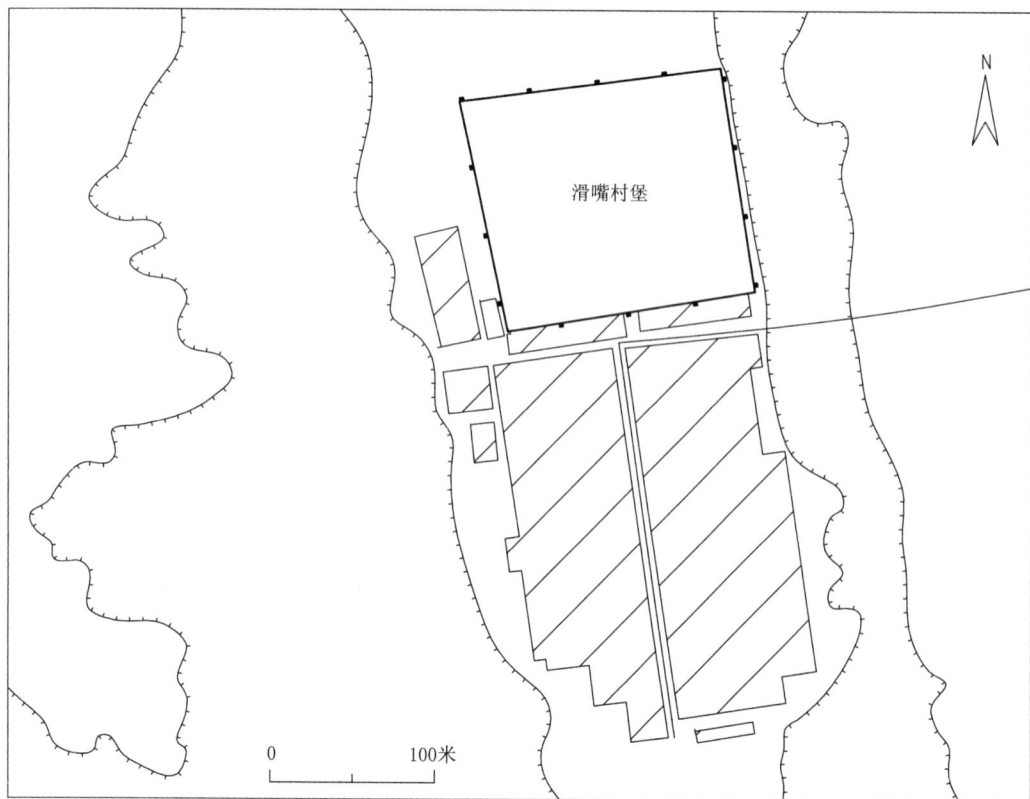

图12.24 滑嘴村古建筑分布图

二、城堡

（一）城防设施

滑嘴村堡，位于北部旧村中，东、西2条涧沟相夹。城堡平面呈矩形，周长约577米，开南门，堡内平面布局为双十字街结构（图12.25）。

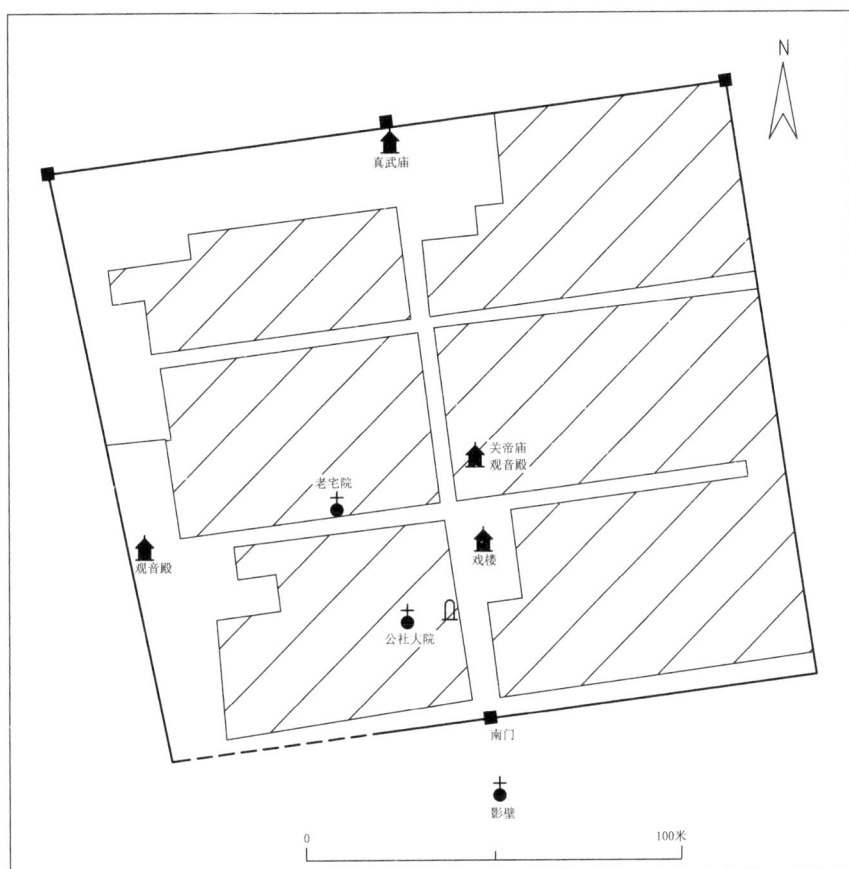

图 12.25　滑嘴村堡平面图

城堡南门保存较好，砖石拱券结构，基础较高，条石垒砌，上面青砖起券。外侧门券三伏三券，门券拱顶上方镶嵌砖制门匾，3块方砖分别阴刻双勾"滑嘴村"3字，匾上未见时间落款。内侧门券亦为三伏三券，内侧门券拱顶上方镶嵌有砖制门匾，正题阴刻"安定门"，门匾下方两边各镶嵌有1枚门簪，门簪顶端为菊花。门顶部荒芜。门券内顶部结构为砖券结构。门内木门扇无存，"破四旧"时焚毁，现仅存门扇上槛。门道为自然石铺成的路面，门内为中心街。门外修建有1座影壁，硬山顶，砖作仿木构砖雕，4个砖雕柁头将影壁暗分为三间，檐下装饰有砖雕椽、柁头、额枋等。

堡墙均为黄土夯筑,保存一般。东墙长约 133 米,保存较差,墙体高薄、连贯,因墙体沿台地边缘而建,故墙体显得较高,墙体内侧为民宅,外侧为顺城沙石路和冲沟,沟内尚有水。东墙外冲沟边有煤矿。南墙长约 152 米,东段现存为墙体基础和房屋,墙体内侧为顺城道路;南墙西段尚存四分之一的墙体,墙体高薄,高 3~4 米,内侧为顺城道路,外侧为民宅。西墙长约 136 米,保存较差,墙体低薄、连贯,高 2~4 米,内侧为房屋和荒地,外侧为荒地。北墙长 156 米,保存较好,墙体高厚、连贯,高 4~5 米,北墙外侧为荒地,北墙西段内侧为荒地和耕地,北墙东段内侧为土旧房民宅,目前只剩下两三户有人居住,大部分坍塌、废弃。墙体中部设 1 座马面,方形,高 6~7 米,保存好,外立面未包砖。

东南角未设角台,仅存转角。西南角未设角台,为房屋所破坏。西北角设 90°直出角台,保存较好,高 4~5 米。东北角设 90°直出角台,保存一般,东北角外冲沟边有一株大松树,当地长者云为祖坟所在地,旧时曾修建有寺庙。

(二)街巷与古宅院

堡内民宅中老宅院很少,以土旧房为主,居民少。正街南段西侧尚存公社房屋,墙上有残存的标语,村中寺庙内的石碑多用来修建公社地基,字迹磨损严重,漫漶不清。前街西段仅存 1 户老宅院,广亮门,硬山顶。其余多为土旧房,多废弃、坍塌。西街的尽头为观音殿。

三、寺庙

据当地 82 岁的祁姓长者回忆,滑嘴村曾修建有关帝庙/观音殿、观音殿、真武庙、五道庙、龙神庙、马神庙、戏楼。寺庙建筑除尚存和自然坍塌者外,均拆毁于 20 世纪五六十年代。庙内旧时立有多通石碑,现已无存。

关帝庙/观音殿 位于堡内南十字街口东北角,对面的空地为戏楼遗址。寺庙为一座独立的庙院,坐北面南,坐落在高约 1.5 米的台明上。庙院山门尚存,院墙倒塌。山门坐北面南,硬山顶,内外各有一根挑檐木将顶挑起,两根挑檐木几乎相连,门前设有石台阶。前檐额枋上还有彩绘的装饰残存,保存较差。正殿面阔单间,硬山顶,进深五架梁,正殿分南北两殿。坐北面南为关帝庙,占二椽半;坐南面北为倒座观音殿,占一椽半。

关帝庙,出前檐廊,正面被村民改造,修墙并开门。正殿内北墙下设有神台,殿内墙壁曾抹过白灰浆,如今白灰浆脱落露出壁画。从色彩看,其应是清中晚期的作品。

正壁正中绘《关公坐堂议事图》,关公居中而坐,双手持玉圭;身后两侧各站立一位侍童,东侧双手捧印,西侧双手捧书;两侧各立有 4 位大将,其中,前排东侧为左丞相陆秀夫,西侧为右丞相张世杰,各手持笏板而立;前排最外侧,西侧为持大刀的周仓,东侧为持剑的关平。不同之处在于,图中后排两侧还各有两位大将,但具体身份仍待研究。

两侧山墙绘有连环画形式的壁画,各 3 排 4 列,底排内侧少一幅。每幅画间采用直线分割为矩形。

东山墙

土山义说	三战吕布	怒打督邮 （画1/2）	桃园结义 （画残）
颜良	曹公送马	秉烛达旦 （画1/2）	许田射鹿 （画1/2）
	霸桥饯别	独行千里	文丑

西山墙

风雪请孔明	古城聚义	古城斩蔡阳	五关斩将
大战庞德	大破黄巾	义□颜彦	单刀赴会
献长沙	□□□□	花荣当曹	

此堂壁画中，故事情节没有完全按《三国演义》中的顺序排列，而是具有随意性。如"大破黄巾"的顺序有错，应在"桃园结义"之后。

正殿东西两侧有耳房及配殿，西配殿坍塌，仅存基础。关帝庙南面曾修建有戏台，20世纪60年代拆除。

观音殿（送子观音殿）俗称为送子观音殿，正殿屋檐坍塌，屋檐下设有2步砖台阶，未出前廊，门窗无存，前檐额枋上无彩绘遗存，墀头有砖雕装饰。正殿内壁尚存壁画，为清中期的作品，虽然表面涂刷过白灰浆，但仍能看清部分内容。

正壁绘有《观音坐堂说法图》，中间端坐观音，观音两侧后是龙女与善财童子；观音东侧为武财神、持刀周仓、伽蓝护法，西侧为文财神、武将、韦驮护法。两侧上角各有1位神将，但东侧者已毁。

两侧山墙绘连环画式壁画，各为4排4列，东侧保存相对完整，西侧则毁损严重，表现的是一幅幅观音与众童子修行的场景图。

东壁

（画毁）	（榜题毁）	（榜题毁）	（榜题毁）
（画毁）	观音点□图	何□修行图	玩童修行□图
（画毁）	（画毁）	（画毁）	（榜题毁）
（画毁）	（画毁）	（画毁）	（榜题毁）

观音殿　位于南十字街西街尽头，城堡西墙下。俗称"西头庙"。如今仅存正殿。正殿坐落在较高的基础之上，基础外包卵石。正殿面阔单间，坐西面东，半坡顶，进深二椽。门窗保存较好，门上安有2枚门簪，前檐额枋上有残存的彩绘。殿中摆放2口棺材，殿内壁画为民国时期的作品，表面虽涂刷过白灰浆，但保存较好。正面中间端坐的是观音，两

侧后是龙女与善财童子,两侧分别为武财神与文财神及伽蓝、韦驮二位护法神。南、北两侧壁画较差,表面为白灰浆所遮盖。壁画上部各有四幅救八难故事,下部为罗汉。

真武庙 位于北墙正中的马面上,与南门遥遥相望。马面(庙台)体量很大,内外突出北墙,庙台内立面为条石基础,青砖包砌。顶部中央设有排水嘴。庙宇建筑毁于20世纪六七十年代,庙台西侧长有一株大树。

五道庙 位于堡外东南角,现已无存。

龙神庙 位于堡外正北,年久失修,自然坍塌。

马神庙 位于南门外西侧,现已无存。

第十七节 拐 里 村

一、自然环境与人文历史

拐里村位于南留庄镇西北4.2公里处,属丘陵区,地势西高东低。村庄选址修建在平地上,西北靠山,东、西面为较大的冲沟,并开有煤矿,村位于两条沟中间的台地上,地势平坦开阔,为沙土质,周围为大面积的耕地。1980年前后有250人,耕地1 242亩。曾为拐里大队驻地。

相传,明朝天顺元年(1457)建村,因村西部有一块地名叫小拐,故村名据此而取名拐里。村名可考的历史最早见于《(民国)察哈尔省通志》,作"拐里村"。

如今,村庄分为南、北两部分。南面为新村,南北中心街结构,共有6排房屋,村中居民近300人,以刘、李姓为主。由于煤矿开采导致地面塌陷,2008年前后村民搬出新村到南留庄居住,新村全部废弃,村内道路多长满杂草,且有不少院子已坍塌,村内道路旁的墙壁上多有警示标语,村内中心街的北尽头为村委会大院,亦废弃。村外西北方建有水塔(图12.26)。

旧村在新村北面的坡地上,西高东低,地势整体比新村低,但是距离冲沟底部较近,旧村与新村相连,民宅分布不规则,没有明显的主街,房屋以土旧房为主,全部废弃,大部分坍塌,村内长满近一人高的杂草,房屋多废弃坍塌。旧村北侧冲沟边长有一株松树,推测旧时曾修建有寺庙,冲沟内有煤矿,且有近代的房屋建筑。旧村里面还有4座老宅院,即老宅院1~4,现全部废弃。

二、寺庙

据村中长者回忆,拐里曾修建有关帝庙、三官庙、五道庙,其中三官庙拆毁于20世纪

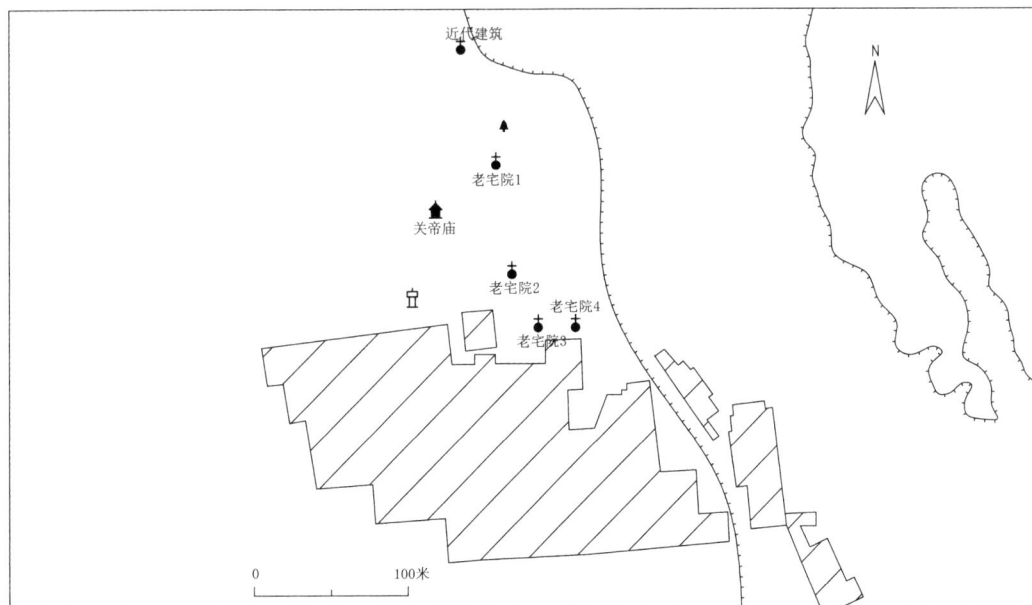

图 12.26　拐里村古建筑分布图

70 年代。

关帝庙　位于村中偏西的坡上,庙修建在高台上,坐西面东,仅存正殿,面阔单间,硬山顶,进深四架梁出前檐廊。门窗尚存,前檐额枋上尚存彩绘和雀替,枋间托饰木雕亦存。殿内后脊顶局部垮塌,露出一个大洞。殿内西墙下设供台,已经坍塌。两侧墙壁表面涂抹白灰浆,白灰浆脱落露出下面的绘画。北壁下面的壁画隐约可见,连环画形式,从残存部分可判定为 4 排 4 列;南壁只露出几个人物。从颜色上看,其应该是清末民国时期的作品。顶部大梁上有彩绘的《八卦图》。

五道庙　仅存墙体,屋顶无存。

第十八节　水　东　堡　村

一、自然环境与人文历史

水东堡村,位于南留庄镇东偏南 5.5 公里处,属丘陵区,村庄选址修建在两条冲沟河道之间,其东北、西南均为河道,河道中水量较大,修建小型蓄水库,周围地势平坦开阔,为黏土质,辟为大面积的耕地。1980 年前后有 574 人,耕地 2 053 亩,曾为水东堡大队驻地。

相传,明朝末年建村,称"水涧子",因村旁沟涧有充沛的水源而得名。后以涧为界,分为东西两村,涧东者称为水涧东堡,后简称"水东堡"。村名可考的历史最早见于《(崇祯)蔚州志》,作"水涧子三堡",《(顺治)云中郡志》作"水涧子东中西三堡",《(顺治)蔚州志》作"水涧子堡",《(乾隆)蔚州志补》作"水涧子",《(光绪)蔚州志》《(民国)察哈尔省通志》沿用。

如今,水东堡与水西堡已连在一起,水东堡村分为南、北两部分,南面为新村,由5条南北主街和1条东西主街组成,北面为旧村(图12.27)。

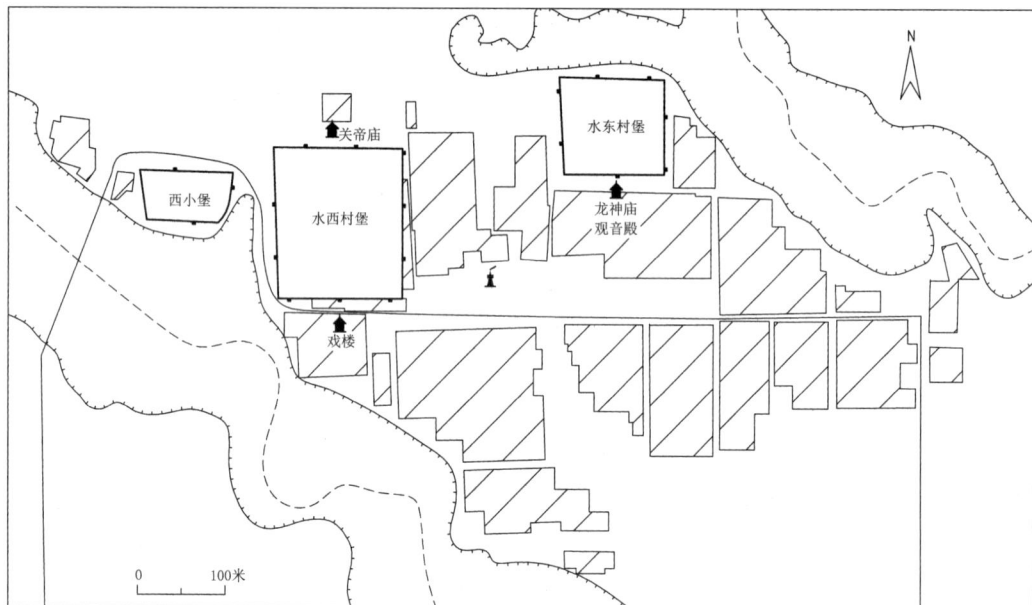

图 12.27　水东堡、水西堡村古建筑分布图

二、城堡

(一)城防设施

水东堡村堡,据《(民国)察哈尔省通志》记载:"水涧子东庄堡,在县城西北十里,明万历八年土筑,高一丈五尺,底厚七尺,面积二十二亩,有门一,现尚完整。"[1]今位于北部旧村中,东、北临冲沟。城堡平面呈矩形,周长约442米,开南门,堡内平面布局为南北中心街结构。两侧为支巷(图12.28)。

南门为砖石拱券结构,高大而雄伟,保存较好,基础为条石垒砌,较低薄,上面青砖起券(彩版12-48、49)。外侧门券为五伏五券,门券拱顶上方镶嵌有3枚砖雕门簪,其上方镶嵌有石质门匾(拓12.10),正题阴刻"水涧子堡",左侧落款为"乾隆丙午年重修",丙午年

───────────

〔1〕　宋哲元:《(民国)察哈尔省通志》,国家图书馆藏1935年铅印本,第11页。

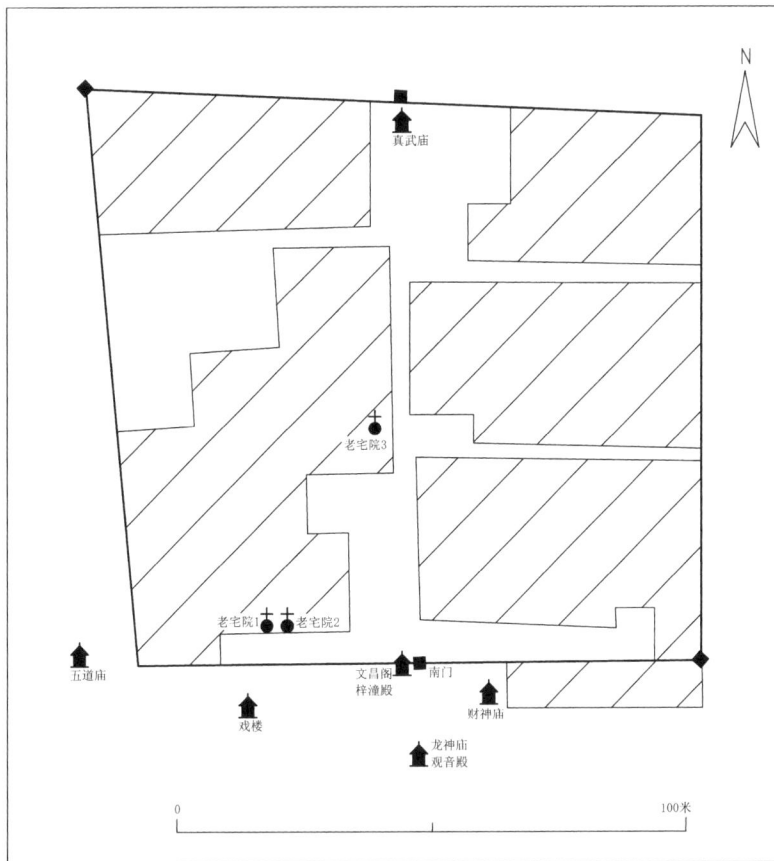

图 12.28　水东堡村堡平面图

拓 12.10　南留庄镇水东堡村堡南门门额拓片(蔚县博物馆　李新威　提供)

为乾隆五十一年(1786)。内侧门券亦为五伏五券,门券拱顶上方镶嵌 3 枚砖雕门簪,其上镶嵌砖制阳文门匾,字迹虽遭破坏,但仍可识别正题为"永顺门"。门券内顶部为券顶,木门扇尚存,但外包铁皮无存。门道为自然石铺成的路面,南门内为南北主街,门内西侧为修缮过的登城梯道,门外正对为观音殿,东侧为财神殿,西侧为戏楼,门顶部为文昌阁/梓潼殿背靠背。南门外观音殿附近有一家制香作坊。

堡墙均为黄土夯筑,保存较差。东墙长约 104 米,修建在台地边缘,墙体低薄,破坏严重,高 2~4 米,墙体外侧为荒地,内侧为民宅。南墙长约 111 米,东段保存较差,墙体低薄,多坍塌,高 0~3 米,墙内侧为顺城道路和民宅,外侧为民宅和道路;南墙西段保存一般,墙体高薄,高 2~5 米,内侧为道路和民宅,外侧为空地。西墙长约 109 米,保存一般,墙体高薄,高低起伏不平,多坍塌,高 2~7 米,内为民宅,外侧为荒地和顺城道路。北墙长约 118 米,保存一般,墙体高薄、连贯,外侧总高 7~9 米,墙体自身高 2~3 米,北墙内侧多为倚墙修建的民宅,房屋多废弃、坍塌,外侧紧邻冲沟边缘,为树林和荒地。

东南角设 135°斜出角台,高 4~5 米,坍塌一半。西南角未设角台,角外以前修有五道庙,现在为遗址。西北角设 135°斜出角台,高 6~7 米,保存一般,坍塌一半。东北角未设角台,仅存转角,高 3 米。

(二)街巷与古宅院

堡内主街两侧民宅多为土旧房,新房和老宅院较少,居民少,以老年人为主,年轻人多去新村居住,民宅多废弃、坍塌。

南顺城街 西段内侧有 2 户老宅院。老宅院 1 为广亮门,硬山顶,门顶已坍塌。老宅院 2 为随墙门,保存较好,上面均有木雕或者砖雕装饰。

正街 即南北中心街,西侧有老宅院 3,两进院,广亮门,硬山顶。

堡外 东南角外南侧有老宅院 4,坐南面北,门内墙壁尚存民国时期毕业升学的《捷报》。

三、寺庙

文昌阁/梓潼殿 位于堡南门顶,南门内西侧有梯道可登顶。殿宇已经修缮一新,正殿面阔三间,硬山顶,进深七架梁出前后廊,挑檐木出挑很长。殿内南北隔为两殿,面南为文昌阁,面北为梓潼殿。正殿南两侧建有四柱三架,悬山顶钟、鼓两亭,亭中钟、鼓无存。南侧文昌阁内新塑文昌帝君塑像,内壁仅正面新绘壁画,顶部脊檩上有彩绘《八卦图》。北侧梓潼殿内有新塑的"独站鳌头"塑像,墙壁未施壁画,殿内立有乾隆五十一年(1786)的《创建文昌阁碑记》[1],保存较好。

戏楼 位于南门外西侧,坐西面东,面阔三间,单檐六檩卷棚顶,砖石台明高 1.2~

---

〔1〕 邓庆平:《蔚县碑铭辑录》,广西师范大学出版社,2009 年,第 400~407 页。

1.6 米,台明外立面包砌青砖,顶部四周铺条石。前檐柱 4 根,后金柱 2 根。前檐额枋上残存有清末民国时期的彩绘,前檐雀替雕刻草龙、狮子、琴棋书画、暗八仙等,保存较好。戏台内地面方砖铺墁。戏台内梁架用材粗壮,梁架上未施彩绘。前、后台间置木隔扇,设出将、入相二门。墙壁上原有壁画,现为白灰浆覆盖;山尖尚有残存的壁画,为墨笔鞍马人物画。

龙神庙/观音殿 位于堡南门外对面,现为 1 座独立的庙院,庙院保存较好(彩版 12-50)。砖砌院墙保存较好,中间开设北门,北门为高大的随墙门,硬山顶,券形门洞。北墙东侧还开设一座边门,也是一座随墙门,硬山顶,平顶门洞。北门内两侧建有四柱悬山钟、鼓两亭,皆为硬山顶,钟鼓楼内悬挂有钟,但未支鼓。院内建一座大殿,面阔三间,硬山顶,进深五架梁前后出廊,采用隔墙分为南北两殿,面南为龙神庙,面北为观音殿。院内建筑皆于近期修缮过,殿中的壁画新绘。

龙神庙,位于南侧,坐北面南。前檐西廊墙下部设面然大士(孤魂)龛,龛内供奉一尊面然大士像。殿内顶部脊檩上有彩绘《八卦图》,墙壁壁画新绘。正面绘《龙母龙王坐堂议事图》,正中绘有龙姑,两侧绘五龙王与雨师,以及众降雨之神;东、西两侧山墙分别绘有《出宫行雨图》与《雨毕回宫图》。东配殿为单坡顶,现居住有看庙人。

观音殿,位于北侧,坐南面北。殿内壁画新绘。正面绘有《观音、文殊、普贤三大士坐堂说法图》;观音居中,背后为善财童子与龙女,两侧普贤、文殊外侧分别为武财神与周仓、文财神与武将,外侧偏上分别为伽蓝、韦驮两位护法。

东、西山墙,上部各绘有 4 幅《观世音菩萨普门品》,中部各绘有九尊罗汉,下部各绘十殿阎君之一殿,西侧为单数殿,东侧为双数殿。

马神庙/关帝庙/财神庙 位于堡南门外东侧的庙院内,庙院坐东面西,院墙与院门新建,院内正殿新近修缮。正殿坐东面西,面阔三间,硬山顶,进深六架梁前檐廊。殿内被隔为三间,从南至北分别为马神庙、关帝庙、财神庙。庙院于 2009 年由当地村民募捐修缮。

马神庙,位于正殿的南侧次间,殿内新塑六臂马神像,内墙壁画为旧画。壁画表面曾涂刷白灰浆,近年寺庙修缮时,村民将白灰浆洗去,露出原先的壁画。正壁正中绘有《马神坐堂议事图》,两侧山墙分别为《出征图》与《凯旋图》。

正壁《马神坐堂议事图》,正中绘有马神,两侧分列胁仕与文武众将。马神身披战袍,右手持剑,威风凛凛。文武众将毕恭毕敬,文官持笔卷,武官持刀剑,似等待号令立即出发。

南壁《出征图》中,马神骑战马持宝剑,武士身背令旗与战剑位于下方,道士骑马随其后,前有两位随从敲锣开道,后战将抬旌旗与一位武将高举双剑跟随。

北壁《凯旋图》中,马神骑战马怀抱宝剑,武士身背令旗与战剑位于下方,道士骑马随其后,前有两位随从敲锣开道,后战将抬旌旗跟随。整个画面表现了得胜而归的欢乐场景。

关帝庙,位于正殿的明间,殿内新塑关帝像,左手持宝剑、右手托书简。内壁表面曾涂刷白灰浆,近年寺庙修缮时,村民将白灰浆洗去,露出旧壁画。

正壁绘《关帝坐堂议事图》,中间为关帝,后两侧为持伞侍童;外侧,南为左丞相陆秀夫,北为右丞相张世杰,各手持笏板而立;最外侧,北为持大刀的周仓,南为持剑的关平。

两侧山墙绘有连环画形式的壁画。画幅较大,2排4列。从颜色上考察,壁画应为清中期的作品。此外,殿内悬有1块重修的功德榜,记载了2008年以来历次重修的善人与善款情况。

财神庙,位于正殿的北次间,殿内新塑手捧金元宝的财神像,内墙壁画仍为旧画。壁画表面曾涂刷白灰浆,近年寺庙修缮时,村民将白灰浆洗去,露出旧壁画。正壁绘有财神与众神,两侧山墙分别绘有招财图与进宝图。从颜色上看,其应该是清中期的作品。

正壁绘有《财神坐堂议事图》,正中为文财神,财神头戴宰相纱帽,五绺长须,手捧如意,身着蟒袍,足蹬元宝。两侧贴身为持伞侍童,外侧上方各有2位随从。财神两侧各有1位文官,从人物形象来看,可能还是财神。图的两外侧,南侧立有一手持账簿的财房先生,北侧一位账房先生手中持有一个圆盘,其代表的寓意需要进一步考证。

南壁《招财图》,画面内侧是一座大门,门前有两位官人在对话,随后有戴斗笠、骑瑞兽的胡人及2位手持宝物之人。

北壁《进宝图》,部分画面毁损,残存的画中内侧是一座金库,自金库飘出一股祥云直达云霄,云端盘有一条龙,龙嘴向外喷出财宝,云下可见两位戴官帽的人。

真武庙 位于堡内正街北端及北墙马面(庙台)顶上,庙台前高6米,后高10米,真武庙由南北狭长渐次增高的前后二进院落组成。整座庙院新近修缮,新砌院墙,新建钟、鼓二亭,墩台外立面补修了外包砖等。两道院门、正殿仍是旧构。院门是一座随墙门,硬山顶,平顶式门洞。院内一条狭长的砖砌台阶登上后院,墩台上为二道门,随墙门,硬山顶,券形门洞。门内东西两侧为新修缮的四柱三檩悬山钟鼓二楼,正北为真武庙大殿。

正殿,即玄帝宫,位于马面(庙台)顶部,坐落于高0.5米的台明上。坐北面南,面阔单间,硬山顶,进深六架梁出前檐廊。前檐高高翘起,前檐下的门窗皆是新近修缮,前檐额枋上还有残存的彩绘装饰。殿中内壁表面曾涂刷白灰浆,如今白灰浆少许脱落处露出原壁画与部分榜题,壁画为连环画形式,色彩艳丽,从风格看应是清中晚期的作品。正壁正中绘《真武大帝坐堂议事图》;两侧山墙绘有4排7列连环画。山尖壁画残存,正脊绘有《八卦图》。

殿内地面方砖铺墁,平铺一通乾隆五十八年(1793)《重修真武庙碑记》[1]石碑,碑文记载:"水涧子东堡正街之北素有其庙,下为一台……不知始于何年,创于何日,至今颓坏之形已著……村中有善人刘公讳毅者首倡义举,不吝资财,因其故址而修之正殿一座映奎阁……"

据水东堡真武庙碑刻记载,真武庙重修于清乾隆五十八年。

东山墙

档树折梅	铁杆成针	金河净身	租师驯脱	脱凡成圣	正气降魔	路逢龟蛇
天地赐剑	童真内练	贰虎把门	仙人进供	灵官护佑	猿□献果	贰圣谈经
钦赐袍带	元始传道	回围朝尊	太子演武	出□行围(画模糊)	辞亲学道(画毁)	谏阻群臣(画毁)
□□焚祝	□□□□(画毁)	□□□□(画毁)	□□□□(画毁)	□□□□(画毁)	国王见喜(画毁)	太平□□(画毁)

西山墙

真武拜日	雪山升坐	接梅折柳	鸟鸣盖顶	美女来诱	裴剑驱虎	天官指路
郑箭灭龟	天罡带箭	蜀王归顺	圣箭重粉	收伏六丁		夜梦七星
水涌江钟(画模糊)	分判人鬼(画模糊)	北极降妖(画模糊)	朝见元始	□□来诏	圣真化腹	□□求□
井满自溢(画毁)	□□□□(画毁)	□□□□(画毁)	□□□□(画毁)	□□□□(画毁)	□□□□(画毁)	□□金殿

从水东堡村真武庙壁画所绘内容分析,壁画虽受武当传统影响较大,但在榜题文字上已有一定的变化,就连最著名的"悟杵成针""折梅寄榔""水涌洪钟"等,也改名为"铁杆成针""档(榔)树折梅""水涌江钟"等,这些名字的改动,实际上是真武灵应故事进一步民间化的结果[2]。

水东堡村真武庙东壁壁画是描绘真武本生故事,西壁则主要以真武灵应故事为多。这些故事在武当传统的基础上,已糅进了许多民间有关真武大帝的传说。

五道庙 位于堡西南角外,殿宇已毁,仅存遗址,如今村民在此原址上立有一座水泥碑,上书"村民纪念碑"与"万古流芳",如今送别故人与祭奠都是在此烧纸。

---

〔1〕 邓庆平:《蔚县碑铭辑录》,广西师范大学出版社,2009 年,第 408~411 页。
〔2〕 肖海明:《真武图像研究》,文物出版社,2007 年,第 137 页。

第十九节　水 西 堡 村

一、自然环境与人文历史

水西堡村，位于南留庄镇东偏南 5.1 公里处，属丘陵区，西临水库，南临沙河，东侧不远处亦为沙河，地势较平坦，黏土质，辟为耕地。1980 年前后有 607 人，耕地 2 712 亩，曾为水西堡大队驻地。

村名来历与沿革与水东堡村相似，因位于涧西，称水涧子西堡，后简称水西堡。据西小堡村民赵会英回忆[1]，3 座堡中西小堡最先建造，之后建水西堡，最后建的是水东堡。堡北门顶乾隆十九年(1754)《重修三官庙碑记》[2]碑文中提到"万历十三年重修三官神祠"，由此碑文可知，三官庙楼台在万历十三年(1585)重修，那么创建时间定早于万历十三年，由此可知堡北门的修建不晚于万历十三年。

堡南门顶观音殿内有清乾隆庚午年(乾隆十五年，1750 年)《重修观音殿创文昌阁歌舞楼堡门碑记》，文中自称此为"水涧子中堡"。"中堡"之所以变为"西堡"，是因为在"人民公社化"时期，水涧子中堡与原先的西堡(即西小堡)共同组成了"水西堡生产队"，以便和"水东堡生产队"相区别。由于当时中堡居民多于西小堡，所以后来说到水西堡时便指的是早期的"中堡"，而早期的西堡却变成了"西小堡"。

如今，水西堡与水东堡连接在一起，村庄分为新旧两部分，南面为新村，规模大，新建民宅整齐划一，北面为旧村，规模较小。村中保存了明清完整的市井布局，古街巷、古寺庙、古民宅、古城堡、古戏楼保存了明清的原始格局风貌。村中古建众多，文化内涵十分丰富(图 12.27)。

二、城堡与寺庙

(一) 水西堡村堡

1. 城堡

(1) 城防设施

据《(民国)察哈尔省通志》记载："水涧子西庄堡，在县城西北十里，明万历八年土筑，高

---

[1]　罗德胤：《蔚县古堡》，清华大学出版社，2007 年。

[2]　邓庆平：《蔚县碑铭辑录》，广西师范大学出版社，2009 年，第 416、417 页。

一丈四尺,底厚七尺,面积七亩二分,有门一,现尚完整。"[1]水西堡村堡今西、南临沙河,城堡平面呈矩形,周长约 625 米,开南、北门,堡内平面布局为南北双十字街结构(图 12.29)。

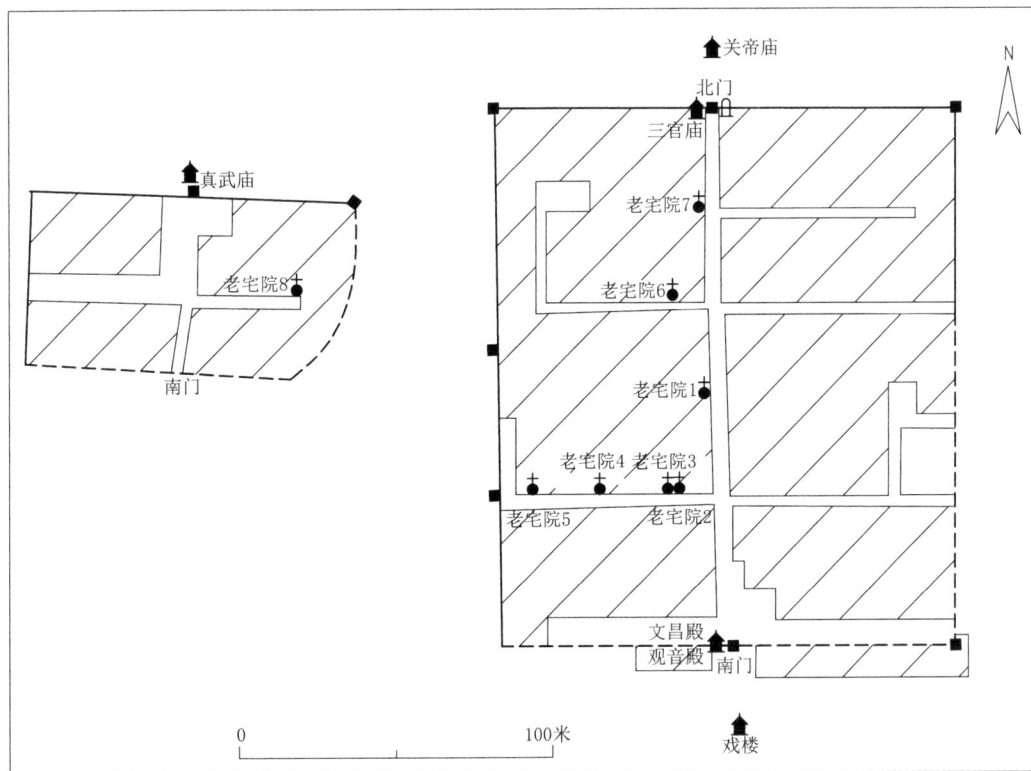

图 12.29　水西堡村堡平面图

城堡南门位于南墙正中,砖石拱券结构,保存较好,堡门基础为条石垒砌,较低薄,上面青砖起券,体量较大,保存较好,高大雄伟,蔚为壮观(彩版 12-51)。外侧门券为五伏五券,门券拱顶上方镶嵌 3 枚砖雕门簪,已破坏,残存痕迹,其上镶嵌砖制阳文门匾,正题"水涧子堡"。内侧门券亦为五伏五券,门券拱顶上方镶嵌 3 枚砖雕门簪,已破坏,残存痕迹,其上镶嵌有砖制阳文门匾,正题"昌□门"字已破坏,隐约可见。堡门内顶部为券顶结构,门扇无存,门闩孔为 4 块石板拼凑而成。门道已改作水泥路面,门内为南北主街,水泥地面,门外为广场。门内西侧设登顶台阶梯道,门顶部新建文昌阁/观音殿、阎王殿。

城堡北门位于堡北墙正中,与南门遥遥相对,砖石拱券结构,基础为条石修砌,上部条石起券,内外门券均为一伏一券式,门券以上部分为砖砌,堡门两侧城台宽大,全部为红砖新建,门券为券顶,较厚,内、中、外券几乎为三等分(彩版 12-52)。旧时堡门体量较小,重

〔1〕 宋哲元:《(民国)察哈尔省通志》,国家图书馆藏 1935 年铅印本,第 11 页。

修之后体量宽大。面南券上方镶砖匾,阳刻"永和",面北券拱顶上方镶嵌三枚石质门簪,门簪上方镶嵌石质门匾(拓12.11),正题阴刻"水涧子中堡",右侧落款"嘉靖肆年吉日造"。门匾两侧墙上镶嵌有砖雕装饰。外侧门券顶部有"星池灭火"方孔,10厘米见方。门外两侧设有方形护门墩,新近修缮。西侧护门墩上部的包砖为旧构,下部用水泥,顶部用红砖修缮。东侧护门墩新修,用水泥包砌。门扇无存,门道为水泥路面。门内西侧设登顶台阶步道。门顶水泥方砖铺地,修建三官庙一座。北门外为关帝庙。据当地人回忆,堡门的修缮由当地外出经商的王齐组织全村的善人捐款。

拓 12.11　南留庄镇水西堡村堡北门门额拓片(蔚县博物馆　李新威　提供)

堡墙均为黄土夯筑而成。东墙长约167米,保存较差,墙体破坏严重,断断续续,墙体高0～4米,墙体内外均为民宅,个别地段墙体无存,现为平地或是房屋,尤其是南半段,几乎无存,北半段还有部分残存。南墙复原长约146米,东段无存,现为民宅占据,南墙西段亦无存,现为平地。西墙长约166米,保存一般,墙体多坍塌,仅存基础,墙体修建在台地上,因此从外面看相对较高,但是墙体自身并不高,高1～4米,内侧为民宅,外侧为道路和荒地;墙体上设有2座马面,马面保存较好,高4～5米,高于墙体,2座马面总体偏南,并非三等分墙体。北墙长约146米,保存一般,墙体高薄,多坍塌,高4～5米,内侧为民宅,外侧为荒地,墙体上长有杂草。

东南角台设90°直出角台,角台高4～5米,保存较差,坍塌一半,东面紧邻一株大树,西面紧邻正在修建的房屋。西南角无存,为民宅院墙,转角处仅存1米高的基础。西北角设90°直出角台,保存较差,高1～3米,上面长树。东北角设90°直出角台,保存较好,高5～6米。

(2)街巷与古宅院

堡内民宅土旧房、新房、老宅院均有分布,居民多(彩版12-53)。

正街(南北主街) 尚存 2 座老宅院。老宅院 1,即董成奎宅院,因清代出过武举董国安,故俗称武奎大院,位于主街西侧,保存较好。宅院为清嘉庆年所建。现存门楼 1 座,正房 5 间,东跨院 1 处,西跨院 1 处。宅院民宅坐北面南,宅门开在东墙南角,三檩硬山广亮门。院内正房五间,单檐四檩卷棚顶,房内地面方砖错缝铺墁。东、西跨院,正房三间。该院现由武举董国安后人董成奎一家居住。家里原保存有鱼形弓、大刀等兵器,"文革"时期均被毁坏。院内井中为甜水,其南为苦水。老宅院 7,位于主街西侧,保存较好,前后院。

前街(南十字街) 分为东西两段。西街有 3 座老宅院,即老宅院 2、3、4,其中 2 和 3 为随墙门,一进院。老宅院 4,吴家宅院,此宅现户主为吴峻、吴峰两兄弟。宅院原为董姓所建,董家后人将此宅卖给吴峻的祖父,据推测大约是 20 世纪二三十年代出让。宅院属于"小面宽、大进深"式合院,原有三进院,1969 年生产队将后院拆除,如今仅存前、中两进院落。保存较好。宅院大门开于东南角,门楼面阔一间,广亮门,门内墙壁上有毛主席语录。大门内迎面为照壁,修建在前院东厢房山墙上。照壁做工精美,砖雕细腻。前院尚存东厢房,西厢房因年久失修拆于 1986 年。正北为 1 座垂花门,垂花门面阔一间,进深两间,屋脊几于院墙等高,成为前后之视觉的重点。中院正房面阔三间,西侧有耳房一间。东厢房三间为厨房与餐厅,西厢房堆放农具与粮食。

后街(北十字街) 分为东西两段。西街有老宅院 6(水涧子堡 40 号院),广亮门,硬山顶,面阔一间。门楼内为前院,迎面为照壁,前院东、西两侧各有 1 座垂花门(二道门),2 座垂花门后各为 1 座后院。东后院已坍塌,仅存正房。西后院尚住有一户村民。

2. 寺庙

戏楼 位于南门外,坐南面北,正对村堡南门,亦是文昌阁所对的戏楼。戏台保存较好,基础较高,外立面包砖,顶部四周铺条石,前台口两侧新修八字墙。戏楼面阔三间,单檐六檩卷棚顶,后台二架椽为方椽,用材宏大粗壮。前檐柱 4 根,金柱 2 根,檐柱下置古镜柱础。梁架上驼墩雕刻葵瓣,角背番草。前檐额枋上有残存的清末时期的彩绘和雀替。前后台置隔扇,隔扇仅存框架。戏台新近维修,戏台内地面红砖铺墁,墙壁新刷白灰浆,内壁残存有壁画及题字。前台两山尖绘"绿牡丹";后台正中绘一回头麒麟,身下为八宝。后台题壁有"光绪八年",留名为"石头""小洞"。据堡门楼上的清乾隆庚午年(乾隆十五年)《重修观音殿创文昌阁歌舞楼堡门碑记》[1]载:"南门外有观音殿一所,由来旧矣,年深日久,墙垣倾颓,本村人民处心立愿,悉欲重修殿宇,创建戏楼。"

文昌阁/观音殿 位于堡南门顶,近期整体修缮。正殿面阔三间,硬山顶,五架梁出前、后出廊。中墙分心式,面南的前殿供奉文昌帝君,即文昌阁;面北的后殿供奉观世音菩

---

〔1〕 邓庆平:《蔚县碑铭辑录》,广西师范大学出版社,2009 年,第 412~415 页。

萨，即倒座观音殿。正殿两侧各有一间东、西耳房。两耳房面北出一步廊，做悬山顶钟鼓二楼。西耳房为登顶梯道尽头。

文昌阁殿内前檐下，悬有 4 块木匾。一块悬于东侧次间内檐下，匾为嘉庆十九年（1814）的《水涧子东堡施舍银钱以助中堡祭祀文昌帝君之牌》（彩版 12-54）：

> 尝思栖身学问，不无良友情之需；而酬神报享，亦待邻村之助。如我堡文昌帝君屡施恩波，致使修文习武者增光比烈，吕显烁于当时。岂值兹圣寿之期，敢忘酬报而不陈俎豆设礼，容以隆享祀之仪文哉！然本村固自憨勤，而邻乡弥为感戴，故水涧子东堡有庠生刘培元于嘉庆十八年十二月吉日输忱竭忠施舍银钱，以助享祀丰洁之为执豆执□骏奔之际，助祭者俨有所资，尽物尽志，对越之时，主祭者亦有所供，岂不谓为盛举。今同治办梁牌，大著芳名钱文于不朽云尔。庠生刘培元捐银壹拾伍两。龙飞嘉庆十九年二月榖旦立。

一块悬于明间内檐下，匾为同治七年（1868）的《重修南北庙方台碑记》（彩版 12-55）：

> 盖闻前人有创修之力，后人补葺之功，如我水涧子中堡南北庙方台历年久远，风雨倾颓，而本村象姓人等观之心□，不忍坐视，于昨年将南北庙补修。工程告竣，花费钱项若干，本村象善人等各施赏财开列于后。今岁又配修三官庙东禅房一间，共花费钱文贰万捌千伍百文。此钱从本年人丁地亩牲畜所出。计开……（略）

两块位于西侧次间内檐下，匾为 1924 年所置，从匾文得知，此为重修南庙、文昌阁、观音殿而立。依据上述匾文，南、北堡门皆重修于同治七年，文昌阁、观音殿又在 1924 年重修过。从匾中布施者的清单得知，水西堡村以董、赵、吴为大姓。

文昌阁，阁内壁残存 20 世纪八九十年代的壁画作品，最近重新修缮时，在原画的基础上重描，并在其表面喷涂一层清漆。正壁正中绘文昌帝君，东侧绘两位手捧书与画的侍童，西侧绘两位手持笏板的文官。东山墙与西山墙壁画似乎绘错方位。西山墙绘外出求学，一位官人坐于道边，两位文官站其左右，两位侍童牵三匹马站于对面；东山墙绘功成名就，告老返乡，官人与两位文官骑马前行，两侧侍童于马后步行。东耳房，面阔单间，硬山顶，正面供台上置一尊观音塑像，从殿内布置情况来看，可能是居士的念佛堂。

观音殿，殿前两侧分别为钟、鼓亭，与文昌阁的耳房背靠背，并安装有村委会的广播喇叭。正殿前檐额枋上有新施的彩绘，殿正中供台上供奉一尊瓷质观音像。殿内的壁画也是 20 世纪八九十年代的作品。正壁绘有《观音坐堂说法图》，明间正中绘观音像，背后为龙女与善财童子，外侧分别为武财神与周仓、文财神与武将，以及伽蓝、韦驮两位护法。两侧次间上部各绘九尊罗汉。东、西山墙上各绘有四幅《观世音菩萨普门品》，下部各绘五殿阎王。殿内西侧立有清乾隆十五年(1750)的《重修观音殿创建文昌阁歌舞楼堡门碑记》石碑，保存较好。

三官庙 位于村堡北门顶部，重修于 2007 年 9 月。水西堡城堡布局在蔚县民堡中较为少见，民堡北墙开门者较少，北门顶建三官庙的也就此处了。

三官庙正殿坐北面南，面阔三间，硬山顶，进深三架梁出前檐廊，前廊由足有一椽长的挑檐木挑出。前檐额枋上新施彩绘，正殿两侧建东西耳房各一间，耳房内堆放杂物，耳房与正殿中间有廊相接，廊下分别立有一通石碑。东侧为万历十三年(1585)《重修三官庙楼台记》，碑文漫漶。西侧为乾隆十九年(1754)《重修三官庙碑记》，碑文仍可辨认。碑文记到"三官神祠，由来旧矣，万历年间监生吴公荷重修"。

正殿内正脊梁上绘有《八卦图》。殿内北墙下有新建的供台，内墙曾抹白灰浆，如今白灰部分脱落露出残画。壁画为清中期作品，保存较好。

正壁，明间正中绘有《三官坐堂议事图》，天官、地官、水官三官皆头戴冠冕，身着玉袍，双手于胸前持笏。天官两侧各立一位侍女，皆手持动物；水官与地官前也各立一侍女，地官前的手持动物，水官前的手持宝瓶。在地官与水官外侧还立有一位，尖嘴、兔耳、鸟爪，嘴含文书的随从。东次间与西次间绘有护法四元帅与四位武将，东次间为温元帅温琼左手执玉环，马元帅马天君手持金枪；西次间为赵元帅赵公明手持铁鞭，关元帅关公手持青龙偃月刀。外侧立有两位武将。

两侧山墙绘画《三官巡游》与《游毕归宫》。东壁绘《三官巡游图》，三官各乘一驾马车，地官在前，天官居中，水官压阵，三官各自有随从相伴。护法四元帅位于画的下部，挥舞着兵器勇猛向前；壁画的底部表现的是民间，一位老汉带着一群孩童。西壁绘《游毕归宫图》，三官各乘一驾马车，地官在前，天官居中，水官在后，三官各自有随从相伴，护法四元帅悠闲地走在回宫的途中。两侧山尖绘画尚存。东山墙有题记"道光十六年六月二十三日蝗虫过"。

关帝庙 位于堡北门外，正对北门。寺庙为一座庙院，有居士看护，重修于 2007 年 9 月，四周院墙与山门皆为重新修建，院内地面红砖铺墁。院内尚存正殿，正殿两侧各已新建一间耳房；院西侧新建配殿三间。或住人，或堆放杂物。

正殿坐北面南，面阔三间，硬山顶，进深五架梁出前檐廊，窗为四抹方格隔扇，山墙置中柱。前檐下门窗修缮，檐檩、枋、垫木等重施彩绘。前廊墙壁上有壁画，保存较差。正殿山脊与东、西墀头戗檐皆有精致的砖雕，西侧山墙有精美的山花砖雕，东侧山墙山花已丢失,山花内容为"花开富贵"。

殿内正中新立关公塑像,东侧为持剑的关平,西侧为持大刀的周仓,东、西山墙前再立两尊塑像,东侧为左丞相陆秀夫,西侧为右丞相张世杰,各手持笏板而立。正面塑像后墙壁由红砖新砌,壁上壁画新绘。关公像后画龙腾云海,云海两侧有一副楹联,上联为"忠能敬兄千里独行垂万世",下联为"义只扶汉三国名臣第一人"。左、右大将后各绘条屏两幅,内容为山水花草。殿中两侧山尖绘画、梁架绘画保存良好,正脊绘有《八卦图》。

两侧山墙曾抹过白灰浆,维修时将白灰浆清理,露出壁画。壁画为3排6列连环画式,每幅画间由山水树木或楼阁自然分割,各幅画面大小不一,为不规则分布,内容选自《三国演义》中的关羽故事,各类人物形象生动,从颜色上看应该是清末民国时期的作品。画中的榜题随画的布局而设定位置,还有未设榜题的画。整个连环画从东山墙的"刘关张酒馆相遇"起,在此类题材中表现刘关张酒馆相遇的在蔚县是第一处。

东山墙

陶公祖三让徐州	吕奉先袁门射戟	曹□会兵□□□	吕布□□□□城	□□成盗马□	白门楼诛吕布
□翼德北海解围	刘关张三战吕布	(榜题无字)	(无榜题)		(榜题毁)
刘关张酒馆相遇	(画模糊)	(画模糊,榜题无字)	(画模糊)	(榜题毁)	

西山墙

长□□文□□□	黄河套斩秦□	云长公斩王直	云长公诛卜其	关云长斩韩福□□	(榜题模糊)
关□云中刺颜良	(榜题模糊)	□□□曹操□别	(榜题未见)	廖化献杜元首级	(榜题模糊)
(画模糊)	(榜题未见)	(画模糊)	(榜题未见)	云长公斩□□	(画模糊)

(二)西小堡

1. 城堡

(1)城防设施

据《(民国)察哈尔省通志》记载:"水涧子堡,在县城西北十里,明万历三年土筑,高一丈,底厚六尺,面积二十八亩,有门二,现尚完整。"[1]西小堡今位于水西堡村堡西墙外侧。城堡选址修建在台地上,西邻水库,南临沙河,周长约302米,城堡规模小。堡四周有沟堑环绕,所处地形适合防御,但同时也带来生活上的不便,这也是西小堡居民纷纷外迁的原因。如今堡中只有数人居住,几乎成了一座弃城。城堡平面呈梯形,开南门,堡内平

---

〔1〕 宋哲元:《(民国)察哈尔省通志》,国家图书馆藏1935年铅印本,第11页。

面布局为十字街结构(图 12.29)。

堡墙均为黄土夯筑,保存较差。东墙原长约 63 米,现已无存。南墙长约 81 米,无存,现为平地。西墙长约 54 米,保存较差,墙体仅存 1～2 米高的基础,墙体多为民宅所破坏,村民在墙体上修建院墙或正房,墙体内侧为民宅,外侧为道路和民宅。北墙长约 104 米,墙体修建在台地上,墙体高薄,高 2～4 米,西段外侧有大量坍塌形成的积土斜坡,墙体内侧为民宅,外侧为道路,北墙中部设马面 1 座,体量很大,高 7～8 米,保存较好,上面修建真武庙,正对南门。北墙东段保存较差,内侧为民宅,外侧为荒地和道路,墙体高薄,高 3～4 米,墙体上有一个缺口,为当代便于交通所挖。

东南、西南角无存,为平地,且转角为弧形。西北角设 135°斜出角台,保存较差,高 4～5 米,上面长有树木,台体多开裂。东北角设 135°斜出角台,高 4～5 米,上面长有树木,台体开裂,保存较差。

(2) 街巷与古宅院

堡内为十字街结构,民宅以土旧房为主,新房和老宅院少,居民少,目前仅存老宅院 8(水涧子堡 134 号院)。

老宅院 8(水涧子堡 134 号院)　位于十字街东街尽头北侧,此宅为肖老万宅,又称"肖老万帽铺坊",是西小堡内规模最大和质量最好的住宅。建造此宅的肖老万,是 20 世纪三四十年代西小堡内最富有的居民,据说是因为开帽铺而发财,此宅大约建于 1940 年前后。

宅门开于西南角,门楼为广亮门,硬山顶,保存较好,石质门槛,墀头饯檐砖雕细致,雀替、梁托木雕尚存,大门上镶嵌有 3 枚门簪。门内墙壁上保存有毛主席语录。院内为砖铺地面。正房面阔七间,比其他宅院宽敞许多。据推测,可能是因为肖老万以此宅院为帽铺坊,作坊占地必然要大的缘故。

2. 寺庙

真武庙　位于堡内南北正街的正北端,北墙马面顶部。真武庙的前院已倒塌,高大的台阶外包的砖也已被拆毁,只剩下其内夯土。台阶之上,庙台南侧边缘为二道门,随墙式,硬山顶,券形门洞,门楣上嵌有门匾,砖雕"玄帝宫"三字。二道门后面便是玄帝宫正殿。

正殿坐北面南,面阔单间,硬山顶,进深四架梁出前檐廊。正殿两侧墀头各存 1 块圆形砖雕。殿保存状况较差,后墙西侧坍塌,脊顶檐垮塌,也露出一个大洞。后人在殿内砌有一个土台,石碑嵌入其间。石碑上的文字清晰可辨,残文中称此堡为"水涧子西堡",记述了当年修复真武庙的情况。殿内两侧的墙壁尚残存壁画,除山尖绘画外,皆模糊不清。从残存痕迹来看,壁画为 4 排连环画。

第二十节　回回墓村

回回墓村位于南留庄镇东偏北5.6公里处,属丘陵区,居于西北至东南走向的土沟上下,周围地势平坦,一马平川,为黏土质,辟为大面积的耕地。村东、西两侧各有一条西北—东南走向的冲沟,距离村较近,村西、西南为两片树林,为果园。1980年前后有175人,耕地1 147亩,曾为回回墓大队驻地。

相传,清乾隆三十三年(1768),蔚县财主蒋志清在此种地,他有个名叫回回的女儿,尚未出聘即殇,遂葬此地建墓。建村后据此取名回回墓。村名可考的历史最早见于《(民国)察哈尔省通志》,作"回回木"。

如今,村庄规模较小,南北主街结构,只有5排房屋,民宅以土旧房为主,少数翻修了屋顶,居民较少,村委会大院在主街北口。村中没有古建筑。

第二十一节　单 堠 村

一、自然环境与人文历史

单堠村,位于南留庄镇驻地东北4.5公里处,属丘陵区,村西、东北有小沙河,地势较平坦,为沙土质,周围辟为耕地。1980年前后有1 021人,耕地5 238亩,曾为单堠大队驻地。

相传,明成化元年建村,因其村北沟中有小寨,土圪垯之上建庙宇,名双庙村。之后观其形状如猴,即取"猴"字谐音,更名单堠。村名可考的历史最早见于《(正德)大同府志》,作"单后村堡",《(顺治)蔚州志》作"单堠村堡",《(乾隆)蔚县志》作"单堠村",《(乾隆)蔚州志补》《(光绪)蔚州志》《(民国)察哈尔省通志》沿用。

如今,村庄分为新旧两部分。旧村在西面,为城堡所在地;新村在东面,规模大,全部是新房,规划整齐划一,由3条南北向主街和3条东西向主街组成。新村南面有一大片蔬菜大棚(图12.30)。

二、城堡

(一)城防设施

据《(民国)察哈尔省通志》记载:"单堠村堡,在县城西北十里,明嘉靖三年八月土筑,

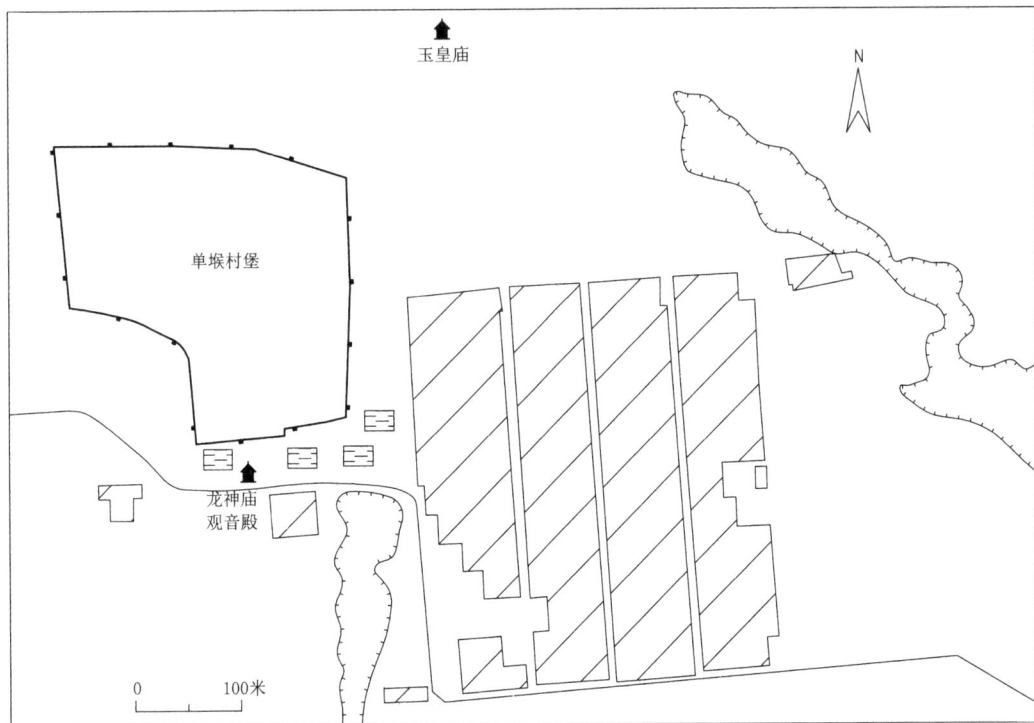

图 12.30　单堰村古建筑分布图

高二丈，底厚五尺，面积五十亩，有门二，现尚完整。"[1]单堰村堡今位于旧村中，城堡所在
区域为地势平坦开阔的平川，四周冲沟小而浅，辟为大面积的耕地、树林，视野开阔。城堡平
面呈不规则矩形，周长约 987 米，西南角因河道而内收，城堡开东、南门，堡内平面布局为三
十字街一丁字街结构，共包括 1 条南北主街和 5 条东西主街，规模大，保存较好（图 12.31）。

城堡南门保存较好，略为倾斜，砖石拱券结构，外高 8 米左右，蔚为壮观（彩版 12-56）。
门体下半部为石砌，门券以上包砖，但包砖已无存。外侧门券为石砌拱券，一伏一券，门券
拱顶上方镶嵌有石质门匾（拓 12.12），正题双行，上行题："保宁永镇"；下行："单堰村堡"；
门匾右侧前款："大明国"；左侧落款："嘉靖十三年岁次甲午戊辰三月二十五日吉时建立。"
落款下部有 3 位石匠的名字："□金、李□、朱□。"门内侧立面原包砌砖石，现已无存，仅存
夯土芯。门内顶部为券顶结构，仅存夯土芯。门道为自然石铺成的路面，门闩孔石为自然
石雕凿而成，呈圆形。门顶部立有电线杆。门外两侧各设有一座方形的护门墩，仅存夯土
芯。南门外东侧建有一座砖砌影壁，影壁坐东面西，面阔三间，条石基，砖砌墙体，硬山顶，
檐顶装饰砖作仿木构砖雕椽、檩、枋等，枟头，下饰砖雕垂柱；枟头间饰卷曲的莲叶等装饰。
影壁南侧建有一座小门，似为当年进出之门。南门外对面原有龙神庙/观音殿，现建筑无存

---

[1]　宋哲元：《(民国)察哈尔省通志》，国家图书馆藏 1935 年铅印本，第 12 页。

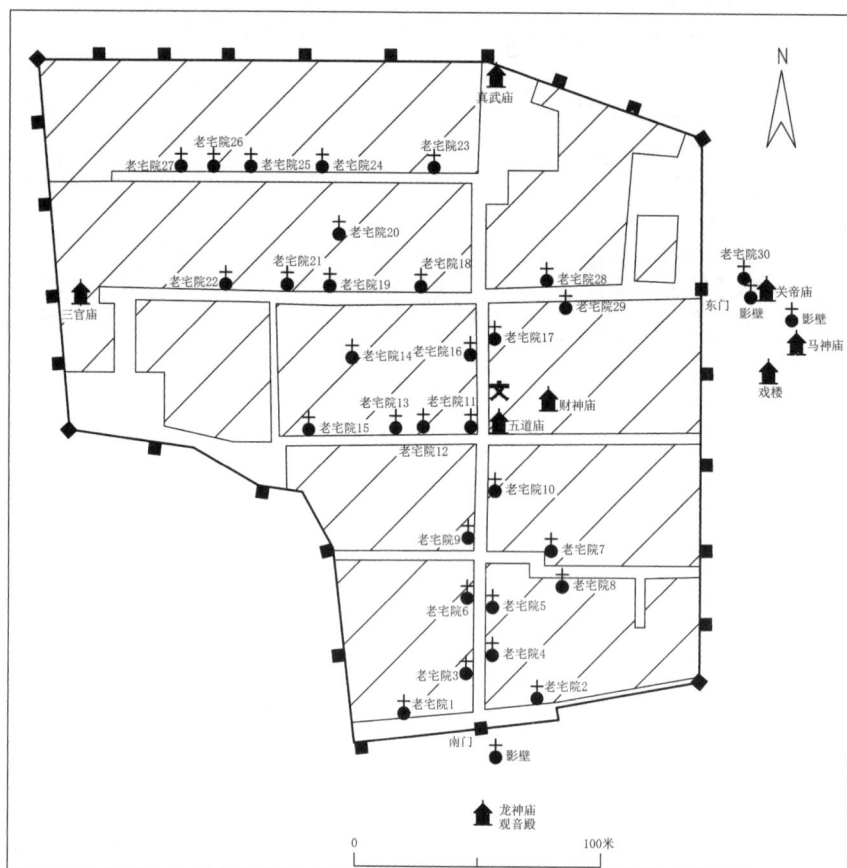

图 12.31　单埝村堡平面图

拓 12.12　南留庄镇单埝村堡南门门额拓片(蔚县博物馆　李新威　提供)

仅存夯土庙台。寺庙遗址南面修有拱桥，结构简单，推测为近代所建。

城堡东门保存较好，砖石拱券结构，基础为条石砌筑，上面青砖起券，从建筑风格来看似为后期开辟的（彩版12-57）。门券为通券，内券高于外券。外侧门券为五伏五券，门券拱顶上方镶嵌砖制阳文门匾，上书"单堠村"。内侧门券三伏三券，门券拱顶上方镶嵌砖制阳文门匾，上书"安定门"。门扇无存，门洞内未设门闩孔和上槛。门道为自然石铺成的路面。门外两侧设方形护门墩台，夯土建筑，保存较好。东门外正对着1座影壁，影壁为硬山顶，面阔单间。影壁北侧有一座老宅院30，仅存宅门，正房坍塌。门外东侧五道庙无存，现为遗址。门外南侧为水坑，长有一株大柳树，门外不远处为寺庙群，修建有关帝庙、戏楼、马神庙。

堡墙均为黄土夯筑，保存较好。东墙长约218米。东门以南的东墙墙体高薄，保存较好，内侧为荒地和民宅，外侧为荒地；墙体上设有4座马面，高7~8米，保存较好，与墙体同高。东墙北段，墙体外侧为废弃的房屋，院墙多新近坍塌。南墙长约143米。东段保存较好，墙体高薄、连贯，壁面斜直，高7~8米，由于修建在台地上，总高近10米，墙外面不远处为水坑，南墙东段有一小段内折的墙体，向内折了2米左右便拐出，原因不明；西段墙体不直，因河道的缘故向内凹进，为圆弧形，墙体修建在小冲沟边缘的台地上，墙体高薄、连贯，壁面斜直，墙高5~6米，墙体内为顺城道路，外面为台地，故总高近10米，墙体上共设有4座马面，体量较小，保存较差，南墙的一处拐点设135°斜出角台，高7~8米，外总高近10米。从这个拐点到南门之间，墙体笔直，没有马面，墙体高厚，几乎为原高，保存较好，墙体连贯，由于修建在台地上，外高总近10米，墙高5~6米。西墙长约348米，地势整体较高，保存较好，墙体高薄、连贯，壁面斜直，墙体高5~6米，墙体内侧为民宅，外侧为荒地；墙上共设有4座马面，马面体量较大，保存一般，高于墙体1米。北墙长约278米，修建在台地之上，内侧为民宅，外侧为荒地、耕地和顺城土路，北墙外高4~5米，但是由于修建在台地上，因此显得十分高大，总高近10米；墙上共设有8座马面，分布密集，其中真武庙庙台马面以东分布有2座马面，马面高于墙体约1米，马面总体保存一般，台体坍塌开裂，为方锥形。

东南角设135°斜出角台，保存较好，高7~8米，墙体高厚，角台外为水坑。西南角设135°斜出角台，角台高6~7米，由于修建在台地上，总高近10米，体量较大，保存较好，蔚为壮观。西南角外的一处民宅上有不少明代老城砖。西北角设为135°斜出角台，高6~7米，体量很大，保存较好。东北角设135°斜出角台，体量很大，保存较好，高4~5米，由于修建在台上，因此外高总高近10米。东北角外的耕地中有1座高大的夯土台明，为佛殿遗址。

（二）街巷与古宅院

堡内街巷格局以南北街为主街道，从南到北依次建5条东西巷，其中第四条东西巷即是东门内大街。街巷两侧保存有数量众多的老宅院。堡内原居住有900余人，姓氏较杂，如今只有60余人在堡内居住，其他都搬到了新村。

正街 即南门内南北主街。老宅院 3 已废弃，门顶坍塌，门扇尚存。老宅院 4 的宅门顶部无存。老宅院 5 保存较好，门扇无存，为栅栏封堵，门内设有二道门。老宅院 6 为一座随墙门，保存一般。老宅院 9 在路西，为近代大门，无装饰。老宅院 10 在路东，随墙门，尚存简单的砖雕。老宅院 16 屋顶无存，仅存大门，保存较差，且废弃。老宅院 17 为随墙门，亦废弃。近代学校，位于街东侧，大门为西洋楼样式。

第一条东西巷 即南墙内顺城街。西段有老宅院 1，大门为硬山顶，进深二椽。东段有老宅院 2，即李家大宅，宅门坍塌，从其梁架来看，应是广亮门，硬山顶。门外设 1 座影壁，门楼前两侧各置 1 块上马石，表面雕有花草纹饰；门内为前院，为宽敞的院子，无建筑。二道门为垂花门，门西侧墙上修建有影壁正对大门，垂花门后是一玄关，正北面墙有一座影壁，玄关的对侧才是二进院的院门。二进院为主人居住之所，正北是一排正房，东侧是一排厢房。经询问宅主人，现年 70 多岁的李姓老人得知，其太爷爷时已建有此宅，李家祖上以酿酒为生，前院原是酒坊，酒坊名号为"怀德庸"（音）。

第二条东西巷 东段有老宅院 7、8，2 座门一南一北相对。老宅院 7，保存较好，二进院。大门为广亮门，硬山顶，西侧门墙坍塌，门前设有 2 块上马石。门内前院已废弃，二道门亦为广亮门，门内正对影壁，两侧各有一独立的院子，西侧为一道券形门。本宅院大门外对面房屋的后墙上建有一座影壁，面阔三间，硬山顶，壁面采用菱形方砖铺就，上面有精美的砖雕装饰。影壁东侧为老宅院 8，随墙门，为前一排宅院的后门。

第三条东西巷 五道庙与财神庙皆建于十字街口的东北角。巷西段保存了 5 座老宅院，编号为 11、12、13、14、15，均保存较好。老宅院 11，广亮门，硬山顶，倒座房、东厢房、西厢房与正房残存。老宅院 12，广亮门，北侧已坍塌。老宅院 13，广亮门，卷棚顶，门内原先有影壁，现已坍塌，院内正房残存。老宅院 14、15 皆为随墙门。巷东段内没有老宅院遗存，修建有五道庙。庙东面有一座大门，为财神庙山门，现已改造，内为大队部旧址，已经废弃，有村民在里居住。

第四条东西巷 西巷里有 5 座老宅院。老宅院 18，大门屋顶无存，现为一缺口。老宅院 19，门前有上马石，门上有残存的木雕装饰，侧面还有悬鱼装饰，门内有坍塌的影壁，院子为前后院，前院废弃为耕地，二道门保存较好，随墙门，上面有砖雕装饰，门内为砖铺地面。老宅院 20，随墙门。老宅院 21，随墙门，皆无装饰，门内有装饰精美的影壁，上面有砖雕装饰，院为前后院，门前有抱鼓石。老宅院 22，近代门，保存较好。西巷的尽头为三官庙。庙北面多为废弃、坍塌的民宅，现为荒地。东巷两侧有 2 座老宅院，老宅院 28 为随墙门，老宅院 29 为广亮门。

第五条东西巷 东段全部是废弃的房屋，几乎看不出道路的痕迹。西段一共有 5 座老宅院。老宅院 23，近代门。老宅院 24，广亮门，侧面有悬鱼，墀头有砖雕装饰，梁架上也有木雕装饰,门内有影壁,院子已经荒废。老宅院 25,随墙门,保存较好,门内墙壁上有影壁,院内为砖铺地面,已废弃。

老宅院 26,王家大院,广亮门,卷棚顶,进深五架梁,门外两侧设有上马石,门道为石板路面,门上悬挂有新置的门匾,匾中书"五福同堂",匾右侧起款为"为王公相卿之遗孀涂莲九十高龄喜得玄孙梦迪而悬",落款由于匾表面局部损毁无法全部辨认,只剩下了"曾孙王兴河孙王宁宁",时间为"仲夏吉日立"。门内正对有一座影壁,硬山顶,砖作仿木构砖雕椽、飞子、檩、枋、垂柱、托等装饰,影壁正中为方砖菱形砌筑。宅院分为两进院,前院保存东、西厢房。二道门为随墙门,硬山顶,平顶门洞,檐下施砖作仿木构砖雕,砖雕椽、飞子、檩、枋、斗、托等装饰。二进院内正房、东厢房、西厢房尚存。正房门窗格扇为几何图案。

三、寺庙

据当地长者回忆,单堠村堡内外曾建有 13 座庙宇。除尚存者外,其他的皆拆毁于20 世纪 80 年代。

五道庙　共 3 座,如今仅存 1 座。位于堡中心十字路口东北角,石砌基础较高,坐北面南,面阔单间,硬山顶。殿两侧墀头饿檐尚有精美砖雕。门窗无存,被土坯墙封堵。改造成仓库。另外 2 座分别位于东门外东北侧、东门内正街尽头西墙内侧。

财神庙　位于堡中心十字路东北角五道庙东侧,庙院曾改建为大队部,庙院保存较好。院门为随墙门,硬山顶,平顶式门洞。院内正殿尚存,坐北面南,面阔三间,硬山顶。

三官庙　位于东门内大街西尽头、西墙内侧墙下。庙院整体坐西面东,正对东门。庙院设东门,院墙无存,东门为随墙门,硬山顶,脊顶已完全垮塌。院内正殿位于西墙下。正殿坐西面东,面阔三间,硬山顶,进深五架梁出前檐廊。正殿保存较差,前檐下门窗皆毁,屋檐多有坍塌,前檐额枋上残存有清末民初时期的彩绘。殿内为砖铺地面,顶部脊檩上有彩绘《八卦图》,殿内墙壁曾涂刷白灰浆,壁画全毁。正面墙面坍塌,露出后面的土坯墙,南壁西侧残有几个题字,只能看到"是人真神爱人人"几个字。

真武庙　位于堡北墙正中马面(庙台)上,为全城制高点(彩版 12-58)。马面高 6 米,墙体收分明显,内外均突出墙体,改造为庙台,外侧外立面包砖,多已开裂。内侧原为砖砌台阶登顶梯道,但损坏严重,呈斜坡状。正殿坐北面南,面阔单间,硬山顶,进深五架梁,前出廊,前廊破为三间,门窗无存,为土坯墙封堵。前檐额枋上残存有清末民国时期的彩绘。檐下置斗拱,一斗二升交麻叶,柱头科四攒,平身科明间二攒,次间无。殿内堆满杂物,北侧供台残存,墙壁表面涂刷白灰浆,壁画全毁,脊顶尚存彩绘《八卦图》。

戏楼　位于东门外,对面 20 米处为关帝庙,东侧为马神庙。戏楼保存较好,砖砌台明高 1.1 米,外立面包砖,顶部四周铺条石(彩版 12-59)。戏楼坐南面北,面阔三间,卷棚顶,山墙置挑檐木,古镜柱础,梁架用材较粗壮,前檐额枋上残存彩绘、雀替。主体结构保存完好,屋檐有部分坍塌,戏楼内为砖铺地面,前后台间的隔扇已毁,仅存部分框架。楼内两侧墙壁上曾涂刷白灰浆,壁画已毁,残有模糊的色彩,为民国时期的作品。墙上尚存涂鸦与题壁,可辨认出"中华民国一十三年""田兄班","协胜班"等字,保存较差。戏楼后墙中部开门,次间辟有圆形窗户。戏楼西侧有近代影壁,位于水坑南岸,保存较差。据关帝庙院内乾隆二十五年(1760)石碑记载,戏楼创建于乾隆二十五年(1760)。

马神庙 位于堡东门外,关帝庙与戏楼之间的东侧,坐落于台地边缘。庙北侧修有1座影壁,已坍塌一半。正殿坐东面西,面阔单间,硬山顶,进深四架梁前檐廊。前檐额枋上有残存的彩绘。殿保存较差,门窗无存。由于降雨导致台地基础坍塌,殿后墙及部分山墙、基础也已坍塌,剩下的部分也已经开裂,摇摇欲坠。殿内南、北两壁残有民国时期的壁画,南壁为《出征图》,北壁为《凯旋图》。

南壁《出征图》中,马神骑战马,身体前倾,左手向前伸,手中持一物,右手高举在后。道士策马紧随其后,其他各武将皆手持宝剑向前猛冲。队伍之前,有两位小将敲锣开道。画面右上方有两位男随从手捧瑞盘,盘中各放置一匹牛、马。

北壁《凯旋图》中,马神骑战马怒瞪前方,前有道士领引,有两位小将肩扛铜锣开道,前面是一座宫殿建筑,这应是马神的宫殿,其他武将皆收起战剑随行在左右。

关帝庙 位于堡东门外,庙院坐落于台明上,整体坐北面南,东西15米,南北18米,现存山门、庙院、石旗杆、正殿(彩版12-60、61)。庙院西北角坍塌,其余完好。据碑文记载,关帝庙创建于正德年间,迁修于嘉靖二十四年(1545),正殿和戏楼重修于乾隆十五年(1750)。这是蔚县唯一的有连续纪年关帝庙,也是保存较为完整的关帝庙之一,殿内壁画时代较早,绘画风格特点鲜明。

山门,广亮大门,硬山顶,进深五架梁,前、后各有2根檐柱支撑,前檐额枋上有残存的彩绘装饰。门前设6步条石台阶。院内砖铺地面。

正殿,坐北面南,面阔三间,硬山顶,进深五架梁出前檐廊。正殿保存较差,前檐下门窗已损,前檐额枋上还有残存的彩绘;两侧墀头戗檐砖雕已毁,只有西山墙存有山花砖雕。殿中塑像皆无。正壁墙皮脱落,壁画已毁;东西两壁残存壁画,虽局部虽被涂鸦,但整体保存较好,从画风来看应是清中期的作品。壁画内容不是以方块(连环画)划分,而是将各段故事于一幅整画幅中连为一体,一侧墙壁绘有6幅画,画中无榜题,但据画中内容还可以认出数幅。

东山墙

	青梅煮酒论英雄	
	(画模糊)	

西山墙

刘关张三顾茅庐		
（画模糊）		

庙院之内两根高矗的石表（旗杆）是关帝庙的象征，据《关帝庙建立石表碑记》载："表者，何标也，书里表厥，宅里树之。风声晋语，设望表以表其位。自古有表，何须记况……。（石表）度圆九十许，高则三丈二尺有零……。大清光绪三十年岁次甲辰巧月中旬榖旦。"东石表与西石表中心相距 4.9 米；正殿门前台阶前端距石表中心 6.9 米；高近 10 米。石表灰砂石质，由座（即抱石，插旗杆基础石）、身（石旗杆）、刹（双层石斗）组成，共分八节，榫卯连接。

抱石，长 70 厘米、宽 67 厘米、高 145 厘米，顶部雕刻为覆莲形式，正面镌浮雕，为琴、棋、书、画，即东表：琴、棋图案；西表：书、画图案。旗杆，下部测量周长 93 厘米。从抱石到下层石斗中上部有一兽头，口含对联。东联："三分气压吴江冷"；西联："一光烛摇汉月明"。下层石斗，隶书阴刻，各面一字。东表下斗："志存汉室"；西表下斗："德配尼山。"下层石斗与上层石斗间，镌雕蟠龙。上层石斗，隶书阴刻，各面一字。西表上斗："忠心贯日"；西表上斗："义气参天。"上石表下四角雕刻花边，花边中间浮雕小猴头。东、西上层石斗四角悬挂铁铃，有风时会叮当响。上层石斗上部为圆柱体，石旗杆顶部为葫芦宝珠。

关帝庙院内共残存 5 通整碑和半通残碑[1]，碑首 5 块，其中，院正中 3 块，院东侧 1 块，廊下 1 块，殿内 1 块残碑。5 通整碑分别是乾隆二十五年（1760）《关帝庙重修正殿禅房及创建戏楼碑记》，光绪三年（1877）石碑，乾隆三十年（1765）《重修禅房碑记》，布施功德碑（未见年号），光绪三十年（1904）《关帝庙建立石表碑》。据石碑记载，关帝庙庙创建于正德年间，迁修于嘉靖二十四年，石表原先为木表，光绪二十九年（1903）修为石表。

现为河北省重点文物保护单位。

玉皇庙　位于堡东北角外田野中，一座高大的土墩台上，玉皇庙殿宇已毁塌。

佛殿　位于堡北墙外北侧，现存遗址，殿宇已毁。

龙神庙/观音殿　位于堡南门对面台明上，北侧为倒座观音殿，南侧为龙神庙，建筑无存。

第二十二节　杜杨庄村

一、自然环境与人文历史

杜杨庄村，位于南留庄镇东北偏北 3 公里处，属丘陵区，村西不远处为沙河，村东、南、

---

[1]　邓庆平：《蔚县碑铭辑录》，广西师范大学出版社，2009 年，第 330～351 页。

西为宽而浅的冲沟。地势较平坦,为壤土质,辟为耕地。1980 年前后有 646 人,耕地 3 884 亩,曾为杜杨庄大队驻地。

相传,约在八百年前这里有杜、杨二姓居民居住,以后逐渐发展为村,遂取名杜杨庄。村名可考的历史最早见于《(崇祯)蔚州志》,作"杜羊庄堡",《(顺治)云中郡志》《(顺治)蔚州志》沿用,《(乾隆)蔚州志补》作"杜阳庄",《(光绪)蔚州志》沿用,《(民国)察哈尔省通志》作"杜杨庄"。

如今,村庄分为新、旧两部分。东部为新村,规划整齐,民宅以新房为主。西部为旧村,即城堡所在地。堡内居民现有 60 余人居住,以中老年人为主,大部分年轻人搬到堡外居住。本村居民以前以杜、杨姓为主,现在以刘姓人为主。杜、杨姓的人搬迁离开(图 12.32)。

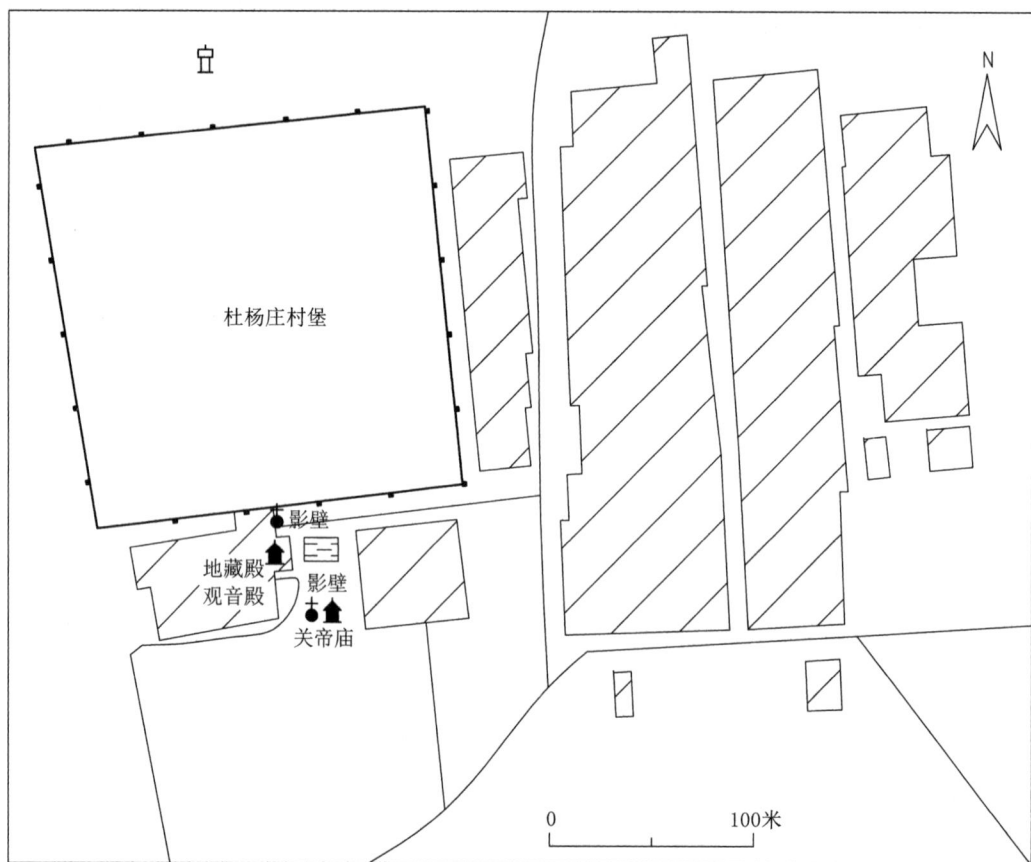

图 12.32　杜杨庄村古建筑分布图

二、城堡

(一)城防设施

杜杨庄村堡,位于旧村中,城堡平面呈矩形,周长约 752 米,开南门,堡内平面布局为双十字街结构(图 12.33)。

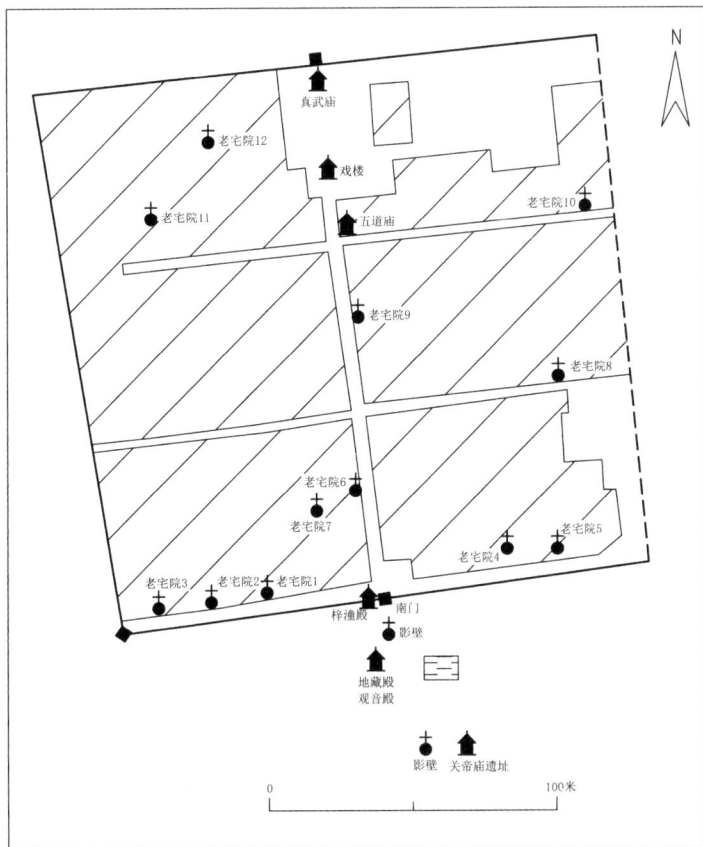

图 12.33　杜杨庄村堡平面图

　　城堡南门保存较好,砖石拱券结构,基础为条石垒砌,上面青砖起券(彩版 12-62、63)。外侧门券为四伏四券,门券表面有抹平的痕迹,门券拱顶上方镶嵌有 3 枚门簪,全毁,仅存痕迹。门簪上方镶嵌有石质门匾(拓 12.13),正题阴刻"杜杨庄",右边起款为"康熙四拾柒年重修"。左边落款为"岁次戊子蒲月敬立"。内侧为四伏四券的门券,保存较好,东部墙壁可见土坯砖,而西侧新修了红砖砖面。南门外两侧设有方形护门墩台,东侧护门墩为旧构,西侧护门墩新近修缮。通体包砖,护门墩突出较小,不足 1 米。东侧的护门墩包砖开裂 2 道缝隙。堡门内顶部结构为券顶,门扇无存,门闩孔由四个石板拼凑而成呈方形。堡门内为南北中心街,水泥方砖铺成。南门内西侧为登城梯道,红砖修缮,梯道口设一门。南门顶部建梓潼庙,四周的护栏为新修。南门外是铺水泥方砖地面和水泥路面,面积较大,南门对面为一座影壁,面阔单间,硬山顶,从风格看为民国之后的建筑,表面无装饰,中间有水泥阳文字"振兴中华"(彩版 12-64)。南门外西侧为村委会大院,院中还有一座小学,小学并非正规的学校,而是村民自发组织的学校,里面有 10 余个当地的孩童,老师仅 1 人,学校里设施匮乏,黑板只是 1 块表面涂黑的木板而已,教学器材简单。南门外影壁南侧为地藏殿/观音殿。东南角地面有一八孔拴马石。西南处有一水塘,四壁新修,包砌砖石,塘内积水较多,四周绿树环绕。水塘西南角有影壁一通,影壁面阔三间,硬山顶,南立面有"毛主席万岁"的标语。影壁下有两个出水涵洞,为砖券顶,整体保存较好,坑南岸有关帝庙遗址,只剩下基础部分。出水涵洞下方有一条砖铺水道。水道的两侧壁面也是砖砌,整体保存较好,水道将水塘漫出的水引至南侧的天然冲沟中。

拓 12.13　南留庄镇杜杨庄村堡南门门额拓片(蔚县博物馆　李新威　提供)

堡墙均为黄土夯筑,堡墙保存较差,系多年来逐渐取土拆除。东墙长约 182 米,破坏严重,仅保存一小段墙体,墙体高 2～3 米,略高于地面,断续存在,其余部分为民宅所侵占,墙体外侧为水泥方砖铺成的道路顺墙而建。南墙长约 190 米,墙体低薄、断续,现存为基础部分,上面的墙体保存很少,西段现存基础,高 2～3 米,南墙内侧为顺墙街道,外侧为民宅。西墙长约 186 米,保存相对较好,墙体残高 3～4 米,内侧为民宅,外侧为荒地和耕地,墙体顶部为民宅。北墙长约 194 米,保存较好,墙体低薄、连贯;北墙西段内外侧为荒地,北墙中部外侧建有水井房,北墙中部设有 1 座马面,即真武庙庙台,外侧通体包砖,西侧开裂缝,其余保存较好;北墙东段墙体保存一般,墙体低薄、连贯,墙体内侧为民宅,外侧为荒地。北墙外为大片的耕地和荒地,远处可见单堠煤矿。

西南角台设 135°斜出角台,保存较差。西北角未设角台,仅存转角。保存较好。东北角未设角台,仅存转角,上面长满草木。

(二)街巷与古宅院

堡内民宅以土旧房居多,居民较少。房屋多废弃坍塌,新房、老宅院较少。

南顺城街 西段内侧有老宅院 5 座,现存 3 座。老宅院 1 保存较好,位于南部中间,门的梁托有木雕装饰,木质门扇,门扇上有三个门簪。老宅院 2 保存较好,墀头的砖雕保存较好。门内有影壁及二道门。老宅院 3 结构简单,保存较差。东段内侧的老宅院较多,但是老宅院仅存 2 个,即老宅院 4、5。保存较好,老宅院内有影壁,上面有砖雕装饰。

正街 即南门内南北主街。正街西侧有一小巷,内有 2 座老宅院 6、7。正街东侧有老宅院 9。

前街 即南十字街东西街。东街为土路,民居多在街道北侧,无老宅院,沿街多是土旧房,多废弃、坍塌,居民少。尽头的老宅院 8 保存较好,门东南侧空地上有一口废弃的水井。西街亦为土路面,街道北侧为民宅,南侧为前排房屋后墙,无老宅院,房屋大门多破坏,里面的正房多为近代建筑,建筑结构简单,无装饰。

后街 即北十字街东西街,东街为土路面,北侧为民宅,以土旧房为主,有少量新房。东尽头的老宅院 10 保存较好,紧邻东墙内侧。西街有 2 座老宅院,即老宅院 11、12。

三、寺庙

据村中长者回忆,杜杨庄曾修建有地藏殿/观音殿、梓潼庙、真武庙、戏楼、五道庙(2 座)、龙神庙、马神庙、关帝庙。庙宇建筑除现存者外,皆拆毁于"文革"期间。

地藏殿/观音殿 位于堡南门外,影壁的南侧,庙院修建在毛石砌筑的台明上。庙院保存较好,四周院墙红砖新砌,南侧山门为原构。山门为随墙门,硬山顶,券形门洞,门上有砖雕的装饰。院内正殿面阔单间,硬山顶,进深七架梁,面南为地藏殿,面北为观音殿。根据悬于观音殿前檐下的功德榜记载,庙宇建筑于 2004 年修缮,殿内壁画新绘。

梓潼殿 位于南门顶部。坐北面南,面阔单间,硬山顶。殿宇已经废弃,门窗全无,仅存主体结构,梓潼庙的背后并没有其他庙背对,这种情况较为少见。

真武庙 位于堡内南北主街北端的北墙内侧及北墙马面上。真武庙为一座独立的庙院,旧时占地面积较大,如今建筑多已无存。庙院的东墙为红砖新砌,东墙正中开设院门,随墙门,顶部坍塌仅存砖砌门框。真武庙南侧为一座坐北面南的戏楼,戏楼的北墙即是庙院的南墙。院西墙残存。门内前院有 3 座小殿,这 3 座殿不知供奉何神祇。南侧者贴于戏楼后墙,面北;踏步西侧者,面东;紧贴着庙台一座,面南。三座殿均已荒废,殿内没有壁画遗存。后院位于北墙马面(庙台)顶部,庙台南侧踏步尚存,保存较好,砖砌台阶。踏步顶端,庙台边缘,修有一座二道门,随墙门,硬山顶,券形门洞。外侧门洞顶上有砖雕阳文门匾,上雕"玄帝宫"三字。正殿即玄帝宫,坐落于高大的庙台之上,庙台外包砖尚存,顶部为砖铺地面,但北极宫已塌毁,仅存基础,长满杂草。

戏楼 位于真武庙南侧,正对堡门,基础较高,外立面包砖,顶部四周铺石板。戏楼坐北面南,面阔三间,卷棚顶。前檐额枋上有残存的彩绘装饰和雀替等装饰。戏楼内为砖铺地面,墙壁上没有壁画,有许多"文革"时期的标语和毛主席诗词等题壁。戏楼梁架结构简单,从其建筑风格来看,应是民国晚期或建国后的建筑。

五道庙 2座,1座位于堡内第二条十字街的东北角。现为1座庙院,开南门,南门已经封堵。正殿坐落于砖石台明上,坐北面南,面阔单间,硬山顶,进深五架梁出前檐廊。前檐额枋上有残存的彩绘和木雕装饰。前檐下门窗已被砖砌封堵,而拆后墙辟成一门,与后院连成一体。殿内堆放杂物,殿内东、西两侧山墙残有壁画,但损毁比较严重。前檐东廊墙内侧约1米高处建1座小龛,不知供奉何神。1座位于堡西南角外,现已无存。

龙神庙 位于堡外东南,现已无存。

马神庙 位于南门外东侧南墙下,现已无存。

关帝庙 位于南门外水塘南侧,现已无存。

第二十三节 白 河 东 村

一、自然环境与人文历史

白河东村,位于南留庄镇东偏南3.8公里处,属丘陵区,X418县道穿村而过。村庄选址修建在平地之上,周围地势平坦、开阔,为黏土质,辟为大面积的耕地,村庄周围不远处有浅冲沟,总体来说地势平坦,沟中植被较好,多成片的树林。1980年前后有1 043人,耕地4 140亩,曾为白河东大队驻地。

相传,八百年前(金大定年间)建村,称白河东村,因村坐落在白家庄沙河以东而得名,后简称白河东。村名可考的历史最早见于《(正德)大同府志》,作"白家庄堡",《(崇祯)蔚州志》作"白家庄东西六堡",《(顺治)云中郡志》作"白家庄东西二堡",《(顺治)蔚州志》作"白家庄堡",《(乾隆)蔚州志补》作"白家庄东堡并寇家台子",《(光绪)蔚州志》作"白家庄堡",《(民国)察哈尔省通志》作"白河东"。

如今,这一带共有6座冠以"白"字的城堡,即白中、白后、白南、白南场、白宁,"白六堡"均分布在一条古河道东西沿岸。可见村堡与这条河流有渊源关系。"六个白"堡均相距不远,统称为白家庄六堡,形成连环形庄堡,形成互为犄角的连环防御体系,村庄连成一片,规模大。其中,白宁堡原为白家庄堡,是这一带六座"白"字头堡的源头。但这一带白姓却相当少,王姓与苏姓是六堡中的大姓。白家庄堡中有80%的村民为王姓,白河东堡由王姓所创建,目前也至少有一半以上的村民姓王,王姓也是这一带颇有势力的大姓。

对于这 6 座城堡的形成,当地百姓有自己的传说。据长者回忆,白河东堡原有一大户居民,户主娶有正房与一妾,共生三子,前两子是正房所生,最小者为妾所生。成人之后,需分家独立,于是在沙河西侧建起 3 座城堡。其中有两座堡较大,为正房生育老大、老二所有;一座堡较小,为妾所生老三所有。

白河东村分为新旧两部分。旧村即为城堡所在地,位于整个村庄的西南部。北、东为新村,新村由两条南北主街组成,新村规模很大且民宅排列整齐,民宅以新房为主,居民较多(图 12.34)。

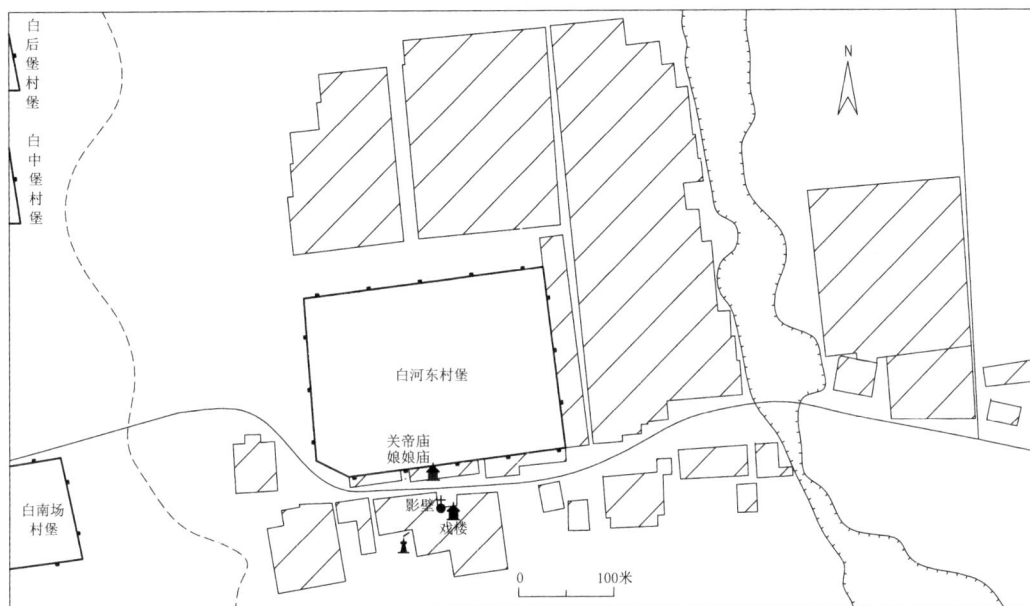

图 12.34　白河东村古建筑分布图

二、城堡

(一)城防设施

据《(民国)察哈尔省通志》记载:"白河东堡,在县城西北十里,明天启二年四月土筑,高一丈一尺,底厚八尺,面积三十亩零九分,有门一,现尚完整。"[1]白河东村堡今位于旧村中,城堡西临沙河。城堡平面呈矩形,周长约 883 米,规模较大,开南门,堡内平面布局为前十字街后丁字街结构(图 12.35)。

---

[1]　宋哲元:《(民国)察哈尔省通志》,国家图书馆藏 1935 年铅印本,第 12 页。

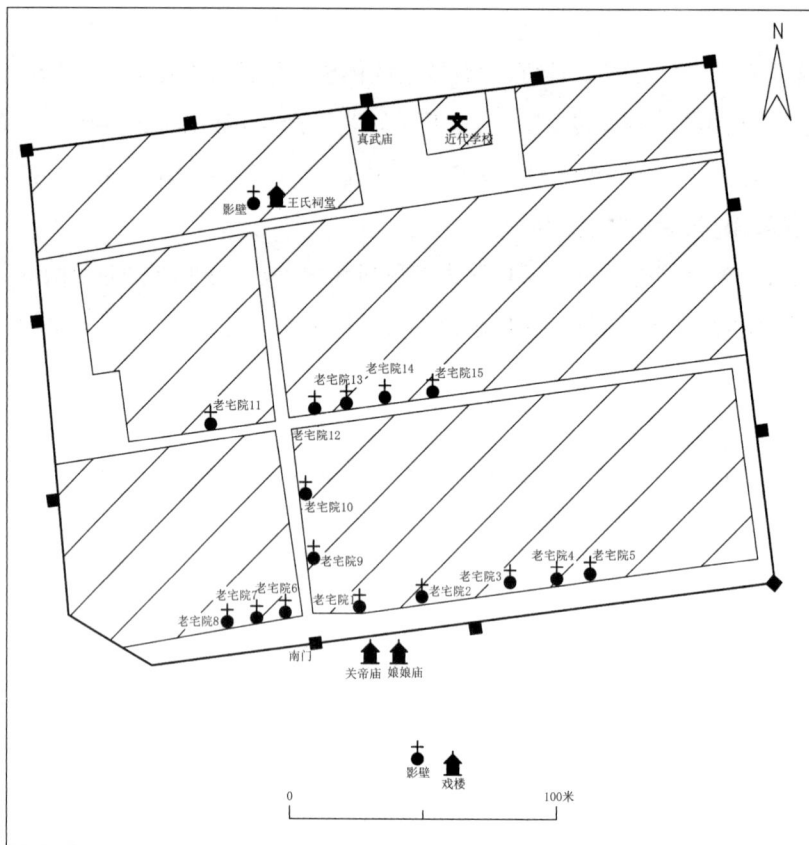

图 12.35　白河东村堡平面图

城堡南门并非位于南墙正中,而偏西(彩版 12-65、66)。南门高 7 米,收分明显,保存较好,砖石拱券结构,基础为 10 层条石砌筑,上面青砖起券。外侧门券五伏五券,门券拱顶上方镶嵌有石质门匾(拓 12.14),门匾为砂岩质,风化较严重,正题"白家庄东堡",右侧起款"大明国山西大同府蔚州咸周□□",左侧落款"嘉靖元年春季吉日隆庆三年吉日立";正题下方是堡长、管修工匠等人的名字,字迹漫漶,难以辨认。门顶部设有 2 个排水嘴。南门内侧亦为五伏五券,门券拱顶上方镶嵌有石质阳文门匾(拓 12.15),正题"平安门"三字,右侧前款"道光二十二年",左侧落款"桃月重修榖旦"。堡门内为券顶结构,木板门扇尚存,表面残存有铁皮、铁钉。南门内为宽阔的南北主街。门内西侧设有登城坡道,东西长 8 米,坡道为旧构,护墙新修。门顶部有维修所砌花栏墙,并立有电线杆和村委会的广播喇叭。南门外原设护门墩台,如今东侧护门墩尚存,西侧为民房。南门外公路南侧,与堡门相对偏东位置建有一组建筑,西侧为影壁,东侧为戏楼,影壁前有一株粗壮的古树。影壁建筑壮观,由一座连体的三组影壁墙与一座相对独立的影壁构成,独立的影壁因与戏楼西墙之间建了半堵砖墙而相连。相连的三组影壁,两侧为菱形砖饰,中间为 45°的"L"形砖饰。东侧单影壁花饰为直角的"L"形砖饰。

拓 12.14　南留庄镇白河东村堡南门外侧门额拓片 (蔚县博物馆　李新威　提供)

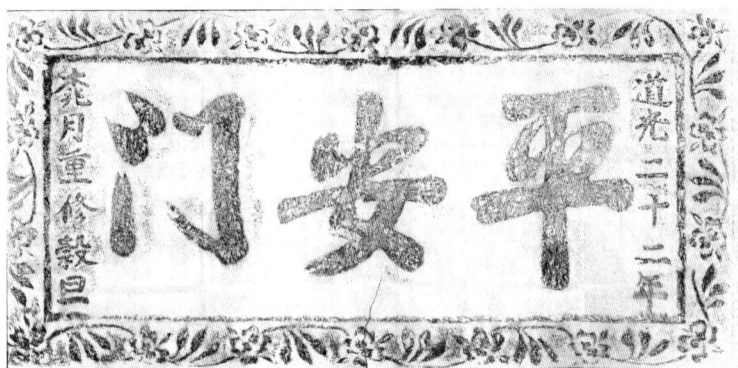

拓 12.15　南留庄镇白河东村堡南门内侧门额拓片 (蔚县博物馆　李新威　提供)

　　堡墙均为黄土夯筑而成,保存一般。东墙长约 188 米,墙体高大、连贯,高 5～6 米,内、外侧均为民宅。墙上设有 2 座马面,北侧马面高于墙体,总高 6～7 米,体量高大,南侧马面与之相近,顶部设村委会广播喇叭。南墙长约 273 米,保存一般,墙体高大、宽厚,高 2～5 米,墙体上有不少坍塌形成的缺口,外侧为荒地和道路,内侧为顺城路和民宅,民宅多为老宅院,保存较好。南墙东段保存较好,墙体有不同程度的坍塌,墙体高厚,墙体高 6～7 米,外侧为倚墙修建的民宅和公路;墙上设有马面,在关帝庙、娘娘庙东侧,马面体量较小,与墙体同高,高 6～7 米,与北墙马面相对。南墙东段外下有 2 座寺庙,西面为关帝庙,东面为三霄娘娘庙(云碧琼)。南墙西段保存一般,墙体高 4～5 米,外侧为民宅。西墙长约 169 米,破坏较严重,墙体多倾斜、坍塌,形成缺口,墙体高 3～4 米,多呈土坡状,外侧为树林荒地,内侧为民宅;西墙上设有 2 座马面,保存较差,与墙体同高,与东墙马面相对,马面高4～5米。北墙长约253米,保存较好,墙体外侧高3～5米,墙外为密集的杨树林和新村,墙内侧为民宅和荒地。北墙上共设3座马面,以中间真武庙庙台的马面保存最好、体量最高大,高近10米,马面东侧墙体有现代人破坏形成的缺口,其余东西2座马面保存均较差,高3～4米,多坍塌。

东南角设135°斜出角台,体量大,外总高7～8米。西南角坍塌无存,为民宅,附近墙体高1～4米。西北角设90°直出角台,保存较好,外侧高4～5米,长满树木,外侧有不少积土。东北角设90°直出角台,体量大,保存较好,高5～6米,外侧为民宅。

（二）街巷与古宅院

堡内古寺庙、古民宅、古街巷、古戏楼、祠堂等均保存了明清规划格局,一脉相承。堡内街巷呈"王"字形,居民以王姓为主,老宅院较多。

南顺城街　东段内侧有老宅院1～5,均保存较好。老宅院1门前有上马石,石雕装饰,宅门梁架上有木雕,并残存有清末民国时期的彩绘,门外有抱鼓石,门内建有影壁,院内砖铺地面。西段内侧有老宅院6～8,保存一般。

正街　即南北主街。东侧有老宅院9和10。老宅院9为近代风格的大门,老宅院10则为清末民国时期的大门,门内为一进院,砖铺地面,院中有水井,正房的门窗上有木雕装饰。

前街　即南十字街东西街。西街有老宅院11,保存较好,两进院,近代大门,前檐额枋残存木雕装饰,门外墙壁上残存《捷报》,脱落严重。二道门为随墙门。东街老宅院较多,有老宅院12～15,均位于北侧。老宅院13为随墙门,保存较好,老宅院14大门为广亮门,卷棚顶,门下过门石上有车辙孔。门内墙壁上有《捷报》残存。老宅院15大门为广亮门,卷棚顶。

后街　即北丁字街,街道内较为荒凉,两侧多为废弃的土旧房,居民较少,房屋坍塌后形成大面积的荒地。

王氏祠堂　位于南北主街北尽头的影壁东侧,北墙下（彩版12-67）。祠堂为两进院。院子废弃为荒地。后院正房面阔三间,硬山顶,进深四架梁,门窗无存,正房内正墙与西墙全部毁损,东墙上写有家谱,山尖尚存壁画,保存较好,为民国时期的作品。

据祠堂内乾隆二十七年（1762）的《家庙碑记》[1]（拓12.16）记载,"本耕读居民,自始祖以来历十七世,凡四百余载",立碑者为王家"十一世孙"与"十三世孙"。祠堂中还有一通道光十三年（1833）的《重修家庙碑记》,立碑者为"十五世孙"。创建碑由"武英殿侍直翰林院庶吉士"师加相撰文,"宣镇蔚州路中军守备"马友全篆额,地方高官为家庙创建撰文与篆额,说明当时的王家在蔚州有显赫的地位。

---

〔1〕　邓庆平：《蔚县碑铭辑录》,广西师范大学出版社,2009年,第368～381页。

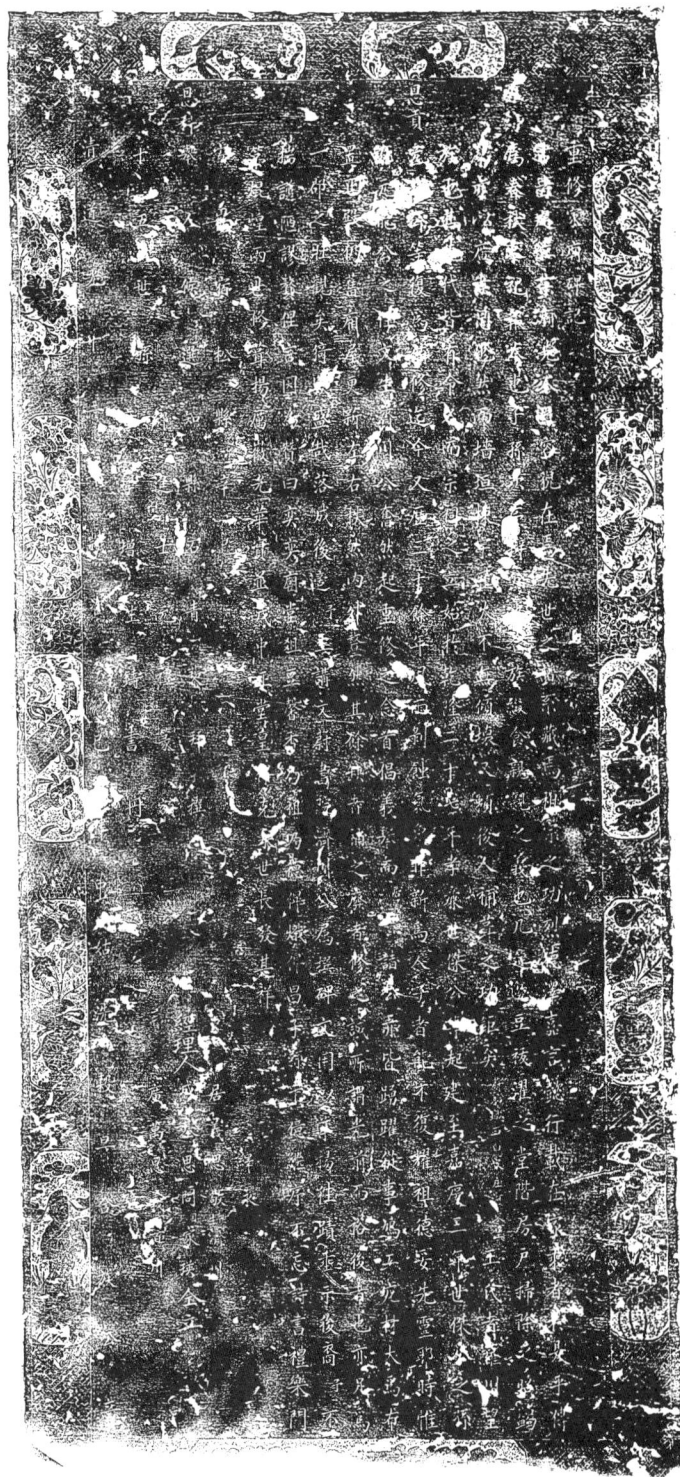

拓 12.16　南留庄镇白河东村堡王家祠堂内道光十三年《重修家庙碑记》拓片（尚珩　拓）

东墙保存下来的牌位是从"十一至十八世",如果按照宋家庄堡苏氏祠堂牌位推测,正墙至少有五至六世,西墙估计有五至六世,也就是说初建祠堂时,正墙与西墙牌位几乎写满,只剩下了东墙是后世逐世补充的。

乾隆二十七年为1762年,"四百余载"即为1362年以前。如此推算,王家始祖大约在元末明初时迁至此村。正如村中一位长者所说,王家并不是从山西大槐树迁至此地的,而是在此之前。如今,堡中还有王姓后代70余人。当地长者回忆,白河东堡便是王家的祖先创建,这说明嘉靖年间王家在这一带已有一定的地位了,但堡门用的却是白家庄东堡,说明王家迁至此村时,白家庄已存在,而白家庄便是河西岸现在的白宁堡。

近代学校　位于后街东段北侧,校门面西,校舍全部废弃。

三、寺庙

戏楼　位于白河东堡南侧,柏油路路南。戏楼主体结构保存较好,屋檐的东北角有少许坍塌。戏楼台明基础较高,外立面包砖,顶部四周铺条石。戏楼坐南面北,面阔三间,卷棚顶,进深六架梁。前檐柱4根,后金柱2根,檐柱下置古镜柱础,柱间施清式雀替。柱头置拱雕龙首承柁头,龙首颈较细,鬃毛飞扬。挑檐木出挑较长,约有三分之二,分别置于额枋与擎柱上。前檐额枋上有残存的彩绘,顶部脊檩上绘有彩绘《八卦图》。戏楼内地面条砖铺墁,前后台间的隔扇仅存框架。内墙破坏严重,表面多为白灰浆和草拌泥所覆盖,壁画与题壁漫漶,残有清末民国时期的作品,尚存"一九九八年正月初十芋县秧歌剧团"的题壁,说明20多年前这座戏楼还曾使用过,如今已经废弃。后台正壁绘麒麟望月壁画。戏楼对面南墙下为关帝庙、三霄娘娘庙。

关帝庙　位于堡南门外东侧的南墙外下,二座寺庙中的西侧。庙北面紧邻城墙,南面紧邻柏油路。关帝庙原有1座庙院,与对面的影壁构成一体,由于公路在南门外穿行,庙院被拆毁,如今仅存北侧的正殿与路南侧的影壁。正殿坐北面南,面阔三间,硬山顶,出前檐廊,保存一般。现存门窗并非原构,为改造后的门窗,殿内已改造,改作他用。对面的影壁,面阔三间,硬山顶,影壁明间檐下有砖雕字匾,但文字已被抹平,隐约可见"静心轩"3字。影壁两侧次间为菱形砖饰,明间为45°的"L"形砖饰。影壁东侧还有一座单影壁,面阔单间,硬山顶,花饰为直角的"L"形砖饰。

娘娘庙　位于堡南门外东侧南墙外,关帝庙东侧,乡民称为三霄娘娘庙。原为一座庙院,如今仅存正殿。正殿略低于关帝庙正殿,北面紧邻城墙,南面紧邻柏油路。坐北面南,面阔三间,硬山顶,进深五架梁出前檐廊,保存一般,殿内及门窗全部改造,已改作他用。前檐额枋上有清末民国时期的彩绘,正殿明间前檐额枋上浮雕5条金龙,这种手法较少见。正殿内壁壁画已毁,旧时供云霄、碧霄与琼霄三霄娘娘塑像。

龙神庙　位于堡南门外正南位置,现已全毁。

真武庙　位于城堡北墙马面上,马面改造为庙台,庙台为黄土夯筑,高 10 米,内外均突出北墙。真武庙原为一座庙院、一组建筑群,如今仅存正殿,正殿前原设有砖砌台阶,坍塌损毁严重,呈土坡状。正殿坐北面南,面阔单间,硬山顶,进深五架梁出前檐廊。殿高 3.5 米,顶部安装有村委会广播喇叭。殿内墙壁上残有壁画,破坏严重。正面隐约可见真武大帝端坐,前为龟蛇。

两侧山墙壁画为连环画形式,3 排 5 列,每幅皆有榜题。由于人为破坏与风化,壁画脱落与褪色较重,完整内容保存较好的较少。能看出情节的内容有:五龙吐水、西门遇死等。从残存的色彩来看,此为清末民国时期所绘。山尖尚存水墨画,绘"渔、耕、樵、读"内容。

东山墙

(画被覆盖)	(画被覆盖)	(画被覆盖)	(画被覆盖)	(画被覆盖)
五龙吐□	北门遇生	东门遇病	□□□□	芦草穿身
□□□□	西门□死	南□□□	□□□□	□□□□

西山墙

□□点化	(画被覆盖)	(画被覆盖)	(画被覆盖)	(画被覆盖)
酒色□气	灵官显圣	五龙捧圣	□□□帅	□□□□
□□□□	□□□□	收伏二侍	大战□□	(画毁)

从东壁连环画中残存的数幅榜题与画中人物形象看,排列顺序较乱,东、南、西、北所遇病、老、死、生,集中在 2 排 2 列 3 列与 3 排 2 列 3 列。而 2 排 1 列为五龙吐□,是太子出生的场景;2 排 4 列与 3 排 4 列出现了太子修行的形象。这种未按规矩绘画的做法,不知是画工不懂随意为之,还是粉本就是如此,如今已很难去解读了。

第二十四节　白 南 场 村

一、自然环境与人文历史

白南场村,位于南留庄镇东偏南 3.4 公里处,属丘陵区,村庄选址修建在平地之上,周围地势平坦开阔,一马平川,为黏土质,辟为大面积的耕地,村东面为沙河,沙河东岸为白河东堡,河中至今还有水,北靠 X418 县道。1980 年前后有 504 人,耕地 1 569 亩,曾为白南场大队驻地。

相传,约七百年前(元至元年间),白后堡的几户人迁居于村南的一块地上建村,故取村名白家庄南场,后简为白南场。村名可考的历史最早见于《(正德)大同府志》,作"白家庄堡",《(崇祯)蔚州志》作"白家庄东西六堡",《(顺治)云中郡志》作"白家庄东西二堡",《(顺治)蔚州志》作"白家庄堡",《(乾隆)蔚州志补》作"白家庄中堡并南场",《(光绪)蔚州志》作"白家庄堡",《(民国)察哈尔省通志》作"白南场"。

如今,白南场村修建在 X418 县道南侧,路北为白中堡村,村庄分为新、旧两部分,规模大。旧村位于整个村庄的东北部,为城堡所在地,紧邻柏油路,东侧紧邻沙河河道。新村位于整个村庄的中西部,民宅全部为整齐划一的新建房屋,村内有 2 条宽阔的南北主街,村庄规模很大,人口众多(图 12.36)。

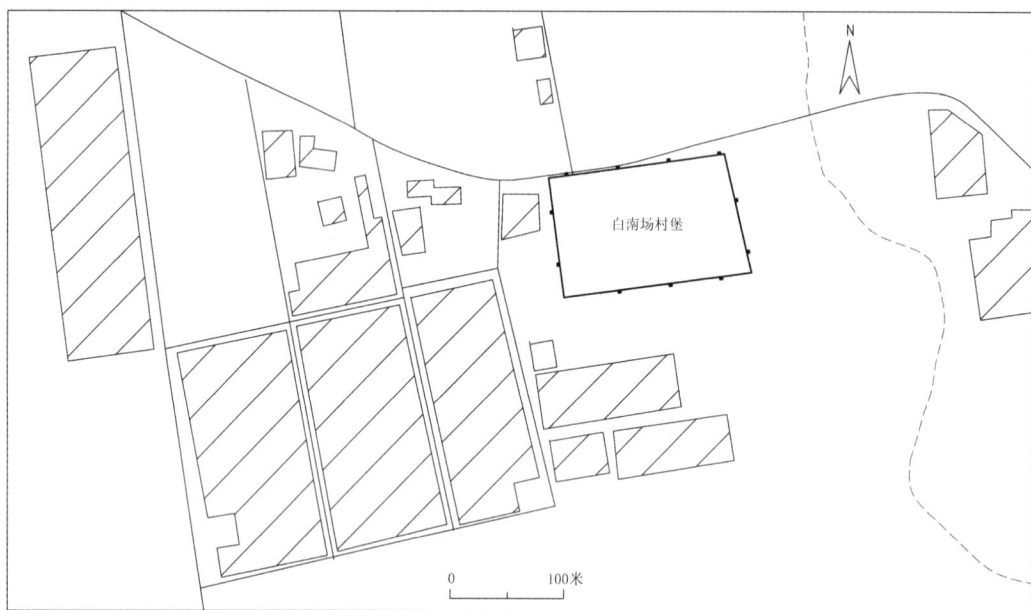

图 12.36　白南场村古建筑分布图

二、城堡

(一)城防设施

据《(民国)察哈尔省通志》记载:"白南场堡,在县城西北十里,明正德十三年三月土筑,高一丈三尺,底厚七尺,面积十六亩,有门一,现尚完整。"[1]白南场村堡选址修建在平地之上,东南临沙河河道,城堡平面呈矩形,周长约 538 米,开北门,堡内平面布局为丁字主街结构(图 12.37)。

---

〔1〕　宋哲元:《(民国)察哈尔省通志》,国家图书馆藏 1935 年铅印本,第 12 页。

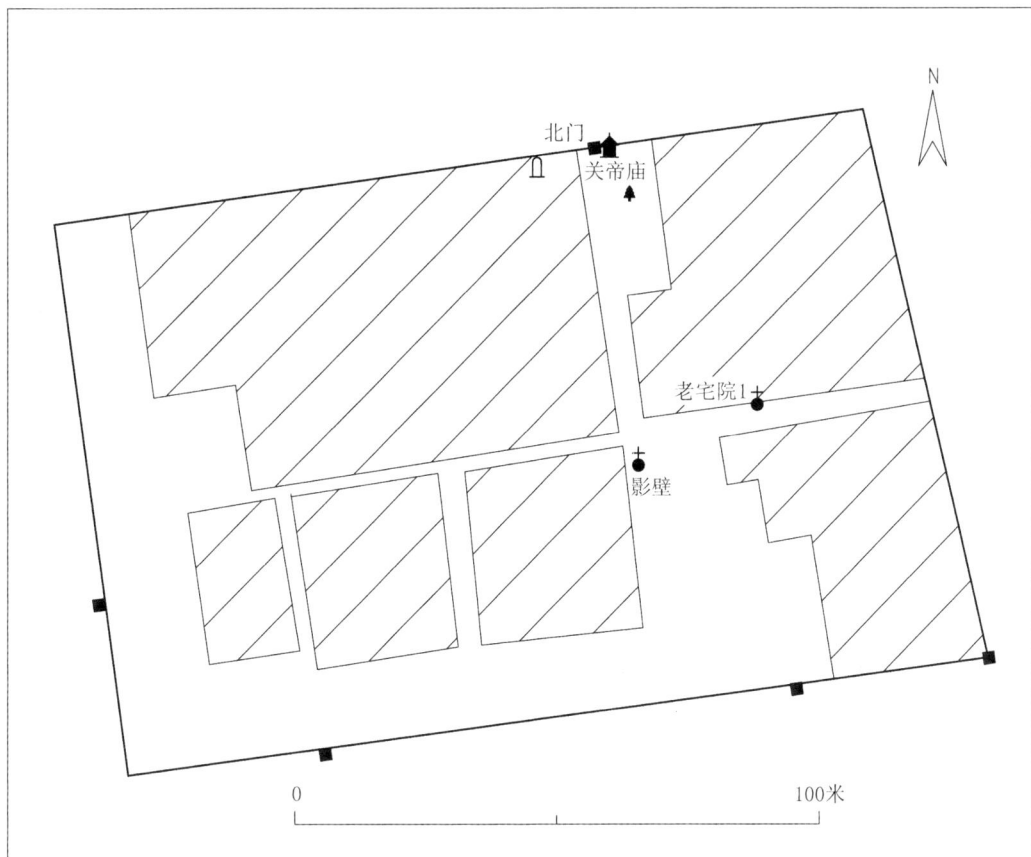

图 12.37 白南场村堡平面图

城堡北门保存较好,体量高大,高 6～7 米,砖石拱券结构,基础为 9 层条石砌筑,上面青砖起券(彩版 12-68、69)。外侧门券五伏五券,门券拱顶上方镶嵌有石质门匾(拓 12.17),正题"白家庄中堡",右侧前款为"大明国"三字,左侧落款共 2 列,第 1 列为"大清道光三年柒月重修立",第 2 列为"正德拾伍年玖月吉日建立"。门匾两侧镶嵌有砖雕装饰,顶部出错缝牙子,上砌花栏墙。外侧西墙上的包砖多有坍塌,露出里面的夯土心,门券拱顶内中央有"星池灭火"的孔洞。内侧门券亦为五伏五券,门券两侧门体上镶嵌有砖雕装饰。门券下门道为自然石铺成的路面。门内为南北主街,两侧为民宅。其中门内东侧的民宅紧邻城门修建,正房已经废弃,院子中还有水井和杨树。门内西侧设登顶梯道,保存较好,为砖铺台阶路。台阶下方及门顶部修有 1 座关帝庙。

堡墙均为黄土夯筑,保存一般。东墙长约 107 米,墙体内高 1～3 米,墙体多倾斜坍塌,墙体内侧为民宅,外侧为树林。东墙外侧多为坍塌形成的土坡,墙体外侧显得高大,比内侧高,外侧高 4～5 米。南墙长约 168 米,墙体多坍塌形成土坡,高 1～3 米,外侧为树林,

拓 12.17　南留庄镇白南场村堡北门门额（蔚县博物馆　李新威　提供）

内侧为民宅和树林。南墙偏东设有 1 座马面，高 3 米，保存一般；南墙偏西也设有 1 座马面，高 3 米，保存一般。西墙长约 104 米，保存一般，墙体外侧高 1～5 米，内侧为民宅，外侧为荒地和树林；西墙偏南设有 1 座马面，保存一般。北墙长约 159 米，保存一般，墙体多倾斜、坍塌，墙体高 2～4 米，墙体外侧多长有高大的树木，墙体外侧多坍塌，形成积土坡，墙外紧邻柏油路，内侧为倚墙修建的民宅，北墙中部偏东辟有堡门。

东南角设 90°直出角台，外高 4～5 米，保存较好，但体量很小。西南角坍塌成土堆，高 2 米，上面长有树木，破坏严重。当地长者回忆西南角上以前修建有魁星阁，西南角外有新建的公园。西北角破坏较为严重，高 4～5 米，形制未知，上面长有大树。

（二）街巷与古宅院

堡内为丁字街布局，堡内民宅以土旧房为主，居民较少，房屋多废弃、坍塌。村民已于数十年前搬出至西侧的新址，村中居民以苏姓为主。南北主街的尽头为一座影壁，位于丁字路口南侧。丁字街东街路北，有一座老宅院 1，一进院随墙门，门内有影壁。

三、寺庙

关帝庙　位于北墙登城台阶下方及北门顶部。台阶下方为一间廊，建筑形制类似于单坡顶的告示亭，坐西面东，廊内南墙壁上镶嵌有 1925 年的《关帝厝地亩碑记》。据碑中记载，有地亩的地方是：饮马泉堡东、饮马泉堡后头磨之地、由家坟、圪塔上、白塔上、西渠里、白石头上、西梁上、塔塄上、北场□、庄门上。此外墙上还写有毛主席语录。

北门顶部建有正殿、东西两侧耳房。正殿坐北面南，面阔单间，硬山顶，进深五架梁出前檐廊，明间木板门二扇，挑檐木出挑较长，前檐额枋上还有残存的彩绘和雀替装饰，应为清末民国时期的作品，门窗尚存。殿内为砖铺地面，正面设有供台，供台正面的装饰及颜色尚存，十分精美。顶部脊檩上有彩绘《八卦图》。内壁画表面多为白灰浆覆盖，但白灰浆局部脱落，露出下面残存的壁画。从色彩上判断，壁画为清末民国时期的作品。

正壁壁画保存较好,绘有《关帝坐堂议事图》。中间为头戴红冠的关帝,手持玉圭;后侧分别为侍童,手持扇立于两侧;外侧分别为左丞相陆秀夫,右丞相张世杰;再外,西侧为持大刀的周仓,东侧为持剑的周平。山墙壁画仍被厚厚的白灰浆覆盖,只隐约可见榜题与露出的数处人物像。从榜题来分析,应为连环画形式,3 行 6 列。山尖绘画保存较好。两侧耳房,东侧耳房尚存,西侧耳房已随墙体坍塌。

东山墙

(遮 1/2 画)	□□封金	(榜题被覆盖)	(画模糊)	(画被覆盖)	(画被覆盖)
(遮 1/2 画) □□□□□	□□□□	(榜题被覆盖)	(画模糊)	(画被覆盖)	(画被覆盖)
(拍 1/2 画,模糊)	(榜题被覆盖)	(画被覆盖)	(画被覆盖)	(画被覆盖)	(画被覆盖)

西山墙

(被遮挡)	(被遮挡)	(榜题被覆盖)	□□□□王	□□东吴	□□□□
(被遮挡)	(被遮挡)	□□□□	□□□□	败走华容道	议取西蜀
(被遮挡)	(被遮挡)	(榜题被覆盖)	(榜题模糊)	(榜题模糊)	□山收周仓

魁星阁　堡东南角台上,曾建有一座魁星阁(村民误说成钟馗庙),如今已损毁无存。

第二十五节　白 中 堡 村

一、自然环境与人文历史

白中堡村,位于南留庄镇东偏南 3.3 公里处,属丘陵区,村庄东侧紧邻沙河,原为一条古河道,沙河的对岸为白河东村,河道宽而浅,河道内有大面积的树林,且还有流水。河道东岸有古文化遗址,地势较平坦,为黏土质。1980 年前后有 309 人,耕地 963 亩,曾为白中堡大队驻地。

相传,约八百年前建村,因位于白家庄后堡与白南场之间,故取名白家庄中堡,后简称白中堡。村名可考的历史最早见于《(正德)大同府志》,作“白家庄堡”,《(崇祯)蔚州志》作“白家庄东西六堡”,《(顺治)云中郡志》作“白家庄东西二堡”,《(顺治)蔚州志》作“白家庄堡”,《(乾隆)蔚州志补》作“白家庄中堡并南场”,《(光绪)蔚州志》作“白家中堡”,《(民国)察哈尔省通志》作“白中堡”。

如今,白中堡位于 X418 县道北侧,北面与白后堡村几乎连接在一起,村庄规模较大,分为新、旧两部分。旧村为城堡的所在地,位于整个村庄的东北部。城堡的南侧和西侧为新村的位置,新村以新房为主,规划整齐划一,为南北主街结构,居民较多。白中堡村民以刘、苏姓为主(图 12.38)。

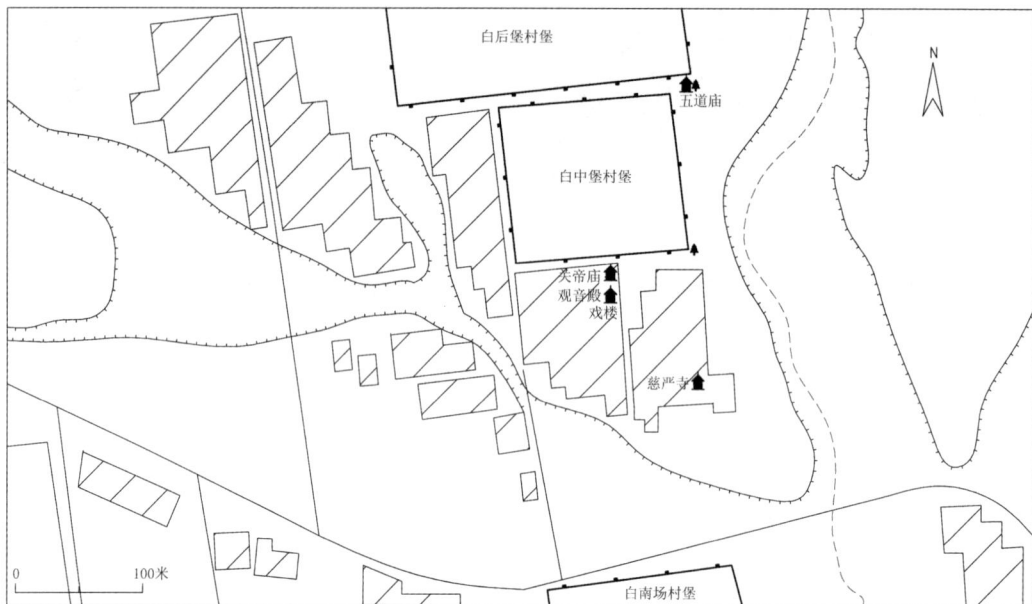

图 12.38　白中堡村古建筑分布图

二、城堡

据《(民国)察哈尔省通志》记载:"白中堡,在县城西北十里,明天启四年七月土筑,高一丈三尺,底厚八尺,面积八亩五分,有门一,现尚完整。"[1]白中堡村堡选址修建在平地上,东面紧邻沙河边缘,河道中还有溪水,城堡平面呈矩形,周长约 507 米,开南门,南门偏东,堡内平面布局为十字街结构(图 12.39)。

城堡南门并非位于南墙正中,略偏东(彩版 12-70、71)。南门保存较好,体量大,高6～7 米,砖石拱券结构,基础为条石砌筑,上面包砌青砖起券。外侧门券五伏五券,门券拱顶上方镶嵌石质门匾(拓 12.18),正题"白家庄北中堡",正题上方刻有小字"大明国",正题下方右侧有 6 位"苏"姓人名:"苏□、苏福、苏□、苏祉、苏祯、苏诘。"右侧前款为"正德十六年造",左侧落款为"乾隆四十七年孟夏月重造"。匾两侧各镶嵌有 1 块镂空砖雕"鹿回头"装饰。顶部出错缝牙子。堡门内侧也为五伏五券的门券,门券拱顶上方镶嵌有石匾,正题"永宁门",两侧各镶嵌 1 块砖雕装饰。堡门木板门扇尚存。堡门内顶部为拱券顶,上

---

〔1〕宋哲元:《(民国)察哈尔省通志》,国家图书馆藏 1935 年铅印本,第 12 页。

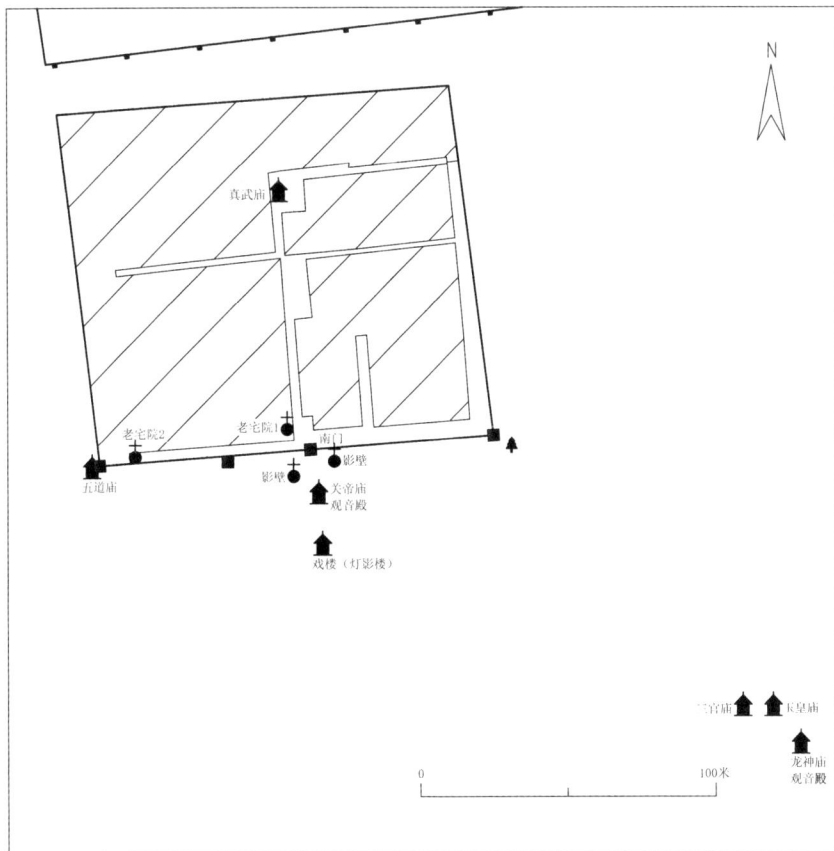

图 12.39　白中堡村堡平面图

面悬挂 1 块木匾,字迹漫漶不清。门内西侧为砖砌登城梯道,保存较好。门顶部四周已维修,条砖铺墁并立有电线杆和村委会广播喇叭。门内为南北主街。南门外东、西两侧各侧建有 1 座南北向的影壁,保存一般,与南门形成一个半封闭的空间,现已改造为村务公开栏。影壁为单檐硬山顶,檐下雕有四朵垂花装饰,垂花之间各有 3 块卷草纹装饰方砖,檐下两侧有砖雕立柱支撑,立柱下为砖雕柱础,整座影壁做工精细,保存较好。影壁北侧与南墙之间有 1 座小龛,龛内供奉财神。门外对面为关帝庙/观音殿。

堡墙均为黄土夯筑。东墙长约 123 米,墙体坍塌严重,高 1～3 米,上面多长有树木,墙体内侧为民宅,外侧为顺城小路和耕地。南墙长约 133 米,东段保存较好,墙体高薄,高 4～5 米,外侧为荒地和道路,内侧为顺城街和民宅。南墙西段墙体高薄,高 4～6 米,墙体内外均为顺墙道路,西段墙体中部设有 1 座马面,体量较小,向外突出 1 米。西墙长约 119 米,墙体低薄,高 3～4 米,坍塌严重,墙体内外侧均为民宅,墙体被民宅所包围。北墙长约 132 米,低薄,墙体多倾斜坍塌,高 1～4 米,墙体内侧为民宅,外侧为道路,且外侧为村民倾倒垃圾之地。北墙北侧既是白后堡,白后堡南门几乎与白中堡相连。

拓 12.18　南留庄镇白中堡村堡南门门额拓片 (蔚县博物馆　李新威　提供)

东南角设 90°直出角台,保存较好,高 6～7 米,体量高大,东南角外有一株大树。西南角设 90°直出角台,高 6～7 米,保存较好,西南角台外下为老宅院 2,门外西侧有一座五道庙。西北角未设角台,仅为转角,高 3～4 米。东北角未设角台,现存为转角,高 3～4 米,上面修建民宅,外侧为荒地和道路。东北角外有一株大柳树,树下为新建的五道庙,庙现属白后堡村管辖。

村内原始格局完整,文脉相承,风貌良好。堡内民宅新旧房均有分布,土旧房较少,老宅院也少,以旧房为主。南门内主街西侧有老宅院 1,一进院,东南角辟门,保存较好。

三、寺庙

慈严寺　位于白中堡与白南场堡之间,煤场北侧。规模很大,寺院坐北面南,是一座过街式庙宇,过街式宇庙在蔚县现存较少。慈严寺庙宇群建于砖砌高台之上,中间以砖砌过街天桥相连接(彩版 12-72、73)。过街桥下为南北向通道,券形门洞。过街桥北侧为中台,台下亦为券形通道,拱顶为五伏五券,拱顶之上镶嵌两颗门簪。东、西两台不在一条直线上,东台偏南,西台与券门平行。正中券门顶上为玉皇阁,东台上为龙神庙/观音殿,西侧台上为三官庙。

山门,位于西侧台南侧,门前设砖砌踏步可达台顶,台顶边缘设山门,山门为随墙门,硬山顶,平顶式门洞,保存较好。院内为砖铺地面。

玉皇阁,位于正中券门顶上,为庙群的制高点。庙院已经荒废,长满了杂草,正殿坐北面南,面阔三间,硬山顶,进深四架梁出前檐廊,后脊顶只有一椽。门窗仅存框架,前檐额枋上还有残存有清末民国时期的彩绘,前廊西墙下设有面然大士龛。殿内外为砖铺地面,殿内壁已抹白灰浆,壁画尽毁。

龙神庙/观音殿,位于东侧高台上,正殿为南北双殿,面阔三间,硬山顶,进深七架梁,前后出廊。殿内采用隔墙分为南北两殿。坐北面南向为龙神庙,占四椽;坐南面北向为倒座观音殿,占二椽。龙神庙殿前有两棵古树,院子保存较好,砖铺地面,正殿殿内为砖铺地面,门窗仅存框架,正殿屋脊上均有精美的砖雕装饰,保存较好,殿前廊西墙中部设龛,前檐额枋上有清末民国时期的彩绘,殿内顶部脊檩上有彩绘《八卦图》,殿内内壁抹过白灰浆,壁画尽毁,山尖绘画残存。观音殿殿内正壁与东壁皆损,西壁残存壁画,内容为九尊罗汉,壁画以深蓝色为主色调,应是民国时期所绘。正殿南侧建有东西配殿,皆为面阔三间,卷棚顶。近年修缮后改为观音殿。

三官庙,位于西侧台上,坐北面南,面阔三间,硬山顶,进深五架梁出前檐廊,五架梁承三架梁。门窗仅存框架。屋檐和正脊有部分损坏,前檐额枋上尚存清末民国时期的彩绘,多脱落,表面斑驳不清,殿内抹过白灰浆,壁画尽毁。近年修缮后改为大雄宝殿。

寺庙现为蔚县重点文物保护单位,已修缮一新。修缮过程中出土数通残碑,以布施功德碑为主。此外还发现有万历十二年(1584)的《蔚州白家堡重修龙神祠记》碑。

关帝庙/观音殿 位于堡南门外侧,正对堡门,现为1座独立的庙院。四周院墙与山门为新建。院中间为正殿,面阔一间,硬山顶,进深五架梁出前檐廊,中墙前后分隔,面南关帝庙,面北观音殿。关帝庙占二檩半出前檐廊;观音殿占一檩半。此外,院中还有一座新建的僧房,坐西面东。

关帝庙山门为旧构,随墙门,门较高。院内地面砖铺。正殿门窗无存,前檐额枋上有清末民国时期的彩绘残存,前廊西墙下设面然大士龛,殿内地面砖铺。内墙表面曾涂刷白灰浆,正壁仍有一层厚厚的白灰浆,壁画无存。两侧山墙白灰浆脱落,露出底部残存壁画,壁画为连环画形式,3行2列,为清末民国时期的作品,但风化严重,内容难以释读。山尖绘画残存。关帝庙正对一座灯影楼。

东山墙

□□□□□	破黄巾□□立功
(榜题模糊)	□□□□□□□
圣帝君□□□□	□□□□□□□□

西山墙

圣帝□□□斩孔秀	曹孟德霸□□□
帝君□□□斩□□	□□斩韩福孟坦
(榜题被覆盖)	(榜题被覆盖)

观音殿的山门为旧构,随墙门,保存较好,院子内为砖铺地面。正殿屋顶有局部维修的痕迹,门窗为旧构,保存较好。前檐额枋上有残存的彩绘,为清末民国时期的作品。殿内墙壁表面曾涂刷白灰浆,壁画漫漶,只有山尖绘画保存较好。

财神龛 位于堡南门外东侧影壁北侧与南墙之间,建于一座土墙上,于墙上建小龛,坐东面西,龛内供奉财神。

五道庙 位于堡西南角台外侧,坐北面南,面阔单间,硬山顶。殿外墙、屋顶已维修,殿内梁架尚有彩绘,保存较好,门窗仅存框架。殿内壁绘画尚存,清中晚期的作品,保存较差,表面脱落或为白灰浆覆盖。正壁已毁,两侧山墙受损严重。东壁为《出征捉妖图》,图的前方上角为山洞中的奸夫淫妇,下方为慌张奔跑中的柳树精,捉妖大军中,武将一马当先冲到前列,五道神居中,山神随其后,由于画面破坏,未辨识出土地神与判官。西壁为《得胜凯旋图》,左上角为拴住的奸夫淫妇与柳树精,下方为手持生死簿的判官与查看生死簿执行情况的文官,众神将在前列队回归。

灯影楼 位于关帝庙南侧,坐南面北,基础已经修缮,较高,外立面包砌红砖,顶部水泥地坪,灯影楼为单体卷棚顶式,面阔单间,进深一间,总高 4 米,建筑面积 15 平方米。梁架为四檩三架椽,中置罗锅椽,木架均油饰。两山置挑檐木。檐柱用古镜柱础。台内两山墙上部架一根横木,为演出道具。内墙体为土坯砌筑,墙体外包砖,后墙正中开一门。

灯影台北面正对关帝庙/观音殿。每年的正月十五、十六、十七,演出三天,既为关帝/观音二神而演出,也祈求神佑年丰,阖村平安。同苑庄灯影台一样,白中堡村灯影台这三天的演出,白天演木偶,晚上点着麻油灯演灯影,经常请的是蔚县东关外东七里河村的皮影班子。清末民初时期,该村灯影台上演出的灯影戏,以独有的特技,将神仙鬼怪呼风唤雨腾云驾雾变幻莫测的本事表现得活灵活现,深受本村和邻近村堡群众的欢迎。

灯影台内西南角立有 1 通石碑,高 1.38、宽 0.64、厚 0.15 米。石碑保存较好,字迹清楚,石碑为乾隆四十七年(1782)的《重修堡门楼碑记》[1]。据碑文记载:"中堡地势褊小,介南北两堡之间,然南北两堡门楼坚固,独此敝村旧日筑土为户,难免寇盗充斥之患,故于今岁春季,因有素日便卖树钱若干,共议重修,或用人力不妨农业,或需资财不烦捐求。不阅月而楼橹闳闳焕然一新,复又移修关帝庙、观音殿与门楼之上。"由此可见,除南门重造于乾隆四十七年外,南门外的关帝庙、观音殿也同期移修。

真武庙 位于主街尽头、城堡北墙内侧的庙台上,离北墙约 10 米。庙台高 2 米,砖石台明,台明顶部建正殿。正殿坐北面南,面阔单间,硬山顶,进深三架梁。殿内墙壁尚残存有壁画,画面漫漶。由于庙台踏步已毁无法登台进庙,但从台下残存的壁画看,两侧山墙所绘内容为站立的护法元帅与护法天君。

〔1〕 邓庆平:《蔚县碑铭辑录》,广西师范大学出版社,2009 年,第 420、421 页。

第二十六节　白后堡村

一、自然环境与人文历史

白后堡村,位于南留庄镇东偏南 3.2 公里处,属丘陵区,白后堡村选址修建在平地上,村庄的东、东北、北面为浅冲沟,里面还有溪水,并有大片的树林,西、西南也是浅冲沟,较小,因此村庄选址在两条冲沟之间的台地上修建,南与白中堡仅一路之隔,相距不到 10 米,白中堡北墙外为白后堡的南墙。为黏土质,周围辟为耕地。1980 年前后有 603 人,耕地 2 325 亩,曾为白后堡大队驻地。

相传,八百年前,此地始有一村,名白家庄,后建堡于白家庄村北,遂取名白家庄后堡,后简称白后堡。村名可考的历史最早见于《(正德)大同府志》,作"白家庄堡",《(崇祯)蔚州志》作"白家庄东西六堡",《(顺治)云中郡志》作"白家庄东西二堡",《(顺治)蔚州志》作"白家庄堡",《(乾隆)蔚州志补》作"白家庄后堡",《(光绪)蔚州志》作"白家后堡",《(民国)察哈尔省通志》作"白后堡"。

如今,村庄由新、旧两部分组成,村庄东南部为旧村,即城堡所在地;西北部为新村,新村的规模不如旧村,但规划整齐划一,为一条南北中心街布局。村民以苏姓为主(图 12.40)。

图 12.40　白后堡村古建筑分布图

二、城堡

（一）城防设施

据《(民国)察哈尔省通志》记载："白后堡，在县城西北十里，明天启三年四月土筑，高一丈三尺，底厚七尺，面积三十二亩，有门一，现尚完整。"[1]白后堡村堡今位于旧村中，城堡平面呈不规则形，周长约 942 米，开南门，20 世纪 60 年代开辟东门。堡内平面布局为南北主街结构（图 12.41）。

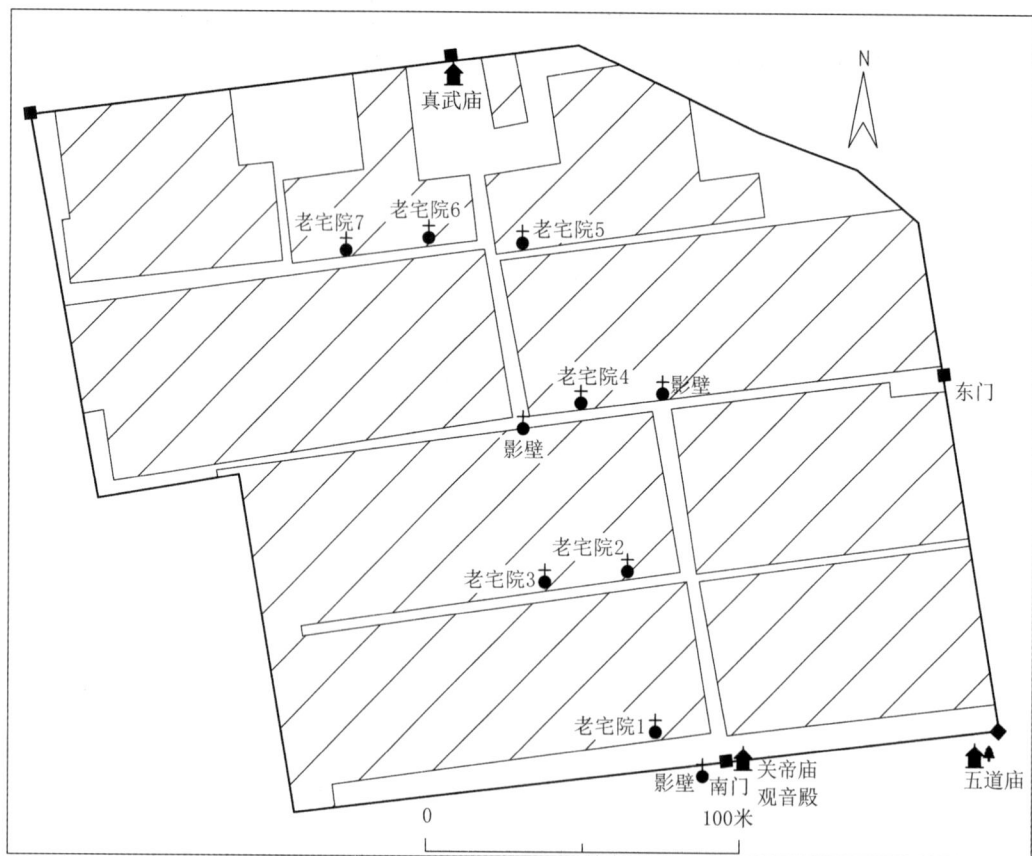

图 12.41 白后堡村堡平面图

城堡南门保存较好，通高 13 米，高大雄伟，砖石拱券结构，基础为条石砌筑，上面青砖起券（彩版 12-74～76）。外侧门券五伏五券，门券拱顶上方镶嵌 3 枚圆形砖雕门簪，门簪上方镶嵌石质门匾（拓 12.19），匾额上的文字分为上、下两层，即旧有刻字，后人在旧物之

---

〔1〕 宋哲元：《(民国)察哈尔省通志》，国家图书馆藏 1935 年铅印本，第 12 页。

上重新刻字。正题为"永镇门";右侧前款是刻在旧字之上,上层文字:"白家西庄西关堡重修";正题上方刻"天启叁年肆月吉日立";左侧落款也刻在原有的旧字之上,上层文字为:"天启三年四月吉立。"从匾中可以得知,白后堡于天启三年(1623)重修过。石匾两侧各有一块方形砖雕麒麟装饰,石匾之上罩有一座砖雕垂花门装饰。垂花门檐顶之下装饰五攒斗拱,其中两攒为柱头辅作,三攒为补间辅作,斗拱之间有卷草装饰,垂花门两侧为垂花柱,柱下端雕有寿桃。最为独特的是,在垂花门檐顶上方开有一道券窗,如此精美的南门楼,比起其他5座"白"字头堡子的堡门要气派许多。内侧门券亦为五伏五券,门券拱顶上方未镶嵌门簪,但有两个小型的孔洞,不知道作何用。堡门门洞内为拱券式。门内西侧为登城梯道,梯道口设随墙门,保存较好。顶部设有两个水嘴,四周修有护墙,顶部中央修建有关帝庙/观音殿。堡门门道原为自然石铺成路面,现为土路,两侧有条石路基。木门扇尚存,上半部原包铁皮、铆钉尚存,保存较好。门外西侧有新建的影壁。

拓 12.19　南留庄镇白后堡村堡南门门额拓片(蔚县博物馆　李新威　提供)

城堡东门位于中横街东街的尽头、东墙正中,砖砌门体,木梁架平顶结构,20 世纪60 年代开辟,因为堡内村民种地、打粮都在堡东,故辟门以方便进出(彩版 12-77)。如今堡东没有耕地而成为河道,村民改在堡西耕种,故堡门废弃。

堡墙均为黄土夯筑,保存一般。东墙长约 166 米,保存较差,墙体破坏严重,高 3～4 米,多坍塌成土垅状,墙体外侧为顺城小路、冲沟和树林,沟边多生活垃圾,沟内还有溪水,长满树木,墙体内侧为民宅。南墙长约 216 米,保存较好,墙体高大、宽厚,高 5～6 米,墙外为道路。南墙东段保存一般,墙体外高 3～6 米,内侧高 1～6 米,邻近南门的地方多倾斜、坍塌,南墙东段外为土路,路边有许多垃圾,内侧为顺城道路。南墙西段墙体内侧低薄,高 1～3 米,低于外侧高度,内侧为顺城道路和民宅。西墙长约 274 米,墙体保存较好,且受地形影响，墙体不直，中间有曲折，西墙外侧为一条浅冲沟，堡墙紧邻冲沟的边缘修建，因此外侧相对高，墙体外侧自身高 3～5 米。西墙北段正中有一豁口，豁口外为村委会。北墙长约 286 米，保存一般，墙体高 4～5 米，外侧坍塌成斜坡状，上面长有草木，墙体外侧为浅冲沟和树林，内侧为民宅。北墙中部设有 1 座马面，外立面包砖。北墙西段顶部宽约 1 米，保存较好。

东南角设 135°斜出角台，高 5～6 米，体量高大。西南角向内折弯。西北角设 90°直出角台，高 5～6 米，保存较好，体量较大，顶部有村委会安装的广播喇叭。东北角未设角台，而是根据地形修建成了斜边，外高 4～5 米，多坍塌成斜坡，保存较差。

（二）街巷与古宅院

堡内保存了明清原始格局，古街、古巷、古民宅，与周边环境风貌和谐统一，文脉相承。堡内民宅新旧房均有分布，土旧房较少，老宅院较多。堡南门内为宽阔的南北主街。主街受东北角地形的影响，并非一条直线，北部的主街略向西偏移，将南北主街分为南、北两段。此外，堡内有 4 条东西向的横街，分别为南顺城街、前横街、中横街、后横街，横街里面还有支巷，民居分布较复杂。

南顺城街　南墙西段墙体内顺城道路北侧有老宅院 1，保存较好，上面还有民国时期的彩绘和木雕装饰。

前横街　西街街道内共有 2 座老宅院：老宅院 2 和 3。老宅院 2 为广亮门，硬山顶，东侧山墙多坍塌，屋檐也有部分坍塌，梁架上尚存雀替装饰，门内墙壁上写有 1958 年扫盲规划。老宅院 3 大门为广亮门，卷棚顶，门内为一条巷子，尽头为二道门。

正街　正街两处转弯处各建一座影壁。一座位于南北主街和中横街交汇处（即南北主街南段北尽头）。影壁保存较好，单檐硬山顶，檐下砖雕有 17 攒密集的小斗拱装饰，斗拱下有一道饰有一排半朵菊花的枋额。一座位于中横街与南北主街北段交汇处，即北段主街南尽头，影壁结构简单，保存较好，无装饰。

中横街　老宅院 4 位于北侧，保存较好，宅门上有密集的木雕装饰，保存较好，门内为一进院。

后横街　后横街也是一条不直的街，东街和西街之间有错位，错位处正好是一处民宅的东山墙，于是在山墙上修建有 1 座神龛，下面还有泰山石敢当的石碑。东街有老宅院 5，保存较好。老宅院 5 内西厢房的后墙对后横街西街路口，修有一个神龛，下面立有泰山石敢当的石碑。后横街西街十分宽阔，路北有老宅院 6 和 7，均为随墙门。

三、寺庙

五道庙　位于城堡东南角外一株大柳树下，新建建筑。正殿依东南角而建，坐北面南,基础高约 1 米,全部为红砖修建,面阔单间,半坡顶,进深一椽。殿内壁画新绘。正壁绘有《五道坐堂议事图》,两侧分别为土地神、山神、捉妖小神、判官,以及 1 位持龙头拐杖随从,1 名持刀武将。小庙修建在一株高大的柳树边,颇有些镇住柳树精的意味。

真武庙 位于南北主街尽头的北墙内侧及北墙马面(庙台)上。原为一座独立的庙院,四周院墙与山门坍塌殆尽,仅存一堵南墙。庙台内侧建有砖砌台阶,中间长有一株榆树。台阶顶部残存有庙院,由前殿(过殿)、东、西耳房与东、西配殿及正殿组成。

前殿(过殿),位于台阶顶部,坐北面南,面阔三间(坐二破三式),硬山顶,屋檐有部分坍塌,前后墙体已塌。前檐额枋上还有清末民国时期的彩绘,保存一般。殿内东墙壁上嵌有一通道光四年(1824)石碑,碑文中记述了从嘉庆十年(1805)、十四年(1809)、十五年(1810),道光元年(1821)、三年(1823),乡民历次捐款置田、建庙的情况。前殿两侧耳房尚存,面阔单间,但坍塌严重。屋顶、墙体多有坍塌。

前殿之后为正殿—玄帝宫,正殿两侧各有一座面阔单间的耳房,耳房门窗无存,屋顶有局部坍塌,西耳房前凿有水井。正殿前两侧各建一座配殿。东配殿顶部坍塌,仅存墙体;西配殿屋顶、屋檐和后墙全部坍塌,破坏严重。

玄帝宫,坐北面南,面阔单间,硬山顶,进深五架梁。门窗无存。殿内梁架上多保存有清末民国时期的彩绘,顶部脊檩上有彩绘《八卦图》,正面墙皮已脱落,但两侧壁画尚存。两侧壁画为连环画形式,各 4 排 9 列,36 幅,总共绘有 72 幅残画。从颜色上看,其是清末民国时期的作品。由于长期风化与顶棚漏雨,加之壁画表面涂刷有白灰浆,壁画已严重受损,画面模糊不清。但部分绘画榜题尚可辨认,部分榜题上还有其他题字。山尖壁画保存较好。

东山墙

焚香月光	金阙化身	五龙汲水	经书点会	辞亲出家	□□□□	□去水□	□□□□	□□□□
□□□□	□□□□	□□□□	□□□□	□□□□	□□□□	□□□□	□□□□	□□□□
□□□□	□□□□	□□□□	□□□□	□□□□	二□点化	三□□□	□□□□	□□□□
□□□□	□□□□	朱宝献上	□□□□	三圣显像	□□□□	□□□□	□□□□	(画毁)

西山墙

□□□□	□□□□	□□□□	□□□□	□□□□	□□□□	□□□□	□□□□	□□□□
□□□□	□□□□	□□□□	施经救灾	□□□□	火□□□	□□□□	□□□□	□□□□
□□□□	□□□□	□□□□	□□□□	王氏□□	□□□□	□□□□	□□□□	□□□□
□□□□	□□□□	□□□□	□□□□	□□□□	□□□□	□□□□	□□□□	□□□□

从残存的绘画榜题与残画中的人物形象来看，东壁东北角第1排第1列为连环画的起始，至第5幅太子"辞亲出家"开始修行。第3排第1列，图中为众人送行，代表着太子修行结束。第3排第1列出现了真武持剑的形象，这其中还有太子与真武形象混于一起的，至第4排第5列为"三圣显像"。

西壁榜题皆模糊不可辨认，图中人物多也不清，但第1排第8列为真武坐北极宫形象，应为结尾部分，因此西北角的第1排第9列应为最后1幅画。

关帝庙/观音殿　位于堡南门顶，堡门内西侧有台阶可登顶。正殿面阔单间，硬山顶，进深五架梁中墙前后分心式。南侧殿为"武圣府"，村民称为关帝殿；北侧殿为"无晶宫"，村民称为倒座观音殿。

关帝殿中壁画新绘。正面为《关帝坐堂议事图》，正中为关帝，两侧分列侍童、周仓、关平等；两侧山墙壁画为连环画形式，3排3列，榜题位于每幅画的顶部，有序号，画的排列顺序为竖排。竖排排列法为现代人不守规矩造成。

东山墙

宴桃园豪杰三结义	虎狼关三英战吕布	白马坡解围报曹公
斩黄巾英雄首立功	纯土山关公约三事	谢曹操受赤兔恩点
泗水关酒温斩华雄	破离奸隔壁观春秋	粘辞曹书挂印封金

西山墙

美髯公千里走单骑	关云长奉命守荆州	中毒箭神医救关羽
斩蔡阳兄弟重豪会	关公东吴单刀赴会	走麦城武圣人归天
取长沙义收黄汉升	关云长放水淹庞德	玉泉寺关公显圣灵

第二十七节　白南堡村

一、自然环境与人文历史

白南堡村，位于南留庄镇东南4公里处，属丘陵区，村庄选址修建在平地之上，周围地势平坦，一马平川，为黏土质，辟为大面积的耕地，村东不远处为沙河，原为古河道，内有小溪，还长有不少树木。1980年前后有441人，耕地1430亩，曾为白南堡大队驻地。

相传，约五百年前（明成化年间）建村于白家庄村南，故取名白家庄正南堡，1949年简化为白南堡。村名可考的历史最早见于《（正德）大同府志》，作"白家庄堡"，《（崇祯）蔚州志》作"白家庄东西六堡"，《(顺治)云中郡志》作"白家庄东西二堡"，《(顺治)蔚州志》作"白家庄堡"，《(乾隆)蔚州志补》作"白家庄宁家堡并小南堡"，《(光绪)蔚州志》作"白家南宁堡"，《(民国)察哈尔省通志》作"白南堡"。

如今，白南堡位于白南场南侧。白南堡村和白宁堡村已连接在一起，为一大片村庄。白南堡村分为新、旧两部分，旧村即为城堡所在地，位于整个村庄的最北部，城堡的西、北面为白宁堡村的新村；南面为白南堡新村，且分为 2 个部分，中间有浅冲沟阻隔，村庄规模较大，居民较多。村民以王姓为主(图 12.42)。

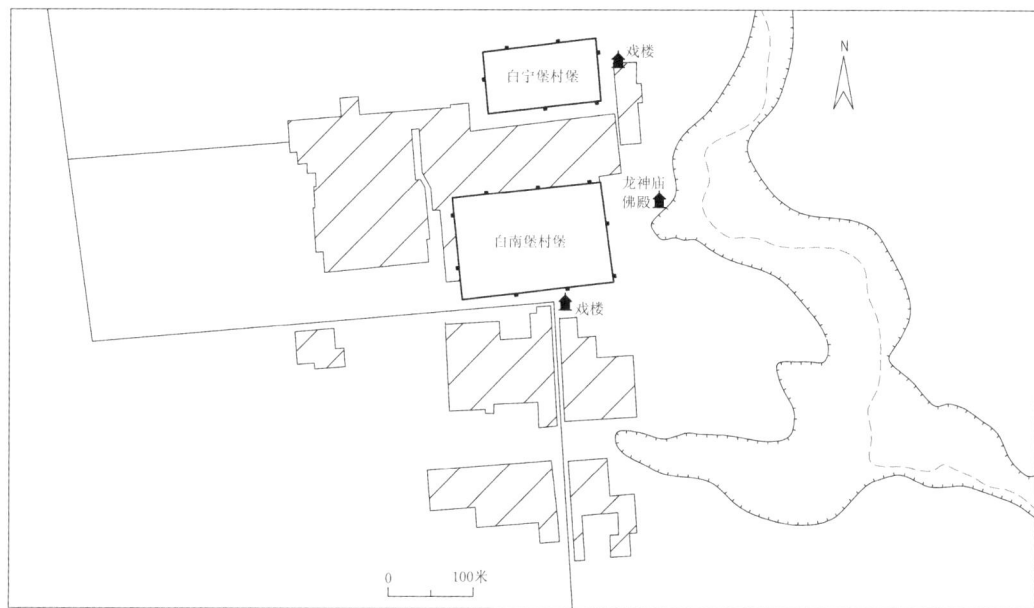

图 12.42　白南堡村、白宁堡村古建筑分布图

二、城堡

据《(民国)察哈尔省通志》记载："白南堡，在县城西北十里，土筑，高一丈二尺，底厚七尺，面积十二亩五分，有门一，清乾隆四年重修，现尚完整。"[1] 白南堡村堡今位于旧村中，城堡平面呈矩形，周长约 582 米，开南门，堡内平面布局为丁字街结构(图 12.43)。

城堡南门为砖石拱券结构，南门已修缮，表面涂有青灰色的涂料，门洞亦修复，条石基础外包水泥，砖券门洞(彩版 12-78、79)。外侧券三伏三券，门券拱顶上方镶嵌 3 枚圆形门簪，门簪上方镶嵌砖制阳文门匾，正题"正南堡"，门匾两侧各镶嵌有 1 块方形麒麟砖雕装饰。门匾上方安装有路灯照明，门顶南侧有 2 个排水孔。南门内侧门券亦为三伏三券，门券拱顶上

---

〔1〕 宋哲元：《(民国)察哈尔省通志》，国家图书馆藏 1935 年铅印本，第 12 页。

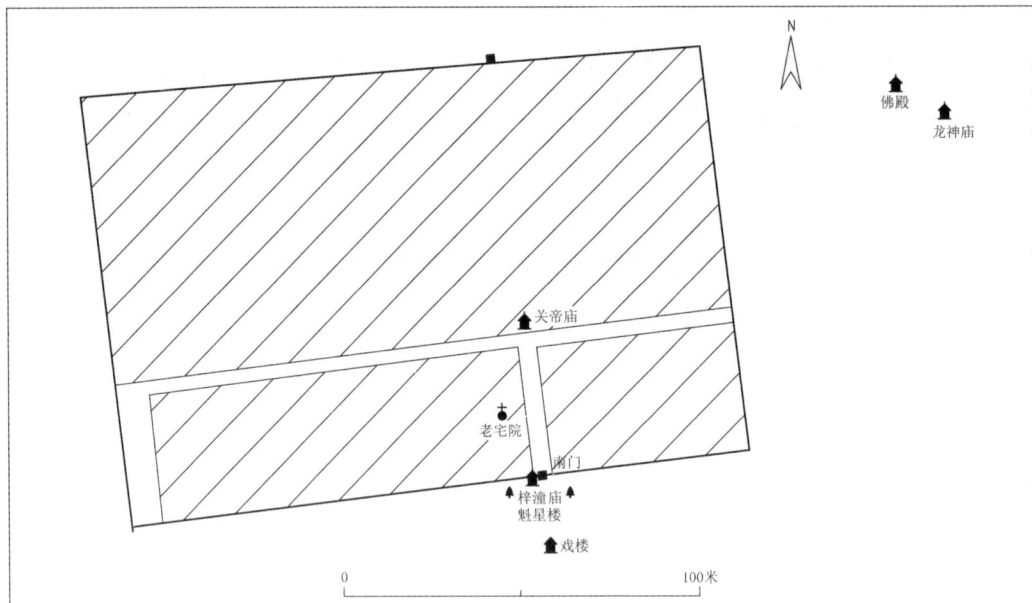

图 12.43　白南堡村堡平面图

方镶嵌有石质门匾（拓 12.20），正题"聚龙"，左侧落款为"乾隆十四年重修"。门券内顶部为拱券式，门扇无存。门内西侧为堡门登顶通道，呈南北向，青砖修砌的台阶通道，较窄，为旧构，未修缮。门顶地面条砖铺墁，四周修有护墙，门顶中部修有梓潼庙/魁星楼。顶部空间很小，庙占据了大部分空间。堡内为南北主街，水泥路面，主街东侧为村委会大院。门外两侧设方形护门墩台，已修缮，通体包砖，顶部修建垛口，墩台正面为村务公开栏。门外有 2 株大柳树。

拓 12.20　南留庄镇白南堡村堡南门内侧门额拓片（蔚县博物馆　李新威　提供）

堡墙均为黄土夯筑,保存一般。东墙长约 111 米,墙体修在冲沟边上,利用了冲沟台地,外侧总高 4～5 米,墙体自身仅存 0～2 米高的基础,破坏严重,上面修建民宅,外侧为浅冲沟和荒地,东墙外偏北修有龙神庙。南墙长约 177 米,仅存 2～3 米高的基础,破坏严重,墙内为顺城道路。南墙西段墙体仅存基础,墙体低薄,高 0～4 米,内侧为民宅,外侧为水泥路。西墙长约 119 米,墙体断断续续,高 0～3 米,破坏严重,墙体内外均为倚墙修建的民宅,墙外为白宁堡新村。北墙长约 175 米,墙体断断续续,低薄,多坍塌,破坏严重,高 0～3 米,内侧为民宅,外侧为荒地和顺城路,北墙内外侧有不少高大的树木。北墙偏东设有 1 座马面,保存较差,高 4 米,体量小,马面与关帝庙、南门分布在一条轴线上。

东南角仅存转角,高 3～4 米,坍塌成土堆。西南角未设角台,仅为转角,高 3 米,保存较差,多坍塌。东北角坍塌无存,高 3 米,上面长有树木。

堡内民宅以土旧房为主,多废弃、坍塌,一片断壁残垣的景象,老宅院较少。老宅院 1 位于南墙西段内侧,两进院,已经废弃,前院的房屋多倾斜坍塌,院内长有不少草木。

三、寺庙

戏楼 位于白南堡南门外,坐南面北,对面隔街为堡门楼,门顶面南为梓潼庙,堡门楼内正对为关帝庙,故该戏楼应为堡内关帝庙戏楼。戏楼面阔三间,六檩卷棚顶,砖石台明高 1.2 米,外立面包砖,顶部为水泥地坪,戏楼正面采用土坯墙堵砌,西侧开门,改造为村委会库房。戏楼内壁画和彩绘装饰无存。

梓潼庙/魁星楼 位于南门顶,面阔单间,进深一间,呈正方形,歇山顶(彩版 12-80)。梁架结构颇为古朴,普柏枋、阑额用材规矩,梁架上有象出头木雕,彩绘无存。殿内面南为梓潼,面北为魁星,壁画仅存山尖部分。

关帝庙 位于堡内南北主街正中,丁字路口北侧,正对南门(彩版 12-81)。庙院坐落于砖砌台明上,整体坐北面南,院墙残塌,山门尚存,门前立有两根高高的旗杆。院墙只有南墙尚存,表面新刷青灰色涂料,其他三面已塌,庙院已经废弃,里面长满了杂草。山门为随墙门,硬山顶,券形门洞。拱形门顶上嵌有一块砖雕门匾,上刻阳文"信义宫"三字。其上还有一块砖,表面刻有阳文"光绪二年修",门匾两侧各有一只圆形砖雕门簪,门簪立面雕有"寿"字。门外设有条石台阶。

正殿,坐北面南,面阔三间,硬山顶。门窗尚存,殿正门木雕精致,门顶是两只腾在波浪上的祥龙,再下一层是由 6 朵菊花组成,门框两侧由瓶与花草组成一组图案。两侧山墙各有一组葫芦形的山花,由草叶所组成。殿内曾改造为猪圈,修建有隔墙,如今殿中已空无一物,内壁表面涂抹白灰浆,壁画受损,顶部做吊顶(已经坍塌)。正面墙下砌有供台,由砖雕方形砖砌筑。

龙神庙 位于堡东墙外浅冲沟中一块独立的台地上,处于溪水的西岸。庙院开门较多,曾改作为学校,由于南侧台地边缘较窄,学校在西侧辟门。西门为近代建筑风格的大门,门前有砖砌高台阶。西北角也开有小门,是为后门。东南门为寺庙正门,保存较好,随墙门,悬山顶,门楼檐下斗拱、垂花柱仿木砖雕较为精致。檐下七攒砖雕斗拱,两侧各有一根垂花柱,垂花柱下饰有方形砖雕麒麟。门扇无存。门内西侧有钟鼓亭,保存较好。钟鼓亭西侧有房屋遗址,坐南面北,面阔两间,顶部坍塌,仅存墙体。屋内墙壁上镶嵌有道光五年(1825)的《金装佛像油洗禅房卧碑记》,横向石碑,保存较好,碑文叙述了金装佛像油洗禅房前卖地捐资的经过,以及捐资人名单。碑文中未提龙神庙之事。

庙院内为砖铺地面,房屋较多,多坍塌、废弃。由于庙院改作为学校,殿内建筑多已改造。西北角门内东侧为佛殿,面阔三间,屋顶完全坍塌,仅存三面墙体。龙神庙正殿位于佛殿的东侧,殿宇多坍塌废弃,门窗无存,仅存框架,殿内墙壁表面涂刷白灰浆,壁画和彩绘无存。

门神龛 位于南门外东侧,是由突出的门颊上砌出的长方形小龛,坐东面西,内供门神。

马神龛 位于南门外西侧,是由突出的门颊上砌出的长方形小龛,坐西面东,内供马神。

第二十八节 白 宁 堡 村

一、自然环境与人文历史

白宁堡村,位于南留庄镇东偏南 3.9 公里处,属半丘陵区,村庄选址修建在平地之上,周围地势平坦开阔,一马平川,为黏土质,辟为大面积耕地。村东面不远处为沙河,河道里长有树林,还有小溪,北为下广公路。1980 年前后有 314 人,耕地 1 077 亩,曾为白宁堡大队驻地。

相传,五百年前白家庄一宁姓居民迁此建村,故名白家庄宁堡,1945 年更名为白宁堡。村名可考的历史最早见于《(正德)大同府志》,作"白家庄堡",《(崇祯)蔚州志》作"白家庄东西六堡",《(顺治)云中郡志》作"白家庄东西二堡",《(顺治)蔚州志》作"白家庄堡",《(乾隆)蔚州志补》作"白家庄宁家堡并小南堡",《(光绪)蔚州志》作"白家南宁堡",《(民国)察哈尔省通志》作"白宁堡"。

如今，村庄位于白南堡北侧，村庄分为新、旧两部分。旧村即为城堡所在地，位于整个村庄的东北角。城堡南、西南面围新村，新村规模较大，人多，以新房为主，规划整齐划一。居民以刘姓为主。白宁堡原为白家庄堡，是这一带六座"白"字头堡的源头（图12.42）。

二、城堡

（一）城防设施

据《（民国）察哈尔省通志》记载："白宁堡，在县城西北十里，明洪武三年土筑，高一丈三尺，底厚七尺，面积十一亩五分，有门一，现尚完整。"[1]白宁堡村堡位于旧村中，城堡平面呈矩形，周长约408米，开东门，堡内平面布局为东西主街结构（图12.44）。

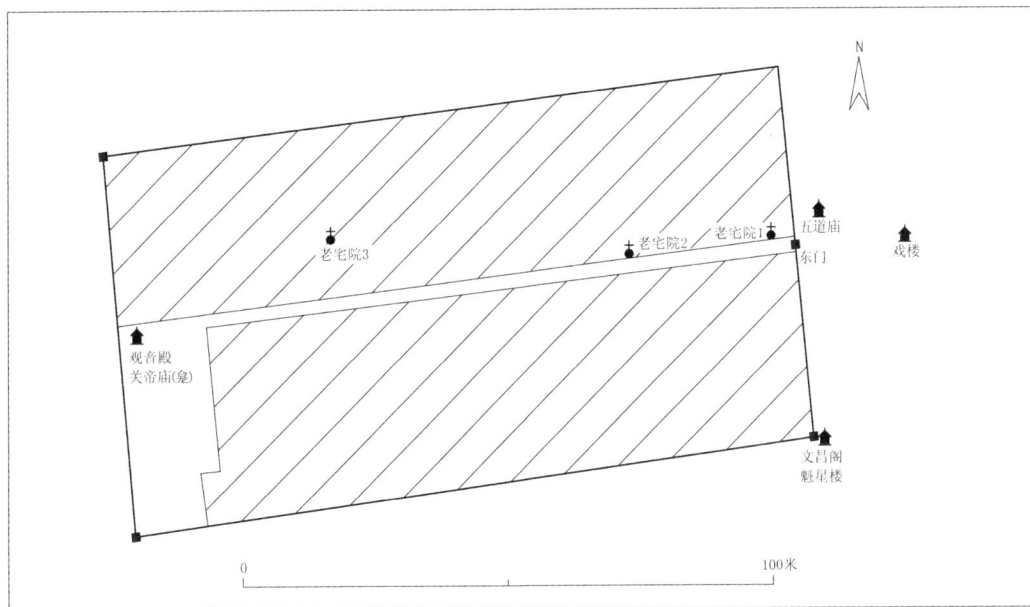

图12.44　白宁堡村堡平面图

城堡东门保存较好，砖石拱券结构，基础为条石砌筑，上面青砖起券（彩版12-82）。外侧门券为五伏五券，出二层伏檐，门券拱顶上方镶嵌有3枚砖雕门簪，中间为方形，两侧为圆形，门簪外侧包有4瓣砖雕花叶。门簪上方镶嵌黑色石质门匾（拓12.21），正题"白家庄堡"，左侧落款为"弘治十四年秋月"，证实了乡民所云白宁堡早于其他5座"白"字堡的说法。石匾两侧各饰有一块狮子、麒麟砖雕装饰。东门内侧门券亦为五伏五券，门券拱顶上方镶嵌有石质门匾（拓12.22），正题"阜安"，同时表面画有黄色的五角星图案。门内顶部

[1]　宋哲元：《（民国）察哈尔省通志》，国家图书馆藏1935年铅印本，第12页。

为拱券顶，门道为自然石铺成的路面，木门扇尚存，门道北壁上镶嵌有一通乾隆三十四年（1769）修缮堡门的碑记（拓 12.23），保存一般，碑文可释读，大意为堡门年久坍塌，乡民们卖树、捐资重修堡门。门顶部已维修，并立有电线杆。堡门内为东西主街，东西主街西端建观音殿一座，与东堡门相对。门外对面为戏楼，东门南侧有一座大影壁，东门北侧建有一座五道庙。

拓 12.21　南留庄镇白宁堡村堡东门外侧门额拓片（蔚县博物馆　李新威　提供）

拓 12.22　南留庄镇白宁堡村堡东门内侧门额拓片（蔚县博物馆　李新威　提供）

拓 12.23　南留庄镇白宁堡村堡东门门洞内北壁乾隆三十四年
修白宁堡门碑记拓片(蔚县博物馆　李新威　提供)

　　堡墙均为黄土夯筑,保存一般。东墙长约 72 米,保存较差,墙体低薄,多坍塌,高 2～5 米,顶部宽约 1 米,内侧为民宅,外侧为荒地和道路。南墙长约 133 米,墙体多坍塌,现存墙体低薄,高 2～5 米,外侧为荒地和顺城道路。西墙长约 71 米,保存较差,墙体多坍塌成斜坡状,外总高 2～5 米,墙体现存自身高 0～2 米,破坏严重,墙体中部设有马面(庙台),顶部修建有观音殿。北墙长约 132 米,墙体高 4～5 米,墙体高薄,多坍塌,墙体外侧多坍塌成斜坡状,但是整体地势高,保存相对高大,内侧为民宅,外侧为树林和荒地。

　　东南角设为 90°直出角台,高 10 米,几乎为原高,高大雄伟,保存较好,蔚为壮观,角台上修建有文昌阁/魁星楼(彩版 12-83)。西南角设 90°直出角台,高 5 米,保存一般。西北角设 90°直出角台,保存较好,高 4～5 米。东北角未设角台,仅为转角,外侧总高 6 米,转角高 4 米,保存较好。

　　(二)街巷与古宅院

　　堡内众多古民居、古街巷保持了明清以来的原始格局,文脉相承。民宅以土旧房为主,新房很少,老宅院少,居民少。

　　老宅院 1　位于正街北侧,随墙门,平顶门洞。

老宅院 2　位于正街而北侧,广亮门,卷棚顶,一进院。

老宅院 3　位于正街北侧,一进四合院布局,随墙门,平顶门洞。

三、寺庙

文昌阁/魁星楼　位于堡东南角台上,角台高 10 米,楼高 3 米,面阔单间,硬山顶,进深五架梁出前檐廊,前后分心中墙式(彩版 12-84)。文昌阁面南,占一椽半;魁星楼面北,占二椽半。西墙上的南北挑檐木已经连贯在一起。

文昌阁内壁画保存较好,虽然表面曾涂刷白灰浆,但壁画色彩较艳。蔚县境文昌阁壁画现存较少,弥足珍贵。

魁星楼内残存塑像基座,两侧墙壁表面涂刷有白灰浆,残存有部分壁画,漫漶不清。山尖绘画残存。顶部脊檩上有彩绘《八卦图》。在魁星楼内檐下的枋上嵌有一块乾隆三十三年(1768)的《文昌阁魁星楼施金善人开列于左》的木板,正面采用墨书题写布施功德榜,从善人名单看,多为女性村民。

戏楼　位于城堡东门外对面,保存较好,戏楼坐东面西,正对东堡门,戏楼为单檐六檩卷棚顶,面阔三间,砖砌台明后高 1.7 米,前高 1.2 米,戏楼前檐为土坯墙封堵,南侧设门,改作库房(彩版 12-85)。前檐额枋尚存彩绘,明间彩绘枋心金龙,次间双凤楼阁,青绿沥粉金线。戏楼内放置三口棺材并堆放杂物,前后台间隔扇尚存,隔扇上的走马板残存彩绘,为清末民国时期的作品,表面涂刷白灰浆,画面漫漶。戏楼内墙壁上的壁画多为白灰浆覆盖,南、北壁上为屏风壁画,每面 4 条屏,工笔细腻。南墙壁画上张贴有 2 幅 1938 年的蔚县县公署的公告。

戏楼后壁(东壁)绘有麒麟望日,此外,戏楼内墙壁上还留存数处道光、光绪年间的题壁,还有 1 处为暖泉和义班的题记。

五道庙　位于东门外北侧,坐北面南,面阔单间,硬山顶,进深四架梁。庙前地面铺有多通石碑,正殿门窗无存,殿内三面墙壁还有壁画残存,但表面曾涂刷白灰浆,漫漶不清。壁画仅存上半部分,下半部分为修补的黄泥。正壁虽仅残一半,但仍可以辨认内容,绘有《五道坐堂议事图》;正中为五道神;东侧有 2 位武将,外侧为山神,山神下角为判官;西侧有 1 位文官与 1 位武将,外侧为土地神,土地神下角的捉妖武将已毁。两侧山墙壁画受损更重,已难以看清内容。

观音殿　位于堡内东西主街西尽头、堡西墙马面(庙台)上,庙台高 6 米,外立面包砖(彩版 12-86)。观音庙位于城堡高台者较为少见。目前庙院仅存山门、大殿、钟鼓亭、南北耳房,庙院空间狭小,房屋多倾斜,庙院整体坐西面东。庙台前设砖砌高台阶,保存较好,台阶顶部为山门,山门为随墙门,硬山顶,券形门洞。山门内两侧为悬山顶四柱三架梁钟、鼓二亭,保存较好。庙院中长有一株榆树。正殿坐西面东,面阔单间,硬山顶,进深六架梁出前檐廊。门窗仅存框架,屋顶多有坍塌。殿内外梁架上还有清末民国时期的彩绘装饰,顶部脊檩上有彩绘《八卦图》,殿内未施壁画,四周施以悬塑,为清末民国时期的作品,表面多氧化成黑色。虽在"四清"时期遭破坏,但四周山云造型尚存。观音殿不是以壁画,而是通过泥塑展示云、山、水等佛教的世界。这在蔚县众多寺庙中比较少见。正殿两侧各有1座面阔单间的耳房,已废弃。

关帝庙(龛) 位于观音殿正殿北耳房后墙中部外立面上,作龛状,坐东面西,面阔单间,龛内原有塑像,供奉的是立马关公,毁于"四清"时期。庙对面原为坟地,在此作龛建庙起镇邪之用。

第二十九节 大饮马泉村

一、自然环境与人文历史

大饮马泉村位于南留庄镇东南 2.4 公里处,属丘陵区,选址修建在平川之上,南临沙河,周围地势平坦,一马平川,为黏土质,辟为大面积的耕地。1980 年前后有 900 人,耕地2 746 亩,曾为大饮马泉大队驻地。村东有龙虎崖,明嘉靖宣大总兵、镇朔将军一代名将——马芳死后葬于此村东。

相传,明嘉靖五年(1526)建村,因此地有泉水,人们常来饮马,因此取村名饮马泉。后成两个村,据两村之大小,取名大饮马泉。村名可考的历史最早见于《(崇祯)蔚州志》,作"西饮马泉堡",《(顺治)蔚州志》作"饮马泉堡",《(乾隆)蔚州志补》作"大饮马泉",《(光绪)蔚州志》《(民国)察哈尔省通志》沿用。

如今,村庄分为新、旧两部分。南面为旧村,为城堡所在地,旧村又分为三个独立的部分。北面为新村,双南北主街结构,民宅以新房为主,规划整齐,居民较多(图 12.45)。

二、城堡

据《(民国)察哈尔省通志》记载:"大饮马泉堡,在县城西北十五里,明嘉靖五年土筑,清乾隆十年重修,高一丈五尺,底厚六尺,面积三十亩,有门一,现尚完整。"[1]大饮马泉村堡今位于旧村中,城堡平面呈矩形,周长约 694 米,开南门,堡内平面布局为十字街结构(图 12.46)。

---

〔1〕 宋哲元:《(民国)察哈尔省通志》,国家图书馆藏 1935 年铅印本,第 12 页。

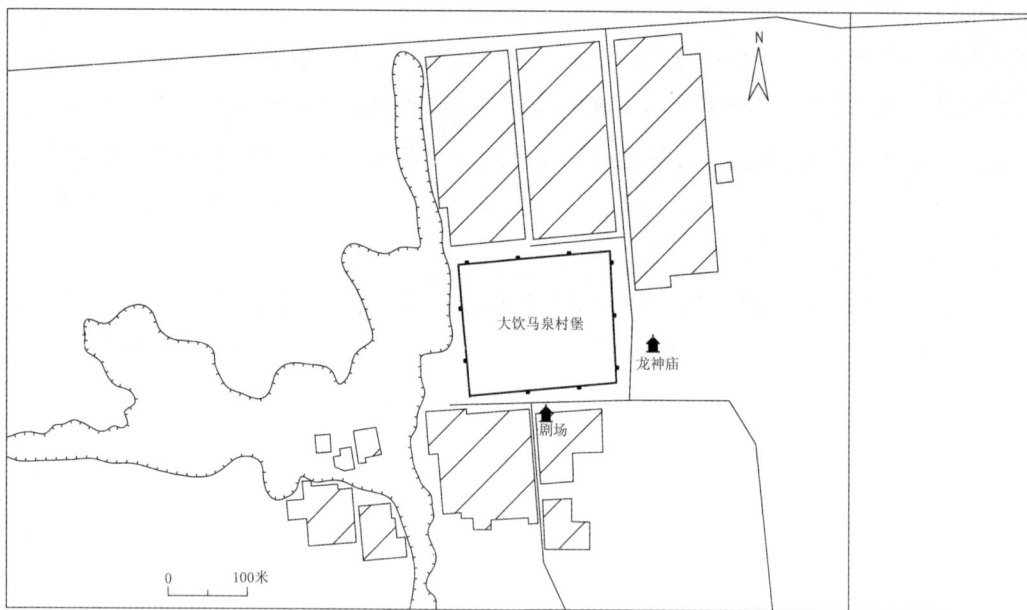

图 12.45　大饮马泉村古建筑分布图

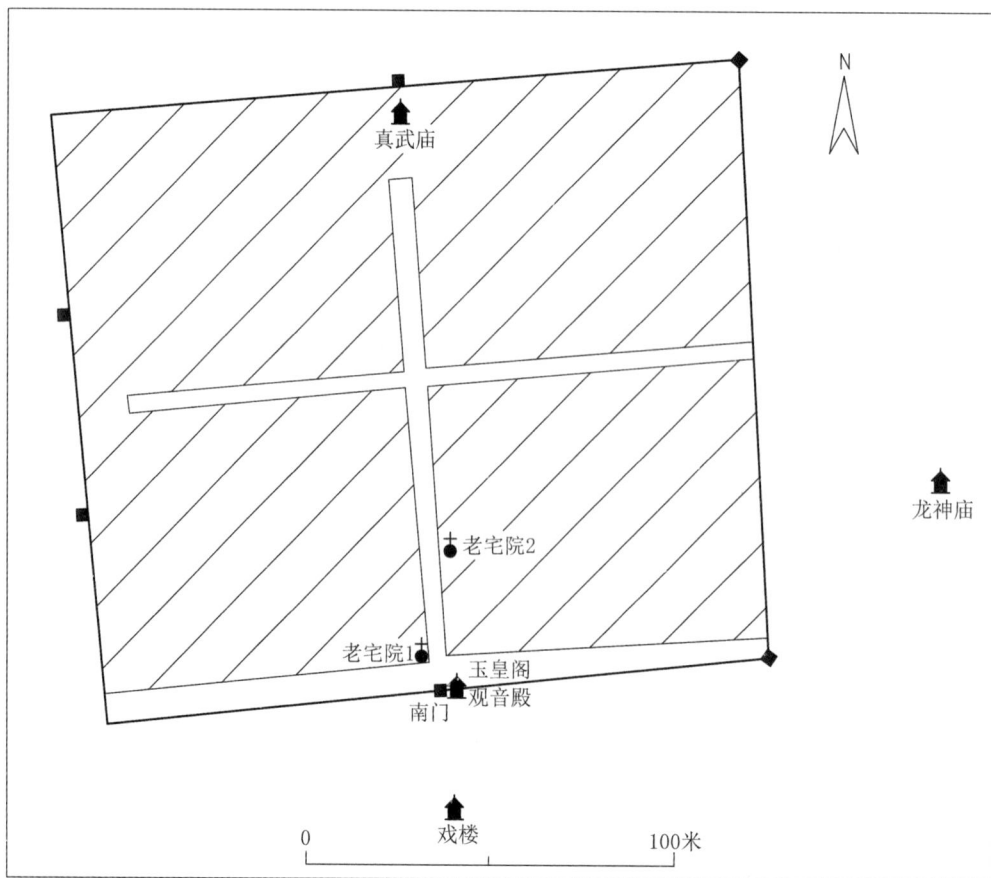

图 12.46　大饮马泉村堡平面图

城堡南门楼建筑雄伟高大,保存较好,砖石拱券结构(彩版12-87)。基础为条石砌筑,上面青砖起券,外侧门券三伏三券,门券拱顶上方镶嵌有3枚门簪的痕迹,门簪上方镶嵌有石质门匾(拓12.24),正题行书"饮马泉堡",左侧前款为"嘉靖伍年六月贰拾伍日创修",右侧落款为"乾隆拾年岁次乙酉□月重修"。门匾两侧各有一块砖雕,皆为人物形象,而不是常见的动物与花草,西侧为外出求学,东侧衣锦还乡,老者手指太阳,寓意"衣锦还乡,指日可待"。内侧门券亦为三伏三券,门券拱顶上方镶嵌石质门匾,正题阴刻"永宁门",门匾两侧各有一块砖雕,一侧为喜鹊枝头,另一侧人与羊。寓意"欢天喜地,一路平安"。堡门内顶部为拱券顶,门道为自然石铺成的路面,门扇尚存,木板表面包有铁皮、门钉。门洞内东西两侧内墙各嵌1通石碑。东侧为乾隆三十年(1765)《重修碑记》[1],碑文简单记述了重修堡门的必要性,后面是捐款人名单;西侧碑内容承接东侧碑,前部是捐款人名单,后面是经理人、石匠、泥匠等的名单。门内东侧设登楼暗台阶,门顶修建有三官庙/玉皇庙,四周为新修的护栏。南门内主街为水泥路,门外正对20世纪七八十年代修建的剧场。

拓12.24 南留庄镇大饮马泉村堡南门门额拓片(蔚县博物馆 李新威 提供)

堡墙均为黄土夯筑,保存较差。东墙长约159米,破坏严重,墙体低薄、断续,多倾斜、坍塌,高低起伏不平,墙体高1～4米,内侧为民宅,外侧面为荒地和水泥路,墙外有小片杨树林。南墙长约183米,东段墙体保存较差,墙体低薄、断续,多坍塌,形成平地,墙体外侧高2～5米,内侧高0～3米,内侧为顺城道路。南墙西段保存相对较好,墙体高薄,高6～7米,外侧为顺城水泥路。西墙长约163米,保存一般,墙体低薄,墙内侧为民宅,外侧为荒地和树林,墙上设有2座马面。北墙长约189米,东段墙体破坏严重,墙体低薄,多坍塌,高0～4米,内侧为民宅,外侧为荒地和水泥顺墙路。北墙中部设马面1座,为真武庙

―――――――――

〔1〕 邓庆平:《蔚县碑铭辑录》,广西师范大学出版社,2009年,第364、365页。

庙台。

东南角设 135°斜出角台,高 6～7 米,几乎为原高,保存较好。西北角台尚存。东北角设 135°斜出角台,高 4 米,破坏严重,保存较小。

堡内民宅以新旧房为主,老宅院较少。老宅院 1,位于南墙西段内侧,保存较好。老宅院 2 位于正街东侧,保存较好,门内有影壁,墙壁上写有毛主席语录。

三、寺庙

玉皇阁/观音殿　位于堡南门顶,已修缮,正殿面阔三间,硬山顶,进深五架梁中墙前后分心式,面南为玉皇阁,面北为观音殿。

真武庙　位于北墙内侧及马面顶部,高台建筑,俗称北庙,与南门相对,因其南门楼为玉皇阁,真武庙的建筑规模等级位居第二。庙台与台阶已修缮,甃以红砖。庙院院内尚存前殿与正殿。前殿为新建建筑,坐落于南北主街尽头即北墙内侧的砖砌台明上,台明高 1.2 米,面阔三间,六檩卷棚顶,后墙中间辟门,后门楣上嵌有一块砖匾,上雕"玄帝宫"3 字,落款已被泥土覆盖,勉强可认清"乾隆岁次□□年□月□旦立"。前殿北为渐次增高的砖砌台阶,由此向上进入真武庙院。正殿位于北墙高大的庙台之上,庙台高 6 米,坐北面南,面阔单间,硬山顶,进深三架梁出前檐廊,正殿墙体为旧构,但殿内壁画无存。

龙神庙　位于堡东墙外的台地上,庙院坐落在高 1.5 米的庙台之上,正对着一条河流,院内地面残砖铺墁。寺庙整体坐北面南,仅存一座正殿。正殿坐北面南,面阔三间,硬山顶,进深五架梁出前檐廊,前廊西墙下有面然大士龛。正殿门窗无存,殿前有碑座和碑首,殿内墙壁涂刷白灰浆,壁画尽毁,山尖壁画尚有残存,破坏严重。

第三十节　小饮马泉村

一、自然环境与人文历史

小饮马泉村,位于南留庄镇东南 4.6 公里处,属平川区向丘陵区过渡的地带,北邻 S342 省道,村东、南、西临有沙河,地势平坦,为黏土质,周围辟为耕地。沙河在历史上为一条古河道,现已干涸。1980 年前后有 918 人,耕地 3 012 亩,曾为小饮马泉大队驻地。

相传,明嘉靖五年建村,因此地有泉水,人们常来饮马,故取名饮马泉。后成两村,遂据村之大小,该村取名为小饮马泉。村名可考的历史最早见于《(崇祯)蔚州志》,作"东饮马泉堡",《(顺治)蔚州志》作"饮马泉堡",《(乾隆)蔚县志》作"小饮马泉",《(乾隆)蔚州志补《(光绪)蔚州志》《(民国)察哈尔省通志》沿用。

如今,村庄分为新旧两部分,旧村位于东北部,新村位于西南部,村庄规模大,居民多。村堡内保存有众多的古建筑、古街巷、古民宅,完整的明代街市格局,文脉相承,环境完好(图 12.47)。

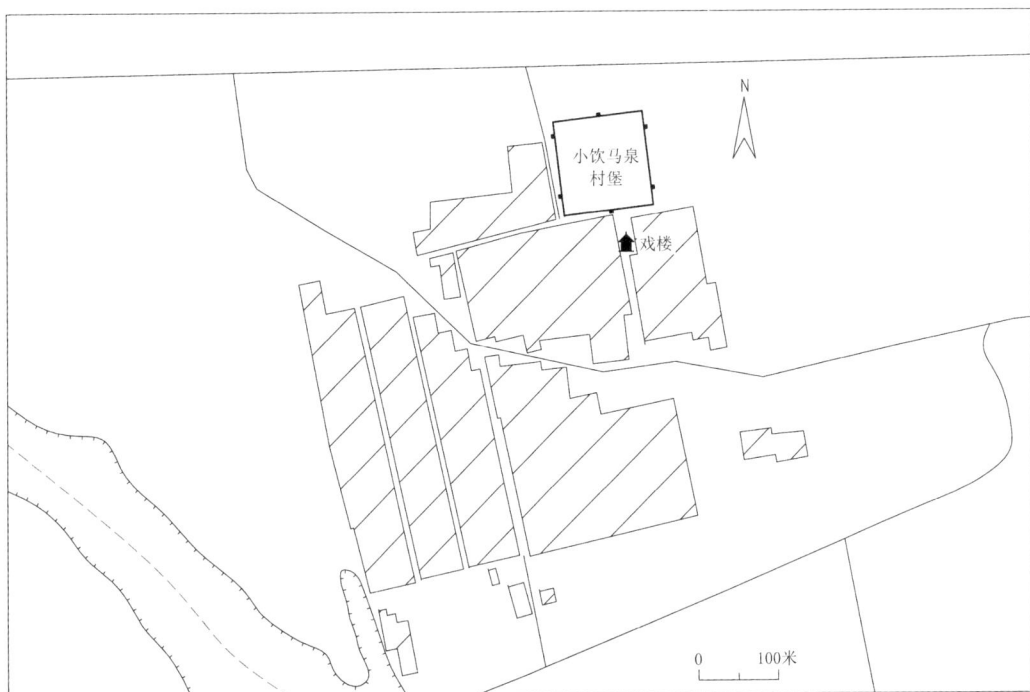

图 12.47　小饮马泉村古建筑分布图

二、城堡

(一)城防设施

据《(民国)察哈尔省通志》记载:"小饮马泉堡,在县城西十里,明嘉靖五年三月土筑,高一丈二尺,底厚六尺,面积十二亩五分,有门一,现尚完整。"[1]小饮马泉村堡今位于旧村东北部,城堡平面呈矩形,周长约 452 米,开南门,堡内平面布局为十字街结构(图 12.48)。

城堡南门位于堡南墙正中,保存较好,砖石拱券结构,基础为条石砌筑,上面青砖起券(彩版 12-88、89)。外侧门券三伏三券,门券拱顶上方无装饰,仅镶嵌有石质门匾(拓 12.25),正题"保宁",阴刻双勾,右侧前款"大明国",左侧落款为"嘉靖伍年柒月吉旦立"。

─────────

〔1〕 宋哲元:《(民国)察哈尔省通志》,国家图书馆藏 1935 年铅印本,第 11 页。

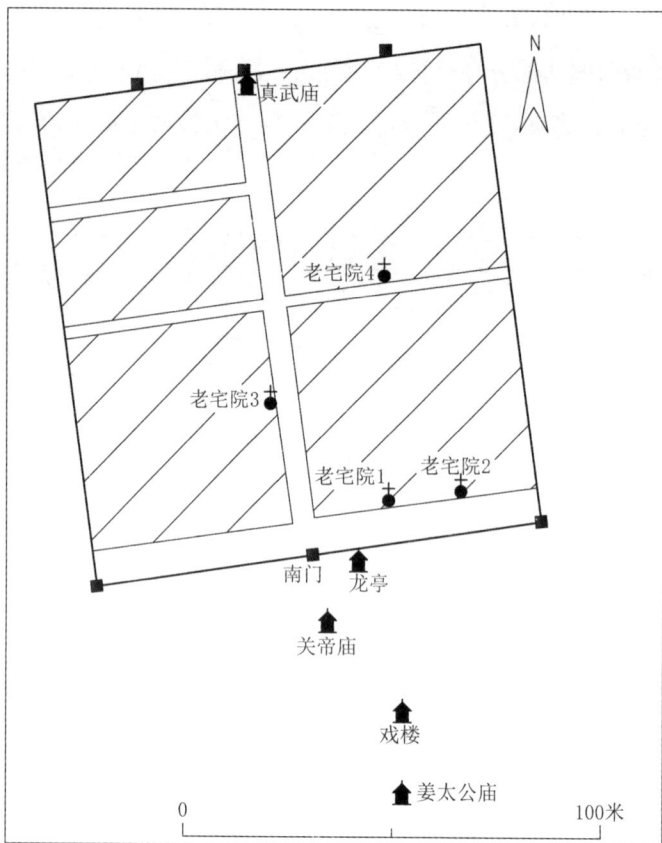

图 12.48　小饮马泉村堡平面图

内侧门券与外券相同,拱顶上也镶嵌有 1 块石匾(拓 12.26),正题"安宁",阴刻双勾,右侧前款:"大清国",下面可见小字"饮马泉堡"及许多人名,风化严重,漫漶不清。左侧落款"雍正拾□年□月重修吉日"。上部出错缝牙子二层。门顶四周重修花栏墙,立有电线杆。门券内顶部为拱券,门道为自然石铺墁,尚存车辙印,门扇无存。门内为中心街,正对真武庙。门外两侧设方形护门墩,并贴有楹联,上联:"蛇舞三春万象新",下联:"龙腾盛事千年瑞";横批:"蛇年大吉"。门外东侧有一座影壁,现改为村务公开栏,影壁坐北面南,面阔单间,硬山顶,檐下饰有仿木砖雕檩、枋等,两侧砖雕枙头,枙头下各有一根垂花柱。檩下饰有一圈花边,中间有一只倒挂的蝙蝠,檩与枋之间饰有一枝卷曲的莲叶,枋与枋之间又饰有一只莲叶包着的飞翔鸟,莲叶包着的飞翔鸟题材较少见。影壁上贴有楹联,上联:"丹凤朝阳纳吉□",下联:"金蛇狂舞迎春曲";横批:"紫气东来。"影壁正中 5 字联:"祥和增百福。"门外为寺庙群,其中正对面关帝庙院墙上修有影壁,其上贴有对联,上联:"百年天地□元气",下联:"一统山河颂太平";横批:"一元复始。"

堡墙均为黄土夯筑,保存较差。东墙长约 115 米,破坏严重,墙体低薄,多坍塌,外侧呈斜坡状,墙高 2~3 米,内侧为民宅,外侧为荒地和耕地,墙外有废弃的烤烟房,墙上设有

2座马面,破坏较重,高于墙体。南墙长约 111 米,保存较差,墙体高薄,多坍塌。南墙东段墙体低薄,高 3～4 米,多坍塌,中间有坍塌形成的缺口,保存较差,为院墙和房屋占据;东段内侧为顺城道路和民宅,外侧为道路。南墙西段上面还修建有民宅。西墙长约 115 米,高薄,高 3～5 米,厚 1～2 米,内侧为民宅,外侧为道路,保存一般,西墙未设马面。北墙长约 111 米,墙体高薄,高 3～4 米,墙体破坏严重,墙体内侧为民宅,外侧为荒地,墙体外侧坍塌形成土坡,北墙西段外侧为木材厂。北墙上共设有 3 座马面,中间的马面体量大,外立面包砖,东西两马面保存较小。

拓 12.25　南留庄镇小饮马泉村堡南门外侧门额拓片(蔚县博物馆　李新威　提供)

拓 12.26　南留庄镇小饮马泉村堡南门内侧门额拓片(蔚县博物馆　李新威　提供)

东南角设 90°直出角台,坍塌一半,角台内侧为民宅,外侧为荒地和树林。西南角台设 90°直出角台,保存一般,高于墙体。西北角坍塌,形制未知,转角体量较大,外侧坍塌,内心保存较好,转角有两次修筑的痕迹。东北角未设角台,仅存转角,上面为居民院墙。

(二)街巷与古宅院

堡内古民宅,古街巷保存完整,明清格局清晰。堡内民宅以土旧房居多,老宅院较少,居民少,无新房。

前街 东段路北尚存 2 座老宅院。老宅院 1 为一进院,宅门为蛮子门。老宅院 2 为广亮门,门内正对山影壁,一进院。

正街 老宅院 3 为一进院,广亮门,硬山顶。

后街 老宅院 4 位于北侧,随墙门,平顶门洞。

三、寺庙

据当地长者回忆,小饮马泉曾修建戏楼、真武庙、姜太公庙、龙亭、关帝庙、龙神庙、马神庙、观音殿。庙宇建筑除现存者外,其余在"文革"中拆毁。

戏楼 位于南门外侧,龙亭对面,保存较好,基础较高,台明外立面包砖,顶部四周铺石板。戏楼坐南面北,面阔三间,六檩卷棚顶。挑檐木出挑很长,前檐额枋上尚存有清末民国时期的彩绘装饰和木雕。戏台内为水泥地面,前后台间的隔扇尚存,隔扇的门窗无存,仅存框架,总体较好,隔扇上保存有清末民国时期的彩绘。前台东西墙壁表面涂刷白灰浆,白灰浆下残存有屏风式的壁画,各 4 屏,其间绘半掩半露的执扇仕女,其神韵左顾右盼,面容娴静。山尖绘画保存较好,绘"战樊城""快活林""白虎关"等戏曲故事。脊檩上有彩绘《八卦图》。后台正面绘一回首麒麟。墙壁上有多处题壁,如"咸丰八年""大清光绪二十五年"。后墙辟有门。

真武庙 雄踞堡北墙中部的马面上(彩版 12-90)。马面(庙台)高 6 米,马面已包砖,内侧扩修,亦突出墙体。真武庙整组建筑高大雄伟,坐北面南,有前后二院。

前院呈方形,山门尚存,随墙门,硬山顶。

门内是一道高大的砖砌台阶,共 33 步,顺台阶而上,墩台顶部为二道门,硬山顶,随墙门,门外两侧贴有楹联,上联:"无无有有有有无",下联:"是是否否否否是";横批:"花开见佛。"门内为砖铺地面,正面坐落真武庙北极宫,两侧为钟鼓二亭,如今西侧的鼓亭已毁,东侧钟亭保存,三檩四柱悬山顶。

北极宫,坐北面南,面阔三间(坐二破三),硬山顶,进深四檩出前檐廊。正脊中间镶嵌一块方砖,刻有"天地三界十方"。前廊内地面上有碑座,殿内梁架四架梁上承三架梁,没作任何雕作,很随意的弯曲。门窗仅部分残存,前檐额枋上有清末民国时期的彩绘装饰,保存较好，殿门两侧贴有楹联，上联："但为众生得离苦"，下联："不为自己求安乐"，横批："一心向善。"殿内为砖铺地面，梁架上也施有彩绘，保存较好，彩绘色彩较为鲜艳。中间一组彩绘内容为龙凤组图，上梁柱为双凤戏珠，下梁柱为双龙戏珠。如此"凤在上龙在下"的组图，也只有在清晚期的慈禧当权之年代内。由此可见，此庙在清晚期曾修缮过。

殿内正面设供台，三面墙内壁曾抹过白灰，壁画损毁严重，如今白灰浆脱落露出部分壁画，但壁画氧化严重，局部已开始变黑。正壁正中绘《真武帝坐堂议事图》，正中为真武大帝，两侧依次为：内侧东为周公，西为桃花女；再外东为七星旗君，西为剑童；最外侧东为手持铁锤的辛环，西为手持毛笔的邓忠，这是其中的两位护法天君。东西两侧山墙壁画为分列于两侧的四元帅与其他六位护法天君，每位神像肩部有榜题，但如今所记文字大多已消失，只有 2 幅可辨认，一幅为"赵元帅"，一幅为"庞元帅"。两侧山尖绘画尚存，表现的也是真武的本生与显圣，东壁两幅分别为铁杵磨成针与斩杀疯魔女，西壁两幅分别为修行与显圣。将山尖绘画作为壁画中的一部分表现主题内容，在蔚县各类寺庙中并不多见。

殿内地面上有一碑首，殿前躺有 1 通乾隆三十二年（1767）的《重修玄帝庙序》[1]石碑。碑文记载了乾隆三十二年暮春之时重修玄帝庙之事。

姜太公庙　蔚县现存唯一的一座。位于戏楼南侧碎石修砌的台明上，基础高近1.5 米，寺庙坐北面南，面阔单间，单坡顶，进深一椽，门窗无存（彩版 12-91）。庙殿规模小，香火尚存，殿内已空无一物。殿外两侧贴有楹联，上联："我令宿植善因缘"，下联："报国应怀赤子心"；横批："阿弥陀佛。"上联："五湖四海皆春色"，下联："万水千山尽朝晖"；横批："福如东海。"庙对面修有 1 座影壁，北侧贴有楹联，上联："□稔龙年留喜气"，下联："小康蛇岁溢春潮"；横批："三阳开泰。"南侧亦贴有楹联："五湖四海皆春色，万水千山尽朝晖。"

龙亭　位于堡南门外东侧，坐北面南，面阔三间，单坡顶，现改作库房使用。龙亭对面为关帝庙和戏楼。龙亭是乡民祭神行雨时将龙姑奶奶从龙神庙中抬出，供奉在此，然后再在亭前举行祭祀、唱戏等酬神活动。据当地长者回忆，旧时在龙亭里行雨，唱 5 天戏后便下雨。"四清"后本村不再祭祀龙神，但庙会习俗尚且保留。唱戏时以唱晋剧为主，周围村庄的居民也来此围观。

关帝庙　位于南门外，正对堡门，为一座较大的院落。关帝庙现存门楼 1 座、正殿1 座、石碑 2 通、禅房 1 排 6 间、西厢房 1 排 4 间。院墙新修，开东门，门外两侧贴有楹联，上联："信佛容易学佛难"，下联："顿悟凡夫转圣贤"；横批："为人民服务。"院内北部有正房一排六间，西下房四间。正殿坐南面北，倒座式，面阔三间，单檐硬山顶，进深三架梁出前檐廊，明间木板门，次间直棂窗，明间悬匾，上书"大丈夫"，檐柱挂楹联一副，刻："演出炎凉

---

〔1〕　邓庆平：《蔚县碑铭辑录》，广西师范大学出版社，2009 年，第 382～385 页。

世态定须拍案惊奇,描来浓淡人情漫道逢场作戏","道光二十九年四月。"廊下存石碑二通,一通为光绪二十五年(1899)的《重修碑记》[1],另一通镶在东槛墙上,为同治九年(1870)的《施地粮碑》[2]。殿门外两侧贴有楹联,上联:"八方财广进家门",下联:"一年四季行好运";横批:"政通人和。"正禅房为四檩卷棚顶,西下房为单坡顶。

龙神庙　位于堡外东南,现已无存。

马神庙、观音殿　位于堡外西南,现已无存。

---

〔1〕　邓庆平:《蔚县碑铭辑录》,广西师范大学出版社,2009年,第390~395页。

〔2〕　邓庆平:《蔚县碑铭辑录》,广西师范大学出版社,2009年,第388、389页。